検証

障碍者福祉60年と
介護保険20年

社会医療法人
城西医療財団 編

SEC ブックス

目　次

序にかえて …… 1

第1部　精神障碍者・高齢者福祉の取り組み　関　健・他 …… 35

地域精神科医療の展開 …… 37
日本における侮蔑反対と心理社会的リハビリテーション …… 70
精神障害者社会復帰への道　—城西メンタルセンターの30年—　関　守 …… 87
城西医療財団における障害者自立支援法施行後の状況　（入角美和子） …… 103
精神科治療システムのなかの「デイ・ナイトケア」 …… 108
介護老人保健施設デイケアにおける運動療法の試み　（宮城彰・他） …… 120
デイケアの今昔と将来 …… 128
デイケアは治療法か治療の場か …… 140
精神科デイケアの地域医療に果たす役割　—医療観察法通院処遇に触れて— …… 156
精神科デイケアの今後の展開とデイホスピタル …… 171
〝デイホスピタル〟の提言 …… 186
認知症デイホスピタルの提言 …… 189
精神医療における社会資源の活用　—現状と問題点— …… 194

精神障害者訪問介護（ホームヘルプサービス）導入を前に……204
精神障害書のノーマライゼーション実現のための地域支援……218
精神科病院からみた精神障害者ケアガイドライン……237
精神障害者居宅介護支援事業、ケアマネジメント施行を前にして
—制度開始時の問題点—……245
退院支援のためのケアマネジメントツールの活用……255
くらしとかつどうを支えるリハビリテーション……264
介護保険法介護認定制度における精神障害評価の現状と課題（岡崎隆司・他）……277
「心の友の会」42年 —社会復帰事業の足跡—……294
「ミサトピアロピテル一日市場」開設にあたり……297
「リハビリテーション特化型デイサービスしろにし」開設について……301
城西病院介護医療院……303

第2部 対談「検証 介護保険・障碍者福祉の10年」……305
関 健・黒澤 一也

第3部 シンポジウム「介護保険・障碍者プランはこの国を救えるか」……365
松田 朗・今井 澄・関 健・望月 雄内・黒澤 正憲

資料編 ……… 555
後　記 ……… 605

『序にかえて』

社会医療法人城西医療財団　理事長・総長
社会福祉法人七つの鐘　理事長・総長
関　健

私ども城西医療財団は、医療法人制度が出来て間もなく昭和25年に医療法人化を成し遂げた。私の祖父関忠英と父守が私財を提供し、寄付行為に拠る財団医療法人として認可を受け、城西病院と、1年遅れて豊科病院とを運営することとなった。この時の基本財産は290万円で、それは今も変わっていない。祖父と父は、県内の病院に呼びかけて、医療法人化を勧め、ほどなく長野県医療法人協会が発足した。

守は、北海道帝国大学医学部を昭和16年に卒業して、北大精神医学教室（石橋俊実教授）に入局するも、間もなく応召し、金澤の部隊に軍医として配属になった。結婚し、新婚時代を金澤ですごしたが、軍務のかたわら、金澤医科大学（現金沢大学医学部）の精神医学教室（秋元波留夫教授）に出入りし、精神医学を学んだ。4年ほど過ごした後、決部隊（本土決戦に備える部隊）に配属され、千葉県の九十九里に赴任した。昭和20年8月15日に終戦となり、故郷の松本に帰ったが、向学心に火がつき、北大での研究生活をしばらく行った。再び松本に戻ってからは、父忠英に頼み込み10床の病室と2室の保護室を作り、精神科を標榜した。北大から持ち帰ったインシュリン療法、持続睡眠療法、電気ショック療法（電気痙攣療法）、等を導入し、またロボトミーも行った。松本医専が信州大学医学部に改組され、精神医学教室を主宰することになった西丸四方教授に請われて講師として信大での教鞭をとることとなった。城西病院の運営と信大での教官の二足の草鞋を履くことになった。病床は年ごとに増えていき、昭和30年当時109床になっていた。

その頃、北大時代の同級生で、札幌で大病院を経営していた中江孝治氏に誘われ、ヨーロッパへ短期留学することになった。当時、海外留学は文部省の許可が必要で、中江氏には先に渡航許可が下り、フランスへ出発していた。遅れて昭和30（1955）年1月19日ヨーロッパを目指して松本を後にした。チュービンゲン大学のE. クレッチマー教授のもとに留学していた北大で四期後輩の切替辰哉氏をまず訪ねることとした。チュービンゲンではクレッチマー教授の子息W. クレッチマーの下で研鑽を積み、パリ、ロンドン、ローマ等を訪れ、見分を広めた。チュービンゲンでは後に早稲田大学の心理学教授になる相場均氏と生涯にわたる知遇を得た。ミュンヘンでは、クレペリン生誕百年祭にも出席した（昭和31年2月23日）。日本からは、内村祐之、秋元波留夫、森村茂樹、渡辺栄市、切替辰哉、相場均らの方々も出席した。

守にとってこの短期留学は精神科医としての大きな財産となった。後にこの体験をもとに、『私のヨーロッパ医学見聞記―27年前の思い出―』（一三〇頁・非売品・昭和57年12月）を上梓した。そして、昭和34（1959）年2月、メンタルセンター寮を開設した。これは、ナイトホスピタルをイメージしたもので、〝昼間は働きに行き、夜は寮に帰って寝む〟、という仕組みであった。最初の寮は、蟻ケ崎の農場敷地にあった職員寮を宛てた。定員は2、3名であった。利用者が増えたことから、同じ敷地の中にあった昔の味噌小屋の2階も利用し、その隣接地に木造2階建ての建物を建てて、10名ほどの定員とした。これらには、職員一名が一緒に起居し、仕事から帰ってきた患者の状態を把握し、支援した。その役を担ったのが、伊藤寿和ケースワーカー（ソーシャルワーカー）であった。昭和48年12月に城西病院隣接地に4階建て鉄筋コンクリート造りの建物を新築移転した。この建物は、城西病院敷地内での建築順で、第5ビルと称した。定員は20名ほどになった。昭和62年、精神衛生法が精神保健法にかわるとき、国の制度として、居住施設が初めて法制化され社会復帰施設と位置付けられた。守は、制度化のプロセスで、厚生省の会議に実践者の立場の委員として呼ばれ、法改正に寄与した。そこで、法定の社会復帰施設を作るべく病院の前の道路を隔てた土地に鉄骨造りの4階建てビル（第6ビル）を新築し、20人の援護寮「メンタルドミトリー」と10人の福祉ホーム「メンタルホーム」とした。この建物は現在も所謂〝社会復帰施設〟として使用しているが、自立支援法の成立により、〝社会復帰施設〟という表現が法律から消えてしまい、また援護寮は廃止されてしまったため、定員10人ずつのグループホーム（GH）として、運営している。精神障碍者GHは、その後、松本では景岳館と大富荘、豊科では第一飛鳥荘、第二飛鳥荘として改組して運営している。また、ミサトピア小倉病院の敷地内に9床ずつの2ユニットで小倉ホームを平成26年4月から運営している。実は1つのユニットはタウンハウス型で、精神障碍者3人で1つのクラスターを形成し共同で住むよう設計してあり、もう1つは認知症高齢者の利用を企図し、利便性を考慮して設計したが、安曇野市当局が、〝認知症高齢者のGHは、民家から50メートル以内に位置していなければ認可しない〟、ということで、精神障碍者GHとせざるを得なかった。豊科病院においてもメンタルセンター事業として、援護寮を運営していたが、前にも触れた法律の改正によって、GHに改組した。その後、平成24年、25年には、豊科地区に宿泊型・通所自立訓練事業所「アルプスホーム」を開設した。

守は、北大一六期生卒後20周年記念アルバム『遐想』（昭和36年9月）に、家族写真とともに次の様な文章「私の夢」を寄せている。
「昔ならあと数年で私の人生は終る。此の頃ではもう私自身の発展はそんなに望めないことは明らかです。高々現在私の持っている仕事を保持していくのに精一杯です。それにしても現在の仕事のなんと多いことでしょう。３００床位の病院の管理の外に、私の専門である精神衛生方面の仕事を何時の日のことであったか数えてみたらちょうど10ありました。毎月１カ所に１日潰しても月に十日はつぶれる勘定です。

これでは金もたまらないし偉い人になれないのも当たり前でしょう。それでも私は満足しています。気の毒な精神病者の友であり、味方であるというぬぼれがあるからなのでしょう。然し私にも全く夢がないわけではありません。私の今の夢は瀬戸内海あたりの無人島に全国の精神障碍者を集めてその人たちの楽園を作ることです。そこには大病院や診療所、相談所やアフターケアの施設は勿論、劇場、デパート、郵便局、銀行とあらゆる社会施設を設置します。ただ税務署と警察、裁判所は不要とします。鳥は歌い花は咲き食料も極めて豊富美味です。各施設の長は私たち16期の人々で占めたらいかがでしょうか。例えばデパートの社長は田中君、銀行の頭取は中江君、工場長は神村君といった具合に。

こんな夢が満たされるならばと、ときどき考えております。誰か瀬戸内海に島を持っている人はいなかったでしょうか。又こんな問題について妙案をお持ちの方はありませんか。及川君あたり日本の医学行政をあづかる灘尾厚生大臣にでも話してくださることを希望します。そして御意見のある方は後藤君までどしどし御寄せ下さい。島に定住を希望されない方には相当な御寄附を願うだけでも結構ではないでしょうか。

最後にお断りしたいことは、以上は私の夢であって妄想ではないということです。疑問に思われる方は東北大学の石橋先生に御問い合せ下さい。では諸君御元気で。」

〝気の毒な精神病者の友であり、味方であるといううぬぼれ〟と言ってはいるが、この頃の父守は、祖父忠英の理解を得て、精神障碍者のユートピアを作ろうと本気で考えていたのだろう。メンタルセンターの開設と相俟って、昭和34（1959）年3月には精神障碍者患者・家族会「心の友の会」を発足させ、今日に至っている。10月には「心の友の会」主催長野県精神衛生昂揚大会を、忠英を会長として開催した。行政主導の精神障碍者家族会が結成されたのは、数年先の昭和40（1965）年8月になる。

精神科病院に入院している患者さんの長期化は避けられない問題として、諦められてきた。浅井邦彦先生は、かつて、新入院患者の50％は3か月で退院でき、一年を超す長期入院者は10％程度であると実証してみせた。当時問題になっていたのが、1年以上どころか何十年という長期入院の人々の処遇の問題があり、オールドロングステイと呼ばれたが、浅井の実証の裏を返せば新入院の10％の人々はニューロングステイとしてたまっていくことになる。その頃、国も精神科病院入院患者34万人の内7万人を退院させ病床削減するぞ、と盛んに言っていた。受け皿のないことが最も問題であったが、降ってわいたような数値を持ち出して、われわれに病床削減を迫ってきた。

思春期に発症する統合失調症は、入院生活が長くなることがあり、若かった両親は年老い、兄弟たちはいても自分たちの生活に追われ没交渉になる。親は自分たちが死んだ後の入院中の子供のことが気がかりになる。「心の友の会」ではそうした悩みが多く聞かれた。対応したのは、新井伊和夫（昭和34年〜昭和62年2月）、伊藤寿和（昭和62年3月〜平成12年1月）、入角美和子（平成12年2月〜平成29年4月）らの尽力が光っていた。新井は看護師と放射線技師の2資格を持ち、看護長としての責任感から、献身的に精神障碍者をささえた。伊藤は、草創期のメンタルセンターで患者たちと起居を共にし、医療社会事業部ができてからは、ソーシャルワーカーとして、熱心に取り組んでいた。退職後も心の友の会専従として亡くなるまで務め、「心の友の会」を代表して法人の評議員に名を連ねていた。入角は、伊藤の退職のあと「心の友の会」の連絡調整を行っていたが、メンタルセンターのソーシャルワーカーとして責任者も務めていた。ちなみに豊科病院では医療社会事業部長として、丸山良治が相談・行政との連絡調整・就労支援等に熱心に取り組んでいた。

新井のあとを受けた竹岡まちこは、組織が整っていく中で看護局をまとめ、新しいメンタルセンター事業の取り組みに多大な寄与をした。更に後を継いだ塚田きよ子は精神障碍者訪問看護や燦メンタルクラブ事業に尽力した。豊科病院の原静恵は、安曇野メディア立ち上げに尽力し、松本に異動してからは松本西訪問看護ステーションの立ち上げ、その後の訪問看護部門及び訪問介護部門の統括をする一方、ケアマネージャーとしても活躍した。城西病院の事務局長を退いて後浜春茂は、燦メンタルクラブおよびメンタルセンターの責任者を務め、維持運営に寄与した。その他、関係職員は皆使命感を持って職務に精励してきている。

知的障碍者（児）施設は、大鑑巨砲主義から少人数の処遇すなわちGHでの対応に移行しつつある。前にも触れたように我々もそうした方向で取り組んできたが、そのあたりの事情を書いた文章を2篇採録する。今後居住施設はGHの方向に進むであろう。そうした中で、行政的縛りのないアパートの効用についても触れている。真に社会復帰をするにはどうするかを問うてもいる。我々の実験的試みでもある。

■OT荘と第一・第二飛鳥荘

OT荘*とは、社会復帰を遂げた人々の入居する民間アパートの名称である。昭和三十四年に精神障碍者の社会復帰を援助推進する目的でメンタルセンターを開設し、三十年の年月を経て新メンタルセンター（メンタルドミトリー、メンタルホーム）にその役割を引き継いだが、その際退所した人々の生活の場である。昭和六十三年三月のことになるので、彼らの中にはもう丸四年にもなろうという人もいる。当時、旧メンタルセンターには二十七名の人が入所していた。これらの人々は全員退所させ、家庭に戻るかアパートを探して入居するかの何れかを選択することを原則とした。旧メンタルセンターは、〝賄い付きの寮〟の性格が強く、病院におんぶに抱っこで入所者には自立の気概が欠けていた。事実居心地が良かったのか、十年余にもわたって入所していた人もいた。殆どの人が職に就いており、ある程度の収入が確保されていたこと、新メンタルセンターは入所期間が二年（延長しても三年）と有期限であり何れはそこも退所しなくてはならないことなどの理由で、新メンタルセンターへの移動は行わないこととした。OT荘をはじめとして、TH荘やKKT荘などへ別れて入居した。アパート探しはソーシャルワーカーが協力して行ったが、次の二つの条件①病院から半径五百メートル以内に位置すること、②職場への通勤距離に無理がないことを考慮して決めた。前者は、受診と訪問看護を継続する上で特に重要視した。結局、行き場のない人四名が残り、院内の旧デイケアセンターの建物に仮住まいした。

OT荘には、現在一階に四名と二階に五名の計九名が起居している。この他、病状が悪化しアパート生活の継続が困難になったため、メンタルセンターで社会復帰訓練中の二名がそれぞれ部屋を確保しており、計十一名がOT荘に部屋を借りている。週一回の訪問看護を実施し生活指導を行ってきたが、中には居留守を使って扉を開けない人、訪問の時間になるとわざわざ外出してしまう人など拒否的な人もいる。多くの人々は受入れ細々とした注意にも耳を貸す。整理整頓や食生活などの生活状況は、訪問看護受入れ組が格段に良い。笑顔で迎えてくれると、訪問看護婦も嬉しい。

この十月には、豊科病院のメンタルセンターをグループホーム「第一飛鳥荘」「第二飛鳥荘」として国の認可を受け、運営を始めた。もともと一軒家に数名が起居する共同住居の方式をとって運営してきていたため、移行はスムーズに行われた。

〝終の住みか〟としての性格を持つものだけに今までと違った運営が要求されるし責任も重い。実質的なグループホームOT荘とともに我々のパイオニアとしての真価が問われている。

＊：OT荘とは大富荘のことである。

（理事長　関　健・城西病院　院内報　No. 260（平成4年10月20日））

■グループホーム『景岳館』

グループホーム・景岳館の運営が始まった。城西病院としては初めての施設である。精神障碍者の社会復帰施設としては、援護寮と福祉ホームをそれぞれメンタルドミトリー、メンタルホームの名称で昭和六十三年より運営してきており、四月から運営予定の援護寮ショートステイ施設を加え、精神障碍者社会復帰施設としては一応のラインアップができたことになる。豊科病院では既にグループホーム「第一飛鳥荘」「第二飛鳥荘」を運営しており、六年度開設予定の援護寮を加え、更にデイケアが加わることにより、こちらもアフターケアシステムが充実することになる。

現在の両病院の精神障碍者社会復帰援助機構を整理してみると以下のようになる。
援護寮は、「入院医療の必要はないが精神障碍のため独立して日常生活を営むことが困難と見込まれるものであって、共同生活を営め、かつ精神科デイ・ケア施設や精神障碍者授産施設、精神障碍者小規模作業所等に通える程度のもの」、福祉ホームは、「日常生活において介助を必要としない程度に生活習慣が確立しており、継続して就労できる見込みがある者で、家庭環境、住宅事情等の理由により住居の確保が困難である者」、グループホームは、正確には、精神障碍者地域生活援助事業と位置付けられており、「精神障碍者であって、次に掲げる要件のいずれにも該当する者」とする。

(1) 日常生活上の援助を受けないで生活することが、可能でないか又は適当でない者であること。
(2) 一定程度の自活能力があり、数人で共同の生活を送ることに支障がない者であること。
(3) 就労（福祉的就労を含む。）している者であること。
(4) 日常生活を維持するに足りる収入があること。

等の入所者の区分けがされている。すなわち、障碍の程度に応じて何れの施設を利用してもらうか決まってくる。前途に困難は多いが、勇気を持ってこの事業を成功に導きたい。あらためてこの施設に対する認識を深めて頂きたい。

（理事長　関　健・城西病院　院内報　No. 277（平成6年3月20日））

※

診療報酬での評価がついた後、城西病院でデイケア治療を始めたのは、昭和49年であった。デイケア治療についての研修を受けた指導看護婦（保健婦）種山幸子、看護婦小原ミノル、ソーシャルワーカー岩田宜巳子、らの布陣で始めた。当時のリーフレットには以下の様にある。

「デイケアは1946年のカナダのアラン記念研究所ではじめられた治療法で北米を中心に発展してきました。住居を含む生活の本拠は家庭・その他一般社会の中に置いたまま昼間の一定時間治療施設（デイケアセンター）に通って、入院治療に匹敵するような充分な治療を受けるというシステムです。従って通院治療の一形態として外来治療の中心的な治療法の一つといえます。患者さんが家庭や近隣の社会生活を保ち、入院による過保護・ホスピタリズム（病院ボケ）・社会からの孤立を避け、実社会から絶えず刺激を受けながら、しかも、普通の外来治療では行なえないような特別のプログラムに従って自立のためのトレーニングをする場です。本院では昭和42年（1967）年に、この治療法を始めました。はじめのうちデイホスピタルといって病院の中の一室を使用して作業療法を中心に運営されてきましたが、現在では国の承認施設として許可された専用の施設で専門の職員がチームを組んで治療を行なっております。医療チームは精神科医師・保健婦・看護婦・ソーシャルワーカー・サイコロジスト・作業療法士で構成されております。」

デイケアをリハビリテーションととらえて、2001年に開催されたパシフィコ横浜でのWPA年次大会で、私は、WHOアンチスティグマ・キャンペーンの一環であるシンポジウムに、シンポジストとして発表を行った。わが国でも精神障碍者に対する誤解・偏見・差別があり、その原因の一つに、かつてWHOのクラーク博士が指摘した、「日本の精神科医療には、リハビリテーションが欠けている」ことを枕として、論を展開した。その後、平成25（2013）年に日本デイケア学会第18回年次大会の大会長を務めることになり、準備段階の宣伝から報告までの文章を「デイケアニュースレター」第26号、第27号および『デイケア実践研究』に掲載したので、採録する。松本という地方の小都市での開催で、しかも交通インフラが日本一良くないところでの開催だったため、採算が最も気にかかった。

▒日本デイケア学会第18回年次大会松本大会の開催にあたって

第18回日本デイケア学会は、信州松本で開催いたします。本市は、SUN－GAKUTOと称するPRをしております。すなわち、〝岳都〟、〝楽都〟、〝学都〟、の本市を特長づける三つの事柄に因んでいるのです。〝岳都〟は、北アルプス登山の玄関口であることを表しています。〝楽都〟は、毎年開催されるサイトウキネンフェスティバル松本、及び音楽教育、殊にバイオリンの早期幼児教育の鈴木メソード等に因んでいます。〝学都〟は、国の重要文化財開智学校並びに旧制松本高等学校記念館等があることに因んでいます。松本駅の駅頭には、登山家の田部井淳子さん、指揮者の小澤征爾さん、菅谷昭松本市長、等の揮毫によるモニュメントがありますので、松本駅に降り立った際には是非ご覧ください。

さて、今年の学会テーマは、「デイケア治療マンネリズムの打破」としました。診療報酬上規定されているデイケア施設基準・人員配置・治療プログラムは、ある意味で硬直化しており、多様な治療法を導入し治療に反映させることができにくくなっているのです。デイケアは、多職種協働のチーム医療として、精神疾患や認知症治療に於ける重要なツールですが、今ひとつ発展できない憾みがあります。こうした現況を踏まえて、今回は、「デイケア治療における多様な治療法の効果」というテーマのシンポジウムを行います。日本各地で先進的に取り入れている治療法についてシンポジウムで発表して頂き、今後の発展のヒントにしていきたいと存じます。また、医療観察法の通院処遇でデイケア治療を実践している病院の方達によるシンポジウムも企画しました。歴代学会長による「デイケアの現在と未来」なるシンポジウムも企画しました。認知症治療のツールとしての、デイケア・デイホスピタル・デイサービスを検討するシンポジウムも企画しました。その他にも有用なシンポジウムや教育講演を企画しましたので、多くの皆さんが参加されることを希望します。

懇親会の前には、大ホール（サイトウキネンの会場）で、〝楽都〟の面目躍如たるソプラノ歌手樋口千奈美さんによる歓迎コンサートを企画しています。懇親会ともどもお楽しみ下さい。懇親会では、地域の特産品でおもてなし致します。

さて、この時期、松本はそば祭りを開催いたします。松本城公園で、信州各地をはじめとして、日本中の蕎麦処から名代の蕎麦打ちが参集し、味を競います。一杯500円なので、何軒かはしごすると宜しいでしょう。きっと満足していただけると思います。

また、信州は秋たけなわであり、例年ですと上高地は紅葉の真っ盛りですし、黒部から立山の縦走にも宜しいときです。軽井沢、美ヶ原、志賀高原、浅間山、等の観光地も、皆様をお待ちしております。オフィシャル旅行社が、皆様のご旅行のお手伝いをさせて頂きます。学会の後、連休を利用して信州の旅を満喫して下さい。


（日本デイケア学会第18回年次大会大会長　関　健・日本デイケア学会ニュース第26号）

僕の街へようこそ

本年の開催地松本は山紫水明の地である。上高地から流れ出た水は梓川の清流となり、松本で奈良井川と合流し、犀川となって北に向かい、長野市で千曲川と合流し、新潟県境で信濃川と名称を変え、長岡を経て新潟に至り日本海に注ぐ。日本一長い川である。その水は豊かな大地を育み美しい自然を造り出した。人々は耕し米を作り、川に遊んで岩魚、山女魚、鮎を漁った。安曇野の風景はあの童謡「ふるさと」に謳われている。

〝出逢いはいつでも偶然の風の中♪〟…さだまさしの「天までとどけ」の歌い出しである。この歌には素敵なフレーズが幾つもある。〝ふれあいのかけらが人生を変えてゆく　ことばでなくものでもないひとつの出会いから♪…〟。僕の街、松本は、小さな街である。仙台、名古屋、福岡、過去3回の開催地はみな大都市であった。しかし、ふるさとというにふさわしい要素をたくさん備えた地方都市である。今年の大会は、この小さな街での出会いを大切にしていただきたい。〝胸ときめかせ君のふるさとになりたがっている♪〟。

大会テーマは「デイケア治療マンネリズムの打破」とした。診療報酬上規定されているデイケア施設基準・人員配置・治療プログラムは、硬直化しており、多様な治療法を導入し治療効果を上げることを妨げている。しかし、今大会にエントリーされた90題を超す演題を見るとそれぞれ工夫を凝らし、多様な治療法を試みている様が見て取れる。今後のデイケア治療の広がりにとって喜ばしい限りである。ポスター発表での熱い討論を期待する。

特別講演Ⅰは、信州大学天野直二教授に「老年期について思うこと」と題して講演していただく。特別講演Ⅱは、厚生労働省精神保健福祉課長北島智子先生による「精神障碍者の地域移行・地域定着の推進に向けて」と題して講演していただく。シンポジウムⅠは、「医療観察法通院処遇におけるデイケアの役割」を語っていただく。シンポジウムⅡは、「デイケア治療における多様な治療法の効果」について討論を深めていただく。シンポジウムⅢは、過去3大会（第15、16、17回）の3大会長による「精神科デイケアの現在と未来」について俯瞰していただく。教育講演は、Ⅰ「デイケアスタッフが行うアウトリーチサービス」、Ⅱ「ユース・デイケアの治療効果と可能性」、Ⅲ「リワークプログラム発展の背景と治療的要素」、Ⅳ「認知症デイケア、デイサービスへの提言」の4題である。ランチョンセミナーは、一日3題ずつ開催され、参加者全員分の食事が用意されている。恒例の研修会は、精神科分野と高齢者（認知症）分野の2講座である。大会終了後の翌日は、施設見学会もある。

コンサートは、ソプラノ歌手お二人により、オペラのアリアや日本の曲をソロ・デュエットで演奏する予定。懇親会前のひとときをお楽しみいただきたい。

当地は秋の観光シーズン。上高地などが待っている。〝ようこそ僕の街へようこそ♪…〟。お宿のお申し込みはお早めに。

（日本デイケア学会第18回年次大会大会長　関　健・「日本デイケア学会ニュース」第27号）

巻頭言　「認知症〝デイホスピタル〟の提案」

日本デイケア学会第18回年次大会松本大会の大会長を務め、６６５名の参加者及び50余名のスタッフで盛大に開催され、ほっと胸をなで下ろすと共に参加者の熱気溢れる発表や討論に驚嘆した。多彩な治療法や取り組みがなされていることを知り、大会テーマ「デイケア治療　マンネリズムの打破」を掲げたことが我々の施設のみにおける問題であったのではないかと気恥ずかしく思った次第である。ただ、このテーマに共感して頂いた方も多かったことも事実であった。

デイケア治療は、病院においても診療所においても可能な治療法であり、地域における精神障碍者の生活を支える重要なツールであることは今日確立している。診療報酬を担保するためには、プログラム、人員配置、開設時間、アウトカム評価、等一定の枠組みを整えなければならないが、当事者である精神障碍者にとっては時間的・空間的場が用意されていることが重要であり、通い続ける魅力がなくてはならないのである。そのことを大会長講演で述べたつもりであったが、皆さんに理解して頂けたであろうか。

今日本は、高齢社会になった。国の施策は、団塊の世代が75歳の後期高齢者となる２０２５年に向けて動いている。中でも増えつつある認知症対策は、薬物治療法の開発、療養の場の整備、生活の場の整備、地域で支えるシステムの開発、等多岐にわたり進んでいる。既存のサービスも、認知症治療病棟（医療保険）、認知症療養病棟（介護保険）、老人保健施設の認知症病棟、特別養護老人ホーム、重度認知症デイケア、認知症に特化したデイサービス、等がある。しかし、それらは当事者本位でなく、病院・施設における処遇の場合は家族との絆が失われ、ともすれば家に戻ることが叶わない状況を作り出している。重度認知症デイケアの場合は時間設定が中途半端でかつ治療内容も今一の感がある。このような現況に鑑み、私は、札幌で開催された第１０８回日本精神神経学会総会で、認知症者の新たな治療手段の提案をした[注1]。

認知症者のデイケアの時間を長くして12時間のプログラムとし、〝デイホスピタル〟と呼称するものである。現在提案しているのは、病院精神科での治療を想定しているが、朝8（または7）時に家族が認知症者を病院に送って来て、夜8（または7）時に迎えに来る。その間、午前中は心身両面からの専門的治療を受け、午後は入浴・休養・リラクゼーション・娯楽等を受ける。3食とも病院で摂る。この治療法のよい点は、利用者側にとって、①家族の介護負担が軽減される（レスパイト）、②日中家族が仕事等に従事できる、③リハを含む専門的治療を受けることができる（身体・精神的に充分な専門治療が受けられる）、④家族との絆が保たれる、⑤住み慣れた住まいで就眠できる、⑥入院に比べ費用がかからない、等があり、病院にとって、⑦夜間の人員配置が要らない（昼間に傾斜配置できる）、⑧病床削減につながる、⑨空床があれば病床利用率は上がる、等がある。職員配置（定員16人とした場合）

は、医師：1名（専任）、看護師：2・5名（専従）、OT・PT・ST：各必要数（専任）、精神保健福祉士・心理技術者：各必要数（専任）、健康運動指導士・マッサージ師等：各必要数、その他・介護者：必要数、等でどうだろうか。

特養等で行われているデイサービスには、既に12時間対応があり、新しいメニューの実現性は高いと考える。この制度が前回の介護報酬改定で登場した背景には、家族のレスパイトケアの視点があった。先にも触れたように、12時間家庭で過ごせば、残りの時間に家族は仕事に従事したりでき、また、介護負担が軽減できる。今後、〝デイホスピタル〟の実現に向けて、各方面と協議していきたい。

注1　第108回日本精神神経学会学術大会
シンポジウム：精神科デイケア治療のエビデンスと医療経済
「精神科デイケアの今後の展開とデイホスピタル」

（日本デイケア学会第18回年次大会大会長／社会医療法人城西医療財団理事長・総長　関　健
『デイケア実践研究』Vol.17 No.2, 2013）

デイケア学会の年次大会会長を無事終えたと思った矢先に日本精神障碍者リハビリテーション学会（精リハ学会）第24回長野大会の大会長を務めるよう要請があった。平成28（2016）年11月30日～12月2日に渡ってJA長野県ビルにて開催した。副大会長に千曲荘病院理事長・院長の遠藤謙二先生をお願いし、当院を始め県下の精神科病院の理事長・院長の理解を得て、各病院の職員の方々に実行委員として参加してもらい、無事大会を終えることができた。その際の大会長挨拶及び報告を採録する。

ご挨拶

この度、長野市において、日本精神障碍者リハビリテーション学会・第24回長野大会を開催する運びとなりました。長野大会はテーマを「くらしとかつどうを支えるリハビリテーション」と致しました。

精神障碍者は、疾病と障碍を併せ持っており、殊に生活障碍は社会復帰の阻害因子としてこの人々を苦しめております。精神障碍者に対する地域社会の偏見や誤解は解消されておらず、差別の意識もいまだに根強く障碍者が地域で暮らすことの困難を助長する要因となっております。ノーマライゼーションの理念が我が国で声高に言われるようになって長年月が経ちますが、いまだに実現しておりません。障碍者が地域で暮らし、活動を通じて社会参加する社会の実現を目指し、そのために我々専門家がリハビリテーションに注力するため、当事者やご家族と共に真剣な討論と研究発表を行うことを望んでおります。

本学会の特長として研修セミナーの充実が挙げられます。本年は9つのセミナーが企画されております。①ケアマネジメントの理論と実際、②明日から使える就労支援のスキル―合理的配慮への対応と発達障碍の特性を踏まえた支援、③退院に向けての意欲喚起と退院支援にSSTを生かす・取り入れる、④家族支援としての家族心理教育、⑤当事者研究入門―その意義と臨床における活用、⑥マインドフルネスを体験してみよう、⑦訪問により本人と家族をともに支援する―メリデン版訪問家族支援から学ぶ「家族支援」の技術、⑧当事者の生活に即した危機対応、⑨ストレングスモデルとコミュニティソーシャルワークを修得しよう！・・。今日求められる広義のリハビリテーションツールに関係するキーワードがセミナーのタイトルには入っています。入院中の精神障碍者が退院をするのは、暮らしと活動をするためであり、様々な退院阻害因子を乗り越えなくてはなりません。支援者として様々なツールを修得し、患者さんの役に立てることは意義深く、多くの人々の参加を期待します。また、1日目には、スペシャルオリンピックスで採用されているフロアーホッケーを体験して頂きます。この競技は、障碍者と健常者、老若男女、これらの人々が一緒にプレーできることに意義があります。こちらも多くの人々の参加を期待します。

県外からご来場の皆様には、大会で活発な討論を行った後に、冬の信州の景色、温泉、郷土料理などを楽しんで一息ついて頂ければと思います。

（日本精神障碍者リハビリテーション学会第24回長野大会大会長　関　健・「プログラム・抄録集」・２０１６年11月30日）

■「日本精神障碍者リハビリテーション学会第24回長野大会」報告

標記大会が、平成28年11月30日～12月2日の日程で、長野市で開催された。30日は、サテライト企画1として、キリン福祉財団助成事業として、「スポーツを通じて共生社会について体験しよう！」のテーマのもとに、〝フロアホッケー〟を行った。長野県内の病院及び福祉施設から、当事者、職員、支援者、等65名が参加し、長野県フロアホッケー協会の指導員さんの指導の下、楽しく行う事ができた。フロアホッケーはスペシャルオリンピックスで行われる競技で、障碍者から健常者、子供から高齢者まで、チームを組んで行われるため、共生社会を実体験できる特徴を持っている。今回は、長野県フロアホッケー協会会長で、長野県医師会長を務める関隆教先生のご尽力によるもので、深謝したい。学会の肥田先生も参加して下さり、また、TVの取材と、当日の夜ニュースでの放送があり、大成功であったと言える。

サテライト企画2は、研修セミナーが1から9の各会場で開催され、パネルディスカッション「いま、ピア・サポートの多様性と支援について考える」が夏目宏明座長のもとにアクティーホールで開催され、約１００名の方が参加し、活発な討論がくり拡げられた。

大会二日目と三日目は、大会長講演、特別講演、シンポジウム、ワークショップ、一般演題、等企画され、口演発表67題、ポスター発表38題、自主プログラム14題、が行われた。参加者数５５４名、善光寺淵之坊若麻績享則住職による一般公開講演会「牛に引かれて…、女性たちの善光寺」には、一般参加者55名の参加があった。大会顧問を務めて頂いた信州大学の天野直二前教授、鷲塚伸介現教授には、各々「老いを迎えてのこころと脳」「双極性障碍と精神科リハビリテーション」のテーマで特別講演を行って頂いた。

二日目の夜にはホテル国際21で懇親会を約１７０名の方に参加頂き開催した。善光寺木遣りの先導で、伊東理事長、関大会長と遠藤副大会長が会場に入り壇上の所定の位置に着き、木遣り歌を披露して頂いた。セレモニーの後は、懇親会開催に尽力して頂いた倉石和明運営委員の発声で、地元長野産の日本酒で乾杯した。アトラクションは真田太鼓の演舞で、勇壮な太鼓の響きがおよそ30分に渡って、会場に鳴り響いた。料理は長野特産の食材を使った特別な物で、地元の美味しい日本酒やワインと共に堪能して頂いた。

本大会は、長野県をはじめ県内の19の市から後援して頂いた。31の全国団体、20の県内団体からも後援して頂いた。そして何と言っても大会を成功に導いてくれたのは、運営委員を引き受けて頂いた県内の精神科病院の代表者、及び実行委員として活躍して頂いた各病院職員の皆さんの力に依るところであった。遠藤謙二大会副会長、小泉典章実行委員長、鷲塚輝久、小林正義、夏目宏明の3名の実行副委員長、大会事務局、全ての大会関係者の皆さんに感謝したい。

（精リハ学会第24回長野大会大会長　関　健・「精リハ学会ニュースレター」Vol.52・平成29年2月）

※

わが国に介護保険制度が出来て20年になる。高齢者福祉が、措置から社会保険制度に移行したのは、必然であった。障碍者福祉に対しても社会保険制度を導入（介護保険の適用を広げる）する案もあったが、保険者たる市町村や都道府県等の地方自治体の抵抗で措置制度のまま残された。その後、支援費制度の導入を経て、高齢者同様のケアマネジメント手法を取り入れた障碍者区分認定がなされ、障碍の程度に応じてサービスの量が決まる方法に変更になった。法律も自立支援法から総合支援法に変わり、現在はこの法律に従って、制度が運用されている。また、高齢者における地域包括ケアの実現が、2025年までの目標に掲げられたが、精神障碍者に対しても国は地域包括ケアの導入を謳っている。

介護保険の施行は平成12年度であったが、我々はこれを見越して、平成元年から「老人ケア公開講座」を毎年開催し、高齢者自身、家族、支援者（職員、行政）らの啓蒙を10年来行い、平成11年3月にはその集大成としてのシンポジウム「介護保険・障碍者プランはこの国を救えるか」を行った。その経過や内容は、本書に採録してある。これに先立つ平成7年6月8日、城西医療財団からの寄付1億5千万円を基本財産として、社会福祉法人「七つの鐘」を立ち上げた。かつて、老人保健施設を造ろうとして地元医師会の反対で頓挫した土地に、特別養護老人ホームを建築し、翌平成8年3月末に完成し、『ミサトピア・小倉メナー』と命名した。介護保険導入時にはすでに措置制度の最後の名残で運営していたが、介護保険導入とともに、介護保険施設〝介護老人福祉施設〟と正式には呼称される施設に移行した。来年6月が来れば25周年、四半世紀運営してきたことになる。創立時から5年毎の理事長としての思いを記した文章があるので、ここに採録する。

▩創設時　「あいさつ」

この度、美しく自然豊かな三郷村小倉に、特別養護老人ホーム「小倉メナー」を開設いたしました。併せて「小倉デイサービスセンター」と「安曇野在宅介護支援センター」を、三郷村及び梓川村より依託され、運営することになりました。この複合的な高齢者福祉施設は、一般棟の他に痴呆棟があり、またショートステイ及びミドルステイの居室も備えております。A型・E型のデイサービスも行い、より障碍の程度が重い方を対象とした介護・生活支援を行える機能を備えております。

この地に福祉施設を作りましたのは、私の父祖の地であるという個人的な動機付けに拠るものです。三郷村は、祖父・忠英が生まれ育ったところで、この地に何らかの恩返しができないかとの熱い思いは、私の父・守にもあり、三代の夢がかなったということになります。忠英が耕し、守が種を蒔き、私どもの世代が育む……。ついた花や実は地域の皆様のものです。

この施設の建設にあたり、国・県の補助のみならず、補助をいただいた南安曇郡の豊科町・穂高町・堀金村・安曇村・奈川村に、三郷村・梓川村を加えた七か町村との共同事業であると認識しており、このことは、社会福祉法人の名称「七つの鐘」に込めてあります。また、「七つの鐘は、法人の七つの運営方針《親切、誠実、清潔、協調、公正、明朗、創意》を象徴するものであります。この鐘が私共の思いを込めて、朝な夕なに鳴り響きます。

■創立5周年　巻頭言「回顧と展望」

社会福祉法人を設立し、介護老人福祉施設（特別養護老人ホーム／以下特養とする。）を造ろうと企画したのは平成四年のことである。当時、私は医療法人城西医療財団の理事長に就任して一年を経たところであり、病院の将来構想を考えていく中で従来手がけてきた保健・医療の分野から福祉にいたる一連のサービス提供の必要性を痛感していた。精神医療は保健・医療・福祉を一体的に提供しなくては成り立たないことを祖父や父、母から学んでおり、高齢者医療においても同様に保健・医療・福祉サービスを一体的に提供しなくてはならないと考えるに至ったのである。従って、私が造る特養は医療的サービスも充分に備えた施設になることを企図した。運営理念は親切・誠実・清潔・協調・公正・明朗・創意の七つの言葉に込めてあり、これを称して「七つの鐘」とし、法人の名称にも用いることとした。ヒントは城西医療財団の運営理念である七項目にあり、これを〝七つの鐘〟として掲げていた。社会福祉法人の運営理念を作るにあたり、若干項目を変えてある。法人の名称は、ほとんどが○○会であり、モデル定款に準拠して定款を作ると自ずと○○会になる仕組みになっている。しかし、私は敢えて○○会とせず、「七つの鐘」としたわけであるが、事前協議段階で県の担当者もさぞや戸惑ったことであろうと思う。

平成五年に城西病院の第七ビル、第八ビルが新築され、病院のリニューアルは始まった。社会福祉法人七つの鐘の設立準備期間は二年間であったが、平成七年六月八日法人設立が認可され、同月二十九日の第一回理事会において正式に私が理事長に就任した。七月に松本岡谷組と工事請負契約を交わし、地鎮祭、起工式と進み、翌平成八年三月末に建物の完成をみた。四月一日には就業式を行い、十三日に竣工式並びに開所式・披露宴を行った。入所受け入れは十五日であった。この間前三郷村長（当法人顧問）務台久彦様には南安曇郡町村会長としてのお立場からも多大なご尽力を頂いた。並びに当時の豊科建設事務所長漆戸徹様にも一方ならぬお世話になった。理事でもある梓川村長倉科昭様、三郷村助役（現村長）丸山隆夫様を始め、三郷、梓川両村の担当者の皆様にもお力添えを頂いた。五年を経過した現在でも感謝の念は依然として持ち続けている。

建築中は毎週のように設計事務所、施工業者、早川公叔事務長（当時）と現場事務所で打ち合わせを行った。完成間近になり、平成八年が明けるとパンフレットの準備にかかった。施設のロゴとマークは私がアイデアを出し、プリントショップミネのデザイナー加藤氏が作成したものである。非常に良くできたものと自負している。建築の場所は、昭和三十年代に城西医療財団が取得し、村にグランドとして貸与していた所である。松林に囲まれ自然が保存され、就中オオルリシジミの食性であるクララが自生し、野生の雉が巣を作る素晴らしい環境であった。ここを三郷村のユートピアとの意味を込め、ミサトピアと名付けた。また、この頃には「小倉の四季」の歌詞を書き、また、曲を作った。曲の旋律の中に、ウルトラセブンのメロディーの一部をモディファイして使ってある。作詞、作曲には二週間ほどを要したと記憶しているが、私自ら写した写真も使用したパンフレット作成とともに今では楽しい思い出である。このパンフレットには沢谷宗市氏の玄人はだしの写真も使わせて頂いた。

平成十二年四月から従来の措置制度から社会保険制度へ移行され、一年が経った。施設も五年を経過し、事業の充実を図るため五千万円を投じて全館冷房設備、厨房配膳室の拡張、喫茶室及び居室（三床）の増改築を行った。職員も去る人、来る人、多少の入れ替わりもあったが、皆、職務に精励しており、有り難いことと思っている。

現在、西側隣接地では、「ミサトピア小倉病院」の建設が始まっている。この病院は城西病院及び豊科病院の精神科の入院機能の一部を移転するもので、一連の病院のリニューアル計画の一つである。予定よりもほぼ一年遅れてスタートしたが、平成十四年三月には開設される運びである。良質な精神医療を実現するべく私が二十年余りに渡って蓄積したノウハウを傾注して造る建物である。藤川豊建築士さんとは十五年余に渡るお付き合いがあり、この度もその設計案を採用させて頂いた。これから十ヶ月余りの間毎週小倉に来て打ち合わせを行っていくことになっている。小倉メナーの運営は、高山眞理子施設長、下田和教事務長が日夜奮闘してくれているので安心である。今、理事長としての私に残された仕事は、少し荒れ始めた庭の回復にあると思っている。今年の夏は作業着に身を包んだ姿が見られると思うので、過ぎ去ったあの夏の日のように冷たい水とおいしいお漬け物を差し入れてもらえると有り難い。

（『創立5周年記念誌』・社会福祉法人七つの鐘理事長／医療法人城西医療財団理事長・院長　関　健）

■創立10周年　巻頭言「創立十周年に寄せて」

社会福祉法人七つの鐘が、創立十周年を迎えた。感慨一入である。

小倉の地は、祖父が請われて取得していたものであったが、三郷村の土地と併せて野球場になっており、子供たちのチームの練習場に使われていた。時々は、病院の患者さんたちもここで、野球の練習や試合を楽しんでいた。だからここに建物を造ることは子供たちの楽しみを奪ってしまうのではないかとのためらいも少しはあったことも記憶にある。当時の務台村長さんや丸山助役さんに話に行ったところ、子供たちには代替の野球場が確保できると聞かされ、いささか安堵したことも思い出される。

もっと難問だったのは、ここの土地が、黒沢川の遊水地になっていたことであった。遊水地というのは、百年に一回の洪水であっても発生に際して水を誘導して溜め、川下の洪水の被害を防ごうというものである。この件は、豊科建設事務所に相談に行った。漆戸所長さんはよく理解してくださり、村と連絡を取り合って、堰堤を廻らせる措置をとってくださった。

次に問題だったのは、建築を進めるために土地を掘ったところ、昔地元のごみ処理業者にごみの廃棄を許可したことがあったのであるが、契約事項に違反し、ごみ捨て場所の範囲も内容も違えてあり、あるはずのない場所からあるはずのないものが出てきて困ってしまった。その業者を探したが見つからずじまいで、結局基礎工事の工法を地中梁から杭打ちに変更し、おかげで費用が五千万円ばかり余計に掛かってしまった。

法人の名称については、当初から迷いなく七つの鐘とした。○○会のような法人名が多い中で、むしろ法人設立の事務を担当してくださった地方事務所の方が戸惑いを見せていた。しかし、特段の指導もなくすんなりと法人名も決まり、また、二年越しの手続きもほぼ順調に行った。七つの鐘の由来については、創立当時記載したので繰り返さないが、南安曇郡の七ヶ町村との共同事業との認識もあり、我ながらよい名称をつけたものであるとほくそ笑んだものである。それが、この度の町村合併で安曇野市が誕生し、一方梓川村は松本市と合併してしまったので、いささか残念ではある。かつて理事会の席で冗談にも合併はやめてほしいといったことがある。南安曇の町村会からは補助金をいただいた経緯もあって、当時三郷村の務台村長さんと梓川村の倉科村長さんに理事になっていただいた。

開設時の戸惑いは、施設長も述べているように、敢えて経験者の採用を控えたところにもある。ただし、重要な役には城西医療財団現職職員からベテランを登用した。事務長は城西病院の事務局長経験者で管財室長をしていた早川公叔、主任生活指導員は老人保健施設安曇野メディアの介護責任者をしていた増田朋子、看護師は城西病院婦長経験者の和田恒子・宮田照子、等の人々を配した。開設時の新規採用者の中から十年を経てそれぞれの部署の責任者が育ったことは、うれしい限りである。

高齢の障碍者が〝生きる〟とはどういうことなのかを考え実践することが、この十年間のテーマだったように思う。まず「食」については、一日二食三六五日の配食サービス提供を掲げた。施設においても、職員の創意工夫が生かされてきており、行事食のほか、喫茶、バイキング、居酒屋、等入所者からも喜ばれている。「住」については、〝住み慣れたところで過ごしたい〟という気持ちをどう実現するかを考え、訪問介護、グループホーム、デイサービス、等の居宅サービスを充実させた。施設においても、〝別荘〟の発想をした。つまり、三部屋でひとつのクラスターを形成し、さらに三つのクラスターでひとつのコミュニティー（デイルーム）を共有するという考えである。ユニットケアという考えは、ケアを中心としたものといえるが、こちらは「住」を中心とした考えである。

平成十二年にはじまった介護保険制度は、十七年に見直された。また、介護報酬は、十八年までに二度の改定があった。この度の改定で、今後は資金プールが厳しくなると予想される。十年を経ると、修理費も発生してくる。介護保険制度の見直しによる介護体系の変化に対応しなくてはならない。人員配置基準が今より厚くなる。療養病床の削減に伴う処遇すべき高齢者が急速に増加し、受け皿を用意しなくてはならない。等々問題は山積している。いずれも支出増につながることばかりである。この際、ゼロからの出発のつもりで取り組まねばならない。

ともあれ、この十年間、法人役員・職員をはじめとして、行政・地域の方々、ご家族・ボランティアの皆さん、等全ての人のお陰でここまで来ることができた。深く深く感謝申し上げる。引き続き次の十年間に対してもご助力を賜りたい。

（創立10周年記念誌「雄飛」・社会福祉法人七つの鐘　理事長／医療法人城西医療財団
理事長・院長　関　健）

■創立15周年　「創立15周年記念誌『親和』に寄せて」

わが七つの鐘が創立15周年を迎える。設立時は措置の時代で、特別養護老人ホーム（通称特養）と呼ばれた。平成12年度に介護保険法が施行され、介護老人福祉施設と称するようになったが、通称はやはり〝特養〟である。名は体を表すというが、この方が居住施設と言う感覚に合っている。和めるところ、安らぐところと言ったイメージがわく。

草創期のことを振り返ってみると、運営指針の策定、社会福祉法人の設立、補助金申請、融資申し込み、設計・工事、建設会議（現場打ち合わせ）、等忙しく立ち働いたことが懐かしく思い出される。指針は法人の名称にもなっているが、〝七つの鐘〟に由来している。即ち、「親切、誠実、清潔、協調、公正、明朗、創意」の七項目である。設立母体である医療法人城西医療財団（現在社会医療法人）の運営指針である七つの鐘をもじっている。項目はほぼ同じだが、医療法人のほうは、公正が公益性、協調が科学性と多少異なっている。法人の特性からこうなったと理解されたい。

七つの鐘の〝七〟にはもう一つ別の意味も込められている。それは、設立当時南安曇郡七ヵ町村からなる広域連合の支援をいただいたことに由来している。豊科、穂高、三郷、堀金、梓川、安曇、奈川の二町五ヵ村である。措置の時代だったのでそれぞれの町村の入所定員があった。松本市の定員もあり、これが最も多かった。措置から契約に変わった後も相当期間定員枠はあったと記憶している。後の平成の大合併で、梓川、安曇、奈川の三ヵ村が松本市と合併し、豊科、穂高、三郷、堀金の二町二ヵ村は、明科町を取り込んで安曇野市となった。その時点で措置の名残もなくなり、契約による入所体制が整った。かつて冗談交じりに合併はやめてくれと書いたことがあるが、その所以は南安曇郡七ヵ町村の枠組みが崩れることにあった。

設立の際もう一つ留意したことがある。それは、建物・設備・備品に対する配慮だけでなく、どんな運営をするか、いわば質をどうするかを考えた。〝七つの鐘〟に込められた運営指針は理念的・抽象的であり、より具体的な施設のイメージを表す言葉を探した。「黒澤の岸辺に響く雉子の声」、「永遠の安らぎの時を求めて住むところ」、「花満ち咲けよ蝶は舞へ」、「信濃の野辺にこだまする朝な夕なの鐘の音」「わがよき友とはらからを思ひて憩う緑陰」、「りんご色づく安曇野にあきつ飛びかひ雲ながる」、「花野にゆれる七草に幼き日々の夢結ぶ」、「北アルプスに雪は降り白一面の村の朝」、「地上あまねく凍れども館は人の暖かき」、「皆集い来よ語らんか」、等のフレーズである。何れも「小倉の四季」の歌詞として情景と思いとを読み込んだ。今、雉子は居なくなり、クララは自生していてもオオルリシジミ蝶の姿はない。利用者に対する職員の態度・姿勢は開設当初といささかも変わっていないと信じているが、さて、最近の評価は如何であろう。

植栽にも季節を象徴する桜・銀杏・もみじ・樅等の木々や石楠花・躑躅・紫陽花等の花木を植え、殊に中庭には桜・もみじ・樅を植えてあり、入所者は居ながらにして季節を感じることができる様配置した。後に隣りにできた社会医療法人城西医療財団ミサトピア小倉病院との間には、双方から楽しめるように「戸塚忠政記念庭園」と「秋月乃宮（秋津喜ノ宮／亜祁津已之宮）」を整備した。灯籠、つくばい及び井戸の組石は戸塚家に伝わる江戸時代のものであり、祠の両側のもみじは京都の古刹のもみじの実生から育てた由緒ある木である。親しみの湧く環境に育ってきている。

花の名を冠した施設群「つりがね草」、「すずらん」、「秋櫻」、「なでしこ」、等は、社会医療法人城西医療財団の「かたくりの郷」、「いわかがみ」共々、癒しと和みの時空として存している。

15年間を振り返って、創設者としての思いの一端を述べてみた。

（創立15周年記念誌『親和』・社会福祉法人七つの鐘　理事長・総長　関　健）

創立20周年　「創立20周年記念誌『先進』に寄せて」

わが『ミサトピア小倉メナー』は、平成8年4月開設なので、今年は20周年になる。記念誌を編むというので、来し方を振り返り、この先の進むべき道を見つける一助としたい。

社会福祉法人七つの鐘の創立は、平成7年6月8日である。準備は数年前から始めていたが、その布石は昭和62年に遡る。城西医療財団では来たるべき少子高齢社会を見据えて、医療の軸足を高齢者に移すべく、また、人々の関心をキュアからケアに変化させるべく、『老人ケア公開講座』を年1回開催することとした。これは、職員自身の意識変革のみならず、患者・家族の意識変革も視野に置いていた。平成12年の介護保険の施行前まで続き、締めくくりとして、シンポジウム『介護保険・障碍者プランはこの国を救えるか』を開催した。小倉メナーの開設後は、七つの鐘の職員も参画した。その間、平成4年6月から平成8年9月まで13回にわたり、行政関係者、地域住民、院内関係者らで構成される、『在宅療養研究会』も開催した。平成11年には、ホームヘルパー3級と2級の養成講座を始めた。

平成3年4月に私が城西医療財団の理事長・院長に就任し、老人保健施設「安曇野メディア」を開設した。平成8年4月に特別養護老人ホーム『ミサトピア小倉メナー』を開設し、その後は認知症高齢者グループホーム『秋櫻』、『つりがね草』、『かたくりの郷』、老養所『すずらん』、等を開設してきた。平成10年には城西病院に療養型病床群を開設し、介護保険施行後、45床を介護療養型医療施設とした。平成13年4月には、介護老人保健施設『白馬メディア』を開設した。訪問看護ステーション5か所、訪問介護ステーション4か所も開設し、平成14年には、城西病院と豊科病院の精神科機能の一部を移転し、慢性期（精神科療養病棟）及び精神科リハビリテーション領域並びに認知症療養病棟を持つ、『ミサトピア小倉病院』を開設した。平成22年4月にはケアハウス『いわかがみ』を開設した。社会医療法人城西医療財団と社会福祉法人七つの鐘の介護保険施設のラインアップは出揃った。

今、一日市場にサービス付高齢者向け住宅『ロピテル一日市場』を建築中である。予定通りにゆけば、本記念誌ができあがる頃に開所式を迎えることが出来る。この施設には、『認定やまぶきこども園』とリハビリテーション特化型デイサービス『Sウェルネスクラブ一日市場』も併設している。医療・福祉・介護の連携に加えて、生活支援の機能を加える試みである。すなわち地域包括ケアシステムのラインアップとなる。居住系施設は、グループホーム、老養所、ケアハウス等、運営してきたが、ケア施設でなく文字通り住居の提供である。食事、入浴、整容及び娯楽に至るまで、生活支援施設としてのサービスを提供する。おまけに幼小児やその親達との三世代にわたる交流も視野に入れた施設運営をもくろんでいる。地域包括ケアシステムは、いわゆる2025年問題に対する國の施策ではあるが、城西医療財団としてもこれに取り組んでゆく。中学校区で完結する医療・介護・福祉・生活支援サービスの構築となっているが、地域連携が視野に入っている。しかし、まずは城西医療財団と七つの鐘の連携を密にして行かなくてはならない。

閑話休題。「せんしん」を辞書で引くと、大言海（大槻文彦著／冨山房）には「先進」学問、官途、等ニ先ニ進メル人、とある。他に「専心」心ヲモッパラニスルコト、心ヲ一途ニスルコト。「潜心」心ヲヒソムルコト、心ヲ落チツカセルコト。「鮮新」新鮮ニ同ジ、等の言葉が並ぶ。他の辞書、大辞泉（松村明編／小学館）、大辞林（松村明編／三省堂）、広辞苑（新村出編／岩波書店）では、これらに加え、「線審」ラインズマン、「撰進」詩歌・書物を編集して天皇などに奉ること、等が挙げられている。「洗心」という言葉を見たことがあるが、辞書にはなく、施設名だったり法人名だったりで、何となく納得している。「せんしん」には良い意味の言葉が多いようである。「先進」は、「温故知新：故きを温ねて新しきを知る／論語」の謂でもある。

（創立20周年記念誌『先進』・社会福祉法人七つの鐘理事長・総長　関　健）

※

本書の構成は、第1部論文集、第2部対談、第3部シンポジウム、資料となっている。論文集は、先ず、明治以来の我が国の地域精神医療を俯瞰する論文を載せた。これは精神保健福祉士養成講座、すなわち国家試験用のテキストの私が分担執筆したチャプターを採録した。次いで、WPAのアンチスティグマキャンペーン関連シンポジウムの発表内容を採録した。これは日本の現状を世界に知らせる内容である。時あたかも精神分裂病の呼称を統合失調症と変更した時であり、その事情にも触れた。次いで、「精神障碍者社会復帰への道―城西メンタルセンターの30年―」を採録した。これは私の父が、雑誌『病院』（Vol.48 No.2 1989. 医学書院）に執筆したものである。障碍者年金などがなかった時代に精神障碍者が就労し、如何に生活をしていたか、メンタルセンター事業の30年を振り返っている。ちょうど精神衛生法が精神保健法に変わる時に、社会復帰施設が新法の中に書き込まれ、法定の施設として位置づけられた時の検証でもある。続いて、デイケア関連の論文が続く。重複はあるが、多少視点を変えて書かれているので、敢えて採録した。ここまでで、住まいの場と日中活動の場についての論考を集めたが、以後は、それ以外の社会資源、ケアマネジメントツール、精神科リハビリテーション、介護保険との関連を論じた論文を採録した。

介護保険の問題は、第2部の対談で論じている。介護保険施行10年を経た時であった。対談にお付き合いいただいたのは、第3部収載のシンポジウムで指定討論を行っていただいた黒澤正憲先生のご長男黒澤一也先生であった。正憲先生は、師友として尊敬していた先生であったが、この時すでに亡くなられていた。一也先生は立派に衣鉢を継ぎ、更に発展させている新進気鋭のホープである。全日本病院協会長野県支部長をすでに譲り、後事を託してあるが、中央での活躍も期待できる人材である。

第3部は、介護保険制度が始まる時に企画したシンポジウムで、当時から介護保険が内包していた問題点を浮き彫りにできたと思っている。障碍者福祉についても障碍者プランが進行中であったが、この問題点も呈示できたと思っている。そして20年が経ち、その検証は?……読者に委ねられている。正直なところを申せば、一途に政府の方針に沿って、事業展開をしてきたが、朝令暮改が日常茶飯事の政府のやり方にはついてゆけないところがある。例えば、精神障碍者グループホームの入所の手続きに時間がかかり、定員割れをしていても埋まらず、経費のみかかり収入がないため赤字体質に陥っていること。介護報酬がじわじわと下げられ、こちらも赤字体質に陥っているなどである。

シンポジウムに出席いただいた先生方の内、今井澄先生と黒澤正憲先生が鬼籍に入られた。松田朗先生は、日本医療コンサルティング協会の会長を長らく務められ、毎年1月の四病協賀詞交歓会にはお姿を見せてこられ、健在ぶりを確認出来ていたが、病を得られて、多少不自由になられたころまでは分かったが、最近の消息は不明である。望月雄内先生は県議会議長も経験され、自民党県連の重鎮として、なおご活躍中である。

さて、この稿の締めくくりに、現状の城西医療財団と、七つの鐘の直近の事業展開に触れておこう。いづれも、国の方針に沿った生き残り戦略である。

城西病院は、令和2年9月16日付をもって介護療養病床を廃止し、城西病院介護医療院（定員40人）を開設した。これによって、城西病院の総病床数は１９９床となり、所謂２００床未満の〝小規模病院〟となった。その意味は大きく、地域包括ケアを推進するため、在宅支援病院を目指すこととした。その実現には、訪問診療、訪問看護、訪問介護、地域医療機関（病院、診療所）との連携、等が不可欠である。訪問介護は、半年余り休止していたが何とか再開した。しかし、休止前の水準には回復していない。訪問診療や地域医療機関との連携はこれからの課題である。認知症疾患医療センターは、平成30年10月に開設しているが、まだ認知度は低い。健康センターにおいては婦人科検診が出来ず、これが課題であったが、令和2年10月から、人を得て婦人科を標榜し、婦人科検診を開始することが出来るようになった。精神障碍者支援部門では、'Sクリーンネスとして、クリーニングと清掃を事業化したが、念願のガーデニング事業の立ち上げには届いていない。他方、この数年間に廃止した事業もあり、ＧＨ大富荘は、建物の老朽化のため、廃止した。在宅介護支援センターは市の指針で廃止せざるを得なくなり、居宅介護支援事業所２つ（松本西在宅介護支援センターおよび居宅介護支援事業所しろにし）を改組して、〝居宅介護支援事業所松本しろにし〟と改称した。七つの鐘のリハビリテーション特化型デイサービス山吹の支援のために、理学療法士並びに健康運動指導士を派遣していたが、この事業の充実発展ぶりから、職員自ら城西病院に〝リハデイ〟を作って欲しいとの要望が上がり、'Sウェルネスクラブ松本の一角に〝リハデイしろにし〟を立ち上げたところ、好評で、発展を続けている。'Sウェルネスクラブ事業の赤字解消にも寄与するであろう。今後の予定としては、かつて院内レストラン「深山」の事業であった配食サービスを、新たなコンセプトで始めようと計画している。厨房は既に整備してあり、地域包括ケアにも食の部分で寄与できると考えている。GHの食事の提供も行い、精神障碍者の雇用の場としてもとらえている。これも以前からの構想であった。

七つの鐘の事業では、GH「つりがね草」およびデイサービス「つりがね草」は万年赤字が続いており、七つの鐘の経営危機に鑑み、廃止した。GH「なでしこ」は令和2年4月より定員を2人増やして、9人とし、赤字解消を図る。ロピテル一日市場のレストラン「森と湖」は、コック不在のまま休止しているが、この再開を図りたい。「認定やまぶきこども園」は、定員を増やすか、別個に認定こども園を運営するか検討中である。園庭の拡充は、近々行いたい。

そして、目指すは社会医療法人城西医療財団と社会福祉法人七つの鐘の統合乃至ホールディングス型経営母体の形成である。国でも検討を始めている課題であるが、私が理事長・総長である間に実現を図りたい。両法人にとっての生き残り策の切り札だからである。

第1部

精神障碍者・高齢者福祉の取り組み

関　健・他

『地域精神科医療の展開』

関　健

わが国の近代精神科医療は、１００年を超す歴史を刻んできたが、約80年前、１９３５（昭和10）年当時の日本における精神障害者の処遇は、公立精神科病院に入院している者が２、４２４人、民間精神科病院に入院している者１６、７５５人、一般病院の精神科病室に入院している者１、３６４人となっており、そのほか監置室なる施設にいる者が７、１３９人、このうち私宅監置室、いわゆる座敷牢は７、０４４あったとされている（表１）。当時、呉秀三は報告書のなかで、「我邦十何万ノ精神病者ハ実ニ此病ヲ受ケタルノ不幸ノ外ニ、此邦ニ生マレタルノ不幸ヲ重ヌルモノト云フベシ」と述べている。

この私宅監置がなくなったのが、第二次世界大戦後の１９５０（昭和25）年であり、精神衛生法の制定によるところであった。１９６０年代になって民間の精神科病院が全国各地に開設されるようになり、それが、その後のわが国の精神科医療をよくも悪くも特徴づけることとなった（図１）。これを第１のエポックといってよい。

精神科病院が増えたことはよいとしてその中身に問題があることを指摘したのが、ＷＨＯのクラーク（Clark, H.）博士である。１９６０年代に博士は二度来日し、日本の各地の精神科病院を視察し、また日本の厚生行政を検証し、１９６８（昭和43）年クラーク勧告を行っている。博士が説いたのは、リハビリテーションの必要性であり、精神科病院への統合失調症患者の長期収容が無欲状態を惹起している

表1　昭和10年（1935年）当時の精神障害者処遇

			施設数		定員	
精神科病院	公立	精神病院法	6	9	2,140	2,424
		その他	3		284	
	私立	代用病院	48	133	9,123	16,755
		その他	85		7,632	
一般病院付属精神病室		医療機関	20	27	1,237	1,364
		その他一般病院	7		127	
収容所		収容所	22	67	423	1,497
保養所		保養所	45		1,074	
監置室		公設監置室	95		7,139	
		私宅監置室	7,044			

（菅修：「本邦ニオケル精神病者並ビニ之ニ近接セル精神異常者ニ関スル調査」。精神神経学雑誌41、1937）

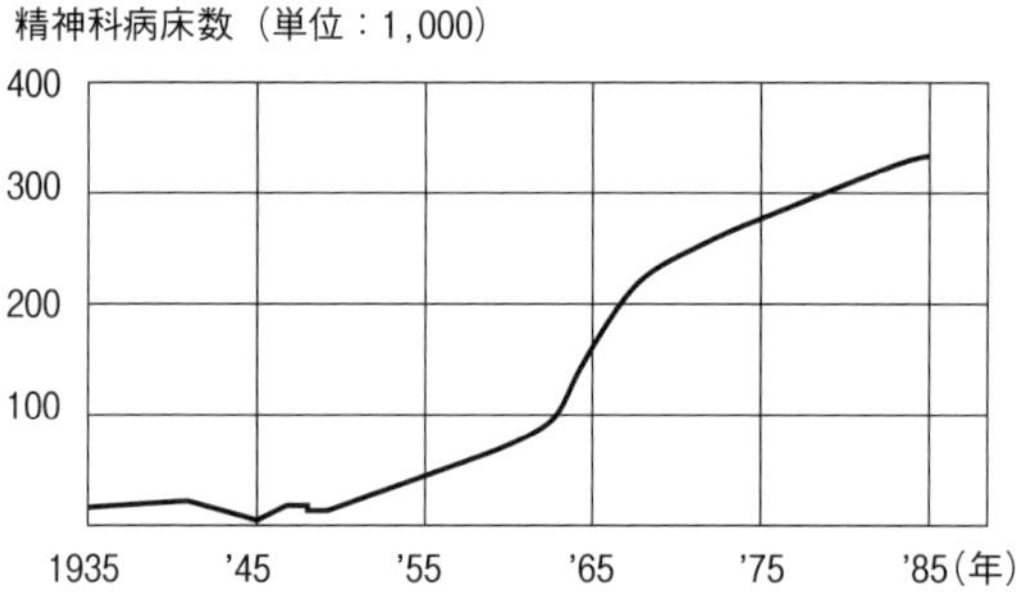

図1　わが国における精神科病床数増加の推移

ことの指摘である。これが第２のエポックといってよく、その後、薬物療法の発展と相まって、わが国においても精神科医療が地域ケアへと流れていくきっかけとなった。

　日本において社会復帰施設が建設されるようになったのは、１９８０年代の終わりに第３のエポックが訪れてからである。１９７０年代にはわが国の精神科病院をめぐって相次いでスキャンダルが発覚し、国際的にも大きな批判をあびるようになった。政府は、そのために、精神衛生法を約37年振りに大改正し、名称も精神保健法と改めるとともに、この法律の主たる目的を、「国民が精神障害者の社会復帰を支援することである」と明記した。そしてさらに、政府が補助金を公布する法定の社会復帰施設をつくることができるようになった。その後１９９５（平成７）年の法改正で福祉の視点も盛り込まれ、名称も精神保健及び精神障害者福祉に関する法律（精神保健福祉法）と改称されて、今日に至っている。

地域精神科医療の源流をさかのぼれば、遠く18世紀フランスのピネル（Pinel, P.）が精神障害者を鉄鎖から解放したところに行き着く。しかし、有効な治療法のない時代には地域精神科医療と今日呼ぶような動向はなく、20世紀初頭のアメリカで出版されたビアーズ（Beers, C. W.）の『わが魂にあうまで』の登場によって、はじめて真の地域精神科医療への道が開かれたといってよい。[*1] 州立精神科病院の悲惨で非人間的な処遇の実態が暴かれ、やがて精神障害者の権利に対する公権の責任論への世論形成がなされた。１９５５年にMental Health Study Actが成立し、この法に基づきJoint Commission on Mental Illness and Healthが結成され、１９６１年に勧告が出された。その勧告には次の5項目が含まれていた。①急性大適応障害者に対する即時的対応は地域で提供されること、②大精神障害は精神保健活動の中核的課題でありかつ終わりなき仕事であること、③人口５０、０００人ごとに十分にスタッフを配置し常時対応できる精神科クリニックがあること、④１、０００床未満で地域サービスに適したところにある現在よりも小規模の州立精神科病院を大精神障害者に役立つようにすること、⑤地域におけるアフターケアとリハビリテーションを拡大すること、等である。[*2] この勧告を尊重したケネディ大統領は、１９６３年に有名な「精神疾患及び精神遅滞に関する大統領特別教書」を出した。脱施設化政策がとられ、州立精神科病院は縮小され、精神障害者は街に出て暮らすようになった。しかし、ストリートピープルを大量につくり出すことにもなった。

地域精神科医療を理論的に発展させたカプラン（Caplan, G.）は、予防精神医学を提唱し、第1次予防では地域での環境の改善を図りコンサルテーションや危機介入によって精神障害者の発生を予防すること、第2次予防では精神障害者の早期発見と早期治療をすること、第3次予防では慢性患者の社会復帰訓練を行うとしている。注目すべきは、精神保健の専門家だけでなく、家族・教師・企業関係者・警察官・裁判官等の地域住民の手によってそれらの活動を推し進めようというものであった。また、重要なこととして、精神科医の地域責任性を地域精神科医療の前提条件として指摘した。

イギリスにおける地域精神科医療の開始は、1955年に保健省が年次報告で、精神科病院は現代の治療の場としては相応しくないことを公式に表明し、地域サービスの発展、一般病院の拡充と精神科病院の改善を提言したときといえる。1957年にははじめて精神科病床の削減に言及した。1959年にMental Health Act（精神衛生法）が成立し、精神障害者のリハビリテーション、アフターケアを精神保健に関する地方当局の役割として具体的に位置づけた。すなわち、①居住施設あるいは宿泊施設の提供とそこに居住する者のケア、②訓練あるいは職業センターの維持、③法的または強制入院患者の護送・入院患者家族の家庭訪問・退院患者家族の調整・退院後患者の指導等にあたるMental Welfare Officer（精神福祉担当官）の任命である。こうした流れのなかで病床削減を図り、各医療地区の地区総合病院は急性期治療をはじめとした十分な精神科サービスを行い、社会サービス部門における適切な地域サービス、各人口区ごとに多職種によるチームを含む連携のとれたサービスの提供に基づく総合的サービスをめざして施策を展開した。[*3]

その他の国のシステムとしては、フランスの人口70、000人を単位とする精神医療区（セクター）制度がある。公立基幹精神科病院が短期決着型の急性期治療を行い、基幹病院とは別の外来部門およびアフターケア施設（治療アパート・保護寮）が配備されている。また、カナダでは、バンクーバーが地域精神科医療のモデル地区としてよく知られている。ＷＨＯでもモデルとされているが、カミング（Comming, J.）を中心として、ブリティッシュコロンビア大学の林宗義らの努力によって構築されたシステムである。大バンクーバー精神保健サービスシステム（第3セクター）のコミュニティケアチーム（地区受持制で8チームが担当）が長期入院後の退院患者や地域の慢性統合失調症患者等をきめ細かくケアしているが、居住施設も整備している。地域ケアの施設としては、危機介入施設、短期居住施設、長期ホステル、ボーディングホームやナーシングホームなどの多彩な居住施設を整備している（人口万対10・9床）が、量的には十分とはいえない。[*4]

このように地域精神科医療への取組みは、各国の歴史や文化的背景によっても多少異なるが、精神障害者のサービスは患者の住む地域のなかで行われるべきであり、専門家のみによるのではなく、地域住民も参加したかたちでのサポート体制をとる必要があるとの認識が世界のコンセンサスとなっている。

1　地域移行の促進

わが国の障害者施策は１９８１（昭和56）年の「国際障害者年」と「国連・障害者の10年」を経て、１９９３（平成５）年度より10年間にわたる「障害者対策に関する新長期計画」等に基づく施策の推進により進展が図られてきた。１９９３（平成５）年11月に障害者基本法が成立し、それまで置き去りにされていた精神障害者も知的障害者・身体障害者と同等に障害者として位置づけられた。これを受け１９９６（平成８）年度から２００２（平成14）年度の7カ年にわたる「障害者プラン―ノーマライゼーション7か年戦略」が、ノーマライゼーション理念のもとに重点施策実施計画として策定された。

精神障害者対策に関してもさまざまな社会資源を含むインフラ整備など具体的な数値目標が掲げられたが、計画の終了年度内に目標は達成されていない。翌２００３（平成15）年度より新たに策定されたのが「新障害者基本計画」（２００３年度から２０１２〔平成24〕年度までの10年間）で、その前半の５年が「新障害者プラン」と称される「重点施策実施５か年計画」である。

WHOで進められてきた国際障害分類（International Classification of Impairments, Disabilities and Handicaps: ICIDH）は、２００２（平成14）年に改定版の日本語訳が出され、国際生活機能分類（International Classification of Functioning, Disability and Health; ICF）として提示された。この変更は、①従来「機能・形態障害」「能力障害」「社会的不利」の３レベルで障害を分け、陰性面のみに注目していたあり方を変更して、前向きあるいは中立的な表現に直したこと、②改定前は１次元的で一方向の流れとしていたのに対し、改定後は、各次元や要素が相互に関連していることを示すため、２次元的で双方向に結ばれたモデルが示されたこと、③障害の発生には、個人のもつ特徴だけでなく環境の影響が大きいことの認識に立って「環境因子」の分類が加えられたこと、などの特徴がある。社会参加といった陽性面に焦点を当てるICFは、わが国の「新障害者プラン」にも反映されている。

わが国における法定の社会復帰施設は以下に示すように、①精神障害者生活訓練施設（援護寮）、②精神障害者福祉ホーム（A型、B型）、③精神障害者授産施設（通所型、入所型）、④精神障害者福祉工場、⑤精神障害者地域生活支援センター、の５種類に分類されていた。また、精神障害者居宅生活支援事業として、①居宅介護等事業（ホームヘルプサービス）、②短期入所事業（ショートステイ）、③地域生活援助事業（グループホーム）、の３つのサービスがあった。

「障害者プラン」では、これらについて数値目標を掲げて整備を図ってきたところであるが、その達成率は、グループホームを除くと低く、「新障害者プラン」に積み残されてしまった。その基本的考え方は、「共生社会」の実現を目的として、①障害のある人たちが活動し、社会に参加する力の向上を図るとともに、②福祉サービスの整備やバリアフリー化の推進など、自立に向けた地域基盤の整備等に取り組むものである。

わが国において社会復帰施設の設置・運営の中心になったのは、民間の精神科病院である。これらの病院は日本精神科病院協会（以下、日精協）を組織し、日本の精神科医療を主導してきた。日精協には、平成27年7月現在で１、２０７のメンバーがいるが、これらの病院が運営している「障害者自立支援法に定める施設」は、居宅介護（ホームヘルプ）82病院、生活介護事業21病院／８０１施設、生活訓練（通所型）１２４病院、生活訓練（宿泊型）１３２病院、就労移行支援87病院、就労継続支援Ａ型17病院、就労継続支援Ｂ型１８１病院、グループホーム（包括型）５２８病院／１、２５５施設、短期入所（ショートステイ）99病院、相談支援事業・指定特定２９６病院／指定一般２４２病院、移動支援事業22病院、地域活動支援センター１９８病院、福祉ホーム28病院、となっている。会員病院の運営する入所型施設は徐々に増加している。

また、１９７０年代より試みられていた精神科デイケアも、１９９０年代になって急速に普及し、病院のみならずクリニックでも増加してきた。図2は、日本における精神科デイケア開設数の年次推移を示したものであるが、これをみると、１９９４（平成６）年に急速に増えている。これを病院および診療所別にみると、デイケア治療は、精神科専門病院で最も盛んに行われ、クリニックでも普及はしてきたが、公立の施設できわめて少ないのが特徴である。日精協会員病院における精神科デイケア施設と精神科作業療法の届出状況をみると、２０１５（平成27）年7月には、作業療法は１、１２６病院、デイ

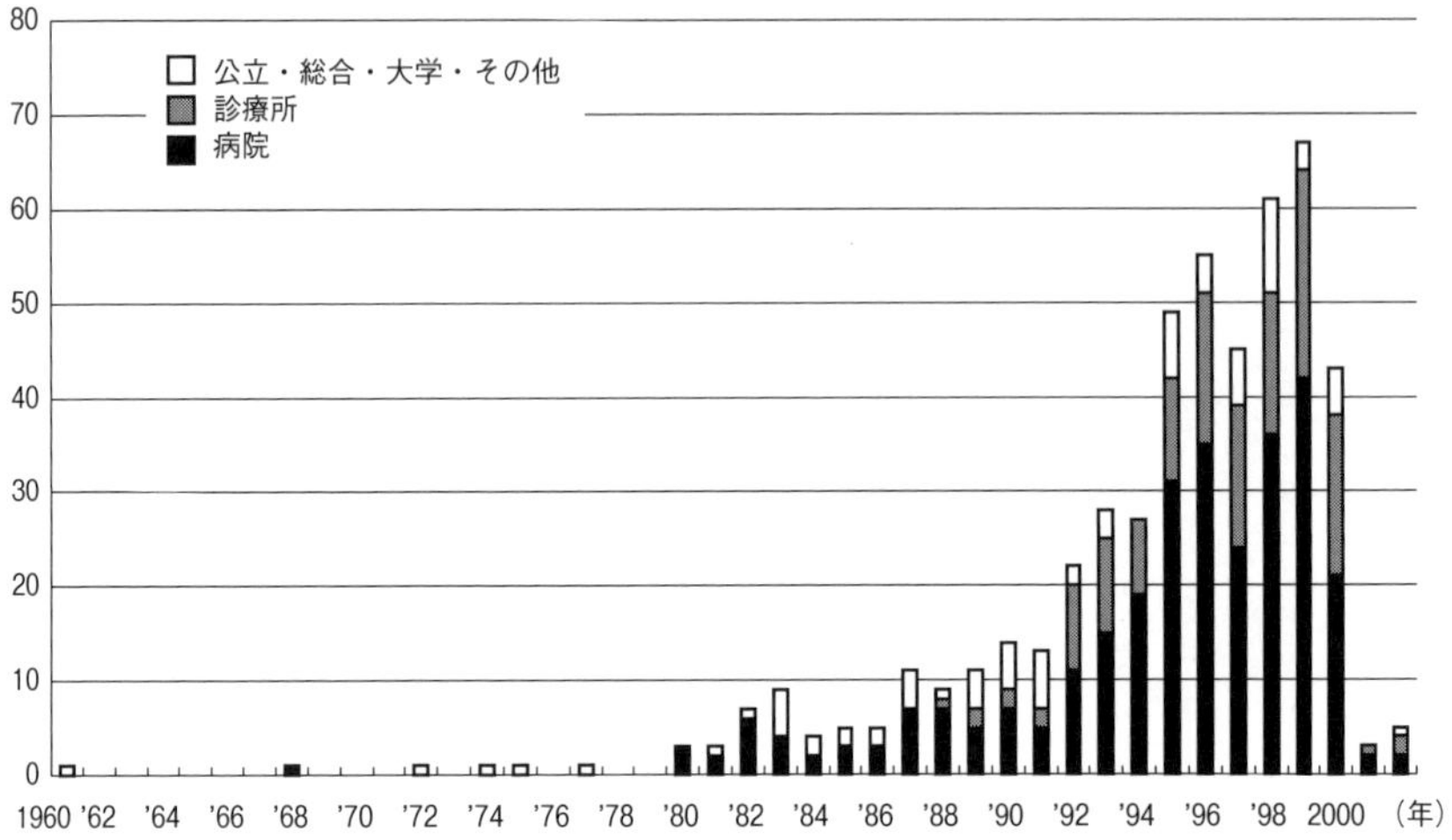

図2　精神科デイケアの開設年と設置主体別開設数

資料　窪田 彰:診療所デイケアの課題と展望。デイケア実践研究、5（1）、2001（一部改変）。

ケア施設は、大規模６４４施設、小規模２９９施設、ショートケア大規模５０１施設、小規模２６３施設、ナイトケア１１４施設、デイ・ナイトケア３１４施設、重度認知症患者デイケア１４４施設が届出を行っている。なお、わが国においては、デイケアも作業療法も医療保険より診療報酬が支払われるため、規定の基準を満たし、届出を行い承認される必要がある。

もう1つの地域リハビリテーション実践の場は、精神障害者小規模作業所である。その第1号は、１９７６（昭和51）年に小平市にできた「あさやけ作業所」である。これは、秋元波留夫らの尽力によるもので、今日までのほぼ30年間に全国で1、５００カ所にも達している。図3はその年次推移を示したものである。[*5] しかしながらこれらは、精神保健福祉法によらない無認可の小規模作業所であり、それぞれ1カ所平均15人の利用者がいるとすると、全体で２２、５００人の人たちしか受け入れられていないことになる。現在、地域に働く場を必要とする精神障害者は10万人を越すと推計されることから、これでは少なすぎると秋元は指摘し、わが国の精神

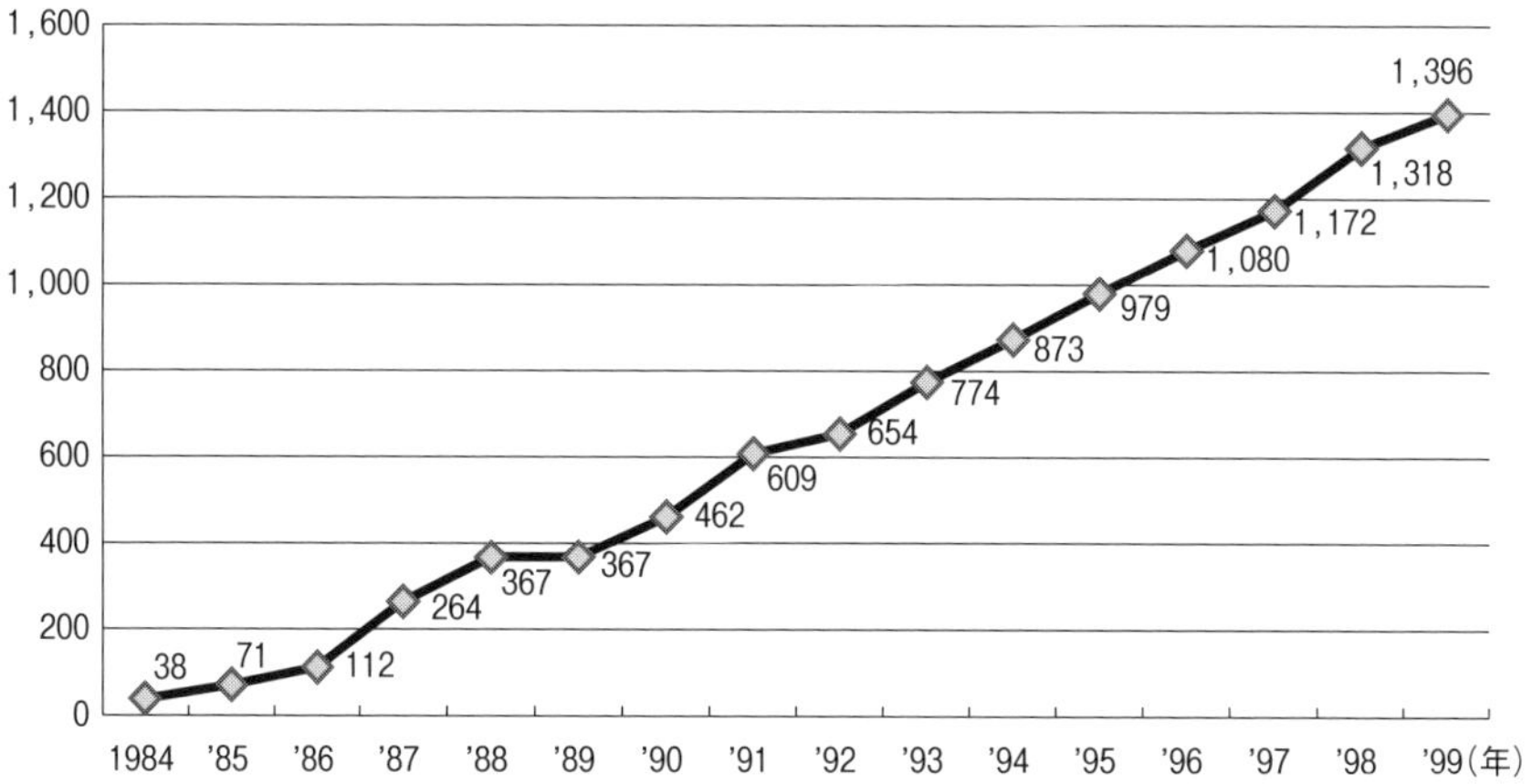

図３　精神障害者小規模作業所の設置数の推移

資料　全国精神障害者家族会連合会：作業所全国連絡会調査（各年８月現在、1999年は１月現在）。

保健施策の貧困を嘆いている。１９９９（平成11）年の法改正により、無認可小規模作業所を法定の小規模通所授産施設に変更できるようになったが、平成23年10月１日の時点で、精神障害者小規模通所授産施設は44施設（定員８３４人）にすぎなかった。精神障害者授産施設は、入所型が10施設（定員２５４人）、通所型が６６施設（定員１、５０４人）とこれらも十分普及していなかった。精神障害者福祉工場も２施設（定員59人）と少ない状況にある。平成24年以降は施設類型が変更になり上記の施設は夫々他施設へ移行した。

１９８７（昭和62）年に社会復帰施設が法定化されて20数年を経過しているにもかかわらず、社会復帰施設の整備状況と、国の施策上の整備目標が乖離しているのはなぜなのか。その理由の１つは補助金制度の仕組みにあり、国・都道府県がそれぞれに予算を組み、また運営主体である法人もそれぞれ負担する仕組みであったからであろう。また理由の２つ目は、長らく収容主義に慣れてしまった精神科病院が、こうした施設の必要性を認識できていない点にある。さらにこれらにも増して普及を阻害している大きな要因は、国民のなかにまだ根強く残る心の障壁ともいうべきもので、今まで目にみえなかった大きな障壁が存在することである。精神障害者を自分たちの生活圏から排除しようという、いわゆるスティグマ（stigma）である。精神障害者社会復帰施設等を建設しようとすると地域住民の無理解による反対運動が起こり、建設が進まない。沖縄県・平和病院の精神障害者社会復帰施設建設反対運動の際の立て看板には「平和な上江津区を脅かす」と書いてある。なかには「ここで患者に追われたら子どもはどこへ逃げますか?」といった看過しえない表現もある。結局、平和病院は粘り強い交渉の末、これらの施設の実現にこぎつけている。ただし、この病院では、施設が広大な敷地のなかに配置されており、真の意味での脱施設化の実現には至っていない。一般の人びとが住む市街地につくることはかなわなかったのである。1960年代に建築され30年以上を経た精神科病院がリニューアルの時期にきて建て替えをしようと思っても、住民の反対署名運動が起こるなど、誤解・偏見・差別意識はなお根強い。[*6] 仙波恒雄は、こうした住民や行政の対応を、〝総論賛成各論反対の社会性〟と喝破した。[*7]

2002（平成14）年、第12回世界精神医学会（World Psychiatric Association; WPA）総会が横浜で開催された。併行して第99回日本精神神経学会が開かれていたが、この期間に日本では記念すべき大きな変化が起こった。長期間にわたって使用してきた「精神分裂病」の呼称を改め、「統合失調症」と表現しようという日本精神神経学会の提案である。早速、ほとんどのマスメディアはこの趣旨に賛成し、なかには普及への手助けの動きをするところも出てきた。厚生労働省もすべての公文書で統合失調症の使用を認めた。この変更の理由は、①今やこの疾患も回復可能であるにもかかわらず精神の分裂といった回復不能の印象を与えていること、②治療者側も病名告知がしづらく現状での告知率は20％と低いこと、③そして何よりもこの呼称には偏見・差別や侮蔑がついてまわることである。表2に、日本精

表２　統合失調症の６つの特徴

1．統合失調症は，心の状態を示す用語で，いくつかの異なった病気の集まりであろうといわれています。失調というのは，一時的に調子を崩したという意味で，回復の可能性を示します。
2．根本的な原因はまだわかっていませんが，何らかの脳の機能異常と心理社会的なストレスなどの相互作用が関係すると考えられています。
3．日本全国で約60万人近くの患者さんが治療を受けておられます。また，一生の間にこうした状態になる率は，およそ100人に１人とされています。
4．まとまりきれない心の内容が，現実とは異なった形をとり，幻覚や妄想となることがあります。これは脳内の伝達物質がバランスを失ったためで，その多くは薬が効きます。幻覚や妄想は，他の病気にも見られるものです。
5．薬や心理社会的な介入による新しい治療法が普及し，社会参加をめざしたリハビリテーションも進歩しました。早期に適切な治療を行うことによって，今では多くの患者さんが回復し，社会参加しています。ただ，一部には疲れやすさや神経の敏感さが残ることもあります。
6．どうやって社会参加を支援していくのかということが，これからの課題です。そのためには心ない偏見を減らしていくことが重要です。

資料　日本精神神経学会精神分裂病の呼称変更委員会作成：統合失調症の一般向け説明。2002。

神神経学会の見解としてまとめた統合失調症のもつ６つの特徴を示す。一般市民に理解してもらうために、日本精神神経学会のホームページ上での掲載等情報として発信しているものである。

またＷＨＯは、精神障害者に対する差別が世界的な問題であるとの認識のもとに、１９９６（平成８）年からアンチ・スティグマ・キャンペーンを行っている。日本精神神経学会も、日本における統合失調症への呼称変更の動向を世界に発信し続けている。さらに、痴呆についても当事者から呼称変更の要望が出てきたことから、厚生労働省は、「痴呆」に替わる用語に関する検討会（座長・高久史麿日本医学会会長）を立ち上げ、２００４（平成16）年11月に名称変更の道筋が示され、同年12月以降「認知症」と呼称されることとなった。また、「癲癇（てんかん）」の呼称にも同様の問題がつきまとっている。

さて、平成26年10月時点の日本における総病床数は１６８万床、そのうち精神科病床は３３万８、０００床となっている。また、１日平均在院患者数は、精神科病床は２９万５、８００人、全精神科病床数に対して87％の利用率となっている。また平均在院日数は281日である。これに対し一般病床は66万9,700人の利用があり、率にして75%、平均在院日数は16・8日である。人口10万人あたりの精神科病床数は266・1と他国に比べて多いと指摘されており、また平均在院日数も長い。これは医療制度の違いによるところであり、浅井邦彦は、諸外国におけるナーシングホーム等を入院病床に加えた数字を比較すると、それほど大きな差はないとしている。[*8]

一方、入院病床の多さが、入院外医療すなわち地域ケアが発展しない原因となっていることも事実である。

わが国で精神科領域が地域ケアにドラスティックに転換していかない理由を、仙波恒雄は次のような見解にまとめている。[*9]

(1) 地域社会の未成熟
総論賛成・各論反対の社会性(偏見)、精神科病院の孤立性支援の欠如

(2) 入居型施設の著しい不足と利用のしづらさ
現在の利用年限・対象者の条件、他の障害者福祉に比べ希薄な職員配置と低い運営費補助

(3) 病床転換を図る経済的インセンティブの欠如
精神科医療費がきわめて低く責任ある運営が困難、外国施設並の価額の保障がない、社会復帰施設運営が自立的に可能な補助費体系の欠落、施設運営に病院運営資金を導入せざるをえないこと

(4) 地域転換政策の欠如
民間病院が8割を担う精神科医療体制である現状に鑑み、病床削減を進めるにあたり残存病床の診療報酬を底上げして原資とする保障の必要性。

2　集中的包括的な地域生活支援体制の構築に向けて

以下に、地域精神科医療に関連する最近の潮流を整理しておく。

1)　市町村・都道府県障害福祉計画

基本指針は、平成18年6月26日告示で示され、これに即して市町村・都道府県が作成する。市町村の役割は、①障害福祉サービス、相談支援及び地域生活支援事業の提供体制の確保に係る目標に関する事項、②各年度における指定障害福祉サービス、指定地域相談支援又は指定計画相談支援の種類ごとの必要な量の見込み、③地域生活支援事業の種類ごとの実施に関する事項、等となっている。都道府県の役割は、①障害福祉サービス、相談支援及び地域生活支援事業の提供体制の確保に係る目標に関する事項、②区域ごとの各年度の指定障害福祉サービス、指定地域相談支援又は指定計画相談支援の種類ごとの必要な量の見込み、③各年度の指定障害者支援施設の入所定員総数、④地域生活支援事業の種類ごとの実施に関する事項、等となっている。計画は18年度に始まり、3か年ごとに期を区切り、現在は27年度に始まった第4期計画が進行中である。基本指針に定める数値目標を示しているが、福祉施設の入所者の地域生活への移行に関しては、29年度末時点の目標値を25年度末時点の施設入所者数の12％以上としている。入院中の精神障害者の地域生活への移行に関しては、①入院後3ヶ月時点の退院率の29年度における目標を64％以上とする、②入院後1年時の退院率の29年度における目標を91％以上とする、③長期在院者数（入院期間が1年以上である者の数）は、29年6月末時点の長期在院者数を24年6月末時点の長期在院者数から18％以上削減することを基本とする、等を定めている。その他、地域生活支援拠点等の整備を都道府県・市町村が協議し29年度末までに少なくとも1つを整備することを基本とし、福

表3　サービス見込量一覧表（第4期障害福祉計画）

	事　項	内　容
福祉施設から一般就労への移行等	就労移行支援事業および就労継続支援事業の利用者の一般就労への移行	都道府県の障害保健福祉担当部局は，2017（平成29）年度において，就労移行支援事業および就労継続支援事業の利用者のうち，一般就労への移行者数の見込みを設定する．
	公共職業安定所におけるチーム支援による福祉施設利用者の支援	都道府県の障害保健福祉担当部局は，都道府県労働局と連携して，就労移行支援事業者等と公共職業安定所との円滑な連携を促し，2017（平成29）年度において，福祉施設の利用者のうち，必要な者がチーム支援を受けることができるよう，支援件数の見込みを設定する．
	障害者の態様に応じた多様な委託訓練事業の受講	都道府県の障害保健福祉担当部局は，都道府県の労働担当部局および都道府県労働局と連携して，福祉施設から一般就労への移行を促進するため，2017（平成29）年度において，福祉施設から一般就労へ移行する者のうち，必要な者がその態様に応じた多様な委託訓練を受講することができるよう，受講者数の見込みを設定する．
	障害者トライアル雇用事業の開始	都道府県の障害保健福祉担当部局は，都道府県労働局と連携して，福祉施設から一般就労への移行を促進するため，2017（平成29）年度において，障害者トライアル雇用事業（障害者雇用の経験がない事業主等に対し，障害者雇用に対する理解を深め，試行雇用終了後の常用雇用への移行を進めることを目的とする事業をいう．）について，福祉施設から一般就労へ移行する者のうち，当該事業を活用することが必要な者が活用できるよう，開始者数の見込みを設定する．
	職場適応援助者による支援	都道府県の障害保健福祉担当部局は，都道府県の労働担当部局および都道府県労働局と連携して，福祉施設から一般就労に移行する者の職場適応を容易にするため，2017（平成29）年度において，職場適応援助者による支援について，福祉施設から一般就労に移行する者のうち，必要な者が支援を受けることができるよう，対象者数の見込みを設定する．
	障害者就業・生活支援センター事業による支援	都道府県の労働担当部局および障害保健福祉担当部局は，都道府県労働局と連携して，福祉施設から一般就労に移行した者の職場定着を図るため，2017（平成29）年度において，福祉施設から一般就労に移行するすべての者が就労移行支援事業者と連携した障害者就業・生活支援センターによる支援を受けることができるよう，支援対象者数の見込みを設定する．
訪問系サービス	居宅介護 重度訪問介護 同行援護 行動援護 重度障害者等包括支援	現に利用している者の数，障害者等のニーズ，平均的な1人当たり利用量等を勘案して，利用者数および量の見込みを設定する．
日中活動系サービス	生活介護 自立訓練（機能訓練）	現に利用している者の数，障害者等のニーズ，施設入所者の地域生活への移行者数，平均的な1人当たり利用量等を勘案して，利用者数および量の見込みを設定する．
	自立訓練（生活訓練）	現に利用している者の数，障害者等のニーズ，施設入所者の地域生活への移行者数，入院中の精神障害者のうち地域生活への移行後に自立訓練（生活訓練）の利用が見込まれる者の数，平均的な1人当たり利用量等を勘案して，利用者数および量の見込みを設定する．
	就労移行支援	現に利用している者の数，障害者等のニーズ，施設入所者の地域生活への移行者数，入院中の精神障害者のうち地域生活への移行後に就労移行支援事業の利用が見込まれる者の数，福祉施設の利用者の一般就労への移行者数，特別支援学校卒業者等新たに就労移行支援事業の対象者と見込まれる者の数，平均的な1人当たり利用量等を勘案して，利用者数および量の見込みを設定する．
	就労継続支援（A型）	現に利用している者の数，障害者等のニーズ，施設入所者の地域生活への移行者数，入院中の精神障害者のうち地域生活への移行後に就労継続支援（A型）の利用が見込まれる者の数，平均的な1人当たり利用量，地域の雇用情勢等を勘案して，利用者数および量の見込みを設定する．

日中活動系サービス	就労継続支援（B型）	現に利用している者の数，障害者等のニーズ，施設入所者の地域生活への移行者数，入院中の精神障害者のうち地域生活への移行後に就労継続支援（B型）の利用が見込まれる者の数，平均的な 1 人当たり利用量等を勘案して，利用者数および量の見込みを設定する． 設定にあたっては，区域内の就労継続支援（B型）事業所における工賃（事業所が，利用者に対して，事業収入から事業に必要な経費を控除して支払う金額をいう．）の平均額について，区域ごとの目標水準を設定することが望ましい．
	療養介護	現に利用している者の数，障害者等のニーズ等を勘案して，利用者数の見込みを設定する．
	短期入所（福祉型，医療型）	現に利用している者の数，障害者等のニーズ，施設入所者の地域生活への移行者数，入院中の精神障害者のうち地域生活への移行後に短期入所の利用が見込まれる者の数，平均的な 1 人当たり利用量等を勘案して，利用者数および量の見込みを設定する．
居住系サービス	共同生活援助	現に利用している者の数，障害者等のニーズ，施設入所者の地域生活への移行者数，入院中の精神障害者のうち地域生活への移行後に共同生活援助の利用が見込まれる者の数等を勘案して，利用者数の見込みを設定する． また，グループホームに基本指針第一の一の 3 の機能を付加的に集約して整備する場合においては，当該地域生活支援拠点の設置箇所数の見込みを設定する．
	施設入所支援	2013（平成25）年度末時点の施設入所者数を基礎として，施設入所者の地域生活への移行者数を控除したうえで，グループホーム等での対応が困難な者の利用といった真に必要と判断される数を加えた数を勘案して，利用者数の見込みを設定する． 当該利用者数の見込みの設定にあたっては，2017（平成29）年度末において，2013（平成25）年度末時点の施設入所者数の 4 パーセント以上を削減することとし，2014（平成26）年度末において，障害福祉計画で定めた 2014（平成26）年度までの数値目標が達成されないと見込まれる場合は，未達成割合を 2017（平成29）年度末における施設入所者の削減割合の目標値に加えた割合以上を目標値とすることを基本としつつ，地域の実情に応じて設定することが望ましい．
相談支援	計画相談支援	障害者福祉サービスおよび地域相談支援の利用者数等を勘案して，利用者数の見込みを設定する．
	地域移行支援	施設入所者の地域生活への移行者数，入院中の精神障害者のうち地域生活への移行後に地域移行支援の利用が見込まれる者の数等を勘案して，利用者数の見込みを設定する． 設定にあたっては，入所または入院前の居住地を有する市町村が対象者数の見込みを設定する．
	地域定着支援	単身世帯である障害者の数，同居している家族による支援を受けられない障害者の数，施設入所者の地域生活への移行者数，入院中の精神障害者のうち地域生活への移行後に地域定着支援の利用が見込まれる者の数等を勘案して，利用者数の見込みを設定する．
障害児支援	児童発達支援 放課後等デイサービス 保育所等訪問支援	地域における児童の数の推移，現に利用している障害児の数，障害児等のニーズ，保育所等での障害児の受入れ状況，入所施設から退所した後に児童発達支援等の利用が見込まれる障害児の数，平均的な 1 人当たり利用量等を勘案して，利用児童数および量の見込みを設定する．
	医療型児童発達支援	地域における児童の数の推移，現に利用している障害児の数，障害児等のニーズ，入所施設から退所した後に医療型児童発達支援の利用が見込まれる障害児の数，平均的な 1 人当たり利用量等を勘案して，利用児童数および量の見込みを設定する．
	福祉型児童入所支援 医療型児童入所支援	地域における児童の数の推移，現に利用している障害児の数，障害児等のニーズ等を勘案して，利用児童数の見込みを設定する．
	障害児相談支援	障害児通所支援の利用児童数等を勘案して，利用児童数の見込みを設定する．

資料　厚生労働省：障害福祉計画の概要（一部改変）。

祉施設から一般就労への移行等について市町村及び都道府県として、①29年度中の目標値を24年度実績の2倍以上とすることを基本とする、②就労移行支援事業の利用者数について、29年度末における利用者数が25年度末における利用者数の6割以上増加すること、③就労移行支援事業所のうち、就労移行率が3割以上の事業所を全体の5割以上とすることを目標とすること、等を定めた。

サービス見込み量は、福祉施設から一般就労への移行等・訪問系・日中活動系・居住系・相談支援・障害児支援のカテゴリーごとに一覧表で示している（表3）。

精神科医療が地域に展開していく一方、注目すべきことがある。従来、精神科の治療においては家族の役割が重要と考えられ、また、家族（保護者）には患者を支える法的義務が課せられていた。しかし、法改正によって保護者の義務の一部がはずされ、地域の手にゆだねられることとなった。そのため、保護者に代わって地域が行うことも増え、システム構築に向け各関係機関でもさまざまな検討が行われている。その背景にある要因としては、保護者の高齢化および家族の核家族化がある。更に、平成26年4月施行の改正精神保健福祉法では、保護者に関する規定が削除された。医療保護入院が見直され、保護者の同意要件を外し、家族等（配偶者、親権者、扶養義務者、後見人又は保佐人）のうちのいずれかの者の同意を要件とすることとされた。該当者がいない場合等は、市町村長が同意の判断を行う。又、精神科病院の管理者に、①医療保護入院者の退院後の生活環境に関する相談及び指導を行う者（精神保健福祉士等）の設置、②地域援助事業者（入院者本人や家族からの相談に応じ必要な情報提供等を行う相談支援事業者等）との連携、③退院促進の為の体制整備、等を義務付けた。

2）障害者自立支援法から障害者総合支援法へ

障害者の地域生活と就労を進め、自立を支援する観点から、障害者基本法の基本理念にのっとり、こ

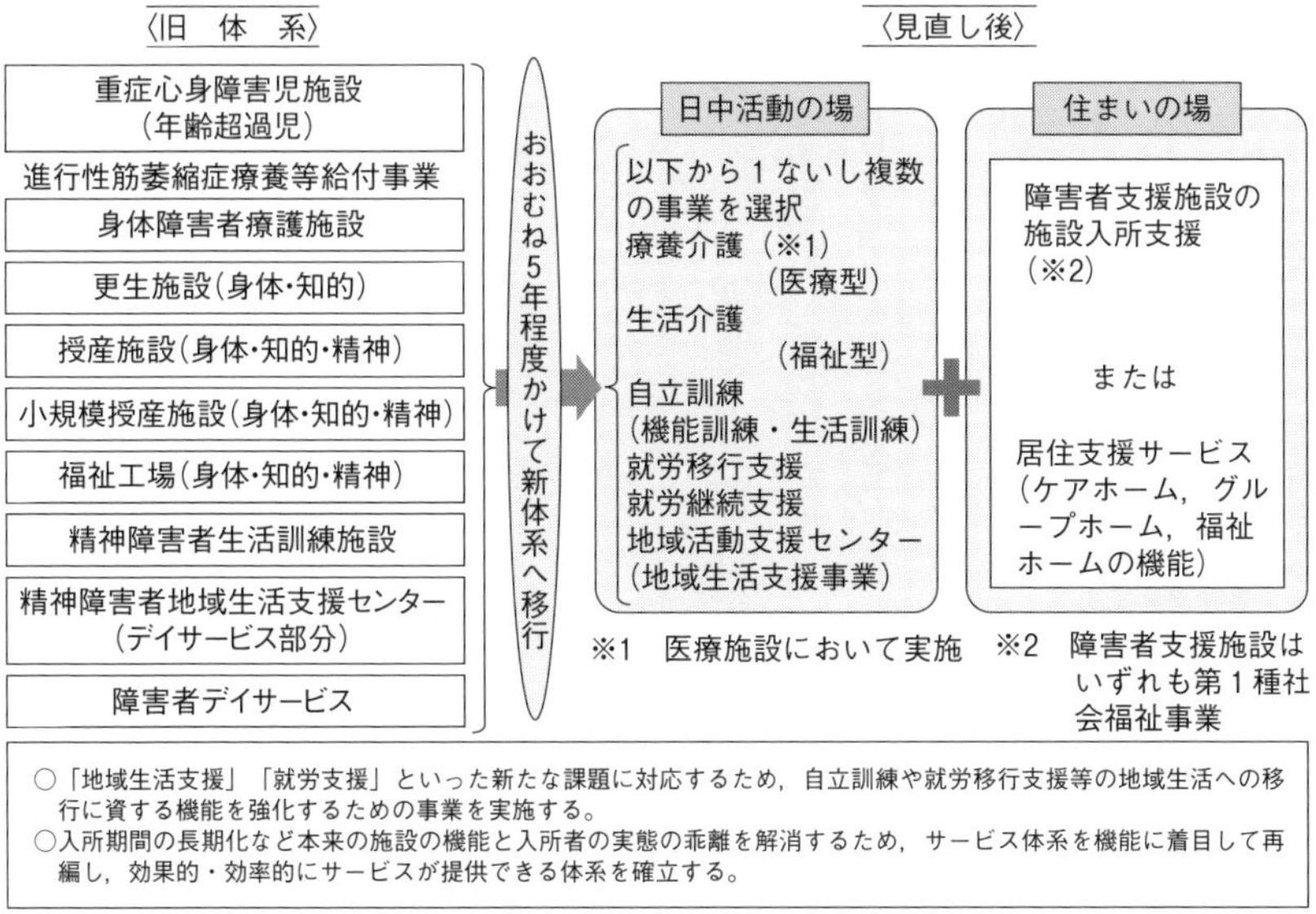

図４　施設体系・事業体系の見直し

資料　厚生労働省。

れまで障害種別ごとに異なる法律に基づき自立支援の観点からなされてきた福祉サービス、公費負担医療について、共通の制度のもとで一元的に提供する仕組みを創設することとし、自立支援給付の対象者、内容、手続き等、地域生活支援事業、サービス整備のための計画の作成、費用の負担等を定めるとともに、精神保健福祉法等の関係法令について所要の改正が行われた。従来の社会復帰施設等は、５年間の移行措置期間を経て、新体系のもとに変更を迫られている（図４）。

　自立支援給付（障害福祉サービス）は、介護給付と訓練等給付に大別され、それぞれに日中活動の場と住まいの場が設定されている。訓練等給付の障害者就労移行支援事業の仕組みもつくられた。また、市町村または都道府県が実施主体となる地域生活支援事業があり、ケアマネジメントによるサービスの提供が行われる。従来の通院医療費公費負担制度は自立支援給付として自立支援医療を支えることとなった。しかしながら、原則1割の利用者負担の問題や、従来社会復帰施設の整備が進まなかったのと同様に、サービスの整備が進まないなどの問題が少なからず出てきているのも事実である。

従来、身体、知的、精神の3障害に対する施策は、関連性もなくばらばらに策定され、費用弁償も異なっていた。国の予算措置も3障害で異なり、他の2障害に比べて精神障害者支援に充てる予算、ことに福祉予算は著しく少なかった。こうしたなか、障害者自立支援法の成立により、3障害横並びのサービス体系が整えられ、「日中活動の場」と「住まいの場」とに整理されることとなった。これに伴い従来の社会復帰施設は、2013（平成25）年までに新体系に移行しなくてはならなくなり、居住施設はケアホーム、グループホーム、福祉ホームの3類型に整理され、精神障害者生活訓練施設（援護寮）は廃止されることとなった。また、日中活動の場も図4にみるようなかたちに整理された。

通院医療に関しても公費負担から自立支援医療となり、応益負担の考え方が取り入れられた。これにより当事者の自己負担が増え、通院の中断ひいては症状の悪化が懸念された。1ヶ月の自己負担上限が5,000円とされ多少の安心感がもたらされたが、応益負担の考え方に対する不満は強く、当事者団体は廃止を求めて政府と対峙し、時の与党は廃止を約束させられた。政権が交代してもこの法律の廃止の方向性は変わらず、内容を見直し新たな名称の法律が平成24年6月20日に成立した。「障害者の日常生活及び社会生活を総合的に支援するための法律（障害者総合支援法）」であり、平成25年4月より施行された（一部は平成26年4月施行）。新法に基づく給付・事業については、図5に示されている。

この法律の特徴は、平成23年7月に成立した「改正障害者基本法」を踏まえ、①障害者（児）の範囲を広げ、発達障害や難病等が加わったこと（表4に平成27年7月からの対象疾患一覧を示す）、②基本

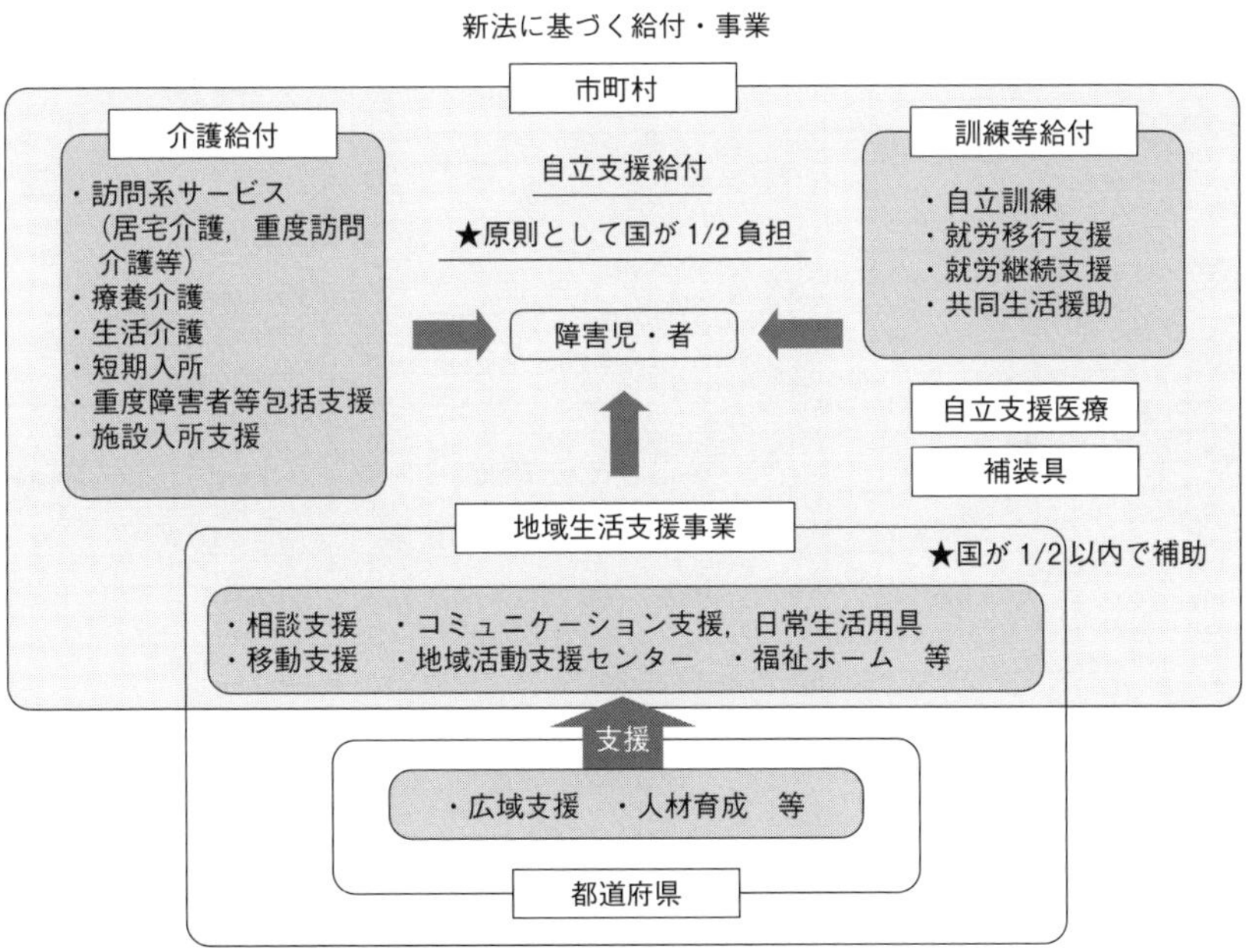

図5　障害者総合支援法に基づく給付・事業

資料　厚生労働省：地域社会における共生の実現に向けて新たな障害保健福祉施策を講ずるための関係法律の整備に関する法律について。2012。

理念「法に基づく日常生活・社会生活の支援が、共生社会を実現するため、社会参加の機会の確保及び地域社会における共生、社会的障壁の除去に資するよう、総合的かつ計画的におこなわれる」が掲げられたこと、③従来の「障害程度区分」を「障害支援区分」に改めたこと、④障害者に対する支援として、重度訪問介護の対象拡大(重度肢体不自由者等)、共同生活介護(ケアホーム)の共同生活援助(グループホーム)への一元化、地域移行支援の対象拡大、地域生活支援事業の追加等、⑤サービス基盤の計画的整備として、障害福祉計画の定期的な検証、市町村障害福祉計画策定に当たっての障害者等のニーズの把握の努力義務化、自立支援協議会の名称を協議会に改め(弾力化)当事者や家族の参画の明確化を図ったこと、等である。法施行後3

表 4　障害者総合支援法の対象疾病一覧（332 疾病）　　（2015 年 7 月 1 日現在）

1	アイカルディ症候群
2	アイザックス症候群
3	IgA 腎症
4	IgG4 関連疾患
5	亜急性硬化性全脳炎
6	アジソン病
7	アッシャー症候群
8	アトピー性脊髄炎
9	アペール症候群
10	アミロイドーシス
11	アラジール症候群
12	有馬症候群
13	アルポート症候群
14	アレキサンダー病
15	アンジェルマン症候群
16	アントレー・ビクスラー症候群
17	イソ吉草酸血症
18	一次性ネフローゼ症候群
19	一次性膜性増殖性糸球体腎炎
20	1p36 欠失症候群
21	遺伝性ジストニア
22	遺伝性周期性四肢麻痺
23	遺伝性膵炎
24	遺伝性鉄芽球性貧血
25	VATER 症候群
26	ウィーバー症候群
27	ウィリアムズ症候群
28	ウィルソン病
29	ウエスト症候群
30	ウェルナー症候群
31	ウォルフラム症候群
32	ウルリッヒ病
33	HTLV-1 関連脊髄症
34	ATR-X 症候群
35	ADH 分泌異常症
36	エーラス・ダンロス症候群
37	エプスタイン症候群
38	エプスタイン病
39	エマヌエル症候群
40	遠位型ミオパチー
41	円錐角膜
42	黄色靱帯骨化症
43	黄斑ジストロフィー
44	大田原症候群
45	オクシピタル・ホーン症候群
46	オスラー病
47	カーニー複合
48	海馬硬化を伴う内側側頭葉てんかん
49	潰瘍性大腸炎
50	下垂体前葉機能低下症
51	家族性地中海熱
52	家族性良性慢性天疱瘡
53	化膿性無菌性関節炎・壊疽性膿皮症・アクネ症候群
54	歌舞伎症候群
55	ガラクトース-1-リン酸ウリジルトランスフェラーゼ欠損症
56	加齢黄斑変性
57	肝型糖原病
58	間質性膀胱炎（ハンナ型）
59	環状 20 番染色体症候群
60	関節リウマチ
61	完全大血管転位症
62	眼皮膚白皮症
63	偽性副甲状腺機能低下症
64	ギャロウェイ・モワト症候群
65	急性壊死性脳症
66	急性網膜壊死
67	球脊髄性筋萎縮症
68	急速進行性糸球体腎炎
69	強直性脊椎炎
70	強皮症
71	巨細胞性動脈炎
72	巨大静脈奇形（頸部口腔咽頭びまん性病変）
73	巨大動静脈奇形（頸部顔面又は四肢病変）
74	巨大膀胱短小結腸腸管蠕動不全症
75	巨大リンパ管奇形（頸部顔面病変）
76	筋萎縮性側索硬化症
77	筋型糖原病
78	筋ジストロフィー
79	クッシング病
80	クリオピリン関連周期熱症候群
81	クリッペル・トレノネー・ウェーバー症候群
82	クルーゾン症候群
83	グルコーストランスポーター1欠損症
84	グルタル酸血症 1 型
85	グルタル酸血症 2 型
86	クロウ・深瀬症候群
87	クローン病
88	クロンカイト・カナダ症候群
89	痙攣重積型（二相性）急性脳症
90	結節性硬化症
91	結節性多発動脈炎
92	血栓性血小板減少性紫斑病
93	限局性皮質異形成
94	原発性局所多汗症
95	原発性硬化性胆管炎
96	原発性高脂血症
97	原発性側索硬化症
98	原発性胆汁性肝硬変
99	原発性免疫不全症候群
100	顕微鏡的大腸炎
101	顕微鏡的多発血管炎
102	高 IgD 症候群
103	好酸球性消化管疾患
104	好酸球性多発血管炎性肉芽腫症
105	好酸球性副鼻腔炎
106	抗糸球体基底膜腎炎
107	後縦靱帯骨化症
108	甲状腺ホルモン不応症
109	拘束型心筋症
110	高チロシン血症 1 型
111	高チロシン血症 2 型
112	高チロシン血症 3 型
113	後天性赤芽球癆
114	広範脊柱管狭窄症
115	抗リン脂質抗体症候群
116	コケイン症候群
117	コステロ症候群
118	骨形成不全症
119	骨髄異形成症候群
120	骨髄線維症
121	ゴナドトロピン分泌亢進症
122	5p 欠失症候群
123	コフィン・シリス症候群
124	コフィン・ローリー症候群
125	混合性結合組織病
126	鰓耳腎症候群
127	再生不良性貧血
128	サイトメガロウィルス角膜内皮炎
129	再発性多発軟骨炎
130	左心低形成症候群
131	サルコイドーシス
132	三尖弁閉鎖症
133	CFC 症候群
134	シェーグレン症候群
135	色素性乾皮症
136	自己貪食空胞性ミオパチー
137	自己免疫性肝炎
138	自己免疫性出血病 XIII
139	自己免疫性溶血性貧血
140	シトステロール血症
141	紫斑病性腎炎
142	脂肪萎縮症
143	若年性肺気腫
144	シャルコー・マリー・トゥース病
145	重症筋無力症
146	修正大血管転位症
147	シュワルツ・ヤンペル症候群
148	徐波睡眠期持続性棘徐波を示すてんかん性脳症
149	神経細胞移動異常症
150	神経軸索スフェロイド形成を伴う遺伝性びまん性白質脳症
151	神経線維腫症
152	神経フェリチン症
153	神経有棘赤血球症
154	進行性核上性麻痺
155	進行性骨化性線維異形成症
156	進行性多巣性白質脳症
157	心室中隔欠損を伴う肺動脈閉鎖症
158	心室中隔欠損を伴わない肺動脈閉鎖症
159	スタージ・ウェーバー症候群
160	スティーヴンス・ジョンソン症候群
161	スミス・マギニス症候群
162	スモン
163	脆弱 X 症候群
164	脆弱 X 症候群関連疾患
165	正常圧水頭症
166	成人スチル病
167	成長ホルモン分泌亢進症
168	脊髄空洞症
169	脊髄小脳変性症（多系統萎縮症を除く。）
170	脊髄髄膜瘤

171	脊髄性筋萎縮症
172	全身型若年性特発性関節炎
173	全身性エリテマトーデス
174	先天性横隔膜ヘルニア
175	先天性核上性球麻痺
176	先天性魚鱗癬
177	先天性筋無力症候群
178	先天性腎性尿崩症
179	先天性赤血球形成異常性貧血
180	先天性大脳白質形成不全症
181	先天性風疹症候群
182	先天性副腎低形成症
183	先天性副腎皮質酵素欠損症
184	先天性ミオパチー
185	先天性無痛無汗症
186	先天性葉酸吸収不全
187	前頭側頭葉変性症
188	早期ミオクロニー脳症
189	総動脈幹遺残症
190	総排泄腔遺残
191	総排泄腔外反症
192	ソトス症候群
193	ダイアモンド・ブラックファン貧血
194	第14番染色体父親性ダイソミー症候群
195	大脳皮質基底核変性症
196	ダウン症候群
197	高安動脈炎
198	多系統萎縮症
199	タナトフォリック骨異形成症
200	多発血管炎性肉芽腫症
201	多発性硬化症／視神経脊髄炎
202	多発性嚢胞腎
203	多脾症候群
204	タンジール病
205	単心室症
206	弾性線維性仮性黄色腫
207	短腸症候群
208	胆道閉鎖症
209	遅発性内リンパ水腫
210	チャージ症候群
211	中隔視神経形成異常症／ドモルシア症候群
212	中毒性表皮壊死症
213	腸管神経節細胞僅少症
214	TSH 分泌亢進症
215	TNF 受容体関連周期性症候群
216	低ホスファターゼ症
217	天疱瘡
218	禿頭と変形性脊椎症を伴う常染色体劣性白質脳症
219	特発性拡張型心筋症
220	特発性間質性肺炎
221	特発性基底核石灰化症
222	特発性血小板減少性紫斑病
223	特発性後天性全身性無汗症
224	特発性大腿骨頭壊死症
225	特発性門脈圧亢進症

226	特発性両側性感音難聴
227	突発性難聴
228	ドラベ症候群
229	中條・西村症候群
230	那須・ハコラ病
231	軟骨無形成症
232	難治頻回部分発作重積型急性脳炎
233	22q11.2 欠失症候群
234	乳幼児肝巨大血管腫
235	尿素サイクル異常症
236	ヌーナン症候群
237	脳腱黄色腫症
238	脳表ヘモジデリン沈着症
239	膿疱性乾癬
240	嚢胞性線維症
241	パーキンソン病
242	バージャー病
243	肺静脈閉塞症／肺毛細血管腫症
244	肺動脈性肺高血圧症
245	肺胞蛋白症（自己免疫性又は先天性）
246	肺胞低換気症候群
247	バッド・キアリ症候群
248	ハンチントン病
249	汎発性特発性骨増殖症
250	PCDH19 関連症候群
251	肥厚性皮膚骨膜症
252	非ジストロフィー性ミオトニー症候群
253	皮質下梗塞と白質脳症を伴う常染色体優性脳動脈症
254	肥大型心筋症
255	ビタミンＤ依存性くる病／骨軟化症
256	ビタミンＤ抵抗性くる病／骨軟化症
257	ビッカースタッフ脳幹脳炎
258	非典型溶血性尿毒症症候群
259	非特異性多発性小腸潰瘍症
260	皮膚筋炎／多発性筋炎
261	びまん性汎細気管支炎
262	肥満低換気症候群
263	表皮水疱症
264	ヒルシュスプルング病（全結腸型又は小腸型）
265	ファイファー症候群
266	ファロー四徴症
267	ファンコニ貧血
268	封入体筋炎
269	フェニルケトン尿症
270	複合カルボキシラーゼ欠損症
271	副甲状腺機能低下症
272	副腎白質ジストロフィー
273	副腎皮質刺激ホルモン不応症
274	ブラウ症候群
275	プラダー・ウィリ症候群
276	プリオン病
277	プロピオン酸血症
278	PRL 分泌亢進症（高プロラクチン血症）
279	閉塞性細気管支炎
280	ベーチェット病

281	ベスレムミオパチー
282	ヘパリン起因性血小板減少症
283	ヘモクロマトーシス
284	ペリー症候群
285	ペルーシド角膜辺縁変性症
286	ペルオキシソーム病（副腎白質ジストロフィーを除く.）
287	片側巨脳症
288	片側痙攣・片麻痺・てんかん症候群
289	発作性夜間ヘモグロビン尿症
290	ポルフィリン症
291	マリネスコ・シェーグレン症候群
292	マルファン症候群
293	慢性炎症性脱髄性多発神経炎／多巣性運動ニューロパチー
294	慢性血栓塞栓性肺高血圧症
295	慢性再発性多発性骨髄炎
296	慢性膵炎
297	慢性特発性偽性腸閉塞症
298	ミオクロニー欠神てんかん
299	ミオクロニー脱力発作を伴うてんかん
300	ミトコンドリア病
301	無脾症候群
302	無βリポタンパク血症
303	メープルシロップ尿症
304	メチルマロン酸血症
305	メビウス症候群
306	メンケス病
307	網膜色素変性症
308	もやもや病
309	モワット・ウイルソン症候群
310	薬剤性過敏症症候群
311	ヤング・シンプソン症候群
312	優性遺伝形式をとる遺伝性難聴
313	遊走性焦点発作を伴う乳児てんかん
314	4p 欠失症候群
315	ライソゾーム病
316	ラスムッセン脳炎
317	ランゲルハンス細胞組織球症
318	ランドウ・クレフナー症候群
319	リジン尿性蛋白不耐症
320	両側性小耳症・外耳道閉鎖症
321	両大血管右室起始症
322	リンパ管腫症／ゴーハム病
323	リンパ脈管筋腫症
324	類天疱瘡（後天性表皮水疱症を含む.）
325	ルビンシュタイン・テイビ症候群
326	レーベル遺伝性視神経症
327	レシチンコレステロールアシルトランスフェラーゼ欠損症
328	劣性遺伝形式をとる遺伝性難聴
329	レット症候群
330	レノックス・ガストー症候群
331	ロスムンド・トムソン症候群
332	肋骨異常を伴う先天性側彎症

資料　厚生労働省：障害者総合支援法の対象となる難病等について。2015。

年を経た平成27年12月14日に、社会保障審議会障害者部会は、見直しについて報告書をまとめた。見直しの骨子は、①新たな地域生活の展開、②障害者のニーズに対するよりきめ細かな対応、③質の高いサービスを持続的に利用できる環境整備、の３つの柱としてまとめられた。内容は多岐にわたっており、⑴常時介護を要する障害者等に対する支援について、⑵障害者等の移動の支援について、⑶障害者の就労支援について、⑷障害支援区分の認定を含めた支給決定の在り方について、⑸障害者の意思決定支援・成年後見制度の利用促進の在り方について、⑹手話通訳等を行う者の派遣その他の聴覚、言語機能、音声機能その他の障害のため意思疎通を図ることに支障がある障害者等に対する支援の在り方について、⑺精神障害者に対する支援について、⑻高齢の障害者に対する支援の在り方について、⑼障害児支援について、⑽その他の障害福祉サービスの在り方等について、の10項目にまとめられた。

精神障害者支援については、本人の意向を尊重し、地域移行・地域生活の支援の取り組みを強化するため、①ピアサポート、②医療と連携した短期入所、③地域生活を支援する拠点とサービス、等を挙げ具体的な取り組みについて言及している。また、人材の資質向上を図り、例えば、障害福祉サービスで十分な対応ができていない高次脳機能障害者（児）への対応について調査研究を進める必要があることに言及している。

今後本報告に基づき、関係法律の改正や平成30年度に予定されている障害福祉サービスの次期報酬改定等に向けて、具体的な改定内容について検討を進め、財源を確保しつつその実現を図るべきであるとしている。また、平成28年４月に施行された「障害を理由とする差別の解消の推進に関する法律（障害者差別解消法）」にも言及し、政府全体で同法の円滑な施行が図られるよう、関係省庁と連携して取り組みを進めていくべきであるとしている（図６）。

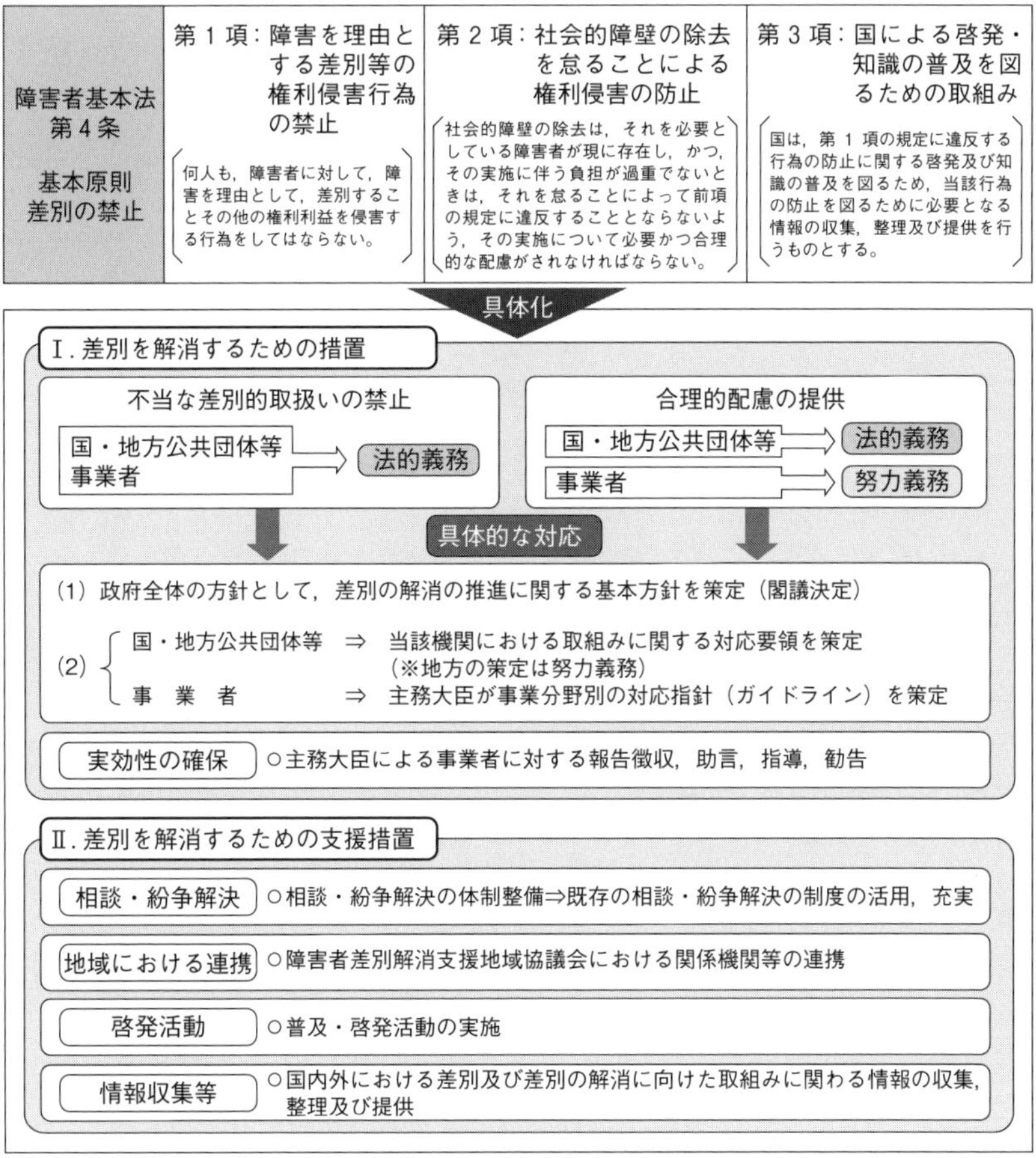

図 6　障害者差別解消法の概要

資料　内閣府：障害を理由とする差別の解消の推進に関する法律（平成 25 年法律第 65 号）の概要。2016。

3）精神障害者ケアガイドライン

障害者ケアガイドラインは3障害横並びで策定されることが決まっていたが、精神障害者ケアガイドライン策定の具体的作業は、障害者ケアマネジメント体制整備検討委員会精神障害者部会の手にゆだねられた。１９９８（平成10）年3月に一応のまとめをみたが、２００１（平成13）年3月には、精神障害者ケアガイドラインの見直しに関する中間報告書が作成され[*10]、２００２（平成14）年度に始まる精神障害者訪問介護[*11]、２００３（平成15）年度から始まる精神障害者ケアマネジメント事業への一応の指針が出された[*12]。

具体的サービスの提供にはケアマネジメント手法が用いられ、その方法が示されている。今日わが国における障害者ケアマネジメントは、障害者ケアマネジメント体制整備検討委員会により、「障害者の地域における生活を支援するために、ケアマネジメントを希望する者の意向を踏まえて、福祉・保健・医療のほか、教育・就労などの幅広いニーズと、公私にわたるさまざまな地域の社会資源の間に立って、複数のサービスを適切に結びつけ調整を図るとともに、総合的かつ継続的なサービスの供給を確保し、さらには社会資源の改善および開発を推進する援助方法である」と定義されている。

その後ケアガイドラインの見直しが、以下の視点に立って行われた。①医療の位置づけについては、必要なサービスを医療と福祉に大別すれば、その比率はさまざまであっても常に両方合わせて提供される必要がある。ケアマネジメントにおいても常に必要な医療が確保されていることが必要である。②主治医の位置づけについては、多くの場合、利用者は主治医から医療を提供されているので、ケアマネジメント中でも継続的に医療が提供される。ケアマネジメント従事者は早い時期に医療機関と相談し、医療の必要性について意見を求め、その指示に従う。また、申請時には医師の意見書を必要とする。ケア計画作成時には、必要に応じて主治医と連絡をとり検討する。ケア計画ができたら主治医に連絡し承諾を得る。③ケア会議には主治医と利用者の参加が望ましいが、主治医が参加不可の場合には代わりに病院のＰＳＷ等の代理参加を可とする。④定期報告については、一定の期間を経て利用者と話し合い、ケアマネジメント従事者は主治医に経過を報告する。これは医療との良好な連携を図るうえで重要である。なお、医療機関も実施機関として利用できることとなった。また、ケアマネジメントとは「利用者のニーズに対応してサービスを有効にするための一手法である」ことが確認された。

精神障害者ケアマネジメントの実施に際しては、その障害特性をふまえ、以下３つの重要事項に留意する必要がある。

⑴　精神障害者は障害と疾病を併せもった状態であることを認識すべきである。
⑵　再燃・再発予防と安定した社会生活維持のために医療の継続が必須である。
⑶　主治医からの十分な情報とケアマネジメント実施経過および結果の主治医へのフィードバックが不可欠である。

また、ケアマネジメントを行う相談窓口としては、精神障害者地域生活支援センターやその他の社会復帰施設および病医院等の精神科医療機関も位置づけられることとなった。

4)　精神障害者アウトリーチ推進事業[*13]

精神障害者の地域移行施策として、国は２００３（平成15）年から退院支援に向けた事業を行ってきた。地域に向けた支援（退院支援）と、入院を防ぎ地域に根づく支援（地域定着支援）を併せ行うことが重要である。アウトリーチ（訪問）による支援により、「入院」というかたちに頼らず、まずは「地域で生活する」ことを前提とすべきという点について、関係者が共通認識をもつ必要がある。将来は一般制度化（診療報酬等で評価）をめざすため、全国25カ所でモデル事業を行い、評価指標や事業効果について検証が行われることとなった。

精神科病床削減の大号令のもとに退院促進事業を行ってきたが、退院後いかに再入院を防ぎ、地域に定着するか、また、入院していない者であっても、いかに入院につながらないようにするかが課題となっている。本事業の対象となるのは、未治療の者や治療中断している者等（治療契約等が交わされていない者）に対し、専門職がチームを組んで、必要に応じて訪問を行う「アウトリーチ」により、保健・医療・福祉サービスを包括的に提供し、ていねいな支援を実施して在宅生活の継続を可能にする。後述するACTが本来なら入院を必要とする重症者を対象に、原則として利用者と治療契約を交わし、医師、看護師、作業療法士、精神保健福祉士等の多職種による訪問形態で、診療報酬の対象サービスを活用して行われるのに対し、より軽症で治療契約が交わされていない者を対象としている。

本事業はアウトリーチ・チームの設置と病床削減計画を併せ実施することとされ、民間の精神科病院において実施することをイメージしており、図7にあるように、パターンAとパターンBとがある。また、想定されるチーム設置形態も、図8にみるにAとBとがある。この事業は2011（平成23）年度の単年度事業として位置づけられている。

精神疾患でやむなく長期療養を強いられている人びとは、何よりも安心を求めているのである。社会を拒否する態度の裏には、社会に対する恐怖感が潜んでいる。その克服には、患者自身が変わるか、社会が変わるかのどちらかである。精神障害者にとって今の社会は確かに住みにくく、精神障害者に対する誤解や偏見・差別はいまだ解消されていない。精神障害者の治療やケアもまだまだ十分とはいえない。病院以外の安心できる生活の場も少ない。活動の場となればもっと少ない。こうした課題をかかえ

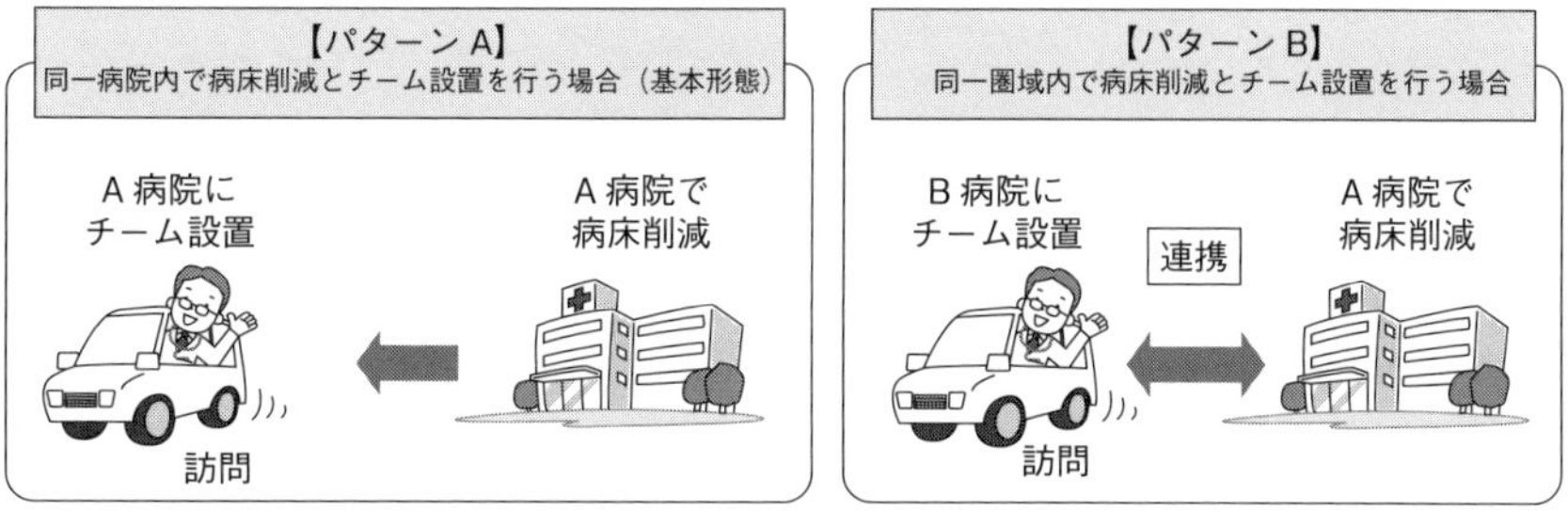

図７　アウトリーチの実施パターン

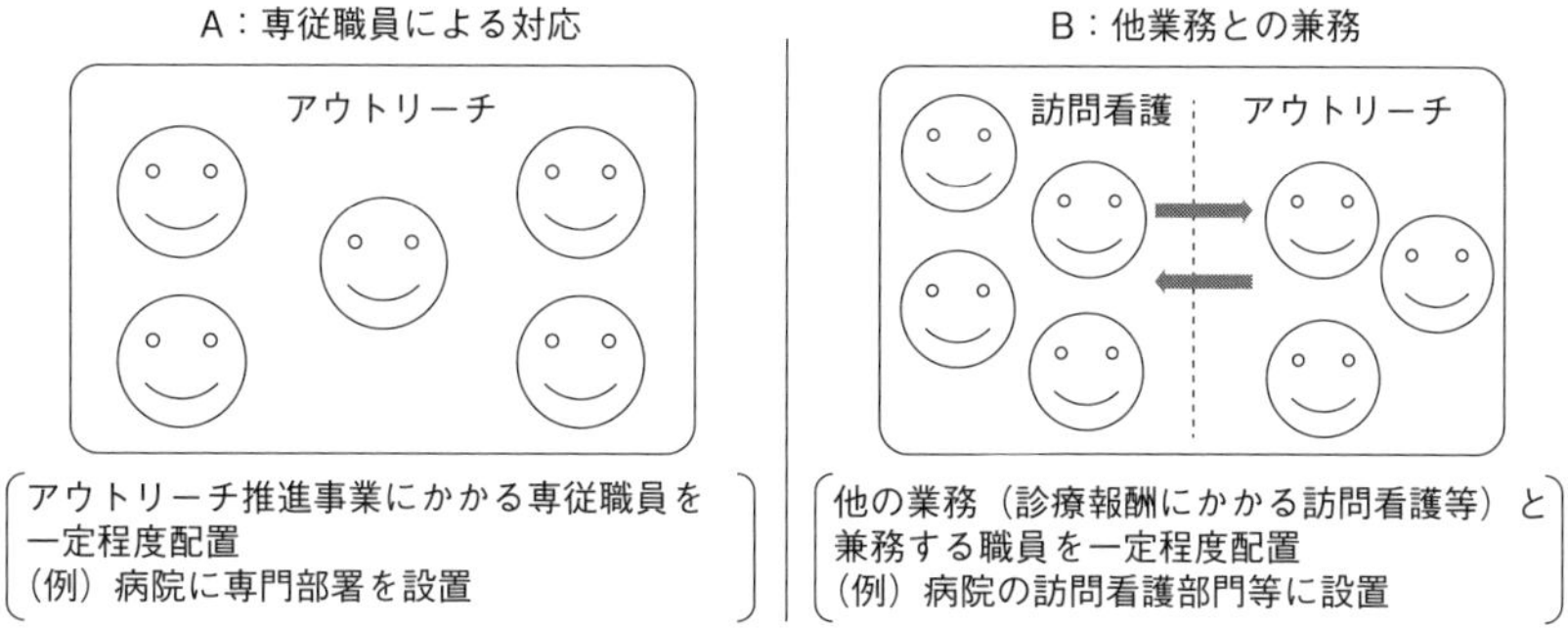

図８　想定されるチーム設置形態

ながらあえて地域移行を進めるとするならば、障害者自身のもつ生活能力を評価し、地域生活に必要な要件、ことに利用可能な地域の社会資源の活用に結びつけるケアマネジメント・ツールの開発が必須となる。関健らは、２００７（平成19）年度厚生労働省「障害者自立支援調査研究プロジェクト研究」の一環として、「地域精神科医療等との連携を通じた地域生活支援モデル―多職種共同チームによる精神障害者の地域包括マネジメントモデル」をテーマとして研究を行った。成果として、ケアマネジメント・ツール「くらしとかつどう／LIFE & ACTS」を作成し、精神科医療に携わる多方面の方々の利用を促そうと企図した（図９）。

　既存評価ツールとしては、①概括的機能評価（global assessment of functioning: GAF）、②障害程度区分認定調査（精神症

対象者氏名		生年月日　　年　　月　　日	性別
対象者の状態変化の様子	集計表No.	医療機関	入院期間　　年

項　目	日付	日付	日付
A.食生活	0	0	0
B.清潔・整容	0	0	0
C.衣・住	0	0	0
D.服薬・健康管理	0	0	0
E.金銭管理	0	0	0
F.安全管理	0	0	0
G.対人関係・社会的役割	0	0	0
H.社会資源・公共機関の利用	0	0	0
点数総計	0	0	0

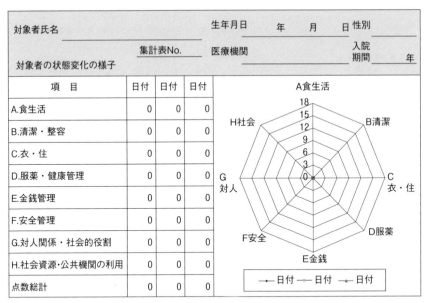

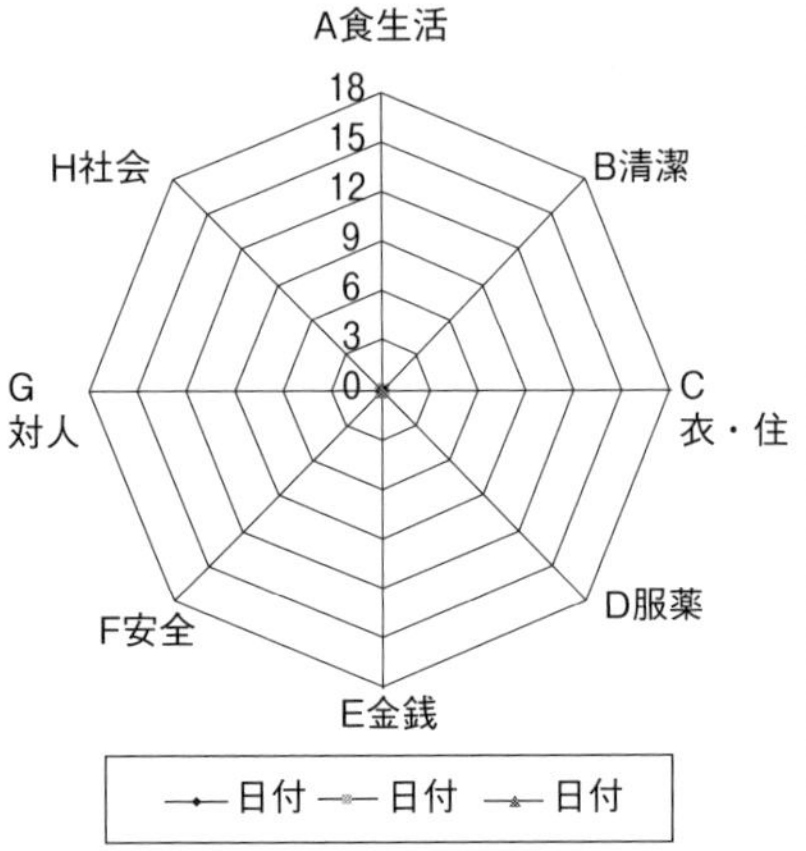

評価日毎目標設定

第一回評価日	課題	
	目標	
	支援内容 アプローチ	
	結　果 考　察	

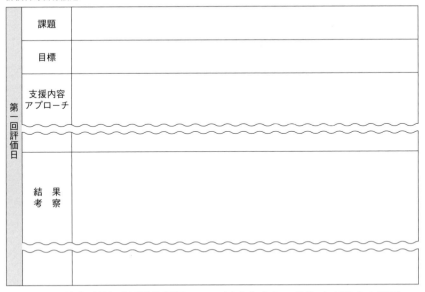

図9　地域生活移行生活技能評価ツール（くらしとかつどう／LIFE & ACTS）

状、能力障害、生活障害評価の３区分での評価／精神保健福祉手帳、自立支援医療医師意見書に採用）、③医療観察法通院医療共通評価項目、④日精協版「しゃかいふっき」等があり、これらとのクロス評価を行い、妥当性を検討したうえで図９に示す評価表を作成した。生活課題別大項目としては、①食生活、②清潔・整容、③衣・住、④服薬・健康管理、⑤金銭管理、⑥安全管理、⑦対人関係・社会的役割、⑧社会資源・公共機関の利用の８項目があり、これにそれぞれ下位項目６項目の評価項目（表５）を加え、計48項目を評価し、点数化してチャートに表現する。低い評価項目のものに対し重点的に社会資源を投入し、地域生活の実現を図るのに役立てる。これを退院前、社会復帰施設退所前等に用いて地域生活を経験させ、一定期間の後再評価、再々評価を行う設計となっている。

5）ＰＡＣＴ（program of assertive community treatment）と包括型地域生活支援プログラム（assertive community treatment; ACT）

ＰＡＣＴは、ＡＣＴの原型となったウィスコンシン州デーン郡マジソン市のオリジナルモデル（マジソンモデル）のことで、その後、program の部分を除いてＡＣＴと呼称されるようになったと理解される。ＰＡＣＴは重度で慢性の精神疾患を抱える人々に、自宅や職場などコミュニティーの中で包括的なサービスを供給するアウトリーチ中心のケアプログラムで、多職種からなるチームで24時間体制のサービス提供を原則としている。

日本版包括型地域生活支援プログラムは、２００３（平成15）年４月から国立精神・神経センター国府台病院（当時）において、ＡＣＴ－Ｊとして試行的に行われている。アメリカなどでは、ＡＣＴの導入によって精神科病院は急性期対応に限定され、精神科の医療・保健・福祉は「地域での生活支援」を軸としたものになっており、日本での大転換を図ろうと企図したものである。精神科病床の機能強化・

表5　くらしとかつどう／LIFE & ACTS　評価項目

【食生活】	【清潔整容】
・提供された食事を摂取する事ができる ・1日2食以上の食事ができる ・お惣菜など（調理の必要のないもの）を買ってくることができる ・ご飯を炊く事ができる ・食品の安全性が分かる（賞味・消費期限・見た目等） ・簡単な調理（湯沸かしやレンジ使用）ができる	・習慣的に、歯磨き（歯の手入れ）ができる ・習慣的に整容（洗顔整髪、髭剃り・爪切り）ができる ・美容院・理髪店へ行く事ができる ・入浴（洗髪・洗身）・シャワーの使用ができる ・うがいや手洗いが出来る ・身づくろいができる

【衣・住】	【服薬・健康管理】
・季節に合わせた服装に着替える事ができる ・衣類の整理整頓ができる ・衣類の洗濯をすることができる ・季節家電（扇風機・コタツ等）を使う事ができる ・必要に応じて住まいの整理整頓ができる ・ゴミの分別等処理ができる	・定期的な通院をすることができる ・自身の不調に気付き、受診できる ・薬を適切に管理・服薬する事ができる ・軽いケガ等の応急処置ができる ・体調不良時に静養することが出来る ・充分な睡眠が取れる

【金銭管理】	【安全管理】
・金融機関でお金の出し入れができる ・自分の収入額を把握できる ・1ヶ月の出費を大まかに理解できる ・計画的に物品購入することができる ・自己を豊かにできるよう（余暇活動等）に使途できる ・貯蓄や節約ができる	・タバコ・暖房・ガス等の火の安全な使用ができる ・戸締りができる ・交通規則を守る事ができる ・貴重品（印鑑・通帳・現金・カード等）管理ができる ・玄関先や電話等での不必要な勧誘を断ることができる ・災害時に安全な場所に避難する事ができる

【対人関係・社会的役割】	【社会資源・公共機関の利用】
・あいさつができる ・知人・友人を作り、その関係を維持できる ・困りごとなどを相談する事が出来る ・周囲を配慮した生活ができる（近隣に迷惑をかけない） ・町会・地区での当番・役割を行なうことができる ・生活域の行事・催事（例：選挙の投票等）に参加できる	・電話を使用することができる ・電話・情報端末等で生活を左右されない ・役所・機関からの連絡・通知に対処できる ・公共交通機関を利用して外出ができる ・必要物品を買う事ができる。 ・余暇利用（美術館・映画等鑑賞・旅行等）ができる

地域ケア・精神科病床の減少を促すといった厚労省の方針に沿ったものであり、[*14] 精神科医、看護師、作業療法士、精神保健福祉士、臨床心理士、就職カウンセラーら医療・福祉の専門職10人でチームを構成、24時間体制で退院した患者の生活を支援する。普段は生活上のさまざまな相談や職探し等の福祉的な支援を行い、病状が悪化したときには医師や看護師などの医療職が往診等で対応する。対象となるのは、自傷他害や家族への暴力などで頻繁に入退院を繰り返しているような患者で、本人の同意を得たうえで毎月５人ずつ支援し、全体で40人程度を想定している。

また、我が国では、京都のたかぎクリニックが行っているＡＣＴ－Ｋの試みがあり、多職種協働のアウトリーチ型支援は徐々に広がることが期待されている。

脱施設化の切り札として、７０、０００人余の退院促進を図ろうということであるが、精神科救急システムおよび訪問介護の全国的な普及、ならびに生活の場の確保等課題は多く、新障害者プランの数値目標が確実に達成されないかぎり単なる理念で終わってしまい、実効ある施策とはなりえない。

脚注

＊１　江畑敬介：C．ビーアズとアメリカの精神衛生運動の歴史―訳者あとがきにかえて。C．W．ビーアズ著、江畑敬介訳、わが魂にあうまで、星和書店、１９８０。

＊２　Mosher, L. R., Burti, L.：The Context of Public Mental Health, Community Mental Health. WW Norton, New York/London, 1989.

＊３　石原幸夫、篠崎英夫：地域精神医学。現代精神医学大系、第23巻B、佐藤壱三、他編、社会精神医学と精神衛生Ⅱ、中山書店、１９７９、pp83-117。

＊4　浅井邦彦：日本の精神科医療の過去・現在・未来―諸外国と比較して。精神医学レビュー、No.29、日本の精神科医療―国際的視点から、1998、pp5-26。

＊5　秋元波留夫、仙波恒雄、天野直二：二十一世紀日本の精神医療―過去・現在・未来を見据えて。SEC出版、2003。

＊6　秋元波留夫、仙波恒雄、天野直二：前掲書。

＊7　関　健：ミサトピア小倉病院新築事情―こうしてつくる精神科病院　I　開設者の立場から。病院経営新事情、251：3-11、2002。

＊8　浅井邦彦：理事会企画シンポジウム―我が国の福祉体系と精神医療。病院・地域精神医学、44(1)：16-24、2001。

＊9　関　健：前掲書。

＊10　障害者ケアマネジメント体制整備検討委員会精神障害者部会：精神障害者ケアガイドラインの見直しに関する中間報告書、2001。

＊11　精神障害者訪問介護（ホームヘルプサービス）評価検討委員会：精神障害者訪問介護（ホームヘルプサービス）評価検討委員会中間報告書、2001。

＊12　障害者ケアマネジメント体制整備検討委員会：障害者ケアマネジメントの普及に関する報告書、2001。

＊13　厚生労働省　社会・援護局障害保健福祉部　精神・障害保健課：障害保健福祉関係主管課長会議（平成23年2月22日）資料。2011。

＊14　厚生労働省　精神保健福祉対策本部中間報告：精神保健福祉の改革に向けた今後の対策の方向。2003。

参考文献

1）厚生労働省社会・援護局障害保健福祉部精神・障害保健課：精神保健福祉資料 平成19年度6月30日調査の概要。独立行政法人 国立精神・神経医療研究センター精神保健研究所精神保健計画研究部、２０１０。

2）松原三郎：精神病床の利用状況に関する調査報告書―平成19年度厚生労働科学研究「精神医療の質的実態把握と最適化に関する総合研究分担研究」、２００８。

3）日本精神科救急学会編：精神科救急医療ガイドライン２００９年版⑴。日本精神科救急学会、２００９。

4）平田豊明、分島徹責任編集：精神科救急医療の現在（いま）。松下正明総編集、専門医のための精神科臨床リュミエール13、中山書店、２０１０。

5）厚生労働省：厚生統計要覧（平成27年度）
（「精神保健福祉士養成セミナー　第６版／第１巻　精神医学　―精神疾患とその治療／第７章　病院精神科医療と地域精神科医療」へるす出版）

『日本における侮蔑反対と心理社会的リハビリテーション』

関　健

我が国の近代精神医療は、約１００年の歴史を刻んできたが、先人達が感じたことを今我々も同じ様に感じているという現実があり、背筋が寒くなる思いをすることがある。約70年前、１９３５年当時の日本における精神障害者の処遇は、公立精神病院に入院している者が2、４２４人、民間精神病院に入院している者が１６、７５５人、一般病院の精神病室に入院している者が1、４９７人となっており、その他に監置室なる施設に居る者が7、１３９人おり、このうち私宅監置室、すなわち座敷牢は7、０４４あったとされている。当時呉秀三博士は、報告書の中で、「我が国十何万の精神病者はこの病を受けたるの不幸のほかに、この国に生まれたるの不幸を重ぬるものというべし」と述べている（図1）。

Let it be stated that the hundred some thousand mentally ill persons of this nation are all burdened not only with the misfortune of their illness, but also with that of having been born in this land.（Shuzo Kure, 1918).

図１

この私宅監置がなくなったのが、Post WWⅡの１９５０年であり、精神衛生法の制定によるところであった。１９６０年代になって民間の精神科病院が全国各地に開設される様になり、それが、その後の我が国の精神医療を良くも悪くも特徴づけることになった。これを第一のエポックといってよい。

精神科病院が増えたことは良いとしてその中身に問題があることを指摘したのが、ＷＨＯのクラーク博士である。１９６０年代に博士は2度来日し、日本の各地の精神科病院を視察し、また日本の厚生行政を検証し、１９６８年クラーク報告を行っている。図2に示すところは、リハビリテーションの必要性であり、精神病院への精神分裂病患者の長期収容が無欲状態を惹起していることの指摘である。これが第2のエポックといってよく、その後、薬物療法の発展と相まって、我が国に於いても地域ケアへと精神医療が流れていくことになる。

図3は、現在の日本における病床数を示している。総病床数は1、645、000、そのうち精神病床は357、000となっている。また、図4は、病床の利用を示しているが、本年1月の時点で、精神病床の利用者数が33万人であり、これは全精神病床数に対して、93％の利用率となっている。平均在院

Advice by Dr. H. Clark
in 1968

1. Very many people with schizophrenia are in the psychiatric hospital in Japan, and it has lapsed into the unselfish state by long-term administration.
2. The Ministry of Health and Welfare should aim at promotion of rehabilitation, such as occupational therapy and a social treatment, in order to improve this state.
3. It is advised to take into consideration earnestly to mental health activity being inadequate for the Japanese government.

図２

Number of hospital beds

Total No. of beds	1,645,436
Mental care beds	356,922
Extended care beds	55,620
Acute care beds	109,839
Others	1,101,139

(2002 Feb.)

図３

Hospital Report

	No. of one-day aver. patients	Rate of use	Aver. Hospitalization days
Mental	331,628	93.0	396.3
Acute	785,756	83.0	24.5
Extended	264,969	95.1	198.1

(2002. Jan. / Round numbers)

図４

Social rehabilitation facilities

1. Residential Social Skills Training Facility
   生活訓練施設（援護寮）
2. Sheltered Workshop
   授産施設
3. Welfare Home
   福祉ホーム
4. Welfare Factory
   福祉工場
5. Community Living and Support Center
   地域生活支援センター

図5

The service of supporting the life at home of the person with mental disorder

1. Group Home
2. Short Stay
3. Homehelp Service

図6

日数は３９６日である。これに対して一般病床は７８５，０００人の利用があり、率にして83％、平均在院日数は約25日である。人口10万人あたりの精神病床数は他国に比して多いと指摘されており、また平均在院日数も長い。これは医療制度の違いに拠るところではあるが、一方入院外医療すなわち地域ケアが発展しない原因ともなっていることも指摘しておきたい。

日本に於いては、社会復帰施設が、建設されるようになったのは、１９８０年代の終わりに、第３のエポックが訪れてからである。１９７０年代には、我が国の精神科病院をめぐって相次いでスキャンダルが発覚し、国際的にも大きな批判をあびるようになった。政府は、そのために、精神衛生法を約37年振りに大改正し、名称も精神保健法と改めるとともに、この法律の主たる目的を、「国民が精神障害者の社会復帰を支援することである」と明記した。そして更に政府が補助金を公布する法定の社会復帰施設を作ることができるようになった。その後法律には福祉の視点も盛り込まれ、精神保健法と三度名称変更され、今日に到っている。現在の法定の社会復帰施設は図５に示す様に、５種類にカテゴライズされている。また、居宅生活支援事業として、次の３つのサービスがあることを図６は示している。

その中心になったのが、日本に於いては、民間の精神科病院であ

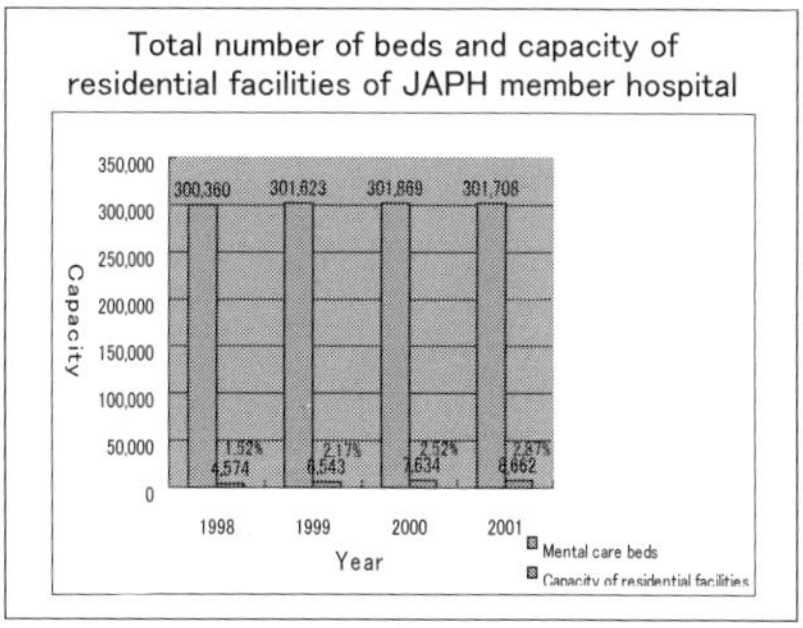

図７

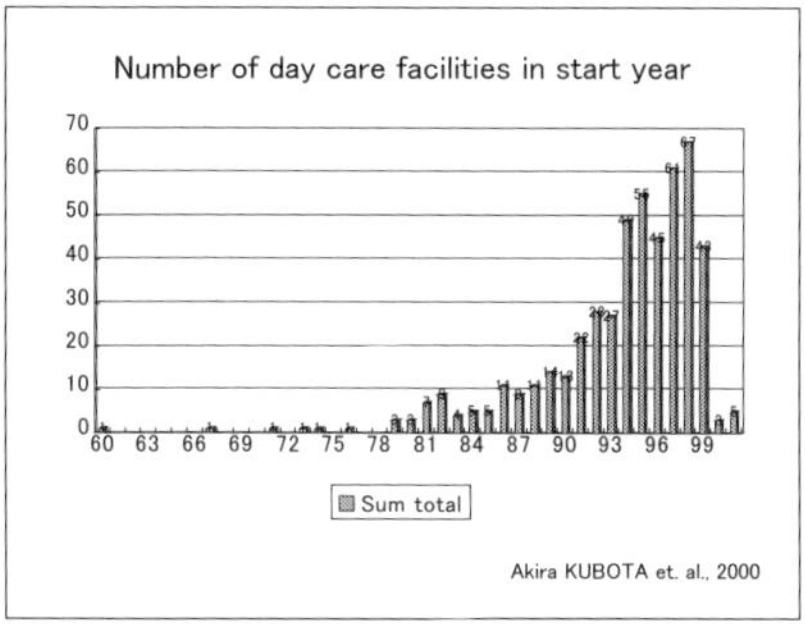

図８

り、これらの病院は日本精神科病院協会を組織し、日本の精神医療を主導してきた。図７は今日までの会員病院の精神病床数及び社会復帰施設の定員総数を示している。日精協は１、２１７のメンバーがいるが、このうち社会復帰施設を運営しているのが５２６病院43％あり、精神障害者グループホームを運営しているのが６８０病院56％ある。会員病院の運営する入所型施設は、この４年間に１・５倍に増加している。

１９７０年代より試みられていたデイケアも、１９９０年代になって急速に普及し、病院のみならずクリニックのデイケアも増加してきた。図８は、日本に於けるデイケアの増加の年次推移を示している。これに拠ると、１９９４年に急速に増えているが、これを病院及び診療所別にみると次の図９、10の様になる。デイケア治療は、精神科専門病院で最も盛んに行われ、クリニックでも普及してきたが、公立の施設が極めて少ないことが特徴である。

次の図11は日精協（ＪＡＰＨ）会員病院に於けるデイケア施設と作業療法の届出状況を示している。２００１年には、作業療法は７１６病院、59％、デイケア施設は６４１病院、53％が届出を行っている。尚、我が国に於いては、デイケアも作業療法も社会保険より診療報酬が支払われるため、規定の基準を満たし、届出を行い承認される必要

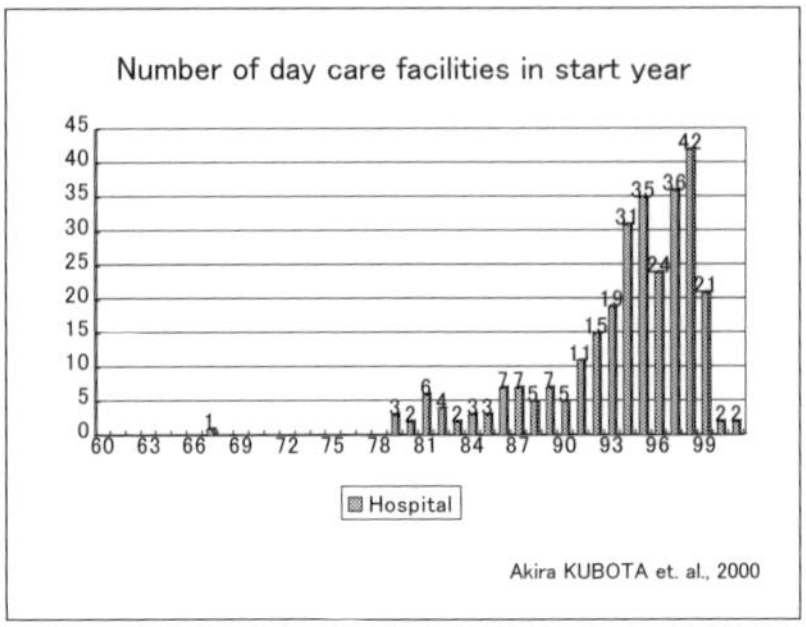

図 9

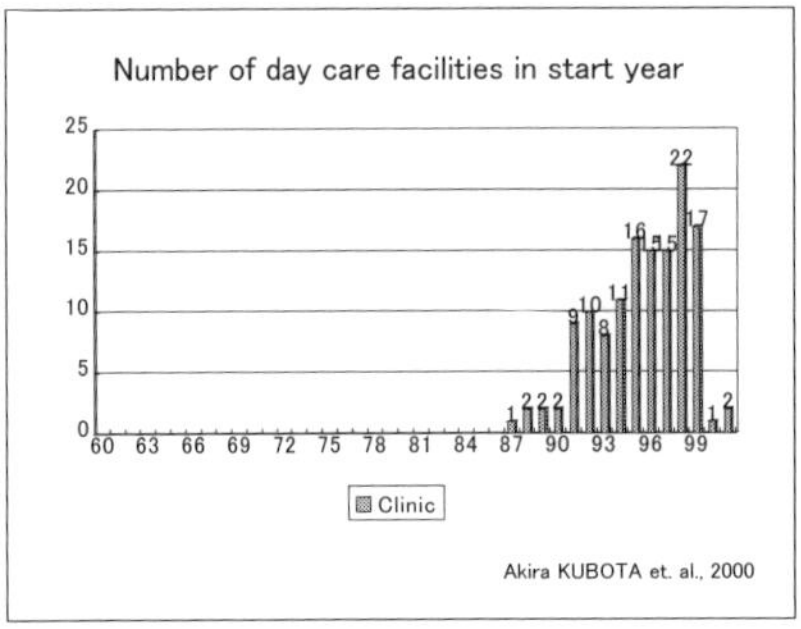

図 10

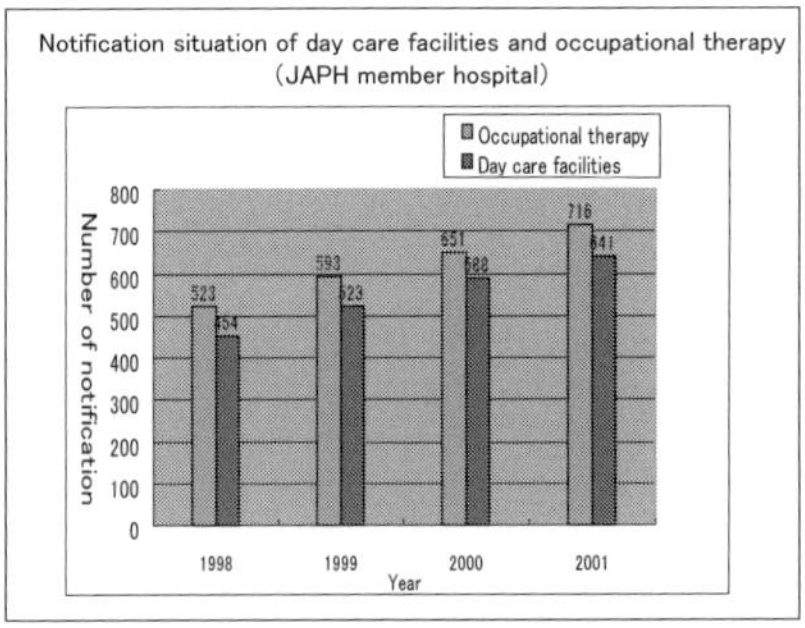

図 11

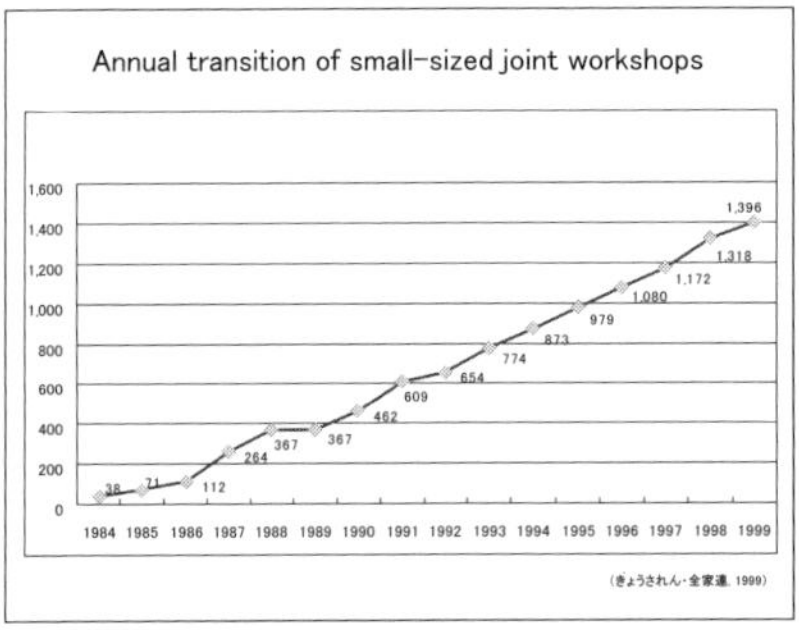

図 12

がある。

もう一つの地域リハビリテーション実践の場は、小規模共同作業所である。その第1号は、１９７６年に小平市にできた「あさやけ作業所」である。これは、秋元波留夫教授らの尽力によるもので、今日までのほぼ30年間に全国で１、５００箇所にも達している。図12はその年次推移を示している。しかしながらこれらは、精神保健福祉法に拠らない無認可小規模精神障害者共同作業所であり、これらはそれぞれ1箇所平均15人の利用者がいるとすると、全体で２２、５００人の人達しか受け入れられていないこととなる。現在地域で働く場を必要とする精神障害者は10万人を越すと推計されるところから、これでは少なすぎると秋元教授は指摘し、我が国の精神保健施策の貧困を嘆いている。１９９９年の法改正により、無認可小規模作業所を法定の小規模授産施設に変更出来るようになったが、まだ全国で41ヶ所しか認可されていない。

次の図13は、社会復帰施設の整備状況と、国の施策上の整備目標を示したものである。１９８５年に社会復帰施設が法定化されて以来15年以上を経て尚、これほどに普及をしないのは何故であるのか。その理由の１つは補助金制度の仕組みにあり、国・都道府県が夫々予算を組み、また運営主体である法人も負担をするからであろう。また理由の2番目は、永らく収容主義になれてしまった精神科病院が、こうした施設の必要性を認識しない点である。更にこれらにも増して普及を阻害している大きな要因は、国民の中に根強く残る心の障壁とも言うべきもので、今まで目に見えなかった大きな障壁の存在である。精神障害者を自分達の生活圏から排除しようというものである。すなわちstigmaである。社会復帰施設等を建設しようとすると地域住民の無理解による反対運動が起こり、建設が進まない。図14、15は、沖縄県の平和病院の社会復帰施設建設反対運動の際のものである。立て看板には「平和な上江津区を脅かす」と書いてある。中には「ここで患者に追われたら子供はどこへ逃げますか？」の様なひどい表現もある。結局、平和病院は粘り強い交渉の末、これらの施設の実現にこぎつけている。ただし、この病院では、施設が広大な敷地の中に配置されており、真の意味での脱病院化の実現には到っていない。一般の人々が住む市街地に作ることは叶わなかったのである。私の病院に於いては、１９５９年に法定外の社会復帰施設を造って運営を開始し、１９８９年には法定の援護寮「mental dormitory」と福祉ホーム「mental home」を病院の敷地外の市街地に造ったが、あまりにも取り組みが早かったためか、住民による反対運動が起こることはなかった。最近も地域に先駆けて精神障害者地域生活支援センター「燦メンタルクラブ」を造ったが、特段反対運動は起こらなかった。

Establishment situation of social rehabilitation facilities and number of targets

	2001.4.1	(JAPH**)	Goal in 2002
Residential Social Skills	231	(185)	300/6,000***
Training Facility			100/ 150
Short Stay	127		300/3,000
Welfare Home type A	118	(87)	
Welfare Home type B	23	(48)	300/6,000
Sheltered Workshop	191	(47)	100/3,000
Residential Sheltered Workshop	25	(17)	
Small-sized Sheltered Workshop	41		59/1,770
Welfare Factory	12*	(4)	650
Community Living and Support Center	248	(138)	920/5,060
Group Home	913	(680)	

*: 2000.4.1　**: 2002.7.26　***: No. of targets/capacity

図 13

Peaceful Uezu-ku is threatened.

図 14

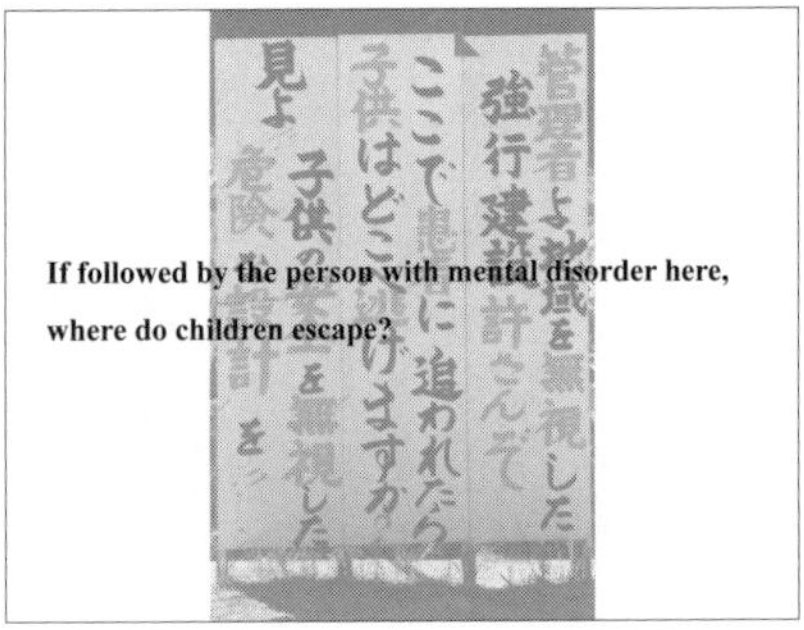
If followed by the person with mental disorder here,
where do children escape?

図 15

ところが、本年3月に完成した新しい精神科リハビリテーション病院の新築に際しては、長野県三郷村の地域住民から一大反対運動が起こり、その収拾に時を費やしたため、予定よりも完成が約1年間遅延してしまった。図16は、その時の反対署名運動である。村の人口は17、000人、そのうち成人が14、000人おり、署名した者が11、000人といった内容であり、「この重みを感じよ」といって、村長・議長他村の代表が報道陣を連れて持参してきた。そもそもは、村の議会と地方新聞社のミスリードによるもので、全くの誤解と表向きとは異なる精神障害者に対する偏見がさせた反対運動であった。今更詳細を語ることもしたくないので語らないが、結局1年程遅れて完成したのが、図17の建物である。右側にある老人福祉施設と合わせ、三郷村にあるユートピアとの意味をこめて、ミサトピアとこのエリアを称している。新病院は、リハビリテーションを盛んに行うために、グラウンド、農園、体育

図 17

図 16

館等を備え、作業療法室も広くとり、normalization の実現を図っていこうと努力している。

ところで、日本には Zen（禅）や茶の湯など、自己と向き合う伝統がある。日本の中世以来発展したこうした精神文化は、日本及び日本人を特徴づけ、殊に外国の人々に強い印象を与えるものである。京都の景観を外国人が日本的なものとして認識することと共通している。他方、江戸時代に始まり、日本の近世明治・大正時代を経て、昭和・平成の現代に到るまで残る風習「村八分」、すなわちコミュニティーの住民が示し合わして特定の人の全ての社会活動を行えなくする「いじめ」、も伝統化しており、これが精神障害者を地域社会から排除しようとする今日のあり方の定式となっている。沖縄（オキナワ）や長野（ナガノ）で起った事は、まさに日本人の心に潜在する村八分の伝統に起因するものであろう。こうした悪しき伝統がある限り、日本には心理社会的リハビリテーションは進展しないであろうと考えられる。

２００２年、記念すべきＷＰＡ総会が開催されているときに日本では大きな change が起った。長期間に渡って使用してきた「精神分裂病」の呼称を改めて、「統合失調症」と表現しようとの movement である。日本精神神経学会の提案であるが、早速ほとんどのマスコミはこの趣旨に賛成しており、中には普及への手助けの動きをするところも出てきた。厚生労働省も全ての公文書での統合失調症の使用を認めた。変更の理由は、⑴いまやこの疾患が回復可能であるにも拘らず、精神の分裂と言った回復不能の印象を与えること、⑵治療者側も病名告知しずらく現状での告知率は20％と低いこと、⑶そして何よりもこの呼称には偏見、差別及び侮蔑がついて回ること、である。統合失調症のもつ６つの特徴を、日本精神神経学会としての見解としてまとめた。今後、これを一般市民に理解してもらうため、情報として発信して行くことになっている。日本以外では、ほとんどの国で精神（…）分裂病（…）（schizophrenia 英、Schizophrenie 独）と表記している。ＷＰＡが日本で開催されたことをよい機会として、この潮流を世界に広めていただきたい。

さて、私に与えられた時間も過ぎてしまったので、結論を申しあげる。日本で精神科領域が地域ケアにドラスティックに転換して行かない理由は、次のような要因に拠るところである。⑴地域社会の未成熟：総論賛成・各論反対の社会性（偏見）、精神科病院の孤立性支援の欠如、⑵入居型施設の著しい不足と利用のしづらさ：現在の利用年限・対象者の条件、他の障害者福祉に比べて希薄な職員配置と低い運営費補助、⑶病床転換を図る経済的インセンティブに欠ける：精神科医療費が極めて低く外国責任ある運営が困難、の施設並の価額の保障がない、社会復帰施設運営が自立的に可能な補助費体系の欠落、施設運営に病院運営資金を導入せざるを得ないこと、⑷地域転換政策の欠如：民間病院が８割を担う精神科医療体制である現状に鑑み病床削減を進めるにあたり残存病床の診療報酬を底上げする原資とする保障の必要性。

以上。ご静聴ありがとうございました。

（第12回世界精神医学会（ＷＰＡ）横浜大会　ＷＨＯアンチスティグマ・キャンペーン　シンポジウム
講演要旨　２０２０、８、24～29）

『Anti-stigma and psychosocial rehabilitation in Japan』

Ken SEKI

It is great honor for me to present about this title and I appreciate to Dr. Bertolote for your invitation to WHO symposium.

It has been passed nearly 100 years since the modern psychiatric treatment started in Japan, Even with this long history, sometimes we feel same things as our predecessors felt. This makes feel chill run down our spine.

In 1935, about 70 years ago, mental disorder persons were treated as follows,

2,424 people: in public psychiatric hospital

16,755 people: in private psychiatric hospital

1,497 people in general hospital with mental floor

7,139 people, taken into custody

among these patients, 7,044 people were in private custody room.

In the report, Dr. Shuzo Kure says those days, "Let it be stated that the hundred some thousand mentally ill persons of this nation are all burdened not only with the misfortune of their illness, but also with that of having been born in this land.", as shown in Fig.1.

Private custody was prohibited after World War Ⅱ. It was based on enaction of the mental Hygiene Law in 1950. During decade of 1960, private psychiatric hospitals were established all over the country, and, for better or worse, the subsequent psychiatric treatment of our country were characterized by it. This may be called first epoch.

Psychiatric hospital increased in number, this was good, however it is Dr Clark of WHO who pointed out that there was problems in its operation. He visited Japan twice in the 1960s, inspected the psychiatric hospitals In Japan, also verified the Ministry of Health and Welfare and submitted "The Clark Report" in 1968. As shown in Fig.2, the necessity of social rehabilitation, and long term administration of the schizophrenia patients in a psychiatric hospital make unselfish state. With development of medication, psychiatric treatment will reach to local care in our country.

This Fig.3 shows the number of sickbeds in Japan at the moment. The total number of sickbeds is 1,645,000. Among this the mental disease beds are 357,000. Moreover, although Fig.4 shows use of sickbeds, as of January this year, 330,000 people are using mental disease beds. 93% of total number of mental disease beds is used. Average hospitalizing days are 396 days. On the other hand, general sickbeds are by 785,000 person. 83% of total number of beds and average hospitalizing days are 25 days. The number of mental disease beds per population of 100,000 is indicated many as compared with the foreign country, and its average hospitalizing days are also long. Although this depend on the difference in medical system, I would like to point out that this is the cause of undeveloped medical treatment outside hospitalization, that is a local care.

In Japan, social rehabilitation facilities started to build in the end of the 1980s, after the 3rd epoch visits. In the 1970s scandal is successively revealed involving psychiatric hospital of our country which causes big criticism internationally. To cope with this situation the government revised largely the Mental Hygiene Law for the first time in 37years, and also changed the name into the Mental Health Law. And it is clearly mentioned that the basic concepts of this Law were (1) protection of the human rights of patients and (2) promotion of social rehabilitation for persons with mental disorder. The purpose of this Law was specified as citizens to support mentally disabled people for rehabilitation. And the government can make the social rehabilitation facility with the authorization by law which proclaims subsidy. The law also incorporated the viewpoint of welfare after that, name have been changed 3 times with the Law Related To Mental Health and Welfare of the Person with Mental Disorder, that is the Mental Health and Welfare Law. The social rehabilitation facilities of the present authorization by law are classified into five category as shown in Fig.5. Moreover, Fig.6 shows that there are the following three services as the service of supporting the life at home of the person with mental disorder.

In Japan, the private psychiatric hospital took the lead, it organized the Japanese Association of Psychiatric Hospitals, that is JAPH, and these hospitals have led psychiatric treatment of Japan. Fig.7 shows the number of mental disease beds of the member hospital as of today, and the capacity total of a social rehabilitation facility. Although JAPH is organized by 1,217 member hospitals, 526 members are operating Social rehabilitation facilities. This indicates 43%, Group home for a person with mental disorder is operated by 680 members. This indicates 56%. Social rehabilitation facilities with accommodation increased one and half times in last 4 years.

The day care service has been tried since 1970s, it spread quickly in 1990s and not only by a hospital, but also by the day care of clinic has increased. Fig.8 shows annual transition of the increase in the day care facility in Japan. If it depends on this, although it is increasing quickly in 1994, it become like Fig.9, 10 the next slide. Day care service is mostly offered by the private psychiatric hospital. And it is popularized by the clinic. It is the feature that there are very few especially public hospitals.

Fig.11 shows the notification situation of day care facility and occupational therapy in a JAPH member hospital. In 2001, occupational therapy was authorized by 716 hospitals, 59%, and day care facility was authorized by 641 hospitals, 53%. In addition, in our country, since a medical treatment fee is paid from social insurance, the regular standard is fulfilled, and day care facility and occupational therapy submit notice and need to be authorized

The place of another local rehabilitation practice is a small-sized joint workshop. The No. 1 is "Asayake joint workshop" (which is) located in Kodaira city in Tokyo established in 1976. This is based on Professor Haruo Akimoto's efforts, and built not less than 1,500 places in the whole country during last 30 years. Fig.12 shows the annual transition. However, these are non-authorized small-sized joint workshop which do not based on the Mental Health and Welfare Law, and supposing one place an average of 15 users are in these, respectively, only 22,500 persons will be accepted on the whole. From the place which will be estimated if the person with mental disorder who needs the place committed in a its present location region exceeds 100,000 people, Professor Akimoto indicates that it is too small now, and it is sad about the poverty of a mental health measure of our country. By revision of the Law in 1999, it is able to be modified from non-authorized small-sized joint workshop to authorized small-sized sheltered workshop. But, only 41 ones are permitted in the whole country.

Fig.13 indicates the maintenance target on a measure of a country to be the maintenance situation of a social rehabilitation facility. Since the social rehabilitation facility was authorized by the Law in 1985, why has not spread like this in addition 15 years or more after? (It will be because) one of the reason of this might be in the structure of a subsidy system. And a country and all prefectures make a budget respectively and the hospital which operates a subject also pays. Moreover, the 2nd of a reason is the point that the psychiatric hospital which has got used to the long-term administration principle does not recognize the necessity for such a facility. Furthermore, the big factor which increased also to these and has checked spread is existence of the big barrier which should not call it the barrier of the mind which remains firmly into people, either, and was not a foregone conclusion until now. A person with mental disease will be eliminated from his sphere of life. That is, it is discrimination or stigma. If it is going to build a social rehabilitation facilities etc., an inappreciative opposition movement by local residents will happen, and construction will not progress. Fig.14, 15 are a thing in the case of the opposition movement against social rehabilitation facility construction of the Heiwa hospital in Okinawa Prefecture. It stands and is written to the signboard as "Peaceful Uezu-ku is threatened." Among this also has a severe expression like "If followed by the person with mental disorder here, where do children escape?" After all, the Heiwa hospital has reached realization of these facilities after tenacious negotiation. However, in this hospital, the facility is arranged in the vast site and has not resulted in realization of dehospitalization in a true meaning. It was impossible to be built the social rehabilitation facility in downtown where citizens are living. In the case of my hospital, although the social rehabilitation facility besides authorization by law was built in 1959, operation was started and legal Residential Social Skills Training Facility named "Mental Dormitory" and legal Welfare Home named "Mental Home" were built in 1989, probably because the measure was too early, the opposition movement by residents did not happen. Although Community Living and Support Center named "San Mental Club" was built initiatively in a region, the opposition movement by residents did not happen especially.

However, since the severe opposition movement against construction of new building of the psychiatric rehabilitation hospital which completed in March, this year, happened from local residents in Misato village which was in Nagano prefecture and the time was spent on the settlement on the occasion of new psychiatric rehabilitation hospital , this made completion has been delayed, behind the schedule one year. Fig.16 is an opposite signature-collecting campaign at that time. 17,000 persons constitute the population of the village, among 14,000 adults. And those who signed were the contents of 11,000 persons. A village mayor and the chairperson with reporters brought it. They said "Feel this dignity". First of all, it is based on misleading of the Parliament of a village, and of a local paper company together. Entire misapprehension and prejudice, different from their ostensible reason, to a person with mental disorder carried out the opposition movement like this. I don't want to tell you the circumstance in detail. Because of my disagreeable memory. It is the building of a Fig.17 which it was late in about one year, and was completed after all. The meaning with the Utopia in Misato-mura was put together with the welfare institution for the aged in right-hand side, this area are called as Misatopia. Although the new hospital is established, in order that it may perform rehabilitation briskly, it has a play ground, a plantation, a gymnasium, etc. and a large occupational therapy room is also taken, and at realization of normalization, I am trying to do my best to "Normarization.

By the way, there is a tradition of facing inner self such as Zen, and Chano-yu, that is the tea ceremony, etc. in Japan. Such moral culture which occurred and developed since medieval-times of Japan give foreigners strong impression as characterizing of Japan and Japanese people. Also foreigners recognize scenery of Kyoto as Japanesque representation. On the other hand, there is also a tradition to exclude people with different nature such as ostracism exists. That ostracism occurred in Edo-era and remained from Meiji-era and Taisho-era which indicated modern times of Japan through Showa-era and Heisei-era which indicated present times of Japan. This is an abuse which certain community members arrange previously and deprive a special person of civil rights. So he can not do social performance at all. And as the result, it becomes today's regulation that people with mental disorder are exclude from local community. Incidents which occurred in Okinawa and in Nagano may be originated in a tradition of ostracism that Japanese people have subconsciousnessly. It is thought that psychosocial rehabilitation in Japan may be not develop unless such a bad tradition exists.

In 2002, while WPA congress is held here, big change is happened in Japan. It is a movement which we change from representation of "schizophrenia", that is used in a long time, to representation of "integration disorder". While this is a proposition from The Japanese Society of Psychiatry and Neurology, that is JSPN, almost all mass media approve of this purpose and some of them are going to assist popularizing of it. The Ministry of Health, Welfare and Labor Administration admitted the use of "integration disorder" for all official documents. The reasons of change are as follows: (1) schizophrenia, that is split of the mind, gives the impression of non-recovery although this state has the restorative possibility, (2) the therapist feel difficulty to inform the name of disease and present informed rate is very low, under 20% in our country, (3) that representation brings back prejudice, distinction and stigma. 6 features of integration disorder concluded by an opinion from JSPN. In other foreign countries, almost all psychiatrist describes "schizophrenia". This is a good opportunity, WPA congress to be held in

Japan, let this current popularize to all over the world.

Well, I want to say conclusions, as my presentation time is over. Reasons why psychiatric therapy is hard to convert into local treatment and care drastically are as follows: (1) a community is immature.; the current of general discussion support and a discussion of details contrary; lack of support for isolative psychiatric hospital, (2) remarkable shortage of facilities with accommodation and difficulty of its usege; a term and a qualification for use ; in comparison with other welfare of handicapped persons, not enough personnel arrangement and low operational-expenses assistance; (3) the economical incentive which aims at sickbed conversion is missing; the price of the foreign institution average with very low psychiatric medical expenses; lack of a possible auxiliary expense system independently to social rehabilitation facility management; needs of hospital working funds introduction /outflow of hospital working funds; (4) scarcity of policy for conversion into local treatment and care; since a private psychiatric hospital is 80 percent of medical organization, the security which converts into a bottom raising the medical treatment fee of the sickbed which remains an equivalent for sickbed curtailment is required.

Thank you very much indeed for your attention.

(XII WORLD CONGRESS OF PSYCHIATRY (WPA) in Yokohama. WHO Anti-Stigma Campaign Symposium Abstract, August 24～29, 2002)

精神病院・地域ケアのための組織づくり

『精神障害者社会復帰への道　――城西メンタルセンターの30年――』

関　守

■はじめに

昭和63年7月、「精神保健法」が施行され、我が国の精神保健行政は大きく変わろうとしている。旧「精神衛生法」では、明確に謳われていなかった「精神障害者の社会復帰の促進、福祉の向上」が、目的規定のなかに盛り込まれ、国が積極的にこの問題と取り組む姿勢が示された。精神障害者社会復帰施設の制度化が図られ、各地に精神障害者生活訓練施設を設置することが計画されている。目的に応じて、「援護寮」「福祉ホーム」と呼ばれるが、いずれも、いわゆる中間施設（ハーフウェイハウス等の呼び方もある）であり、将来の完全な社会復帰へ向けて生活訓練を受けるために精神障害者が利用する施設である。施設の設置者（例えば病院）は、様々な生活の援助を供与し、利用者は、ここから職場、授産所、あるいはデイケアなどに通うのである。こうした施設は何十年来その必要性が叫ばれていたが、行政府の腰は重く、なかなか具体化しなかったものである。このたび、こうした方向づけがなされたことは、まことに喜ばしいことといえる。

当城西病院が中間施設を設置する構想をもったのは、今をさること約30年、昭和34年のことであり、その年の2月の役員会において設立が決定され、名称を「城西メンタルセンター」として発足した。当院の治療体系のなかでは重要な機能をもっており、現在までに延べ495名が利用し、約半数の263名が社会復帰を果たしている。当院としては常にその運営に頭を悩ましてきたが、いささかなりとも精神科医療に貢献すべく情熱を傾けてきており、今後も発展させてゆかなくてはならないと思っている。30年間にわたる足跡を振り返りつつ、今後の展望について述べてみたい。

当院の治療体系

当院は今年で満102年の歴史をもつが、精神科の医療を始めたのは昭和23年のことであった。昭和26年に医療法人を設立し、城西病院、豊科病院の2病院を擁して今日まで来ている。当初、城西病院の精神科病床は50床余りであったが、時代の要請から増床につぐ増床で、昭和46年には360床を擁するに至った。その後一般科の教化を図り、現在では精神科は230床になっている。一方、豊科病院は20床余りから出発し、現在180床である。一貫して精神障害者の社会復帰を旨として診療を行ってきており、当初から広い意味での作業療法を中心とした治療体系を模索してきている。図1は我々の目指す今日の治療体系を示したものである。入院治療に関しては、どこの精神病院でも行っていることであり、特別に目新しいものはない。外来治療においては二つの柱があり、一つはいわゆる精神科リハビリテーションであり、もう一つはより専門性をもたせた特殊外来クリニックである。

前者には「メンタルセンター」「デイケアセンター」「ナイトホスピタル」等が属するが、ここに上げた「保護工場」は現在は行っておらず、将来「授産所」等に取って代わるものであると考えている。かつて開設した「保護工場」を閉鎖した経緯については後に詳述する。また、我々のいう「ナイトホスピタル」は〝デイケア〟に対する〝ナイトケア〟の意味ではなく、社会復帰を目指す退院を前にした患者

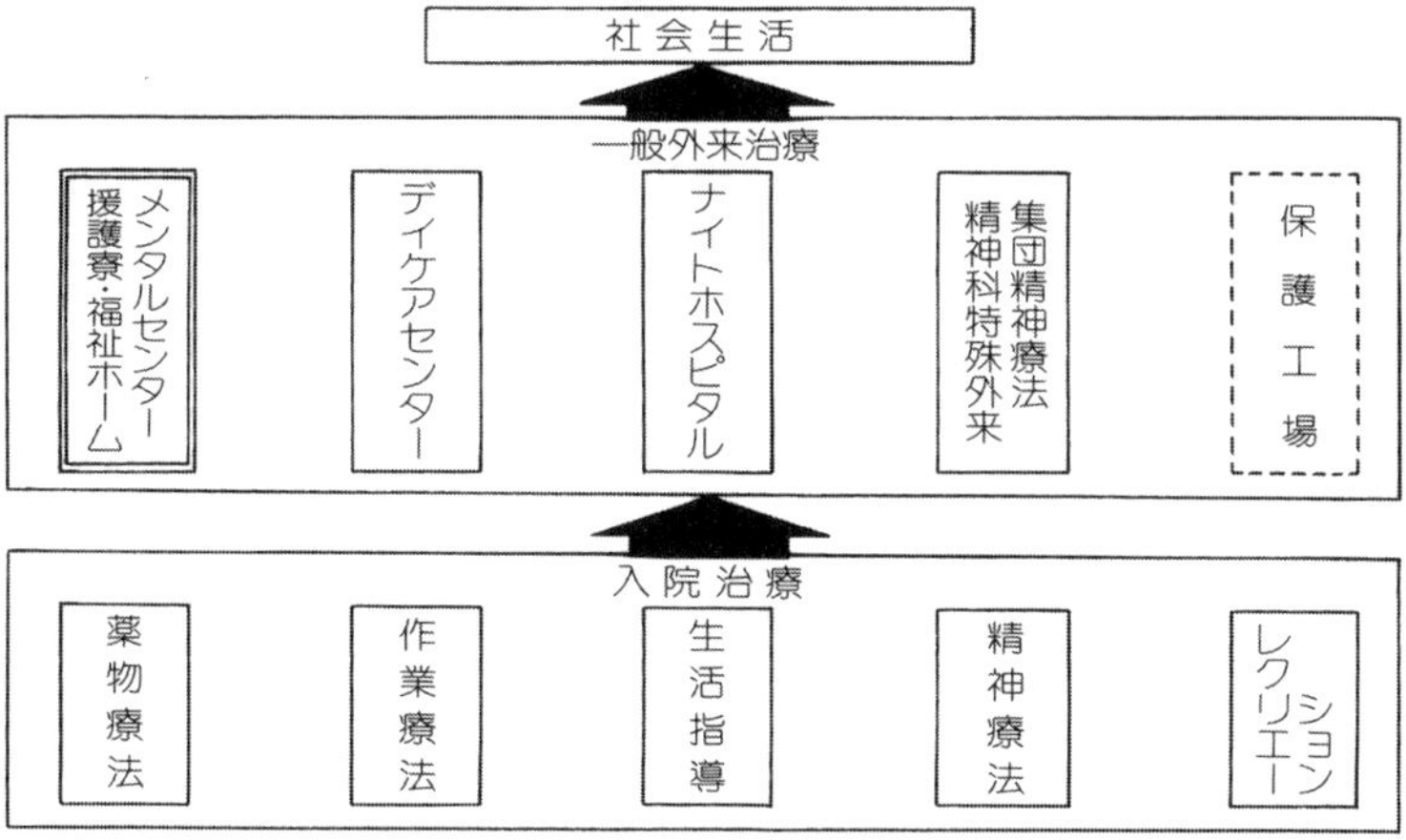

図１　当院における治療体系

が、日中、職場なり学校に通い、夜は病院で過ごすといった比較的短期の治療を指すものである。現在は病院での入院治療の枠のなかで行われており、特別の施設をもたないが、近い将来には「援護寮」の機能のなかに含めてゆくべきものと考えている。後者については、現在、特殊外来として「てんかん」「児童・思春期」「老年期」「コンサルテーション・リエゾン」および「心身症」のクリニックを行っている。

当院は、精神神経科の他に内科・神経内科・小児科・皮膚科等の内科系の診療科を擁し、各科の連繋による総合診療を目指しており、更に、これら各科の診療を補完する意味での外科を開設しようとしている。入院病床も、一般科188床（うち人間ドック専用８床）に対して精神科230床とバランスもとれており、特に〝コンサルテーション・リエゾンワーク〟や〝心身症〟の需要に応じられる体制をとっている。また、〝児童・思春期の感情障害〟および〝アルコール症〟を対象とした集団精神療法も試みており、様々な意味で治療困難なこれらの疾患に対する治療的努力も怠っていない。

現在行いつつある体系に沿ったこうした治療は、我々の規模程度の病院にあっては、人員配置の上でも予算的にも運営面においてもそれぞれ完全に独立した事業として成り立つものではなかった。特に人員の面においては最小限のスタッフで行うことを余儀なくされており、当院に勤める一人ひとりの職員の果たす役割はまことに大きかった。

メンタルセンター事業は、ただ一人の専任職員とてなく今日まで運営されてきており――実はその点、我々の大いに自負するところでもあるが――それなりの成果をあげてきている。

メンタルセンターの歴史

表1　メンタルセンター略年譜
（関連諸事項を含む）

昭和年・月	事　例
34・2	「城西メンタルセンター」開設
34・3	「心の友の会」（退院患者・家族会）発足
34・10	心の友の会主催長野県精神衛生昂揚大会開催
35・9	蟻ケ崎にメンタルセンター寮新築着工
36・10	同　完成
38・9	同　増築完成
40・8	精神障害者家族会結成
42・8	城西病院精神科デイケアセンター開設
44・5	城西病院作業治療工場完成（後に廃止）
48・12	メンタルセンター寮新築移転
53・9	城西病院身体障害者運動療法施設認可
58・8	城西病院老人デイケア施設認可（後に廃止）
59・8	城西病院精神科作業療法施設認可
61・6	城西病院精神科デイケア施設認可
62・1	豊科病院共同住宅開設
63・3	「メンタルクラブ」発足
63・11	「援護寮」「福祉ホーム」着工

略年譜（表1）に示すように、我々のメンタルセンターの開設は昭和34年2月である。このときの開設の趣意は以下のごとくであり、それは現在でもほとんど変わらない。ここに発足当時の記録を掲載する。

※

心の病に悩む人々の治療に長年従事してきたわれわ

れは、この病気の治療が如何に難しいものであるかと云うことを知っている。それは人間の心がその人の素質と環境との両方より影響を受けるので、せっかく病院に入院して、一応は治癒したごとく見える人も、退院してしばらくするうちにいつしか再発してくる例が多いからである。

心の病にとって病院の環境は殆ど理想に近いものでなくてはならないが、病院以外の社会の環境も同様に疾病の予防治療に都合の良いものでなければならない。

われわれが病人を治療して相当に軽快してくれば、多くの患者や家族たちは直ちに退院を要求してやまない。

その第一の理由は経済上の理由である。健保の被保険者ならばその心配はないのであるが、自費患者は勿論のこと、多くの国民保険や医療保護を利用している人々は、多かれ少なかれ金銭の問題に悩むわけである。この場合家庭に帰っても生活費の相当は掛かるはずであるから、入院費のすべてが余分の出費ではないのであるが、人間の心理は妙なもので、病院に支払われる金はすべて病気のために消費される過剰の出費であると考えるのであろう。

第二の理由は、心の病気に対する一般人の認識の不足によるものである。こんな病気になって恥づかしいことである。これが世間に知れれば一家の不名誉はこの上なく、結婚や事業にも支障がある。病気であることが一般に知れては大変である。早いうちに退院をしたい、させたい。これが多くの患者や家族の気持ちであるらしい。反面社会一般も患者を価値の低いものである、一度あんな病気を病んだ人は、ここの職場には採用できない。勿論結婚の問題は論外である、と考えるのが普通であろう。

第三は、医療制度の欠陥である。保険を扱っている官署の関係者の多くは、この病気を一般の内科や外科の肉体的な病気と同様に心得て、存在した症状が消失したのであるから入院の必要はないであろうと考え、長期の療養を快く思わないし、われわれがこの病気にもっとも必要であると考えている作業治療や生活指導を軽視し、保険の支払いの対象よりこれらを除き、病院より提出される医療費の請求書に、狭義の意味の治療の請求が記載されていないのゆえをもって、無治療の入院ならば必要がないとの解釈をするのである。これでは現在のこれらの患者は救われない。せっかく社会復帰可能な人々も、治療中途にして断念しなければならないか、あるいは再発を繰り返しつつ、世の敗残者として一生を終わらなければならない。

われわれは、この点を最も心配するのである。しかしながら、この問題の解決には、相当に困難な問題がある。すなわち人々の心持ちを急に変えていくことは困難であるし、日本という貧弱な経済力の国の力にいつまでも頼って、われわれの満足するまで長期にかつ完全なまでに入院治療を継続することは不可能に近いのである。

そんなところから作られたのが、このメンタルセンターの制度である。

当院の作業農場の一角に、二棟のコロニーがある。住込職員の住宅として使用してきたのであるが、このところがメンタルセンターの本拠である。〝病状がおおむね寛解し、しかも、家庭の環境が悪かったり、就職に困難のある人〟が入所の対象となる人々である。この人々はセンター員としてここに起居し、病院の斡旋した職場に就職して、生活費を稼ぎながら、専門の職員より精神療法や生活指導や作業指導を受けるのである。外国でいうナイトホスピタルによく似たものであり、また県内にもこれと似た社会復帰を指導している病院もあるが、これらはあくまでも入院患者が対象であるのに対し、われわれの場合はあくまでも入院患者ではない。既に社会の一員となった人々が対象である。また、保険法、医療法の精神よりいって入院患者そのものが、病院外の場所にこうした形で賃金を得ていることは矛盾があるのに反し、われわれのものは入院患者ではない人々であるから、彼らがどれだけ賃金を得て自己の生活の資に充てようと勝手であるし、また、雇用主の人々もよく理解してくれて、生活に事欠かない程度の賃金を支払ってくれるのであるから、この点極めて合理的であるといえるのである。様々な交渉はセンターを通じて行なうから、話し合いは比較的円滑に行なわれるし、また、雇用者の側からしても、センターの保証があるから安心して雇えるわけである。但し、施設に制限があるので、多数の人を扱えないのが残念ではあるが、希望者多数の中から厳選するのであるから、センター員の素質は良好で、現在のところ一名の失敗もない状態である。家族の人々の喜びも察するに余りある。

われわれは発足間もないこの仕事に、大きな意義を感じている。さらに関係官署の方々からもこの仕事に非常な協力指導を賜っておるし、今後の発展は期すべきものがあると考えている。（昭和34年11月30日『城西』誌掲載）

※

メンタルセンター開設後間もなく、3月には「心の友の会」を発足させた。これは、退院患者および患者家族よりなる会で、「精神衛生に関する社会の啓蒙と精神障害者の回復後の指導、会員の親睦融和、相互扶助」を目的としており、いわばメンタルセンターを中心とした社会復帰事業に対するより深い理解と緊密な連携を取るための支援組織である。その年の10月には、この会の協力を得て「精神衛生昂揚大会」を開催した。

翌年には木造の寮の建築を始め、1年を経て完成、昭和38年には増築をした。この時期はいわば第2期とも呼ぶべき時代である。徒歩5分のところではあるが、病院からは離れており、入所者の人数も増え、管理の面からも病院職員のなかからそこに起居する寮長を置くようになった。

昭和42年には病院内の一室を利用してデイケアサービスを始めた。在宅の外来通院患者が対象であったが、就業もせず無為に過ごすこれらの人々に社会参加への一筋の光明を見出そうというのが、その目的であった。当院の目指すリハビリテーション事業の始まりであり、やがて国（厚生省）による昭和58年の「老人デイケア」施設認可、昭和61年の「精神科デイケア」施設認可へと繋ってゆく。その間に「運動療法」および「作業療法」施設認可も下りており、当院の治療体系は充実していった。

昭和48年、病院の隣接地に土地を求め、老朽化した寮に代わり職員寮も兼ねたALC造り3階建（後に4階建）のメンタルセンタービルを新築し、1、2階をメンタルセンターとして使用した。いわばこれが第3期とも呼ぶべき時代であり、昭和63年の3月まで続いた。

次々と一応の成果を挙げて行ったこうした精神障害者社会復帰関連事業のなかにあって、「作業治療工場」だけは、開設後程なくして閉鎖を余儀なくされた。昭和44年5月開設当時、NHKをはじめ各種のマスコミにも取り上げられ、また、保健所・福祉事務所など関係方面からの期待も大きかったわけであるが、これを継続する意義が薄れてゆくにしたがって、「保護工場」のもつ機能は他の諸事業に吸収されていき、自然に消滅した。ただ当時こうしたものを設立した趣旨だけは書き留めておきたい。すなわち、①製品を通じて精神障害者への認識、例えば障害者に何ができるかといったごとき社会通念を改めさせる、②作業の目的を十分に捉えさせ、意欲と工夫をもたせる。従来行われてきた作業療法はしばしば受動的であり惰性に流されるきらいがあった。③患者の能力にあった作業プログラムを選択し、将来の職業に結びつける。④作業中の安全を図り保護しつつ、患者自身にも危険防止の手段は自ら勉強させる……等であった。

これらは、後に「作業療法」を充実させることで、またメンタルセンターを中心とした就業の斡旋の際に各雇用主への啓蒙活動を通じて実現する方向へ変わっていった。しかしながら、職業的に能力の低い一群の精神障害者の生産活動への参加を実現するためのこうした保護工場のもつ意義は残っており、今後の課題である。

今、我々の関心は、過保護を改め、より社会との関わりの深い環境のなかでの生活を通じて社会復帰を実現することにある。昨今カナダのヴァンクーヴァーで行われている精神障害者の地域ケアシステムのようなものができれば理想的であるが、とりあえず豊科病院に少人数（4～6人）の共同住宅を昭和62年1月に開設し、また城西病院では、昭和63年3月に思い切ってほとんどのメンタルセンター員を退寮させ、民間アパートを利用したケアシステムづくりを模索し始めた。こうした試み、および、来年度より行う「援護寮」「福祉ホーム」については後に詳述する。

メンタルセンターの運営システム

運営については多少の変動はあるが、開設以来ほぼ一貫した方法を取ってきている。それを要約すると次の10項目になる。

1）入退所の手続きは解説以来変わりない。担当医師の診察の結果、入所相当と思われる対象者の同意のうえ、家族の承諾を得、保証人を立て書類を作成する。退所についても同様に家族の承諾を必要とした。

2）月極めの寮費を徴収するが、多くの場合、勤務先の給与をいったんメンタルセンター会計に入れさせ寮費を天引きし、残金は当人の個人口座に預金させ、必要により引き出せるよう指導した。これは、来たるべき社会復帰に備えての資金をいくらかでも蓄えさせるのが目的であった。

3）朝夕2回の給食。病院給食と同様のものを支給、昼食は自らまかなった。

4）寝具は当初自らのものを用意させたが、しばしば不潔に陥ることがあり、病院で基準寝具を採用した時点で、同様の契約を業者との間に結んだ。

5）特に第3期からは、できるだけ自治的に運営させるべく寮生のなかより寮長を選出させ、火の始末、食事当番、掃除当番等を監督させた。

6）病院職員による毎日の夜間巡回、これは特別なものではなく、院内の他の部署の見回りに併せて行ったものであるが、特に火元の確認と戸締まりを中心にしたものである。しかしながら、時には怠薬をしている人に薬を飲ませたり、服薬の確認や症状悪化の早期発見等も行った。

7）週1回の受診の励行、担当主治医の外来を受診。仕事が終了し帰寮してからになるため、常に午後6時ないし7時頃になった。

8）月1回の所長、副所長、担当指導者らとの懇談会（茶話会）開催。

9）個人的相談については、担当指導者、ソーシャルワーカーらが随時行った。

10）病院のレクリエーション行事への参加は奨励したが、独自の旅行等も計画した。

メンタルセンターの経済的側面

開設当初の寮費は月額6、000円であったが、このうち500円が小遣いとして当人に手渡された。今日までの寮費の推移を、標準米の政府売渡価格と対比させて図2に示す。

次に、年度別の寮費収入の推移を図3に示す。これ以外には、公的私的を含め全く援助はなかったため、収入の原資は寮費がすべてであった。支出は食費、光熱暖房費、寝具リース料、懇談会費用、建物の保守管理料等であった。病院の給食室その他諸設備を兼用で使用するため、支出総計は出し得ないが、常に収入を下回ることはなかったと推察される。職員は所長以下すべて病院と兼任であるため、もちろん人件費は計上されない。

■入所者の動向（表2）

昭和63年10月末現在、延べ４９５名の入寮者を数えることができる。男女の比率は2対1で、男が多い。このうち所期の目的を達成して、いわゆる〝社会復帰〟を果たした人は２６３（男１７８、女85）名、53％である。男女比は2対1でやはり男が多い。これはそのまま良好な予後を示した人の数値ではない。後で示すように再入院も多くあり、当院の治療体系からはず

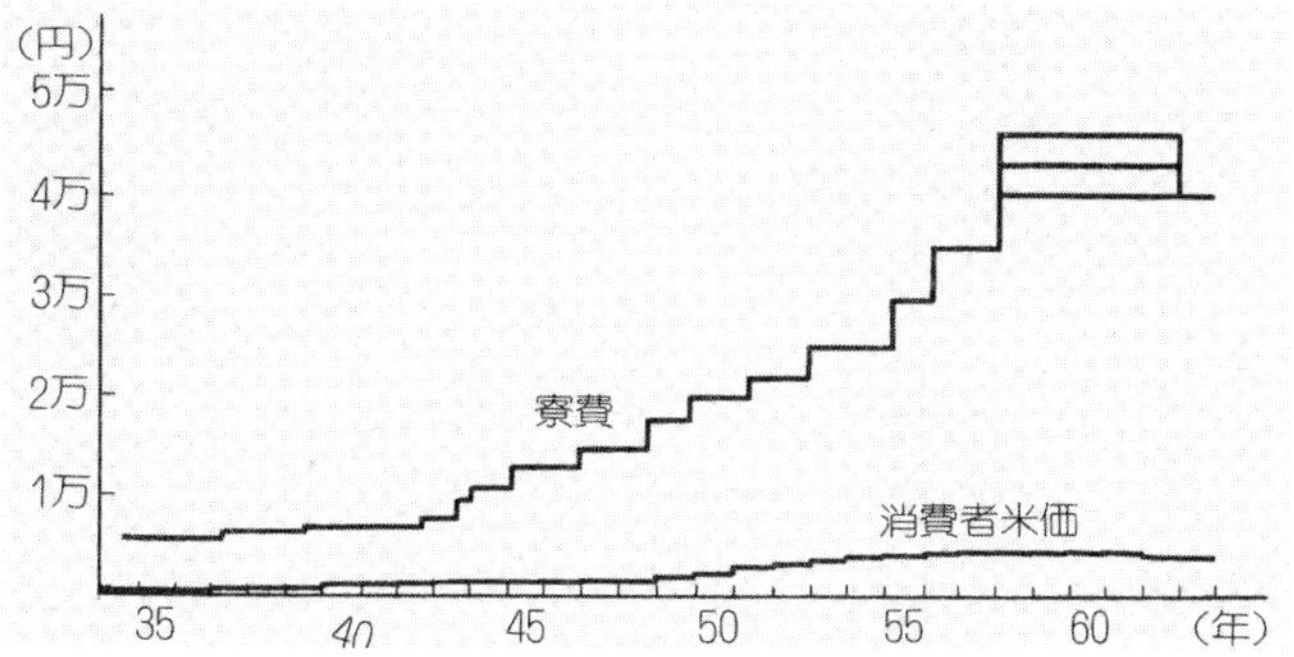

図２　寮費（月額）と標準価格米政府売渡価格の年次推移

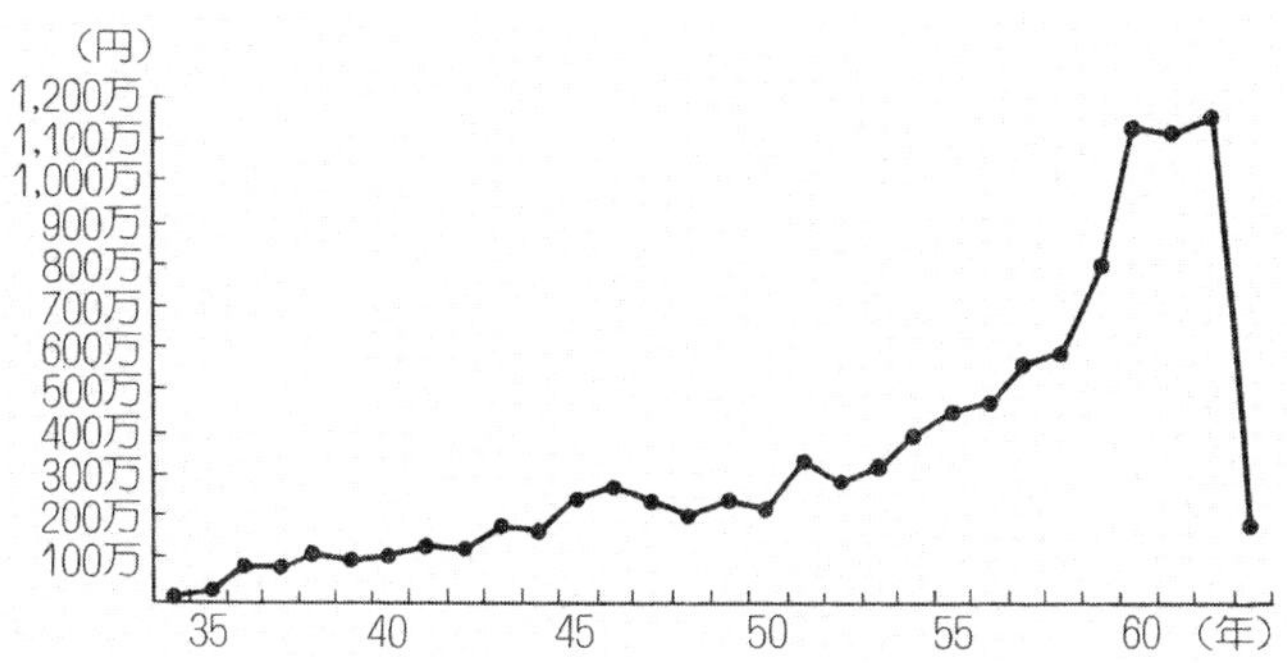

図３　メンタルセンター収入年次推移

表２　メンタルセンター入所者の動向

（昭和63年10月31日現在）

	男	女	計
社会復帰	178 (52.9)	85 (53.5)	263 (53.1)
再入院	149 (44.3)	72 (45.3)	221 (44.6)
他施設入所	4 (1.2)	0 (0)	4 (0.8)
死亡退所	1[1)] (0.3)	2[2)] (1.3)	3 (0.6)
現在入所	4 (1.2)	0 (0)	4 (0.8)
総　計	336 (100)	159 (100)	495 (100)

注：1）事故死，2）自殺　（　）：％

れて、他所の病院での入院生活を送っている人もいるかもしれない。

再入院は２２１（男１４９、女72）名、45％である。これも判で押したように男女比2対1で男が多いが、再入院の割合に男女差はない。この人々の中には退院後再びメンタルセンターへ入所した人も多い。

他施設入所は当センターから引き続き他の救護施設等へ行った人を指し、男4名のみである。開設以来30年を経てみると、20歳代で入所した人も現在50歳になっているわけであり、漏れ聞くところ相当数の人が救護施設や老人施設に入っているらしい。

入所中の死亡者は、建築現場で働いていた男性が転落事故死した事例と、2人の女性が自殺をした事例の計3名である。これも十分な追跡調査はしていないが、退所後病死、事故死、自殺などにより死亡した人の消息もときどき漏れ伝わってくる。

先にも触れたように、昭和63年3月を期して大半の人々を民間アパートに出したり家庭に帰したため、現在員数は男4名のみである。これらの人々は家庭での受け入れも悪く、また自立した生活はほとんど不可能と判断されたため、救護施設等の入所がかなえられるまでメンタルセンターでの生活を継続する人々である。院外に職を探すこともかなわず、4名とも病院の雑役（もちろん有給）を行っている。

■協力事業所

40の業種、102社が協力してくれている（表3）。土木・建築業、製造業、製材・工芸・木工業、食品加工業などが多いが、これらの業種だけで68社を占めている。年次推移をみると、開設当初は土木・建築業が多かったが、最近では製造業や食品加工業が主体である。産業構造の時代的な流れを反映しているが、製造業でも最近は、電気・電子部品の製造が増えてきている。土木・建築業が減ったのは、センター員の高齢化の影響が最も大きな要素と思われる。実は、精神障害者を最も多く雇用してきているのは、他ならぬ当院である。これは、率先して雇用を促進しなくてはならないという姿勢の表れである。

表3　協力事業所と雇用者数

業　種	事業所数	男	女	計
土木・建築	20	71	0	71
製材・木工・工芸	14	70	11	81
運送	3	9	0	9
製造	21	46	13	59
縫製・製糸	6	3	13	16
自動車修理	2	4	0	4
廃品回収	2	18	4	22
梱包	1	2	0	2
農園	1	1	2	3
養魚	1	1	0	1
食品・料理	13	23	14	37
小売	6	9	2	11
女中・雑役	6	12	11	23
美容院	1	0	1	1
教員	1	1	0	1
クリーニング	1	6	0	6
ビル清掃	1	2	1	3
失業対策事業	1	1	0	1
当院	1	15	48	63
総計	102	294	120	414

これらの事業所のなかには随分無理なお願いをしてきているところもあり、良い関係が培われてきているところが多い。他方、雇用条件等で劣悪なところも多々あって、今までにも断ったりしてきた事業所もある。担当指導者やソーシャルワーカーが定期的に会社訪問をして雇用条件の改善に努め、勤務ぶりを評価している。また何か問題が起きたときに

は、これらの担当者が会社や家庭とすぐに連絡が取れるよう十分にパイプも繋っている。「心の友の会」も定期的に開催され、関心を喚起し、また会社見学等も実施している。

個々の事例において職業安定所、福祉事務所や保健所と当院との連絡は実にうまくいっている。しかしながら、精神障害者の社会復帰事業となると、関係官署の対応は遅れており、ようやく緒についたばかりといわざるを得ない。したがって、今まで関係者と当院が一つのテーブルについて話し合ったことはない。これは、関係官署の責任とばかりはいえない。なぜならば、国の対応が遅れていたことがあり、また保健所を例にとっても、食品衛生・母子保健・老人保健・住民の健康保持等やることが多くて、精神保健にまで手が届かなかったこともあるだろう。このごろ各地に授産所が建設される動きが活発化している。しかしながら、これらも対象は身体障害者や精薄者であることが多く、精神障害者を対象としたものはまことに少ないと聞く。

メンタルセンター事業の評価と展望

我々の社会復帰事業は一応の成果を挙げてきたと自負している。そのなかで得た結論をここでいささか述べてみたい。

かつてメンタルセンターを経て社会復帰を果たした人のうち、確実に消息の把握できる145名の人々のなかで10年以上同一職場での就労が続いた事例の検討を加えたことがあった。それらの人々は、次のような要件を満たしていた。

1）経過は長いが、発病前に一度社会生活を経験している。

2）症状の安定してきた時期および就労した時期が40歳前後である。

3) 定期的な外来受診を継続しており、治療の中断がなく、生活指導をよく受け入れている。

4) 「心の友の会」活動を家族ともどもよく理解し、その主催する行事に積極的に参加し、また家族も患者を支えるべく定期的に接触を図っている。

5) いずれの雇主も精神障害者の雇用経験が豊かで、よき理解者である。病院との話し合いにも協力的である。

要するに精神障害者自身の素質はもちろんであるが、医療・家族・職場が三位一体となって支えることが必要である。

昭和63年3月、多くの人々を民間アパートに出した。自立についてほとんど心配のないごく少数の人々を除いて、病院から500メートル以内のところに住むよう勧めた。それは、週1回の通院治療を容易にし、訪問看護指導をもしやすくするためである。あるアパートには8名の人が入った。仕事からアパートへ帰る途次、週1回外来治療を受け、また週1回は看護婦（士）がアパートを訪問するようにした。診察を受けるのはメンタルセンター時代と同様、午後6時〜7時であり、訪問指導も彼らの一段落する時間帯の午後9時前後とした。月1回は会食をしながら生活上の問題点を話し合ったり、様々なアドバイスを与えるための時間をもっており、これをメンタルクラブと名づけた。彼らの日給は、男で2、000〜5、000（平均3、491）円、女で2、880〜3、800（平均3、410）円であり、退所時26名中15名が月約53、000円の精神障害者年金受給者であった［ちなみに、昭和34年9月〜39年9月までの日給は、男で300〜900（平均438）円、女で100〜400（平均281）円であった］。家賃は、月14、000〜25、000円かかり、光熱費や食費を加え、生活費としては、メンタルセンター時代より約15、000〜20、000円ぐらいは余分にかかっている。それにもまして彼らは今、食事、暖房、孤独等でメンタルセンター時代とのギャップに悩んでいる。8人入ったアパートでもお互いにほとんど交渉をもたず、他の人々の動静に無関心である。これほどまでにする必要があろうかという向きもあろうが、我々の30年間に培った経験上、こうするのが最良と思い行っている。我々は、何もしないでいて失敗することを恐れるのである。

新たな構想のもとに我々は「援護寮」および「福祉ホーム」を関係省庁の理解と援助を得て造ろうと準備中である。期待も大きいが、困難も多いことを我々は知っている。これらと豊科病院の「共同住宅」を併せて、改めて〝メンタルセンター〟と呼称し、それぞれを「メンタルドミトリー」「メンタルホーム」「メンタルハウス」と名づけた。ドミトリー、ホーム、ハウスのもつ機能が有効に働いたとき、我々の目指す精神障害者社会復帰援助はより発展するであろう。

（「病院」Vol 48　No. 2 44～49, 1989. 医学書院）

平成18年度障害者保健福祉推進事業
「精神科病院退院後の精神障害者に対する医療サービスと障害者自立支援サービスの効果に関する調査研究」報告書

『城西医療財団における障害者自立支援法施行後の状況』

入角美和子（精神保健福祉士）
関　健（理事長・総長）

城西医療財団では平成18年９月30日までの精神保健福祉法上の精神障害者社会復帰施設（表１）が、平成18年10月１日からの障害者自立支援法により、表１の＊部分の施設が表２のように移行した。５年後までには表１の２つの生活訓練施設をそれぞれ10人定員のグループホーム・ケアホームに移行するが、このときには松本市と安曇野市の複数のグループホーム・ケアホームを全体で60名の大きなグループホーム・ケアホームとしてサービス管理責任者２名配置と考えている。あわせて生活訓練と就労移行訓練（または就労継続支援Ａまたは就労継続支援Ｂ）の組み合わせで多機能型通所施設が設置可能かを検討中である。また、他の医療福祉サービスとして精神障害者に対応できる訪問看護ステーション、訪問介護ステーション、精神科デイケア・精神科デイナイトケアを有している。今後精神科デイケア（50人／１日）と地域活動支援センター（20人以上／１日）と多機能型通所施設（20人以上／１日）が、互いをどう特色立てて住み分けるかが課題となってくる。

表1

生活訓練施設	メンタルドミトリー	(20人)	松本市	(ショートステイ2人)
生活訓練施設	アルプスドミトリー	(20人)	安曇野市	(ショートステイ1人)
福祉ホーム	メンタルホーム	(10人)	松本市	*
グループホーム	第一飛鳥荘	(5人)	安曇野市	*
グループホーム	第二飛鳥荘	(6人)	安曇野市	*
グループホーム	景岳館	(6人)	松本市	*
グループホーム	大富荘	(6人)	松本市	*
地域生活支援センター	燦メンタルクラブ		松本市	*

表2

ショートステイ	メンタルドミトリー	(2人)	松本市
ショートステイ	アルプスドミトリー	(1人)	安曇野市
グループホーム・ケアホーム	メンタルホーム	(10人)	松本市
グループホーム・ケアホーム	第一飛鳥荘	(5人)	安曇野市
グループホーム・ケアホーム	第二飛鳥荘	(6人)	安曇野市
グループホーム・ケアホーム	景岳館	(6人)	松本市
グループホーム・ケアホーム	大富荘	(6人)	松本市
地域活動支援センター(I型)	燦メンタルクラブ		松本市
(指定相談支援事業所 燦メンタルクラブ)			

当財団のグループホーム・ケアホームの対象者の障害認定調査では認定1～4までの認定結果が出ている。

短期間ではあったが私は松本圏域の認定審査会の審査委員として加わった。審査会の構成メンバーの中では精神障害者地域生活支援の立場で参加したので、利用者の1割負担を考えるとなるべく低い認定結果と出したいところだが、別に参加されていた知的障害者入所施設所属の委員の立場だと、高い認定結果にもって行きたいという、所属する立場によって思惑が違う委員の構成であった。しかし委員は公正に三障害を審査することが大原則であるため、毎回だいぶ悩んだ末に認定結果を出してきた。三障害を同じテーブルに乗せて同じ尺度で評価するのはとても困難であったというのが正直な感想である。特に精神障害者の判断では、迷ったときには医師の意見書と二軸評価を参考にすることも多かったので、書類上の表現によってはやはり認定結果には重めの結果が出たこともある。

そんな背景が当財団での区分認定3や4の結果に反映されている。ケアホームには3以上の認定結果の方には常勤換算法で求められる時間数の生活支援員の配置対象となる。認定結果と実態に少々不自然さを感じながらも、特にメンタルホームでは3、4の方が1名ずつ入居されているので、週に11時間配置することになる。また世話人に関しては2名体制で考えないといけない。配置には苦心したが世話人と生活支援員は兼務可能なので松本地区と安曇野地区で、工夫しながら配置を考えて支援を提供している。

収入面から考察してみると、障害者自立支援法の本格施行となった平成18年10月からの自立支援給付となってからの収入は、それまでのかなり低く抑えられていた時代から比べれば増収となっている。今回大富荘とメンタルホームに1人ずつ空きがあった状態で計算したが、どこも定員を満たしている状態で計算すると、松本地区の3施設で合計すると半年で約８００万円、安曇野地区で計算すると約４００万円、全施設で1年分を予想すると約２２００万円となる。5年以内に2つの生活訓練施設がこれらと同様のグループホーム・ケアホームに移行するとき、メンタルホーム並みの施設が2つ加わり、さらに生活訓練施設が定員20人から10人に減らしたときに発生する人たち合計20人が居住する5～6人定員の新しいグループホーム・ケアホームを3つほど新設することになると約４６００万円。これにそれぞれの施設での利用料が加わることになる。

すべての施設がグループホーム・ケアホームに移行が完了した時に、2つの生活訓練施設の常勤職員10名はグループホーム・ケアホームに配置される職員と、新設する多機能型通所施設に配置される職員と振り分けられることになるが、多機能型通所施設を開所させることで訓練等給付からの収入をもって常勤職員全体の維持に充てることになる。しかし多機能型通所施設を作るにも、2つの生活訓練施設ごとに作ることが可能なのか、職員をまとめて1つの施設として考える方が妥当なのか、今のところ具体的な案が出来ているわけではない。

その他　相談支援など

指定相談支援事業所は当面1名の相談支援専門員を配置し利用者のケア計画を立て始めている。城西病院は平成17年度から保健所の退院促進事業に参加して、入院期間15年の女性が地域移行した後を受けて、燦メンタルクラブがケア計画を立てているが、最近別の方のケア計画も平行して立てている。また市町村からの依頼を受けて、相談支援の開始準備している対象者が複数あがっている。支援者をケア会議に招集し、モニタリングしながらケア計画を立てる現場に参加していると、介護保険とは少々勝手の違う精神障害者の生活支援に慣れていない事業者が加わっていると、他の事業者と調和し軌道に乗るまでの調整に、相談支援専門員は特に力を入れているようだ。

燦メンタルクラブは松本圏域の障害者総合支援センターのサテライト事業所にもなっていて、前述の相談支援専門員は精神生活支援コーディネーターという役割を担っている。社会復帰施設としての地域生活支援センター時代には、支払われる補助金の範囲内で精神生活支援コーディネーターの役割を求められたが、障害者自立支援法がスタートし、今後もサテライト事業所として障害者支援を継続するにあたり、松本圏域の自立支援協議会では明確に予算付されることになっている。

障害者自立支援法を円滑に推進させるため、長野県ではいくつかメニューを用意しているが、精神障害者相談支援に関係するものに〝退院支援コーディネーター〟が予算化され、県としては4名配置に対して約２８００万円が充てられ、先日燦メンタルクラブも公募による審査に参加したばかりである。

城西病院の話をすると現在急性期70床で稼働しているが、そのうちの20～25人がすでに長期入院者となっている。これらの方々は病院以外での生活を到底想像できないみなさんで、我々がどうアプローチしても地域生活（＝退院）への話には応じられないでいる。これらの人々が地域生活に移行が可能となれば、急性期70床は本来の役割が果たせられると単純に考えるわけだが、しかしそれには急性期病床を回転させるだけに見合った外来患者さんの存在が必要であるわけで、法人全体が入院から社会復帰施設、さらに地域移行への流れ、また体調不良には短期の入院で我が家に戻るという循環型の仕組みを整えないといつまでも現実性をおびない。このあたりが我々の当面の大きな課題である。

城西医療財団が拠点をおく松本圏域では、圏域としての自立支援協議会が平成19年2月に発足した。実務面は下部組織としての幹事会が取り組んでいくことになる。自立支援協議会をメイン協議会として、サブ協議会として地域を二つに分けた南北協議会を設置する構想があり、これらメインとサブを繋ぐ専門部会を複数設置することになっている。すでに就労部会は準備されているが、今後精神専門部会も設置されることが予想され、圏域全体で精神障害者全般の課題に取り組んでいくことになる。

（日本精神科病院協会　平成19年３月）

特集　精神科におけるデイケア・ナイトケア

精神科病院のデイ・ケア活動は、地域精神医療にとって大切な役割を果たしている。94年10月改定で新設されたデイ・ナイト・ケアから老人のデイ・ケアまで、その現状と問題点を論述する。

『精神科治療システムのなかの「デイ・ナイトケア」』

関　健

はじめに

先ず、与えられたテーマについて述べる前に、関連のある事柄に触れ、基本的な問題を整理しておきたい。

「デイケア」治療は、第二次世界大戦後１９４６年カナダ・モントリオールのマギール病院で始められ北米を中心に発展したとされるが、他方奇しくも同年英国・ロンドンのマールボロ病院でもプレホスピタル・ケアとして開始され、その後の発展があり、現在ではその有用性から、主要国では精神科治療システムの中に必ず組み込まれている。

我国においては、精神科入院医療の問題点の1つとしての入院の長期化とホスピタリズムによる患者自身の社会的不適応に関して、これをどう打開するか様々な試みが模索される中で「作業治療」が行なわれるようになり、また、入院中の患者が昼間院外の職場で作業に従事する「外勤」が定着し、それぞれ前者が「作業療法」、後者が「中間施設」へと発展し、治療的に位置付けられるようになった。他

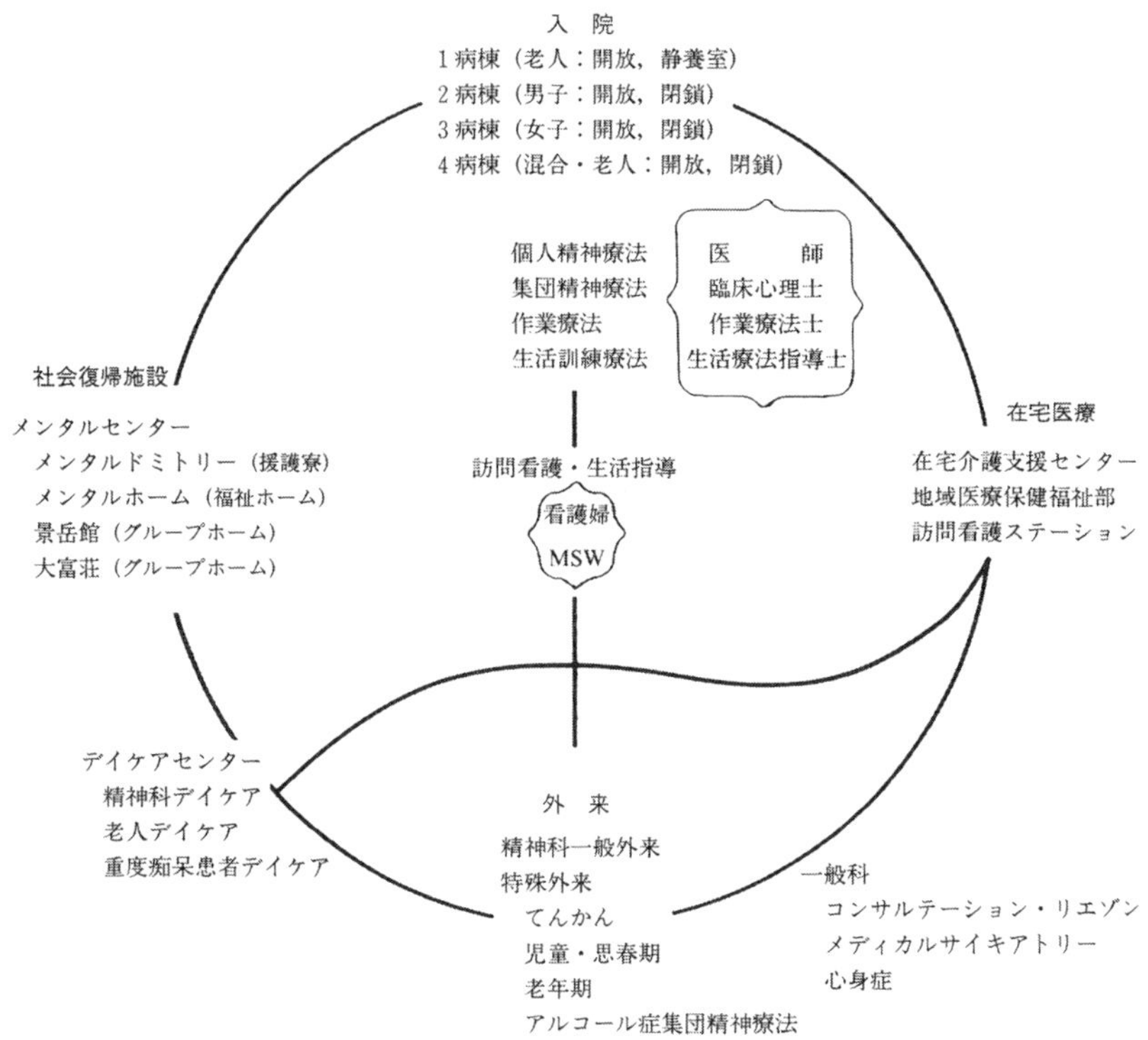

図１

方、外来医療においては、症状の再燃・再入院をいかにくいとめるかを課題として通常の外来治療よりも密度の濃い治療法が模索される中で、入院施設の一部を使い、昼間外来患者が通院し、外来患者のみ複数であるいは入院患者らとともに「作業治療」を行なう試みが昭和30年代には行なわれており、これを「デイホスピタル」のはしりと称してもよいのであるが、国としてのパイロットスタディーは、昭和37年から国立精神衛生研究所で始められたのを嚆矢とする。

　現在、国の承認施設は、大規模・小規模併せて平成４年度２４６施設、同５年度２９４施設、同６年度３７２施設と、年々増加しつつある。当院の施設承認は、老人デイケアとして昭和58年、精神科デイケアとして昭和61年に行なわれた。

さて、当院は精神科２３０床を擁する全病床数３８６床の一般病院であり、医療法上の様々な困難の中で今日まで何とか生き永らえてきた。精神科医療については、それなりに様々な試みをしてきており、急性期の治療にはじまりリハビリテーションに至るまで、また、コンサルテーション・リエゾンあるいはメディカルサイキアトリーなどの分野まで対応できるシステムを構築してきた（図１）。その中に昨年制度化された「デイ・ナイトケア」も含まれている。この稿では、当院の精神科医療の歴史に触れつつ現在のシステムについて述べ、後に、「デイ・ナイトケア」の実際について詳述しようと思う。

当院の精神科治療

当院の精神科治療は、前病院長（現名誉院長）の関守が北海道大学での研究を終え当地に戻り、病院の一角に精神科病棟を作った昭和23年に始まった。以来入院に対する要望は引きも切らず、増床につぐ増床であったが、昭和31年ミュンヘンで行なわれた学会・クレペリン生誕百年祭に参加して、ヨーロッパにおける精神科医療事情をつぶさに見てきて後、指針が定まったといってよい。昭和34年2月に精神障害者社会復帰施設『メンタルセンター』を創設して以来、精神障害者の社会復帰への援助システム作りへの道のりが始まった。『メンタルセンター』については「病院」誌第48巻第2号（平成元年2月）に詳細を述べてあり、参照されたい。この施設は、昭和63年の精神保健法の施行とともに、改めて「援護寮」と「福祉ホーム」に作り直したが、病院を退院した精神障害者が、昼間は職場で働き夜は寮に戻って過ごすという「ナイトホスピタル」の様なものであった。

「デイケア」については、昭和42年に病棟の一角で「精神科デイケアセンター」として開始された。

表１

	対象者	期間	面積	職員	定員
援　護　寮	入院の必要はないが精神障害のため独立して日常生活を営むことが困難で共同生活ができ，精神科デイケア等の施設に通える者	２年以内を原則とするが延長がやむを得ない場合，１年を超えない範囲で延長することができる	１人当たり14.9m²以上	顧問医　関 施設長　伊藤 PSW　矢崎 職　員　多田井　石川　大谷	20名 (13)
援　護　寮 ショートステイ	家族が疾病，冠婚葬祭，等により在宅での処遇が一時的に困難になった者	７日以内，ただし延長がやむを得ない場合，最小限の範囲で延長可能	同上	同上	２名 (2)
福祉ホーム	精神障害者で住居確保が困難である者。継続して就労できる者，日常生活のなかで介助を必要としない者	２年以内を原則とするが延長がやむを得ない場合，１年を超えない範囲で延長することができる	調理設備を除，１人当たり6.6m²以上	顧問医　関 管理人　新井	10名 (6)
グループホーム	日常生活上援助を受けない生活をすることができる精神障害者。自活能力があり，共同生活が可能な者。就労者　生活を維持する収入がある者	規定無し	１人用居室7.4m²以上 ２人用居室9.9m²以上	世話人　田中・柳原 （人数指定無し）	6＋6名 (6＋6)

（　）内現在入所者数

この治療法の導入についても前院長が米国における精神科医療事情の視察団（団長：懸田克躬順天堂大学精神神経科教授・医学部長（当時））に参加し、思いを得て始めたものである。国としての制度定着が進む中で、昭和53年には国立精神衛生研究所で行なわれたデイケア指導者養成のための看護婦研修に、当時既にデイケアを担当していた保健婦を派遣した。昭和58年にはデイケア専用棟を建築し、長野県下では初めての厚生省認可施設として運営が開始された。図2に示す様に、現在では、平成5年に新築した建物の中で、「老人デイケア」・「重度痴呆患者デイケア」・「訪問看護ステーション」・「在宅介護支援センター」・「地域医療保健福祉部」などとともに、精神科および老人のケアシステムの一部として機能している。表1・2・3は、当院の関連部署におけるそれぞれの機能と人員配置を示している。これらの中には、施設基準を満たす必要な人員配置のほかに、多少余剰人員

表2

	施設	面積	従事者	職員	登録数	点数
精神科デイケア	専用の施設または，精神科デイ・ナイトケアとの兼用施設を有する	60m²以上とし，1人当たりの面積が4m²を標準	精神科医師及び専従する3人の従事者（作業療法士または精神科デイケアの経験を有する看護婦のいずれか1人，看護婦1人，精神科ソーシャルワーカー，臨床心理技術者等の1人）の4人で構成	医師 関 看護婦 種山 看護婦 窪田 CP 湯田	35名 (28)	660 48 食事
精神科デイ・ナイトケア	専用の施設または，精神科デイケアもしくは精神科デイ・ナイトケアとの兼用施設を有する	40m²以上とし，1人当たりの面積が3.3m²を標準とし，調理施設を有することが望ましい	精神科医師及び専従する2人の従事者（作業療法士または精神科デイケア，精神科ナイトケアもしくは精神科デイ・ナイトケアの経験を有する看護婦のいずれか1人及び看護婦，精神科ソーシャルワーカー，臨床心理技術者または栄養士のいずれか1人）の3人で構成	医師 小木曽 看護婦 小池 PSW 紅林	16名 (12)	1,000 96 食事 (2回)
老人デイケア	専用の施設を有する	45m²以上とし，1人当たり3m²を標準	医師が1人以上勤務している 当該届出が受理された施設での経験を有する専従看護婦及び週1日以上勤務する作業療法士又は，理学療法士それぞれ1人勤務	医師 鈴木 看護婦 小原 OT 山口 運転手 百瀬	8名 (6)	510 48 食事 200 送迎
重度痴呆患者デイケア	専用の施設を有する	60m²以上とし，1人当たり4m²を基準	精神科医師が1人以上勤務している 専従する作業療法士及び専従する看護婦がそれぞれ1人以上勤務 専従する精神科病棟に勤務した経験を有する看護婦，専従する精神科ソーシャルワーカー又は専従する臨床心理技術者がいずれか1人勤務	医師 関 看護婦 岩間 PSW 入角 OT 佐野 運転手 小俣	9名 (8)	1,040 48 食事 200 送迎

（　）内は1日平均利用者数

表3

	趣　旨	職　員
在宅介護支援センター	在宅で生活している高年齢者自身やその方たちを介護している家族の抱えている問題や悩み事に対し，相談に応ずる。福祉的手続きの代行。医療・福祉施設への連絡調整	保健婦 石山 ソーシャルワーカー 内田
訪問看護ステーション	老人の方で疾病，脳卒中後遺症等で寝たきりに陥るおそれのある人又は，これに準じる状態の人，痴呆性老人。難病患者，重度障害者，末期ガン患者，精神障害者等看護を要するすべての年齢の人々が対象とされ，患者の主治医の指示により訪問看護を行う	看護婦 原 〃 小岩井 〃 下井 〃 鰐川 理学療法士 荻原
地域医療保健福祉部	当院の外来に通院中の患者に対し，在宅治療及び訪問看護，訪問介護・入院治療及び，療養に関わる福祉支援 入院患者の社会復帰援助等を行う	医師 内川 看護婦 宮田・吉池 ソーシャルワーカー 樋口・紅林 〃 坪田

が含まれる。

デイケアとデイ・ナイトケア

先にも触れたように、当院でのデイケア治療の開始は昭和42年にさかのぼることができ、今年で28年になる。国の承認施設としても12年目を迎えた。増え続ける老人患者の在宅ケアを可能ならしめる手段の切り札として、当初「老人デイケア」の承認を勢い込んで取ったが、送迎の問題でつまずき、「精神科デイケア」の枠の中で老人患者も診療していく形を取らざるをえなかった。当時は、病院が行なう送迎に関して地元医師会にこれを認めないという姿勢があり、家族の送迎に頼る方法ではなかなか利用者が集まらず、採算性の点から「老人デイケア」の維持は困難となり、「精神科デイケアに切り替えたという経緯がある。現在、「デイケアセンター」としては、「精神科デイケア」「同デイ・ナイトケア」「老人デイケア」「重度痴呆患者デイケア」等を国の承認施設として開設しており、登録者数と１日平均利用者数を表２に示す。「精神科デイ・ナイトケア」のプログラムを図３に示すが、午後３時まではデイケアのプログラムと共通である。意図してそれぞれのプログラムを一部クロスさせたり、行事・スポーツなどについては全員一緒に行なうなどして、効果を上げている。

「重度痴呆患者デイケア」と言いつつその診療報酬は老人保険から支払われており、老人医療費受給者証の適用を受けられない若年の痴呆患者の場合は、やむをえず「精神科デイケア」の枠の中で診ており、制度上の矛盾点と言えるだろう。ただし、実質的にはこれらの対象者も個人プログラムとして「重度痴呆患者デイケア」のプログラムにマッチさせているため、現システムでは以前に痴呆性老人を「精神科デイケア」の枠の中で診ていた頃のような困難さは少ない。

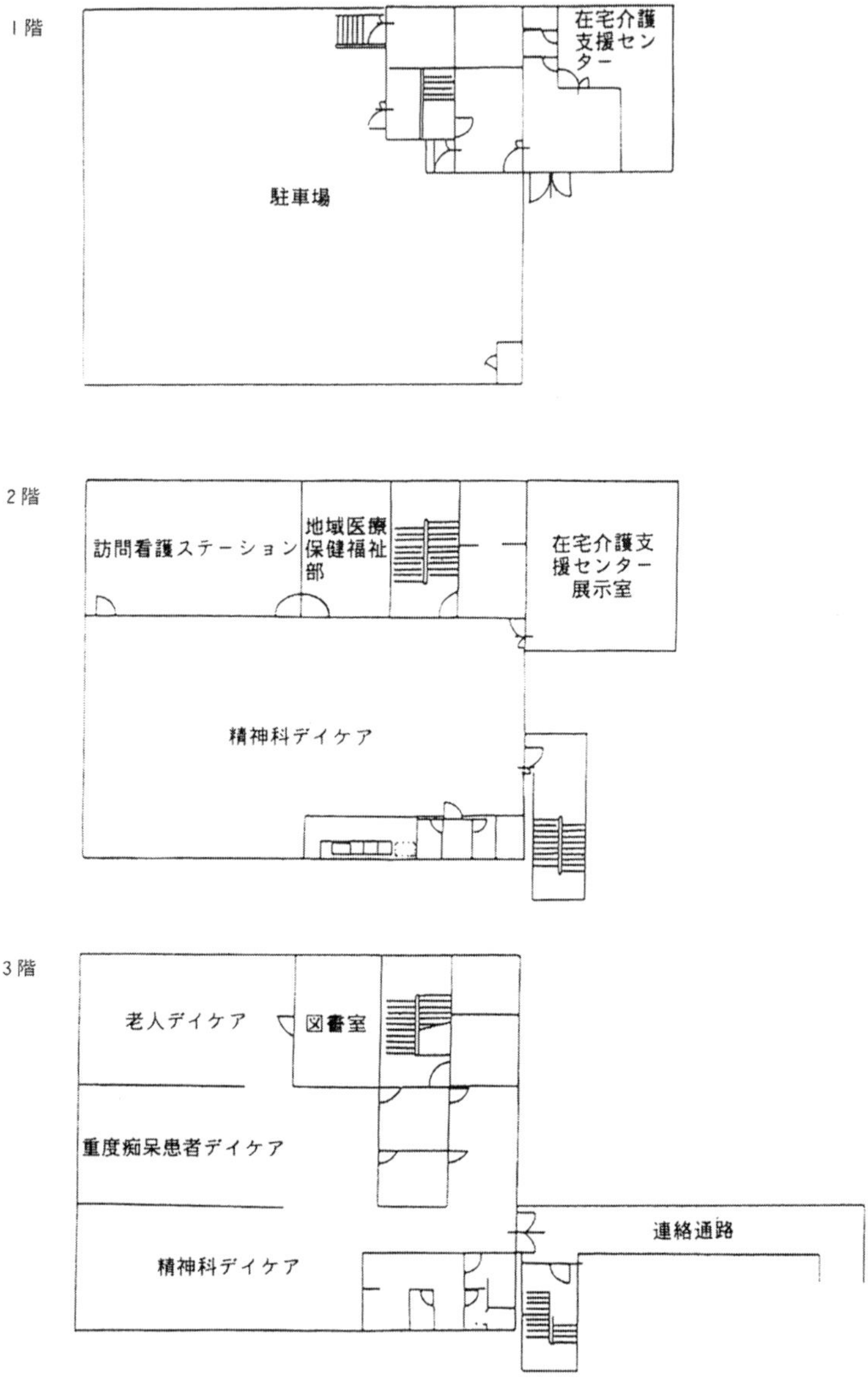
1階
在宅介護支援センター
駐車場
2階
訪問看護ステーション
地域医療保健福祉部
在宅介護支援センター展示室
精神科デイケア
3階
老人デイケア
図書室
重度痴呆患者デイケア
連絡通路
精神科デイケア

図2

	9：00	10：00		12：00	13：00	14：30	15：00		17：30	19：00
月	朝のつどい	ミーティング	趣味の活動	昼休み	作業	清掃	ティータイム	テレビ・音楽	夕食	ミーティング
火	朝のつどい	ミーティング	スポーツ　散策	昼休み	ビデオ鑑賞	清掃	ティータイム	作業	夕食	ミーティング
水	朝のつどい	ミーティング	手工芸	昼休み	手工芸	清掃	ティータイム		夕食	ミーティング
木	朝のつどい	ミーティング	クラブ活動	昼休み	クラブ活動	清掃	ティータイム	運動・ゲーム	夕食	ミーティング
金	朝のつどい	ミーティング	レクリエーション活動 料理	昼休み	作業	清掃	ティータイム	ビデオ鑑賞	夕食	ミーティング
土	朝のつどい	ミーティング	反省会・作業 受診	昼休み						

図３

「デイ・ナイトケア」は、そもそも「デイケア」と「ナイトケア」とを合わせた造語であり、平成6年改定の社会保険診療報酬に点数化され、登場した精神科治療法の1つである。きわめて便宜的であるが、果たせるかな、報酬としては6＋5＝10といった計算で支払われることになっている。「デイケア」の施設をそのまま兼用で利用できる点や、スタッフも少人数増やすだけで移行できるところから、「デイケア」にはみられない利点を考え、当院としては導入した。その利点の内には、『メンタルセンター』、就中『メンタルドミトリー（援護寮）』の入所者の中でデイケア治療を必要としていた人々の生活指導がし易くなった点が含まれる。従来の「デイケア」では、午前9時から午後3時までで、その後は『メンタルセンター』に戻ると無為に過ごすことが多かったものが、夕方7時までに伸びたことにより生活に充実感が生まれている。

利用者にもおおむね好評で、特にデイからナイトに移行した時間帯に、「スタッフがゆっくり接することができ、昼間よりもいろいろな話ができる」「昼間は落ち着かない人も、安心して参加できる」「普段歌わない人がカラオケを歌った

表4

No.	氏名	入所月日	退所月日	転帰	病名	前治療	住居
1	M・K	H 6.10. 3	H 6.11.30	入院	アルコール依存症	DC	アパート
2	Y・K	H 6.10. 3	H 6.12. 3	入院	アルコール依存症	DC	アパート
3	K・S	H 6.10. 3			精神分裂病	DC	自宅
4	N・Y	H 6.10. 3	H 6.11.12	入院	アルコール依存症	DC	アパート
5	M・T	H 6.10. 3			精神分裂病	DC	アパート
6	Y・A	H 6.10. 3			精神分裂病	DC	グループホーム
7	K・U	H 6.10. 6			非定型精神病	DC	自宅
8	T・N	H 6.10. 6	H 6.10.12	入院	精神分裂病	DC	ドミトリー
9	E・I	H 6.10. 7	H 7. 2.28	不適応	心因反応	DC	自宅
10	K・M	H 6.10. 7	H 7. 3.22	入院	精神分裂病	DC	ドミトリー
11	I・N	H 6.10.13			精神分裂病	DC	自宅
12	T・T	H 6.10.20			精神分裂病	DC	ドミトリー
13	H・S	H 6.10.20	H 6.10.25	不適応	精神分裂病	DC	ドミトリー
14	K・S	H 6.10.31	H 7. 4.27	就労	うつ病	DC	自宅
15	M・O	H 6.11. 7	H 6.11.30	不適応	精神分裂病	DC	自宅
16	R・N	H 6.11.21			てんかん性精神障害	外来	ドミトリー
17	Y・T	H 6.12. 8			精神分裂病	DC	自宅
18	N・K	H 6.12. 8	H 7. 4. 5	就労	精神分裂病	DC	グループホーム
19	M・I	H 6.12.12	H 7. 2.28	不適応	うつ病	DC	自宅
20	N・Y※	H 6.12.12	H 7. 6. 3	入院	アルコール依存症	入院	アパート
21	R・M	H 6.12.19			精神分裂病	DC	ドミトリー
22	M・K※	H 6.12.22			アルコール依存症	入院	アパート
23	K・H	H 6.12.26			精神分裂病	入院	ドミトリー
24	S・K	H 7. 1.26	H 7. 4. 3	DCへ移行	精神分裂病	外来	自宅
25	H・K	H 7. 2.14			精神分裂病	入院	グループホーム
26	A・T	H 7. 3. 6			精神分裂病	入院	ドミトリー
27	K・O	H 7. 4.17			神経症	入院	ドミトリー
28	M・K	H 7. 6. 2			精神分裂病	DC	ドミトリー
29	Y・K※	H 7. 6. 9			アルコール依存症	DC	アパート

※ 再登録　　ドミトリー：メンタルドミトリー（援護寮）

り、新しいゲームを覚えたりできる」「誘いあって運動をするなど、仲間同士の交流が深まる」など、プラスの評価をしている。また、夕食が出されることについては、「経済的に問題のある人、家族に問題があり充分な食事が取れなかった人に喜ばれ」、「アルコール依存症で空腹のまま帰宅するとそれを紛らわすために飲酒してしまう人も、夕食を食べて帰ると、飲まずにすむ」と言う。その他にも、「家に早く帰っても家族が帰宅するまで1人で家にいることが不安になっていた人が、その時間を落ち着いて過ごせるようになった」などもみられた。反面、10時間という長時間のプログラムに耐えかねて早く帰

表5

～15：00		デイケアプログラムに同じ
～15：30	休　　憩	
15：30～	ミーティング	各自何をやるか決める 花札や卓球など，相手が必要な場合は，この場でパートナーを探す 食事当番（給食の運搬と食器の返却）とお茶当番を決める
15：45～	プログラム	自分で決めたプログラムを行なう 例：花札，トランプ，オセロゲーム，卓球，ストレッチ体操，腹筋運動，階段昇降（肥満対策），カラオケ，ビデオ，テレビ，読書，漢字の練習，勉強，作業，編み物など
17：30～	夕　　食	
18：00～	ミーティング	1日の反省を話し合い，翌日の当番を決める
19：00	終　　了	

宅してしまう人がいたり、「デイ・ナイトケア」そのものへの不適応を起こしてしまう人もいた。

デイ・ナイトケアの実際

開所以来の利用者一覧を表4に示す。

登録者は29名であるが、このうち3名は経過中に入院してしまったアルコール依存症の患者であり、退院後に再登録されたものである。不適応のため退所したのは4名であり、就労による退所は2名であった。入院が5名6回、「デイケア」への移行が1名である。「デイ・ナイトケア」の前の治療は、圧倒的に「デイケア」からのものが多く21名で、残りが入院もしくは外来からのものである。

疾患別では、精神分裂病が殆どで、他にアルコール依存症、非定型精神病、てんかん性精神病、うつ病、神経症・心因反応などである。

プログラムは、「デイケア」の時間帯は共通しており（図3）、3時以降現在行なっている内容は表5の様になっている。自主的に決めたプログラムであるため、取り組み方も積極的である。時には、全員で卓球大会を行なったり、退所する人の送別会を開いたりすることもある。

デイ・ナイトケアの収支

「デイ・ナイトケア」の診療報酬は表2で示した様に1日1,０００点である。当院の場合昼食と夕食の2食を提供しており、96点加算される。さらに再診料や薬剤料がこれらに加算される。平成6年の『デイケアセンター』全体の収入は、９,６００万円程になる。「デイ・ナイトケア」のみでは平成6年12月からの4ヶ月で８００万円程になる。

支出は、兼任の、特に医師の給与をどうみるかによるが、これを除き、人件費だけで３、５００万円程である。建物の費用やその他の経費を１、０００万円程度と見積もれば、総体的に黒字基調にはなると考えられる。

おわりに

制度化されて間もない時期にまがりなりにも「デイ・ナイトケア」が開始できたことには、①「デイケア」の経験及び施設を有していた。②社会復帰施設を運営しており、対象者が得られた、③入院、外来、在宅医療など治療システムが比較的整っており、その一部としてシステムに組み込むことができた、④医師をはじめとして看護婦以外の臨床心理士・ＰＳＷ・作業療法士・生活療法指導士などのコ・メディカルスタッフにも恵まれていた、⑤市内の比較的交通の便の良いところに施設が位置している、などの要因が預かっていると思われる。

私どもの「デイ・ナイトケア」の試みはまだ緒についたばかりである。今後どのような効果を発揮できるか不明である。これから「デイ・ナイトケア」を計画されている方々に、いささかなりとも参考にして頂けたならば幸いである。

（「日本精神病院協会雑誌」Vol.14　No.8　5~12, 1995.）

特集「デイケアの高齢者を対象とした介入プログラム」

『介護老人保健施設デイケアにおける運動療法の試み』

関　健（城西病院）
宮城　彰、仲　学、酒見祐吉、鈴木幸子、小林園美、鎌倉重子（白馬メディア）

はじめに

特別医療法人城西医療財団は、3つの病院、2つの介護老人保健施設、関連法人で1つの介護老人福祉施設を運営する他、5つの訪問看護ステーション、4つの訪問介護ステーション等、高齢の障害者を対象とした医療・福祉サービスを提供してきた。平成13年4月に開設した介護老人保健施設「白馬メディア」は、開設当初より居宅生活支援の拠点との認識にたち、デイケアにおいては介護予防を目的とした運動療法をプログラムの中心に据えることを企図した。今日的な表現では、パワーリハビリテーションということになるが、機能訓練室にはウエイトトレーニングマシンを備え（表1）、スタッフも理学療法士、作業療法士の他、健康運動指導士（トレーナー）を配置し、さらに医師、看護師、管理栄養士を加えたチーム

表1　機能訓練室の運動機器

ピテクス*	トレッドミル
バタフライ*	大胸筋
チェストプレス*	大胸筋・上腕三頭筋
シーテッドロー*	広背筋・上腕二頭筋
レッグエクステンション*	大腿四頭筋
レッグカール*	大腿二頭筋
アブダクター*	大殿筋・外転筋
アダクター*	内転筋
腹筋台	
背筋台	
ツイストマシン	

＊東京体育機器の製品

で指導する態勢を整えた。当初から医療法第42条第１項第４号に規定する有酸素運動による疾病予防施設認可を目途し、平成15年３月28日付で認可された。開設時よりデイケア通所者にはこの施設を利用してもらい、個々人の運動処方を作り実践させた。２年間を経て徐々に効果を上げた利用者が増えてきている。この稿では、私達の取り組みの一端を紹介し、皆様の参考に供したい。

■通所リハビリテーション（デイケア）

開設以来、13年度は２５４日間開所し、述べ１，４８３名が利用した。14年度は２８９日間開所し、述べ１，４８５名が利用した。62名が現在も通所している。半身不全麻痺を持つ利用者が多く16名、完全麻痺が２名、足・腰・手・肩の痛みしびれが16名、パーキンソン病等による歩行不安定が９名、変形性膝関節症が６名、股関節症が３名、大腿骨頸部骨折後遺症２名、その他８名である。歩行器、杖または介助バーによる歩行訓練、

表２　通行リハビリテーション（デイケア）マシン利用者一覧

No	名前	項目（負荷値）kg							実施日											
		バタフライ	チェストプレス	シーテッドロウ	レッグエクステンション	レッグカール	アブダクター	アダクター												
1	O.Y.	2	2	2	2	2	2	2												
2	U.E.	0	0	0	0	0	0	0	2/27	3/6	3/13	3/20	3/27	4/10	4/17	5/8				
3	T.I.	0	0	0	0	0	0	0	3/5											
4	S.T.	1	1	1					2/27	3/6	3/13	3/20	3/27	4/3	4/10	4/17	4/24	5/8	5/22	5/29
5	Y.H.	2	2	2					2/27	3/6	3/13	3/20	3/27	4/3	4/10	4/24	5/8	5/15	5/22	5/29
6	M.M.	0	0	0	0	0	0	0	3/10	5/19										
7	M.H.	1	1	1	1	1	1	1	4/1	4/8	4/15	4/22	4/29	5/6	5/13	5/20	5/27			
8	M.N.				8				4/4	4/25										
9	Y.Y.	2	2	2	2	2	2	2	4/15	4/18	4/25	4/29	5/2	5/6	5/13	5/16	5/23	5/27	5/30	
10	I.Y.	2	2	2	3	3	3	3	4/22	4/29	5/6	5/13								
11	H.T.	2	2	2	2	2	2	2	5/19	5/26	6/2									

上記の負荷値は今現在行なっている負荷です
初めは負荷値が０であった人も少しずつ上げています
下肢が出来ない方は上肢のみの実施です

マイクロウエーブ療法、徒手によるマッサージの他、エルゴメーター及びトレッドミルが主な治療方法であった。62名中11名がマシンを使ったリハビリテーションを行っている（表2）。

マシンを使用する場合には、あらかじめ運動強度を決定するため使用する種目ごとに1RMを測定し、その50％強度を初回の負荷強度とした。結果的には、ほとんどの人が負荷値0から始めることとなった。表2は、本年5月末現在の利用者の種目別負荷値を示している。

症例　表3

通所リハビリテーションに通所し、治療経過が進む中でさらに積極的な運動療法を希望して、'S'ウェルネスクラブ神城に入会して効果を上げているO．Y．さん（60歳、女）について紹介する。

表3に示すように高血圧の既往があり、平成13年3月、脳幹部出血を起こした後、左半身不全麻痺、軽度の言語障害等の後遺症が残った。リハビリテーション病院に入院し、4ヶ月の経過で自力歩行及び言語障害の回復がみられ、自宅へ戻り、近医で通院によるリハビリテーションを継続した。10月には、自力で車の運転ができるまで回復したため、活動範囲が広がった。家事にも復帰し、1日に約2㎞の歩行練習を続けていたが、「歩行の安定をはかり、症状（手先のこわばり、上下肢の重い感じ）を軽減したい。再発の不安があるが、もっと良くなって長男の結婚式に出席、長女の子供（孫）を抱きたい。以前やっていたうさぎを飼いたい。」との希望から、平成14年1月より白馬メディアの通所リハビリテーションに週2回（月・金）通うこととなった。

動機付けがしっかりできており、意志も強いため熱心に取り組んだ。施設では、歩行訓練、エルゴメーター、足に重りをつけての歩行、徒手による筋肉抵抗運動、階段昇降等を行い、自宅では、室内で

表3　病　　歴

傷病名	脳幹部出血後遺症、高血圧
既往歴	30年前位より高血圧を指摘され内服治療を受けた。
現病歴	平成12年5月　右眼のピクつき、手足のしびれあり、近医院受診するも心配ないと言われた。 平成13年3月　脳幹部出血（8日）で入院（～5月15日）。 平成13年5月　鹿教湯病院にリハビリ目的で入院（15日）。自力歩行ができるようになり、言語も回復したため退院（9月15日）。 平成13年9月　大町病院へ通所し、リハビリ開始（20日）。 平成13年10月中旬　自力で車の運転ができるようになる。
現　症	左半身不全麻痺。軽度の言語障害。
治療目標	歩行の安定をはかり、症状（手先のこわばり、上下肢の重い感じ）を軽減したい。 再発の不安があるが、もっと良くなって長男の結婚式に出席、長女の子供（孫）を抱きたい。 以前やっていたうさぎを飼いたい。
治療経過	通所前から家事をし、1日約2kmの歩行練習、室内でリハビリを行っている。 平成14年1月　デイケアに週2回（月・金）通所開始（18日）：歩行訓練、エルゴメーター、足に重りを付けての歩行、徒手による筋肉抵抗運動、階段昇降。 平成14年12月　自宅でエルゴメーターを購入。 平成15年2月　マシンによる筋力トレーニング開始。'S' ウエルネスクラブ神城入会し、週2回のデイケアの他週2回（水・土）通所。

のリハビリテーションを自ら工夫し、屋外の歩行練習も欠かさなかった。14年12月には、自宅にエルゴメーターを購入した。機能回復訓練室で他の通所者や'S'ウェルネスクラブ神城の会員がマシンを使った運動をしている姿を見て、自らももっと積極的な運動を希望して15年2月に入会し、週2回（水・土）会員として利用するようになった。都合週4日運動をすることとなった。

'S'ウェルネスクラブ神城の会員は、原則として入会時に体力測定及び有酸素運動強度の目安を知るための$\dot{V}O_2max$を測定し、また、マシントレーニング強度を知るために種目ごとにIREMを測定することになっている。30%$\dot{V}O_2max$に相当する脈拍を目安としてエルゴメーターを使用し、50%IREM強度でマシントレーニングを開始する。O.Y.さんは、15年2月の入会時には、マシンの負荷値を0RMで設定した。1セット10回を2～3セット繰り返すトレーニングメニューを作成し、表1にある7種類のマシンを使用して筋力強化をはかった。約3ヶ月後の体力テスト結果及びトレーニングメニューは表4、5に示した通りである。マシントレーニングの強度は2に上がり効果がみられた。体力テスト結果（表4）の評価は、長座体前屈の7（46㎝）を除いて1と低いが、本人の満足度は高い。ＢＭＩ31・6、体脂肪率42・1％と肥満度は高い。現段階では歩行等日常動作に必要な筋力の回復がなお不充分であり、有酸素運動を長時間行うことができないため、肥満の解消には至っていない。

考察

レジスタンストレーニング（筋力トレーニング）には、唯一無二これでなくてはならないという絶対的なトレーニング法はない[1)]。トレーニング効果をあげるための強度設定は、50％ IREM～120％IREMとされ、それぞれトレーニング法の違いがある。60％ IREM以下の負荷のトレーニングでは筋力は増強せず、筋持久力が増す[2)]。Ｏ．Ｙ．さんの場合は、マシンを使ったトレーニングをはじめているが、効果をあげるにはまだ充分な強度設定に至っていない。麻痺のある患者に高負荷をかけたトレーニングをさせることは困難で、アイソメトリックス法ないしは自体重負荷による方法をとることが安全である。しかるに、現在当院で使用しているマシンは、空気圧による負荷調整を行う機構になっており、100段階での調整可能である。ダンベルやバーベルのような落としたときの危険もなく、使用者にとって安全である。Ｏ．Ｙ．さんは、超低負荷によるトレーニングではあるが、3ヶ月にして効果の兆候は見えてきている。何と言っても、本人の意欲が高く、意志が強いのでこの先大いに期待が持て

表４　体力テスト結果表

体力テスト結果表

氏　名	性別	生年月日	年齢	作成日
O. Y.	女	S18/○/○	60	H15.5.31

	種　目		平成15年5月31日 結　果		評価	平成13年9月1日 結　果		評価
1	握　力	右	22	kg	1	0	kg	0
		左	16	kg		0	kg	
		平均	19	kg		0	kg	
2	上体おこし		0	回	1	0	回	0
3	長座体前屈		46	cm	7	0	cm	0
4	反復横とび		12	点	1	0	点	0
5	立ち幅とび		25	cm	1	0	cm	0
6	自転車こぎ		0	ml/kg/min	0	0	ml/kg/min	0

形態測定	身　長	151.3	cm		0	cm	
	体　重	72.4	kg		0	kg	
	体脂肪率	42.1	%		0	%	
	BMI	31.6			#DIV/0!		
	ウェスト	93.0	cm		0.0	cm	
	ヒップ	115.0	cm		0.0	cm	
	ウェスト/ヒップ比	0.81			#DIV/0!		

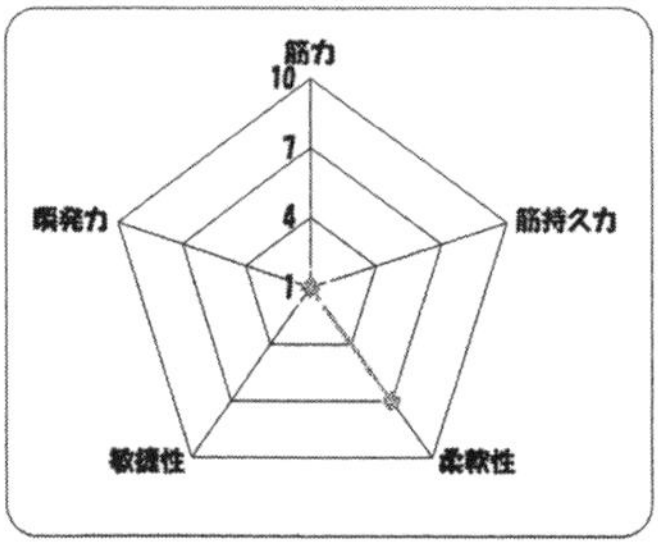

●体力アドバイス●

体力測定、お疲れ様でした。
この結果は今日の大切な結果です。これからもマイペースでゆっくりと継続していけるようにしていきましょうね。

'S' ウェルネスクラブ神城

表5　トレーニングメニュー

Training Menu

氏　名	性別	生年月日	年齢	測定日
O. Y.	女	S18/○/○	60	H15.5.19

● 安静時心拍数　68 拍

● 有酸素運動強度の目安（カールボーネン法）

30 %$\dot{V}O_2max$・・・・・　96 拍

40 %$\dot{V}O_2max$・・・・・　105 拍

50 %$\dot{V}O_2max$・・・・・　114 拍

● マシントレーニング強度表

種　目		1RM	50 %1RM	回数	セット数
バタフライ		3	2	10回	2〜3セット
チェストプレス	縦	4	2	10回	2〜3セット
	横	5	3	10回	2〜3セット
シーテッドロウ	縦	4	2	10回	2〜3セット
	横	4	2	10回	2〜3セット
レッグエクステンション		5	3	10回	2〜3セット
レッグカール		2	1	10回	2〜3セット
アブダクター		5	3	10回	2〜3セット
アダクター		4	2	10回	2〜3セット
シットアップ				10回	2〜3セット
バックエクステンション				10回	2〜3セット
ツイストマシーン				自由	2〜3セット

コメント：
ゆっくり行なうようにしましょう。
出来る範囲から回数もできるだけで結構です。

担当トレーナー：　仲

‘S’ウェルネスクラブ神城

る。高齢の障害者の場合、トレーニングの動機付けと継続する意志が成功の鍵である。表２にあげた方たちが脱落することなく、更に多くの方たちに参加していただくよう工夫してゆきたい。

参考文献

1）石井直方：筋と筋力の科学2筋を鍛える、山海堂、東京、２００１。
2）石井直方：みんなのレジスタンストレーニング、山海堂、東京、２０００。

（「デイケア実践研究」Vol. 7　No.2　33～38, 2003.）

第15回大会特集　シンポジウム1
「その人らしく暮らす」―精神科デイケアができること―

『デイケアの今昔と将来』

関　健

はじめに

わが国の社会復帰プログラムは、ナイトホスピタルから始まったといってよい。昭和60年代に急激に建設された精神科病院の社会復帰病棟と称する病棟から〝外勤〟する患者たちは、日中は職場で働き夜は病棟で過ごす。賃金も得ているが、問題は、なかなか出口が見えず退院促進に結びつかなかったことである。一方、これとは逆に住居を含む生活の本拠は家庭などに置き、昼間は病院に通い作業療法などの治療を受ける治療法も昭和40年代には始まったが、これはデイホスピタルと位置づけられる。ナイトホスピタルもデイホスピタルも治療に対しては診療報酬がついていなかった時代である。

その後、昭和49年にデイケアの報酬がついたが、一日につき110点であった。これによりこの治療法は普及してゆくことになるが、その足取りは緩徐であった。報酬は時を経て引き上げられ、精神科デイケア大規模なもの一日660点、精神科デイナイトケア一日1000点及びそれぞれ食事を提供した場合に一食48点、二食96点、三食130点が加算されることとなった。これにより、デイケア開設は加速され、診療所において特に著しい増加を遂げ、退院促進の手段としての役割も果たすこととなった

（図１）。

今日、全国のデイケア開設数は正確に捉えられていない。本学会での調査が求められているところであるが、多くなったことにより国の抑制策が始まり、一週間の利用回数五日への制限、対象者の絞り込み、長期利用者の排除、食事代の撤廃が行われ、治療効果にも影響を与えるところから、本学会の対応が注視されている。

この稿では、わが国の精神科デイケアの歴史とともに歩んできたわれわれの病院における事業を概説するとともに現在の問題点を探り、今後の展望を述べてみる（表１、２）。

われわれの医療福祉事業の概要

当城西病院は、昭和42（１９６７）年にこの治療法を始めたが、昭和61年のデイケアのしおりにはこのように書かれている。

「デイケアは１９４６年カナダのアラン記念研究所で始められた治療法で北米を中心に発展してきました。住居を含む生活の本拠は家庭・その他一般社会の中に置いたまま昼間の一定時間治療施設（デイケアセンター）に通って、入院治療に匹敵するような充分な治療を受けるというシステムです。従って通院治療の一形態として外来治療の中心的な治療法の一つといえます。患者さんが家庭や近隣との社会生活を保ち、入院による過保護・ホスピタリズム（病院ボケ）・社会からの孤立を避け、実社会から絶

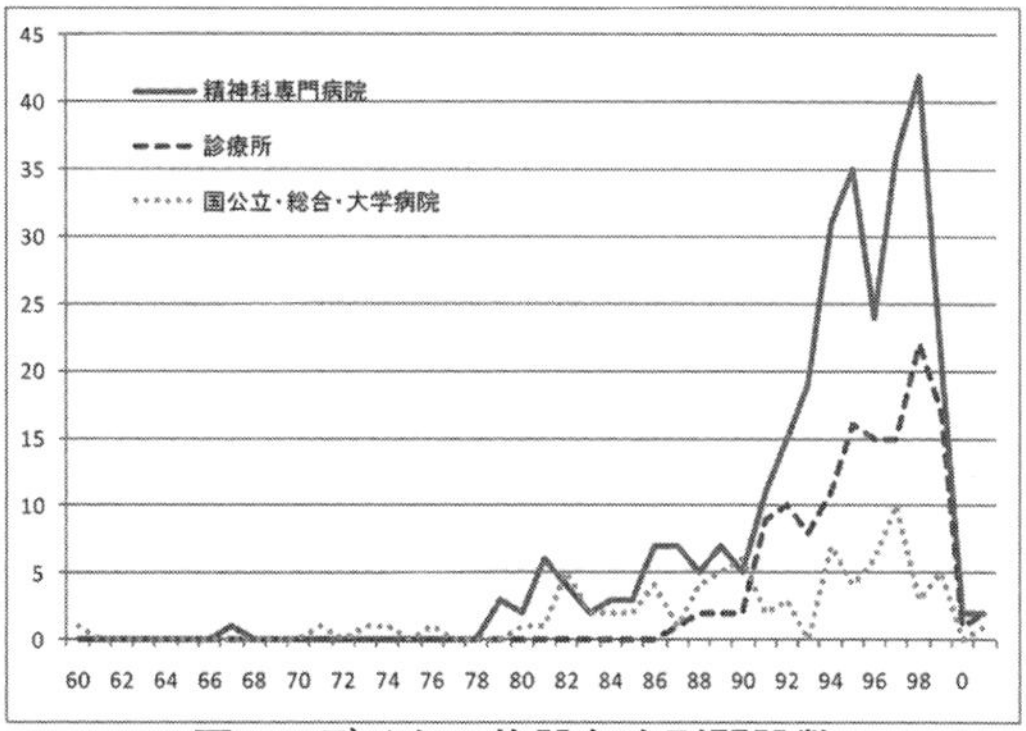

図１　デイケア施設年次別開設数

窪田 彰、他 2000 より作成

表1　当院デイケアの取り組みと国の施策（1）

年　月	当　院	国の施策
昭和34(1959)年2月	メンタルセンター開設	
昭和42(1967)年8月	精神科デイケアセンター開設	
昭和49(1974)年4月		精神科デイ・ケア診療報酬点数化
昭和61(1986)年4月		精神科ナイト・ケア診療報酬点数化
昭和61(1986)年6月	精神科デイケア認可	
昭和63(1988)年3月	メンタルクラブ（ソーシャルクラブ）発足	
昭和63(1983)年4月		重度痴呆患者デイ・ケア診療報酬点数化

表2　当院デイケアの取り組みと国の施策（2）

年　月	当　院	国の施策
平成6(1994)年2月	老人デイケア認可 重度痴呆患者デイケア認可	
平成6 (1994)年4月		精神科デイ・ナイトケア診療報酬点数化
平成6(1994)年12月	デイナイトケア認可	
平成10(1998)年11月	地域生活（活動）支援センター「燦メンタルクラブ」認可	
平成18(2006)年4月		精神科ショート・ケア診療報酬点数化
平成18(2006)年6月	ショート・ケア認可	

えず刺激を受けながら、しかも、普通の外来では行えないような特別のプログラムに従って自立のためのトレーニングをする場です。…（中略）…はじめのうちデイホスピタルといって病院の中の一室を使用して作業療法を中心に運営されてきましたが、現在では国の承認施設として認可された専用の施設で専門の職員がチームを組んで治療を行っています。医療チームは精神科医師・保健婦・看護婦・ソーシャルワーカー・サイコロジスト・作業療法士で構成されております。」

40年余を経てもデイケア治療に対する基本的な姿勢はいささかも変わっていない。しかしこの間にわが国では高齢化が進み、高齢者に対する医療・福祉サービスのニーズが高まった。現在私は、社会医療法人城西医療財団として「城西病院」、「豊科病院」、「ミサトピア小倉病院」の3病院並びに介護老人保健施設「安曇野メディア」及び「白馬メディア」、認知症高齢者グループホーム「かたくりの郷」、ケアハウス「いわかがみ」等を運営し、社会福祉法人七つの鐘として介護老人福祉施設「小倉メナー」、認知症高齢者グループホーム「つりがね草」及び「なでしこ」、老養所「すずらん」等を運営している。在宅サービスとしても表3のような諸事業を展開している。精神障害者に対するサービスとし

表3　在宅サービス

居宅療養管理指導	城西病院、豊科病院、神城醫院
訪問リハビリテーション	城西病院、豊科病院、訪問看護ステーション群
通所介護	小倉デイサービスセンター、すずらん、つりがね草、秋櫻
通所リハビリテーション	しろにしデイケアセンター、安曇野メディア、白馬メディア
短期入所療養介護	城西病院（療養型病床群）、安曇野メディア、白馬メディア
短期入所生活介護	小倉メナー
配食サービス	小倉メナー、白馬メディア、城西病院

表4　デイケア

城西病院精神科デイケア

城西病院精神科デイナイトケア

豊科病院精神科デイケア

城西病院重度認知症患者デイケア

表5　自立支援施設

グループホーム・ケアホーム景岳館

グループホーム・ケアホーム大富荘

グループホーム・ケアホーム第1飛鳥荘

グループホーム・ケアホーム第2飛鳥荘

グループホーム・ケアホームメンタルホーム

援護寮メンタルドミトリー

援護寮アルプスドミトリー

地域活動支援センター燦メンタルクラブ

ては、表4に示すデイケア事業、表5に示す自立支援施設（社会復帰施設）を行っている。

精神障害者社会復帰施設は、メンタルセンターと称して昭和32年2月から事業を始めた[1]。開設時の挨拶にはこうある：「当院の作業農場の一角に、二棟のコロニーがある。…（中略）…このところがメンタルセンターの本拠である。病状が概ね寛解し、しかも、家庭の環境が悪かったり、就職に困難のある人が入所の対象となる人々である。…（中略）…病院の斡旋した職場に就職して、生活費を稼ぎながら、専門の職員より精神療法や生活指導や作業指導を受けるのである。外国でいうナイトホスピタルによく似たものであり、また県内にもこれとよく似た社会復帰を指導している病院もあるが、これらはあくまでも入院患者が対象であるのに対し、われわれの場合はあくまでも入院患者ではない、既に社会の一員となった人々が対象である。（関 守）」

その後幾多の変遷を経て、今日の精神障害者社会復帰施設メンタルセンターは、援護寮・福祉ホーム・グループホーム・共同住居・地域生活（活動）支援センターから構成されるものとなったが、

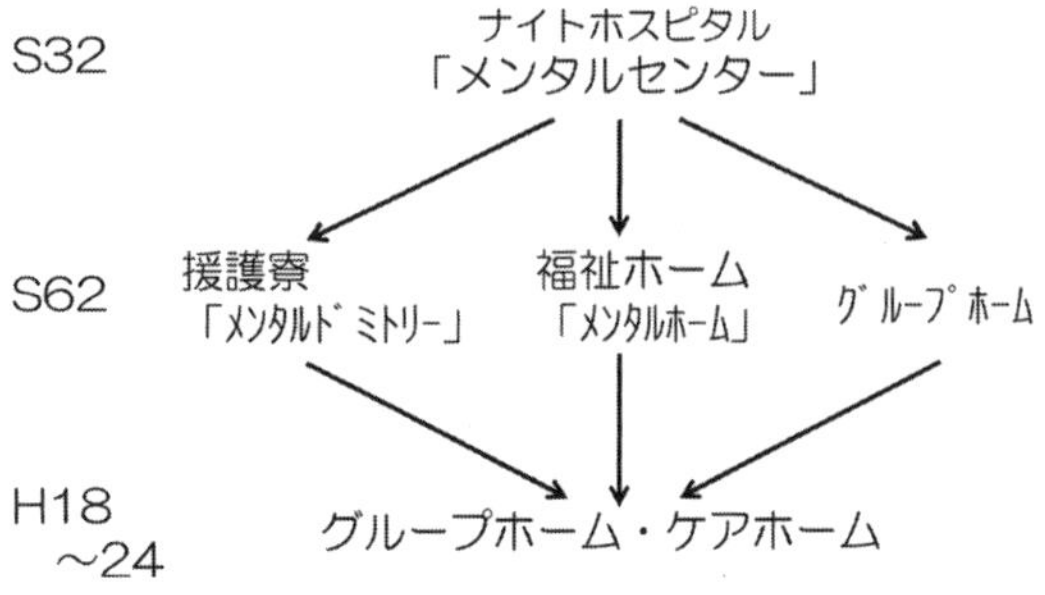

図2　当院の社会復帰施設の変遷（1）

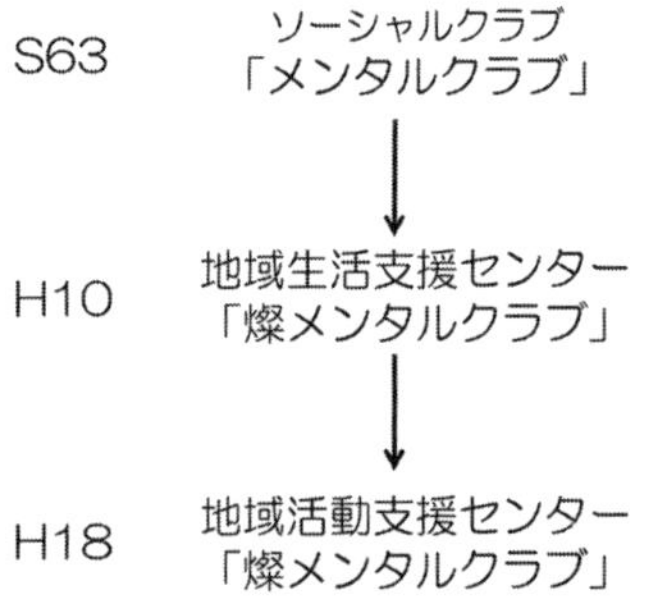

図3　当院の社会復帰施設の変遷（2）

障害者自立支援法の成立及び精神保健福祉法の改正によりまたまた次の施設に衣替えを余儀なくされている（図2、3）。同じくデイケアに関しても国の施策の変遷により内容が変更されてきている（図4）。

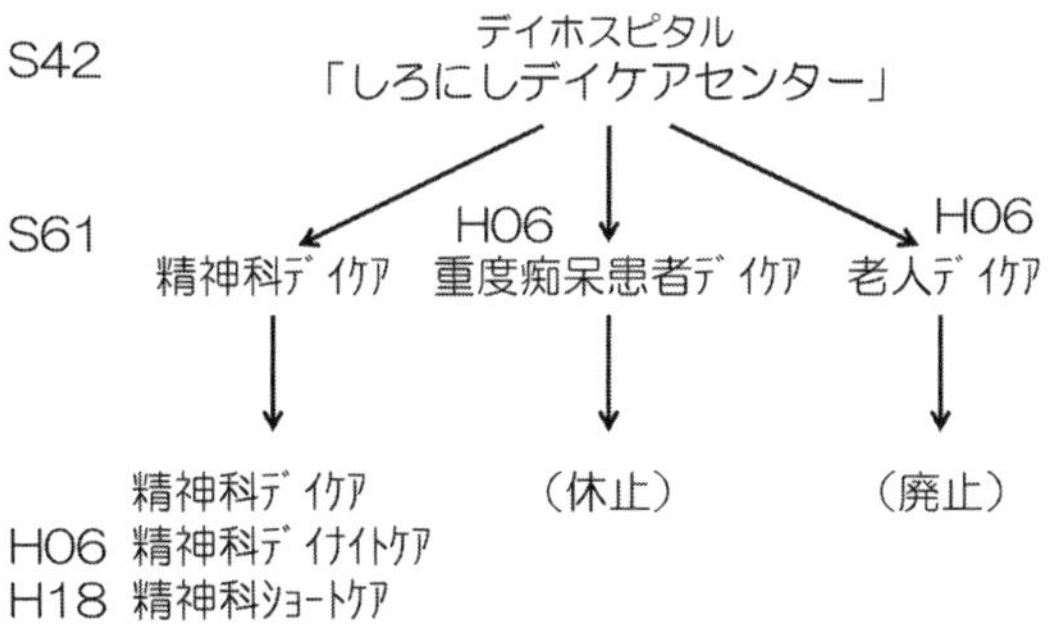

図4　当院の社会復帰施設の変遷（3）

デイサービスとデイケア

デイサービスは、高齢者（高齢の障害者）、身体障害者、知的障害者の日中活動（生活）の場として提供されてきた。通所介護として位置づけられており、多機能化が進んでいる。訪問系のホームヘルプサービス、居宅系のグループホームとともに、在宅介護の3本柱として展開されてきたが、近年の認知症患者の増加とあいまって、様々なキーワードでくくられる多機能化が図られている。〝地域密着〟〝小規模〟〝多機能〟〝小規模・多機能〟等である。

われわれも社会福祉法人を設立して以来、表6に示す通所系サービスを提供してきた。デイサービスとデイケアの違いは、表7に示すとおりであるが、デイケアは医療サービスであり、医療保険が適用になる医療事故を扱い、デイサービスは福祉サービスであり、介護保険が適用になる介護事故（要介護状態・要支援状態）を扱うと理解すると分かりやすい。しかし、介護老人保健施設の提供するデイケアは、介護保険から支払われている。今後高齢者の慢性期医療と介護・生活支

表6　通所系サービス

デイサービス（通所介護）

名　称	定員	開設日
小倉デイサービスセンター	35	（H08-04-15）
デイサービスセンターすずらん	15	（H14-04-01）
デイサービスセンターつりがね草	15	（H15-11-01）
デイサービスセンター秋櫻	18	（H17-02-16）

デイケア（通所リハビリテーション）

名　称	定員	開設日
安曇野メディア	25	（H03-04-01）
白馬メディア	24	（H13-04-01）

表7　デイサービスとデイケアの違い

デイサービス	施設	福祉資源	担当者
	特養	介護保険	介護職
	単独	介護保険	介護職

デイケア	施設	医療資源	担当者
	病院	医療保険	医療職
	診療所	医療保険	による
	老健	介護保険	チーム

援の費用負担をどうするか考えていく上で一つの重要なポイントとなる事柄であるといえる。すなわち、デイケアはリハビリテーションと位置づけられており、そのことはとりもなおさず医療の範疇に入るからであり、医療事故に対しては当然医療保険からの給付とすべきであるとする原則を曲げるべきでない。すなわち老健における医療は医療保険から、介護・生活支援は介護保険から給付されるよう整理する必要がある。同様に介護老人福祉施設における医療は、従前どおり医療保険から支給される原則を守るべきである。

■デイケアの今昔

デイケアの治療効果に再入院防止効果があることは、澤温[2)]も強調しているところである。われわれのデイケアにおいても、表8及び表9に示すとおり、再入院は減少している。すなわち昭和61年から平成元年にかけての利用者230名のうち30・4％が再入院をしているのに対し、平成21年は82名の利用

表８　デイケア参加者の概況

昭和61(1986)年〜平成元(1989)年

【性別】男性 136名，女性 94名　計 230名（男女比 ３：２）

【年齢】	10	20	30	40	50	60	70 代
	12	35	56	45	40	24	18 名

【疾患】		【生活形態】	
統合失調症	51%	同居	78%
気分障害	8	単身	10
認知症	8	メンタル	1
アルコール依存症	5		
てんかん	3	【転帰】入院	30.4%
神経症	13	就労・就学	26.0
その他	10	家庭復帰	6.5
		他施設	3.0
		継続	19.6
		中断	13.5

表９　デイケア参加者の概況

平成21(2009)年

【性別】男性 54名，女性 28名　計 82名（男女比 ２：１）

【疾患】		【生活形態】	
統合失調症	74%	同居	32%
気分障害	4	単身	13
認知症	0	メンタル	32
アルコール依存症	9	グループ	22
てんかん	3		
神経症	0	【転帰】入院	6.1%
その他	10	就労	0
		家庭復帰	1.2
		継続	82.9
		中断	6.1

者中6・1%が再入院したに過ぎない。表10は昭和61年以降年毎の転帰を社会復帰・継続・再入院の3項目で示したものである。再入院が確実に減少している様が見て取れる一方、継続者がやや増えている分社会復帰（就労／家庭復帰）が減少している傾向がある。再入院が減少した理由は、治療薬就中抗精神病薬の進歩、SSTなど治療プログラムの進歩、等考えられる要因はいくつかあるが、継続して通所できていることが最大の要因であろう。もっとも、社会復帰が減少したことに関しては囲い込みとの誹りは免れない。一段の工夫が必要である。

表11に示すようにわれわれの地域活動支援センター「燦メンタルクラブ」は、精神科のデイサービス機能を持っている。デイケア登録者88名中半数の44名が登録してあり、活発に利用している。そのうち〝癒しの場〟としての利用が最も多く、利用者から好評である。この施設はボランティアの手を借りて日曜祭日も開場しているため、デイケアの休業日に所在のない利用者が訪れ仲間と語らったり将棋など

をさしたりしている。かつてデイケアの機能に求められていたものの一つである。名称の由来は、昭和63年頃にソーシャルクラブとして行っていた〝メンタルクラブ〟にあり、その活動を平成10年に社会復帰施設と位置付けられた〝精神障害者地域生活支援センター燦メンタルクラブ〟として引継ぎ、更に平成18年に〝精神障害者地域活動支援センター燦メンタルクラブ〟に変更したものである。デイケアのような時間的な制約がなく、登録さえすれば利用は自由にできるところが利用者にとって魅力的で、また

表 10　転帰の推移

単位　%

	就労・家庭復帰等	継　続	入　院
昭 61 年〜平元年	32.5	19.6	30.4
2	23.1	35.4	28.5
3	18.7	61.6	11.6
4	12.1	53.8	24.2
5	11.8	64.5	14.4
6	14.8	49.5	19.8
7	13.7	57.8	14.7
8	9.9	69.1	12.3
9	9.1	68.8	13.0
10	9.7	73.6	5.6
11	9.6	74.0	5.6
12	4.1	77.0	12.3
13	12.6	65.8	8.8
14	12.5	70.0	7.5
15	8.4	77.4	2.4
16	9.0	78.4	3.4
17	9.5	75.0	6.0
18	3.6	79.5	2.4
19	2.4	81.7	7.3
20	4.6	77.9	3.5
21	1.2	82.9	6.1

表 11　地域活動支援センター「燦メンタルクラブ※」

地域活動支援センター登録者	338名
一日あたりの利用者（平均）	30名
内デイケア通所者	5名
デイケア総登録者	88名
デイケア＋地域活動支援センター登録者	44名
内平成22年4〜5月の利用者	22名

「燦メンタルクラブ※」の機能

1．よろず相談	6．自助グループ育成・支援
2．就労相談	7．ピアカウンセリング
3．生活技能訓練	8．癒しの場
4．医療・福祉情報提供	9．教養講座・学習会
5．ボランティア育成・支援	10．ケアマネジメント

※燦々（さんさん）と太陽（SUN）が輝くところに息子（SON）たちが集う

安心・安全の場になっている。この自由度が大切である[3)]。

デイケアの将来

現状のデイケアの機能は、次の三点に集約される。⑴治療効果：再発・再入院予防／リハビリテーション／復職プログラム／在宅者急性期医療の場。⑵居場所の提供（慢性期患者）：日昼活動の場。⑶地域ケアによるノーマライゼーションの実現：①多職種によるチーム医療：ＳＳＴ／認知行動療法／心理教育。②他の社会資源活用：訪問看護／訪問介護／地域活動支援センター／通所福祉施設（共同作業所、授産施設、自立支援施設）／障害者相談支援センター／ハローワーク／ＡＣＴ。

この機能は、今後も求められていくが、第４回デイケア学会で講演した厚労省の三觜文雄精神保健福祉課長は、「デイケアの現状分析と今後の帰趨」として、①医療型→リハビリテーション、②訓練型→授産施設・共同作業所等との競合、③生活支援型→自立支援施設、④憩いの場型→地域活動支援センター（デイサービス）、といった方向性を示唆し、その後の厚労省の施策の動向を見てゆくと、着実にこの方向に向かっている。問題点は、対象者・利用目的／期間・実施内容により現在のデイケア機能は障害福祉サービスに移行し、利用者の大幅減がもたらされ、大幅な減収によりデイケアが立ちゆかなくなる危惧がある。

平成21年〝あり方検討会〟報告書によれば、急性期・回復期に重点化／重症患者への重点化／長期にわたる頻回な利用、長時間の利用の弊害、等を指摘し、アセスメントにより対象者を絞り込み、認知行動療法・心理教育・ＳＳＴなどの治療法により医療としての機能を強化する方向性が打ち出された。しかし、問題点として、より専門性を有する治療者の配置を必要とするため現在以上の経費が発生し、また、対象者が絞られるため多くの患者の利用が制限されることが懸念される。平成22年度診療報酬改定においては、精神科デイケア等について、「精神障害者の地域移行を推進するために、早期の地域移行に対して評価を行う。」とされた。問題点としては、デイケアの出口論のことであろうが、何らかの社会資源ごとに福祉的なサービスに移行するだけのことであり、それを以て早期の地域移行とするのは意味が無い。何故デイケア治療を急ぐのか理解できない。いわゆるデイサービス機能の排除を企図しているものと思われるが、医療（治療）としてのデイケアと福祉（生活支援）としてのデイサービスを並行して受けることは利用者にとって大きなメリットである。先にも触れた精神障害者地域活動支援センターの精神科デイサービスとしての位置づけの明確化をはかり、平行して利用できるよう法的にも整備すべきである。その際、福祉サービスすなわちデイサービスには介護保険を適用し、リハビリテーションを含む医療サービスすなわちデイケアには医療保険を適用することは言うまでもない。

今後増え続けることが確実な認知症患者ことにアルツハイマー病の患者に対する治療体系の中でデイホスピタルの活用を最後に提案しておきたい。デイケアがデイホスピタルから発展したことは初めに述べたが、いわば先祖がえりのようなものである。認知症患者の日中の処遇は、家庭からデイサービスに通所するか、重度認知症患者デイケアに通所するか、認知症高齢者グループホームに入所するか、介護老人保健施設ないし介護老人福祉施設に入所するかである。後三者は、家族とは全く離れた生活になってしまう。家族にとっては都合がよいが、患者自身にとっては寂しい人生の終末であろう。提案する認知症患者デイホスピタルは、昼間の12時間を病院で入院に匹敵する治療（身体的治療を含む）を受け、夜間は自宅に戻り家族と共に過ごすといったものである。例えば朝8時に病院に到着し、朝食から一日が始まる。午前中は治療・リハビリテーションを中心に経過し、昼食後はデイサービス・入浴・休養などにあて、夕食後午後8時に家へ帰る、といったものである。それぞれ1時間早めて午前7時－午後7時の日課でもよい。12時間病院に滞在することとし、もちろん入院費用の１／２が支払われる。多彩なプログラムが考えられる。

文献

1）関守：精神病院・地域ケアのための組織づくり　精神障害者社会復帰への道　城西メンタルセンターの30年。病院、48：１３６-１４１、１９８９

2）澤温：外来精神医療の拡大で入院医療がどう変わるか。外来精神医療、３：7-16、２００４

3）関健：精神科デイケアの地域医療に果たす役割―医療観察法通院処遇に触れて―。第１０６回日本精神神経学会総会シンポジウム：精神科デイケアによる再発予防と生活支援。電子版精神経誌、SS99-SS105、２０１１

（「デイケア実践研究」Vol.5　No.1　29～34, 2011.）

日本デイケア学会第18回年次大会　大会長講演

『デイケアは治療法か治療の場か』

関　健

はじめに

「デイケアは治療法か治療の場か」というテーマは、デイケアを始めて以来私は自問し、また、スタッフに問いかけてきた。現在のデイケア（デイ・ナイトケア、ナイトケア、ショートケアを含む）の診療報酬は、〝場〟に対する評価と理解される。すなわち、時間・人員配置・面積などの施設基準に対する報酬であり、プログラムやそのアウトカムに対する評価ではない。一方、最近のデイケアは、プログラム重視や疾患別デイケアが試みられ、アウトカム評価も強調される傾向にある。しかし、それに対する診療報酬はついていない。本稿では、私が歩んだデイケアの経験の中からこのテーマを掘り下げてみたい。

城西病院のデイケアの歩み

城西病院でデイケアを始めたのは、昭和42年8月である。病院の一角に部屋を設け、外来患者さんを対象として作業中心のプログラムで始めた。当院は、昭和34年にメンタルセンターと称する、社会復帰施設を開設している。ナイトホスピタルの位置づけができる施設であり、入院から地域へという流れを作った。[3] しかし、デイケアといっても内容的には、入院患者の日中活動として行われる作業療法と同じで、農作業・娯楽中心で、職員も専従者がいたわけではない。昭和49年にデイケアに診療報酬１日１１０点がついたが、その際には、厚生省の定める講習を修了した専従の看護師等の配置が必要であった。

開設はしたものの、担当者の悩みは深く、当時の「城西」誌（当院の年次報告書）には次のようにある。[1]「１年が過ぎた、始めにできるだろうか。要するにデイケアが始められるかどうか。全然自信もない、五里霧中の毎日だ、文献もない、指導書もない、経験もない、ただ人間と人間とのぶつかり合いである、あるいは病気との闘いである。ただ、デイケアセンターの良さは、一般社会ほど激しい回転がないこと、したがって順次テンポの中に入っていって、次第に社会のテンポに近づけることであろう。」と。まさに本質を突いていると思われる。もちろん社会に出て、社会の中で暮らすというのが目的ではあるのだが、退院していきなり社会の中にポンと放り込まれると、その早さに付いていけない。それがまた病状を悪化させたりするので、デイケアというような、非常にゆっくり時間が流れる所で、だんだん慣らしていこうという、そういう意図である。自信をつけること、情緒性をつけること、日常生活が規則正しい生活に

表１

デイセンター川柳
今日も又一番のりよデイセンター
赤い羽根つけて社会の人となり
幼な子が手にねばりつく餅をたべ
テレビありカーつき家つき婆アぬき
鯉のぼりおよぎたくても庭せまし
ミニスカート明治百年の足を出し

なること、基本的な生活体系を身につけること、その間に病気の治療はもとより、診療も定期的に行われ、ダイナミックな診療目標に進んでいくことができる。

プログラムも絵画・書道・川柳・作業・運動・レクリエーション・音楽と多彩であり、このことが継続を担保していたと思われる。川柳が指導されたが、その一部は次のようなものである（表1）。「きょうもまた　一番乗りよ　デイセンター」という作品がある。これができると、とにかく朝早く来られる。デイケアに対する何か期待感があったということだと思われる。他にもこういう川柳が、当時4年ぐらい続けて「城西」誌に載っていた。

■花いっぱい運動とデイケア

発足当時のデイケアにとって、「花いっぱい運動」に参加したことは、大きな意義があった。この運動は、昭和27年に松本で発祥し、設立の趣旨は全信州の町や村を花いっぱいにしようということであった。その後、この運動は全国に広がり、松本市長であった降旗徳弥氏が全日本花いっぱい連盟会長に就いて、運動を世界に広めていった。戦後の荒廃した時代に、信州の山や川も戦争で荒れ、緑が少なくなっていることから、草花を愛して平和の心を育て、花を育てて、道徳的情緒や科学する心を養おうというものであった。ここには学校や家庭を花で埋め、美しい信州をつくり出そうとの願いも込められている。

「花いっぱい運動」に共鳴して、城西病院は、「城西病院患者花の会」をつくり、入院中、後にはデイケア通所の精神障害の人々が作業農場いっぱいに花をつくり、病院の花壇や花箱に植え（図1）、また、松本市中央公民館で花の種の袋詰めの作業を行った。花の種を袋詰めして、この花の種袋を日本中、そして世界中に送って、世界中を花で埋めようという、そういった運動であった。それ以外のなんの思想的な背景もなく、ただ花、花、花という、そういう運動が花いっぱい運動であった。入院中の患者さんは、作業療法という形で参加し、デイケアの患者さんはやはり重要なプログラムの一つとして、この中央公民館まで行って、そして花の種の袋詰めを行った。

昭和39年、東京オリンピックのときには、「町を花いっぱいにする会」では、聖火リレーの通る全信

図1

図2

州の道沿いを花で埋め尽くそうと試み、本当にそのとおりになった。「城西病院患者花の会」では、このとき花のアーチを道路に架けて、聖火を歓迎した。五輪のマークも花で作り、聖火リレーをお祝いした（図2）。この「花いっぱい運動」に、私どもの病院の患者さんたちが各々コミットしたことは重要で、社会参加、ノーマライゼーションの視点から格好のプログラムであったと思われる。

昭和51年（1976年）、発足してから9年後の、「城西」誌の中の記事がある。[2)]「午前中はその日課をこなし、午後はそれぞれの職場に行って働いている。今まで9年間も入院をしなかったということは驚きであり、この間にいくつかの波は押し寄せて来たが、どうにか乗り越えて、毎日元気よくやっている。（中略）しかし、9年間の全てがよい結果ばかりではない。今迄に数多くの人が出入りしている。その中には再発して再入院した人も数多くあり、また、良くなって社会で活躍していて去年の暮れに元気な姿を見せてくれた人もあった。（中略）相当期間は毎日集中的にやる、調子がよければ、午後職場に出してみる。週に3回、次は2回、1回と、デイケアの回数を減らし、ついには日常生活を普通の体系に持っていく。」と。当時のプログラムは、デイケアの活動は午前中ぐらい、午後は何とか職場で働いてもらおうという、そういうことを基本的な趣旨にしていた。ある意味では社会とのつながりを十分保つということができた。9年間も入院しなかったという人がいるが、基本的な目標はデイケアを卒業して、社会で普通に暮らすことであった。つまりノーマライゼーションということだから、9年間通って来ること自体に対する疑問も当時の指導者たちは感じていたのである。まさに当時の職員たちの強い願いだったのである。ところが、やはり、9年間も通って来る。その辺のジレンマというか、悩みを持っていたわけである。

当時、デイケアセンター通院心得というのがあって、結構管理的なことが書いてあった（表2）。時間に遅れないとか、整った服装をしろとか、あいさつをしろとか、それから小さいことは何でも相談しろとか、作業・運動・レクには元気よく積極的に参加するとか、休むときは緊急のとき以外、必ずあらかじめ連絡を取るという、一種の社会性を涵養するような、そういうことを中心に考えていた。

表２

デイセンター通院心得

1. 時間に遅れないように毎日来院して下さい。
2. できるだけ整った服装をして来て下さい。
3. 朝や帰りの「挨拶」はきちんとして下さい。
4. 服装等病院の指示は確実に守って下さい。
5. 職場や家庭で問題があった時は，どんな小さい事でも遠慮なく係に相談して下さい。
6. デイセンターに来院したら，できるだけ友人や職員との交流を深めましょう。
7. 作業，運動，レクリエーション等元気よく積極的に参加して下さい。
8. 休む時は緊急な時以外，必ずあらかじめ連絡を取って下さい。

デイケアの効果

表３は、昭和61年（１９８６年）にわれわれが認可を受けてから、平成元年（１９８９年）、ちょうど精神保健福祉法が精神保健法になるまでの間のデイケア参加者の概況である。入院は３割ぐらい、30・４％の人が入院している。統合失調症が51％で、年齢的にも20代、30代、40代が多いが、結構高齢の方も居たということである。表４は、平成20年（２００８年）の概況であるが、統合失調症が７割になっている。生活形態では、家族と同居や単身よりも「メンタル」が多い。「メンタル」というのは、当時法定の社会復帰施設になっていた「メンタルセンター」のことである。また、25％は、グループホームに入所していた。こうした私どもが造った施設にいる方が相当多いわけであるが、就労は２・３％と少ない。しかし、入院も３・５％と、非常に少なくなっているのである。

表3　デイケア参加者の概況

昭和61(1986)年～平成元(1989)年

【性別】男性 136名，女性 94名　計 230名（男女比 3:2）

【年齢】	10	20	30	40	50	60	70 代
	12	35	56	45	40	24	18 名

【疾患】		【生活形態】	
統合失調症	51%	同居	78%
気分障害	8	単身	10
認知症	8	メンタル	1
アルコール依存症	5		

		【転帰】	
てんかん	3	**入院**	**30.4**
神経症	13	就労・就学	26.0%
その他	10	家庭復帰	6.5
		他施設	3.0
		継続	19.6
		中断	13.5

表4　デイケア参加者の概況

平成20(2008)年

【性別】男性 55名，女性 31名　計 86名（男女比 5:3）

【疾患】		【生活形態】	
統合失調症	72%	同居	27%
気分障害	6	単身	16
認知症	0	メンタル	31
アルコール依存症	9	グループ	25

		【転帰】	
てんかん	3		
神経症	0	**入院**	**3.5%**
その他	10	就労	2.3
		家庭復帰	2.3
		継続	77.9
		中断	8.1

私どもにとって、デイケアセンターとメンタルセンターは、不即不離の関係にあった。メンタルセンターは、前にも触れたとおり、まさにナイトホスピタルという考えである。これも昭和32年（1957年）、全く国の支援も何もないときに造ったわけであったが、その後、昭和62年（1987年）に精神保健法ができたときに、法定の施設である援護寮「メンタルドミトリー」、福祉ホーム「メンタルホーム」、そしてグループホーム「大富荘」「景岳館」に分かれていった。平成18年（2006年）、自立支援法ができてからは、この福祉ホームも援護寮もなくなったので、いずれもグループホーム・ケアホームに変更した。そして、障害者総合支援法の下では、このケアホームはなくなるので、基本的にグループホームになる。これは、私どもが考えてきたナイトホスピタルが、こういった形で変わっていったと理解いただけると思う。

メンタルセンター入所者の就労状況を見ると（表５）、旧メンタルセンター（平成元年までの施設）では一般事業所に90％の人が就職している。デイケアに来ている人はわずか１・４％。その後法定の施設ができて、そこにいる方たちは、一般事業所に行っている人は42％である。いろんな要因があると思われるが、デイケアは38・９％と増えている。社会の支援の在り方が変わってきたことも影響している。要するに法定の施設になる前は、自分たちでとにかく食いぶちを稼がないと生活できない、生きていけないということもあって、皆さんも一所懸命働き、社会も高度成長期で、日本がまだ復興途上にあったので、何とか仕事も与えてもらえたという背景もあったと考えられる。

　表６は、メンタルセンター入所者の収入状況であるが、高度成長期時代は就労収入が主な収入源で、それを得ている人が３６８人（かっこ内は男性２６４人）である。その後法定の施設ができてから一

表５　メンタルセンター入所者の就労状況

（人数）

	A		B			
	旧メンタルセンター	%	援護寮	福祉ホーム	合 計	%
一般事業所	447(323)	**90.3**	62	35	97	**42.3**
院内作業	—	—	25	5	30	13.1
デイケア	7 (2)	1.4	64	25	89	38.9
その他	41 (21)	8.3	5	8	13	5.7
合 計	495(346)	100	156	73	229	100

A:昭和34年2月～平成元年3月
B:平成元年4月～平成11年4月
( )は男性の数

表６　メンタルセンター入所中の収入状況

（人数）

	A	B		
	旧メンタルセンター	援護寮	福祉ホーム	合 計
就労収入	**368(264)**	30	16	46
年金収入	7 (4)	28	6	34
家族負担	33 (17)	15	19	34
生活保護	6 (4)	3	0	3
年金＋家族負担	3 (1)	23	15	38
年金＋就労	72 (54)	45	10	**55**
就労＋家族負担	5 (1)	6	6	12
その他	1 (1)	6	1	7
合 計	495(346)	156	73	229

A:昭和34年2月～平成元年3月
B:平成元年4月～平成11年4月
( )は男性の数

番多いのは、年金プラス就労ということであるが、この就労も福祉的就労で、月にせいぜい数万円という稼ぎに過ぎない。

デイケアと診療報酬

デイケアの診療報酬は、表7のように変わってきている。大規模と小規模があるが、平成2年（1990年）頃は、むしろ小規模のほうが点数が高かった。大規模が500点、小規模が600点。食事加算、1食47点というのがあったので、547点。要するに5、470円。これを20日くらいかければ月に10万円ぐらいの収入になるということであった。

表7　デイケア保険点数の推移

	2年度	5年度	18年度	22年度	24年度
デイケア（大規模）	500	600	660	700	700
給食（食事）加算	47	47	48	–	–
早期加算（1年間）	–	–	–	50	50
計	547	647	708	750	750
デイケア（小規模）	600	500	550	590	590
食事加算	47	47	48	–	–
早期加算（1年間）	–	–	–	50	50
計	647	547	598	640	640
ナイトケア	500	450	500	540	540
給食（食事）加算	47	47	48	–	–
早期加算（1年間）	–	–	–	50	50
計	547	497	548	590	590
デイナイトケア			1, 000	1, 040	1, 000
食事加算（2食）			96	–	–
早期加算（1年間）			–	50	50
計			1, 096	1, 090	1, 050
ショートケア（大規模）			330	330	330
早期加算（1年間）			–	20	20
計			330	350	350

平成5年（1993年）になって、このデイケアの大規模・小規模が逆転する。以降、そのままだいたい100点ぐらいの差でずっと来ているが、問題は平成22年（2010年）度の改正で食事加算がなくなってしまったことである。生きていく糧としての食事が評価されないというのは、非常に困った。おそらく、単なる財源論から来た話であって、治療そのものに不必要だという認識が、こういう制度をつくった人たちにあったのか問いたい。

早期加算1年間の意味は、いわゆる退院促進のツールとし

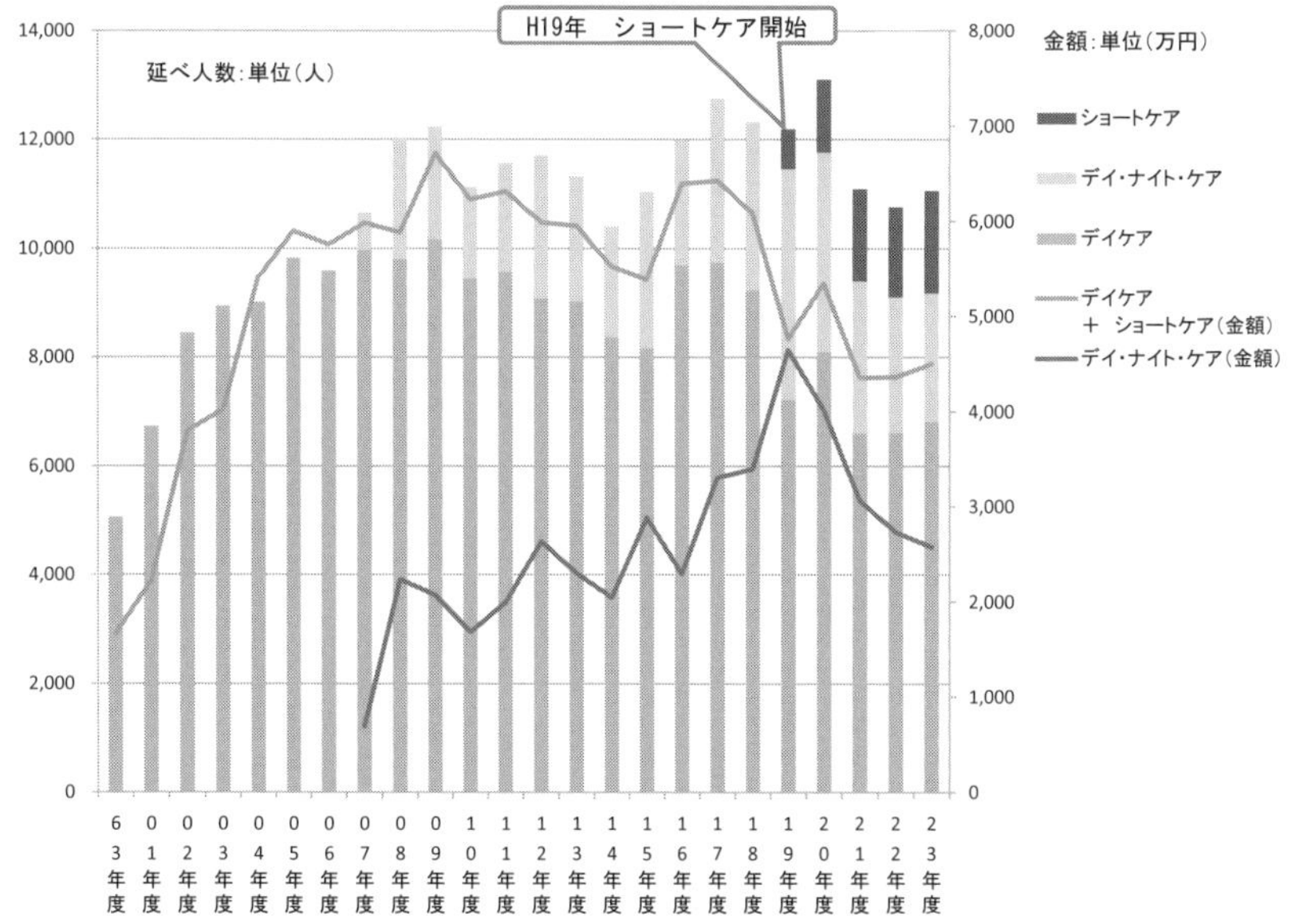

図３　当院デイケアの年間述べ人数と収入

て、これを利用しようということで、いわば「食事はないけど、早期加算取れば2点多いよ。」ということである。

図3は、私どものデイケアの年間の延べ人数と収入を示している。昭和63年（１９８８年）から平成23年（２０１１年）までの実績である。デイ・ナイトケアは、伸びていったが、平成20年（２００８年）頃からどんどん下がってきている。デイケアとショートケアの収入も、ピーク時の平成9年（１９９７年）頃と比べれば、かなり減っている。通所人数はそう変わっていない。平成6年（１９９４年）頃から、ほぼ同じぐらいの人数の方が来ているが、収入はこのように減少しており、まさに抑制策の勝利と言ったところか。

ソーシャルクラブの変遷について述べる。昭和63年（１９８８年）にソーシャルクラブとして、「メンタルクラブ」を始めた。この〝クラブ〟というのは、イギリスのクラブ、ロータリークラブ、ライオンズクラブと同じように、ある一定時刻にみんなが集まって、そこで食事をしたり、いろんな会話や情報交換したりという集まりであった。月に1回の例会をもち、私を含め訪問看護師、PSW、デイケアスタッフなどが、ひとり暮らしをしている社会復帰途上の患者達と夕食を共にしながら談笑した。平成10年（1998年）に地域生活支援センターが法定の社会復帰施設と位置づけられ、このメンタルクラブの名前を冠して発足した。平成18年（2006年）には法律も変わり、地域活動支援センターという名称に変わっていったわけである。これは、精神科版〝デイサービス〟であるという認識が私どもにはあり、1日あたり30人ぐらいの利用者中、デイケアの通所者の方が数名いた。デイケアの総登録者数は88名だったのに対し、デイケアプラス地域活動支援センターの登録者44名であった。デイケアは3時までであったが、終了後、「燦メンタルクラブ」に来て、みんなと談笑したり、お昼時にちょっと顔出す人もいた。「燦メンタルクラブ」の機能は、デイケアと相当異なっており、そういう意味で、一種のほっとする場所ということを感じていたと思われる。やはりデイケアは朝からずっとプログラムが続いており、そこにかなりの緊張を持って参加しているのに対し、「燦メンタルクラブ」は、全くプログラムはないので、自らいろんなことをするような形であるため、ここへ来てほっとする場という理解があったと思う。

この〝燦〟というのは、燦々と輝くという燦であり、太陽sunがよく輝く様である。したがって燦々の燦、太陽のsun、そして息子のson、子どもたち、呼び合う呼称のさん、そのような意味を込めて付けた名称である。

プログラム重視のデイケア

もう一つのテーマ、プログラム重視のデイケアについて述べてみたい。

表8は、平成2年（1990年）の『わが国の精神保健』（厚労省）に記載されたデイケアプログラムである。絵画とか、それから音楽とか、クラブ活動の一つとして書いてあるが、二重丸が振ってある。この二重丸の意味は、解説では専門家を招くことが望ましいということである。つまり、通常のデイケアのスタッフの他に、何か専門家を招いてやりなさいという話である。実際、運営していると、この人たちにお願いしたときに、単にボランティアでいいのかということになる。無償の奉仕でいいのかと。私どもも、例えばお花の先生をお願いするときは、当然報酬を払っている。しかしその費用はどこから出るのであろうか。こういう日はどうなるのか、いいことに違いないのであるが、報酬が担保されていない。

表8　精神科デイ・ケアのプログラム（例）

月	火	水	木	金	土
8：30～9：30 準備	準備	8：30～12：00 スタッフミーティング（ケース検討）★	準備	準備	8：30～12：00 スタッフミーティング（プログラム行事予定検討）☆
9：30～12：00 作業：生産的集団作業／創造的個人作業○／個人面接（同時併行）	9：30～12：00 グループワーク：話し合いA／話し合いB／個人指導		9：30～12：00 作業：生産的集団作業／創造的個人作業○／個人面接（同時併行）	9：30～12：00 グループワーク：就労学級／自由／料理	
12：00～13：00 昼休み（食事指導）	〃（〃）	〃	〃（〃）	〃（〃）	
クラブ：手芸／華道・茶道・書道・家事指導／表現体操○ 13：00～15：00	クラブ：音楽○／スポーツ	（自由グループ）	13：00～15：00 絵画○／文集作り	全員 レクリエーション スポーツ○	
メンバーミーティング／〃／〃	全メンバーミーティング★	スタッフは、訪問活動記録整理	メンバーミーティング／〃	全メンバー茶話会☆	
スタッフミーティング記録	〃 〃		〃 〃	〃 〃	

医師1、スタッフ4、メンバー35人（出席80%）
☆はDrで
★印は必ず出席
☆印はなるべく出席
○印は専門家を招くことが望ましい。
（昭和55年度厚生科学研究より転載）

表9は、昭和61年（1986年）当時の私どものプログラムである。代わり映えのしない内容であるが、看護師が国の研修に行って習って来たのが、だいたいこういうプログ

表９　城西病院デイ・ケアセンタープログラム（昭和61年）

	9:00		10:00	12:00	13:00	14:30	15:00
月	朝のつどい	ミーティング	趣味の活動	昼休み	作業	清掃	ティータイム
火			スポーツ		ビデオ鑑賞		
水			手工芸		手工芸		
木			クラブ活動		クラブ活動		
金			レクリエーション活動 料理		作業		
土			反省会・作業・受診				

ラムであり、こうなってしまう。保険指導に来ると、「清掃っていうのはプログラムじゃないですね。」というようなことになる。更に、「このティータイムも、これはプログラムじゃないですね。」と。「だから30分短いじゃないですか。」と、そんなことも言われた病院があった。6時間と決まっているのだから、「昼休みも、これ除いてください。」とも言われかねない。

報酬が付いたから、こういうプログラムをつくって、そして、承認を受けて、人を配置して、プログラム中心で運営するということになる。私どもがずっとやってきたことは、どちらかと言うと場を提供して、そこの中で職員との触れ合いとか、あるいは、そこの利用者がいろいろ考えたりしながらやっていくという場の提供だったのが、だんだん、プログラム重視になってから、非常にやりづらい時代になってきたと感じている。

表10は、直近、平成24年（２０１２年）のデイケア・デイナイトケア・ショートケアのプログラムである。もちろんショートケアは途中から参加するので、このようなプログラムを付けているが、本質的に、今までとほとんど変わらない。相変わらずであるということで、私の危惧しているマンネリズムということも言えるのかなと思っている。

現在、デイケアの対象疾患は、従来の統合失調症が8割、9割というところから、気分障害・不安障害・発達障害・精神遅滞・重度認知症・高次脳機能障害・アルコール依存症・薬物依存症等々、非常に多岐にわたってきている。もちろん、統合失調症の人と発達障害の人が、同じ場でデイケアの治療を受けるということは、必ずしもメリットはないので、それぞれ工夫をしながら、デイケア治療が行われているわけである。

今学会の発表に見受けられるプログラムは、非常に多岐にわたっている。独創性のあるもの、そして、よく考え抜かれて素晴らしいものが沢山ある。創作活動、音楽療法、集団音楽療法、クッキング、認知行動療法、心理教育、そして、リワークプログラム、等がある。運動系のプログラムとして、フットサル、水中ウォーキング、ストレッチングがある。更に、メタ認知トレーニング、アドベンチャー・ベースド・カウンセリング、ジョブ・ガイダンス、と続くと、デイケアの枠を超えているのではないかと思われるものもある。

園芸、芸術療法、コラージュ、フィンガー・ペインティング、スクイーグルといったプログラムがある。更には、アクセプタンス&コミットメント・セラピー、認知機能維持向上のプログラム、等々非常によく工夫されている。

これらに対し、一つの報酬でいいのかという疑問も湧いてくる。そして、人員配置も従来いわれていたような、医師1人と専従の職員3人でいいのかと。専門家を入れないとできないプログラムであれば、その報酬はどうするのか。誰が負担するの

表10　城西病院デイケア・デイナイトケア・ショートケア　プログラム（平成24年）

	月	火	水	木	金	土
8:30	健康チェック　・　出欠確認					
9:00	ラジオ体操　・　ミーティング					
9:30	作業	作業	作業	作業 生花	作業	カラオケ・散策 ゲーム
11:30	昼食					
12:00	リラックスタイム					
13:00	卓球・手工芸 運動	散策・カラオケ 運動	卓球・絵画 手工芸 運動	DVD・習字 散策 運動	カラオケ 散策・運動 勉強会	卓球 調理 運動
15:00	ティータイム　・　清掃					
	ミーティング			ミーティング		
	ラジオ体操			ラジオ体操		
	カラオケ 卓球	カラオケ 卓球		カラオケ 卓球	カラオケ 卓球	
18:30	夕食　・　反省会			夕食　・　反省会		
19:30						

かという疑問が再び湧いてくる。

デイケアの機能

デイケアの機能は、古くからいわれている治療の効果としては、一番多いのは、再発・再入院の予防である。リハビリテーションの場であるとか、あるいは、復職プログラムのリワーク、それから在宅者の急性期医療の場でもあるということは大方認められてきた。

もう一つは、やはり、慢性期の患者さんに対しての居場所の提供であり、日中活動の場であるということも重要である。私は、今でもこれは非常に必要な機能と思っている。一方では、「デイケアの機能じゃないから外せ。」と、いう人々もいる。これはある意味で、デイサービスということでもよろしいと思うが、精神科のデイサービスというメニューは、診療報酬体系にはないので、どうしようもない。私どもの「燦メンタルクラブ」の場合は、デイサービス機能を持っていると思っているが、地域活動支援センターに下りてくるお金で運営しているということになる。

もう一つの機能は、やはり、地域ケアということである。ノーマライゼーションの実現。これは、もう最初から変わっていない。私どもも、デイケアを昭和42年（1967年）に始めたときから、ノーマライゼーションの実現ということが最大の目標であった。その中では多職種によるチーム医療の場であるSST、認知行動療法、心理教育、それから、その他の社会資源も活用していくということである。

ただ、問題点は、対象者、利用目的、期間、それから実施内容により、現在のデイケア機能は障害福祉サービスに移行し、利用者の大幅減がもたらされ、大幅な減収によりデイケアが立ち行かなくなる危惧があるということを私も思っている。

まとめ

デイケア治療は、デイホスピタルとして、外来患者の治療の場の提供から始まった。当初は、継続して通院・通所することから始まり、人やプログラムに慣れ、自らの居場所を見つけることに意義があった。診療報酬が付いてからは、病院・診療所を問わず増えていったのであるが、施設基準・人員配置基準・プログラム等、要件を満たす必要があり、膠着化した運営に陥り、マンネリズム、抱え込みが始まってきたことも否めない。

多職種によるチーム医療であることは定着し、プログラムは多様化しているが、集団に入れない患者の脱落の問題、プログラムへは参加できるものの、その先の社会復帰がかなわず、利用が長期化する患者の問題等が生じている。プログラム中心の運営は、ともするとスタッフの自己満足に終わり、多様な支援を必要とする患者のサービスが行き届かない。そして、治療は目標設定、評価、フィードバックという循環を繰り返すという認識を患者と共有し、出口を見つけることが肝要である。

参考文献

1）上条敏夫：デイケアセンターのことごと．『城西』、８：21－23、１９６８
2）上条敏夫：デイケアセンターだより．『城西』、19：１３０－１３２、１９７６
3）関健：デイケアの今昔と将来．『デイケア実践研究』、15⑴：29－34、２０１１

（「デイケア実践研究」Vol.18　No.1　8～15, 2014.）

第106回日本精神神経学会総会シンポジウム
精神科デイケアによる再発予防と生活支援
―統合失調症のコミュニティケアの発展のために―

『精神科デイケアの地域医療に果たす役割―医療観察法通院処遇に触れて―』

関　健

当院のデイケアは、昭和42年8月に病院の一角で開始された。すでに昭和34年より社会復帰施設「メンタルセンター」を開設し、昼間は就労・夜は施設という地域医療・福祉の実践を、退院患者を対象として行ってきており、一定の成果を得ていた。しかしながら就労困難になる者、再入院後就労復帰が拒まれる者、もともと退院後就労不能の者等の人々を日中支える機能の必要性が高まり、居宅から通う昼間の居場所の確保を図ることになった。デイホスピタル、ナイトホスピタルといった治療概念も当時欧米より我が国にもたらされてきており、さしずめ「デイケアセンター」は前者、「メンタルセンター」は後者の位置づけとなろう。その後、昭和58年8月に老人デイケア施設、61年6月に精神科デイケア施設、平成6年2月に重度痴呆（認知症）患者デイケア施設、6年12月に精神科デイナイトケア施設、18年6月に精神科ショートケア施設等の認可が続いた。もちろんこの間プログラムは変遷し、スタッフも多職種がかかわるようになり今日的な意味でのデイケア、デイナイトケア、ショートケアを行っている。

昭和61年〜平成元年当時の利用者延べ２３０名の属性は、51％が統合失調症、男女比３：２、年齢10代〜70代（30、40、50代の順）、家族と同居１８０名・単身24名・メンタルセンター26名であった。転帰は入院30％・就労24％・家庭復帰７％・継続20％・中断13％であった。以降、統合失調症患者を主体に男女比も変わらず年齢構成はやや上がったものの居住態様も変わらずに今日まで推移してきている。変化したのは、中断者がなくなり入院が減り（３・４％）、反面就労・家庭復帰も減り（９％）、継続が増加している（78％）。この数値は、デイケア効果を如実に表している。医療観察法の通院処遇対象者３名も通所中であるが、１名は既に社会復帰を果たし、他の２名も順調に治療が進んでいる。医療観察法においても重要な治療法となっている。

〈索引用語：デイケア、デイホスピタル、ナイトホスピタル、社会復帰、医療観察法〉

はじめに

わが国における社会復帰プログラムは、ナイトホスピタルから始まったといっても過言でない。精神科病院のいわゆる社会復帰病棟に入院中の患者が昼間院外の企業に就業し、夜は病院で過ごすといった治療法である。外勤と称して賃金も得ている。問題は、なかなか出口が見えず、退院促進に繋がらなかったことにあった。昭和30年代に多くの精神科病院ができたが、これらの病院ではこうした治療形態を持っているところが多くみられた。一方、これとは逆に住居を含む生活の本拠は家庭などに置き、昼間は病院に通い作業療法などの治療を受けるデイホスピタルも昭和40年代に始まった。ナイトホスピタルもデイホスピタルも治療に対しては診療報酬がついていなかった時代である。

デイケアが爆発的に普及したのは年号が平成に代わった１９９０年代である。診療所における小規模デイケアが認められたことによる増加である（図１）。

平成６年退院促進の手段としてデイナイトケアが算定できるようになり、報酬が一日１万円ついた。月曜日〜土曜日まで毎日通所すれば、一ヶ月の収入が25万円になる。当時の精神科の入院費は、月23万円程度だったから、人件費を勘案すると医療経済的には退院させた方がよいとなる。政策的な誘導である。その後、利用回数制限、対象者の絞り込み、長期利用者の排除等の方向性が打ち出され、あらためてデイケアの意義が問われるようになってきた。

この稿では、精神科デイケアの地域医療に果たす役割を問い直してみたい。ことに、医療観察法通院処遇におけるデイケアの重要性を考えてみたい。

当院における社会復帰の取り組みとデイケア（表１）

当院でも昭和30年代には外勤に出る患者が10名以上おり、これらの人々を社会復帰させるために昭和34年２月に社会復帰施設「メンタルセンター寮」を創設し退院させた。朝は仕事に送り出し、夜は病院職員がケアするといった、昼間は就労・夜は施設という地域医療・福祉の実践を、退院患者を対象として行

図１　デイケア施設数の年次推移

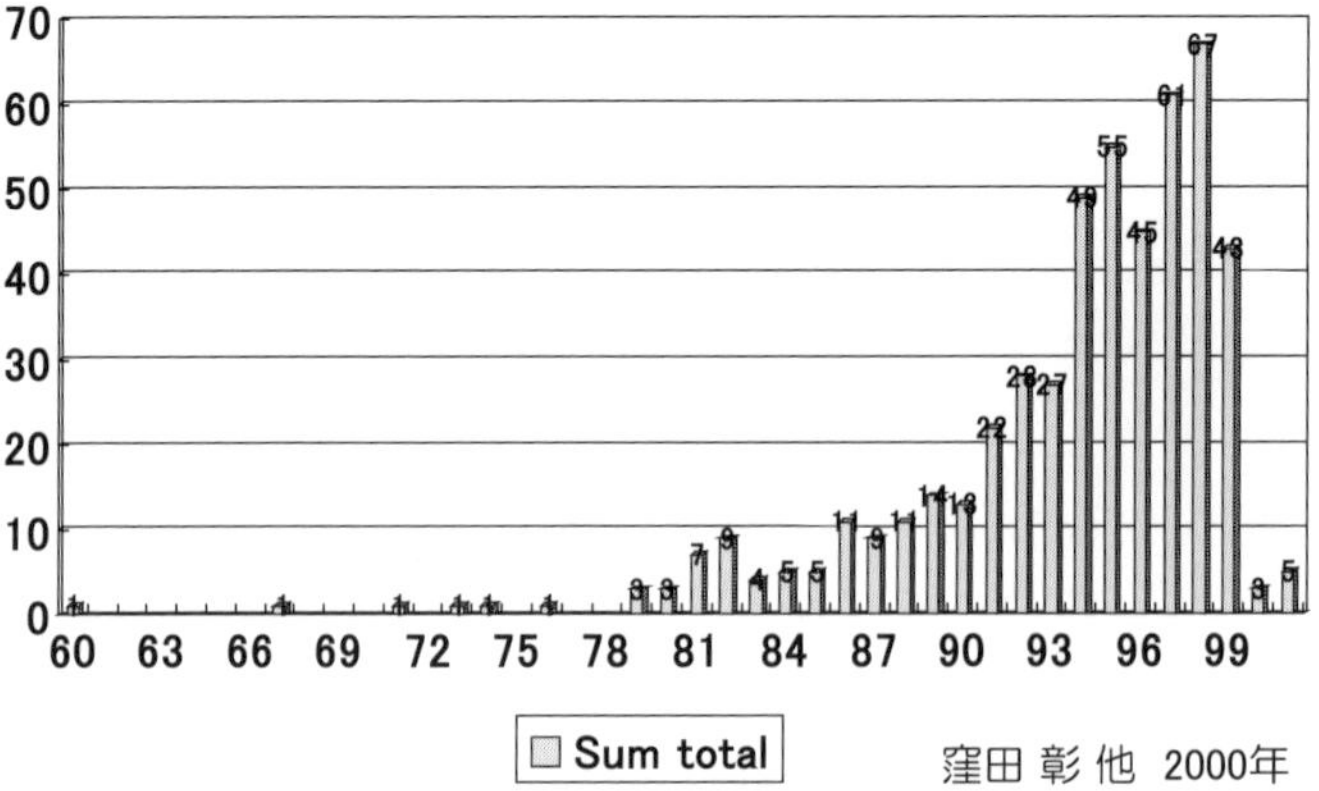

窪田 彰 他　2000年

表１　当院デイケアの取り組みと国の施策

年　月	当　院	国の施策
昭和34（1959）年２月	メンタルセンター開設	
昭和42（1967）年８月	精神科デイケアセンター開設	
昭和49（1974）年４月		精神科デイケア診療報酬点数化
昭和61（1986）年４月		精神科ナイトケア診療報酬点数化
昭和61（1986）年６月	精神科デイケア認可	
昭和63（1988）年３月	メンタルクラブ（ソーシャルクラブ）発足	
昭和63（1988）年４月		重度痴呆患者デイケア診療報酬点数化
平成６（1994）年２月	老人デイケア認可 重度痴呆患者デイケア認可	
平成６（1994）年４月		精神科デイナイトケア診療報酬点数化
平成６（1994）年12月	デイナイトケア認可	
平成10（1998）年11月	地域生活（活動）支援センター 「燦メンタルクラブ」認可	
平成18（2006）年４月		精神科ショートケア診療報酬点数化
平成18（2006）年６月	ショートケア認可	

う、院外の施設であったが、食事は病院食を提供していた。現在の社会復帰施設としては援護寮もしくは福祉ホームに近いものであった。我々としてはナイトホスピタルの認識をもっていた。一定の成果を得ていたが、より多くの患者を社会復帰させるのには職員の情熱に頼らざるを得ない形態では自ら限界があり、報酬がつくことを待ち望んでいた。ほぼ実現したのが、昭和62年の精神衛生法が改正され精神保健法が成立し、法定の社会復帰施設が実現したときである。当院も援護寮と福祉ホームを造り、それぞれ「メンタルドミトリー」「メンタルホーム」と名付けた。実に30年の年月を経ていた。

高度成長期に入ると、より高い技術を要したり、根気を必要とする仕事が増加し、多少なりとも福祉的就労の意味合いのある精神障害者雇用の道は閉ざされてきた。就労困難になる者、再入院後就労復帰が拒まれる者、もともと退院後就労不能の者等の人々を日中支える機能の必要性が高まり、居宅から通う昼間の居場所の確保を図ることになった。こうして当院の「デイケアセンター」は、昭和42年８月に病院の一角で開始された。デイホス

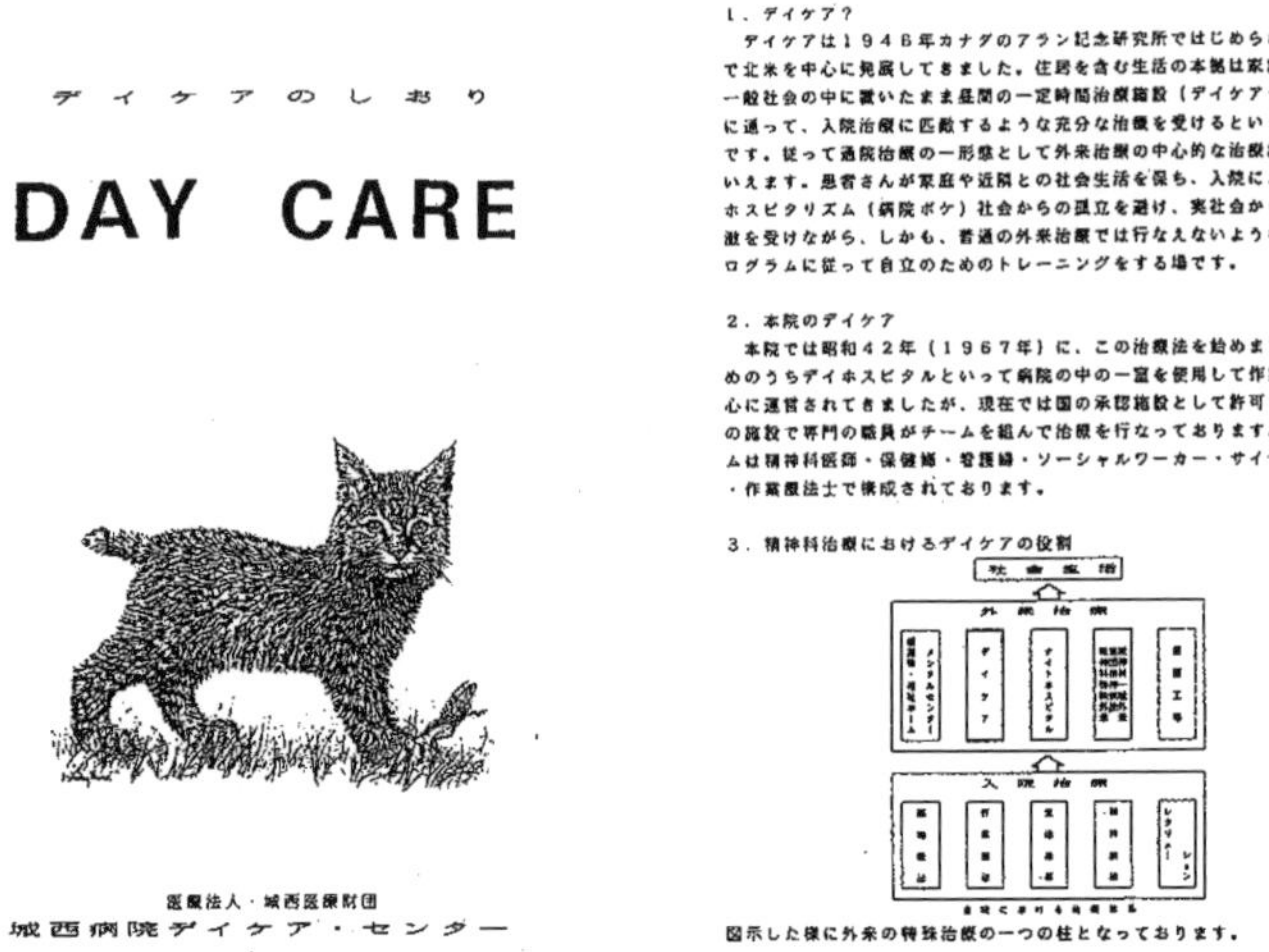

デイケアのしおり

DAY CARE

医療法人・城西医療財団
城西病院デイケア・センター

1．デイケア？
デイケアは１９４６年カナダのアラン記念研究所ではじめられた治療法で北米を中心に発展してきました。住居を含む生活の本拠は家庭・その他一般社会の中に置いたまま昼間の一定時間治療施設（デイケアセンター）に通って、入院治療に匹敵するような充分な治療を受けるというシステムです。従って通院治療の一形態として外来治療の中心的な治療法の一つといえます。患者さんが家庭や近隣との社会生活を保ち、入院による過保護ホスピタリズム（病院ボケ）社会からの孤立を避け、実社会から絶えず刺激を受けながら、しかも、普通の外来治療では行なえないような特別のプログラムに従って自立のためのトレーニングをする場です。

2．本院のデイケア
本院では昭和４２年（１９６７年）に、この治療法を始めました。はじめのうちデイホスピタルといって病院の中の一室を使用して作業療法を中心に運営されてきましたが、現在では国の承認施設として許可された専用の施設で専門の職員がチームを組んで治療を行なっております。医療チームは精神科医師・保健婦・看護婦・ソーシャルワーカー・サイコロジスト・作業療法士で構成されております。

3．精神科治療におけるデイケアの役割

図示した様に外来の特殊治療の一つの柱となっております。

図２　デイケア開設当時の患者家族向けのしおり

ピタル、ナイトホスピタルといった治療概念も当時欧米より我が国にもたらされてきており、さしずめ「デイケアセンター」は前者、「メンタルセンター」は後者の位置づけとなろう。診療報酬がついたのが昭和49年であったので、その間は無報酬の時代である。その後、昭和58年8月に老人デイケア施設、61年6月に精神科デイケア施設、平成6年2月に重度痴呆（認知症）患者デイケア施設、6年12月に精神科デイナイトケア施設、18年6月に精神科ショートケア施設等の認可が続いた。もちろんこの間プログラムは変遷し、スタッフも多職種がかかわるようになり今日的な意味でのデイケア、デイナイトケア、ショートケアを行っている。精神科デイケア開設当時の患者家族向けのしおり（図2）で当院デイケアについての説明を行っている。

昭和61年〜平成元年当時の利用者延べ230名の属性は、118名（51％）が統合失調症、男女比3：2、年齢10代〜70代（30、40、50代の順）、家族と同居180名（78％）・単身24名（10％）・メンタルセンター26名（11％）である。転帰をみると、入院30・4％・就労／

表2　デイケア参加者の概況（1）

昭和61（1986）年〜平成元（1989）年

【性別】

男性136名，女性94名　計230名（男女比3：2）

【年齢】

10歳代12名，20歳代35名，30歳代56名，40歳代45名，50歳代40名，60歳代24名，70歳代18名

【疾患】		
統合失調症	118名	51％
気分障害	21	9
認知症	19	8
アルコール依存症	11	5
てんかん	8	3
神経症	30	13
その他	23	10
【生活形態】		
同居	180名	78％
単身	24	10
メンタルセンター	26	11
【転帰】		
入院	70名	30.4％
就労・就学	60	26.0
家庭復帰	15	6.5
他施設	9	3.9
継続	45	19.6
中断	31	13.5

表3　デイケア参加者の概況（2）

平成20（2008）年

【性別】

男性55名，女性31名　計86名（男女比5：3）

【年齢】

10歳代2名，20歳代2名，30歳代8名，40歳代14名，50歳代22名，60歳代14名，70歳代5名

【疾患】		
統合失調症	48名	72％
気分障害	4	6
認知症	0	0
アルコール依存症	6	9
てんかん	2	3
神経症	0	0
その他	7	10
【生活形態】		
同居	18名	27％
単身	11	16
メンタルセンター	21	31
グループホーム	17	25
【転帰】		
入院	3名	3.5％
就労	2	2.3
家庭復帰	2	2.3
継続	67	77.9
中断	7	8.1
死亡他	5	5.9

就学26％・家庭復帰6・5％・継続19・6％・中断13・5％であった（表2）。以降、統合失調症患者を主体に男女比は変わらず年齢構成はやや上がったものの居住態様も変わらずに今日まで推移してきている。平成20年の利用者86名の属性は、48名（72％）が統合失調症、男女比5：3、年齢10代〜70代（50、40、60代の順）、家族と同居18名（27％）・単身11名（16％）・メンタルセンター21名（31％）、グループホーム17名（25％）である。転帰をみると、中断者が少なくなり8％、入院3・5％、就労2・3％・家庭復帰2・3％、継続77・9％の数値であり、デイケア効果を如実に表している（表3）。年齢構成が上がったこと、統合失調症が主体となったこと、継続が増えた事であろう。気になるのは、家庭復帰や就労の数が30％から5％に減じたことである。

■医療観察法対象者のデイケア治療の意義

医療観察法の通院処遇対象者3名の治療におけるデイケア通所は重要な治療手段であった。1名は既に社会復帰を果たし、他の2名も順調に治療が進んでいる。殊にデイケア効果について詳述したい。

対象者1：28歳（事件当時）男／対象行為　傷害

・鑑定入院　X年11月1日～X年12月27日（鑑定期間 11月2日～12月2日）
・鑑定結果　診断　急性一過性精神病性障害（F23・8）
・審判日X年12月22日
・医療観察法による通院処遇（X年12月22日～X＋3年12月20日）
・初回外来受診日　X年12月29日（当院）
・自宅で両親と同居

退院後の治療：X＋1年正月に自殺企図があり、3月末まで任意入院した。実質的な通院処遇は4月に開始された。多職種（医師、臨床心理士、作業療法士、精神保健福祉士、訪問看護師、デイケア指導者）によるチーム医療（外来受診、訪問看護、デイケア）を行った。デイケア通所開始は平成X＋1年3月30日。薬物療法：エチゾラム0・5㎎1錠／日、ネモナプリド3㎎1錠／日。X＋3年12月で通院処遇は終了したが、引き続き当院に通院、デイケア通所を継続。

デイケア通所4年間の効果：服薬がきちんとなされ睡眠が充分取れる。対人関係の距離をとり挨拶や礼を言うことができる。軽率な行動（悪ふざけで人を傷つける、飲酒運転等）が減り、基本的な社会ルールが身についた。安心して過ごせて相談でき、友達にも会える場所として位置付けられている。再犯のリスクが低くなり穏やかな社会生活を送ることができている。就労への意欲が出てきている。失敗しても再チャレンジをしている。

対象者2：51歳（事件当時）　女／対象行為　傷害（殺人未遂）
・鑑定入院　X年6月6日～X年9月5日（鑑定期間　6月19日～7月25日）
・鑑定結果　診断　統合失調症（破瓜型／F20・1及び妄想型／F20・0の特徴を併せ持つ鑑別不能型／F20・1）／糖尿病
・審判日　X年9月5日
・医療観察法による通院処遇（X年9月5日～X＋1年5月）
・初回外来受診日　X年9月6日（当院）
・メンタルドミトリー（援護寮）入所
退院後の治療：X年9月、多職種（医師、臨床心理士、作業療法士、精神保健福祉士、訪問看護師、デイケア指導者、薬剤師、管理栄養士）によるチーム医療（外来受診、訪問看護、デイケア）開始。デイケア通所開始はX年9月6日。薬物療法：①リスペリドン2㎎3錠／日、アリピプラゾール6㎎3錠／日、ビペリデン1㎎3錠／日、②エスタゾラム2㎎1錠／日、③酸化マグネシウム1・5g／日、。
　デイケア通所1年半の効果：協調性に欠け孤立しがちで周囲の状況に無頓着であったが、ようやく自らスタッフに話しかけたり質問に答える形で困ったことを表現できるようになってきた。当初は無関心だったカードゲームにも参加できるようになり、他者と一緒に遊ぶ楽しさを知った。身体を動かすこと

（卓球、散歩）に参加できる。料理教室に参加しメンバーと共同作業ができる。しかし、図書館から借りた雑誌に書き込みをしたり破損したり公共心に欠け、生活の基本ルールが身についていない。

対象者3：30歳（事件当時）男／対象行為　傷害

・鑑定入院　X年3月4日〜X年6月5日（鑑定期間　3月11日〜4月18日）
・鑑定結果　診断　統合失調症（妄想型／F20・0）
・審判日　X年5月12日
・医療観察法による入院処遇（X年6月5日〜X＋2年1月13日）
・医療観察法による通院処遇（X＋2年1月13日〜X＋2年5月）
・初回外来受診日　X＋2年1月13日（城西病院）
・メンタルドミトリー（援護寮）入所

退院後の治療：X＋2年1月、多職種（医師、臨床心理士、作業療法士、精神保健福祉士、訪問看護師、デイケア指導者、薬剤師、管理栄養士）によるチーム医療（外来受診、訪問看護、デイケア）開始。デイケア通所開始はX＋2年1月14日。薬物療法：①オランザピン5㎎4錠／日、エチゾラム1㎎1錠／日、ニトラゼパム5㎎1錠／日、②バルプロ酸細粒600㎎／日、③アリピプラゾール6㎎1錠／日。

デイケア通所4ヶ月の効果：始めの1ヶ月は休まず通所していたが、その後は週3日に減少。卓球、カラオケはもともと好きで参加度は良かった。最近はカードゲーム、散策、サッカーゲーム、絵画など参加プログラムが増えてきた。他の利用者との交流はみられなかったが、最近は散策の際話しながら歩く姿が見られる。母親に影響されやすい、苦手な場面では逃げ出してしまう、無表情で感情表出が平板化している、等の課題が認められる。

考察

当院は、1967年（昭和42年）に精神科デイケアを開始しているが、これも我が国では早い取り組みと言える。精神科デイケアが臨床的にはじめられたのは1935年米国ボストンのアダムス・ハウスとされている。しかし、今日我々が行っているデイケア治療の原型は英国ロンドンのマールボロー・デイホスピタル及びカナダモントリオールのマクギール大学デイホスピタルにある。我が国では1963年加藤正明が国立精神衛生研究所で開始したことをもって嚆矢とする説がある。民間病院として最初にはじめた精神科病院については諸説あるが、1967年に当院で精神科デイケアセンターを開設したのが最も早い取組と言うことができる。その年12月にはＷＨＯクラーク博士が来日し、当院を視察している。1968年にはいわゆるクラーク勧告があり、「日本の精神医療の入院中心主義を排し、社会療法を取り入れ、リハビリテーション施設の設置により地域ケアを推進すべき」とされた。この勧告により日本の精神科医療に携わる者は目が開かれた。

1974年に保険診療報酬上110点という点数化が行われた（表1）ことにより、普及に加速がついたがその足取りは緩徐であった。その後一挙に200点まで引き上げられたことにより厚生省は普及を図ったが、当時は全国で数十ヶ所程度の医療機関においてしか行われていなかった。その後、診療報酬上の精神科デイケアの評価は、1日につき①小規模なもの／550点、②大規模なもの／660点となった。精神科ナイトケアは、同500点、精神科デイナイトケアは、同1、000点となり、それぞれ食事を提供した場合、1食48点、2食96点、3食130点を加算することになっている。例えば、デイナイトケアを月に15日間毎日2食ずつ提供しておこなったとすれば、1,096×15＝16,440点、すなわち月額164,400円となる。診療報酬上この位の評価があれば、入院外治療への誘導は効果があると言える。今日、デイケア施設は1,000を超える状況となっている。平成22年の診療報酬改定では、精神科ショートケアは、1日につき①小規模なもの／275点、②大規模なもの／330点となった。精神科デイケアは、1日につき①小規模なもの／590点、②大規模なもの／700点となった。精神科ナイトケアは、同540点、精神科デイナイトケアは、同1,040点となり、それぞれ40点の上積みがなされたが、食事を提供した場合に認められていた、1食48点、2食96点、3食130点の加算が廃止され、食事提供をしていたデイケア、デイナイトケア、ナイトケアにあっては、実質的な減点になっている。

デイケアは、今その治療的性格が問われている。厚生省の三觜文雄課長（当時）は、日本デイケア学会第4回総会に於いて、現状を、①医療型、②訓練型、③生活支援型、④憩いの場の4パターンと分析している。デイケアが精神科の治療法として確立するならば、恐らく精神科リハビリテーションとしての位置づけ以外にはなく、①はまさしくその方向にゆくであろう。②は、授産施設、共同作業所、福祉工場との違いをどう打ち出すか課題が残る。③は、自立支援施設、④は、地域活動支援センター（デイサービス）が担うべき事柄であろう。今後は、保健福祉事務所など行政の行うデイケアはともかくとして、新規診療所の開業が増加することと相俟って診療所のデイケアはかなり普及することが予測され、病院デイケアのあり方が曲がり角に立っていると認識しなくてはならない。

平成21年〝あり方検討会〟報告書では、デイケアは急性期・回復期に重点化／重症患者への重点化／

長期にわたる頻回な利用、長時間の利用の弊害を排除する方向性を打ち出している。認知行動療法は、アルコール依存症等を対象にして普及してきたが、平成22年度の診療報酬改定で、うつ病に対する当該療法が点数化され、普及することが予測される。当該療法は、統合失調症も対象となってきており、その成果も公表されてきている。将来のデイケア治療においてはＳＳＴと共に中心的なプログラムになると思われる。その際、従来にも増して専門性が要求されるので、人員配置などの点でのあり方が変わると、運営が困難になる所が出て、利用者にも影響が及ぶであろう。

平成22年度診療報酬改定では、精神科デイケア等について、精神障害者の地域移行を推進するために、早期の地域移行に対して評価を行うとして開始後1年以内はショートケア20点、デイケア、ナイトケア及びデイナイトケアは50点の早期加算がついた。反面3年を超える期間に行う場合にあっては、週5日を限度とすることも継続された。

まとめ

1. 治療効果：再発・再入院予防／リハビリテーション／復職プログラム／在宅者急性期医療の場、などが期待される。
2. 居場所の提供（慢性期患者）：日昼活動の場としての役割はなお必要であろう。
3. 地域ケアによるノーマライゼーションの実現：①多職種によるチーム医療：ＳＳＴ／認知行動療法／心理教育／ＡＣＴ、②他の社会資源活用：訪問看護／訪問介護／地域活動支援センター／通所福祉施設（共同作業所、授産施設、自立支援施設）／障害者相談支援センター／ハローワーク、などデイケア等施設を中核とした治療体系が生まれる可能性がある。

（「精神神経学会誌」Vol.113　Special Issue／第１０６回日本精神神経学会学術集会（２０１０年）
特集号（電子版）SS99～SS105, 2011.）

The day-care of the Shironishi hospital was established in August, 1967. We've already had a halfway house "mental center" since 1959. We intended to discharge patients based on the practice of the medical care welfare model where they work during the day and spend the nitht at an institution. We achieved constant results. However, there were patients who had difficulties with working and who refused re-starting work after re-hospitalization. Therefore, we thought it to be necessary to have a means to support such patients. Hence, we planned to establish a daytime place to be able to commute from their home. The treatment concept such as "the day hospital" and "the night hospital" has been brought to our country from Europe and U.S.A.. As a matter of fact, "the day hospital" and "the night hospital" are called "the day center" and "mental center" respectively in our hospital. During we the 44years we have performed daycare, the program has been undergoing changes and was affected by various medical occupatients. At present, we apply an intermediate treatment of day-and night-care commonly practiced in this country.

From 1986 to 1989, total users numbered 230 of which about half were schizophrenia patients. The gender ratio was 3: 2, male female, respectively. 180 patients lived with their families, 24 lived alone, and 26 in mental center. 30% resulted in hospitalization, 24% working, 7% home return, 20% continuation and 13% interruption. The only residence state that the sex ratio does not turn into the subject, and the age structure went up, the schizophrenia patient a little changes until today without changing. What changed loses an intermitter, and hospitalization decreases (3.4%), and, on the other hand, working and home return both decreases (9%) and continuation increases (78%). This numerical value clearly supports the "day-care effect". Presently, there are three patients undergoing hospital treatment of the Law of Medical Observation for Psychotic Patients Committing Felony. One patient is already making a successful comeback to normal life, and treatment for the other two patients is progressing smoothly. The day-care of Shironishi hospital has become an important cure in the Law of Medical Observation for Psychotic Patients Committing Felony.

Key words: day-care, day hospital, night hospital, the Law of Medical Observation for Psychotic Patients Committing Felony

第１０８回日本精神神経学会総会シンポジウム
精神科デイケア治療のエビデンスと医療経済

『精神科デイケアの今後の展開とデイホスピタル』

関　健

わが国におけるデイケア治療は、１９９０年代に至って急速に普及した。普及を主導してきたのは民間病院であったが、２０００年代に入ると、診療所のデイケアが増加してきている。その要因は診療報酬上のインセンティブが働いたことが大きいが、デイケア治療に確かな手応えを感じた精神科医が増えてきたこととも相俟っている。本稿では、都会地の病院デイケアと診療所デイケア及び地方の病院デイケアの実践者の報告があり、エビデンスについて討論するが、在宅復帰のツールとしてのみならず、再入院防止、再燃防止、等の効果が期待されている。当院は地方都市にあるが、当院でのデイケア治療の経験を通して現状での問題点を考察してみたい。精神科デイケアの今後の展開は、従来の機能は残しつつ、リハビリテーション機能を強化したプログラム（リワーク等）、高次脳機能障害者を対象としたプログラム、パーソナリティ障害者を対象としたプログラム、発達障害者を対象としたプログラム、等多様なものが考えられる。中でも認知症者を対象として行うデイケアは、今後の認知症治療の主流になることが期待される。12時間病院で過ごすデイホスピタルを提案した。当院で検討されたデイホスピタルについて述べ、今後の展望について提案したい。

（索引用語：デイケア、デイホスピタル、デイサービス、認知症、多職種チーム医療）

はじめに

わが国におけるデイケア治療は、１９６０年に開始されたとされるが、その後の普及は遅々として進まなかった。１９９０年代になって急速に増えたが、診療所のデイケアが伸びたからで、小規模デイケアが認められたことと診療報酬というインセンティブが働いたことがその大きな要因となっている。しかし、その頃でも大学病院ではほとんど行われてはいなかった（図１）。

この治療法は外来治療の一環であるところから、退院促進と再発再入院予防、リハビリテーション、復職プログラムの提供、等の治療効果があるとされているが、その他にも治療的エビデンスがあると理解される。現状では、慢性期外来患者に居場所を提供（日昼活動の場）する機能も併せ持っている。ノーマライゼーションの実現のために、多職種によるチーム医療（ＳＳＴ／認知行動療法／心理教育）

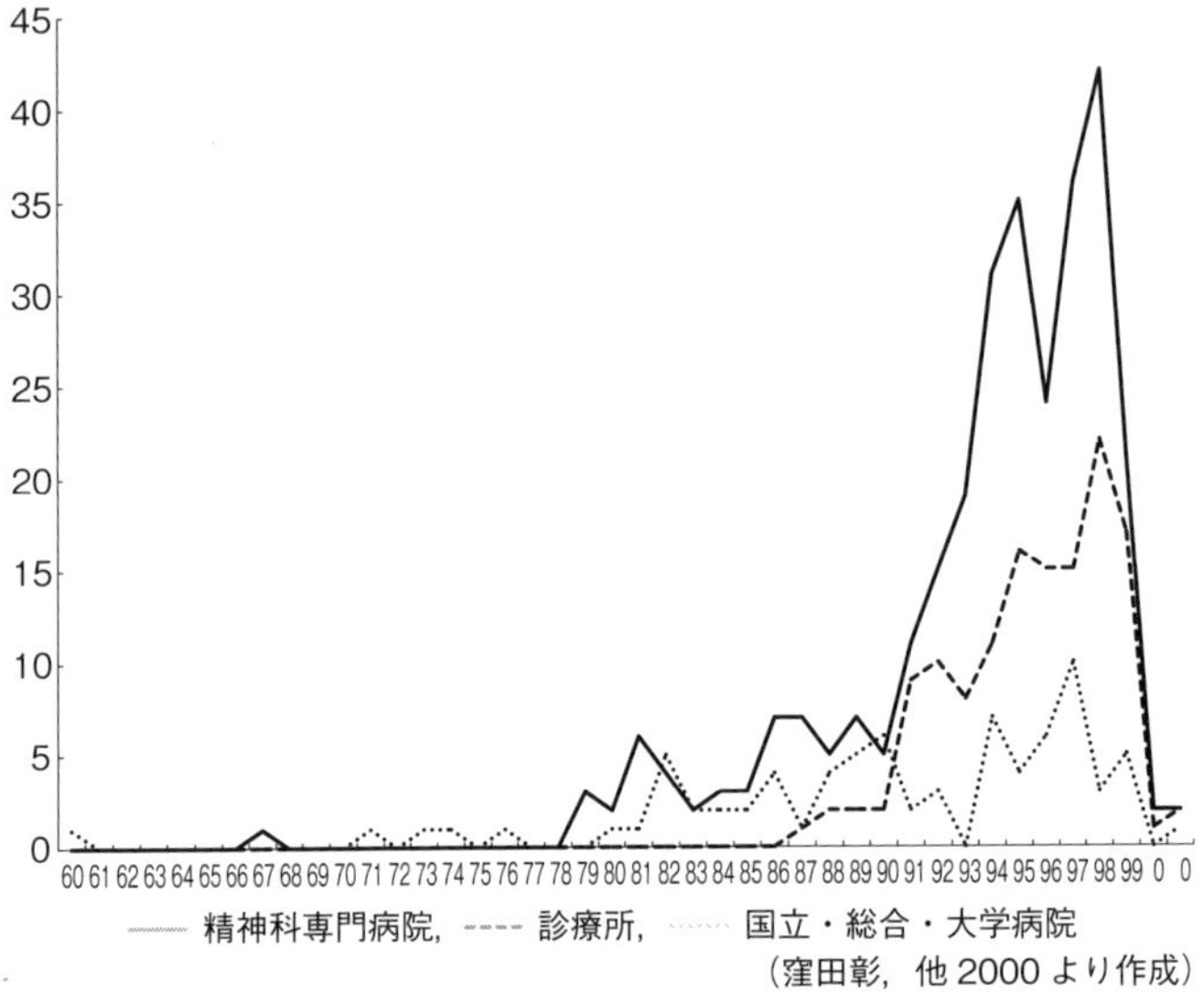

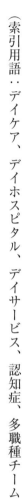

図１　デイケア施設年次別開設数

が実践され、福祉的社会資源を活用することも行われている。

その一方、プログラムのマンネリ化が指摘されたり、デイサービス機能を排除しようという動きがあったり、転機に差し掛かっている。平成21年〝あり方検討会〟報告書[1)]によれば、急性期・回復期に重点化／重症患者への重点化／長期にわたる頻回な利用、長時間の利用の弊害、等を指摘し、アセスメントにより対象者を絞り込み、より専門的な治療法により医療としての機能を強化する方向性が打ち出された。その場合、より専門性を有する治療者の配置を必要とするため現在以上の経費が発生し、また、対象者が絞られるため多くの患者の利用が制限されることが懸念される。平成22年度診療報酬改定においては、精神科デイケア等について、「精神障害者の地域移行を推進するために、早期の地域移行に対して評価を行う。」とされた。問題点としては、デイケアの出口論のことであろうが、何らかの社会資源ごとに福祉的なサービスに移行するだけのことであり、それを以て早期の地域移行とするのは意味が無い。さらに、退院促進・地域移行のかけ声の下に今後も診療報酬を含め様々な施策が打ち出されると考えられる。

本稿では、地方都市でデイケアを続けてきた当院における実践を通して今後のデイケア治療に資する問題を考察し、併せて、比較的重症者が地域生活を行うことに伴って整備されなくてはならない精神科の治療機能、すなわち精神科救急／シェルターないしレスパイト入院／デイホスピタル、等についても述べる。

デイケアの機能

２０１０年筆者は第１０６回日本精神神経学会総会のシンポジウムにおいても述べたが[2)]、デイケアの機能は、①治療効果：再発・再入院予防／リハビリテーション／復職プログラム／在宅者急性期医療の場、②居場所の提供（慢性期患者）：日昼活動の場、③地域ケアによるノーマライゼーションの実現、等である。これらを実現するために今日では以下のような運営がなされている。

1）多職種によるチーム医療：SST／認知行動療法／心理教育

2）他の社会資源活用：訪問看護／訪問介護／地域活動支援センター／通所福祉施設（共同作業所、授産施設、自立支援施設）／障害者相談支援センター／ハローワーク／ACT

こうした治療構造を以て、精神障害者の医療と生活を支える手段たり得ている。

デイケアに関する3視点

デイケアの今後の方向性を考えた時、以下の3視点に立った検討が必要である。

1．デイケアの現状分析と今後の帰趨[3)]

当時厚生労働省の精神保健福祉課長だった三觜文雄は、デイケアの現状を、①医療型、②訓練型、③生活支援型、④憩いの場型、の四つのパターンに分類できると分析した。精神科デイケアの今後のあり方を政策的に考えると、①医療型は、リハビリテーションとして位置づけられるであろう。②訓練型は、授産施設・共同作業所等との競合が生じるであろう。③生活支援型は、自立支援施設が担う機能である。④憩いの場型は、地域活動支援センターがその機能を現在果たしている。精神科のデイサービス機能とも位置づけられている。三觜は、標記のように喝破したが、今日浮かび上がる問題点としては、対象者、利用目的・期間、実施内容により現在のデイケア機能は障害福祉サービスに移行し、利用者の大幅減がもたらされ、大幅な減収によりデイケアが立ちゆかなくなる危惧がある。

2. 平成21年〝あり方検討会〟報告書[1)]：急性期・回復期に重点化／重症患者への重点化／長期にわたる頻回な利用、長時間の利用の弊害

同報告書に盛られた内容から問題点を挙げると、アセスメントにより対象者を絞り込み、認知行動療法、心理教育、生活技能訓練（ＳＳＴ）などの治療法により医療としての機能を強化する方向性が打ち出された。しかし、より専門性の高い治療者の配置を必要とするため現在以上の経費が発生し、また、対象者が絞られるため多くの患者の利用が制限される。

3. 平成22年度診療報酬改定：精神科デイ・ケア等について、精神障害者の地域移行を推進するために、早期の地域移行に対して評価を行う。

デイケアの出口論のことであろうが、何らかの社会資源ことに福祉的なサービスに移行するだけのことであり、それを以て早期の地域移行とするのは意味が無い。何故デイケア治療を急ぐのか理解できない。いわゆるデイサービス機能の排除を企図しているものと思われるが、医療（治療）としてのデイケアと福祉（生活支援）としてのデイサービスを並行して受けることは利用者にとって大きなメリットである。そのためにも、医療保険・介護保険がそれぞれの保険事故に対して給付されるよう提案したこともある（第15回日本デイケア学会総会）。すなわち、治療には医療保険を適用し、生活支援には介護

表1　デイケア保険点数の推移

	17年度	22年度
デイケア（大規模） 食事加算	660 48	—
計	708	—
デイナイトケア （2食加算）	1,096	—
デイケア（大規模） 早期加算（1年間）	—	700 50
計	—	750
ショートケア（大規模） 早期加算（1年間）	—	330 20
計	—	350
デイナイトケア 早期加算（1年間）	—	1,040 50
計	—	1,090

保険を適用するのである。22年度診療報酬改定では、食事加算が廃止され、食事は患者負担となった。一年間限定の早期加算50点を加えても、報酬は下がった（表1）。

■当院のデイケアの取り組みと収入の推移

表2に示された通り、当院のデイケアは、昭和42年に始められた。デイケア治療に診療報酬が付いたのが昭和49年であるから、当時は無報酬での取り組みであった。病院の一角に外来患者が家庭から通院してくる場所を設け、そこで作業やレクリエーションに参加し、夕方には家に帰る、といった内容からして、認識としてはデイホスピタルであった。昭和61年にデイケアとしての認可を取り、平成6年には老人デイケア（後に廃止）、重度痴呆患者デイケア（後に休止）、およびナイトケアの認可を取った。平成18年にはショートケアの認可を取った。

表2には、国の施策の推移も書いてある。当院

表2　当院デイケアの取り組みと国の施策

年　月	当　院	国の施策
昭和34（1959）年　2月	メンタルセンター開設	
昭和42（1967）年　8月	精神科デイケアセンター開設	
昭和49（1974）年　4月		精神科デイ・ケア診療報酬点数化
昭和61（1986）年　4月		精神科ナイト・ケア診療報酬点数化
昭和61（1986）年　6月	精神科デイケア認可	
昭和63（1988）年　3月	メンタルクラブ （ソーシャルクラブ）発足	
昭和63（1983）年　4月		重度痴呆患者デイ・ケア診療報酬点数化
平成6（1994）年　2月	老人デイケア認可 重度痴呆患者デイケア認可	
平成6（1994）年　4月		精神科デイ・ナイトケア診療報酬点数化
平成6（1994）年　12月	デイナイトケア認可	
平成10（1998）年 11月	地域生活（活動）支援センター 「燦メンタルクラブ」認可	
平成18（2006）年　4月		精神科ショート・ケア診療報酬点数化
平成18（2006）年　6月	ショート・ケア認可	

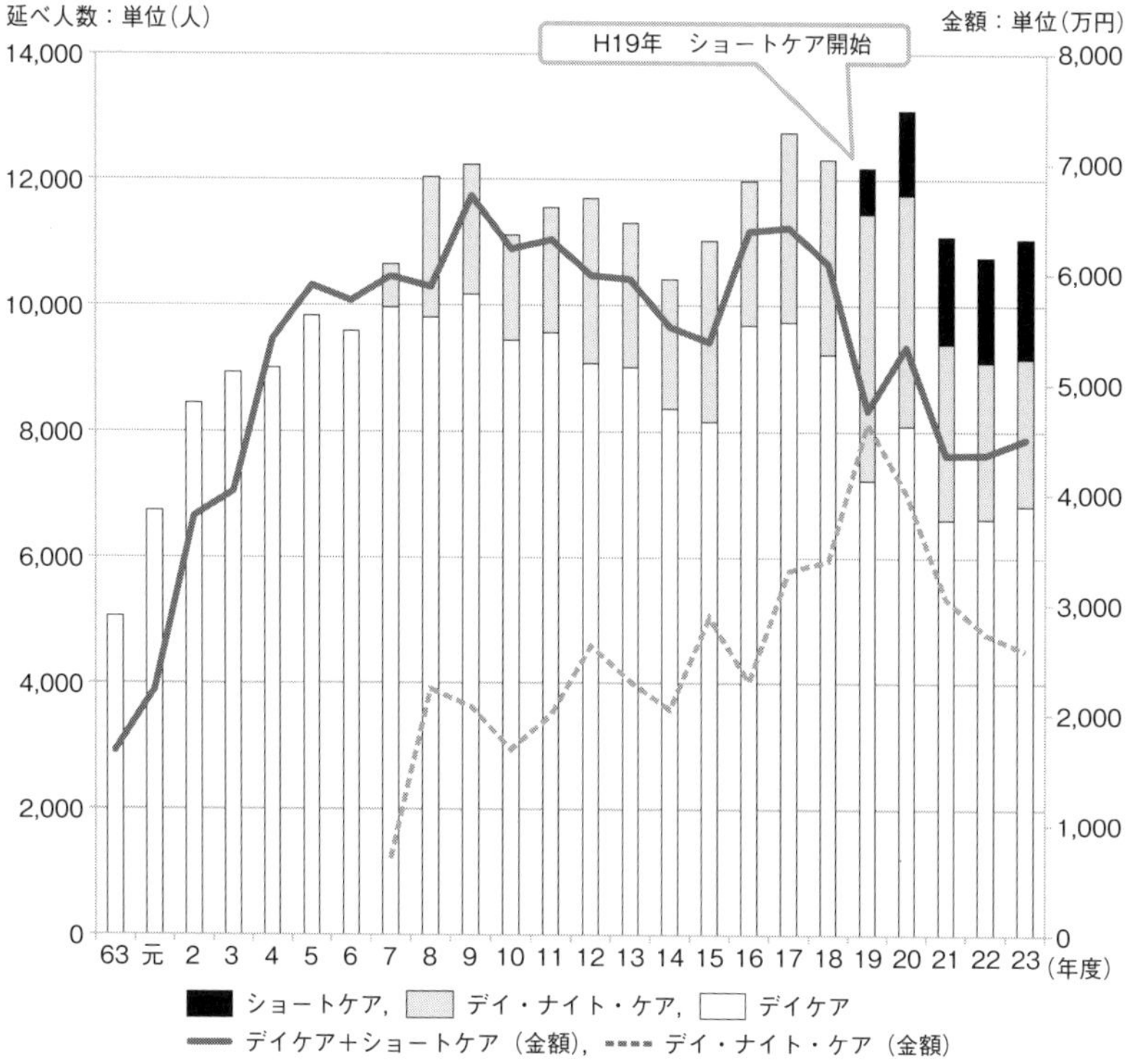

図２　当院デイケアの年間延べ人数と収入

は、このように国の施策に忠実に入院外治療の有力なツールとしてのデイケア等を実践してきた。それは先に触れたデイケアの機能を実体験しているからであるが、一方、最近は「入院から地域（在宅）へ」といった国のかけ声とは裏腹に、就労・家庭復帰率が低下してきている。昭和61年から平成元年までが32・5％であったのに対し、平成20年4・6％、21年1・2％と明らかな低下である。[2)]

当院が立地する松本市は、人口22万人ほどの地方中核都市である。昭和40年代からほとんど人口の増減が認められないが、周辺の地域を含めた二次医療圏の人口は42万人あり、年々増加傾向にある。医療資源殊に病院は松本市に集中しており、精神科救急輪番システムも松本市内の5つの精神科病院で行っている。公共交通手段としては、中央東線、篠ノ井線（中央西線）、大糸線等のJR線及び私鉄の上高地線があるが、市民の足としては十分な本数が運行されているとは言えない。バスも市内循環の運行はあるが、郊外への路線は縮小され、市域が合併で拡大しているのにもかかわらず、これまた市民の足としては十分な機能とは言えない。患者自ら自転車・バイクなどで通所してくることが多く、従って、旧市内の利用者がほとんどである。重度認知症デイケアを休止した最大の理由は、送迎の足の確保ができなかったからである。収入の推移をみると、平成8年以降利用人数は横ばいであるのに比して、収入は伸びていない。殊に平成22年改定の影響は大きく、23年の収入は激減している（図2）。国の企図した通りといったところか。

精神科救急・シェルターないしレスパイト入院

治療の場および生活の場の地域移行を考える際、どうしても整備されていなくてはならない機能として、夜間休日の精神科救急体制の構築がある。長野県は、南北に300㎞を超し、行政的にも地勢学的にも文化的にも4つのエリアに分かれている。それぞれ人口50万人強を抱え、それぞれのエリアで精神科救急システムが機能することが望ましいところである。当院が位置する中信地区は、輪番制が十分に機能して20年以上になるが、県立病院がある南信地区は県立病院のみが救急指定されていたため、最近まで民間病院の輪番制への参加が妨げられていた。一方、東・北信は、それぞれのエリアでの輪番制を組むことができず、人口100万人を超すエリアを1つの病院で担当することとなり、機能不全状態である。

次に、早期退院を急ぐあまり十分な入院治療を受けないで退院した患者の再入院率が高くなる回転ドア現象を防ぐには、一週間程度を目安とした危機回避のための入院機能が欲しい。またより重症な精神病患者や認知症患者のためには、神経難病の患者のために設けられてきたシェルターないしレスパイト入院も有効と思われる。デイケア機能と両両相俟って重症者の在宅治療の継続が図られることが期待される。もちろん先に触れたアウトリーチも必要不可欠であり、そうした機能を持った社会資源が地域で利用できることがむしろ絶対条件と言える。

■デイホスピタルの提案

もとよりデイサービスは福祉事業で介護保険適用、デイケアは医療事業で医療保険適用であることが道理である。しかし、介護老人保健施設におけるデイケアは、介護報酬となっており、はなはだ遺憾である。平成24年は、６年に一回の医療保険と介護保険の同時改定の年にあたったが、介護保険のデイサービス（通所介護）に関して、注目すべき改定項目があった（図３）。最長12時間の利用が可能となり、１日につき送迎付きで小規模１、６７６単位、通常規模１、５１３単位が算定できる（図３、表３）。

認知症殊にアルツハイマー病対策は、都道府県が第６次地域医療計画を策定するなかで、５疾病５事業のうち新たに加わった精神疾患の一つとして位置づけられている。若年認知症患者に対するオレンジプランについての指針も示されている。うつ病や自殺対策などかなり具体的に地域医療計画に書き込まれる項目に対して、認知症対策は具体性に欠けるきらいがある。そこで一つの計画案として、認知症を対象としたデイホスピタルを提案したい[2)]。

図４に示すように、基本的には病院で12時間過ごす。家族の都合で朝７時―夕７時もしくは朝８時―

○6～8 時間区分の平均サービス提供時間は 6 時間 27 分であり，サービス提供の実態を適切に評価する観点から，5～7 時間区分を創設し評価を見直す.
○また，デイサービスの長時間化のニーズに対応して家族介護者への支援（レスパイトケア）を促進する観点から，7～9 時間区分を創設するとともに，12 時間までの延長加算を認め，長時間のサービス提供をより評価する仕組みとする.

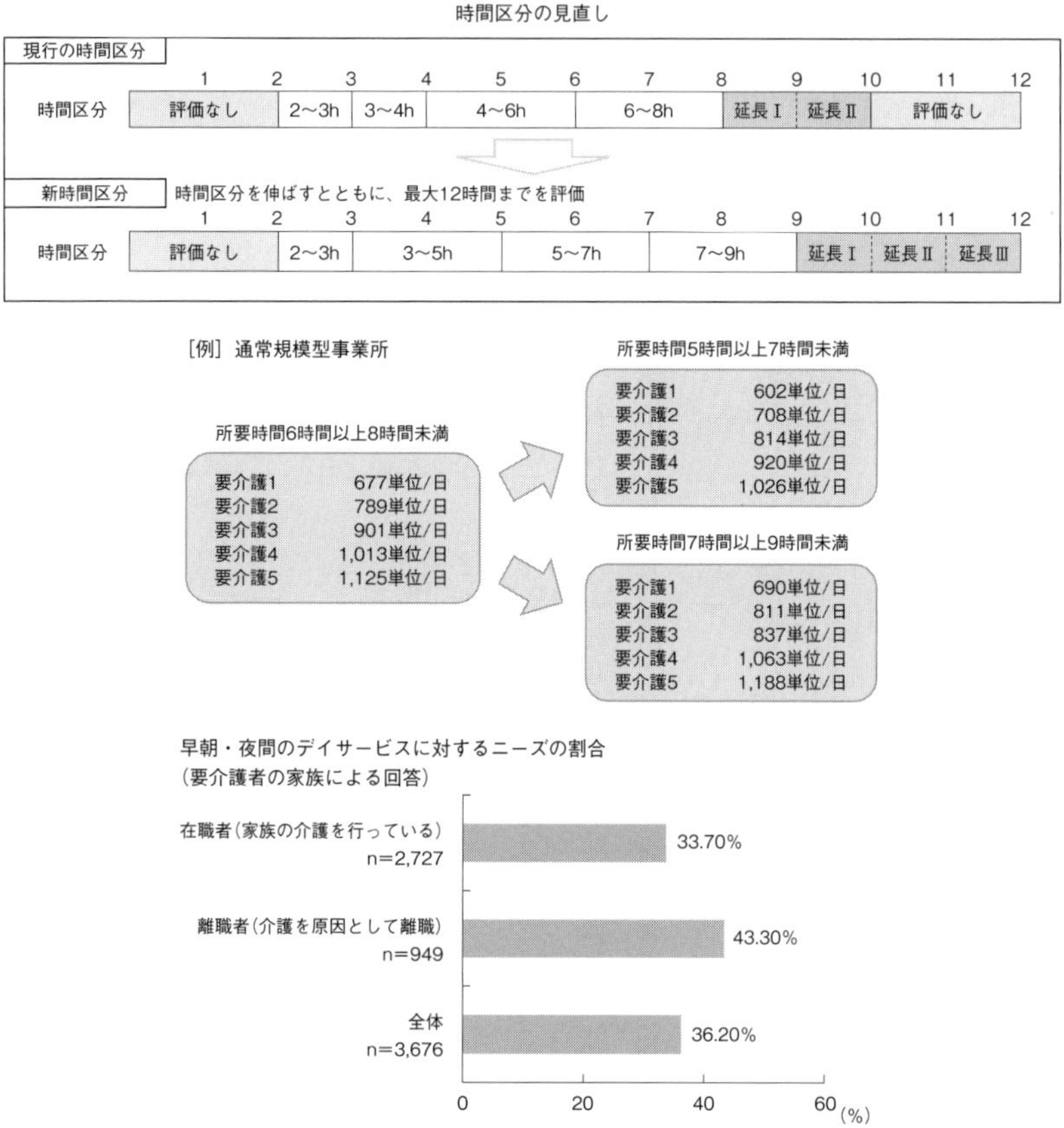

図 3　通所介護における時間区分の見直し（参考）

（資料出所：平成 21 年度仕事と介護の両立に関する実態把握のための調査研究事業報告書。平成 21 年度厚生労働省委託事業）

表3　デイサービスとデイホスピタルの1日当たり収入比較

	デイサービス		デイホスピタル	
	小規模	通常規模		
基本	1,100	937	入院基本料（1/2）	739
延長Ⅰ～Ⅲ	300	300	食事（3食）	(192)
入浴介助	50	50	身体治療（リハ2単位）	470
個別機能訓練Ⅱ	50	50	精神療法	360
送迎	176	176	薬物療法	37
計（単位/日）	1,676	1,513	計（点/日）	1,798
※対象者は要介護3とする			※10：1入院基本料病棟をベースとする	

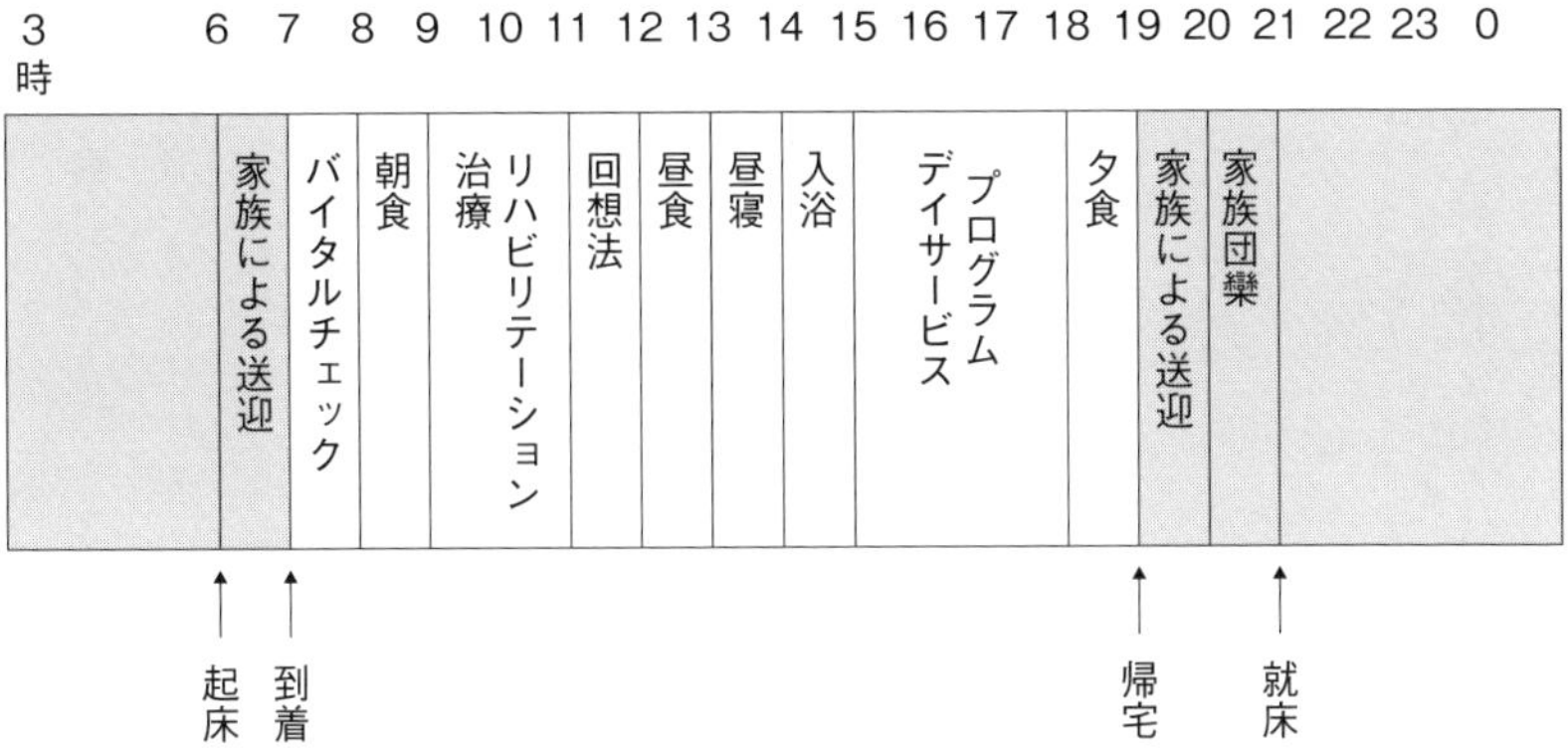

図4　認知症患者デイホスピタル日課

夕8時の時間帯での利用となる。食事は、朝・昼・夕とも病院で摂る。午前中は身体治療や精神科専門療法を受ける。午後は午睡の後、所謂〃デイサービスプログラム〃や入浴・整容等の生活支援を受ける。送迎は、原則として家人が行う。〃デイサービスプログラム〃は、介護保険施設で提供されているイメージがあるが、病院に於けるデイサービスは、比較的長期に入院している患者に、憩いや娯楽を与えることにより、孤独や退屈さからの開放を図るものである。治療意欲を涵養し、以て入院期間の短縮を図ることができる。このデイホスピタルの特徴は、①家族との絆を保つ、②

住み慣れた住まいで就眠する、③家族のレスパイト、④身体・精神的に充分な専門治療が受けられる、⑤配置職員の重点化が図られる（昼間に傾斜）、等である。ＢＰＳＤへの対応は専門医等によって十分可能であるし、合併症に対する身体的治療やリハビリテーションも十分受けることができる。人員配置の検討はこれからの課題であるが、もちろん多職種によるチーム医療であって、看護師のみの配置が規定されることは百害あって一利なく、現状の精神科病院の機能があれば開設可能である。入院機能を持つ精神科診療所での開設も可能である。一般科においても精神保健福祉士、作業療法士、臨床心理技術者、等が看護師ともども配置できれば開設可能である。

報酬については、診療報酬から支払われることが原則である。表3に示した点数は、12時間対応のデイサービスを参考に、精神科病院の入院費を加味して、かなり控えめに積算したが、身体治療・リハビリテーション・精神科専門療法、投薬・材料、等には加算が必要である。食事は、医食同源の見地から診療報酬上評価すべきであり、患者・家族に別途負担をさせない。ここに示した一日１、７９８点の数字では、おそらくインセンティブとならず、医療者は行動を起こさない。２、０００点以上が算定されれば、経営的には立ち行くようになると思われる。次期診療報酬改定までにモデル事業を立ち上げ、有用性・経済効果・満足度、等を検証し、一つの治療ツールとして、報酬化されることを提案したい。

おわりに

精神科治療におけるデイケア（デイナイトケア、ナイトケアを含む）の位置づけは変わりつつある。より専門性の高い治療法としての方向性、対象者を絞り込んだ特定の病態に対応する方向性、筆者が提案するデイホスピタル創設への方向性、などが展開されていくと考えられる。診療報酬算定の要件としてややもするとマンネリ化したプログラムでデイケア治療が行われている現状にも目を向けなくてはならない。入院医療から地域医療への流れの中でデイケアは重要なツールと考えられる。今後の取り組みが精神科医療の質を変えていくことが期待されている。

文献

1）厚生労働省　今後の精神保健医療福祉のあり方等に関する検討会報告書（9月24日）：精神保健医療福祉の更なる改革に向けて。２００９
2）関　健：精神科デイケアの地域医療に果たす役割　―医療観察法通院処遇に触れて―。精神経誌（電子版）、SS99-SS105、２０１１
3）三觜文雄：デイケアに関する政策的課題。デイケア実践研究、4(1)：47-52、２０００（「精神神経学会誌」Vol.115　Special Issue／第１０８回日本精神神経学会学術集会（２０１２年）特集号（電子版）SS574～SS582、２０１３。）

『FUTURE DEVELOPMENT OF WALK-IN PSYCHIATRIC DAYCARE CLINIC』

KEN SEKI

Daycare treatment in our country has rapidly spread since the 1990's. Private hospitals took the lead but daycare in the medical office setting started to increase in the early 2000's. Favorable incentives in medical treatment reward, and additional endorsement by psychiatrists who felt positive on having increased daycare treatment was a significant factor.

In this symposium, there are reports of practitioners of hospital, urban medical office and local hospital daycare, and related evidence has been discussed.

Effects such as re-hospitalization and reoccurrence prevention are seen as the only expected means to promote an early return home. In localized daycare centers, therefore we must consider the problems of present conditions by examination of practical experience in daycare treatment.

Regarding future developments in psychiatric daycare as a conventional function, various programs such as system re-work that enhances rehabilitation, programs for the high-functioning handicapped, patients with personality disorders and the developmentally handicapped should be considered in the light of present daycare activities.

Above all, it is expected that future dementia treatment will become mainstream in daycare therapy. I would like to suggest our type of "walk-in/walk-out" setting; ie., spending up to 12-hours in a supervised setting; and I can recommend it for future prospects. I named "day hospital" such as type of dementia treatment.

key words: daycare, walk-in/walk-out clinic, day hospital, dementia, various types of interdisciplinary medical care

『〝デイホスピタル〟の提言』

関　健

私どもが老人保健施設（以下、老健）を造ったのは、平成3年である。当時は、医療法上の入院病床に、老健の定床の半分がカウントされたため、地元医師会の推薦を要した。私どもの計画は、平成元年には動きだしていたのであるが、当初の予定地近隣の医療機関の反対で、計画は予定通りに進まず、開設は大幅に遅れた。それでも長野県全体では10番目、中信地区（長野県は北信、東信、南信、中信の4圏域に行政的、文化的に分かれている）では最初の開設であった。反対の理由を忖度すれば、老健に対する認識不足から病院と勘違いして、患者を取られるといった思いを抱いたことだったのではないか。また、当時の医師会役員の中に強烈に反対した者がいたともいわれていた。

とにもかくにも現在地に「安曇野メディア」を開設したのだが、「豊科病院」併設ということで、介護の責任者は、病院から異動させた。看護師については、殆ど外部から集まった。ただし、彼女らは一年のうちに全員退職した。老健が介護中心の施設であることをよく認識していなかったことが最大の理由であったと思われる。認識不足のまま新しい事業ということで飛びつき、思い通り行かず挫折したということか。2年目以降は順調で、職員も定着した。

ところで、老健は中間施設として制度化された新しい概念の施設である。病院を退院して家庭に戻る中間、或は特別養護老人ホーム（以下、特養）へ入所する中間、の謂である。従って私どもの施設の名称も「…メディア」とした。安曇野は地名である。〝メディア〟は、マスメディアという言葉で知られている「媒体」という意味と、「中間」という意味とを示す言葉である。メディウムの複数形である。いづれの意味も私どもの意に叶っている。マスメディアはマスコミともいうように、コミュニケーションの手段・場である。施設職員はもとより、施設外の人々即ちオフィシャル（役所、等）かノンオフィシャル（家族、親族、友人、ボランティア、等）かを問わず、支援者とのコミュニケーションの場であること、及び中間的な通過施設であることの両方の意味である。

老健は通過施設であるとの国の見解から、当初は入所期間は３ヵ月以内とされていた。継続する場合には、アセスメントが必要であった。当施設は、開設以来平均２・３ヵ月程度を維持していたが、数年後、県の立ち入りの際、県下の老健の平均は1年を上回っているといわれ怒りを覚えたことがある。最近の平均入所期間は９・６〜13・１ヵ月である。昨今は、老健には在宅復帰支援機能が求められており、本来の姿に戻りつつあるのかとも思う。それには入所期間は短い方が良い。家庭からの１年の不在は、完全に居場所をなくしてしまい、復帰は厳しくなる。

さて、今求められている老健の機能は何であろう。在宅復帰支援？維持期のリハビリテーション（以下、リハ）？療養生活の場？通過施設？、等あろうが、もうひとつ提案したい機能がある。デイケア機能を拡張するものである。

これは認知症者のデイケアの時間を長くして12時間のプログラムとし、〝デイホスピタル〟と呼称するものである。現在提案しているのは、病院精神科での治療を想定しているが、朝８（または７）時に家族が認知症者を病院に送って来て、夜８（または７）時に迎えに来る。その間、午前中は心身両面からの専門的治療を受け、午後は入浴・休養・リラクゼーション・娯楽等を受ける。3食とも病院で摂る。この治療法のよい点は、利用者側にとって、①家族の介護負担が軽減される（レスパイト）、②日中家族が仕事等に従事できる、③リハを含む専門的治療を受けることができる（身体・精神的に充分な専門治療が受けられる）、④家族との絆が保たれる、⑤住み慣れた住まいで就眠できる、⑥入院に比べ費用がかからない、等があり、病院にとって、⑦夜間の人員配置が要らない（昼間に傾斜配置できる）、⑧病床削減につながる、⑨空床があれば病床利用率は上がる、等がある。職員配置（定員16人とした場合）は、医師：1名（専任）、看護師：2・5名（専従）、OT・PT・ST：各必要数（専任）、精神保健福祉士・心理技術者：各必要数（専任）、健康運動指導士・マッサージ師等：各必要数、その他・介護者：必要数、等でどうだろうか。

この〝デイホスピタル〟を老健や精神科診療所でも行えるようにすれば、どの地域でも身近な医療機関で認知症の専門的治療を受けることができる。〝デイホスピタル〟での日中の適切な治療により夜間せん妄も起こらなくなり、家族のBPSD対応も容易になることが期待される。何といっても同居の家族が最低限の責任を果たすことができ、遠くの小姑から文句をいわれなくて済む。

特養等で行われているデイサービスには、既に12時間対応があり、新しいメニューの実現性は高いと考える。

（「老健」Vol. 25 No. 2（5月号）44～45、2014。全国老人保健施設協会機関誌）

認知症デイホスピタルの提言

関　健

はじめに

認知症を巡る報道が一般紙に頻回に登場するようになってきた。最近では、街を徘徊する認知症老人に警察官が対応したものの、認知症と認識できずに保護するなど適切な対応を取らず、その後老人は死亡して発見されたといった事例があった。社会的な問題化してきている証左であるが、認知症対策は、我が国にとっては深刻な課題である。国も様々な施策を展開し、都道府県も計画を策定し取り組んできている。新オレンジプランは、団塊の世代が75歳の後期高齢者になる２０２５年を目途として、「認知症高齢者等にやさしい地域づくりに向けて」を副題として策定された。また、国の重要な施策である地域包括ケアでは、地域の実情に応じて、高齢者が、可能な限り、住み慣れた地域でその有する能力に応じ自立した日常生活を営むことができるよう、医療、介護、介護予防、住まい及び自立した日常生活の支援が包括的に確保される体制をいう。従来のキュア、ケアに加え、生活（ライフ）にも視点が移ってきた。

高齢者の生活の場

高齢者の生活の場（住まい）は、自宅、アパートはもとより、有料老人ホーム、サービス附き高齢者向け住宅（サ高住）等の居住系施設、ケアハウス、グループホーム、老人保健施設、特別養護老人ホーム等の介護保険施設、更に療養病床等の医療施設、認知症の高齢者に対しては、更に認知症治療病棟、認知症療養病棟等の精神病棟がある。治療の場である病院の病床を生活の場とするのに抵抗感を持つ人もあろうが、実際、入院中の日課の大半は生活のお世話を受けているのである。これでは入院生活が長期化して医療費の高騰を招くと、入院期間の短縮をあれやこれやの手立てで誘導する施策が行われている。現在50代、60代の人々にとっては自らの、30代、40代の人々にとっては親の住まいをどうするか、大きな課題になってきている。月刊誌の文藝春秋は年に二回2月と8月に高齢者の住居特集を組んでいる。今年は9月号の芥川賞発表号に掲載されている。この号は話題性も高くいつにもまして販売部数が多く、それだけ社会的な関心を引くことになる。

オレンジカフェ

認知症者及びその家族にとって相談の場は、居宅介護支援事業所、地域包括ケアセンター、認知症疾患医療センター（病院型、診療所型）等ある。これらのオフィシャルな機関よりももう少し身近で気軽に相談できる仕組みとして、認知症サポート医や認知症相談支援薬局等、ゲートキーパーとしての役割を担う仕組みも普及してきている。先に述べた警察官の対応のまずさから認知症者が死に至ったことを踏まえ、警察庁も警察官の認知症対応力向上を目指す取り組みを行うという。その他柔道整復師も対応力を向上させゲートキーパーの役割を担おうとしている。こうした流れの中で注目すべき仕組みとして、オレンジカフェ（認知症カフェ）が挙げられる。長野県では駒ヶ根市と長野市が行政として試行的に行ってきたが、私の考えるオレンジカフェは、①ノンオフィシャルであること、②費用は公費を使わないこと、③医療機関、介護保険施設、サ高住等の居住施設、のみならず人の集まりやすい施設に併設する、④相談支援にあたるのは医療・介護・行政職種に限らず認知症者の対応経験のある人なら誰でも可能、⑤飲食（酒類の提供も可とする）を提供しながら気軽に相談できる、等のイメージを持ったものである。町の喫茶店やレストランの片隅に設置してもよい。文字通り酒類も提供するカフェである。行政がアリバイ的に設置するのでは利用者本位の運営がなされず相談の実が上がらない。また、オレンジカフェは、認知症者及びその家族に時間的空間的なサービスを提供するものであり、その間の飲食の費用で運営される。デイケアやデイサービスのようなプログラムを持ち専任スタッフによって運営される施設とも異なり、ノンオフィシャルな施設であるから何よりも気軽に利用できる。

デイサービス・デイケアからデイホスピタルへ

私は、日本認知症学会の専門医・指導医として、臨床や指導に携わってきたが、日本精神神経学会、日本デイケア学会等の学会で、認知症デイホスピタルの創設の提案をしてきた。

デイサービスは、高齢者（高齢の障害者）、身体障害者、知的障害者の日中活動（生活）の場として提供されてきた。通所介護として位置づけられており、多機能化が進んでいる。特養等で行われているデイサービスには、既に12時間対応があり介護保険における点数化がなされている。デイケアはリハビリテーションとしての位置づけであるが、精神科領域ではデイケア、ナイトケア、ショートケア、デイ・ナイトケア等多様化しており、10時間対応するデイ・ナイトケアは精神障碍者の生活を支えるツールとしての役割を担っている。認知症に特化したデイケアとして重度認知症患者デイケアがあるが、６時間の利用時間であり、やや中途半端である。

今後増え続けることが確実な認知症患者ことにアルツハイマー病の患者に対する治療体系の中でデイホスピタルの活用を最後に提案しておきたい。デイケアがデイホスピタルから発展したことは周知の事柄だが、いわば先祖がえりのようなものである。認知症患者の日中の処遇は、家庭からデイサービスに通所するか、重度認知症患者デイケアに通所するか、認知症高齢者グループホームに入所するか、介護老人保健施設ないし介護老人福祉施設に入所するかである。後三者は、家族とは全く離れた生活になってしまう。家族にとっては都合がよいが、患者自身にとっては寂しい人生の終末であろう。提案する認知症患者デイホスピタルは、認知症者のデイケアの時間を長くして12時間のプログラムとし、〝デイホスピタル〟と呼称するものである。昼間の12時間を病院で入院に匹敵する治療（身体的治療を含む）を受け、夜間は自宅に戻り家族と共に過ごすといったものである。12時間病院に滞在することとし、入院費用は3分の2程度に節減が図られる。

■認知症デイホスピタルの概要

現在提案しているのは、病院精神科での治療を想定しているが、午前中は心身両面からの専門的治療を受け、午後は入浴・休養・リラクゼーション・娯楽等を受ける。3食とも病院で摂る。この治療法のよい点は、利用者側にとって、①家族の介護負担が軽減される（レスパイト）、②日中家族が仕事等に従事できる、③リハビリテーションを含む専門的治療を受けることができる（身体・精神的に充分な専門治療が受けられる）、④家族との絆が保たれる、⑤住み慣れた住まいで就眠できる、⑥入院に比べ費用がかからない、等があり、病院にとって、⑦夜間の人員配置が要らない（昼間に傾斜配置できる）、⑧病床削減につながる、⑨空床があれば病床利用率は上がる、等がある。職員配置（定員16人とした場合）は、医師：1名（専任）、看護師：2・5名（専従）、OT・PT・ST：各必要数（専任）、精神保健福祉士・心理技術者：各必要数（専任）、健康運動指導士・マッサージ師等：各必要数、その他・介護者：必要数、等でどうだろうか。

この〝デイホスピタル〟を老健や精神科診療所でも行えるようにすれば、どの地域でも身近な医療機関で認知症の専門的治療を受けることができる。〝デイホスピタル〟での日中の適切な治療により夜間せん妄も起こらなくなり、家族のBPSD対応も容易になることが期待される。何といっても同居の家族が最低限の責任を果たすことができ、遠くの小姑から文句をいわれなくて済む。

《参照：「老健」（平成26年5月義号／Vol.25, No2）、「デイケア実践研究」（平成24年9月／Vol.15, No1）及び「デイケア実践研究」（平成26年3月／Vol.17, No2）》

（「月刊 公衆衛生情報」Vol.45　9月号 No.6　2015'）

『精神医療における社会資源の活用　―現状と問題点―』

関　健

はじめに

〝社会資源〟の内容には、住民に対して財政的、社会的、近隣扶助的な価値を有しており、①物質（産業や学校）、②商業的サービス（商業や映画館）、③組織的サポート（教会や福祉機関とその職員）、④内的なサポート（家族・友人・近隣のインフォーマルな福祉資源）の四つのカテゴリーが含まれる[1)]。また、別の視点から、①金銭、②愛情、③情報、④地位、⑤サービス、⑥善意の六タイプに分類できる[2)]。

シポリンは資源をその特性、よりどころ、有効性の観点から、次の様な基準を使って分類を試みている[3)]。「資源は、明確な目標を達成することとの関係で、①一個人ないしはその集団において内的なものか外的なものか、②公式（フォーマル）なものか非公式（インフォーマル）なものか、③実用できるものか潜在的で抽出していくものか、④ある程度コントロールできるものかできないものか、である。」

提供主体をもとに社会資源を類型化すると、フォーマルなものかインフォーマルなものかを基準に分類ができる（図1）。これはいいかえれば福祉の担い手であり、精神障害者の場合にあっても、医療と介護の両面での支援者、すなわち社会資源ともなりうる。

精神科医療は、単に疾病のみの治療で完結するわけではなく、精神障害者がかかえる生活障害に対し

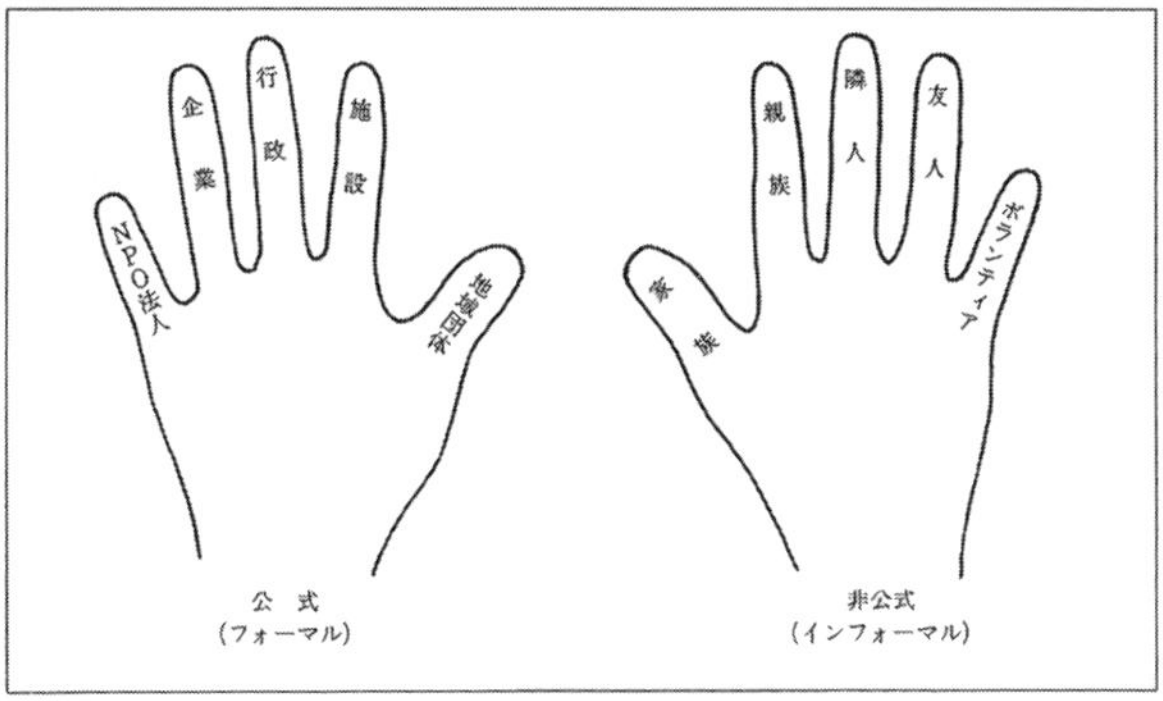

図1　支援の手

ても常に関心を払う必要がある。治療・療養・社会復帰・リハビリテーション等が一連の流れとして提供されるシステムが必要とされる。それには医療のみならず福祉的な社会資源の活用が不可欠である（図2）。

「ヒト」「モノ（ハコ）」「カネ」といった視点から、社会資源の分類を試みることもできる。「ヒト」は、保健・医療・福祉の分野での担い手であり、役場の担当者（フォーマル）からボランティア（インフォーマル）まで幅広い。「モノ（ハコ）」は、障害者のみが利用できる施設から、一般の人々と共用するものまで、これまた幅広い。各種制度もこれに含まれるだろう。「カネ」は、年金・手当といった直接的なものから、税の軽減・利用料の割引といった間接的なものまで様々である。この小論ではこうした様々な〝社会資源〟について総説し、現状での問題点の幾つかを指摘してみたい。

社会資源の種類

I．暮らしに関する社会資源

この項には、医療保険、通院医療費の公費負担制度、障害年金制度、生活保護、障害者手帳などが主なものとしてあげられる（資料）。

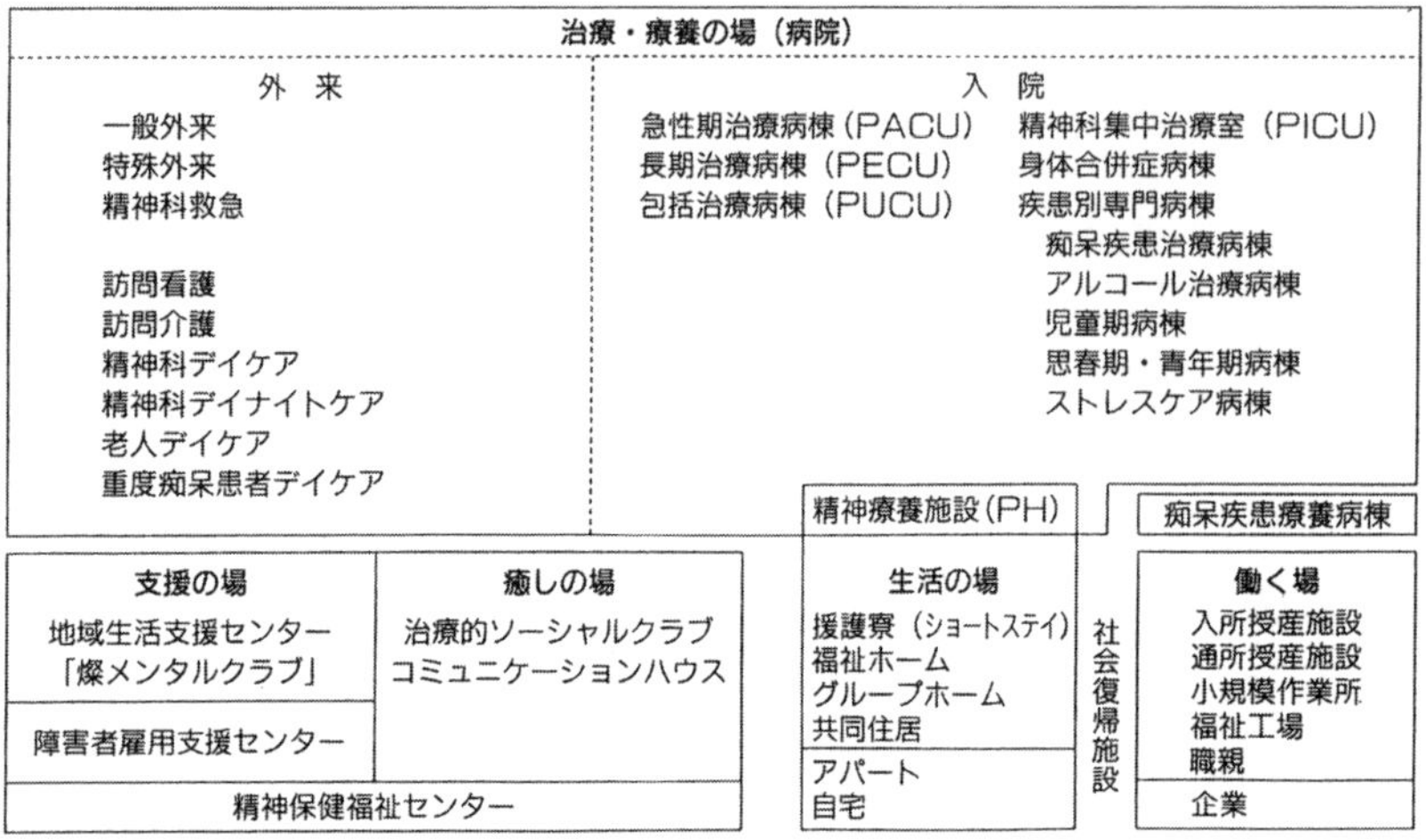

図２　精神障害者の治療・療養・社会復帰・リハビリテーションの流れ

医療保険については、高齢化が進むなかで、年々国民負担が増加してゆき、老人保険が財政的に破綻し、国保のみならず社保までもが赤字財政となっており、抜本的な改革が叫ばれていることは周知の通りである。介護保険制度が平成12年4月より施行されることになっているが、この社会保険制度は主として65歳以上の被保険者（第1号被保険者）が受給対象者となっていて、国会での審議過程で、若年の障害者が取り残された形となってしまった。国は、障害者介護保険を創設するとの考えももっているようであるが、一方の70歳以上の高齢者を対象とした老人保険と介護保険を組み合わせた新しい老人保険制度の創設とともに実現への道のりは決して平坦ではない。

通院医療費公費負担制度は、昭和40年の厚生事務次官通知に基づき運用されてきており、多くの精神障害者の通院治療の確保に役立ってきた。ことにデイケア通所者は、この制度の適用を受けられなかった場合、月々数万円の自己負担を必要とすることにもなりかねず、継続的治療が困難になってしまう。この制度も医療保険優先の

表1　生活保護の財源負担

保護費・保護施設事務費・委託事務費

市　　　：国3／4　　市1／4

町村　　：国3／4　　都道府県1／4

指定都市：国3／4　　区1／4

＊居住地がないか，または明らかではない被保護者につき，市町村が支弁した費用の1／4を都道府県が負担しなければならない。

＊宿所提供施設または母子生活支援施設にある被保護者（これらの施設を利用する以前からその市町村内に居住していた者は除く）につき，これらの施設の所在する市町村が支弁した費用の1／4を都道府県が負担しなければならない。

窓口　　福祉事務所

保護施設の設備費

市町村　：国1／2　　都道府県1／4　　市町村1／4

指定都市：国1／2　　指定都市1／2

考え方から自己負担分についての適用として現在は運用されている。

障害年金制度に関しても、国の年金財政の破綻と関連して危機を迎えている。この制度も精神障害者にとっては福音であったが、生活費の大部分をこれに頼る人もおり、殊に、社会復帰施設やグループホームで生活する人々にとっては重要な社会資源である。障害基礎年金とこれに上乗せされる障害厚生（共済）年金及び障害手当金とよりなる。1級の障害基礎年金は定額で1、005、250円であり、2級は804、200円である。1ないし2級障害者の場合、配偶者加給年金額の年額231、400円を加えることができる。これに対して3級の場合は障害基礎年金が支給されないため、603、200円が年額で最低保障される。

生活保護制度は、生活扶助、医療扶助の他住宅扶助、教育扶助等で構成されるが、救護施設、医療保護施設、授産施設、更正施設等もこの範疇に入る。表2に示すように、町村の負担はなく、居住地がないか、又は明らかでない被保護者の場合には、市区の負担もない。

精神障害者保健福祉手帳制度は、平成7年に運用されるに至った。手帳の等級は1級、2級、3級であり、1、2級は国民年金の障害基礎年金の1級及び2級と同程度、3級は厚生年金の3級よりも広い範囲のものとする、とされている。手帳に基づく支援施策としては、①通院医療費の公費負担、②生活保護の障害者加算、③生活福祉資金の貸付、④NTT番号案内無料措置、⑤公共交通機関の運賃割引や各種施設の利用料割引等がある。現在、手帳の申請は遅々として進まず、他の身体障害者、知的障害者の手帳取得者に比して、必ずしも普及しているとは言えない。これは社会的認知の問題が根底にあり、精神障害者に対する偏見がある限り、精神障害者自身の手帳を取得することに対する躊躇はまだまだ続くであろう。

Ⅱ．就労に関する社会資源

資料に示すものの他、公共職業安定所を窓口とした障害者職業センター、障害者雇用支援センター、及び保健所を窓口とした通院患者リハビリテーション事業等がある。図2に示す〝働く場〟もこれにあたる。就労を巡っては障害者を雇用する事業所に対する補助金制度があり、多数の障害者に就労の機会を与えている事業所もある。企業側は障害者を〝安い労働力〟とみるきらいもあり、福祉的就労に甘んじている障害者も多い。雇用関係の中では、医療保険、雇用保険、年金保険等に加入できない事例もある。仕事の内容に関して、〝のろい〟、〝下手〟、〝のみこみが悪い〟等の罵声を浴びせられ、雇用関係が長続きしなくなる場合もみられる。障害者に就労の機会を与えた優良企業として表彰を受けたこともある企業が倒産し、内情が暴露され障害者を食いものにする疑惑が噴出するといった事件の記憶も新しい。

Ⅲ．施設に関する社会資源

図2に示すように治療・療養の場としての病院は外来及び入院を合わせて様々な機能をもっている。生活の場としての援護寮、福祉ホーム、グループホーム等があり、働く場としての授産施設、小規模作

業所、福祉工場等がある。これらは社会復帰施設と位置づけられている。精神科医療の福祉的側面を強調した長期入所施設〝精神保健施設（精神療養施設）〟のメニューも検討されており、過剰といわれる我が国の精神科病床の削減に寄与する施設としての期待もある。支援の場としての地域生活支援センターが注目されており、ケアマネージメント、就労支援、癒しの場等の機能を持ち、また、市町村の障害者施策の推進役としての期待もある。

国は、平成８～14年度までの７ヶ年計画による〝障害者プラン〟を策定した。社会復帰施設にはそれぞれ整備目標値が定められている他、ホームヘルプサービス（訪問介護）も在宅の精神障害者に適用されるようになる。障害者プランでは、リハビリテーションとノーマライゼイションの理念を踏まえつつ政府機関や市町村が連携して施策の推進を図ることとなっている。

Ⅳ．住宅に関する社会資源

先にも触れた生活保護による住宅扶助、生活福祉資金貸付における住宅資金、精神障害者回復者社会復帰対策事業手当の住居手当及び公営住宅優先入居・家賃の一部減免等が住宅に関する社会資源として活用できる。社会復帰施設も住居とみなすことができる。

Ⅴ．税金に関する社会資源

資料に掲げる諸優遇制度がある。

社会資源活用の問題点

精神障害者が活用できる社会資源は前記したように多く、また、多岐に渡っている。しかしながら、障害者自身がこれらの制度等を認識し、活用すべく自ら手続きを進めることは極めて困難である。誰かの支援が必要であり、その担い手として今春国家資格化された精神保健福祉士（ＰＳＷ）が挙げられる。従前より各病院のソーシャルワーカーもしくはケースワーカーが諸制度の申請業務を行ってきた歴史はあるものの、ＰＳＷの誕生により、前記の社会資源の活用がさらに促進されることが期待される。ＰＳＷはまた、相談支援業務のみならず、ケアプラン作成業務もしなくてはならなくなってくるであろう。現在はまだ国家資格化されていないが、臨床心理技術者（ＣＰ）の役割も増してくるであろう。

我が国においてはボランティアの役割についての認識が高くなってきている。しかし、多くのボランティアの目は身体障害者もしくは知的障害者の方を向いており、精神障害者に対するボランティア活動は緒についたばかりである。精神障害者に対するボランティア活動をどのように行っていくか考えることは今後の課題である。

ＮＰＯ法人に対する関心もとみに高くなってきている。ＮＰＯ法人はボランティア的活動から営利事業まで様々な分野での事業展開が可能である。諸外国では病院の経営や社会福祉施設の運営を行なうＮＰＯ法人もある。いずれ我が国においても同様のことが行われるのもそう遠い先のことではないであろう。その場合にも真に精神障害者の利益となる運営を心掛けて欲しい。

文　献

1）D.Thomas: Said Alice 'The Great Quesion Certainly Was'What. Social Work Today. 6(17): 554-547, 1975.
2）U.G.Foa: Interpersonal and Economic Resources. Science. 171(2), 345-351, 1971.
3）Max Siporin: Resource Development and Service Provision.Encyclopedia of Social Work. Vol.2（18edition）. National Association of Social Workers, 498, 1987.

（「日本精神病院協会雑誌」Vol. 18 No. 9 11〜16, 1999.）

＜資料＞　精神障害者の福祉サービス

種　類	窓　口	主な内容・対象者など
暮らしに関する社会資源		
医療保険	健康保険組合（共済組合），市区町村役場（国保担当窓口）	高額療養費 自己負担63,600円（低所得者35,400円）超過分を支給
老人保健法による医療	市区町村役場（国保担当窓口）	70歳以上の者および65歳以上70歳未満の寝たきり老人等
医療費貸付	社会保険協会	高額医療費融資制度（政府管掌健康保険，船員保険）高額療養費支払資金貸付制度（国民健康保険）
精神障害者の通院医療費の支給（公費負担）	保健所	病院または診療所に通院し，精神障害の医療を受ける者
精神障害の措置入院医療費の支給	保健所	医療保険各法で負担されない部分（所得状況による）
重度心身障害者(児)医療費給付	福祉事務所，町村障害福祉課	自己負担分について助成
障害基礎年金	市区町村役場（国民年金担当課）	1，2級に該当し，要件を満たす者
障害厚生（共済）年金及び障害手当金	社会保険事務所（共済組合）	1～3級に該当し，要件を満たす者
障害児福祉手当	市福祉事務所，町村障害福祉担当課	在宅重度障害児（支給制限あり）月額14,610円
特別児童扶養手当	地方事務所（厚生課），市町村社会福祉課	1級　月額51,550円，2級　月額34,330円（支給制限あり）
特別障害者手当	市福祉事務所，町村障害福祉担当課	20歳以上の在宅重度障害者月額26,860円（支給制限あり）
福祉手当（経過措置）	市福祉事務所，町村障害福祉担当課	14,620円（要件あり）
生活福祉資金貸付	市町村社会福祉協議会	身体障害者更生資金（生業費，支度費，技能習得費），生活資金，福祉資金，住宅資金，修学資金（修学費，就学支度費），療養資金，災害援助資金（世帯の市民税額総額が134,000円以内）
生活保護	福祉事務所	扶助（生活，住宅，教育，医療，出産，生業，葬祭）障害者加算（保健福祉手帳・障害年金）
心身障害者扶養共済	地方事務所（厚生課），市福祉事務所，町村障害福祉担当課	加入者が死亡，または著しい障害（月額20,000円）など
NTT番号案内の免除措置	NTT	手帳所持者

＜資料続き＞　精神障害者の福祉サービス

種　類	窓　口	主な内容・対象者など
障害児手当（長野県単独事業）	市福祉事務所，町村障害福祉担当課	県内に６カ月以上住所を有する重度障害者20,000円
障害者歯科健診(松本市単独事業)		無料歯科診療
心身障害者福祉手当（松本市単独事業）	松本市役所年金課	市内に６カ月以上居住し，要件を満たす者
各種入館料の免除	各施設	手帳所持者及び付き添い
県営公園施設（駒場公園）の使用料の一部減免	各施設	手帳所持者
就労に関する社会資源 雇用保険	公共職業安定所	求職給付，就職促進給付，雇用継続給付
労働者災害補償保険	労働基準監督署	療養補償，休業補償，障害補償，介護補償，遺族補償，埋葬費
職場適応訓練	公共職業安定所	原則６カ月以内（短期は，原則２週間以内）手当支給
施設に関する社会資源 （図２参照） **住宅に関する社会資源** 精神障害回復者社会復帰対策事業手当		住居手当（15,000円まで），社会適応訓練手当（7,000～5,000円），社会適応訓練謝金（1日2,000円）
県営住宅優先入居・家賃の一部減免	地方事務所，住宅供給公社	１，２級（単身者は対象外）
税金に関する社会資源 所得税・市県民税の所得控除	所得税：税務署（給与所得者の場合は勤務先の給与担当者） 住民税：市町村税務担当課（給与所得者の場合は勤務先の給与担当者）	２，３級程度（所得税控除27万円，市県民税控除26万円），１級程度（所得税控除35万円，市県民税控除28万円）
相続税の障害者控除	税務署	１級程度（12万円×70歳に達するまでの年数），２，３級程度（６万円×70歳に達するまでの年数）
贈与税の非課税	信託銀行等経由税務署	１級程度
自動車税・軽自動車税・自動車取得税の減免	自動車税，自動車取得税：地方事務所税務課 軽自動車：市町村税務担当課	１級
郵便貯金・預貯金等および公債の利子所得等の非課税	郵便局，金融機関等	１級～３級

『精神障害者訪問介護（ホームヘルプサービス）導入を前に』

関　健

はじめに

精神障害者訪問介護（ホームヘルプサービス：以下ＨＨ）が平成14年度から市町村を実施主体として開始される。日本精神病院協会（以下日精協）では、本年7月6日～12日の期間にＨＨに関する周知状況を知るために日精協会員を対象としてアンケート調査を行った。その結果、77・7％（５４７／７０４病院）の会員がＨＨが始まることは知っていた。しかしながら、県及び市町村からの説明会等の開催はほとんどなされていない状況であり、実際にどのようなサービスであるのか、また、どのように施行されるのか実態が不分明であるとの意見が各方面から寄せられている。私は、日精協を代表して厚生労働省（以下厚労省）の「精神障害者訪問介護（ホームヘルプサービス）評価検討委員会（以下委員会）」に委員として参加したのでＨＨの理解のためにこの稿を借りてⅠ．本制度導入までの経緯、Ⅱ．利用のしくみ、Ⅲ．施行上の問題点等につき述べてみたい。

Ⅰ．本制度導入の経緯[1)]

表1に示すように平成5年の障害者基本法改正を受け、平成7年の障害者プランの策定により具体策として示され、平成11年の精神保健福祉法改正により精神障害者居宅介護等事業（訪問介護）が法定化されたものである。平成11年度には試行的事業が全国的に実施され18道府県及び3政令指定都市で行わ

れた。その評価を検討するために平成12年10月に委員会が立ち上げられ6回の審議の後に平成13年3月中間報告書[2)]が作成され本年5月の連休前に各自治体に送付された。連休明けには各自治体が本事業への取り組みを開始したところである。

Ⅱ．利用のしくみ

1．居宅生活できる地域づくりの推進

HHの目的と視点は以下の様になっている。

表１　精神障害者訪問介護（ホームヘルプサービス）導入に至る経緯

平成５年	障害者基本法：精神障害者としての明確な位置付け，障害者基本計画・障害者計画の策定
平成７年	障害者プランの策定：ノーマライゼーション７カ年戦略，３障害横並びの福祉サービスの展開
平成11年	精神保健福祉法改正：平成14年度から精神障害者居宅生活支援事業の法定化，精神障害者居宅介護等事業（訪問介護），精神障害者短期入所事業（ショートステイ），精神障害者地域生活援助事業（グループホーム）【第50条の３の２】
平成11年度	精神障害者訪問介護試行的事業を全国的に実施
平成12年10月	精神障害者訪問介護（ホームヘルプサービス）評価検討委員会の立ち上げ
平成13年３月	精神障害者訪問介護（ホームヘルプサービス）評価検討委員会中間報告書作成（５月連休前に各自治体に送付）

精神障害者の中には、精神障害のために食事、身辺の清潔の保持等、日常生活における基本的な動作及び対人交流の全部又は一部について継続して何らかの支障をきたしている人々がいる。こうした人々は、入院生活を余儀なくされ、また、社会復帰への道が閉ざされてしまっていることも少なくない。

そこで、ノーマライゼーションの理念のもと、こうした精神障害者が自立した居宅生活ができる地

域づくりを推進し、精神障害者の自立及び社会復帰を促進することが必要となっている。

このため、精神保健福祉法の平成11年改正において、市町村を実施主体とする精神障害者居宅介護等事業が創設されたところである。

2．精神障害者居宅介護支援事業においては、次の視点で居宅生活できる地域づくりを推進する。

①日常生活能力の向上：精神障害者の日常生活等における支障は、精神疾患によってもたらされるものであり、社会生活能力を段階を追ってみにつける機会に乏しかったことに由来すると考えられる。そこで、精神障害者に対する福祉事業の実施にあたっては、本人の日常生活能力を向上させる視点に立った支援を行う。

②生活の質の向上：生活の乱れ、服薬中断、生活のストレスは、精神疾患の再発と深く関係している。そこで、ストレスに弱い特性をもつことが多い精神障害者が、再発せず、地域生活を維持していくため、精神障害者居宅介護事業を中心とする生活の質の向上に配慮した日常生活への支援を行う。

③活動の場、働く場の確保：身近な生活上の支援によって社会参加を促進し、活動の場、働く場など多様な形で社会との接点を確保することによって、利用者の気持ちや考え方を表現しやすくしたり、生きる喜びを見出し、なおかつはりあいとなる役割を見出せるよう支援を行う。

④地域ぐるみでの支援：現在、地域住民にとって精神障害者は必ずしも身近な存在とはいえないことから、精神障害者に対する地域住民の偏見はまだぬぐいさられていない現状にある。精神障害者に対する偏見を取り除く努力をしながら、精神障害者が生活しやすい環境作りを積極的に進める必要がある。そこで、個々の精神障害者に対し適切な支援を行うのみならず、広く一般に、精神障害者に関する正しい理解を普及・浸透させ、地域ぐるみで支える事業運営を工夫する。

３．精神障害者居宅介護等事業の留意事項

(1)「見守り」又は「共同実践」による訪問介護

利用者が有する能力に応じて社会復帰及び自立と社会経済活動への参加ができるように、調理・買い物・洗濯等の家事援助、話し相手や生活等に関する相談支援、食事・身辺の清潔保持等身辺介護、その他必要な身体介護等を供与する。

自立支援に当り、精神障害者に対する訪問介護方法は、単に日常生活を代行するのではなく、見守り又は共同実践する援助が望ましい。従って、精神障害者に対する訪問介護の所要時間は、通常よりも若干長く要する場合がある。

(2) 個々のニーズに合った介護等

個々のニーズに合った介護内容および介護方法を提供できるように、病状及び障害の程度はもちろん、利用者の基本的な属性や生活形態並びに周辺の人的支援環境等を充分考慮し具体的なケア計画を立案する必要がある。

(3) 多様な機関・職種によるサービス提供

精神障害者居宅介護等事業を円滑に実施するためには、地域内にある多様な機関・職種の技能を有効に生かせるよう、サービス供給体制を整えることが必要である。

(4) 保健及び医療との連携

個別的な支援とともに、定期的に主治医、精神保健福祉相談員等の保健医療職員による観察・助言を実施する必要がある。さらに、新たな問題の発生を未然に防止したり、悪化の兆候に早期に対処するための体制を整える必要がある。

そのためには、精神疾患の診断・治療に精通する医療機関、精神障害者及び家族の保健指導に精通する地域保健機関、精神障害者社会復帰施設等の社会福祉施設、その他精神障害者の生活支援に関わる活動を行っている地域組織との連携に基づいて事業を推進する必要がある。表2に保健婦等の役割について示した。

また、保健、医療、福祉の各サービスが一体的に提供できるよう、類似のケアを行う職種間はもちろん、関連する機関や部門間において密接な協力体制を整える必要がある。

表2　保健婦等の役割

①利用者との合意形成，利用者との円滑な関係づくり，心理的相談支援，医療面の相談支援
②医学的管理（病状観察と変化の判断・対処，副作用の有無の判断，服薬の確認・助言，緊急事態への対応等）
③ケアの総合管理（総合的なアセスメントの見直し，医療機関との連携）
④対応困難な事例に対する介護等の導入を決定・継続・変更等する場合
⑤その他（日常的な買い物等を含まない財産管理等）

表3　精神障害者居宅介護等事業の仕組み

1．実施主体 市町村
2．ホームヘルパー派遣事業者 市町村および法人，個人等：厚生労働省令の定める事項を都道府県知事（指定都市の市長を含む）に届け出て事業者となることができる
3．利用者 精神障害のために日常生活を営むのに支障のある精神障害者
4．報告の徴収等 都道府県知事の権限：①必要事項の報告の徴収，②担当職員による関係者への質問，事務所等への立入り，設備・帳簿書類その他の物件の検査
5．費用負担 措置費：他障害の現行の費用負担基準等を参考，所得に応じた費用負担への配慮（市町村長）

以下ＨＨの概略は、すでにご存知の方も多いので表にまとめて簡述する。ＨＨのしくみは表3に、内容は表4に示すとおりである。利用対象者の条件は表5に示すとおりである。訪問介護員（ホームヘルパー：以下ＨＨｒ）の要件及び養成は表6に示すとおりである。ＨＨｒの業務範囲は表7に、また、ＨＨｒの業務外範囲は表8に示してある。

Ⅲ．施行上の問題点

日精協アンケート結果（図1）によればＨＨが市町村を実施主体としてはじまることは全704会員

表4　精神障害者居宅介護等事業の内容

1．実施方法 概ね週2回，1回2時間程度 ◎代行でなく見守りまたは共同実践 ◎複合的に提供 ◎関係職種との同行訪問またはホームヘルパー（HHr）同士の複数訪問 2．介護等の単価 他障害におけるHHrの時間単価を参考として設定 ◎他障害よりは1回の訪問時間が長くなる可能性

表5　利用対象者の要件

利用の4条件 ①原則として精神障害者保健福祉手帳を所持している ◎手帳不所持の場合：障害者年金証書等の写しの提示 ◎手帳所持者　平成11年11月末現在：156,034人 （1級　27%，2級　55%，3級　18%） ②主治医がいる ◎必要に応じて主治医の意見を求めて判定 ③概ね病状が安定している ④定期的に通院している ※主治医がいない場合，介護等の利用になじまないと判定された場合，精神科医を紹介するなど必要な対応をする

表6　ホームヘルパー（HHr）の養成

要件および養成

①新ゴールドプランのホームヘルパー養成数17万人
＋障害者プランのホームヘルパー養成数4.5万人
※上記のHHrが精神障害者を含む3障害の人の居宅を訪問する

②HHr養成研修修了者に基礎的研修として全9時間（講義6時間，施設見学3時間）の研修を行って養成する

③将来は1・2級HHr養成課程の一環として基礎的研修が組み込まれる（体験学習，実務研修を含め9時間を超えるものとなる）

表7　ホームヘルパー（HHr）の業務範囲

①家事援助：調理，食事準備，買い物，洗濯，掃除，整理整頓，家計ペース配分等

②相談支援：話相手，生活等に関する相談相手等

③身体（身辺）介護：身辺の清潔保持，通院の援助，交通や公共機関の利用の援助，その他必要な身体の介護に関すること

※利用者に病状の急変が生じた場合その他必要な場合はすみやかに主治医への連絡を行う

※他職種との連携が必要な場合情報提供を行う

病院中５４７病院（77・7％）が周知しており、中には栃木、滋賀のように１００％全ての病院が周知している県もある反面、山形県では16・7％と極端に少なかった。説明会等の開催状況（図2）は、５４７病院中４６８病院（85・6％）が開催されていないと答え、北海道以下13道県で全く開催されていなかった。ＨＨｒの派遣事業者は一定の要件を備え登録すれば病院等も事業者となることができるが図３のとおり登録すると答えた病院は５４７病院中１５０病院（27・4％）、登録しないが88病院（16・1％）、わからないが３０７病院（56・1％）であり、事業者としての関心はあまり高くない。Ｈ

Ｈは精神障害者ケアマネジメント（以下ＣＭ）を経て利用可能となるしくみが打ち出されているが、図４のとおりＣＭを知っていると答えた病院が７０４病院中５３９病院（76・６％）、知らないが１５８病院（22・４％）であった。委員会中間報告の厚労省案では、主治医の意見書をサービス申し込みの際必要とするとはなっていない。しかしながら、アンケートで尋ねてみると図５のとおり７０４病院中６５８病院（93・５％）が必要と答え、不要は24病院（３・４％）にすぎなかった。しかも、全ての都道府県で８割以上の病院が必要ととらえており、最低の岩手県でも81・８％の病院が必要と答えてい

表８　ホームヘルパー（HHr）の業務外範囲

①保健医療および心理的・社会的な側面からの専門的な技術

②医学的管理

③財産管理

④ケアの総合管理

⑤医療機関等との連携調整

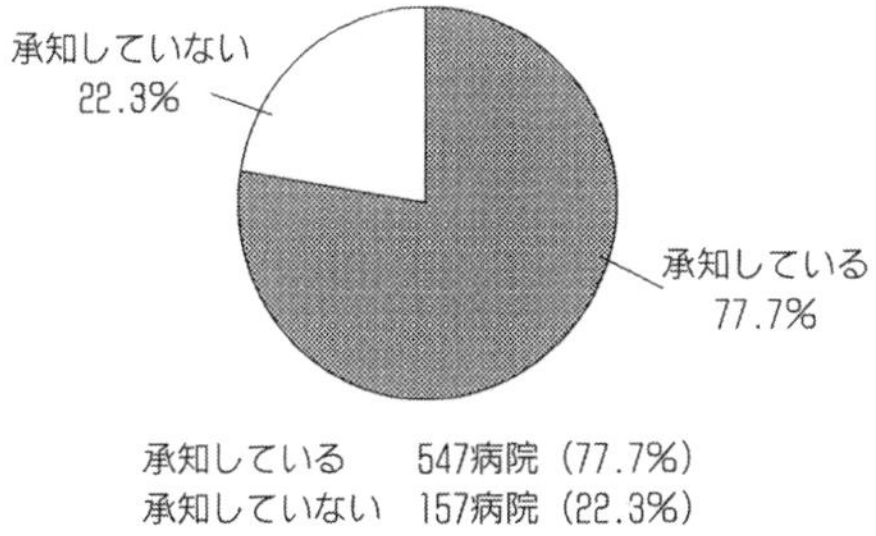

図１　精神障害者訪問介護事業が市町村を実施主体として始まることの周知状況（回答 704 病院）

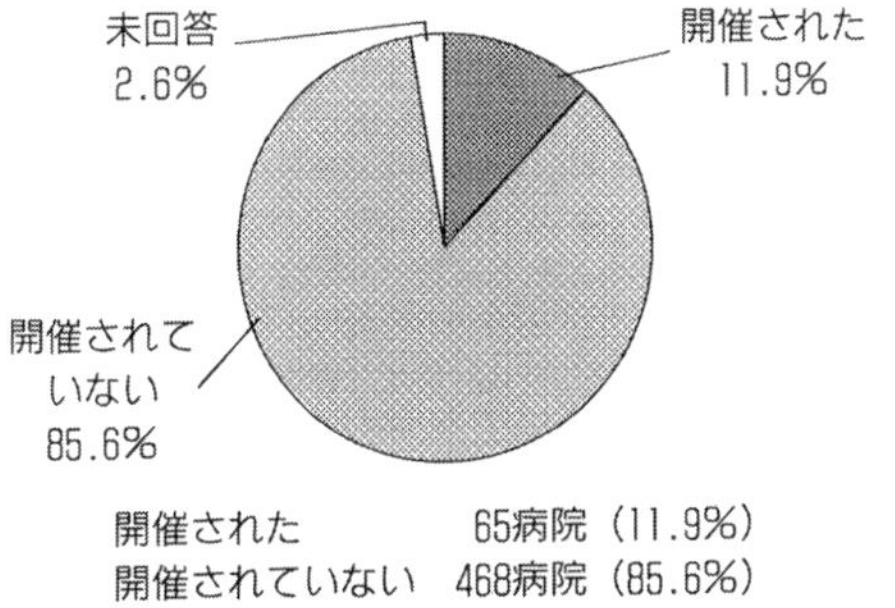

図２　説明会等の開催状況（回答 547 病院）

る。訪問介護と訪問看護との業務分担が不分明であることは表9に、その他、自由意見は表10にまとめてある。

日精協としてはＨＨについての市町村の取り組みの遅れについての危惧から別添のような仙波会長名の「厚生労働省精神保健福祉課長あて要望書」を平成13年8月15日付けで送付した。また、同様の内容の「各支部長あて依頼書」を同日付けで送付した。

ＣＭについては別途「障害者ケアマネジメント体制整備検討委員会」において検討されたところであ

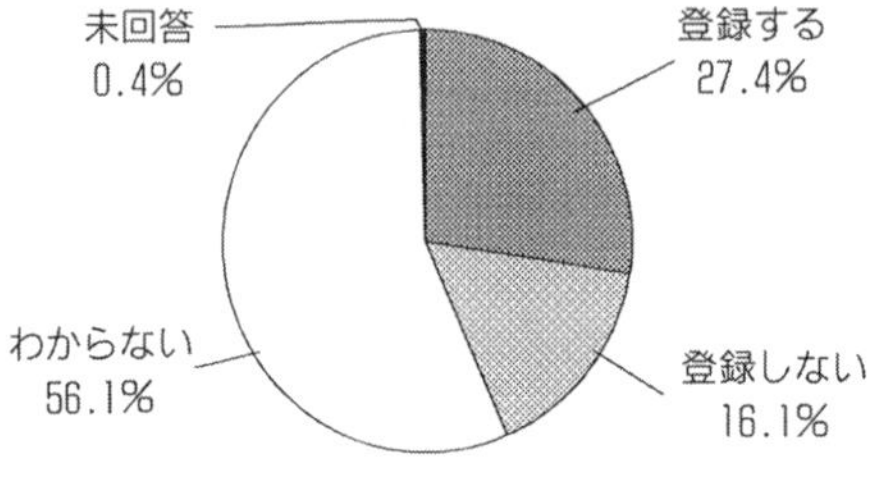

登録する　150病院（27.4%）
登録しない　88病院（16.1%）
わからない　307病院（56.1%）

図3　ホームヘルパー派遣事業者登録について（回答547病院）

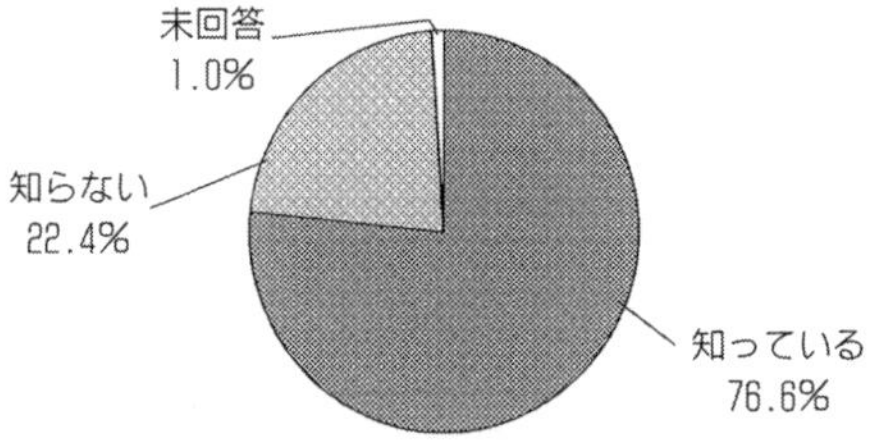

知っている　539病院（76.6%）
知らない　158病院（22.4%）

図4　精神障害者ケアマネジメントの体制整備（回答704病院）

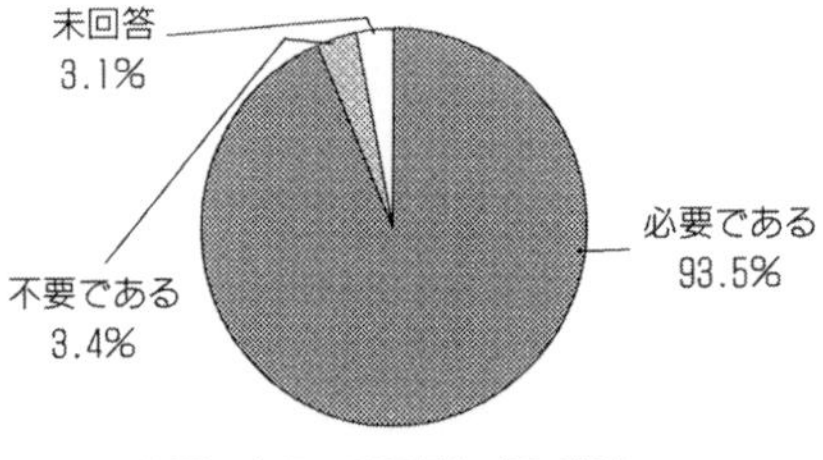

必要である　658病院（93.5%）
不要である　24病院（ 3.4%）

図5　主治医の意見（書）について（回答704病院）
全ての都道府県で8割以上の病院が主治医の意見（書）を必要と考えている

表９　訪問介護と訪問看護との業務分担が不分明であることについて（回答　324 病院）

・役割分担（連携含む）で行うことが望ましい（業務内容の制限も）	115件
・病院・医療関係者等が中心となるべき（教育や質の向上を）	61件
・役割分担（区分）は不可能で難しい	39件
・現状で可（条件付きを含め）	15件
・介護（保険制度を含む）が中心となるべき	8件
・一本化すべき	4件
・わからない，または明確な説明やその内容が不明	63件
・その他（制度の問題，個々の病院の考え方等）	19件

表 10　その他、自由意見　（回答　152 件、複数回答あり）

・行政や日精協の積極対応を望む（説明会等の開催）	36件
・医療が中心で連携を	30件
・教育の必要性の問題	28件
・制度上の疑問や今後の対応を望む	24件
・報酬や人員の問題	22件
・現状で可や協力する	15件
・介護（保険制度含む）との関連で行う	7件
・対応がわからない，または明確にしてほしい	5件
・運用は慎重に	3件
・その他（制度の必要なし，用語の問題等）	14件

り、精神障害者に関しては「精神障害者部会」が設けられ、日精協からも谷野常務理事が委員として参加している[3,4)]。先にも触れたようにＨＨの入り口はＣＭになっている。ＣＭのツール（道具）として販売されているものもあるが、その内容については必ずしも使い易いものではないとの評価がある。現在、医療政策委員会として使い易いＣＭツールを作成すべく検討中である。精神障害者が様々な社会資源の活用についてＣＭを希望した場合、医師の意見書を徴求することになっている。これは、ＣＭを開始するためのスイッチＯＮの役割を果たすものでは決してない。同様にＨＨの申し込みにあたり医師の意見書の必要性を

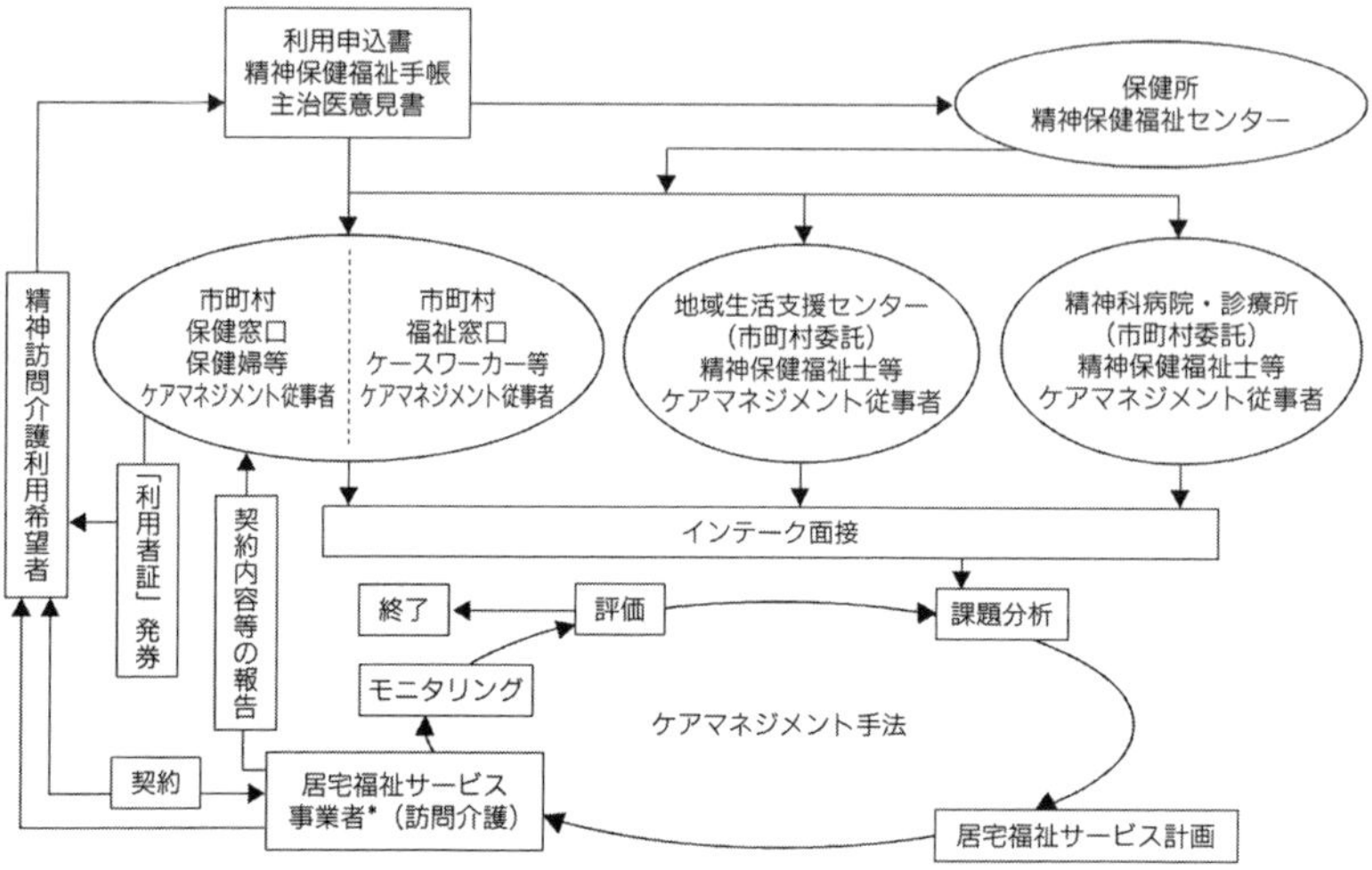

*サービス提供機関：市町村，社協，地域生活支援センター，民間（含医療法人・社会福祉法人・NPO）等，登録事業者

図6　精神障害者生活支援システムイメージ図

大部分の日精協会員が感じているところであり、来年度の制度立ち上げまでにこのことを実現したいと考えている。無論、意見書はＨＨを開始するためのスイッチＯＮの役割をするものではなく、関係者特にＨＨｒに対する情報提供書の役割を担うものであり、これによりＨＨｒは安心して患者のところに赴くことができる。

ＨＨｒの養成は試行的事業の中では、既に高齢者のＨＨｒをしている人達に9時間の講習を施すことによって行われた。平成13年度に関しても9時間の講習で養成しようとしている（表6）。しかしながら、厚労省によって示された講習内容は充分とは言えず、殊に実践的な訓練の時間が設けられていない。すなわち9時間では不充分であると考えられる。この点は厚労省の担当者も理解していて来年度以降の養成には実地訓練を含めた内容に変わっていくであろう。

ＨＨｒ派遣事業者に関しては、日精協会員の意見は二分される。かたや医療が主体となってＨＨのような福祉サービスをも一体的に提供すべきという考えに立つものであり、かたや精神障害者福祉に関わる事業は福祉関係者の手に委ねればよいとの考えに立っている。福祉関係者の中にはＨＨのような福祉的サービスから医療関係者を排除しようとの強い考えを持つ人々もいる。しかし、表５利用対象者の要件に示されたように、主治医がいておおむね病状が安定していて、定期的に通院している障害者が対象である以上、医療的支えが重要であり、医療機関は関わりを持たないわけにはいかない。実際のＨＨｒ派遣は、社会福祉協議会、訪問介護ステーション、市町村等が想定されるが、地域生活支援センターや病医院が市町村の委託でＣＭを行い、また、ＨＨｒ派遣を行うことも推奨される。ぜひ、会員の先生方も積極的に取り組んで頂きたい。図６はＣＭからＨＨに至る流れを図示した精神障害者生活支援システムイメージ図である。ただし、試案であるので、14年度から実施されるものとはいささか異なるところがあるやもしれぬ。

文献

1）精神保健福祉行政のあゆみ編集委員会編：精神保健福祉行政のあゆみ。中央法規，２０００。

2）精神障害者訪問介護（ホームヘルプサービス）評価検討委員会：精神障害者訪問介護（ホームヘルプサービス）評価検討委員会中間報告書。２００１。

3）障害者ケアマネジメント体制整備検討委員会：障害者ケアマネジメントの普及に関する報告書。２００１。

4）障害者ケアマネジメント体制整備検討委員会精神障害者部会：精神障害者ケアガイドラインの見直しに関する中間報告書。２００１。

（「日本精神病院協会雑誌」Vol.20　No.10　70～78, 2001.）

〔別添〕

日精協発第74号
平成13年8月15日

厚生労働省社会・援護局障害保健福祉部
精神保健福祉課課長　松　本　義　幸　　殿

社団法人　日本精神病院協会
会　長　　仙　波　恒　雄

精神障害者訪問介護（ホームヘルプサービス）について

平成14年度より精神障害者訪問介護事業が市町村が実施主体となって始められることになっていますが，現在はまだ実施に向けて具体的な体制を整備している市町村は少ないように思われます。

しかし今後体制整備にあたって，精神障害者訪問介護につきましては，現在行われている老人の訪問介護や他の障害者の訪問介護と比べて精神科医療の関わりが必要不可欠であり，訪問介護者が十分な精神障害者に対する理解と知識を持つことが求められるところです。

そうであるにも関わらず，一部の市町村では精神科医療機関に相談もなく，独自でこの訪問介護事業を行う体制を作り，事後承諾の形で精神科医療機関に通告してくるところが出てきているようです。また訪問介護事業に伴ってケアマネジメント手法を取り入れた体制を進める可能性がありますが，この精神障害者ケアマネジメントにつきましても当初医療を排除した福祉面からのみの取り組みが考えられていたところ，その後の検討により医療の関わりの必要性が認識された中間報告が作成されました。

こうしたことを踏まえて先般日精協より各会員に対する「精神障害者訪問介護（ホームヘルプサービス）に関するアンケート調査」を行いました結果，約78%の会員が事業については承知しているものの，市町村の説明会はまだ行われていないが86%となっており，精神科医療機関と市町村の連絡調整不足が如実となっております。

精神障害者の社会参加を支援する意味で訪問介護事業は必要なものと考えます。しかしその体制づくりにあたっては精神科医療の関わりは不可欠であり，精神障害者の特性に配慮した地域サポートを円滑に行うためにも，精神科医療機関と十分な事前の連携を取るように，都道府県，市町村への指導をしていただくように要望いたします。

――― （参考） ―――

日精協　医療政策委員会　御中　　　　　　　　　　ＦＡＸ　０３－５４１８－７７２１
０３－５２３２－３３１５

会員番号＿＿＿＿　病院名＿＿＿＿＿＿＿＿＿＿＿＿　記入者氏名＿＿＿＿＿＿＿＿

精神障害者訪問介護（ホームヘルプサービス）に関するアンケート調査

問１　平成１４年度より，精神障害者訪問介護事業が，市町村を実施主体としてはじまりますが，ご存知でしょうか。

１．周知している　　２．知らない

問１で１と回答された方にお尋ねします。（問２～３）

問２　地域（市町村）における上記訪問介護サービスに関する説明会等が開催されましたか。

１．開催された　　２．開催されていない

問３　本制度では実施主体は，市町村となっておりますが，先生の病院（もしくは施設）は，厚生労働省で定める事項を都道府県知事（指定都市の市長を含む。）に届け出て，ホームヘルパー派遣事業者になることができます。事業者の登録を致しますか。

１．登録する　　２．登録しない　　３．分らない

問４　訪問介護と併行して，精神障害者ケアマネジメント体制整備が検討されていますが，ご存知でしたか。

１．知っている　　２．知らない

問５　訪問介護の実施にあたり，保健及び医療との連携がうたわれていますが，医療の関与はより重要と考えられます。主治医の意見（書）は必要とお考えですか。

１．必要　　２．不要

問６　訪問介護と訪問看護との業務分担は，不分明です。この点に関して御意見をお寄せ下さい。

問７　その他ホームヘルプサービスに関して自由に御意見をお寄せ下さい。

第95回日本精神神経学会総会シンポジウム
精神科医療における今後の地域連携

『精神障害者のノーマライゼーション実現のための地域支援』

関　健

■はじめに

われわれの病院が、精神障害者社会復帰施設「メンタルセンター」を開設して、本年で40年になる。30年を経た頃に、精神保健法が成立し、法定の援護寮「メンタルドミトリー」、福祉ホーム「メンタルホーム」に造り直したが[1]、その後精神保健福祉法への改正を経て、社会復帰施設は更にメニューが増え、当院でもグループホーム「大富荘」「景岳館」を開設し、援護寮のショートステイ（2床）を設けた。また、昨年秋、精神障害者地域生活支援センター「燦メンタルクラブ」を開設するに到った。本年5月には精神保健福祉法が改正され、来年4月には施行されることになっている。その中で、精神障害者地域生活支援センター（以下支援センターとする）を社会復帰施設と位置付け、援護寮等の併設のみならず単独での設置も可能とすること、また、精神障害者居宅生活支援事業として、①ホームヘルプサービス（訪問介護）、②ショートステイ（短期入所）、③グループホームを位置付けることなどが決まった。

一方、介護保険法の成立にあたって参議院での付帯決議にあるごとく、「若年の障害者に対する介護

表1　精神科の医療・保健・福祉に関わる法制上及び行政上の変遷

明治 7年	医制	癲狂院の設置に関する規定
32年	行旅病人および行旅死亡人取扱法	路頭にさ迷う救護者のない精神病者の保護
33年	精神病者監護法	監護義務者の選任
大正 8年	精神病院法	都道府県立精神病院・代用精神病院の設置
昭和25年	精神衛生法	私的監置制度の廃止，精神衛生審議会の設置，精神障害の発生予防，精薄・精神病質への対象払大，精神障害者の医療及び保護の確保
40年	精神衛生法の一部改正	保健所の役割，精神衛生相談員の配置，通院医療費公費負担制度新設，措置入院制度の手続き上の改善
62年	精神保健法	人権に配慮した適正な医療，精神障害者の社会復帰の促進，国民の義務の明確化，精神医療審査会の設置
平成 5年	精神保健法改正	社会復帰の一層の促進を図る，グループホームの法定化，保健所の訪問指導
5年	障害者基本法	精神障害者の障害者としての明確な位置付け，障害者基本計画・障害者計画の策定
7年	精神保健福祉法	自立と社会参加のための援助，精神障害者保健福祉手帳の創設，社会復帰施設・通院患者リハビリテーション事業の法定化，精神保健指定医制度の充実
9年	精神保健福祉士法	精神保健福祉士の国家資格化

サービスが、障害者プランに基づき高齢者に対する給付と遜色のないものになるように障害者計画を策定する」よう求められている。障害者プランは、平成8年より14年までの7か年の計画とされ、具体的なサービスの整備目標が定められているが、「ノーマライゼーション7か年戦略」との副題が掲げられており、この度の精神保健福祉法の改正とも密接に関連している。

今日、精神科医療に期待されるところは、治療・療養・リハビリテーション・社会復帰等精神障害者に対する一連の治療的援助を包括して提供することである。国の施策もそうした方向に向かっており、また、多くの民間病院が先駆けてこの試みに取り組んできている。地域との連携が求められ、かつ可能となる社会的基盤も整備されつつある今日、この小論を通して、われわれの今までの認識と実践を通して得られた知見をもとに、地域で支える将来の精神科医療についてのいささかの提案ができればと考えている。

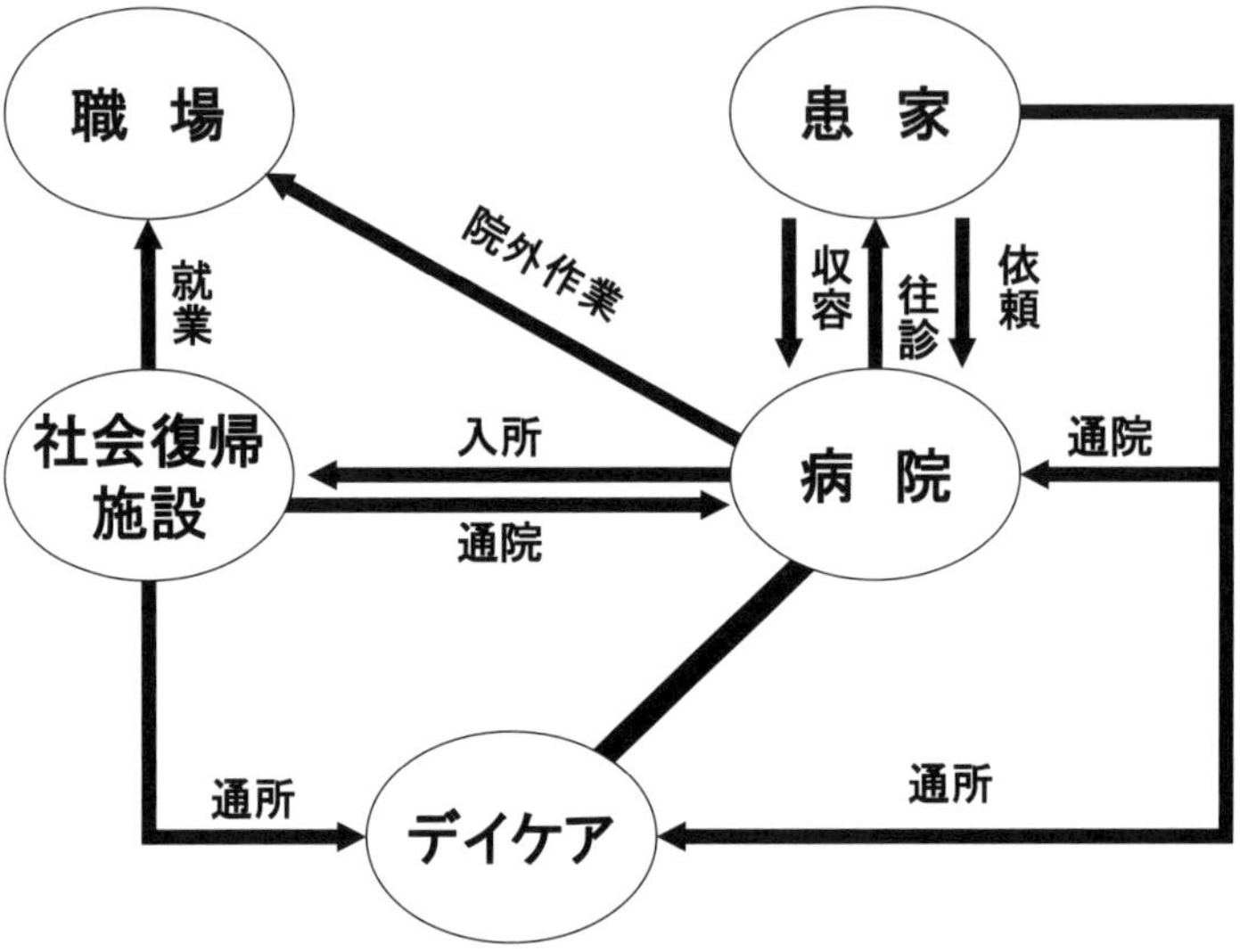

図１　精神保健法施行前の精神科医療と地域

この時代は、「精神衛生法」の時代である。昭和25年に制定されたこの法律は、昭和40年に一部改正されたが、以後20年余り改正されることがなかった(表1)。しかし、この間何らの問題もないわけではなかった。日本全国で精神科病床が急増する中で、病院では入院中心の精神科医療が行われたために、地域から隔絶され、治療が透明性を欠く中で行われていたという一面があった。そのため、宇都宮病院事件にみられる様な不詳事件もおこった。この事件が、精神衛生法を改正して精神保健法の成立に到るきっかけとなったことは周知のことである。その反面、この時代には今よりも精神科医療が医療人の情熱、創意および良心の発露として行われたとの認識もある。医師は、患家の求めに応じて往診し、収容までのプロセスを自ら行った(図1)。精神障害者の家族(保護義務者)との間にはコンセンサスがあり、精神科医は全幅の信頼を得ており、かつまたそ

表2　城西医療財団社会復帰施設・リハビリテーション施設開設関連年表

昭和34年 2月	「城西メンタルセンター」開設
3月	「心の友の会」（退院患者・家族会）発足
10月	「心の友の会」主催長野県精神衛生昂揚大会開催
35年10月	蟻ヶ崎にメンタルセンター寮新築
38年 9月	同上　増築
40年 8月	精神障害者家族会結成
42年 8月	城西病院精神科デイケアセンター開設
44年 5月	城西病院作業治療工場（保護工場）完成（後に廃止）
48年12月	城西にメンタルセンター寮新築移転
53年 9月	城西病院身体障害者運動療法施設認可
58年 8月	城西病院老人デイケア施設認可（後に廃止）
59年 8月	城西病院精神科作業療法施設認可
61年 6月	城西病院精神科デイケア施設認可
62年 1月	豊科病院共同住居開設
63年 3月	「メンタルクラブ」発足
平成元年 4月	城西病院援護寮「メンタルドミトリー」，福祉ホーム「メンタルホーム」開設
5年 9月	豊科病院精神障害者グループホーム「第一飛鳥荘」，「第二飛鳥荘」開設
6年 2月	城西病院精神障害者グループホーム「景岳館」開設
2月	城西病院老人デイケア施設認可
2月	城西病院重度痴呆患者デイケア施設認可
7月	城西病院精神障害者グループホーム「大富荘」開設
12月	城西病院精神科デイナイトケア施設認可
12月	豊科病院援護寮「アルプスドミトリー」開設
12月	豊科病院精神科デイケア施設認可
10年11月	城西病院中信精神障害者地域生活支援センター「燦メンタルクラブ」開設

の期待に良く応えた。この時代を医療的モデル（Medical Model）の時代と言いかえてもよい（図5）。

われわれの病院は、昭和34年2月に社会復帰施設「メンタルセンター」寮を設置し、管理人を常駐させ、数名の退院した患者が入所しそれぞれ職場に通う支援治療システムを始めた。[1)] 同じく3月には、退院患者とその家族からなる会「心の友の会」を発足させ、家族の中より選出された会長以下役員が運営にあたる形をとり、今日に到るまで活動を続けている（表2）。この時代は、病院内においては作業治療として軽作業が行われ、また、退院の可能性の高い患者たちは院外作業として職場に通い、夜は病院で過ごすというい わば〝ナイトホスピタル〟を多くの病院が行っていた。今日でもこの形の治療を病院から行っているところも多い。当院としても例外ではなかったが、「メンタルセンター」に入

表3　利用者延べ人数

（人数）

	A	B		
	旧メンタルセンター	援護寮	福祉ホーム	合計
男	346	125	45	170
女	149	31	28	59
合計	495	156	73	229

A：昭和34年2月〜平成元年3月
B：平成元年4月〜平成11年4月

表4　疾患別分類

（人数）

	A		B			
	旧メンタルセンター	%	援護寮	福祉ホーム	合計	%
精神分裂病	387(269)	78.2	111	43	154	67.2
躁鬱病	7 (4)	1.4	3	5	8	3.5
他の精神病	101 (73)	20.4	42	25	67	29.3
合 計	495(346)	100	156	73	229	100

A：昭和34年2月〜平成元年3月　　（ ）は男性の数
B：平成元年4月〜平成11年4月

表5　年齢別分類

（人数）

	A	B		
	旧メンタルセンター	援護寮	福祉ホーム	合計
20歳未満	17 (9)	5	3	8
20〜29歳	138 (87)	28	19	47
30〜39歳	169(122)	28	18	46
40〜49歳	122 (88)	45	12	57
50〜59歳	43 (36)	38	15	53
60歳以上	6 (4)	12	6	18
合 計	495(346)	156	73	229

A：昭和34年2月〜平成元年3月　　（ ）は男性の数
B：平成元年4月〜平成11年4月

表６　利用期間

（人数）

	A		B			
	旧メンタルセンター	%	援護寮	福祉ホーム	合計	%
3ヵ月未満	185(123)	37.4	54	27	81	35.4
3〜6ヵ月未満	91 (64)	18.4	33	13	46	20.1
6〜12ヵ月未満	94 (68)	19.0	28	13	41	17.9
12〜24ヵ月未満	70 (43)	14.1	29	15	44	19.2
24ヵ月以上	55 (48)	11.1	12	5	17	7.4
合計	495(346)	100	156	73	229	100

A：昭和34年2月〜平成元年3月　（　）は男性の数
B：平成元年4月〜平成11年4月

表７　入所者の就労状況

（人数）

	A		B			
	旧メンタルセンター	%	援護寮	福祉ホーム	合計	%
一般事業所	447(323)	90.3	62	35	97	42.3
院内作業	—	—	25	5	30	13.1
デイケア	7 (2)	1.4	64	25	89	38.9
その他	41 (21)	8.3	5	8	13	5.7
合計	495(346)	100	156	73	229	100

A：昭和34年2月〜平成元年3月
B：平成元年4月〜平成11年4月
（　）は男性の数

所することにより自立がはかれるため、就労意欲は高かった（表７）。昭和34年２月から平成元年３月までの30年間に、精神分裂病を中心に（表４）、男性３４６名、女性１４９名、計４９５名の延べ利用者があり（表３）、内４４７名（90・３％）が一般事業所で就業していた（表７）。昭和62年２月時点での在所者の平均賃金は、男性９０、８６６円、女性７６、０００円、平均８６、６３８円で（表９）、この収入のみで３６８名（74・３％）が生活していた（表８）。利用期間は、３か月未満が多く、１８５名（37・４％）であった。

表8　入所中の収入状況

（人数）

	A 旧メンタルセンター	B 援護寮	福祉ホーム	合 計
就労収入	368（264）	30	16	46
年金収入	7　（4）	28	6	34
家族負担	33　（17）	15	19	34
生活保護	6　（4）	3	0	3
年金＋家族負担	3　（1）	23	15	38
年金＋就労	72　（54）	45	10	55
就労＋家族負担	5　（1）	6	6	12
その他	1　（1）	6	1	7
合　計	495（346）	156	73	229

A：昭和34年2月～平成元年3月
B：平成元年4月～平成11年4月
（　）は男性の数

表9　賃金及び就労業種

A 昭和63年2月現在の在所者平均賃金 旧メンタルセンター			B 平成11年3月現在の在所者平均賃金 援護寮	福祉ホーム	合 計
男　90,866円			46,000円	85,475円	42,737円
女　76,000円			46,890円	50,000円	48,445円
平均　86,638円			46,445円	67,737円	45,591円
建設業	会計事務所	電気器具販売	精密機器製造業	旋盤工	
農業手伝い	工業チェーン製造	靴店店員	ビル清掃業	パチンコ店	
運送業	石材業	旅館業	建築資材卸業	廃品回収	
製材業	食堂	スーパー店員	段ボール加工業	解体業	
塗装業	照明器具製造	精錬所	製材業	ウエス業	
工芸品製造	食品加工業	自動車整備工	印刷業	土建業	
病・医院雑役	美容院	ビル清掃業	家具製造業	病院雑役	
洋裁店	ギター製造	額縁製造	食品製造業	ダスキンクリーニング業	
自転車屋	保母	レンズ研磨業			
廃品回収	家具販売	衣料製造			
解体業	製菓業	鉄工業			
左官業	繊維工場	洗車サービス			

A：昭和34年2月～平成元年3月　　B：平成元年4月～平成11年4月

２年以内に４４０名（88・９％）が退所している（表６）。２６５名（54・０％）が家庭、アパート、グループホーム（共同住居）への社会復帰を果たしている。再入院は、２２０名（44・８％）であった（表10）。

精神保健福祉法施行後の精神科医療

昭和の終わりに「精神保健法」は成立したが、社会復帰の一層の促進を図るとされ、第２条第２項には、〃国民の義務〃として、「国民は、精神的健康の保持増進に努めるとともに、精神障害者等に対する理解を深め、および精神障害者等がその障害を克服し、社会復帰をしようとする努力に対し、協力するよう努めなければならない。」と書かれており、精神科医療にとってエポックメーキングな出来事となった。「援護寮」および「福祉ホーム」が法定化され、われわれは、我が意を得たりと喜び[1]、これらの社会復帰施設を造り、それぞれ「メンタルドミトリー」、「メンタルホーム」と称した。その後、平成６年にかけて、城西病院と豊科病院と各々２つずつのグループホームを開設した（表２）。

表 10　退所後の状況

（人数）

		A 旧メンタルセンター	%	B 援護寮	福祉ホーム	合計	%
社会復帰	家庭	236(156)	48.1	24	17	41	19.8
	アパート	23 (18)	4.7	15	11	26	12.6
	グループホーム	6 (6)	1.2	3	8	11	5.3
	計	265(180)	54.0	42	36	78	35.7
再入院		220(158)	44.8	64	27	91	45.7
援護寮・福祉ホーム		—	—	26	1	27	13.1
死亡		3 (1)	0.6	1	0	1	0.5
その他		3 (3)	0.6	8	2	10	4.8
合 計		491(342)	100	141	66	207	100

A：昭和 34 年 2 月～平成元年 3 月
B：平成元年 4 月～平成 11 年 4 月
（　）は男性の数

精神保健法に則って開設した社会復帰施設には、旧メンタルセンターの人々の全てが入所したわけではなかった。当時旧メンタルセンターの人々は、アパートへ移ることを基本としたため、地域ケアシステムを構築する必要性が生じた[1)]。アパートに移った人達に訪問看護を行い、看護婦やソーシャルワーカー（ＰＳＷ）を派遣し、生活支援を行った。また、ソーシャルクラブとして「メンタルクラブ」を発足させ、アパート生活者らと、医師を含めたスタッフらとが出席し、例会を開いた[1)]。そのことが、後の支援センター「燦メンタルクラブ」の一つのルーツであることは言うまでもない。

援護寮、福祉ホームおよび入所授産施設は、入所利用期間が2年間（延長しても3年間）と定められている施設であり、入所者の摘要についても都道府県毎に判断基準が異なるということも聞かれる。2年ないし3年を経るとそれぞれの施設とも退所となるため、次の〝住居〟を探さなくてはならない。われわれのところでは、①グループホーム、②近隣のアパートをこれにあてたが、グループホーム入所者にとって、必ずしも終の住処とはならず、症状増悪から再入院を余儀なくされた例もある。

平成元年4月から11年4月までに施設を利用した人は、援護寮１５６名、福祉ホーム73名であり、男女比では男性が2～4倍多い（表3）。この傾向は、旧メンタルセンターの入所者の場合も同様で、男性が2倍強となっていた。年齢的には、旧メンタルセンターが30歳代の利用者が最も多かったのに比して、新しい施設では40歳代にピークがあり、全体としても10歳程度利用者の年齢は高かった（表5）。生活費の面では、精神障害者年金をもらっている人が計１２７名（55％）と多く、就労している１０７名（47％）よりも多く、この点旧メンタルセンターとの違いがみられた（表8）。利用期間も、6か月未満の比較的短期間利用する人が１２７名（56％）と多かった（表6）。就労状況は、一般事業所に勤める人は97名（42・3％）と半数に届かず、旧施設のときの9割と際立った対比を示している（表

7)。社会復帰を果たした人は78名（35・7%）で、再入院した人は91名（45・7%）と半数近くあり、旧施設のときと比べて再入院率に違いはなかった反面、社会復帰を果たした人は少なくなっている。従って、平均賃金も下がっており、男性42、737円、女性48、445円となっているが、女性のほうが多かった。福祉ホーム利用者が援護寮利用者を上回るのは当然といえる（表9）。アパート生活者との賃金の比較についていては、かつて調べたことがあるが、アパート生活者が月16、000円程多かった。[2] 社会復帰を支える経済的な基盤は就労によるものは弱くなってきており、今後はもっと福祉が重視されてくる（図4）。

この法律は、成立時点での論争を踏まえ、国会での付帯決議があり、5年後に見直された。その成果が、「精神保健及び精神障害者福祉に関する法律（精神保健福祉法）」として平成7年に改正された。平成5年には「障害者基本法」が成立し、精神障害者も他の身体障害者および知的障害者らと同じく〝障害者〟と認定され、福祉の光が当てられる様になり、同等の権利を主張できる道筋ができた。平成7年の改正では、もちろんこのことを踏まえてのことであったが、更に、この年の暮には「障害者プラン」が策定され、平成8年から14年までの7か年間に整備する具体的な数値目標が掲げられた。これによると、精神障害者関係では、14年度の目標値は、援護寮6、000人分（7年度1、660人分）、精神障害者社会適応訓練事業5、000人分（同3、770人分）、精神科デイケア施設1、000か所（同372か所）となっている。また、他の障害者を合わせた分として、地域生活援助事業（グループホーム）・福祉ホーム2万人分（同5、347人分）、授産施設・福祉工場6・8万人分（同41、783人分）となっている。更に、新ゴールドプランで高齢者のための目標を掲げて整備するとした訪問介護員（ホームヘルパー）を4・5万人上乗せし、障害者の訪問介護にもあたらせることとした。

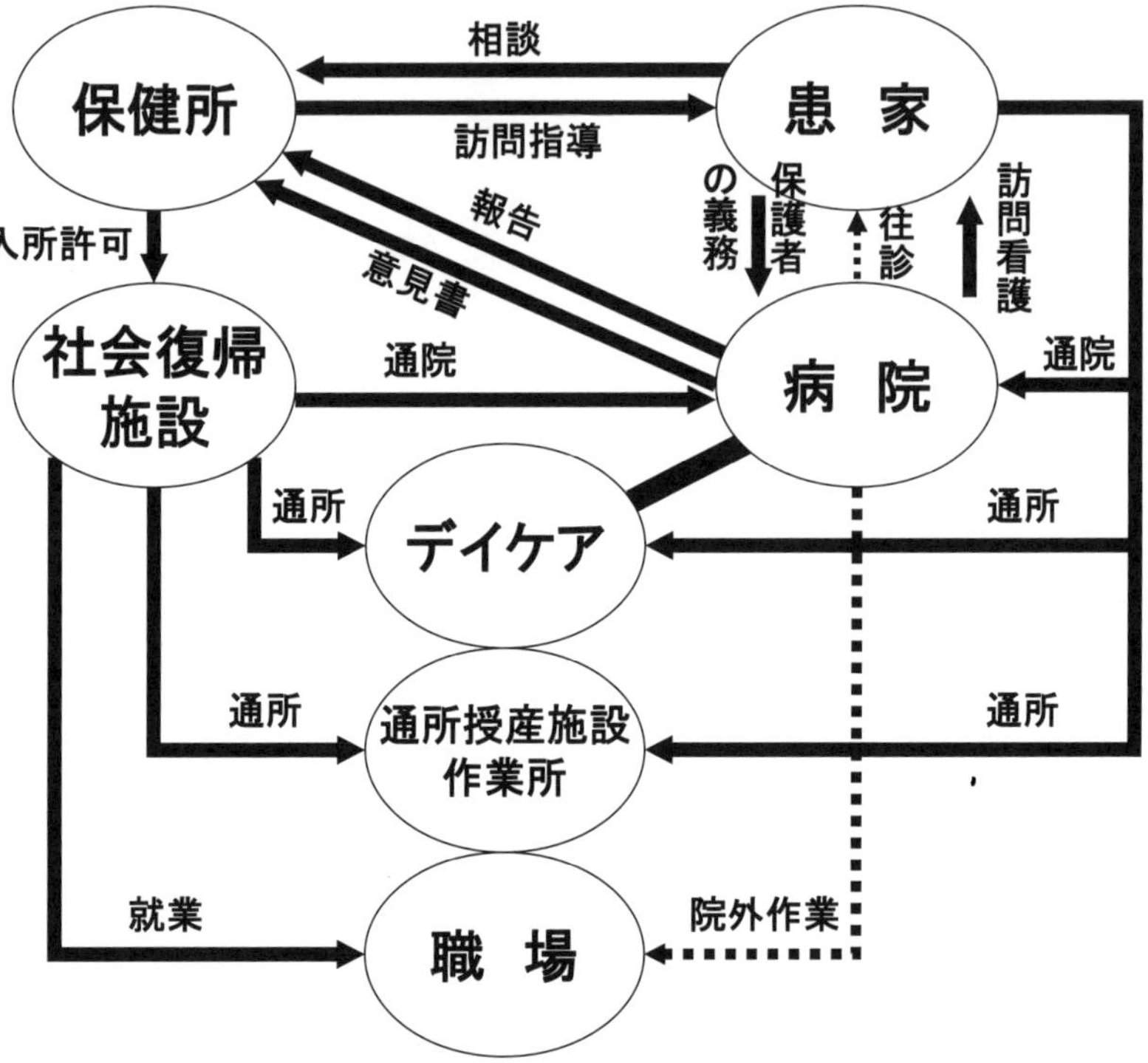

図２　精神保健福祉法施行後の精神科医療と地域

この10年間は、精神科医療にとって未曾有の激動の10年間であった。入院をはじめとする制度がドラスティックに変わり、精神保健指定医（以下指定医とする）制度が従来の精神衛生鑑定医制度に取って代わるとともにその職務も格段に増えた。入院制度の変化は、往診・収容といった医療行為をめっきり減少させた。また、社会復帰施設の活用により、病院から職場に通う〞院外作業〞も減少した。訪問看護が行われるようになり、デイケアや授産施設もでき、外来通院治療重視の流れが出てきた。医療を提供する側にとっての影響としては、報告書等のやり取りが多くなり、入院等の手続きが煩雑化したことは、実感として患者にかかわる時間が減少したといったデメリットと感じられた。精神保健法の時代は、病院の医師の判断で患者との間に自由な契約をして入所させることができた援護寮や福祉ホーム等に関しては、精神保健福祉法に改正されるとともに、まず所轄の保健所に対して、利用者からは申込書を、主治医からは意見書を提出し、保健所長の許可を得る仕組みとなった（図２）。これらのことを以て、法制的モデル（Legal Model）化したと実感した精神科医療関係者も少なくない（図５）。また、役所（厚生省、衛生部、保健所等）による指導・監査の機会も以前とは比ぶべくもなく多くなり、何やら閉塞感がもたらされた時代である。

今後の精神科医療と地域

まず、大きな流れとしては、精神保健施策に関しても市町村の役割が大きくなることがあげられる。市町村は、障害者計画を策定することになっており、精神障害者に対するサービスの充実が求められている。しかしながら、平成12年度の介護保険施行を前にして、福祉関係者らは忙殺されていて、現在はほとんど忘れられているのかのごとくである。国（厚生省）は、この度の精神保健福祉法の改正で、支援センターを社会復帰施設と位置付けるとともに、従来の考えを改め、精神障害者が利用しやすい場所での単独の開設も可能とした。また、精神障害者の医療福祉に関して、ケアマネジメントを導入し、社会復帰施設・訪問介護・ショートステイ・グループホームなどの利用を、精神障害者個人のケアプランを作成して行なうことを企図している（図３）。本年春には精神保健福祉士（ＰＳＷ）の第１回国家試験が行われ、現任者の多くが晴れて国家資格を取得した。精神科チーム医療の担い手の一人として、ＰＳＷの役割も今後徐々にはっきりしてくる。

別の視点でみると注目すべきことがある。従来、精神科の治療においては家族の役割は重要と考えら

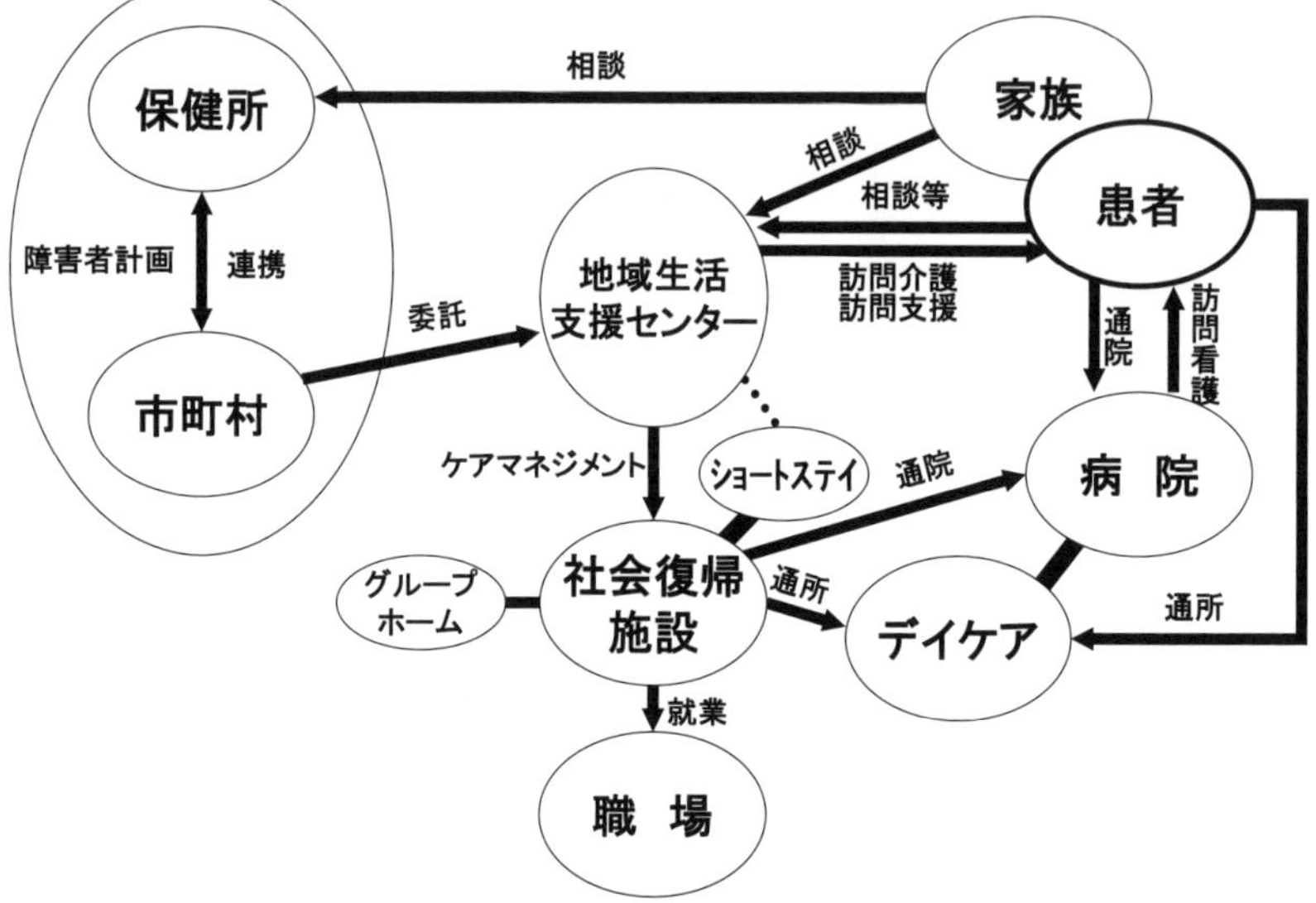

図３　今後の精神科医療と地域

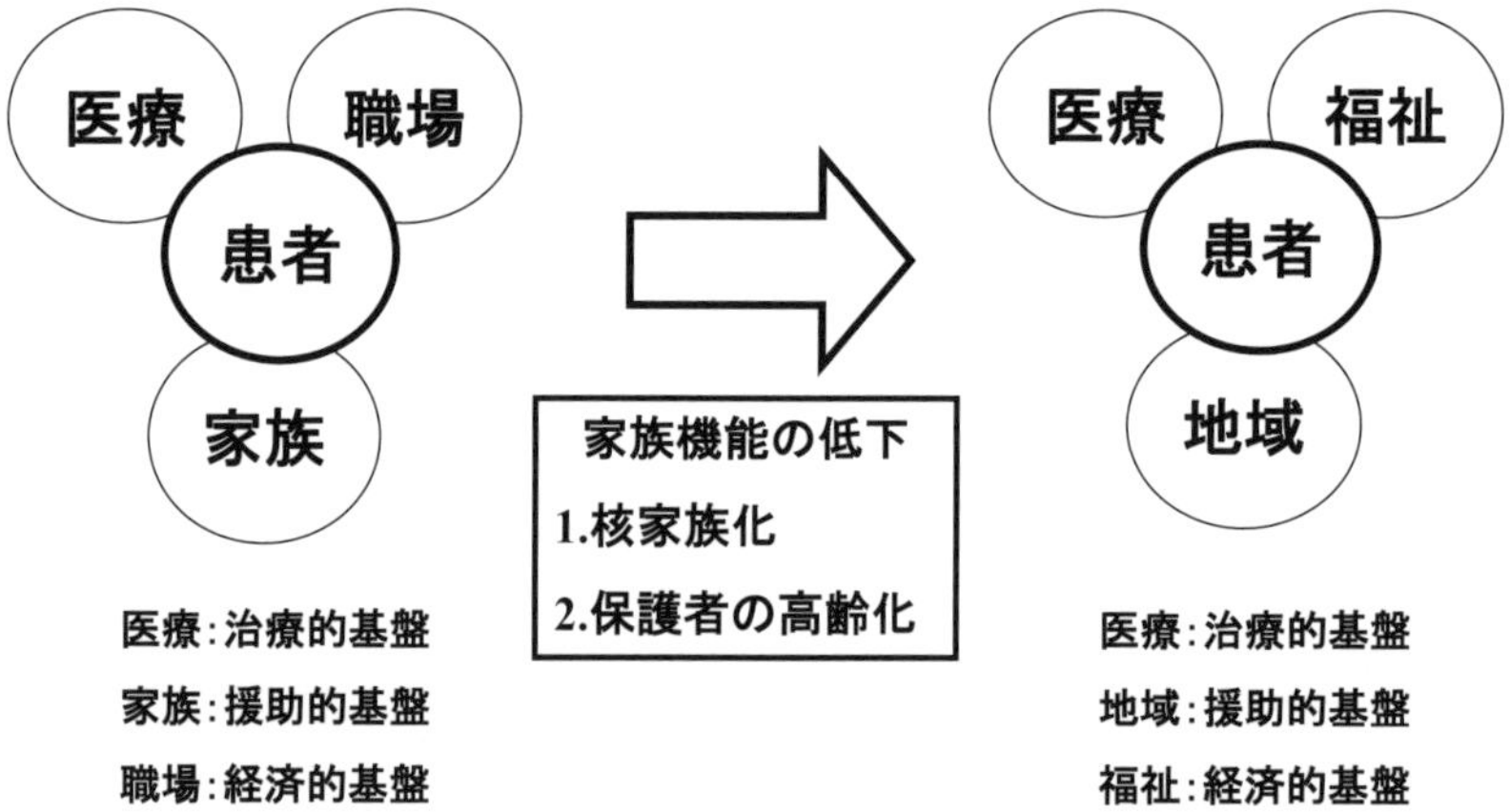

図４　精神障害者の社会復帰を支える基盤の変遷

れ、また、家族（保護者）には患者を支える法的義務が存在した。しかし、この度の法の改正により、保護者の義務の一部がはずされ、地域の手にゆだねられることとなった。そのため、保護者に代わって地域が行なうことも増え、システムの構築にむけて関係機関での様々な検討が行われている（図４）。

また、昨今の精神病院をめぐる様々な不祥事件に鑑み、今後は倫理性を見直し、医療者側の熱意と法的な規制とがバランスよく保たれる治療情況が望まれる（図５）。

ノーマライゼーションと地域支援

国は、ノーマライゼーションを「障害のある人も家庭や地域で通常の生活ができるようにする社会作り」ととらえている。高齢者に対する施策であるゴールドプラン・新ゴールドプランでも、ノーマライゼーションはキーワードの一つとなっていたが、障害者プランにおいてもキーワードになっている。われわれの病院が目指す精神障害者の社会復帰支援もこの理念に合致している。

これまで、過去・現在の精神科医療を展望し、また、今後についても言及したが、最後に、昨年11月に開設した支援センターについて、その役割を述べ、現状や将来に対する期待について触れておく。

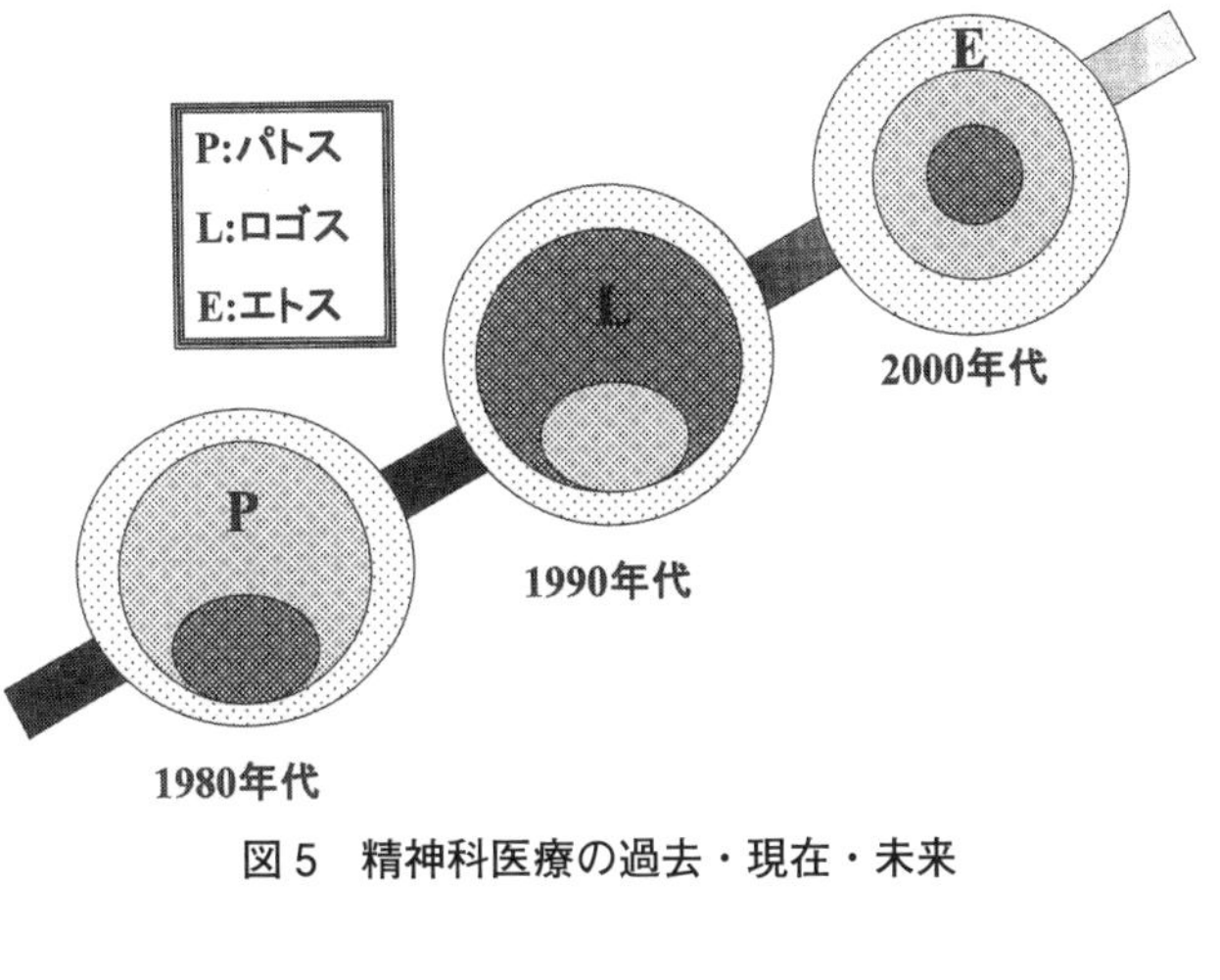

図５　精神科医療の過去・現在・未来

われわれの施設は、「燦メンタルクラブ」という通称を持っている。これには幾つかの理由がある。正式名称は「中信精神障害者地域支援センター」というが、これでは固すぎて誰も近寄ってきそうにないというのが、第1の理由である。先にも触れたとおり、「メンタルクラブ」と称してソーシャルクラブをかつて試みたことがあるのが、第2の理由である。「燦々（さんさん）と太陽（Sun）が輝くところに息子（Son）たちが集う」とのこじつけが、第3の理由である。また、この施設の利用者も職員も同じ目線で「〇〇さん」と呼び合うという理由もある。総合して、「燦メンタルクラブ」とした次第である。

その役割は、①よろず相談：対人関係の悩み、いじめ、不登校、飲酒、暴力、年金・障害者手帳申請等に対する相談、②就労相談：求人情報の提供、就労援助、職場でのトラブル相談等、③生活技能訓練：調理、洗濯、清潔、娯楽等、④医療・福祉情報提供：医療機関・役所・福祉施設等の情報提供、⑤ボランティア育成・支援：ピアカウンセラーなどの育成、ボランティア活動の支援等、⑥自助グループの育成・支援：互いに助け合うグループの育成支援、⑦癒しの場：休養室・談話室の利用、⑧教養講座・学習会：華道、書道、パッチワーク、スポーツ、ストレッチ体操、語学、教科、自然観察等、の8項目を、〝提供するサービス〟としてパンフレットに掲げてある。この他パンフレットには、近い将来書き込むサービスのためにスペースを空けてあり、ここには、⑨訪問介護、⑩ショートステイ、⑪ケアマネジメント、等今後展開するであろう重要なサービスが書かれる予定である。

昨年11月に開設して本年4月末までの6か月間に利用した人は、延べ2，136名であり、月平均360名となる（表11）。その内訳は、前記した内、「癒しの場利用」が1，378件と圧倒的に多い。気軽に立ち寄り、喫茶やおじゃべりを楽しんでゆく（表12）。企画は、今のところ職員が主導し、利用

表11　中信精神障害者地域生活支援センター
「燦メンタルクラブ」利用状況

期　　間	平成10年11月2日～平成11年4月30日
実開所日数	146日間
延べ利用者数	2,136人（月平均360人）

実施した行事

＊平成10年12月26日
　「クリスマス会」 40名参加
＊平成11年2月6日
　「インスタントラーメンをおいしく食べる会」 13名参加
＊平成11年4月10日
　「調理教室（カレーライス）」 15名参加
＊平成11年4月24日
　「お花見と焼き肉の会」 16名参加
＊開所日の毎日
　「ダンベル体操」20分間　参加無料　毎日5名程度参加

表12　中信精神障害者地域生活支援センター
「燦メンタルクラブ」利用状況

平成11年4月30日現在

利用状況（延べ件数）

利用区分	利用者数	月平均
電話相談	120	20
来所相談	209	35
訪問相談	—	—
生活技能	697	116
情報提供	—	—
ボランティア活動	108	18
癒しの場利用	1,378	230
教養講座	583	97
合　計	3,095	

相談の内訳（件数）

内　訳	電話	面接	計
治療	34	25	59
経済	2	4	6
就労	6	24	30
住宅	—	5	5
家族	6	17	23
日常生活	7	26	33
心理	56	104	160
人権	—	—	—
その他	9	4	15
小　計	120	209	329

表13　デイケアセンター登録利用者数

（人数）

	昭和42年8月～昭和61年5月	昭和61年6月～平成11年4月
男	187	370
女	121	192
合計	308 ＊	562

＊この他未登録利用者あり

者が参画する形が多いが、すでに「クリスマス会」、「調理教室」等を行ってきた。

職員は、所長（看護婦）、副所長（保健婦）、臨床心理士、ＰＳＷ、の４名であるが、他に非常勤（病院と兼任）で2名のＰＳＷという構成である。相談の内訳は、「心理」が面接（１０４件）、電話（56件）とも最も多く、「治療」、「日常生活」、「就労」といった内容が続く（表12）。就労については、ハローワークと連携し、最新の情報を得るようにし、職員がハローワークまで引率するなども行っている。

当院は、昭和42年からデイケアをはじめ、昭和61年6月の施設認可までに、延べ３０８名（この他相当数の未登録利用者あり）が利用し、認可後今日まで５６２名が利用した[3]（表13）。デイケアは、プログラムが決まっており、そのため①適応できない人がいる、一方②ここに安住してしまい就労等の意欲が出ない人がいる、等の問題点もあり、窮屈と感じる人もいる。それ故にか、当院のデイケアに通所する人達には、昼休みや終わった後帰り掛けに「燦メンタルクラブ」に顔を出してゆく人が多い。気軽さがここの魅力なのであろう。

まだ分明ではないものの、市町村の精神障害者施策の一部はこの支援センターへ委託されてくることが考えられる。ことに訪問介護、ケアマネジメントやケアプランの作成等はその可能性が高い。われわれはすでにその時に備えているし、期待もしている。

他方、自助グループの育成・支援、ボランティアの受け入れ・育成・支援、等のサービスも相談や就労支援とともに重要と考えている。〝癒し〟を求める人には引き続き場を提供していゆくが、ただ娯楽的な行事を過剰に行なう愚は避けたいと思っている。また、危機回避のためのショートステイもこの支援センターに許されるべきとも考えている。このように、今後の地域における支援センターの可能性は拡がってゆく。

結語

(1)　精神科医療には、治療・療養・リハビリテーション・社会復帰等精神障害者に対する一連の援助活動を包括的に提供することが今日求められている。

(2)　精神障害者が地域で通常の生活ができる〝ノーマライゼーション〟を実現することが、精神科医療に求められている。

(3)　精神障害者地域生活支援センターは、今後の地域精神科医療に重要な役割を担っている。

参考文献

1)　「精神障害者社会復帰への道――城西メンタルセンターの30年」、関　守、病院、PP.136-141、Vol.48. No.2、1989。

2)　「精神保健法で病院精神医療はどう変わったか――城西病院の場合」、関　健、病院、PP.624-627、Vol. 51. No. 7、1992。

3）「精神科治療システムのなかの「デイ・ナイトケア」」、関　健、日本精神病院協会雑誌、PP.831-838、Vol.14、No.8、１９９５。

（「精神神経学雑誌」Vol. 102　No. 2　126～137, 2000.）

第97回日本精神神経学会総会シンポジウム
地域生活支援の充実　―精神障害者ケアガイドラインをめぐって―

『精神科病院からみた精神障害者ケアガイドライン』

関　　健

はじめに

我が国の精神障害者福祉は、平成５年の障害者基本法改正で、精神障害者が障害者と認められる様になってはじめて、他障害（身体障害、知的障害）と横並びの施策がとられるようになった。精神医療に携わる者にとって、精神障害者の治療の成否が、その人の社会的・経済的生活基盤の安定にかかっていることは日常診療の中で痛感させられていたところであり、それ故に心ある精神科医は、地域の様々な社会資源の活用を図って、下支えしつつ医療を行ってきた[1,2]。すなわち精神科の医療を実践するときに、障害者の福祉とは切り離せないとの認識を強く持ってきた[3,4]。精神障害者の福祉施策の遅れには、苦々しい思いをしてきたのも実態である。しかしながら、この問題に関する平成5年以降の行政の取り組みは、急ピッチであり、6年には障害者ケアガイドライン策定のための検討委員会が発足し、次いで7年の障害者プランの策定へと連なり、今般ケアマネジメントの平成15年度実施に向けての検討が行われるに至った。

この稿では、精神障害者ケアガイドラインをめぐる問題点を精神科病院の立場から検討してみたい。

表1　精神障害者ケアガイドライン検討経過

1993年	厚生科学研究　ケアマネジメント（主任研究者　渡嘉敷暁）
1994年	障害者ケアガイドライン検討委員会発足
1995年	精神障害者部会発足
1996年	精神障害者ケアガイドライン試案および用具類完成 予備試行調査の実施
1997年	全国試行調査を実施し，当事者および関係団体への説明と意見聴取
1998年	精神障害者ケアガイドライン完成 障害者介護等支援サービス体制整備推進事業開始
1999年	精神保健福祉法の改正：ケアマネジメント実施主体が市町村とされ，精神障害者地域生活支援センターに委託可能 精神障害者訪問介護（ホームヘルプサービス）試行的事業実施
2000年	障害者ケアマネジメント体制整備検討委員会設置並びに精神障害者部会及び障害者ケアマネジャー養成指導者研修検討会設置 精神障害者訪問介護（ホームヘルプサービス）評価検討委員会設置
2001年	精神障害者ケアガイドラインの見直しに関する中間報告書作成 障害者ケアマネジメントの普及に関する報告書作成 精神障害者訪問介護（ホームヘルプサービス）評価検討委員会中間報告書作成

I．精神障害者ケアガイドラインの概要

精神障害者ケアガイドライン策定及びそれに伴う具体的施策についての経過を表1に示す。障害者ケアガイドラインは3障害横並びで策定されることが決まっていたが、具体的作業は、精神障害者部会の手にゆだねられた。平成10年（1998年）3月に一応まとめられ、新しい地域保健福祉ケアシステムの理念と原則及び実施方法が示され、早速その年にはじまった「障害者介護等支援サービス体制整備推進事業（都道府県の研修事業とモデル事業）」に用いられた。平成13年（2001年）3月には、精神障害者ケアガイドラインの見直しに関する中間報告書が作成され[5]、平成14年度にはじまる精神障害者訪問介護[6]、15年度からはじまる精神障害者ケアマネジメント事業への一応の指針が出された形となった[7]。

骨子は表2に示す通りである。具体的サービスの提供にはケアマネジメント手法が用いられ、その方法が示されている。今日我が国に於けるケアマネジメントの定義は、平成12年度に障害者ケアマネジメント体制整備検討委員会（精神障害者部会）により検討されたところに

拠っている。すなわち、ケアマネジメントとは、「障害者の地域における生活を支援するために、ケアマネジメントを希望する者の意向を踏まえて、福祉・保健・医療のほか、教育・就労などの幅広いニーズと、公私にわたる様々な地域の社会資源の間に立って、複数のサービスを適切に結びつけ調整を図るとともに、総合的かつ継続的なサービスの供給を確保し、さらには社会資源の改善及び開発を推進する援助方法である」と定義されている。ケアマネジメントの過程は表３に示す。

ケアガイドラインの見直しは、以下の視点に立って行われた。①医療の位置づけについては、必要なサービスを医療と福祉に大別すれば、その比率は様々であっても常に両方が合わせて提供される必要がある。ケアマネジメントにおいても常に必要な医療が確保されていることが必要である。②主治医の位置づけについては、多くの場合利用者は主治医から医療が提供されているので、ケアマネジメント中でも継続的に医療が提供される。ケアマネジメント従事者（ケアマネジャー）は早い時期に医療機関と相談し、医療の必要性について意見を求め、その指示に従う。また申請時には医師の意見書を必要とする。ケア計画作成時には、必要に応じて主治医と連絡を取り検討する。ケア計画ができたら主治医に連絡し承諾を得る。③ケア会議には主治医と利用者の参加が望ましいが、主治医が参加不可の場合には代わりに病院のＰＳＷ等の代理参加を可とする。④定期報告については、一定の期間を経てケアマネジメント従事者は主治医に経過を報告する。これは医療との良好な連携を図るうえで重要である。なお、医療機関も実施機関として利用できることとなった。また、

表２　ケアの理念

1.	ノーマライゼーション理念に基づくケアサービスの提供
2.	ニーズ中心のケアサービスの提供
3.	自立と質の高い生活実現への支援
4.	自己決定の尊重
5.	一般社会の理解の促進

表3　ケアマネジメントの過程

1. 利用者の確認
   - ・相談表の使用
   - ・説明と同意
2. 利用者に必要なニーズの査定（アセスメント）
   - ・利用者本人が参加するとともに必要に応じて本人を良く知る家族，地域関係者，専門職などが利用者本人の了解のもとで同席
   - ・良好な関係を形成することが不可欠
   - ・一度の面接で出来ない場合には，時間を変えて行う
3. ケア計画の作成
   - ・利用者側も参加し，利用者の同意
   - ・ケア会議を開いて，関係者が協議をする．出来れば利用者も参加
   - ・ケア計画では利用者本人の能力を最大限活かすように配慮
   - ・公的サービスのほかに，インフォーマルなサービスも検討
   - ・満たされないニーズの明確化
     新たなサービスの開発，代替サービスの探索
   - ・プライバシーの保護
     ケア計画書の提示は，基本的に本人の了解のもとで行う
     インフォーマルな援助者は原則として計画書の提示はしない
4. ケア計画の実施とモニタリング・アドボカシー
   - ・サービスの依頼（リンケージ）
   - ・ケア計画実施過程における調整（モニタリング）
5. 実施効果の評価
   - ・定期的な実施効果を評価
   - ・ニーズが満たされないサービスに対して代弁依頼（アドボカシー）
   - ・問題があればアセスメント，ケアプランの作りなおし
6. ニーズの変化に伴って再アセスメント
7. 終了

表4　実施体制

利用者の選択	
実施主体	市町村（障害者担当窓口，福祉事務所，保健センター等）
委託	地域生活支援センター
	精神障害者社会復帰施設
	精神科医療機関
活用	福祉事務所
	身体障害者更正相談所
	知的障害者更正相談所
	保健所
	精神保健福祉センター

（平成12年度　障害者ケアマネジメント体制整備検討委員会）

表５　医療との関連

1．医療の位置づけ
2．主治医の位置づけ
・申請時にケアマネジメント従事者が主治医の意見書を求めること
・ケア計画作成時には，主治医や身近な援助者へ報告すること
・ケア会議への主治医の参加が望まれること
・ケア会議の責任者はケアマネジメント従事者であること
・定期的な主治医への報告を行うこと

ケアマネジメントとは「利用者のニーズに対応してサービスを有効にするための一手法である」ことが確認された。

また、表４、５に示すように実施体制等及び医療との関わりについても見直された。更に、従来ケアマネジャーと記載されていた用語は、介護保険との混乱を生じるおそれがあるところから障害分野では「ケアマネジメント従事者」という用語が用いられることになり、介護支援専門員といった表現も用いられないこととなった

Ⅱ．医療との関わり

表５に示すように、見直しに関する中間報告では医療との関わりについて、新たに記載が加わった。日本精神病院協会は、平成13年３月26日付の「精神障害者ケアマネジメント事業に対する日精協見解」を出し[8)]、その中で３つの重要な事項を提示した。①精神障害者は障害と疾病を併せ持った状態であることを認識すべきである。②再燃・再発予防と安定した社会生活維持のために医療の継続は必須である。③主治医からの十分な情報とケアマネジメント実施経過及び結果の主治医へのフィードバックは不可欠である。以上３項である。また、ケアマネジメントを行う相談窓口として、精神障害者地域生活支援センターや病医院等の精神科医療機関等も位置づけることをあげた。幸にしてこれらは、〝見直し中間報告〟には全て盛り込まれた。今後のケアマネジメントを遂行するにあたり、一応の安心が得られたことになる。

殊に主治医の意見書が必要とされたことは高く評価される。医療を受けていない者はケアマネジメントの対象とはならないのでケアマネジメント希望者には必ず主治医が存在することになる。意見書は申請時にケアマネジメント従事者が、利用者の同意を得て主治医に求めることになっている。また、ケア計画作成時に主治医の医学的観点からの留意事項が尊重されることになっており、またケア会議への主治医（またはその治療方針を理解する精神保健福祉士、看護婦・士等）の参加が求められている。更に医療との良好な連携を図るためサービス提供の開始後一定期間を経て、利用者と話し合い、その結果を主治医に報告することになっている。

以上〝見直し中間報告〟では、医療との緊密な連携が盛り込まれた。

Ⅲ．ケアマネジメント従事者

「ケアマネジメントの全過程に携わり、その中心的な役割を担う者」とされている。呼称が、介護保険に於ける介護支援専門員（所謂ケアマネジャー）と同様のものにならなかった点も評価できる。介護保険では、ケアマネジャーの養成のため狂躁状態が展開された。医療又は福祉の専門職で5年以上の実践経験を有する人々に受験資格を与えたため、看護婦でケアマネジャーとなった人が最も多く、福祉畑の人々が少ないといった現状にある。看護婦の場合、ケアマネジメントに必ずしも従事するわけでもなく、総体的にケアマネジャーは不足気味である。いわば、ケアマネジャーという帽子を被りたがったことによる狂躁状態であったが、資質を疑われるケアマネジャーもいて、養成方法に問題を残した。その轍を踏まぬためにも障害者ケアマネジャーと呼称しなかったことは賢明であったと考える。障害者ケアマネジメント従事者は、今年度から都道府県による養成研修が本格的にはじまるが、願わくば関係者がケアマネジメント従事者という帽子を被りたいが故に研修を受けることの愚は避けてほしい。

そもそも、ケアマネジメント手法は、すでに精神保健福祉士の業務となっており、これらの国家資格者が活躍すればこと足りると思われるがいかがであろう。ケアガイドラインでは、精神保健福祉士、精神科ソーシャルワーカー、精神保健福祉相談員、保健婦（士）、看護婦（士）、准看護婦（士）、臨床心理技術者、作業療法士、公的扶助ワーカー、社会福祉士、介護福祉士、職業相談員を想定しているが。

まとめ

(1) 障害者ケアガイドラインの見直しに関する中間報告書では、医療との関連が追記されたが、高く評価される。

(2) ケアマネジメントにあたり、主治医の診断が重要であり、就中、主治医意見書が申請時に必要とされたことは評価される。

(3) ケアマネジメント従事者は、経験ある精神保健福祉士がその後を担うのが最も望ましい。

文献

1) 関健：精神医療における社会資源の活用　現状と問題点。日本精神病院協会雑誌、18：11-16、１９９９

2) 関健：精神障害者のノーマライゼーション実現のための地域支援。精神神経学雑誌、１０２：１２６-１３７、２０００

3) 関守：精神病院・地域ケアのための組織づくり　精神障害者社会復帰への道　城西メンタルセンターの30年。病院、48：１３６-１４１、１９８９

4) 関健：特別記事　精神保健法で病院精神医療はどう変わったか　城西病院の場合。病院、51：６２４-６２７、

１９９２
5）障害者ケアマネジメント体制整備検討委員会精神障害者部会：精神障害者ケアガイドラインの見直しに関する中間報告書。２００１
6）精神障害者訪問介護（ホームヘルプサービス）評価検討委員会：精神障害者訪問介護（ホームヘルプサービス）評価検討委員会中間報告書。２００１
7）障害者ケアマネジメント体制整備検討委員会：障害者ケアマネジメントの普及に関する報告書。２００１
8）仙波恒雄：精神障害者ケアマネジメント事業に対する日精協見解。日本精神病院協会雑誌、20：58、２０００
（「精神神経学雑誌」Vol.104 No.1 42～46, 2002.」

特集　精神障害者ケアマネジメントとホームヘルプ

『精神障害者居宅介護支援事業、ケアマネジメント施行を前にして
―制度開始時の問題点―』

関　　健

キーワード
ケアマネジメント、ホームヘルプサービス、精神障害者居宅介護支援事業、ＩＣＦ

はじめに

平成14年４月より精神障害者居宅介護支援等事業（ホームヘルプサービス：以下ＨＨ）、精神障害者地域生活援助事業（グループホーム：以下ＧＨ）及び精神障害者短期入所事業（ショートステイ：以下ＳＳ）が、市町村を実施主体として開始される。また、平成15年４月からは、精神障害者ケアマネジメント事業（以下ＣＭ）も同様に実施される。この制度の詳細についてはすでに本誌他でも紹介されているところであり、それらを参照されることとして、重複は避ける。[1)] この稿では特に、実施にあたって問題となると予測される事項について述べる。今後地域で実際に取り組みがはじまるにあたり、市町村との円滑な連携を図ることができるよう参考とされれば幸いである。

精神障害者居宅介護支援事業の問題点

HHは、平成14年4月より市町村（区を含む）を実施主体として本格実施される。同時にGH及びSSの法定化された2事業も市町村が実施主体となった（表1）。これらの実施にあたり、要綱が各都道府県（政令指定都市を含む）に提示されたのが13年11月末であり、その後に市町村に伝達されたのであるから、まことに遅いと言わざるを得ない。なぜならば、3事業とも市町村としての予算措置を伴うものであり、場合によっては、予算化できないために14年度からサービスが受けられない精神障害者が出ることが懸念される。14年2月に厚生労働省（以下厚労省）社会・援護局障害保健福祉部精神保健福祉課は「精神障害者居宅生活支援事業に関するQ&A集」を出した。[2] これによりようやく実施に関わる基本的な疑問が解けたこととなったが、その幾つかについてその問題点を指摘しておきたい。

まず、3事業の実施主体は、市町村となっている。このことにより市町村が行うことは、①自ら運営主体となること、②事業を行う者に補助をすること、③他者に委託すること、の3方法がある。補助を受けるのは、市町村社会福祉協議会（以下社協）、社会福祉法人、医療法人等が想定されており、現在GH及び、SSのほとんどが医療法人立の精神科病院が運営している実情に鑑み影響が大きい。すなわち、問題点としては、GHないしSSを行っている施設の住所地の市町村との契約はもちろんのこと、利用者の住所地の

表1　2002年の精神保健福祉業務体制

○市町村における精神保健福祉業務
・精神障害者居宅生活支援事業の展開
（ホームヘルプ，ショートステイ，グループホーム）
・社会復帰施設，居宅生活支援事業，社会適応訓練事業の利用に関する相談，助言
・通院医療費公費負担，精神障害者保健福祉手帳の申請受理

市町村にも契約をしなくてはならないことである。補助等は、国１／２、都道府県１／４（指定都市１／２）、市町村１／４となっており、その１／４の執行にあたり、市町村議会で予算化しなくてはならないからであり、もしいづれかの市町村において予算化されなければ、その住人である精神障害者は希望してもサービスを受けられないこととなる。14年度から３事業の運営主体を希望する者は、14年４月まで（遅くとも６月20日まで）に、都道府県に必要事項を届出て受理されなくてはならないこととなっており、また、補助金を受けようと思えば、関係する全ての市町村と契約しなくてはならない。社協、社会福祉法人、医療法人等は委託を受けることもできるので、必要により市町村と委託契約を結ぶ方がよい場合もあるので検討されたい。以上述べたように、現段階での取組は遅れており、殊に小さな市町村ではとうてい14年４月からの実施は無理と考えられる。今後の対応として広域連合や一部事務組合による事業実施も考えられる。前記のQ＆A集によればそのことは認められているところではあるが、現時点でこの事業に対する広域連合等の関心は皆無といってもよく、広域での対応は期待薄である。ここで改めて述べるが、ＨＨ及びＳＳの場合、利用延日数分の補助であり、複数の市町村からの指定の必要があり、ＧＨの場合には、定員ごとに指定を行い、実績に応じての補助となるため、やはり複数の市町村からの指定を受けなくてはならない。ＨＨ実施に際しての留意事項を表２、３に、費用負担基準を表４に示す。

ＨＨの養成は介護保険におけるホームヘルパー（以下ＨＨｒ）に９時間の研修を受けさせて養成されることになっている。これでは不充分であるとの見解を日精協として厚労省に示したところであるが[3)]、研修を受けたＨＨｒ当事者も、13年度の試行的事業を行う自治体からＨＨに従事するよう指示されたものの、実際に精神障害者を訪問するに際して大きな不安を抱えている。保健婦ないし他のＨＨｒ

表2　事業実施上の留意事項　Ⅰ

1．ホームヘルパーは，その勤務中に身分を証明する証票を携行するものとする。
2．ホームヘルパーは，その業務を行うにあたっては，利用者の人格を尊重してこれを行うとともに，利用者の身上および家庭に関して知り得た秘密を守らなければならないこととする。
3．ホームヘルパーは，対象世帯を訪問するごとに原則として利用者の確認を受けるものとする。
4．ホームヘルパーは，便宜供与開始時その他必要な場合には，保健婦等が行う訪問指導と連携するものとする。
5．ホームヘルパーは，現に介護等を行っているときに，利用者の病状に急変が生じた場合その他必要な場合には，すみやかに市町村および主治医等の医療機関に報告するものとする。この場合において，報告を受けた市町村はすみやかに関係機関への連絡を行うとともに，必要な措置を講ずるものとする。

表3　事業実施上の留意事項　Ⅱ

6．ホームヘルパーは対象世帯を訪問するごとに訪問記録を作成することとし，運営主体はこれを定期的に市町村に提出するものとする。
7．市町村はこの事業の実施について，地域住民に対して広報紙等を通じて周知を図るものとする。
8．市町村は業務の適正な実施を図るため，委託先および補助先が行う業務の内容を定期的に調査し，必要な措置を講じるものとする。
9．市町村はこの事業を行うため，ケース記録，便宜供与決定調書，利用者等負担金収納簿その他必要な帳簿を整備し，5年間保存するものとする。
10．運営主体は，この事業に係る経理と他の事業に係る経理とを明確に区分するとともに，ケース記録等の帳簿を整備し，5年間保存するものとする。

表4　ホームヘルプサービス事業費用負担基準

利用者世帯の階層区分	利用者等負担額（1時間あたり）
A　生活保護法による被保護世帯（単給世帯を含む）	0円
B　生計中心者が前年所得税非課税世帯	0円
C　生計中心者の前年所得税課税年額が10,000円以下の世帯	250円
D　生計中心者の前年所得税課税年額が10,001円以上30,000円以下の世帯	400円
E　生計中心者の前年所得税課税年額が30,001円以上80,000円以下の世帯	650円
F　生計中心者の前年所得税課税年額が80,001円以上140,000円以下の世帯	850円
G　生計中心者の前年所得税課税年額が140,001円以上の世帯	950円

との同行訪問が必要ともなるが、Q＆A集によれば2人分の利用料を利用者に徴求することはできず、費用負担面での問題をもっている。

その他幾つかについて述べると、①サービス提供中に精神障害者から被害を受けた場合の補償は労災保障によること、②HHの対象者が、精神障害者保健福祉手帳の所持者ないし精神障害年金の受給者に限定されたこと、③HHの場合、主治医意見書は必要とされていないが、介護等の適否判定にあたり利用者の同意を得て主治医の意見を求めることとされ、これについては、電話等でこと足りるとされているが、もし市町村に対する主治医よりの意見書が提出さ

表５　ホームヘルパーの選考

ホームヘルパーは，次の要件を備えている者のうちから選考するものとする。
①心身とも健全であること。
②別に定める講習またはこれと同程度以上の講習であると市町村長が認めたものを修了していること。
③精神障害者福祉に理解と熱意を有すること。
④精神障害者の介護，家事および相談助言を適切に実施する能力を有すること。

れた場合には、診療情報提供料の要件を満たせば、診療報酬上の算定が認められることとなっており、是非この制度の利用を検討されたいこと、④サービス継続の要否判定は、介護保険における要介護認定や他障害における見直し等の期間を参考に、３~６ヶ月単位での見直しが必要とされていること、⑤ＨＨｒ養成は９時間の講習でこと足りるとされていること（表５）、ただし、看護婦等が行う場合には必ずしも９時間の講習を受ける必要がないこと、⑥原則としてグループホームや福祉ホーム入所者は、ＨＨは受けることができないこと、⑦訪問しても援助を拒否された場合には、利用料の徴集及び往復の移動時間についても活動単位の算定ができないこと等である。

　ＳＳで特に問題となるのは、１人暮らしの精神障害者は、利用ができないとされていることである。その理由は、「法律上、居宅において介護等を受けることが一時的に困難になった者が対象である」ことから、介護等のない１人暮らしは対象外というのである。

■精神障害者ケアマネジメントの問題点

　平成15年度からはじまるＣＭは、援助技法の一つとされ、ＨＨサービスの導入に際しても、必ずしもＣＭを必要としないとされている。しかしながら現実に行われているケアマネジメント従事者（以下ＣＭｒ）養成研修は、全ての市町村はじめ多くの社会復帰施設、地域生活支援センター、病医院等の職員

（殊に精神保健福祉士、保健婦等）が受けており、当の職員らも意欲的である。そして、精神障害者が利用可能な社会資源の利用に関しては、全てCMを経て利用できるようになると予測される。それは、実質的な制度化といわざるを得ず、CMrが好むと好まざるとに関わらず、利用者からサービス利用の実質的な決定権を奪ってしまう恐れがあり、介護保険における轍を踏むのではないかと心配される。

CMr養成指導者研修修了者の所属内訳は、平成13年度で、精神保健福祉センター職員が50人、保健所が41人、行政機関が23人となっていて、これらが大部分である。一方養成研修も全国ではじまっている（表6）。12年度の養成研修受講者は、全国で2、288名で、うち医療機関職員は470名である。社会復帰施設職員が354名、市町村職員797名、保健所職員439名となっている。職種別では保健婦が953名と最も多く精神保健福祉士（以下PSW）は409名となっている。13年度の研修は現在ほぼ修了しており、社会復帰施設や医療機関職員の受講が多かったと聞いている。14年度にも同様の養成が行われ、15年度からの導入に到ることと

表６　障害者ケアマネジメント従事者の養成：障害者介護等支援サービス体制整備推進事業

ステップ１　都道府県等障害者ケアマネジメント従事者養成研修（３障害合同研修）受講
ステップ２　都道府県等障害者ケアマネジメント従事者養成研修（精神専門研修）受講
ステップ３　修了証書授与

研修対象者（精神障害者関係）
精神保健福祉士，精神科ソーシャルワーカー，精神保健福祉相談員，保健婦（士），看護婦（士），准看護婦（士），臨床心理技術者，作業療法士，公的扶助ワーカー，社会福祉士，介護福祉士，職業相談員

表７　医療との関連

１．医療の位置づけ
２．主治医の位置づけ
・申請時にケアマネジメント従事者が主治医の意見書を求めること
・ケア計画作成時には，主治医や身近な援助者へ報告すること
・ケア会議への主治医の参加が望まれること
・主治医への定期的な報告を行うこと

なる。

CMの場合、特に医療の下支えが重要であるとの認識に立ち、医療の関わりが強調されたところであるが（表7）、実際の養成研修では、テキストに記載はあるものの研修の講師がどの様に説明し、どの様に理解されたか不明である。実際受講したわが病院のPSWに尋ねたが、ことさらその問題に関して説明されたとの印象はもっていなかった。

CMrの役割を表8に、求められる資質を表9に示す。実施体制は表10に示すように市町村が実施主

表8　障害者ケアマネジメント従事者の役割

1．全過程に携わり，中心的な役割を担う
2．ケアマネジメント従事者と利用者は対等な関係
3．利用者の希望に合わせた支援
4．多くの関係諸機関と連携しながら次の役割を担う
・相談窓口の運営
・必要に応じて専門的なアセスメントの依頼
・ケア目標の設定とケア計画の作成
・サービス提供機関との連絡・調整
・モニタリングおよび再アセスメント
・社会資源の改善および開発
・アセスメントの実施
・ケア会議の運営・開催
・市町村との連絡・調整
・終了の判断
・支援ネットワークの形成

表9　障害者ケアマネジメント従事者に求められる資質

1．信頼関係を形成する力
2．専門的面接技術
3．ニーズを探し出すアセスメント力
4．サービスの知識や体験的理解力
5．社会資源の改善および開発に取り組む姿勢
6．支援ネットワークの形成力
7．チームアプローチを展開する力

表10　実施体制

○利用者の選択	
○実施主体	市町村（障害者担当窓口，福祉事務所，保健センター等）
○委　託	地域生活支援センター 精神障害者社会復帰施設 精神科医療機関
○活　用	福祉事務所 身体障害者更生相談所 知的障害者更生相談所 保健所 精神保健福祉センター

（平成12年度　障害者ケアマネジメント体制整備検討委員会）

表11　ケアマネジメントにおけるサービス機能の連携

行政サービス	市，保健所，精神保健福祉センター
医療サービス	医療機関，地域医師会，訪問看護ステーション
福祉サービス	地域生活支援センター，社会福祉協議会，精神障害者社会復帰施設，小規模作業所，居宅支援事業
労働サービス	公共職業安定所，障害者職業センター
その他のインフォーマルサポート	ボランティア団体，家族会，障害者団体，近隣，等

表12　今後の課題

1．実施主体が市町村
2．医療と福祉の連携
3．ホームヘルプサービスとの関連
4．財政的裏付け
5．社会資源の不足
6．人材の養成……研修
7．評価
8．多様な利用者に対する適切な対応

体とされ、地域生活支援センター、精神障害者社会復帰施設、精神科医療機関等に業務委託できるようになっている。そこでは、精神障害者に関わる保健・医療・福祉の社会資源の活用、更に教育・就労など障害者の幅広いニーズに対して支援を行うことになる。当然のことながら表11に示す各サービス機能の連携が必要となってくる。

表12は今後の課題を示している。中でもＨＨ導入にＣＭを用いることが想定されているにも関わらず、ＨＨは14年度に先行してはじまることとなっており、各市町村での戸惑いは大きい。厚労省はＣＭは制度でなく、援助技法の一つであると強調するものの現場のＣＭｒの受け止め方は全く異なり、中には医療外しを公然と述べる者もあり、将来問題が起きないか注視する必要がある。

おわりに

平成5年の障害者基本法で精神障害者が障害者と認定されて以来、厚労省の福祉行政は、三障害並びで行われるようになった。また、ＷＨＯで進められてきた国際障害分類（ＩＣＩＤＨ）は、平成14年に改訂版の日本語訳が出され、国際生活機能分類（ICF: International Classification of Functioning, Disability and Health）として提示される（図１）。この変更は、①従来「機能・形態障害」「能力障害」「社会的不利」の三レベルで障害を分け、負の側面のみに注目していたあり方であったものを変更し、前向き或いは中立的な表現に直した、②改定前は一次元的で一方向の流れとしていたのに対して、改定後は、各次元や要素が相互に関連していることを示すため、二次元的で双方向に結ばれたモデルが示された、③障害の発生には、個人の持つ特徴だけでなく障害の影響が大きいことの認識に立って「環境因子」の分類が加えられた、等の特徴がある。

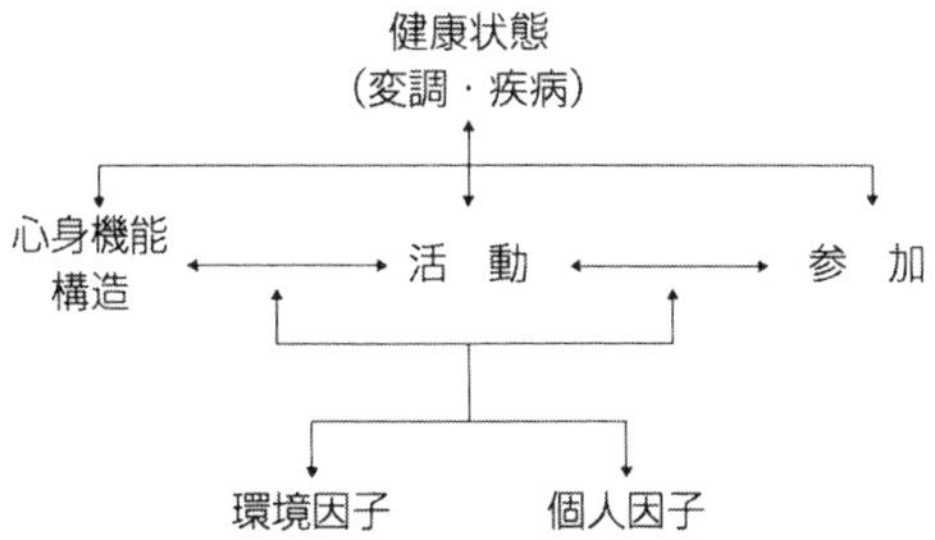

図１　ICIDH-2の次元間の相互作用に関する現在の理解
（WHO国際障害分類 第２版　生活機能と障害の国際分類より）

ＩＣＦは、幅広く関係者等から意見聴取し、14年３月に日本語訳が完成し、厚労省ホームページに掲載されることとなる。

この思想は、平成14年度からはじまるＨＨ、15年度からはじまるＣＭにとっても重要であると考えられる。すなわち、障害者のもつ失われた負（マイナス）の部分に着目するのみならず、残存機能ないし、正（プラス）の部分に着目して支援が行われるべきであるからである。精神科においてもリハビリテーションが言われて久しいが、そもそも精神障害者が障害者としてかかえる残存機能ないし、プラス部分を活かすことこそリハビリテーションの目的であろう。

ノーマライゼーション、精神科リハビリテーション、チーム医療、ケアアセスメント等、今後の精神障害者の保健・医療・福祉のあり方を紐解く用語である。ＣＭ並びにＨＨ、ＧＨ及びＳＳの実施が真に精神障害者の役に立つことを願う。

文献

1）関　健：精神障害者訪問介護（ホームヘルプサービス）導入を前に．日精協誌　20⑽：70-78、2001。
2）厚生労働省社会・援護局障害保健福祉部精神保健福祉課：精神障害者居宅生活支援事業に関するQ＆A集。平成14年2月：2002。
3）（社）日本精神病院協会第68回定期代議員会第81回定期総会：精神障害者訪問介護（ホームヘルプサービス）事業に対する日精協声明。日精協誌　20⑾：3、2001。

（「日本精神科病院協会雑誌」Vol.21　No.3　30〜34, 2002.）

特集　地域で元気に生活できるための退院支援

第3章　私はこんなふうにして地域生活支援の困難を乗り越えた

『退院支援のためのケアマネジメントツールの活用』

関　健

はじめに

昨年私たちは精神障害者の退院支援に使用するケアマネジメントツールとして、「くらしとかつどう／LIFE & ACTS」を開発した。長期入院中で退院困難な患者を何とか退院に誘導するため、このツールを活用して支援を行なった。

この「くらしとかつどう」は、①食生活、②衣・住、③金銭管理、④対人関係・社会的役割、⑤清潔・整容、⑥服薬・健康管理、⑦安全管理、⑧社会資源・公共機関の利用、の8項目についての能力評価を行い、グラフ化し、劣っている領域に多職種による支援や社会資源の活用を行う仕組みである。支援を受けて生活を続けた後、経時的な評価を行うことができ、同時に支援チームによるアウトカム評価もできるものである。

この稿では、3例について紹介し、長期入院患者の退院阻害因子について考察する。

症例1．F．K．、女、統合失調症：退院支援ハウスに退院した例

◆生活歴

7人兄弟の末子として出生。22歳で結婚し1児をもうけるが、29歳の時に病弱を理由に離婚される。農業のほか、ヘルスセンターなどの勤務経験が数年間ある。○○荘に勤務して1年半ほど経った頃より、不眠が出現し、恐怖心などを持つようになり、食欲不振・無気力感も著明となり、怒りっぽくなり、X－28年6月（38歳時）、実兄に伴われてA病院へ来院し入院。その後A病院に3回の入院歴がある。

当院へはX－19年9月に受診し、入院となる。退院後に実家（長兄宅）へ戻るも、2ヶ月～半年で病状が悪化し、2度再入院となっている。

今回の入院はX－13年6月からとなっている。保護者は長兄であったが、X－6年6月に死去したことに伴い、甥へと変更。その際「外出、外泊は協力するが退院されても困る」との申し出があった。以後、長期入院となった。

本人

身体の痛みや痒みなど身体的愁訴が多い。治療薬の変更を嫌がるほか、治療状況へのこだわりがみられたため、主治医から退院を勧められても退院後の不安を訴え、拒否していた。長期入院によって、自発性が乏しくなり、臥床傾向が強くなっていった。

家族

退院後、半年ほどで再発し入院というのを3回繰り返しており、すぐに具合が悪くなるのではという

不安から退院に対する拒否がある。保護者であった実兄が亡くなり、甥夫婦へ代わり、本人への積極的な関わりができなくなった。

環境その他

本人が住んでいた家は、貸家となっている。

◆現在の評価（図1）

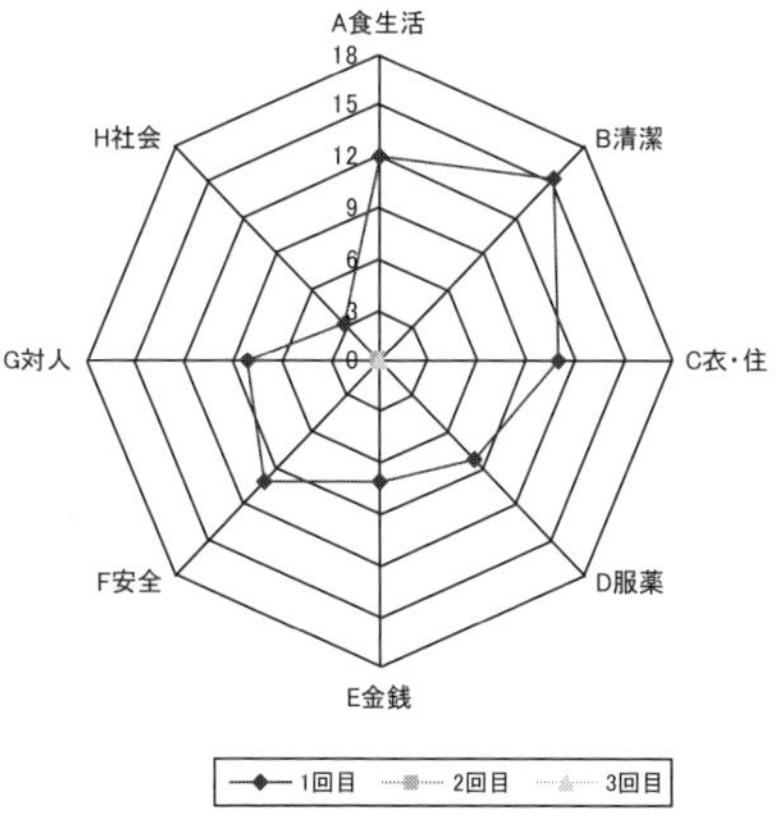

図1

◆支援過程全体に対する評価・考察

退院を前提として、本人に積極的にアプローチを続けることによって、自発性の向上がみられ、今までは呼びに行かなければ参加できなかった作業療法が、時間になれば自ら進んで参加出来るようになった。また、デイケアへの試験的な通所も積極的にできるようになり、最初は院内でさえも道に迷っていたが、デイケアまで1人で通うことができるようになった。他者とのコミュニケーションも積極的に行うようになり、表情が豊かになった。

しかし、デイケアへの参加や金銭管理、服薬管理の練習を続けるうちに、妄想的な発言や被害的な発言、またデイケアへの参加拒否がみられるようになった。再度本人の話をききながら、本人のペースに合わせることによって、また多職種が根気強くデイケアへの参加を促がすことによって、参加を再開する事が出来た。

また、当初家族も退院に対する拒否が強かったが、退院支援ハウスへの退院を提案したことに加え、本人の希望や、退院支援によって起こった本人のプラスの変化、生活を支える支援内容を時間をかけて説明することによって、徐々に態度が軟化していった。家族の不安を受け止め、定期的に連絡をとることによって、支援者と家族の距離を縮めることができ、本人の生活を一緒に支えて行こうという共通認識ができ、退院に向けて協力を得ることができた。最終的には本人に芽生えた退院したいという思いが、家族を動かした。

本人にとって約14年ぶりに出た社会は、まるで知らないことばかりであった。電化製品の使い方や、ごみ出し一つとってみても、戸惑うことも多いため、きめ細かなケアやサービスが必要であった。規定のサービスでは補えない部分に対するフォローが今後の課題であるため、ケア会議を開催し、関係各職種で連携を図りつつ、本人の生活を支えていく。本人に主体を置きながら、関係機関や家族との連携を密にはかり、支援者一丸となって生活を支えていく継続性が重要である。

症例2．H．H．、男、統合失調症：グループホーム・ケアホームに退院した例

◆生活歴

同胞2人の次男として出生。小学校5年時ころより口臭、自分の考えが周囲に漏れているようだと気になり始め、中学3年生時にはその傾向が強まり不登校となった。X－18年10月、A病院に通院治療を開始するが、同年12月から治療は中断してしまう。当時両親は別居していて、母親の治療への参加はなかった。本人はその後行方不明になったり、たまに会う母親を殴るなどの行動が見られX－16年5月～X－15年8月A病院に入院。X－11年10月～X－10年3月当院へ入院。退院と同時に福祉ホーム「メンタルホーム」に入所し、そこからコンピューター専門学校へ通学することになった。しかし、学校へは

行ったり行かなかったり、また学内で他の学生とのトラブルもしばしば見られた。２年過程の学校であったが単位取得できず（80単位中40単位）２年には進級できなかった。このころ独語空笑が著しく、学校の勉強には追いつけなくなった。また偏った間食で体重が１００kgを越し肝機能障害も認められるようになった。精神症状の改善と体重コントロールの目的でＸ－７年４月当院に入院となった。

入院中はフィットネスで体重減量につとめ75kgになると共に肝機能値は改善されたが、自閉、意欲欠如、感情の平板化などの陰性症状が続いていた。

Ｘ年、グループホーム・ケアホームの体験入所に応じ、本人はこの施設の正式入所を望んだ。施設側の許可が下り、退院となった。

本人

孤立と自閉傾向が強く、フィットネスに行く以外は作業療法にもいかず、他患との会話もない。退院への希望は全く聞かれず、受動的な生活をおくっていた。

家族

父親のみが本人と関わるのみである。コンピューター専門学校への通学は、父が決めてきたもので、当時は本人に対する過大な期待を抱いていた。病状に対する認識も低く、さりとて退院をさせ、一緒に住むということも最近は言わなくなってきており、消極的な拒否の態度であった。

環境その他

父は、公務員であったため共済年金をもらい、アパートで一人暮らし。

◆現在の評価（図２）

◆支援過程全体に対する評価・考察

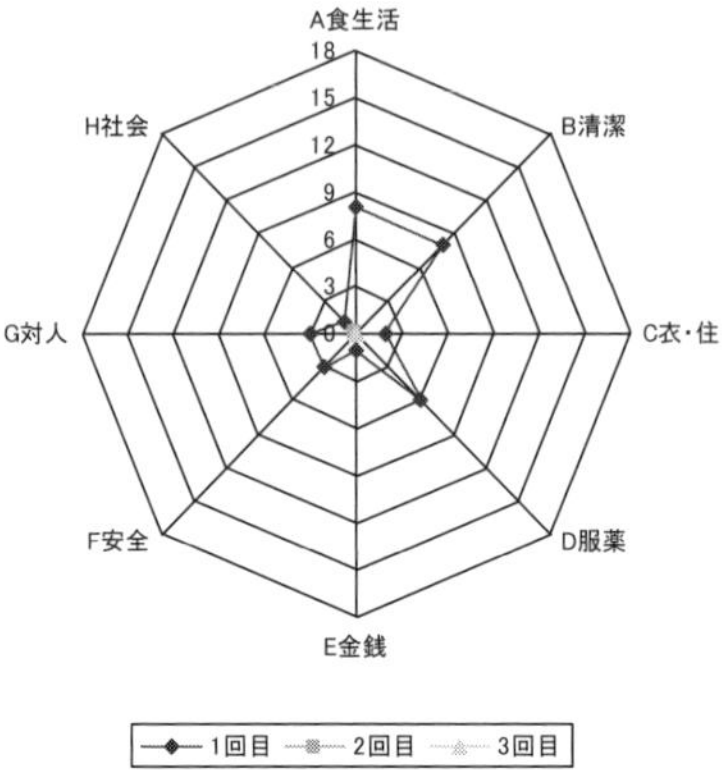

図2

フィットネスを続け、体重を30kg以上減量したことを評価し、退院も可能であることを話し、徐々に気持ちが動いていった。体験入所して、本人も新たな生活に進むことを決意した。

父親には退院に対する不安があったが、入所予定の施設がA病院時代の主治医T医師が作った施設で、利用年限がない施設であることを理解し、将来の心配が軽減され同意してくれた。

今後の治療は、T医師の診療所に通うことになり、デイケア通所予定である。「くらしとかつどう」による評価は低く、多くの支援が必要であるが、当院の支援チームがどう関わることができるか今後の課題である。

■症例3．H．M．、女、統合失調症：退院に至らなかった例

◆生活歴

3姉妹の末子として出生。母も統合失調症で当院への入院歴があり、本人が幼い頃に生家に戻されて以降本人と会うことはなかった。本人は高校を卒業後、自宅で家事と農業の手伝いをしながら父親と2人で生活していたが、X－28年頃から不眠がみられ、稼働能力も欠如し朝もなかなか起床出来ず仕事もせず終日ブラブラしている事が多くなり、被害妄想もみられ異常な言動が目立つようになった。X－26年7月、当院受診しそのまま入院、3ヶ月ほど治療を受け退院。X－25年に再入院し約半年治療を受け

退院、外来通院していた。その間も放浪したり、突然不機嫌になり家を飛び出し、長姉の家に行ってしまう等の行動が見られ、主治医が入院を勧めたが父親が拒否していた。X－23年4月本人自ら入院したいと病院へ電話し、同日夜父が帰宅すると口をぽかんと開き両手を長く伸ばして目を吊り上げていたかと思うと、口を堅く閉ざし無言で横になり、口を全く開かない為父が無理やりこじ開けると舌から出血していた。そのまま父に付き添われ当院来院。緊張病と診断され入院した。本人が病院外へ出ることに対しての妄想強く、入院が長期化し、現在まで入院が続いている。長年父が1人で本人を看てきたがX－5年10月不慮の事故により急逝。次姉が後見人となり本人の金銭管理等行っている。

本人

強い病的体験が残存し、病院の外へ出ると身体がとける、怖い、殺される等を訴える、また足が痛くて歩けないなどの身体症状も訴え、病院の外に出ることを拒否していた。

家族

本人の病状が悪化していた頃に、自宅の隣家に勝手に入り込んだり、近所の人を怒鳴ったりといった行動を取り、迷惑を掛けてしまったとの思い強く、また長年父が1人で面倒をみて本人の姉達にもあまり関わらせ無い様にしていた為、長期入院になっていた。

環境その他

本人の自宅周辺は昔からの住民が暮らす地域のため、本人が迷惑をかけた事を知っている人が沢山いるので、本人が自宅周辺に現れると困るとの地域住民の拒否がある。自宅は父亡き後無人のため床が抜け、そのままでは暮らせる状態ではない。

◆現在の評価（図３）

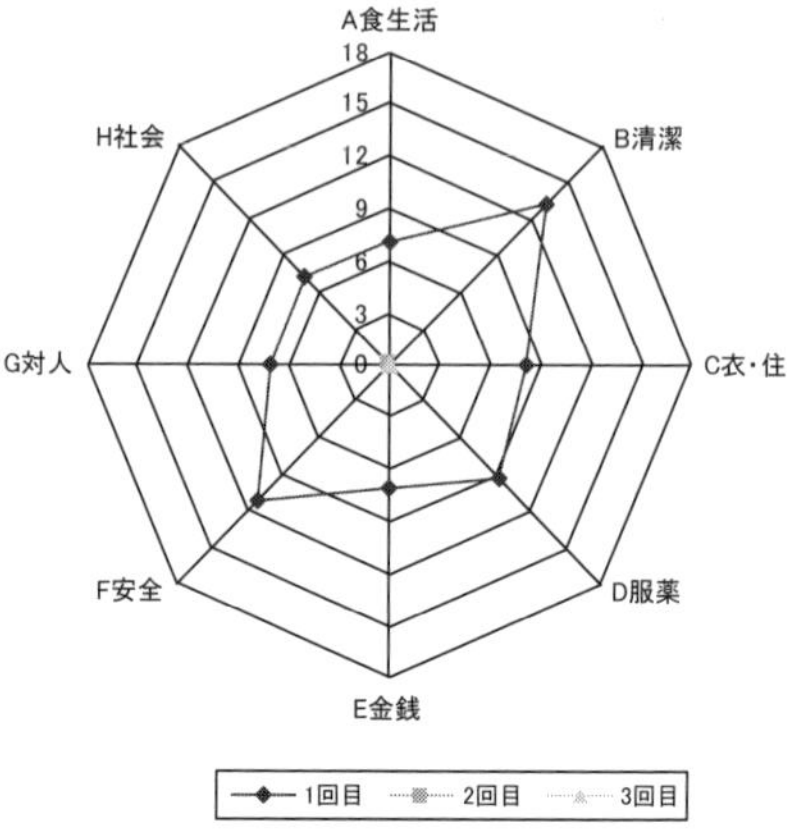

図３

◆支援過程全体に対する評価・考察

援護寮への退院を想定。本人は退院だけでなく外出の話をするだけで幻聴・妄想が著明になり、病的体験の訴えに終始し、現実的な話をする事が出来ず拒否が強い為、退院の話が具体的に進められなかった。

ＡＤＬは自立しており、医療スタッフから見れば支援サービスを使えば生活できるレベルとは思うが、本人の病院に入院していたいとの思いが強く、退院へのアプローチをどうすれば良いのか、支援は困難を極めた。

本人の入院中に保護者が変わり、今まで関わりの少ない家族がキーパーソンとなったが、家族には本人の具合が悪い時に自宅周辺住民に迷惑をかけて来た印象が根強く、ことに長姉にその傾向が強く、退院することには反対はなかったが、現実的でない条件が付けられ、家族に対しても納得を得るだけのアプローチができなかった。

考察

ケアマネジメントツール「くらしとかつどう」は、対象者の能力評価をするツールである。能力低下は、疾病性とホスピタリゼーションによってもたらされたものと考えるのが自然である。長期入院者の特徴を列記すると、以下のようになる。

ａ　病状の重度化により、入院治療で生活が支えられている人が多い。

b　高齢化による認知症状を抱える傾向がでさらに生活習慣病の合併症を抱え、重篤な病気のターミナル期にある入院者もいる。

c　院内寛解状態であっても入院生活に依存し、地域生活への大きな不安を抱えた人が多く、最近の手厚い生活支援を示しても本人に受け入れられない。

d　高齢者施設入所待ちの人も多い。

e　環境変化への対応が難しく、入院以外の生活に拒否を示す。

長期入院者の退院が阻害されている要因は、以下のようになる。

イ　精神症状の重度化に伴い逆に保護的な環境が必要となってくる。

ロ　生活習慣病の医療的な管理が必要な人が多くなっている。

ハ　支援者がいるグループホームやケアホームなどの施設が少ない。

ニ　家族の理解・協力が得られない。

ホ　地域における精神障害者の受け入れへの理解が得られず、生活基盤である住居確保が困難である。

へ　精神障害者が利用できる社会資源がまだ不足している。

３例はいづれもa、c．と、e．の疾病要素を持っており、イ、ニ、へなどの阻害要因が認められた。症例２はロの要素が、症例３はホの要因が加わっている。

私達は、「くらしとかつどう」を多くの精神科医療関係者に使っていただき、バージョンアップを図ると共に、新たな社会資源の開発に一層取り組んで行きたい。

（「精神科臨床サービス」Vol.9　No.3　108～111, 2009）

日本精神障害者リハビリテーション学会第24回大会　大会長講演

『くらしとかつどうを支えるリハビリテーション』

関　　健

キーワード：精神科リハビリテーション、ヘルスプロモーション、「しあわせ」、ケアマネジメント・ツール

Keyword：psychiatric, rehabilitation, health-promotion, "happiness", care management tool

■はじめに

長野県は、男女とも平均寿命日本一の県であり、また、健康寿命日本一をめざしている。長野県のシンボルマーク『信州ハート』は、信州と聞くと誰もがイメージするグリーンで「しあわせ」を表現している。長野県には、県総合5か年計画「しあわせ信州創造プラン」があり、これから策定される平成30年度からの6か年計画、第7次地域保健医療計画は、「地域医療計画」、「健康増進計画」、等県が策定する8つの計画を統合し、「しあわせ信州保健医療総合計画」とする案がある。その際、「長野県高齢者プラン（老人福祉計画・介護保険事業支援計画）」、「長野県障がい者プラン（障害者計画・障害福祉計画・障害児福祉計画）」、等との整合・連携を図るとされている。「日本精神障害者リハビリテーション学会第24回長野大会」が、ここ「しあわせ信州」で開催されたことを意義深くとらえ、大会長としての

講演を行った。

■私どもの事業

社会医療法人城西医療財団並びに社会福祉法人七つの鐘は、長野県の約4分の1を占める松本医療圏及び大北医療圏で、表1に示す理念のもとに、医療保健福祉事業を行ってきている。精神科病床70床を含む一般病院1カ所、２００床と１４０床の精神科病院2カ所、診療所2カ所、介護老人保健施設2カ所、介護老人福祉施設（特別養護老人ホーム）1カ所、ケアハウス1カ所、サービス付き高齢者向け住宅1カ所、認知症高齢者グループホーム3カ所、訪問看護ステーション6カ所、訪問介護ステーション4カ所、通所介護（デイサービスセンター）5カ所、通所リハビリテーション（デイケア）2カ所、訪問リハビリテーション8カ所、配食サービス3カ所、居宅介護支援事業5カ所、精神科デイケアセンター2カ所、精神障害者グループホーム5カ所、地域活動支援センター1カ所、生活訓練事業所1カ所、就労継続支援B型事業所1カ所、健康センター1カ所、健康増進施設'Sウェルネスクラブ4カ所、等の事業である。

表1　城西医療財団の理念

私達は，病める人，障碍を持つ人にいつも優しく，最良の医療サービス及び福祉サービスを一体的に提供する。また，心身の健康保持・増進を志向する人に最良の保健サービスを提供する。 利用者を身体的，精神的，社会的，そして倫理的に診療し，科学的根拠に基づいた治療を行う。

高齢者、精神障害者を対象とした「くらしとかつどうを支援する事業」を行い、いま国が進める地域包括ケアを先駆けて実践してきた。精神科医療については、法人全体で精神科病床は４１０床あるが、グループホーム・ケアハウス・サービス付き高齢者向け住宅等、居住施設は１４５人分あり、地域移行を

実現すべく体制を整えてきた。

■我が国における地域精神医療の展開

我が国における地域精神科医療の展開を概観すると、表2のようになる。1950年に「精神衛生法」が施行されるまでは、精神障害者の処遇は、公立精神科病院に入院している者の他、監置室なる座敷牢に収容されている者が多くいた。1935年当時、呉秀三博士は、「我邦十何万ノ精神病者ハ実ニ

表2　わが国における地域精神科医療の展開

1950年	精神衛生法制定，私宅監置廃止
1960年代	民間精神科病院開設ラッシュ
1968年	**WHOクラーク勧告，リハビリテーションの必要性を強調**／わが国初の精神科デイケア開始
1970年代	相次ぐ精神科病院の不祥事／精神科デイケアの普及
1980年代	精神障害者小規模作業所の開設
1987年	精神保健法と改称，主たる目的「国民が精神障害者の社会復帰を支援」と明記／法定の社会復帰施設の建設
1990年代	精神科デイケアの急速の普及，診療所デイケアの増加
1993年	障害者基本法の成立，障害者対策に関する新長期計画の策定（10カ年）
1995年	精神保健福祉法と改称
1996年	障害者プランの策定（7カ年）
1998年	精神障害者ケアガイドライン策定
2001年	精神障害者ケアガイドライン見直しに関する中間報告
2002年	国際生活機能分類（ICF）日本語版翻訳
2002年	第12回世界精神医学会（WPA）開催／第99回日本精神神経学会開催，**「統合失調症」への呼称変更**
2003年	新障害者基本計画の策定（10カ年），前半の5年が新障害者プラン（重点施策実施5カ年計画）／ACT-Jの試行
2004年	「認知症」への呼称変更
2006年	市町村・都道府県**障害福祉計画**の策定（3カ年）／障害者自立支援法施行，**「日中活動の場」**と**「住まいの場」**に整理／3障害横並びのサービス体系
2013年	障害者総合支援法の施行，障害者に難病等が追加
2014年	改正精神保健福祉法，保護者の同意要件の見直し
2016年	措置入院・精神保健指定医は？

表3　第3期障害福祉計画

居宅系サービス	訪問系サービス
共同生活援助	居宅介護
共同生活介護	重度訪問介護
施設入所支援	同行援護
日中活動系サービス	行動援護
生活介護	重度障害者等包括支援
自立訓練（機能訓練）	**相談支援**
自立訓練（生活訓練）	計画相談支援
就労移行支援	地域移行支援
就労継続支援（A型）	地域定着支援
就労継続支援（B型）	
療養介護	
短期入所	

此病ヲ受ケタルノ不幸ノ外ニ、此国ニ生マレタルノ不幸ヲ重ヌルモノト云フベシ」と述べ、監置室の撤廃を訴えた。1960年代には精神科病院の建設ラッシュがあったが、1960年代に2度我が国を訪れ全国の精神科病院を視察したWHOのクラーク博士は、1968年にクラーク勧告を行い、リハビリテーションの必要性を説いた。この頃精神科デイケアが開始され、1990年代に急速に普及した。1980年代には精神障害者小規模作業所が開設されたが、その普及は遅々として進んでこなかった。1970年代に相次いだ精神科病院の不祥事を受け、1987年には「精神衛生法」を改正し「精神保健法」が施行された。社会復帰が強調され、法定の社会復帰施設が位置付けられた。1993年に障害者基本法が成立し、精神障害者も公式に障害者として位置づけられた。1995年には「精神保健法」が、「精神保健福祉法」と改称され、身体障害、知的障害と3障害横並びの施策が展開することとなった。

1996年には7か年の障害者プランが策定され、1998年には精神障害者ケアガイドラインの策定、2001年にはその見直しがなされ、2003年の新障害者基本計画（前半の5年が新障害者プラン）の策定へと続いていった。その間、「精神分裂病」から「統合失調症」へ、また、「痴呆」から「認知症」への呼称が変更され、両疾患にまつわる偏見・差別・誤解が多少とも解消される方向に動き出した。

２００６年には市町村・都道府県障害福祉計画が策定され（3カ年）、障害者自立支援法の施行と相俟って、「日中活動の場」と「住まいの場」に整理された（表3）。しかし、この法律は応益負担の考えが入っていたため、障害者団体から評判が悪く、２０１３年には、「障害者総合支援法」に形を変えることとなった。国は、退院促進・地域移行を加速させるための診療報酬上の評価を行ったり、ＡＣＴ等の普及を図るが、各精神科病院は、OLD LONG STAYの患者を抱えており、遅々として進まないのが現状である。

ご存じ〝精神科リハビリテーション〟

W. アンソニーは、その著書「精神科リハビリテーション」の中で、精神科リハビリテーションの役割について、次のように述べている[1)]。「長期にわたり精神障害を抱える人が専門家による最小限の介入で、その機能を回復するのを助け、自分で選んだ環境で落ちつき、自分の生活に満足できるようにすることである。／精神科治療は本人の症状を抑え、症状や病理を軽減させるために本人の「能力欠落」に焦点をあてることが基本である。／精神科リハビリテーションは、主としてその人の力を開発することに向けられ、地域において機能する能力を回復する方法として本人の「残存能力」に焦点をあてるものである。」

更に、精神科リハビリテーションの基本原則を以下の様に示している。

1. 精神科リハビリテーションにとっての最大の焦点は、精神障害を抱える人の機能や能力を向上させることである。

2. 精神科リハビリテーションの当事者にとってのメリットは、必要な環境の中における自らの行動が改善されることである。
3. 支援の中で依存を増やすことは、結果的には当事者の自立につながる。
4. 当事者の技能開発と環境的支援開発が精神科リハビリテーションの二大介入である開発である。
5. 精神科リハビリテーションの焦点は、精神障害を抱える人の住居、教育、職業面でのアウトカムを改善することである。
6. リハビリテーション当事者の積極的な参加と関与は、精神科リハビリテーションの土台である。
7. 長期の薬物療法はリハビリテーション介入の要素として必要ではあるが、十分に補完するものではない。
8. 精神科リハビリテーションは、さまざまな技術を駆使するという意味で臨機応変である。
9. 希望は精神科リハビリテーションの構成要素として、不可欠である。

浅井邦彦は、精神科リハビリテーションを次のようにとらえている。[2)]「病院内リハビリテーション活動から地域リハビリテーション活動への有機的・継続的展開、デイケアやデイナイトケアと地域へのリセツルメント（居住復帰）―社会復帰施設の整備と職業リハビリテーション活動の進展。／アンソニーのレビューによると、精神科リハビリテーションの予後の指標として調査研究でもちいられたもののなかで、ある程度客観的なのは、再入院率と雇用状態の指標である。／これからの精神科リハビリテーション介入に求められているものは、①リハビリテーション診断に基づく技能の開発と支援の増加、②長期在院の防止、社会復帰の促進と外来における再入院の防止、③リハビリテーション・ネットワークを拡げて、地域サポートシステムをつくりあげて行くこと。」

今日、我が国の精神科リハビリテーションは、アンソニーや浅井の指摘する方向に向いているといえる。本学会の果たしてきた役割は大きく、本学会の研修セミナーは回を追うごとに充実してきており、本年は9つのセミナーが企画された。

■ケアマネジメント・ツール〝くらしとかつどう〟

精神疾患でやむなく長期療養を強いられている人びとは、何よりも安心を求めているのである。社会を拒否する態度の裏には、社会に対する恐怖感が潜んでいる。その克服には、患者自身が変わるか、社会が変わるかのどちらかである。精神障害者にとって今の社会は確かに住みにくく、精神障害者に対する誤解や偏見・差別はいまだ解消されていない。精神障害者の治療やケアもまだまだ十分とはいえない。病院以外の安心できる生活の場も少ない。活動の場となればもっと少ない。

こうした課題をかかえながらあえて地域移行を進めるとするならば、障害者自身のもつ生活能力を評価し、地域生活に必要な要件、ことに利用可能な地域の社会資源の活用に結びつけるケアマネジメント・ツールの開発が必須となる。私共は、2007年度厚生労働省「障害者自立支援調査研究プロジェクト研究」の一環として、「地域精神科医療等との連携を通じた地域生活支援モデル―多職種共同チームによる精神障害者の地域包括マネジメントモデル」をテーマとして研究を行った。成果として、ケアマネジメント・ツール「くらしとかつどう／LIFE&ACTS」を作成し、精神科医療に携わる多方面の方々の利用を促そうと企図した（図1）[3]。

既存評価ツールとしては、①概括的機能評価（global assessment of functioning; GAF）、②障害程度区分認定調査（精神症状、能力障害、生活障害評価の3区分での評価／精神保健福祉手帳、自立支援医

表４　くらしとかつどう／LIFE & ACTS

Live	衣・住
I nstitution	社会資源・公共機関の利用
Fund	金銭管理
Eat	食生活
&	&
Association	対人関係・社会的役割
Cleanness	清潔・整容
Therapy	服薬・健康管理
Safty	安全管理

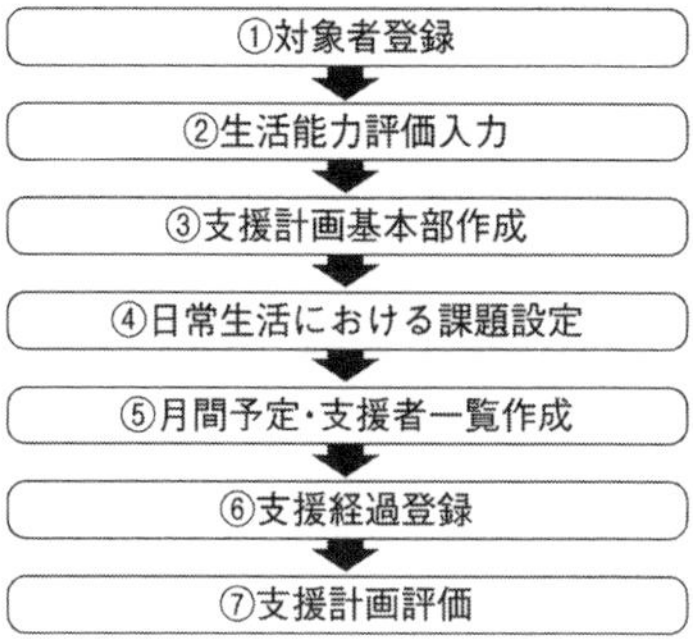

図１　「くらしとかつどう」使用の流れ

療医師意見書に採用）、③医療観察法通院医療共通評価項目、④日精協版「しゃかいふっき」等があり、これらとのクロス評価を行い、妥当性を検討したうえで評価表を作成した。LIFE & ACTSに見合った生活課題別大項目としては、①食生活、②清潔・整容、③衣・住、④服薬・健康管理、⑤金銭管理、⑥安全管理、⑦対人関係・社会的役割、⑧社会資源・公共機関の利用の8項目があり（表4）、これにそれぞれ下位項目6項目の評価項目（表5）を加え、計48項目を評価し、点数化してチャートに表現する（図2）。低い評価項目のものに対し重点的に社会資源を投入し、地域生活の実現を図るのに役立てる。これを退院前、社会復帰施設対処前等に用いて地域生活を経験させ、一定期間の後再評価、再々評価を行う設計となっている。

このケアマネジメント・ツールを何例かの長期入院の精神障害者に適用して退院促進の試みを行った結果、長期入院者の特徴が浮かび上がり、同時に退院が阻害されている要因が明らかにされた。能力低下は疾病性とホスピタリゼーションによってもたらされるものと考えるのが自然である。

表5　くらしとかつどう／LIFE & ACTS 評価項目

①食生活

- 提供された食事を摂取することができる
- 1日2食以上の食事ができる
- お惣菜など（調理の必要のないもの）を買ってくることができる
- ご飯を炊くことができる
- 食品の安全性がわかる（賞味・消費期限・見た目等）
- 簡単な調理（湯沸かしやレンジ使用）ができる

②清潔・整容

- 習慣的に，歯磨き（歯の手入れ）ができる
- 習慣的に整容（洗顔整髪，髭剃り・爪切り）ができる
- 美容院・理髪店へ行くことができる
- 入浴（洗髪・洗身）・シャワーの使用ができる
- うがいや手洗いができる
- 身づくろいができる

③衣・住

- 季節に合わせた服装に着替えることができる
- 衣類の整理整頓ができる
- 衣類の洗濯をすることができる
- 季節家電（扇風機・コタツ等）を使うことができる
- 必要に応じて住まいの整理整頓ができる
- ゴミの分別等処理ができる

④服薬・健康管理

- 定期的な通院をすることができる
- 自身の不調に気付き，受診できる
- 薬を適切に管理・服薬することができる
- 軽いケガ等の応急処置ができる
- 体調不良時に静養することができる
- 充分な睡眠が取れる

⑤金銭管理

- 金融機関でお金の出し入れができる
- 自分の収入額を把握できる
- 1ヶ月の出費を大まかに理解できる
- 計画的に物品購入することができる
- 自己を豊かにできるよう（余暇活動等）に使途できる
- 貯蓄や節約ができる

⑥安全管理

- タバコ・暖房・ガス等の火の安全な使用ができる
- 戸締りができる
- 交通規則を守ることができる
- 貴重品（印鑑・通帳・現金・カード等）管理ができる
- 玄関先や電話等での不必要な勧誘を断ることができる
- 災害時に安全な場所に避難することができる

⑦対人関係・社会的役割

- あいさつができる
- 知人・友人を作り，その関係を維持できる
- 困りごとなどを相談することができる
- 周囲を配慮した生活ができる（近隣に迷惑をかけない）
- 町会・地区での当番・役割を行うことができる
- 生活域の行事・催事（例：選挙の投票等）に参加できる

⑧社会資源・公共機関の利用

- 電話を使用することができる
- 電話・情報端末等で生活を左右されない
- 役所・機関からの連絡・通知に対処できる
- 公共交通機関を利用して外出ができる
- 必要物品を買うことができる。
- 余暇利用（美術館・映画等鑑賞・旅行等）ができる

対象者氏名　　　　集計表No.　　生年月日　　年　月　日　　性別　　医療機関　　入院期間　　年

対象者の状態変化の様子

項　目	日付	日付	日付
A.食生活	0	0	0
B.清潔・整容	0	0	0
C.衣・住	0	0	0
D.服薬・健康管理	0	0	0
E.金銭管理	0	0	0
F.安全管理	0	0	0
G.対人関係・社会的役割	0	0	0
H.社会資源・公共機関の利用	0	0	0
点数総計	0	0	0

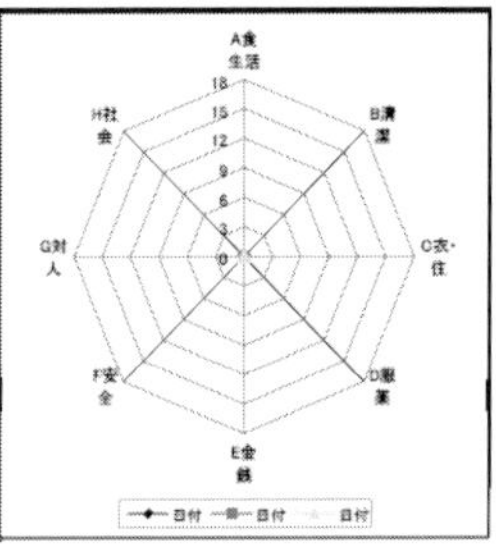

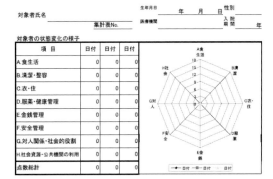

図2 「くらしとかつどう」レーダーチャート

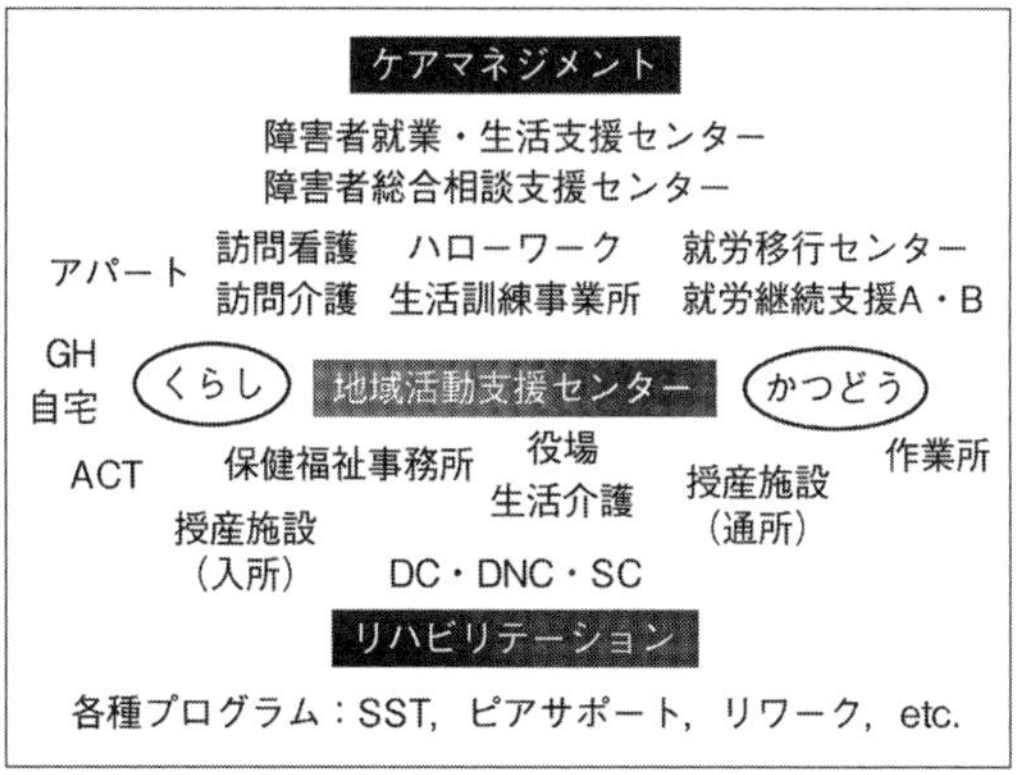

図３　社会資源・ケアマネジメント・リハビリテーションの関係

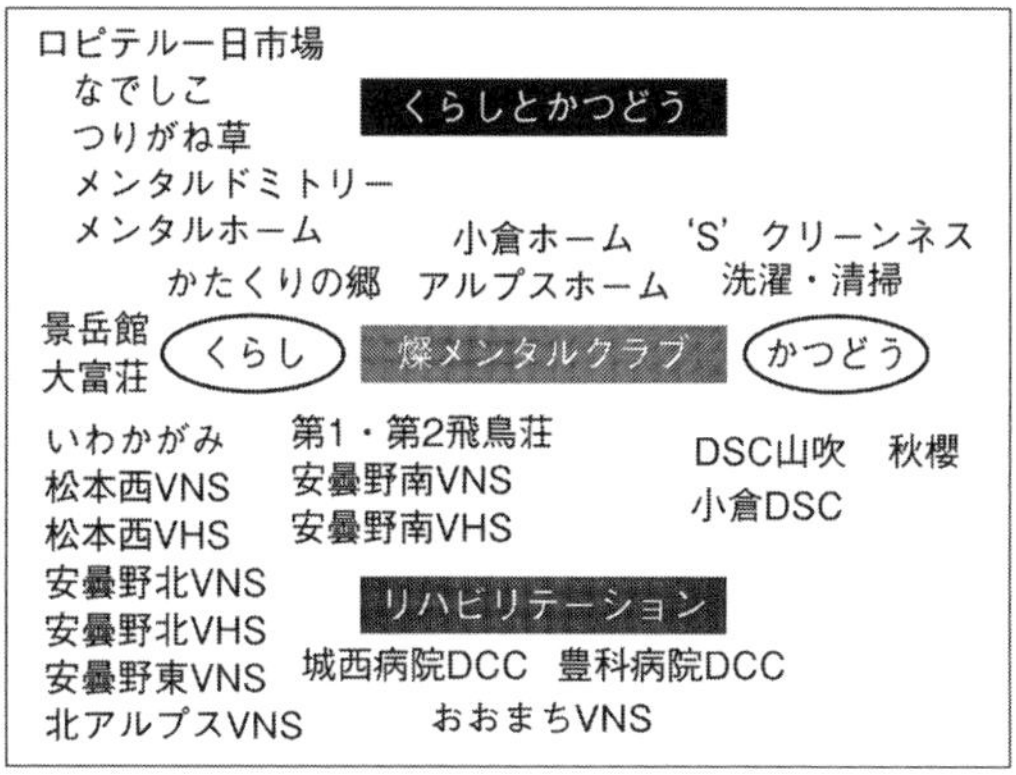

図４　私たちが提供しているサービス

長期入院者は、

a．病状の重症化により、入院治療で生活が支えられている。

b．高齢化による認知症状を抱える傾向が出、さらに生活習慣病の合併症を抱え、重篤な病気のターミナル期にある入院者もいる。

c．院内寛解状態であっても入院生活に依存し、地域生活への大きな不安を抱えた人が多く、最近の手厚い生活支援を示しても本人に受け入れられない。

d．高齢者施設入所待ちの人も多い。

e．環境変化への対応が難しく、入院以外の生活に拒否を示す。

長期入院者の退院が阻害されている要因は、

イ．精神症状の重度化に伴い逆に保護的な環境が必要となってくる。

ロ．生活習慣病の医療的な管理が必要な人が多くなっている。

ハ．支援者が居るグループホーム等の施設が少ない。

ニ．家族の理解・協力が得られない。

ホ．地域における精神障害者の受け入れへの理解が得られず、生活基盤である住居確保が困難である。

ヘ．精神障害者が利用できる社会資源がまだ不足している。

精神障害者の〝くらしとかつどう〟を支える社会資源とケアマネジメント及びリハビリテーションの関係を図示すると図3のようになる。これを私どもの法人が提供するサービスに置き換えて図示すると図4のようになる。私どもとしても道半ばであると認識しているが、方向性は見えてきていると考えている。

おわりに

アンソニーは、「精神科治療と精神科リハビリテーションのプロセスは相前後して、ないしは同時進行ですすめられるのが理想である。」という。更に、「精神科治療は本人の症状を抑え、症状や病理を軽減させるために本人の〝能力欠落〟に焦点を当てることが基本であるとされてきた。一方、精神科リハビリテーションは、主としてその人の力を開発することに向けられ、地域において機能する能力を回復する方法として本人の〝残存能力〟に焦点をあてるものである。リハビリテーションの理念は〝健康誘導〟で、治療の理念は〝疾病軽減〟と特徴づけ、リハビリテーションとは本人の持つ能力を発見し開発しようとする活動であり、治療は本人の障害を直接的に攻撃する。」とも言っている。

リハビリテーションは、ヘルスプロモーションに通ずると理解される。ヘルスプロモーション概念は、オタワ憲章（1986年）で、「ヘルスプロモーションとは、人々が自らの健康をコントロールし、改善することができるようにするプロセスである。」と定義され、更に、バンコク憲章（2005年）において、「ヘルスプロモーションとは、人々が自らの健康とその決定要因をコントロールし、改善することができるようにするプロセスである。」と再定義された。日本ヘルスプロモーション学会理事長で順天堂大学国際教養学部特任教授の島内憲夫は、「ヘルスプロモーションが、保健・医療・福祉の分野にとらわれない新たなパラダイムを備えた分野であり、常に最上位の概念である。われわれの願いは、〝誰もが健康で幸福である〟という奇跡を国民に届けることである。」と述べ、ヘルスプロモーションは保健・医療・福祉・リハビリテーション等の上位に位置づけられることを示唆している。[4] 私もこの考え方に共感する。精神障害者にとって、保健・医療・福祉・リハビリテーションサービスを受けることは、その人の幸福の実現が目的でなくてはならないし、島内のいう上位概念であるヘルスプロモーションも

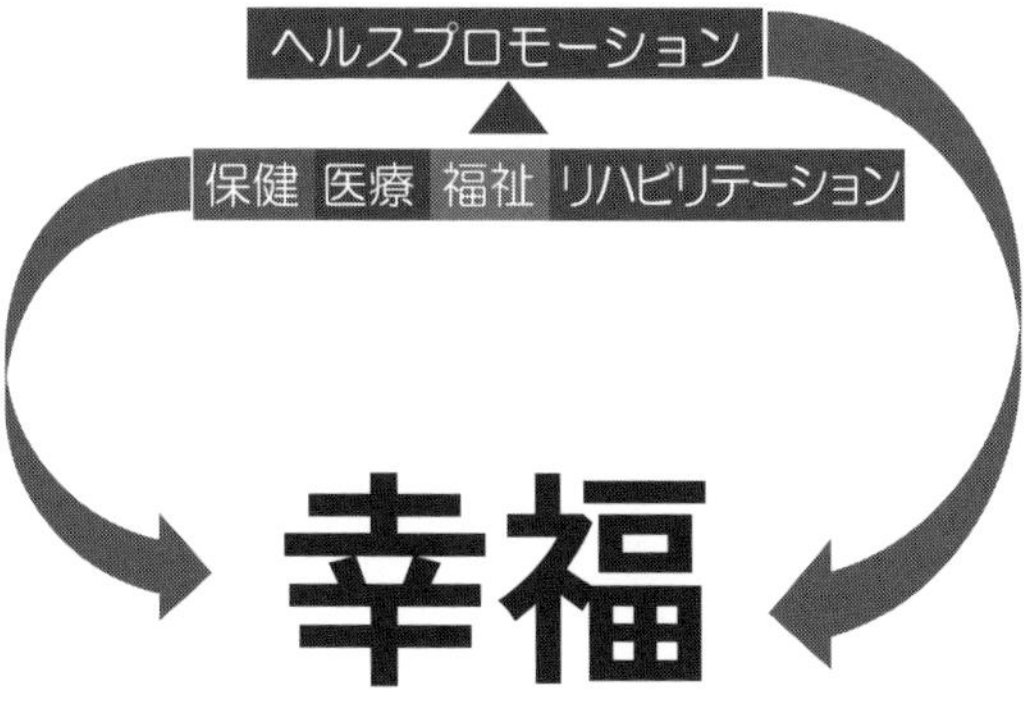

図５　ヘルスプロモーション

幸福につながるものでなければならない。
本学会を大会長として開催した結論として図5を提示したい。

文献

1) Wアンソニー、Mコーエン、Mファルカス、他：精神科リハビリテーション第2版．三輪書店、2012。
2) 浅井邦彦：精神科リハビリテーション．日精協誌、16(2)：110-119、1997。
3) 関健：ケアマネジメントツールくらしとかつどう／LIFE & ACTS使用簡易マニュアル。城西医療財団、2008。
4) 島内憲夫、鈴木美奈子：ヘルスプロモーション～WHO：バンコク憲章～。垣内出版、pp. 1-132、2012。

（「精神障害とリハビリテーション」Vol.21 NO.1（通巻第41号） 4～9、2017。）

特集　要介護認定と精神科診断学

『介護保険法介護認定制度における精神障害評価の現状と課題』

関　健、岡崎隆司、小木曽俊（城西病院）
原　静恵（松本西訪問看護ステーション）

要旨

平成12年4月より介護保険が施行された。介護保険は、市町村を保険者とし、40歳以上の国民が被保険者であり、65歳以上の人及び15の特定疾病に罹患した若年の障害者が保険給付を受けることができる。1年を経てこの新しい社会保険制度について不備を指摘する声、不満を述べる声等があがっている。この保険制度では、保険事故が発生した場合その認定が介護認定審査会によって行われ、介護度により要介護度1～5、要支援、自立の7段階に区分され、それぞれ保険給付限度額が定められることになっている。現在の認定方法では、①痴呆の評価、②精神症状の評価、③高齢の精神障害者の介護度の評価の3点において、問題点が指摘されている。殊に要介護度を決定する際、重要な役割を演じている主治医意見書については記載内容の不備、記載事項の不備、判定における位置付けの不備等が指摘され、今後の見直しの過程において修正が必要とされている。

Key words : mental illness, dementia, welfare, long term insurance

はじめに

介護保険が施行されたのは平成12年4月1日である。様々な議論を経て、社会保険方式で運用されることとなり、保険者は、市町村となった。被保険者は、40歳以上の国民となり、給付が受けられるのは、65歳以上の人及び15の特定疾病（表1）に罹患した若年の障害者とされた。また、保険事故に対するサービスは、サービス提供者との間に結ばれた私的契約によって行われる形となった。同様に社会保険である医療保険制度と異なる点は、医療保険においては、給付を受けられる対象者に年齢制限がないことと、保険事故である認定は最終的に保険者が決定することになっているとはいうものの、自らが行うこと、すなわち、疾病等の保険事故が発生したとき、自らの判断で医療サービスを受けられるのに対して、介護保険においては、先に触れた年齢による対象制限があることと、保険事故の認定があらかじめ保険者によって行われる点である。利用者は、自己決定といっても、提示された介護保険サービスの中から認定された要介護度（支給限度額が定められている）によって選ぶしかないのである。

施行後1年を迎えるにあたり、この制度に対する不備を指摘する声・不満を述べる声などが聞こえてきている。この稿では、介護認定制度のしくみに触れ、主治医意見書（以下、「意見書」とする。）の問題点に言及し、さらに現在行われている介護認定審査会において問題となっている諸事項のうち、①痴呆の評価、②精神症状の評価、③高齢の精神障害者の介護度の評価の3点について述べてみたい。

表1　特定疾病の病候・所見のポイント

	疾病名	症候・所見
1	初老期の痴呆（ｱﾙﾂﾊｲﾏｰ病、脳血管性痴呆等）	ｱﾙﾂﾊｲﾏｰ病 … 初期の主症状は、記憶障害である。また、意欲の低下、物事の整理整頓が困難となり、時間に関する見当識障害がみられる。 中期には、記憶の保持が短くなり、薬を飲んだことを忘れたり、同じ物を何回も買ってくるようになる。後期には、自分の名前を忘れたり、トイレがわからなくなったり、部屋に放尿するようになる。また失禁状態に陥る。 脳血管性痴呆 … 初発症状として物忘れで始まることが多い。深部腱反射の亢進、足底反射、仮性球麻痺、歩行異常等の局所神経徴候を伴いやすい。一般に、記憶障害はかなりあっても、判断力は保持されており、人格の崩壊は認められない。
2	脳血管疾患（脳出血、脳梗塞等）	脳出血 … 発症状況と経過は、一般に頭痛、悪心、嘔吐をもって始まり、しだいに意識障害が進み、昏睡状態になる。半身の片麻痺を起こすことが多く、感覚障害、失語症、失認、失行、視野障害等が見られる。 脳梗塞 … 発症状況と経過は、アテローム血栓症脳梗塞やラクナ梗塞では、夜間安静時に発症し起床時に気が付かれ、症状が徐々に完成することが多く、心原性脳塞栓症では、日中活動時に突発的に発症して症状が完成することが多い。
3	筋萎縮性側索硬化症	筋萎縮・筋力低下、球麻痺、筋肉の線維束性収縮、錐体路症状を認める。それに反して感覚障害、眼球運動障害、膀胱直腸障害、褥瘡は原則として末期まで認めない。
4	パーキンソン病	①振戦 ②筋強剛（固縮） ③動作緩慢 ④姿勢反射障害 ⑤その他の症状（自律神経障害、突進現象、歩行障害、精神症状等）
5	脊髄小脳変性症	初発症状は歩行のふらつき（歩行失調）が多い。非常にゆっくりと進行。病型により筋萎縮や不随意運動、自律神経症状等で始まる。最終的には能動的座位が不可能となり、寝たきり状態となる。
6	ｼｬｲ・ﾄﾞﾚｰｶﾞｰ症候群	起立性低血圧によるたちくらみや失神、排尿困難、尿失禁、便秘 等の自律神経障害を呈する。進行により、小脳症状、パーキンソン症状、筋萎縮等や睡眠時無呼吸発作等を生じる。
7	糖尿病性腎症・糖尿病性網膜症・糖尿病性神経障害	糖尿病性腎症 … 糖尿病の罹病期間が長い。糖尿病に伴う蛋白尿を呈する。また、高血圧と浮腫を伴う腎機能障害を認める。 糖尿病性網膜症 … 主な症候は視力低下。末期まで視力が保たれることもあり、自覚症にたよると手遅れになりやすい。 糖尿病性神経障害 … 下肢のしびれ、痛み等を認める。
8	閉塞性動脈硬化症	問診で閉塞病変に由来する症状ー下肢冷感、しびれ感、安静時痛、壊死 等ーがあるかどうか聞く。視診により下肢の皮膚色調、潰瘍、壊死の有無をチェックする。触診ですべての下肢動脈の拍動の有無を調べる。
9	慢性閉塞性肺疾患（肺気腫、慢性気管支炎、気管支喘息、びまん性汎細気管支炎）	肺気腫 … ほとんどが喫煙者で、男性に多い。体動時呼吸困難が特徴的であるが、出現するのはある程度病変が進行してからである。咳、痰を訴えることもある。 慢性気管支炎 … 喫煙者に多く、慢性の咳、痰を認める。体動時呼吸困難は、感染による急性増悪時には認めるが、通常は軽度である。身体所見では、やや肥満傾向を示す人が多いといわれる。 気管支喘息 … 発作性の呼吸困難、喘鳴、咳（特に夜間・早朝）が、症状がない時期をはさんで反復する。気道閉塞が自然に、または治療により改善し、気流制限は可逆的である。その他、気道過敏症を示す。 びまん性汎細気管支炎 … 呼吸細気管支領域にびまん性炎症により、強い呼吸障害をきたす。初期には肺炎球菌、インフルエンザ桿菌等が感染菌となりやすく、痰、咳、喘鳴を呈し、長引くと菌交代現象を起こし、緑膿菌感染になり重症化しやすい。

10	両側の膝関節または股関節の著しい変形を伴う変形性関節症	初期の場合は、歩行し始めの痛みのみであるが、次第に、荷重時痛が増え、関節可動域制限が出現してくる。
11	慢性関節ﾘｳﾏﾁ	指の小関節から股・膝のような大関節まであらゆる関節に炎症が起こり、疼痛・機能障害が出現する。とくに未明から早朝に痛みとこわばりが強い。筋、腱にも影響し筋力低下や動作緩慢が顕著になる
12	後縦靭帯骨化症	靭帯の骨化は頚椎に最も多く、頚髄の圧迫では手足のしびれ感、運動障害、腱反射亢進、病的反射出現等の痙性四肢麻痺となる。胸髄圧迫では上肢は異常なく、下肢の痙性対麻痺となる。
13	脊柱管狭窄症	腰部脊柱管狭窄症 … 腰痛、下肢痛、間欠性跛行を主訴とする。 頚部脊柱管狭窄症 … 両側の手足のしびれで発症するものが多い。手足のしびれ感、腱反射亢進、病的反射出現等の痙性四肢麻痺を呈する。
14	骨折を伴う骨粗鬆症	脊椎圧迫骨折 … 腰背部痛と脊柱の変形が特徴的である。軽微な外傷後もしくは誘因なく急性の腰痛を生じ寝たきりになることが多い。 大腿骨頚部骨折・転子部骨折 … 転倒等の後に、大転子部の痛みを訴え起立不能となる。膝の痛みを訴える場合もある。転位の少ない頚部骨折の場合、歩行可能な場合もある。
15	早老症（ｳｪﾙﾅｰ症候群等）	若年者で老人性顔貌、白髪、毛髪の脱落とともに肥満の割に四肢が細い。若年性白内障、皮膚の萎縮と角化、足部皮膚潰瘍、四肢の筋肉・脂肪組織・骨の萎縮、血管・軟部組織の石灰化、性腺機能低下症、糖尿病、髄膜腫等を認める。

（東京都医師会：介護保険における特定疾病診断の手引き．東京都医師会雑誌，51（9）：1763-1821, 1999 を一部改変）

1．介護認定審査会と委員の構成

委員の構成は、保健・医療・福祉の各分野に関する学識経験の均衡に配慮した構成となっている。その際、以下の点について留意されている。①学識経験の判断について：委員の学識経験の分野等については、市町村長が個々の委員について判断する。②保険者との関係について：審査判定の公平性を確保するために、原則として保険者である市町村の職員以外の者を委員として委嘱することとする。③調査員との兼務について：委員は、当該保険者の調査員として認定調査に従事することはできない。

合議体の設置は、保健・医療・福祉の各分野に関する学識経験の均衡に配慮した構成となっている。ただし、特定の分野の委員の確保が困難な場合にあっては、当該分野の委員を他の分野より多く合議体に所属させることとした上で、会議の開催にあたって定足数を満たすような必要な人数が交代に出席する方式とすることができる。医師、薬剤師、臨床心理士、保健婦、理学療法士、精神保健福祉士、社会福祉士、介護福祉士、訪問看護婦等の専門職が委員にあてられている。多くの合議体では複数の医師と他職種で5名程度で構成されている。

2．審査及び判定の手順

まず基本調査の結果を、特記事項及び意見書の内容と比較検討し、基本調査の結果との明らかな矛盾がないかを確認する。これらの内容に不整合があった場合には再調査を実施するか、必要に応じて主治医及び調査員に照会した上で基本調査の結果の一部修正を行う場合には、「要介護状態区分の変更等の際に勘案しない事項について」を参照する。再調査後の審査判定は、原則として前回と同一の認定審査会において審査判定を行うこととなっている。また、第2号被保険者の審査判定にあたっては、意見書の記載内容に基づき、要介護状態または要支援状態の原因である障害が特定疾病によって生じていることを別途通知する「特定疾病にかかる診断基準」に照らして確認する。

次に、一次判定の結果（基本調査の結果の一部を修正した場合には、一次判定用ソフトウエアを用いて再度一次判定を行ってから得られた一次判定の結果）を原案として、特記事項及び意見書の内容を加味した上で、「要支援状態及び要介護状態区分別状態像の例」（以下、「状態像の例」とする。）に照らして、審査対象者の状態像に最も近い要支援状態又は要介護状態区分を選び、それに応じて決定（以下、「二次判定」とする。）を行う。

また、認定審査会での個別の審査判定において、特記事項及び意見書の内容から、通常の例に比べてより長い（短い）時間を介護に要すると判断される場合には、一次判定の結果を変更する。なお、一次判定の結果を変更する場合には、「要介護状態区分の変更等の際に勘案しない事項について」を参照する。

さらに、「日常生活自立度の組合せによる要介護度別分布」や、「要介護度別にみた中間評価項目の平

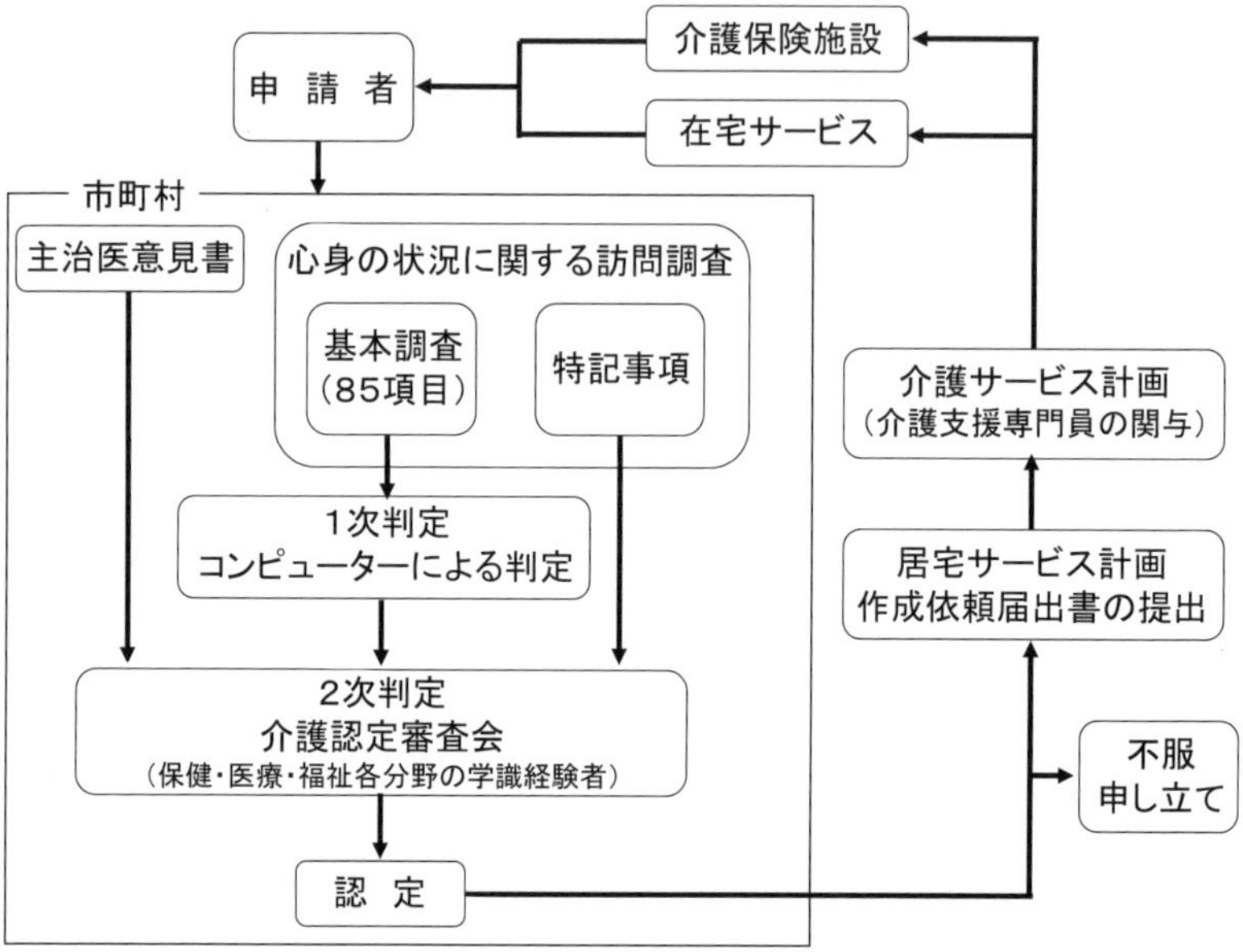

図1　介護保険サービス提供までの流れ

均得点」等を、参考情報として審査判定の際に利用する。ただし、これらは、あくまでも集団としての分布を示したものであって、個別の審査判定においては、要介護度がこれらと必ずしも一致しない場合があるということに十分注意する。

3．要介護状態区分の変更等の際に勘案しない事項について

コンピューターによる一次判定は、特別養護老人ホーム、老人保健施設、療養型病床群に入所・入院している約3、400人に対して行ったいわゆる「1分間タイムスタディ・データ」から推計されている。介護時間（要介護認定等基準時間）に応じて要支援及び要介護1～5の6段階が区分された。

介護認定審査会における審査判定は、要介護認定等基準時間に基づいて設定されている「要介護認定基準及び要支援認定基準」に照らして行うものであり、その際の具体的な検

主治医意見書　　　　　　　　　　　　　　　　記入日　平成　年　月　日

申請者	(ふりがな) 明・大・昭　　年　　月　　日生(　　歳)	男・女	〒　　ー 連絡先　　(　　)

上記の申請者に関する意見は以下の通りです。
本意見書が介護サービス計画作成に利用されることに　□同意する。　□同意しない。

医師氏名
医療機関名　　　　　　　　　　　　電話　(　　)
医療機関所在地　　　　　　　　　　FAX　(　　)

(1) 最終診察日	平成　　年　　月　　日
(2) 意見書作成回数	□初回　□２回目以上
(3) 他科受診の有無	□有　□無 (有の場合)→□内科 □精神科 □外科 □整形外科 □脳神経外科 □皮膚科 □泌尿器科 □婦人科 □眼科 □耳鼻咽喉科 □リハビリテーション科 □歯科 □その他 (　　　)

1．傷病に関する意見

(1) 診断名 （特定疾病または障害の直接の原因となっている傷病名については１．に記入）及び発症年月日

1.　　　　　発症年月日　(昭和・平成　　年　　月　　日頃)
2.　　　　　発症年月日　(昭和・平成　　年　　月　　日頃)
3.　　　　　発症年月日　(昭和・平成　　年　　月　　日頃)

(2) 症状としての安定性　　□安定　□不安定　□不明

(3) 介護の必要の程度に関する予後の見通し　　□改善　□不変　□悪化

(4) 障害の直接の原因となっている傷病の経過及び投薬内容を含む治療内容
(最近６ヶ月以内に変化のあったもの 及び 特定疾病についてはその診断の根拠等について記入)

2．特別な医療　(過去１４日間以内に受けた医療のすべてにチェック)

処置内容　□点滴の管理　□中心静脈栄養　□透析　□ストーマの処置　□酸素療法
　　　　　□レスピレーター　□気管切開の処置　□疼痛の看護　□経管栄養
特別な対応　□モニター測定 (血圧、心拍、酸素飽和度等)　□褥瘡の処置
失禁への対応　□カテーテル (コンドームカテーテル、留置カテーテル 等)

3．心身の状態に関する意見

(1) 日常生活の自立度等について
・障害老人の日常生活自立度 (寝たきり度) □正常 □J1 □J2 □A1 □A2 □B1 □B2 □C1 □C2
・痴呆性老人の日常生活自立度　□正常 □Ⅰ □Ⅱa □Ⅱb □Ⅲa □Ⅲb □Ⅳ □M

(2) 理解および記憶
・短期記憶　□問題なし　□問題あり
・日常の意思決定を行うための認知能力　□自立　□いくらか困難　□見守りが必要　□判断できない
・自分の意思の伝達能力　□伝えられる　□いくらか困難　□具体的要求に限られる　□伝えられない
・食事　□自立ないし何とか自分で食べられる　□全面介助

(3) 問題行動の有無 (該当する項目全てチェック)
□有　□無
(有の場合)　→□幻視・幻聴　□妄想　□昼夜逆転　□暴言　□暴行　□介護への抵抗　□徘徊
□火の不始末　□不潔行為　□異食行動　□性的問題行動　□その他 (　　　)

図２　主治医意見書

（4）精神・神経症状の有無
□有　（症状名　　　　　　　　　　　　　　　　　　　）□無
（有の場合）→ 専門医受診の有無 □有（　　　　　　）□無

（5）身体の状態
利き腕（□右 □左） 体重＝［　　］kg 身長＝［　　］cm　凡例

□四肢欠損	（部位：	程度：□軽 □中 □重）	
□麻痺	（部位：	程度：□軽 □中 □重）	
□筋力の低下	（部位：	程度：□軽 □中 □重）	
□褥瘡	（部位：	程度：□軽 □中 □重）	
□その他皮膚疾患	（部位：	程度：□軽 □中 □重）	
□関節の拘縮	・肩関節 □右 □左	・股関節 □右 □左	
	・肘関節 □右 □左	・膝関節 □右 □左	
□失調・不随意運動	・上肢 □右 □左	・体 幹 □右 □左	
	・下肢 □右 □左		

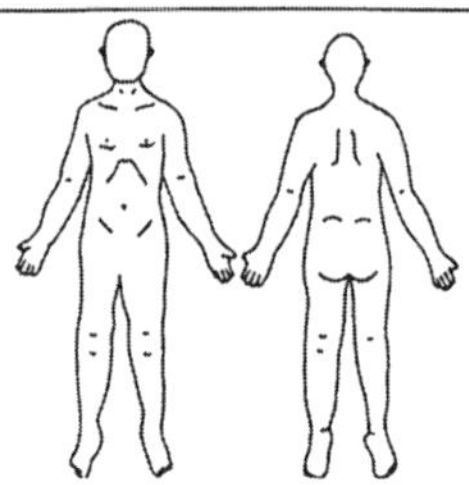

4．介護に関する意見

（1）現在、発生の可能性が高い病態とその対処方針
□尿失禁　□転倒・骨折　□徘徊　□褥瘡　□嚥下性肺炎　□腸閉塞　□易感染性
□心肺機能の低下　□痛み　□脱水　□その他（　　　　　　　　　　　　）
→ 対処方針（　　　　　　　　　　　　　　　　　　　　　）

（2）医学的管理の必要性（特に必要性の高いものには下線を引いて下さい）
□訪問診療　□短期入所療養介護　□訪問栄養食事指導
□訪問看護　□訪問歯科診療　□その他（　　　　　　）
□訪問リハビリテーション　□訪問歯科衛生指導
□通所リハビリテーション　□訪問薬剤管理指導

（3）介護サービス（入浴サービス、訪問介護等）における医学的観点からの留意事項
・血圧について　□特になし　□あり（　　　　　　　　　　　）
・嚥下について　□特になし　□あり（　　　　　　　　　　　）
・摂食について　□特になし　□あり（　　　　　　　　　　　）
・移動について　□特になし　□あり（　　　　　　　　　　　）
・その他（　　　　　　　　　　　　　　　　　　　　　　　　）

（4）感染症の有無（有の場合は具体的に記入して下さい）
□有（　　　　　　　　　）□無　□不明

5．その他特記すべき事項

要介護認定に必要な医学的なご意見等をご記載して下さい。なお、専門医等に別途意見を求めた場合はその内容、結果も記載して下さい。（情報提供書や身体障害者申請診断書の写し等を添付して頂いても結構です。）

表２　痴呆性老人の日常生活自立度判定基準

<table>
<tr><th>ランク</th><th>判断基準</th><th>見られる症状・行動の例</th><th>判断にあたっての留意事項及び
提供されるサービスの例</th></tr>
<tr><td>Ⅰ</td><td>何らかの痴呆を有するが、日常生活は家庭内及び社会的にほぼ自立している。</td><td></td><td>在宅生活が基本であり、一人暮らしも可能である。相談、指導等を実施することにより、症状の改善や進行の阻止を図る。
具体的なサービスの例としては、家族等への指導を含む訪問指導や健康相談がある。また、本人の友人づくり、生きがいづくり等心身の活動の機会づくりにも留意する。</td></tr>
<tr><td>Ⅱ</td><td>日常生活に支障を来たすような症状・行動や意思疎通の困難さが多少見られても、誰かが注意していれば自立できる。</td><td></td><td rowspan="3">在宅生活が基本であるが、一人暮らしは困難な場合もあるので、訪問指導を実施したり、日中の在宅サービスを利用することにより、在宅生活の支援と症状の改善及び進行の阻止を図る。
具体的なサービスの例としては、訪問指導による療養方法等の指導、訪問リハビリテーション、デイケア等を利用したリハビリテーション、毎日通所型をはじめとしたデイサービスや日常生活支援のためのホームヘルプサービス等がある。</td></tr>
<tr><td>Ⅱa</td><td>家庭外で上記Ⅱの状態がみられる。</td><td>たびたび道に迷うとか、買物や事務、金銭管理等それまでできたことにミスが目立つ等</td></tr>
<tr><td>Ⅱb</td><td>家庭内でも上記Ⅱの状態がみられる。</td><td>服薬管理ができない、電話の応対や訪問者との対応等一人で留守番ができない等</td></tr>
<tr><td>Ⅲ</td><td>日常生活に支障を来たすような症状・行動や意思疎通の困難さが見られ、介護を必要とする。</td><td></td><td rowspan="3">日常生活に支障を来たすような行動や意思疎通の困難さがランクⅡより重度となり、介護が必要となる状態である。「ときどき」とはどのくらいの頻度を指すかについては、症状・行動の種類等により異なるので一概には決められないが、一時も目を離せない状態ではない。
在宅生活が基本であるが、一人暮らしは困難であるので、訪問指導や、夜間の利用も含めた在宅サービスを利用しこれらのサービスを組み合わせることによる在宅での対応を図る。
具体的なサービスの例としては、訪問指導、訪問看護、訪問リハビリテーション、ホームヘルプサービス、デイケア・デイサービス、症状・行動が出現する時間帯を考慮したナイトケア等を含むショートステイ等の在宅サービスがあり、これらを組み合わせて利用する。</td></tr>
<tr><td>Ⅲa</td><td>日中を中心として上記Ⅲの状態が見られる。</td><td>着替え、食事、排便、排尿が上手にできない、時間がかかる。
やたらに物を口に入れる、物を拾い集める、徘徊、失禁、大声、奇声をあげる、火の不始末、不潔行為、性的異常行為等</td></tr>
<tr><td>Ⅲb</td><td>夜間を中心として上記Ⅲの状態が見られる。</td><td>ランクⅢaに同じ</td></tr>
<tr><td>Ⅳ</td><td>日常生活に支障を来たすような症状・行動や意思疎通の困難さが頻繁に見られ、常に介護を必要とする。</td><td>ランクⅢに同じ</td><td>常に目を離すことができない状態である。症状・行動はランクⅢと同じであるが、頻度の違いにより区分される。家族の介護力等の在宅基盤の強弱により在宅サービスを利用しながら在宅生活を続けるか、または特別養護老人ホーム・老人保健施設等の施設サービスを利用するかを選択する。施設サービスを選択する場合には、施設の特徴を踏まえた選択を行う。</td></tr>
<tr><td>M</td><td>著しい精神症状や問題行動あるいは重篤な身体疾患が見られ、専門医療を必要とする。</td><td>せん妄、妄想、興奮、自傷・他害等の精神症状や精神症状に起因する問題行動が継続する状態等</td><td>ランクⅠ～Ⅳと判定されていた高齢者が、精神病院や痴呆専門棟を有する老人保健施設等での治療が必要となったり、重篤な身体疾患が見られ老人病院等での治療が必要となった状態である。専門医療機関を受診するよう勧める必要がある。</td></tr>
</table>

（厚生省老人保健福祉局長通知　老健第135号　平成５年10月26日）

表３　要介護度別にみた中間評価項目の平均得点

	自立	要支援	要介護1	要介護2	要介護3	要介護4	要介護5
第１群　麻痺・拘縮に関連する項目	97.2	93.1	86.8	79.8	72.6	60.4	50.0
第２群　移動等に関連する項目	98.8	94.0	89.5	79.7	50.2	26.9	14.3
第３群　複雑な動作等に関連する項目	94.0	74.5	59.6	43.3	19.8	8.7	4.3
第４群　特別な介護に関連する項目	99.7	98.8	96.8	88.5	65.4	49.0	37.8
第５群　身の回りの世話等に関連する項目	98.1	89.6	75.3	55.4	24.7	11.3	6.7
第６群　コミュニケーション等に関連する項目	99.3	93.7	90.0	84.3	67.9	59.9	52.2
第７群　問題行動等に関連する項目	99.3	94.2	93.0	89.8	87.0	89.7	92.6

討においては、①要介護状態区分ごとに提示されている「状態像の例」と審査対象者の状態像の比較、②特記事項、意見書の内容（図２）に基づき、通常の例に比べてより長い（短い）時間を介護に要するかどうかの判断、③「障害老人の日常生活自立度（表２）」、「痴呆性老人の日常生活自立度（寝たきり度）」、「要介護度別にみた中間評価項目の平均得点（表３、図３）」の勘案、を行うこととしている。

以下に掲げる事項については、基本調査の調査結果の一部修正や一次判定の結果の変更を行うことはできない。

Ａ．基本調査結果の一部修正

１．既に当初の一次判定の結果で勘案された心身の状況

①基本調査の調査結果と一致する特記事項の内容

②基本調査結果と一致する意見書の内容

２．根拠のない事項

①特記事項又は意見書の記載に基づかない本人の状況

Ｂ．二次判定における一次判定の結果の変更

１．既に当初の一次判定の結果で勘案された心身の状況

①基本調査結果と一致する特記事項の内容

②基本調査結果と一致する意見書の内容

２．根拠のない変更

3．①特記事項又は意見書の記載に基づかない本人の状況
介護に要する時間とは直接的に関係しない事項
①年齢
②長時間を要する自立している行為

4．客観化できない心身の状況
①本人の意欲の有無

5．心身の状況以外の状況
①施設入所・在宅の別、住宅環境
②家族介護者の有無
③抽象的な介護の必要性
④本人の希望
⑤現に受けているサービス

■主治医意見書の問題点

要介護認定は、全国一律の基準に基づき公平・公正に行われる。被保険者から要介護認定の申請を受けた市町村は、当該被保険者の「身体上又は精神上の障害の原因である疾病又は負傷の状況等」について、申請者に主治医がいる場合には、主治医から意見を求めることとされている（図１）。要介護認定の結果如何に

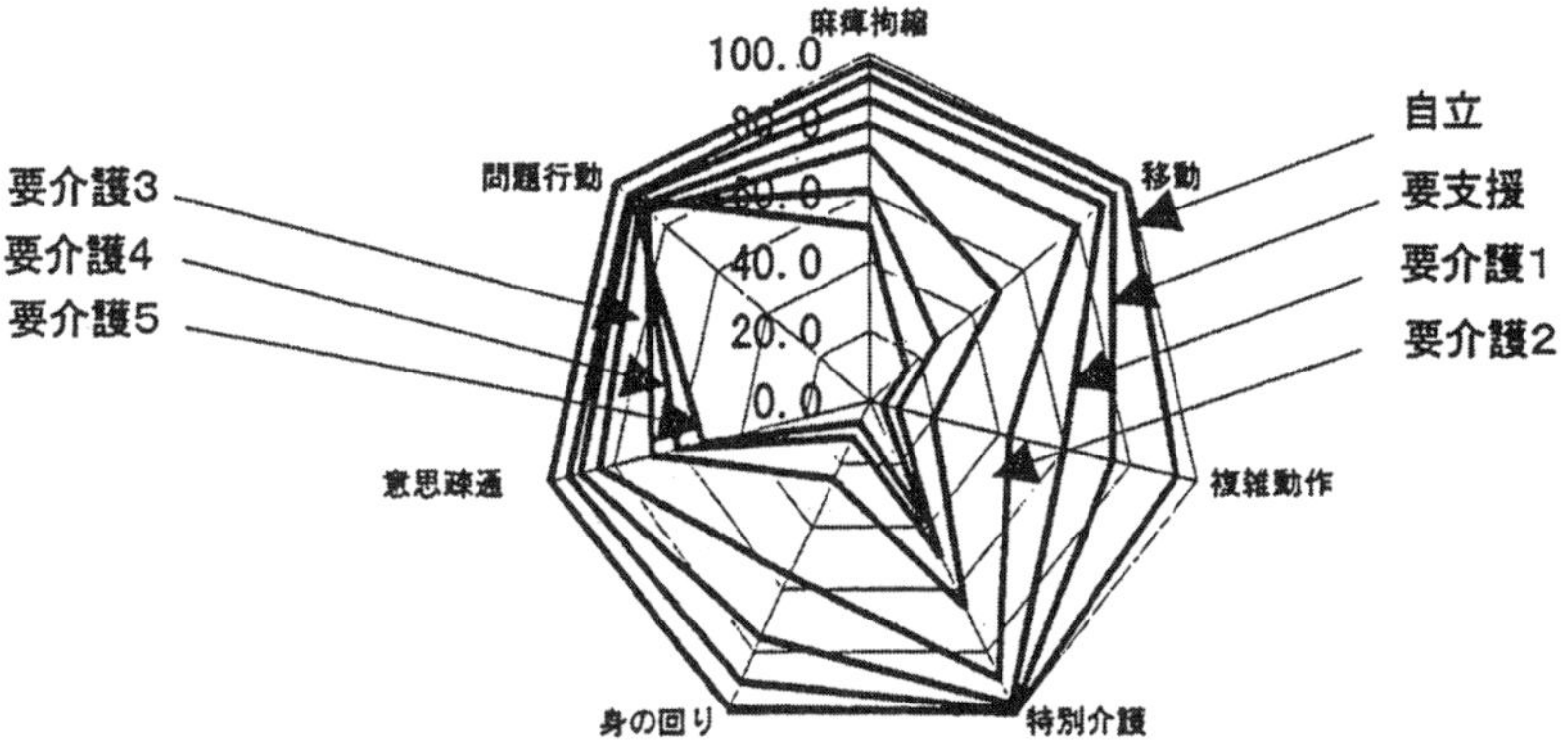

図３　要介護度別にみた中間評価項目の平均得点

よって、申請を行った高齢者は介護保険によるサービスを利用できるかどうか、また利用できる場合にはその上限が決定されることとなるので、審査判定に用いられる資料である意見書の役割は極めて大きいものである（図2）。

意見書は、一次判定の結果、及び特記事項とともに、あらかじめ介護認定審査会委員のもとに送られ、検討された上で、介護認定審査会の席上、二次判定に用いられる（図1）。一次判定の結果に影響を与え、一次判定の結果の変更が行われる。その場合、むやみに変更されぬよう「要介護状態区分の変更等の際に勘案しない事項について」が参照されることとなっている。

このように重要な判定資料であるにもかかわらず、①意見書記載内容の不備、②意見書記載事項の不備、③判定における意見書の位置づけの不備、の3つの不備が問題となっている。

①意見書記載内容の不備：記載にあたる医師の側の問題である。訪問調査結果とあまりにもかけ離れた内容であったり、患者の情報を充分把握していないで記載された内容であったり、審査委員が理解に苦しむ内容であったりする。特に訪問調査では痴呆性障害者の問題行動が指摘され、特記事項にもあげられているにもかかわらず、意見書に「痴呆なし」といった記載があった場合、意見書自体の信憑性及び、主治医の力量までもが問われる結果となる。保険事故発生までほとんど医療機関を訪れたことがないために主治医がいない例、及び病院の勤務医、殊に公的大病院の勤務医の記載例に不備が目立つとの指摘がある。この点については、各地医師会が、「主治医意見書の書き方」なる講習会を開催し、意見書の権威の回復につとめているところである。

②意見書記載事項の不備：意見書（図2）は身体の状況についての記載事項が主で、「3-(2)理解・記憶」、「3-(3)問題行動」や「3-(4)精神・神経症状」の記載事項が少ない点である。3-(4)を別にして、

他の２つの項目の内容は、訪問調査での「第６群意志疎通」、「第７群問題行動」で取り上げられている内容であり、意見書の記載との矛盾がもっとも見られるところである。痴呆性障害者にしぼってみると、「３-⑴痴呆性老人の日常生活自立度」として評価されているが、３-⑵、３-⑶項の記載内容と合わせても、これだけで、痴呆性障害者の介護の必要性を判断するにはあまりにも情報が少なすぎる。このほか「５特記すべき事項」に意見を附することとなってはいるが、日頃心身両面及び社会的問題に留意して診療行為をしている医師を除けば、残念ながら、この項での記載に多くを期待することはできない。先にも触れたように「痴呆なし」との記載に到るのである。この意見書で精神障害者のかかえる問題点を浮き彫りにすることは、なおのこと困難である。この点は後に改めて述べる。

③判定における意見書の位置づけの不備：介護保険制度ができあがる過程においてすでに問題が包含されていた。介護保険制度での医師は、介護支援専門員として業務を行うか、介護認定審査会における委員となるかしない限り、意見書でも書かなければ、介護保険に直接かかわることはできない。日本の医療制度の下では、主治医と患者との関係は治療的メリットとしても重要で、特に開業医すなわち、かかりつけ医と患家との関係は、とてもよいものであった歴史がある。介護保険制度立ち上げに際し、一定の危機感をもって日本医師会が主導して意見書を導入したことは、医師が介護保険より報酬を直接得られるのが、先の二つの役割を演ずる医師以外には意見書作成のときのみであり、この制度に無関心であった医師達に関心を喚起した効用はあったと見なすことができる。意見書の位置づけは、二次判定に際して参照されることになっているが、むしろ一次判定において意見書の記載内容を訪問調査結果とともにコンピューター処理する方が、より適格な要介護度の判定が可能となると考えられる。もちろん現在の意見書とは異なる内容が必要とされるが。

■介護認定審査会における問題

1．痴呆の評価

一次判定では、痴呆症状の評価が低いとの指摘が各地の介護認定審査会より挙がっている。特に介護度は介護時間によって評価されているが、痴呆の介護時間については〝見守り〟の時間が反映されていないと言われている。二次判定における一次判定の結果の変更ができない「介護に要する時間とは直接的に関係しない事項」とされているもののうち、長時間の〝見守り〟の時間は変更要件に挙げられているにもかかわらず、意見書及び特記事項に記載がない限り、痴呆性障害者の介護度判定がより重度に二次判定で評価されることはない。例えば、痴呆性障害者の徘徊のチェックでもＡＤＬが良い場合と部屋の中を這っているのとでは介護の手間や家族の心労は大きく違うが、その辺が現在の判定システムでは明らかになっていない。また、要介護認定等基準時間（介護時間）の調査が施設における「1分間タイムスタディ」に基づいているため火の不始末について自宅では火事と背中合わせという危険があるが、このシステムでは徘徊同様介護時間が多くなるとは決してならないのである。

最近、このことを踏まえ、日医総研では在宅の「痴呆患者に対する二次判定基準の構築」のための調査研究を全国的に実施し、選ばれた各医師会ごとに10～30例程度を抽出し、「1分間タイムスタディ」を行い、介護認定に反映させようとの試みがあり、この問題の解決に向けて期待されている。

2．精神症状の評価

精神症状については、意見書では「3-(4)精神・神経症状」として自由に記載する形になっている。「3-(3)問題行動」においても幻覚、妄想等の諸項目が挙げられているだけで極めて少ないと言わざるを得ない。各地の合議体において精神科医が加わることが期待されているのも、痴呆症状、精神症状のいずれかまたは両方を示す場合に正しく評価し、二次判定に反映させて欲しいとの願いがあると考えられる。しかしながら、訪問調査時の調査項目、特記事項、意見書のいずれにおいても判断するに足る情報量が極めて少ないため精神科医といえども適正な要介護度の判定に寄与することができない。

3．高齢の精神障害者の介護度の評価

介護保険法案が国会で成立する過程で、参議院において、「難病患者を含む若年障害者に対する介護サービスについて、高齢者に対する介護保険給付と遜色のないものとなるよう障害者プランに基づき、その拡充を図るとともに、その確実な達成のため、障害者基本法に基づく市町村障害者計画がすべての市町村で策定されるよう、地方公共団体に対して適切な指導を行うこと。」が、附帯決議された。若年（65歳未満）の障害者が介護保険の給付対象からはずされたことへの対応であったが、平成8年度から14年度を計画期間とする「障害者プラン（ノーマライゼーション7か年戦略）」が策定され、具体的な施策として省庁内の横の連携をはかりながら、国と都道府県、市町村が一体となって推進している現況である。障害者基本法でいうところの障害者は、身体障害、知的障害、精神障害の3つのカテゴリーになるが、三障害の障害者のうち65歳以上の人は、無論、介護保険の給付対象者である。

全国の精神科病院に入院している5年以上の在院者は、およそ16万人おり、そのうち4万人が65歳以上であるとされている。これらの人々は希望すれば要介護認定が受けられ、介護保険の給付がされることになる。しかしながら、現在の認定システムでは、日常生活のほとんどを自ら行うことができる精神障害者は、どんなに激しい幻覚・妄想をもっていても、自立とみなされ介護保険給付の対象からはずれてしまうことになる。精神障害者は疾病と生活障害とを併せもち、症状は不安定となることも多く、他

の身体障害者や知的障害者のように障害が固定している障害者とは異なる。

障害者基本法により障害者と定義され、精神障害者にも障害手帳が交付されるようになった。精神疾患を有する者（精神保健福祉法第5条の定義による精神障害者）のうち、精神障害のため長期にわたり日常生活又は社会生活への制約がある者が対象とされている。すなわち、精神分裂病、そううつ病、非定型精神病、てんかん、中毒性精神病、器質精神病及びその他の精神疾患の全てが対象であるが、知的障害は含まれない。

障害等級は、1級、2級、3級の三等級となっている。手帳の1級及び2級は、国民年金の障害基礎年金の1級及び2級と同程度。手帳の3級は、厚生年金の3級よりも広い範囲のものである。①1級：精神障害であって日常生活の用を弁ずることを不能ならしめる程度のもの。②2級：精神障害であって日常生活が著しい制限を受けるか、又は制限を加えることを必要とする程度のもの。③3級：精神障害であって日常生活若しくは社会生活が制限を受けるか、又は日常生活もしくは社会生活に制限を加えることを必要とする程度のもの。

判定は定められた判定基準により、精神疾患（機能障害）の状態と能力障害の状態の両面から総合的に行われる。

こうして判定された障害の程度も介護保険における要介護度認定とはものさしが違うのでたとえ1級と認定された精神障害者手帳を有する人も介護保険ではかならずしも重度とは評価されず、65歳以上であっても介護保険の給付が受けられず、介護保険サービスから遠ざけられてしまうことが懸念される。

まとめ

施行されて1年になろうとする介護保険法の認定制度における精神障害及び精神障害者をめぐる問題点につき論考した。

(1) 主治医意見書の記載内容、記載事項、位置付けにつき不備がある。
(2) 現状の認定審査会では痴呆の評価、精神症状の評価が十分行い得ない。
(3) 高齢の精神障害者は介護保険給付が受けられず、介護保険サービスから遠ざけられてしまう懸念がある。

(「精神科診断学」Vol.12 No.1 19～29, 2001.)

『「心の友の会」42年―社会復帰事業の足跡―』

関　健

退院患者及びその家族からなる「心の友の会」が発足したのは、昭和34年3月のことである。爾来、42年を経過したが、その間ともに発展してきた城西医療財団の社会復帰施設並びにリハビリテーション施設の足跡をたどってみたい（本文221頁表2参照）。

本会発足と同年の2月には精神障害者社会復帰施設「城西メンタルセンター」が開設されている。この施設は先代の関守理事長がヨーロッパでの視察中に想いを得て造ったものである。社会復帰施設としての開設は、おそらく我が国で最も早い時期のものである。「城西メンタルセンター」はその後3回引越をして現在地に定着した。現メンタルセンターは、「メンタルホーム（福祉ホーム）」と「メンタルドミトリー（援護寮）」とからなり、昭和62年に大改正された精神保健法（旧精神衛生法）に明記された法定の社会復帰施設であり、平成元年4月に開設された。従って、それ以前の「城西メンタルセンター」は、法定外の施設として自主的な運営をしてきたのである。当城西医療財団ではこのメンタルセンター事業を中核として精神障害者社会復帰の援助事業を行ってきた。その間の経緯については、関守理事長が1989年2月発行の『病院』誌（第48巻第2号）に「精神障害者社会復帰への道　―城西メンタルセンターの30年―」として書いた論文に詳しい。

城西医療財団は、昭和42年に城西病院で精神科デイケアを始めているが、これも我が国では早い取り組みと言える。次いで、昭和62年、豊科病院に共同住居を開設。平成５年６年と相次いで豊科病院並びに城西病院でグループホームを開設している。ソフト面でも、63年に「メンタルクラブ」、同じく「訪問看護」を始めている。精神保健福祉法の改正が平成５年、７年、12年と行われているが、それに呼応して精神障害者社会復帰支援メニューを追加してきた。最近では平成10年に精神障害者地域生活支援センター「燦メンタルクラブ」を発足させた。「燦メンタルクラブ」は、今後、地域保健・医療・福祉の拠点として大きな役割を担うことになる。当センターのパンフレットには、①よろず相談、②就労相談、③生活技能訓練、④医療・福祉情報提供、⑤ボランティア育成・支援、⑥自助グループ育成・支援、⑦癒しの場、⑧教養講座・学習会、等のサービスが挙げてある。さらに、市町村が実施主体となって始まる平成14年度からの精神障害者居宅生活支援事業の中の一つとして精神障害者居宅介護等事業（ホームヘルプサービス／訪問介護）及び平成15年度からのケアマネジメントを実施することが近い将来加わってくる。地域生活支援センターは先の法改正で福祉ホーム、援護寮、授産施設等とともに社会復帰施設と位置付けられている。これに対し訪問介護、短期入所（ショートステイ）、グループホーム等が精神障害者居宅介護等事業として位置付けられている。ケアマネジメントの流れは具体的には図に示す様になっている（本文２１４頁図６参照）。ホームヘルプサービスの流れは図に示す様なものが考えられる（本文２１４頁図６参照）が、「燦メンタルクラブ」はケアマネジメントの実施とともに、ホームヘルパーを派遣する事業者としての登録も行おうと考えている。現在、「燦メンタルクラブ」を多くの患者さんが利用している。また、多くのボランティアの方達が運営に協力してくれている。「心の友の会」の皆様も気軽に立ち寄り、この運営にご協力願えると有り難い。

（「心の友の会」第14号・平成13年6月30日）

『「ミサトピア・ロピテル一日市場」開設にあたり』

関　健

長野県は、信濃の国とも信州とも言われ、いづれの呼称も現在よく使われています。その懐かしい響きはこの地の素晴らしさを全国に知らしめております。現在、長野県は男女とも日本一の長寿県となっており、また、幸福度でも日本一とランクされております。「しあわせ信州」というキャッチフレーズが生まれる所以です。

高齢社会を迎え、一人暮らしをされる方が増加してまいります。矍鑠（かくしゃく）として生きるためには日常生活のお手伝いがあると助かる方が大勢いらっしゃいます。当施設は、「お・も・て・なし附き高齢者住宅（サービス附き高齢者向け住宅）」として満足していただける、ゆったりとした生活空間や収納設備を供え、充実したシルバーライフを楽しく過ごしていただけます。高齢社会を生きる人々に、医療の安心・介護の安全・生活の安定を提供する高齢者専用の居住施設です。食事（朝・夕2食）、入浴、健康管理、等生活の基本サービスを受けることができるほか、訪問看護、訪問介護、訪問診療、訪問歯科診療、介護予防、ヘルスプロモーション（健康保持増進）、等のオプションサービスも受けることができます。

「レストラン森と湖」は、入居者のご利用だけでなく、地域交流の場として開放されており、併設のオレンジカフェ（認知症カフェ）は、認知症の方やご家族の相談にあずかるとともに日中を過ごす時間と空間を提供します。隣には、「認定やまぶきこども園」や「やまぶき学童館」があり、幼児・学童の世代、その親御さんの世代及び入居している高齢者の世代、三世代の交流の場となってほしいと思っています。夜はおしゃれな Bar として、大人の世界が演出されます。

Misatopia（ミサトピア）の由来

社会医療法人城西医療財団及び社会福祉法人七つの鐘が、安曇野市三郷（旧・三郷村）で運営する医療・福祉施設を包括する名称です。三郷のユートピア（Utopia／理想郷）の謂であり、Misatopia／ミサトピアの表記となります。この街にある医療・福祉施設には全て、〝Misatopia〟／〝ミサトピア〟を冠しています。Utopia は、You-topia／友 topia と表現すると、想像力をかき立てます。

l'Hopitel（ロピテル）の由来

ラテン語の hospes（修道士の宿泊所）から派生した言葉に hospice（ホスピス：傷ついた修道士が病を癒すために滞在する宿）があり、さらに派生した言葉に hospitality（もてなす）という言葉があります。この言葉は hospital（病院）及び hotel（宿）の同義です。Hospitality をフランス語表記すると hospitalité（歓待）となり hospital は Hopital、hotel は Hotel の表記となります。l'Hopitel（ロピテル）は、この二語を合成し男性名詞の冠詞 le を付けた表記で、社会福祉法人七つの鐘及び社会医療法人城西医療財団が提供する高齢者向け住宅のブランドとして、商標登録されています。

Restaurant la Foret et le Lac／レストラン森と湖：和・洋食メニューをご用意いたします。昼食と夕食を提供します。グループでのご利用、小会合も歓迎します。

Bar：夕方からの営業です。ビール・日本酒・ワイン・各種スピリッツの他、カクテルやソフトドリンクも提供します。アイスクリーム類やパフェもご用意しております。

ダイニング：2階と4階にございます。入居されている方に朝食と夕食を提供します。北アルプスの景観が楽しめます。

ラウンジ：2階、3階と4階にございます。皆さんで談笑したりゲームをお楽しみください。北側のラウンジにはキッチンが備えてあり、お料理を作ることができます。

認定やまぶきこども園：保育園と幼稚園の併合施設です。1階の奥にあり、0歳児から5歳児まで利用いただけます。子育て相談にも応じます。

やまぶき学童館：学童保育／放課後児童クラブです。厚生労働省所管の「放課後児童健全育成事業」のことですが、親御さん特にお母さんの就労支援の役割もあります。

デイサービスセンター山吹：リハビリテーション特化型デイサービスで、3時間ずつ午前と午後に2クール行います。送迎（無料）及び入浴（有料）サービスがご利用できます。

S'Wellness Club Hitoichiba／S'ウェルネスクラブ一日市場：ヘルスプロモーション（健康保持増進）施設です。介護予防のお役にも立ちます。午後4時半からの営業です。

スパ＆ジャグジー：1階に男・女別にございます。デイサービスの後、汗を流していただけます（有料）。入居者のご利用もできます（割引）。

エステ・マッサージ檸檬：日替わりでエステとマッサージが受けられます（有料）。夕方からの営業で、予約制です。

安曇野南訪問介護ステーション：訪問介護に伺います。入居者の方のご利用も可能です。

安曇野南介護相談センター：ケアマネジメントいたします。また、無料の介護相談にも応じます。

オレンジカフェ：認知症カフェです。認知症の方及びご家族の様々なご相談に応じる他、来所されてお茶を飲んだりお酒を楽しんだりできる時間と空間を提供します。
医務室：2階にございます。訪問診療・訪問歯科診療の診察が受けられます。
マーク／エンブレムについて
Misatopia l'Hopitel Hitoichiba のマーク／エンブレムは、施設が提供するサービス、施設の運営理念を象徴しています。〝太陽〟は昼間を、〝月と星〟は夜間をそれぞれ表し、〝ゴブレット〟は飲食を、〝城門〟は住居をそれぞれ表現しています。すなわち、「当施設は昼も夜も安全な住居で飲食を提供します」というコンセプトを象徴しています。このエンブレムを、「医療・医術」の象徴である〝蛇〟が囲む形で描かれ安心を象徴し、更に〝蔦〟が絡まり、〝オリーブ〟が全体を囲む形でマークとなっています。蔦の花言葉は「誠実・勤勉」「永遠の愛」「結婚」ですが、当施設では介護の安定を象徴しております。医療と介護が一体となって入居者を支えるという決意の表れです。オリーブの花言葉は「平和」「知恵」「勝利」「安らぎ」ですが、当施設では平安・安寧が入居者を包み込むことを意味しています。

『「リハビリテーション特化型デイサービスしろにし」開設について』

関　健

「リハビリテーション特化型デイサービスしろにし」（以下、「リハデイしろにし」）を令和2年1月20日に開設した。先行して、社会福祉法人七つの鐘の運営するサービス付き高齢者向け住宅「ロピテル一日市場」の開設の時に「リハデイ山吹」を併設して始め、当医療法人から理学療法士1名と健康運動指導士1名を派遣した。リハデイは、3時間が1単位と定められ、普通のデイサービスと異なり、入浴サービスや食事は提供しない。介護予防とりわけフレイル対策が目的であるため、歌を歌ったり、おしゃべりをするプログラムはなく、専ら運動をする。「リハデイ山吹」は午前と午後の2単位を行い、希望者には有料で入浴をしてもらっている。午後のセッションが終了した午後4時以降は、同じ施設の機械器具を使用して、'Sウェルネスクラブ一日市場に変身する。ここからは一般の人々の利用に供することになり、城西医療財団の運営になる。法人間で、施設（機械器具及び入浴設備）の使用料を城西医療財団から七つの鐘に支払い、他方七つの鐘から城西医療財団に理学療法士と健康運動指導士の派遣費用を支払うよう取り決めて運営をしている。

当初利用者に恵まれなかった「リハデイ山吹」も、横山理学療法部長の努力で評判が評判を呼び、満杯の盛況となった。送迎付きなので、安曇野市三郷地区全域から利用者は訪れている。横山部長の指導は、個別の理学療法そのもので、これならば利用者の満足度は上がるだろうと感心した。備え付けの機械の評判もよく、南側の壁は一面鏡になっており、スタジオでのプログラムもそれぞれの運動を自ら確認しながら行えるので、満足度も高い。

この成功体験があり、横山部長の強い提言もあり、城西病院の'S'ウェルネスクラブ松本に「リハデイしろにし」を併設することとした。不振の'S'ウェルネスクラブ事業の赤字補填の意味もある目論見であった。場所は、7ビルの4階、昔〝レストラン深山〟を運営していた場所で、客席のあった部分を'S'ウェルネスクラブ松本が使用しているところである。厨房部分には調理器具が残っており、これを6ビル1階の元職員更衣室であったところに移設して空け、そこに男女更衣室とシャワー等を設けた。'S'ウェルネスクラブ松本は元の部屋で運営を続け、「リハデイ山吹」同様に、午後4時以降は'S'ウェルネスクラブ利用者に開放されるコンセプトである。介護保険適用の施設なので、サービス管理担当者(サビ菅)及び看護職員が必置であり、理学療法士の他、登録上は介護職員として健康運動指導士を充てているので、「リハデイ山吹」同様に評判が上がり、利用者は急増している。深山厨房の調理器具移設及び更衣室・シャワー・事務所の設備に費用を要したため、設備投資資金の回収には数年を要するが、'S'ウェルネスクラブ事業の不振を解消して余りある収益が期待できる。なお、6ビルに設置した厨房は、配食サービスに供する食事を作る所であり、メンタルセンターの食事・景岳館の食事の提供も行い、これを就労支援事業A型もしくはB型事業にできないか模索している。一方、こうした事業化には制約が多く、採算が取れれば、一般の事業とすることも検討している。その場合でも、障碍者雇用は勿論行う。

(「城西」56号　2020。)

『城西病院介護医療院』

介護保険が施行され、介護保険施設として従来からあった特別養護老人ホームを介護老人福祉施設と呼称し、老人保健施設を介護老人保健施設と呼称するようになった。第三の介護保険施設として療養型病床群のうち介護保険摘要の病棟につき介護療養型医療施設と呼称することとなった。私が理事長・総長を務める当法人及び関連法人の社会福祉法人七つの鐘は、介護保険三施設のいずれをも運営することとなった。介護老人福祉施設は、安曇野市三郷の「ミサトピア小倉メナー」、介護老人保健施設は、安曇野市豊科の「安曇野メディア」、白馬村の「白馬メディア」、介護療養型医療施設は、城西病院の介護療養病棟及びミサトピア小倉病院の認知症療養病棟、等が該当する。

自民党政権の末期に介護保険適用の療養病床が廃止されることが決まり、いささか焦った。ところが、民主党政権に代わり一旦このプランはキャンセルされた。しかしながら、自民党政権が復活し、廃止されることとなったが多少延命され、平成30年度からの6年間のうちに何らかの変更ができれば良いということになった。これは、廃止に伴うメニューとして転換型老人保健施設のメニューが呈示されたが、食いつく病院は少なく失敗施策に終わってしまったことが背景にある。香川県には、２０００床を有する介護療養病棟でのみ構成される病院があると聞いたが、もしこの病院が転換型老健として１００床規模のものに転換すれば新たに20個の老健ができることになる。というのも、全国老人保健施設協会の会員が３０００程あるところ、転換型老健が全国各地に相当数できると一気に４０００を超える老健の数になってしまう。

そこで提案されたのが居住施設である介護医療院の創設であった。この施設は、まずは廃止が決まっている介護療養型医療施設（介護保険摘要の療養型病床群）を転換する受け皿として補助金等のインセンティブをつけて誘導をした。私共では、ミサトピア小倉病院の介護保険摘要の認知症療養病棟の存続を図るべく全国の同様の病床を有する11の精神科病院と組んで政官界に陳情をした。結果は存続が叶わず私共の法人としては、当該病棟を精神科療養病床に転換せざるを得なかった。ただし、機能としては認知症の病棟のままである。

城西病院の介護療養病棟については、色々検討の結果、介護医療院に転換することとし、令和2年9月16日の開設を目指して、改装工事を行った。介護医療院への転換は病室の構造を大きく変えることなく、既存の病床面積のままでよいこととなったため、ベッドとベッドの間に、隔壁を作る程度の改装で充分であった。介護療養病床は44床あったので、これを40人の介護医療院とし、残りの4床は医療療養病床の増床で対応した。城西病院で対応する定床数は変わらなかったが、病院としての定床は239床から199床となった。200床未満の病院となった意義はあり、今後の方向性が実態として見えてきた。すなわち在宅支援病院の認定が可能となり、地域包括ケアの実現のためのツールともなりうるからである。呼称は、「城西病院介護医療院」と病院名を残して良いこととなったのでそれに従った。収入は減るが経費が下がるので利益は上がると踏んでいる。

第2部　対談

「検証　介護保険・障碍者福祉の10年」

関　健・黒澤　一也

関　黒澤先生　今日はお忙しいところありがとうございます。

黒澤　こちらこそありがとうございます。

関　平成11年の介護保険施行一年前に私どもで公開講座、「介護保険　障碍者プランはこの国を救えるか」という大げさなテーマのシンポジウムを開いたのですが、実は介護保険がわが国の新しい社会保険として施行されるということで、私どもとしてはこれに向けて10年あまり準備してきました。その最後の集大成として公開講座ということで行ったのです。

この頃議論されていたのが介護保険の範囲ですね。誰が対象になるか国会でも議論されていました。我々の関心としては、介護保険の対象はいわゆる高齢の障碍者な訳ですが、これは身体的にも精神的にも、或いは知的にもいろんな障碍をもっている方々が対象だろうと…。そうなると若年の障碍者はどうなるのか、一大関心事でした。結局これが外されてしまったという問題がありました。

当時、国には障碍者向けのプランがあり、これとの関係で将来どうなるのか、この辺の問題意識を持ったわけです。

その時にちょうど先生のお父様にシンポジウムの指定討論者という形でお話をいただいたのですが、当時このシンポジウムに出ていただいた参議院議員の今井　澄先生、そして先生のお父様が亡くなられてしまったということと、介護保険が施行されてちょうど10年たったので、果たしてこの制度は10年たってどうなんだろうかその検証をしようと、少し大上段に構えた話ではありますが、そんなことで黒澤先生の後継者である一也先生においでいただきまして、その辺を掘り下げて考えてみたいと思います。

その当時、私どもも幾つかの介護保険施設がありまして、将来介護保険の適用になるだろうという思いで運営をしていました。それを上回る事業を黒澤先生のところでなさっていまして、まさに長野県、或いは日本の先駆者としてのいろんな事業を手がけておられたわけです。

ちょうどシンポジウムでお話しいただき、感心すると共に尊敬の念を抱いたことを覚えています。

その当時と現在とを比較してみたいのですが、先生の施設はどうでしょうかね。その当時の事業と現在の事業の変化ですね。

おそらく一番大きく変わったのは職員数かと思いますが、その辺をお話し願えますか。

黒澤　当時公開講座をされたとき、実は私はまだここに戻ってきていませんでした。介護保険に関しては、私も整形外科医として勉強しなくてはいけないと思い、多少なりともかじった時期です。

当時の状態を公開講座のときの父の話、それから今までの流れの中で見てみますと、施行前から介護保険のサービス事業は少しずつやっていた状況でありますが、やはり10年間で施設数はかなり増えています。

まずは、病院の周辺にある、例えば通所系のサービスとか訪問系のサービスとかはさらに拡充され、上田市の真田町など市内の別の地区にも拠点を作っていました。職員数に関しましては10年前２７０名ほどで、今は５４０名。ちょうど10年で倍になりました。

関　その職種は何ですか。全体ということですか。

黒澤　全体で増えたのですが、内容的には一番は介護系ですね。

関　恵仁会と恵仁福祉協会両方合わせてですか。

黒澤　主として恵仁会、医療のほうが中心ですね。

関　恵仁福祉協会の方はどんなご様子でしょうか。

黒澤　福祉協会の方も介護系の施設、サービスが主ですが、当時は特別養護老人ホーム中心に介護保険のサービスがありましたが、現在よりも規模も小さかったですね。職員数も当時１００名弱が、今はその3倍位になっていますね。もちろんほとんどが介護系です。

関　先生がおっしゃった中に、たとえば老人保健施設の方は恵仁会の方でみているのですか。

黒澤　そうです。

関　私どもの方は、当時４４３名が今は７３３名になり、かなり増えています。やはり介護職が11年当時は70名ほどだったのですが、今は192名、２・５倍位になっていますね。

　介護保険が始まったときに病院には看護助手がいますが、仕事の内容からしてどちらかというと介護じゃないかという認識がありまして、職制上の格付けで介護職を作り医療法上は看護助手ですが、法人としては介護職という位置づけにしまして、その後もやはりこの方たちが増えてきて、例えば訪問系の介護ステーションもでき当然老人保健施設も増えて、そんな関係もあり増加してきました。たしか、介護保険が始まるとき国が、こういった職員をどう配置するかという目標があったのですが、いわゆる家族が介護するというのが一般的なあり方でした。

　介護保険が始まって介護職、介護福祉士という国家資格ができたり、訪問のホームヘルパーの2級や3級の養成が急ピッチとなり、さらに短い期間の養成が求められました。

うちもヘルパーの養成ということで3級、2級の講座を開いて多くの方に受講していただきました。当時どこもこういう養成をやっていましたね。

　ニチイ学館は短期集中型で何週間か毎日講義がある形でした。言ってみれば、ある程度時間がある人じゃなきゃだめでしたね。

　私どもの講座は月曜と木曜の夜講義を行い、実習は休みの日に行くという形で、ほぼ数ヶ月を要したわけです。お勤めの方が夜来てヘルパーの資格を取れるというコンセプトでやりました。講師というか講義等を行ったのは当財団の職員でした。そういう意味では彼らにとっても勉強になりましたね。

　当時そこに来られた方の中に、例えば不景気の波が押し寄せてきていたので、建築会社の社長の奥さんとか娘さんもいました。将来に備えてできたら自分たちもそういう施設をやってみたいというような方もいらっしゃいました。おそらく介護保険が出来上がる過程で、いわゆる株式会社とかそうでない個人でも参入できるような形を作っていましたね。

そのためにいろんな問題が生じました。おそらく介護保険をつくっている方達がどちらかというと医者嫌いというか、医療の世界は医者が威張っていろんなことをするということで、その束縛から逃れたい、そういうコンセプトもあったのかなぁと思うのです。

その辺いかがでしょう。先生のお父様は医療・福祉・介護といろいろなさっていましたが、何かお聞きになっていましたか?


黒澤 そうですね。やっぱり医療法人ですから医療がベースで、そこから発生していく考え方だと思います。

例えば、どちらかというと最初の頃の介護職のみなさんは、医療をやった人たちが介護にいくパターンが多かったと思います。

うちは施設自体も病院の周りとか、診療所の併設とかで、医療がいつも中心にあるイメージがあり、それはそれでメリットもあり現在もそれを感じています。

介護だけとかされている事業者もたくさんいますが、やはりトータル的には医療は切っても切れないということですから、人の育成に関してもあるんじゃないかなと思います。

関 そうですよね。
世間の人からみるとうちも先生のところもそうですが、「多角的にやっていますね」と言われますが、決して多角的の認識はなく、むしろシステマティックにやっている。例えば医療の不足部分を介護で補うとか、生活面を強化しなければというときは介護を入れるとか。そういうコンセプトではないかと思います。

だから多角的というと、例えば病院がパチンコ屋をやったり、フレンチレストランの高級店をやるとか…そんなことが多角でしょうが、とても考えられないわけです。

システマティックなことでどうしても医療をやっていると、ここにもう少しサービスがあればいいなという発想で、かつ介護保険の導入によって経営的にも可能になってきました。おそらくそれもあって事業をされてきたのではないかと思います

黒澤　先生がおっしゃったとおりで、介護保険ができるまでは訪問看護、訪問介護とかがあったから、やはりうちに帰った方が安心して生活できるようにと訪問看護のシステムができたわけですが、そういういろんなものが付いてきて、たまたま介護保険に事業的につながったんではないでしょうか。

関　確かに訪問看護は介護保険が始まる前に医療の中にはいってきましたが、エポックと考えられたのは、医療法の改正があった第四次の改正の時でしたかね。いわゆる医療の担い手ということで、従来は医療法の前文に書かれていた医師、歯科医師、薬剤師、その他の医療職、そんな書き方でしたが、第四次の改正の時に医師、歯科医師、薬剤師、そして看護師が入ってきましたね。これがおそらく開業看護師の道を開いたわけです。医師、歯科医師、薬剤師は自ら開業し、事業

所の管理者になれるわけですが、そこに看護師が入ってきて看護師の開業の道が開かれた。訪問看護の最初は、確か阿佐ヶ谷で2～3の看護師の方が実際には資金的援助もあり訪問看護を始めたことでしたね。

私どももこれに着目して、川崎幸病院の副院長先生が熱心にやっておられましたので、その研究会に行かせてもらい、訪問看護ステーションを立ち上げました。

先生のところも早くから訪問看護ステーションを始めましたが、その経緯はいかがでしょう。

黒澤 そこは詳しくはわからないのですが、僕の記憶では昔から、今で言う在宅医療で家に帰っても佐久は交通の便があまりよくないので、高齢の方の通院が大変だということがあり、積極的に在宅医療をやったわけです。ドクターが全部行くのも難しいということで、病院の看護師が見に行くという形で始まったというのが記憶にあります。

昔は外来の看護師が、病院の車で行くという所から始まったんじゃないかと思います。

関 当時のテーマのひとつに障碍者プランということで、若年の障碍者を対象にしたサービスというのが我々の頭の中にあって、精神障碍者の支援はまさに昭和34年頃からやってきました。精神障碍者が障碍者というふうに法的に認められたのは、平成5年の障害者基本法の成立のときなんですね。

障害者プランは平成5年のそれをうけて国が策定を始めたわけですが、彼らに対する訪問看護が必要だということで、まさに当時は外来ではなく病棟の看護師が勤務が終わってから訪問するという形でした。というのも患者さんは昼間自宅にいないので、夜の7時頃に病棟看護師が日勤を終えてから回るという形で始めたのを記憶しています。精神障碍者の訪問看護もその当時始まったわけです。

なかなか高齢者に対するアウトリーチは、当時そこまで考えが及んでいなかったんです。ただ、介護保険ができてから重要性を考えこれを始めましたが、当初は周囲の医師から警戒されました。

私どもの訪問看護ステーションは中信地区で初めてだったから、今から考えると遠慮しすぎだったのですが幾つかのキャッチフレーズを作って周りの先生方の理解を得るような、つまり訪問看護ステーションは先生方のためのサービスです、私どもが診ている患者さんの所には行きません。この部分は病院から訪問看護に行くと…。ステーションは完全に外の医師に対するサービスということを強調しました。ご指示いただけると先生方の評判が上がりますよと申し上げて、実際その通りやったんです。

病院から行く訪問看護はそんなに多くなく、まさに高齢者の方は外来看護師が行っていましたが、そのうちに苦しくなってきて結局訪問看護ステーション一本にしたんですが、その頃は松本市の医師会も自前で作っていました。大分先生方の理解が進んだというか、少し収入になるぞというとそちらにシフトしていく、そんなタイムラグがあったんですが、そういう方向に行ったと今にして思います。

何事も先駆的にやるといろんな抵抗があったと思いますが、その辺りお父様から聞いていますか。

黒澤　父はあまりそういう点は言わないのですが、気にしてないかしてるかよくわかりませんが、やると決めたらどんどん進めるので、周りがついていくのが大変だったと聞いています。先駆的にやると確かに日本人は新しいものは…。

関　出る杭は打つという、そういう抵抗はでてきますね。

黒澤　そういう話は良く聞きました。

関　そういう意味でいうと、全国で何カ所かの老人保健施設がモデルとして始め、佐久の若月先生の所が始めたわけですが、そのあと私どもも老健をやろうとプランして、先祖がかつて買ってあった土地に作ろうと思い、今特別養護老人ホームがあるところへ図面を引いて申請したんですが、当時は造るにあたり、地元医師会の推薦状が必要だったので持っていったところ、見事に反対されました。

県医師会レベルから反対しろと……。

なかなか理解していただけなかったですね。一番大きいのは患者を取られちゃうという考え方ですね。だから非常に遠慮して「私どものところに受診はしません。先生方に通っている方のサービスなので、先生方のところの評判が上がりますよ」と。それをきっちり守って数年間やりました。このため、老人保健施設は場所を変えて豊科病院の併設型で、隣の地主さんの協力を得て始めましたが、当初の予定より2年くらい遅れましたね。それでも中信地区で一番早かったので、いろんな方が見学に来られました。

開設したのは介護保険前でしたが、老人保健施設は医療施設だから医療の範疇にあるということでそんなことがありました。

ちょっとお話は変わりますが、
いわゆる民間というか、株式会社等がこれに参入してきたことでいくつか事件がありました。たとえば有名なのはコムスンの問題です。資本の力があるのでしょうが、例えば確か東京のモノレールにコムスンがすごい宣伝をして、シートカバーにすべてコムスンの宣伝がのっていた。介護保険のサービスを根こそぎ持っていくんじゃないかという勢いでいろんなものを作っていましたね。その中で在宅介護支援センターも造るといって、いわゆるケアプランを作るケアマネージャーを集めて、県内のどこそこに造るからと言って、とにかくケアマネを雇うわけですよね。ところが本人が元いたところを辞めて準備していると、やっぱりここは採算が合わないから辞めたということになるという話を聞きました。

一種のチェーン店が店を作る感覚ですね。採算が取れなきやめるというそんな話になっていきました。

コムスンは最終的にいろんな問題を起こしたので撤退しましたが、あのような志の低い人たちには当然退出してもらわなきゃいけないと思います。

黒澤　そうですね。

関　それまではどちらかというと行政が主導でサービスをやっていたのが、だんだん民間に委託する、或いは指定管理者制度ができたんです。実はデイサービスセンターを市が民間委託するという公募があったんです。要件が松本市内に主たる事業所を持っている法人、医療法人、社会福祉法人、それから株式会社、そういう書き方がしてあったんです。

手を挙げて事業計画三年分とかの書類を揃えて応募して説明会に出ました。そこに指定管理者として株式会社等と書いてあったのです。聞いたら他意はありませんと…。ふたを開けてみたらやっぱり株式会社がそれをとっている。実はニチイ学館がとったんですね。そこのデイサービスは私どもの所から一番近い所だったのでいいかと思っていたら、そこが指定管理者になったんです。ところが2年もしないうちに放り投げたんです。

その当時どうもやり方がひどいので、うちの事務員もニチイ学館から雇っていたが切っちゃいました。われわれが払う時給は高いんですが、本人には三分の二くらいしかこないとかで可哀そうでした。それだったらむこうを辞めてうちで雇ったほうがいいと。そんなことも思い出します。

先生も介護保険の功罪という意味でいう罪でお感じになることはありませんか。

黒澤　医療法人とか、我々みたいに昔から介護に携わっていない株式会社の参入は、介護保険市場が大きくて一般的な経済とかそういう中で非常に魅力があったんですかね。いろんな業者が入ってきました。

やっぱり質の担保ができない業者はどこかで綻びがでて、それはコムスン問題の時期に感じましたね。それに比べたら今は落ち着いた気がします。ただ、これからいろんな新しいサービスが出てくると、その事業を展開するいろんな業者が出てくるかなと思います。

　あとは個人でされる宅老所とか多いですけど、やっぱり地域でも2年くらいでなくなったり。こう言ってはなんですが、素人がやるものではないと感じます

関　当時シンポジウムを開いた頃にいろんな雑誌、たとえば日経なんとかとか経営者が見るようなものの中に、４兆円市場とか5兆円市場とかタイトルが踊っている。そこへ参入すると儲けることができると思うんでしょうかね。そういうあおりかたをする一方で、日経関係のビジネスと捉えるそういう人も確かにいましたね。

　先ほどの話しにあったように、介護職が11年当時から倍にも3倍にもなってきたという意味でいうと、雇用の創出という意味では重要な市場ではある。やはり医療も介護も人が大事、人が動かす職場なので雇用を新しく生むには、医療も介護も大事な市場だと思います。

　最近民主党の櫻井充さんが、産業という言葉を使ったので少し違和感があったのですが、たぶん他意はないが医療は雇用創出に重要なマーケットです。これだけ円高が続くと製造業が外へシフトしていくと言っていますよね。昨日も三洋電機が円高が続いて期末で１２００億の赤字を出すから工場を台湾にシフトする。当然日本人の雇用は失われますよね。

　身近な企業でもセイコーエプソンがありますが、松本市内のある工場は大型テレビを作っていましたが全くだめでここを閉鎖して、そこの従業員の希望者は向こうに行っていいと言う。確かに名古屋浜岡原発の近くだけど、希望者は三分の二もいない。後は希望退職。地元のおばちゃんは

クビになっちゃった。ああいう企業人は冷たいというか…ともかく経済市場主義というか会社市場というかわかりませんが、平気でそういうことやりますね。我々は決して職員を首切ってどうこうやることはないですね。相当な入れ替わりありますしね。いろんな方がいて退散願った人はいますが…。

基本的なスタンスがずいぶん違うなという感じがしますね。それが多分介護保険の中では明らかに区別された。参入する人の考え方がですね。

さて少し話題を変えていきたいのですが。

ちょうど私どもが健康センターを作りまして、全日病のドックの施設の認定を先生のお父様に審査員として来ていただいた。多分その頃先生のところでは温泉を掘り当てる前で、いわゆる健康増進とかにまだ手をつけていない頃だったと思いますが、その後温泉利用の施設を造られたりしてますが、今はそのあたりどうでしょう。

黒澤 父の時代は温泉がひとつのポイントになったと思います。

健康増進ということでプールと温泉とジムという形ですね。利用者はほとんどが若い人ですし、近くにいわゆるフィットネスとかあると利用者がごく限られた人になります。

私が10年前に帰ってきた頃は、地元の方が細々と使っている感じでした。これでは施設としての利用価値ももったいないということで、一つは病院とタイアップしていわゆる医療の部分、例えば術後のリハビリに使ったりスポーツ関係に利用する。あと高齢者の関係、高齢の方もプールを使ったりする方が増えてきて、そこの辺を強化していわゆる医師の指導の下にやるスタイルですね。

最近では介護保険、特に予防の部分での利用が増えています。

関　総体的には利用者増えていますか？

黒澤　そういうのは入れ変わりありますから、数としてはキャパシティーもないのでそんなに受入れられないですね。スタッフもそれなりに雇用しなきゃいけないから。

彼らには外に行って、いわゆる行政のやる予防教室とか、自分たちのやる転倒予防教室などを積極的にやればという形です。

関　私どももメディカルフィットネスを目指して健康センターを作ったのですが、当初は循環器の先生に関心持っていただき、心臓病のリハビリということで、いわゆるリハビリとは言わないで運動療法ということでやりましたが、なかなか利用者が伸びなくてどちらかというと福利厚生で職員が安い利用料で使っていた現状があります。

その後白馬に老健を作ったとき、リハビリの施設の中に運動器具を入れて、そこで白馬村民の利用や介護予防をうたって、いわゆる介護予防教室を始めました。更に後、もう少し北の小谷村で廃校にする小学校がありまして、少子化で二つを一つに統合するので後利用を何かできないかと相談にこられたので、少しアイデアを出して私が指定管理者になってそこに温泉利用のジムとプールを作りましたが、如何せん人口が非常に少ないので、まだ利用者も少ないですね。一方でこれを観光に結びつけたいと思いまして、冬は栂池高原のスキー場が近くにありますし、夏は森林セラピー基地があってそれらを一緒にしてヘルスプロモーション&ツーリズムができないかと、今後の課題でありますができたらと思っています。

従って村の観光交流施設という名称にもなっていて、ぜひ先生も一度ご覧になっていただきたいと思います。

ところが最近お湯の出が悪くなってきてしまいました。もともとあった温泉を利用していましたが、何とかしなければ…と村に働きかけているところです。

'Sウエルネスクラブと称するものが松本、白馬、小谷3か所あり、それぞれのコンセプトはメディカルフィットネス・介護予防・温泉利用の健康増進ということで始めています。やはり高齢者の方がもう少し利用していただけると、我々が考える健康増進とか介護予防とか健康の保持ということに利用できるかなと思っています。残念ながら介護保険とはあまり関係ないですが。

黒澤 うちも町の中でそこで何かということはあまりないのですが、ポールウォーキングを通して行政と商工会とタイアップして、パラダ佐久平を拠点にして構想があり、数年後に市が焼却場の熱利用で温泉施設をパラダに作るという話があります。アクセスが良いのでツーリズムという形で行う。そこでスタッフが行ってポールウォーキングの指導者養成のステップアップがあって、職員で指導者を養成できる資格を持つ職員がいるので、それを増やして市とか行政とかと一緒にやる。

最終的には高齢な方にそういうことをやっていただくことで介護予防になり、介護保険の利用者がある程度抑制できればと思っています。

関　多分おばあさんたちは行きますね。元気ですから。でも男性はどうでしょう。

私どももポールウォーキング、ただしノルディックウォーキングと言ってちょっと違うらしいのですが、イベントを計画し、先程の森林セラピーロードを使って行ったんですが、ポールウォーキングはだんだん普及してきているので協会の人が張り切って、安く道具を貸せるからと計画しましたが、１回目は大雨が降って姫川が氾濫しそうになり中止になってしまったのです。

これは今後毎年盛んにやって行きたい。正に介護予防或いは健康増進の良い手段になると思っています。是非指導者の養成を先生のところでお願いしたいですね。

黒澤　参加者は女性の方が確かに多いのですが、最近佐久は男性も増えてきました。少し意識の変化もあったかと思います。

関　どちらかと言うと貧乏性なのか、費用設定を安くしているため料金だけ聞いて高級感がないからかえって敬遠されているかなと思ったりもします。

去年、ＪＴＢの関係者に話しを聞いてみたら、東京にはお金があって暇もあるご婦人が居て、健康づくりに関心を持っている。しかし関心の持ち方が、きれいでいい宿に泊まって景色のいい所でお金はいくらかかってもいい。さらに美味しいものが食べたい。そういう人が居るという。

それらをターゲットにしてJTBはツアーを組むのですが、はたして我々の施設は利用してもらえるか。プールはいいが泊まる所はどうか…、食事がどうか…という面があります。滞在型のツーリズムとして商品を作りたいと思っているのですが、なかなか我々の企画力ではうまくいかないという感じがあります。

実際には我々のところに村の観光課からお話があり、こういうことやりましょうというのが今後も出てくると思いますが、如何せん人集めがなかなか思うように行かないというのが悩みです。

少し介護保険から離れましたが、しかしこれもやはり介護保険ができてからいろんな意味で上がってきた事案ですね。特に介護予防、更に言えば健康の保持増進、つまりその先へ進まないという考え方としても出てきていますし、我々も必要だと思うし、おそらく必然的にそちらの方への事業展開も先生のところでも必要になってきたと思いますが…。

ただ、残念ながらその辺の部分があまり病院の経理に寄与していないというところがありますね。

黒澤　そう思います。

関　傍から見ると理事長が趣味でやっていると思っている人が一杯いると思いますがね。

黒澤　うちもそうですが、やっぱり医療やって介護やっていくと保険の部分がありますが、トータル的にやるとなるとどうしても必要な部分ですね。

関　どちらかというと、そっちの人たちをしっかり支える方がいいというのがありますよね。

黒澤　そうですね。それはあります。

関　これでまとまりましたね。

少し昔の公開講座のときに戻ってみたいのですが、

当時は松田　朗先生、ちょうど国立医療病院管理研究所の所長の現役でいらした先生に、介護保険の概要をお話いただきました。参議院議員の今井　澄先生には政治の立場というか国会でいろんな議論があって、ちょうど今井先生は与党の厚生労働委員会の重鎮として、実際にこの制度を国会の方で作っていらした先生ですから、いろんな裏話というか苦労話をお話しくださいましたね。

その時に問題になったのが若年の障碍者をどうするかということです。結局は介護保険の適用になるのは13疾患でしたか、若い人で。そういうことになったのですが、私が残念に思うのは、いわゆる社会保険としてせっかく新しい介護保険ができたんですが、目的はいわゆる要介護という状態、それから要支援がその後加わったんですが、保険事故としては要介護状態なんですよね。

これは医療は全く関係ないんです。原因は医療ですが要介護の状態が保険の対象になる。ところができてみたら介護保険の中に医療が入っちゃった。医療保険は傷病とかそれに伴う疾病が保険の対象になるんですが、どうも変だなと違和感が最初からありました。つまり、社会保険としての保険事項が違う対象にどうして医療を入れたか、非常にそれが問題だと思います。

本来医療施設として医療法に書かれた老人保健施設が、介護保険になったとたん介護保険施設になっちゃって、費用が介護保険から支払われることになってしまった。これが今に影響があると思います。端的にいうと介護保険はまるめですから高額な薬剤、高齢者は介護だけでなくほとんどが医療を必要としている。それを全部丸められちゃって高額な薬品が使えない。例えば抗がん剤とか、最近は抗認知症薬が高いという理由でね。というような問題が出てきましたね。

そのあたり先生は日頃お感じになることはありませんか。

黒澤　老人保健施設に関してはまるめで高い薬が使えない。3カ月の入所でも薬がなくなるとまるめで持ち出しなので。整形外科領域の高い注射薬は何万もするるんです。どうしようかと迷うわけです。いろんな方がいます。殆ど飲んでいない方、最小限でという患者さんもいますね。急性期からの紹介患者さんは沢山飲んでいるのでこれを減らさないと…。

関　それも問題ですよね

急性期の出来高のところが、薬を使い過ぎはありますね。

黒澤　ある程度適正なものに整理していくが、入所中にちょっと具合が悪くなったが病院に入院するほどでもないという状態があり、やりにくいと常日頃思っていますね。

関　やはり、はっきり医療事故は医療保険、介護の保険事故は介護保険としっかりもう一度整理すべきと思います。

特に4月には介護保険、医療保険の同時改訂がありこれは6年に一回必ず回ってきますが、民主党政権が作った社会保障と税の一体改革というのが着地点を２０２５年と設けていますが、それまでにチャンスが今回含め3回ある。厚労省としたらその中で整合性をとろうといっていますが、どうもその中にもう一度介護保険ができた当時を初心に帰って見直し、介護事故は介護保険、医療事故は医療保険というふうにきちんと整理しようというのが全く上がってこない。これは医療につけるか両方の点数が違うのを一緒にしようとかそんなことしかやっていない。これは原点に戻すべきと思うのです。

そういう意味でリハビリテーション、それから看護にかかわるもの、これは医療の中にもって行かなきゃいけないと思いますね。

維持期のリハビリ、これを介護でやるとはまやかしにすぎない。明らかに医療だと思います。訪問でいこうと、施設に来てやろうと、はっきり分けなきゃいけない。

同じ介護保険施設でも特養の場合には医療は外付けですよね。しかも外の先生が行っていくらでも薬出せる。老健だけそこに縛りがあって、勿論いくらでも薬出せばいいわけですが、それをやっていたらどんどん赤字になるという問題があります。

実は昨年日本慢性期医療協会の学会が札幌でありました。その時にシンポジストとして参加し、そういった問題のことを強調してきましたが、皆さんどのくらい解ったか分かりませんが、その時にははっきりと医療保険事故は医療保険、介護保険事故は介護保険ということをもう一回考えてほしいと言いました。老健における医療費は私の試算では、ならすと5～6万円、そんなに多いものではないのですよ。それを医療保険にくっつけても、今の医療保険を圧迫する程じゃないと思います。

だから国は要するに介護保険ができたときに、厚労省予算の半分が年金で、あともともと四対一くらいの割合だったのを三対二にすると。この一割分を老健の費用を介護保険に持っていくという話だったと思うのですがそれにこだわることは無いと思います。もう少し個別に見て、ケアマネジメントなど何でもやっていいが、医療の部分は医療保険からと。そういう整理をし直さなきゃ、本当の意味の本来の保険料を払ってる人に対して申し訳ないと思います。国は財布は一つだからどう使おうがいいんですが、保険料をとっている以上はそこをやるべきですよね。

黒澤 我々も老健をやっていると、その話は現場から見るといつも切実な問題で、できれば分けて欲しいですね。

特養は外付けなのでいくらでも。あの差は何だろうと思います。

老人保健施設自体は医療側の施設カテゴリに入っているのに、そこだけ矛盾しているなと常に思います。

近い将来先生のおっしゃった形にしていただきたいなと非常に思います。

関　前の老健局長の中村秀一さんは長野県出身でお父さんは医者でしたが、そういう意味で我々にシンパシー抱いていただいたんですが…。

福岡であった全国老人保健福祉施設協議会の総会のときに、介護保険施設の再編成を当時からおっしゃっていました。今もその話は続いていますが、いわゆるどっちの方向にシフトするかわかりませんが、特養と老健の違いを取っ払うとか、介護療養型施設をなくそうとか、これについてはどうでしょう。先生のところはありますか。

黒澤　80床のうち療養40床、医療型と介護型が20床、20床ですね。

関　少し延命し六年間延長しました。

厚労省は当初の自分たちが考えたとおり廃止する、と言っているんです。それが少し政治の力というか民主党政権になったから少し延命した側面があるんですが。

私ども介護療養型の医療施設が45床、もう一つ、これらは殆どかえりみられていないのですが、認知症の療養病棟があってこれが介護保険なんです。これが全国で14くらいの病院しかもってない施設なので殆ど誰もこのことに関心を持ってくれないのです。

昨年そういうものを持っていらっしゃる広島の石井先生とこれを何とか残そうと、14病院が結束していろんな陳情をしたのです。

当時、日本医師会の三上常任理事も理解していただいて、記者会見の中でも言っていただいたりしましたね。潰されるので必死になってやった。ところが延命になったんで今のところ静観しています。その意味もあると思う、介護保険施設としてのニーズもあるし…。

結局精神科の認知症の療養病棟はどっちかにいけという、辞めちゃうかあえて認知症治療病棟の2を造ってそっちに移行しろと誘導してる。他にも転換型老健というのがあったり、療養病棟からそっちにいけという誘導がある、そういうことをやるんです。

どうして姑息的な考えかたをするのか、いつも腹立たしく思っています。

先生のところ基本的にはどうですか。もし介護療養型医療施設が廃止になったら…。

黒澤 どうするか非常に迷います。

現実、一般病床と医療型と介護型ですが、医療型は経営上の話をすれば医療依存度が高い人はそんなに多くないんです。

結局一般床も、うちは十対一なので回していかなきゃいけない。

中には長期化する人もいるので医療型に移しますが、その中で医療依存度が低くなってくると行き場所が無い人もいる。

介護保険上ではある程度介護度が高かったり、介護保険を持っている方に関しては介護型に移っていただいて、そのあと家に帰る方もいるし特養とか有料老人ホームに入る方もいる。

やはり使い勝手は、あると現状では便利ですし実際にそこに入る方もいるので、無くなって一般床にするのも大変ですし、全部医療型にするってのも大変だなと思っています。

関 今、いろんな意味の過度期でもありますね。

今度第6次の保健医療計画の中でも病床をいじるというのがあるんです。国のやり方は法律で変えていくというやり方と、保険で縛って変えるというやり方があり、両方やってるんですね。法律というとなかなか国会を通すのに難しい。医療法の改正とはいっていますが、どんなものが出てくるか実際まだわからない。まだ様子見のところもあるのかなと。あんまり厚労省も強く医療法の中味については言ってないのです。その代わり医療保険の方では、今度は高度急性期なんていう概念をもちだして、何だかそういう方面で、いわゆる日数の縛りを入れたりして、それが当然診療報酬に響くやり方をしていますね。

そういった中でまだ審議中でははっきりしませんが、例えば一般病床における90日超の患者さんどうするかという時に、二つの方法のいずれかを選択しろという。一つは医療療養並みのマトリックスで区分して、90日超の場合には点数をそっちで算定しろと。そのかわり一般病床に入れておいてよいと。若しくは平均在院日数の中に入れて今までは……除外してもいいというどっちかでやれという。

なんか首を右から左から絞めるようなもんですね。何とかそういうものを追い出そうというと変だけど、ある意味　政策誘導してそっちへ持っていこうと。それが本当にいいのかと思います。

先生が仰っているように、例えばいろんな性質の病棟があるから、施設も含めていつも出口を探していかなきゃいけない。そんなにうまくいかないんですよね。簡単にくるくる回せるほどうまくいかない。ましてや周囲の病院と連携してもそんなにうまくいかない、そこをどう思っているかということですね。だから使い勝手のいい、つまり、そういう性質の医療を行う施設、それはやっぱり患者さんのニーズにあると思うんですね。それを何でなくそうとしているのか。

さっきの中村　秀一さん辺りがそういうことをしきりにあの頃から言っていて、一方で全国老人保健施設協会あたりは一種の位置付けというか老人保健施設の位置付けということで、まさにアイデンティティをどうするか議論しているところです。そこに転換型老健ができちゃったから大混乱ですよね。

例えば社会の人は殆ど知らないと思いますが、香川県あたり2千床もある介護療養型医療施設があります。老健平均病床100床としたら20個できる。すごいことですよね。それを全部介護療養型をやめちゃって転換型老健で、それでいいのかということになりますよね。もしそこの病院が例えば構造上の縛りとかで、100床単位にできないとしたら建て直さなきゃいけない、そんなことってほんとにあるのかなと。

それは、確かに長野県で見てるとわかりませんが、南の方にはすごい施設があるんです。びっくりするような。それが国のいうところに転換しようとすると、とても大きな矛盾を抱えることになります。

実際、全国老人保健施設協会は今3千ちょっと超えたくらいですかね。もし転換型老健ができるとしたら、一気に4千5百とかになっちゃう。

今の全国老人保健施設協会の会長はそういう方たちと同じところで一緒にはできないと言っていますね。国の言うようには転換が進んでいないようですが。

だから我々が考えるとしたらその転換型老健ではなく、もう少し医療ができる、例えば医療療養であるとか、可能であれは一般病床にするかということですが、その維持、運営も今は楽じゃないですからね。ましてやそのいわゆる高度急性期、一般、そして回復期と急性期を同じにしようというプラン、そして慢性期のカテゴリを方向付けしてこようとしているんです。どこに当てはめるかという話で非常に悩ましいところですね。

そういう意味でどうも介護保険が与えた影響が、そういう所にも及んでいるので、もう一回原点に立ち戻って、そういうカテゴリを残してもらいたい強い希望が私にはあります。

当時、今井先生なんかは議論した末、結局、今の形にしちゃったとおっしゃっています。

関　先生の法人の事業がどの様な展開で今日までこられたかお話し願えますか。

つまり、この10年ちょっとの変化をお話しください。

黒澤　平成11年当時はかなりの土台ができている状態でありまして、医療機関、老人保健施設は二カ所、病院併設と診療所併設。一つは認知症対応でやっていまして、これに関しては今のところ大きな変化は無いです。

やはり老人保健施設はいわゆる本来の姿、在宅復帰であるとか、在宅のサブを支えるという意味では両老健とも在宅復帰率に関してはある程度帰すような形です。ただ、中にはどうしても帰れない方は、例えば安寿苑では同じ建物の中にかつて祖父母が住んでいた空き家を利用して、いわゆる家庭的な雰囲気で在宅復帰に繋げたり、施設から帰れなくても家にいるような雰囲気で生活してもらうということで、一般の家庭の風呂を使ったりとかの形で取り組みを最近やっています。

関　それはグループホームでもないから、何ていうカテゴリー、施設なんですか。いわゆるサービスというか、訓練ですかね。

黒澤　そうですね。訓練のためですね。名前としたら生活機能訓練室です。
　在宅復帰するため病院で言う作業療法で料理を作ったりとか、施設にいても家にいるのと同じように、みんなが家に遊びに来て料理を作ってわいわいやるっていう雰囲気をもたせるということですね。

関　それは退所してから入るのですか。それとも入所中ですか。

黒澤　入所している間ですね。

関　うるさいことを言う人はいませんか。お上の方は。

黒澤　一応リハビリ施設ということで届出してあるんです。

関　そうするとそれも含めて老健の施設の一部ということですか？

黒澤　そうです。

もともと併設型で非常に手狭だったので、ちょっとしたスペース使ってリハビリを主にやる、そういう届出をしました。一応問題はないと認識しています。
今度の介護報酬改定で在宅復帰とか回転率とかにつながっていることをここ数年でやっていきます。ショートステイの利用率も上がっていますし、そういう形で変わってきています。その中で安寿苑は病床数を減らして当時88床あったのを82床にしました。ちょうど一室分減らして食堂にしてやっています。

関　減らした分は。

黒澤　基本的には食堂ですね。病院の上にあった所ですから。

関　一人当たり基準0・5㎡でしたっけ。どうしても最初ちまちましたのを作っちゃいますよね。

黒澤　そうなんです。結局そこを潰して食堂にしたので今82床です。

関　なるほど。

黒澤　通所系のサービスは当時の病院のデイサービスセンターと、それぞれ老人保健施設の通所ですね。それから病院に通所があって３つです。

関　病院の通所はデイケアですか。

黒澤　はい。デイケアですね。
　老健は両方あるんですが、同じ地籍に3つ通所系があったので、それぞれ病院も今は老人保健施設だけは当時と同じ場所でやっていますが、病院の前にプールとかの健康運動センターに併設する形で隣に作りました。

関　もとの駐車場の所ですか。

黒澤　昔の看護寮を壊して建てて、二階には地域交流スペースを作りやっています。
　今は運動センターとタイアップして、どちらかというと介護予防とかいわゆる病院の医療的なリハビリから移行した方がほとんどですね。

関　今、地域交流スペースというお話しがありましたが、昔特養に地域交流スペースを作れってのがありましたね。これは図面上の線引きだけなんですがね。
　例えばデイルームみたいなところに一応線引いて地域交流スペースというと、確か融資かなんかちょっともらえる、そういうのがありました。

黒澤　それからデイサービスセンターに関しては、最初、市の委託で病院の一部でしたが、手狭になったのと病院の近くに金融機関が潰れたビルができたので、そこに移転してやっています。

関　どのくらいのスペースですか。平米は?。ビル全部ですか。

黒澤　いえ、ビルの一階部分をそれにあてています。ほとんどですね。いわゆる信用金庫とかのクラスの大きさです。二階は訪問看護ステーションとかヘルパーステーションとかの事務室です。

関　新たにではなく移転したということですか。

黒澤　ばらばらだったのをそこに一緒にいわゆる在宅サービス化ということで移転しました。３つはそれぞれ棲み分けをしなきゃいけないので、近年は病院のデイケアとあとは老健のデイケア・デイサービスと、それぞれレベルにあわせてリハビリの頻度とか介入の度合いを考えてやるという形になっています。

それから、あとは訪問系は以前から訪問看護ステーションとか、訪問介護事業所がありました。地籍的に中込と塚原に老健があったのですが、平成15年に有料老人ホームと一体化した、いわゆるサービスと住宅が一緒になっている形で、長土呂という所に、佐久平の新幹線の駅より北で、インターの近くですね。

関　千曲川に近い所ですかね。

黒澤　いえ、北の方で高速道路の佐久平の近くですね。そこは複合型ですね。有料老人ホーム、訪問看護ステーション、宅老所、訪問介護ステーションがありました。訪問看護だけはスタッフ不足で閉め、塚原に吸収合併しました。そこに新しく造って、少し拠点が増えた形ですね。

関　コンセプトはいいですが、宅老所は日本語としておかしいので僕はあまり使いたくないんですよ。うちは老養所という言葉を使っているんです。主体が老なんです。老人が自らをするという意味。宅老所は宅という字が託児所の託ならいいが宅老所は日本語としておかしいんです。あれが、大手を振って歩いているのが気に入らない。宅養老所とかも言うが…。託すならいいけど自宅の宅を使うのが馴染めない。全国的に変えてもらいたいですね。

　田中さんの頃に五百万とか出して…国会でもしゃべったんですが、得意げに国会でも言って、言葉をあやつる文筆家がそんなこと言っていいのか違和感がありますね。

　老養所を普及させたいと思っています。コンセプトは同じですがね。

黒澤　小規模の老人が集う場所という意味で、うちは既存の建物を使い、病院の前と少し離れた地籍二カ所、塚原にも一カ所民家を改修した形でやってまして、それはこの平成15年当時からの流れで、それから増えたということですかね。後は当時いわゆる今でいう有料老人ホーム、高齢者住宅、これに関してはコンセプトは病院や施設を退院しても家に帰れない人が、地元で生活する場所を提供するということで平成10年に一カ所できて以降、それぞれの地区に殆どが既存の建物を使った改修型ですね。

関　一件あたり何人くらいですか。

黒澤　建物によってフロアが幾つか、一ユニット単位は…９人。当時、施設としての届出が必要ないのが９人以下でしたから。

関　いわゆるグループホームとはちょっと違うのかな。

黒澤　認知症でなくても入れる。うちのコンセプトは自立でも入れる。

関　それに介護保険が絡むと通所系ですか。

黒澤　住宅なので訪問も入れます。まったく何も使ってない人はないから。

医療がかなり必要な方、例えば胃瘻とか認知症とかの方もいらっしゃる。うちはグループホームとはちょっと違うスタイルです。グループホームも平成10年にはできているんですが、認知症に限定しちゃうと入りづらいということもありますし。うちでは一カ所しかないですね。

関　塚原は認知症対応ですか。

黒澤　老健で認知症対応の部分と、老健の前にグループホームがあります。

関　これは何人ですか。

黒澤　これは9人、一ユニットです。

　ある程度平成11年にベースができている中で、それぞれ特徴を出しあって変遷した部分と、新たに増えていった部分があり、これは高齢者住宅の数が増えたり、老養所の数が地区に点在してるところですかね。

　父が亡くなってからは同じような施設ばかりだったのを、それぞれ特徴を出すということにかなり力を入れてきました。同じ地籍に通所系のサービスが3つもあって取り合いになってもしょうがないから、ここはこういう形、ここはこういうレベルの方などそれぞれの特徴を持たせました。例えば、病院の通所リハビリを利用してってもレベルが下がってきたら老健の通所リハビリに行くとか。

関　先生のお考えではリハビリテーションの施設という考えですか。

黒澤　そうですね。病院と老健はある程度。デイケアに行けばいくほどリハビリの頻度は減ってくる。入浴とかもデイケアよりも多くなる。基本の中にはリハビリが入っていますね。

関　私どもも平成11年当時と比べるとやっぱり個別対応という意味で、施設をできるだけ作っていこうということもあり精神科の機能があるので、どちらかというと認知症のケアとか治療が中心になってくるんですね。

当時から比べると老健がひとつ増えました。白馬の方に造りました。これは診療所併設なので中に認知症の専門棟を作り、当時30床だったがニーズが高くなり全体で80床のところ病棟をひっくり返して認知症を50床にしたんです。でも結局は同じですね。どちらも増えてきてるのは確かです。

そこに認知症のグループホームを造り、６人のユニットですが基本的に３人でひとつのクラスターという考え型がある。

当初は３人で一つのユニットにして、３人の方たちが交流できるような、例えばテーブル椅子を置いてお話しでもしてもらうように造ったんです。３人、３人これで６人、敷地の関係もあり二ユニット作ったが当初県がこれはおかしい、いけないと言い出した。初めてだったが、やれ玄関を別にしろとか。実は食堂兼デイルームの壁を外せるように設計を出したら、左右対称の建物はだめなので、修正しろと。行事をやるときは間を開けて、みんな一緒にしようと思ったんですが駄目といわれた。玄関は入り口はいいが、もう一つ土間を作れと言われ、そういう建物になりました。結局６人の二ユニット、基本は３人ずつのクラスターが２つ、２つで４つですね。

それは老健にあわせて新築して、当時建築家協会の設計部門で県知事賞いただいた立派な建物になりました。これは医療法人として造ったんです。

一方、社会福祉法人で認知症のグループホーム２つ造ったんですが、こちらは一つはいわゆる会社の寮をグループホームにするということで、定員９人でデイサービスをつけた形で造りました。設備投資としては２階建てだからエレベーターを持ち主の了解を得て外付けでつけたりしました。もうひとつは古民家です。地区の県レベルの重要文化財になっているものをグループホームにし、定員7人としました。伝統建築をやっている方にお願いし、中もそれらしく作りました。昔の大きな農家のお屋敷のため、周辺の屋敷林も含めて文化財だから、外はいじっちゃだめで中はいいと言われた。大変評判が良くて、皆さん楽しんでいます。

また、土蔵があったりしてですね。いずれそこに周囲の方たちと交流できるようなスペースを作るような話を持ち主の方としています。やはりそこだけ孤立してるのはよろしくないので、周囲の人と交流できるような仕掛けをしていくのも、いわゆるノーマライゼーションという意味での考え方からいったら必要かなと思い、今後の課題としています。

実は、精神障害者の福祉医療ということをずっとやってきていますが、グループホームもありもちろん認知症ではないが、主体は統合失調症です。最近はアルコール依存症が増えてきていますが、こういう方のグループホームがありまして、現在私どもの法人全体で4つあるんですが、更にいわゆる精神障碍者の福祉も様変わりしてきて、法律の改正があり自立支援法ができてそれが影響している。従来あった社会復帰施設という表現が法律から消えて自立支援施設にしなければならず、今までの施設を平成25年までに変更しなきゃいけなくなりました。結局、従来あった福祉ホームとか援護寮をグループホームに変えていくという方向で考えており、一部は既になっているんですが、そんな方向が障碍者ではあります。

それと同時に、地域移行が障碍者のテーマなので、そのためのグループホームはひとつの手段ですが、いわゆるそれを支援する住居というか、私どもはそれを自立支援ハウスといいますが、そのコンセプトのものを24年度には造ろうと思っています。これは3人でひとつのクラスターと同じなんですが、３人が何故いいかというと、２人だと対立したらどうにもならないんです。一人だと不安がある。３人の集団で住んでもらうと。もちろん二対一で苛めたらだめですが、普通はそうはならない。

一人はなだめてくれるのを期待していますが。３人でひとつのクラスター、自立支援ハウスということでいわゆるタウンハウス形式の長屋ですね。３人の個室とリビング、ユーティリティがあるというコンセプトのものが一つの単位ですね。それを長屋のようにつけて、一つは21人のものを造る。あとはグループホームとして９人までなので、３人のユニットを３つつけて一つのグループホームを造るというものを今計画しています。

まさに先生もおっしゃった住居として病院等での治療が終わって地域移行する一つの受け皿として造っていく、そういう意味で似ているというか、もともと同じ考え方がベースにありますので、社会の中で生活するというようなことを是非進めていこうと思います。ただ問題になるのが社会の偏見とか誤解、差別意識があり、精神障碍者の施設を造るというと必ず反対運動が起こりますね。

まさに介護保険ができる頃、ある意味では医療法の改正に伴って、病院の1床当たりの面積を広くしなきゃいけないとかがあって、城西病院を縮小というか、そこでの従来からの400床の病院はできない。だから精神科の機能を移転して新たな病院を造る。土地はあったがやはり地元住民の反対があり当時村だったんですが、人口一万八千人と日本でも一番大きい村であり、有権者が一万二千人いた。松本のベットタウンだから若い人もいるわけです。そのうちの一万一千人の反対署名を集めて持ってこられた、作っちゃだめと。行政の長がそういうことを言い、議会のな話でした。
議長さんが表向きは先頭に立っていた。その理由は村の保険財政を圧迫するという理由でおかし

要は、当時介護保険施設にも実はそういう問題があって、例えば小さな村に介護保険施設や特養ができる。するとそこに住居登録する。医療施設は要らないが福祉施設は必要なんです。そうすると村が介護保険を全部引き受けなきゃいけないという問題になるんです。

当時議論されて結局我々が作ろうとする精神科の病院も、例えば一年以上ある所に住んでいると、基本的には民法上はそこに住民登録をしなきゃいけない。精神科は長期の入院になる方もいるので、あるシミュレーションを示したんです。２００床規模の病院の残留率を調べたところ、精神科の病院の場合は一年後の残留率は10％くらいです。２００人が入ると20人位ですね。

その人がたとえば住民登録をしたとすると、当時保険の種類を見ると、三対二位で国保の方が多いのです。20人のうち6割の12人が国保で、場合によっては村の国保にお願いすることになる。そういう試算をしてこういうこともありえますと言うと、それを逆手にとって計算すると当時8億くらいの国保の出費があったのを、11億で3億増えると。全くいい加減な数字を議会で質問させて村長が答えるという。たまらないから反対運動をしようということになったんです。区長さんが全戸を回って署名を集めた。一万一千人の署名を集めて持ってきて、しかもマスコミをつれて画を撮らせた。だからそれがどうしたと言ったんです。見ると同じ筆跡がある。名前を書くまで帰らないとかもあったようで、村在住の患者さんに書いたかどうかと聞いたら知らないと言う。そういうことをしてまで反対するのかと…。

もうその頃になると自分たちがやっていることはおかしいと思う人も相当いたと思うが、挙げ

結局どういうことが起こったかというと、実は当時国会で議論されていた介護保険施設の問題で住所地特例というのが認められたわけです。

最初に介護保険に加入した市町村が利用者がどこへ行っても面倒を見るというやり方になったんです。

それと同時に長期入院の精神障碍者にも同じように適用することになった。例えば松本で松本の国保に入っていた人は、別の市町村の病院へ行ってもそのまま住所地特例で松本の国保を使い続けるということが決まったので、当時の保健所長が間に立った形で、こぶしを下ろすことができる反対することができなくなった。いろいろありましたね。

地域の集会へ行くと、障碍者は泥棒だからりんごが盗まれるとか言われるんです。そういう全くの偏見がありましたが何とかできて、そこへ機能を移したので医療法対応の病院も、一人当たりの病床面積を増やせて今日まで医療ができています。

そうは言ってもそこの病院は終の住処ではないので、やはり地域移行というのがテーマですし、そういう中で自立支援ハウスをこれから少し造っていこうと思っています。

もう一つは有料老人ホームですが、コンセプトは自立支援ハウスがまさに受け皿として考えたので有料老人ホームも同じコンセプトで、やっていこうと思っています。

それから軽費老人ホーム、実はケアハウスを始めたんです。古い廃校の小学校の校舎が、ある意味立派で、実際には20年かなぁ。そんなに長く使ってない一教室を2室の個室くらいにして、結構ゆとりのあるスペースで基本定員は20人としました。

ただ冬季支援ハウスと言って、非常に豪雪地帯なので冬の間買い物にもいけない方を預かる冬季の間の12月から4月の期間を冬季支援ハウスとして22床始めました。

本来はＡＤＬが自立している方が利用者なんですが、実際始めてみると個性が強かったり中にはアルコール問題を抱えている方がいたりして、普通の生活をしてもらえばいいのですが、少し周囲と調和が取れない方もいて悩みの種でもあります。しかしそういうメニューも必要かなと。

従って居住系の施設としては介護保険なり法定の国の考えた押しきせのものを選択して展開してきたのが私共の自立支援ハウスです。

いわゆる高専賃、今はサービス付き高齢者向け住宅にかわってきていますが、どうしても縦割り行政だから国交省、経産省、厚労省それぞれがちょっと違ったコンセプトを出してくるので戸惑いますね。

土地を持っていて何かに利用したいという中小の建築会社の方がいらっしゃる。含み資産を持っていますが実際には建築でやっていくには難しいので、こういう方がそこに興味をもって造ろうと相談を受けてきました。私たちのコンサルテーション能力が低いのか、いまだに実現したというのが無いのですが。アドバイスは差し上げましたが…。さりとて私どもが何かやるってのはちょっとまだノウハウもないしわからない。今後どうなっていくかと思いますけど…。

一方では高齢者も対象ですが、若年の障碍者特に精神障碍、知的障碍の方が対象になってきて、これも10年くらいで随分様変わりしてきました。特に知的障碍者の施設も大勢の方を処遇するというのがなくなってきて、一方はグループホームに分けていくということで、長野県立の信濃学園という知的障碍者の施設も今は完全に解体されつつある。しかも直営でやることが無くなって指定管理者制度でやるということで、他の県立の施設もどんどんこの制度をとっていますね。その中で少人数での処遇という方向に行っています。
精神障碍者についても同じように小人数となっており、言葉は悪いですが民間のアパートにもぐりこんでもらい、受け入れてくれるところに住んでもらうということで工夫をしてきました。キーワードはノーマライゼーション。これは高齢者も精神障碍者もその他の障碍者も皆同じだと思います。
それが2～3年の間に方向が定まったというか、政策誘導もそちらの方向にいきながら今後展開していくのかなと思っています。
先生のところの障碍者への事業の対応はどうですか。

黒澤　当時は障碍者自体への取り組みはあまり聞いたことが無かったです。施設への嘱託医をやっていましたが、自分のところにはサービスは無かったのですが、障碍者、障碍児の人たちの中には利用される方がいたので、そのニーズに応えながらやってきました。
宅老所では障碍児と高齢者を一緒に見る、そこに専門のスタッフ、障碍者、障碍児を見るスタッフをある程度養成して、小規模の施設では障碍児をやっています。有料老人ホームにもわずかですが障碍者は入っていますね。

関　年齢的にはどんな方ですか。

黒澤　高齢まではいきませんが中年前後か、過ぎくらいですか。それより若い方はなかなか…。うちは精神科がないのもありますし。
佐久総合病院の美里分院があるので、精神科に関してはその先生方にお任せしています。ただ、そこが主治医でうちに入っている方もいらっしゃいます。サービス的にも訪問介護等で利用していただいている方もいます。

関 佐久総合病院は美里分院も含めて居住施設は持ってないですかね。

黒澤 はい、持ってないですね。

関 それがちょっと解せない。どうも古いタイプの病院という感じがしますよね。

黒澤 そういう人たちが生活する場を提供する。うちとしては医療的なバックアップさえあればある程度そういう所も…そこまでは行っていませんが必要性はあると考えています。

関 確かに高齢者、高齢障碍者と若年の障碍者は、法律的にいっても同じようなコンセプトのものが高齢者の後追いをしてきている。おそらく高齢者のことは誰も反対しない。それでひとつの雛形、コンセプトを作り、障碍者が後追いすると大体すんなりいく意図があるのでしょうか。
ケアマネジメントも介護保険導入時に随分言われましたね。そういう中でケアマネジメントの問題もあるわけです。

それに対して障碍者についてのケアマネジメントは少し遅れて言われるようになって、今は基本的にケアマネジメントしていろんな処遇を考えていこうということになりましたね。ところが従来の補助金で行う福祉政策、これが自立支援法ができて従来のものから少し変わったんですね。本来は介護保険に移行して入れちゃいたいが、介護保険は10年の間に財政的に負担が増えて、当然のことながら保険料を上げなきゃいけない。でもそれは事業主が負担するからまず市町村が嫌がる、経営者が嫌がる、ということがあるので難しいのです。

財政的に確保できないから新たに若年障碍者の方は当分いかないですね。

そこで支援費制度ができていたが今度自立支援法に変わって、その中で自立支援医療という形で公費負担医療も残ったんだけど、サービス全体から見ると応益負担が入ったんですね。それが非常に不評で特に障碍者は3障碍のうち知的、身体の後から入った精神障碍はほとんど福祉的な恩恵を被ってないからよかったが、他はかなりの公費が出ていたわけです。それが縮小されることになった。しかも応益負担というサービスを受けるものが負担する、これは介護保険もそうですが、受けたサービスに対して自己負担があるという形、これがとても不評で結局障碍者団体が反発しクレームつけて結局自立支援法がなくなるんですね。

厚労省は多分悔しいが、政府がやめると宣言したのでなくなる運命にあるんですが、その中で応益負担はとられないだろうと。応能負担は実際には応益負担であっても、ある程度低所得で収入の無い人は上限が決められていたんですが、今度は別なもので総合福祉法で変えていくように議論されている。どうも仕掛けを見てると厚労省案で行くような気がしますね。

これはやはりそういう法律を変えていくプロセスが民主党は素人だったんですかね。いわゆる

55人委員会は55の団体から委員として出てる委員会ですが、これは何回やってもまとまるわけないですね。障碍者団体が言いたいことをみんな言う、声の大きい奴が会議の時間の半分以上使うと他は何も言えない。そんな委員会ですからまとまる訳がないので、結局は黙って聞いている厚労省が、次の時にどうでしょうかと聞いたら誰も反対しない。そういうやり方でいくのであまり変わらないと思うのです。

ただ、冠が違っちゃうから、総合福祉法は…。少しリニューアルというか矛盾点が改修されるかのごとく受け止められるかどうかはこれからの課題ですね。

いずれにしても後追いしてきた障碍者福祉を見ていくとき、やはり高齢者福祉、つまり介護保険がどう変わっていくかが非常に大きな関心事ですね。

次はリハビリテーションのことを少しお話し願えますか。

黒澤 リハビリも先程通所系のリハビリの話をしましたが、当時父も公開講座の中で話しましたが、リハビリテーションセンターがあって、今もその形で存続していますが、当時のコンセプトはそこにリハスタッフを集約させて、病院、診療所、老健、通所訪問に配置するという形で、今も同じようなスタイルで、リハの規模はスタッフ数もかなりになっています。勿論病院とか診療所、老健にも配置して訪問看護にもいて訪問リハビリもやってます。最近では通所介護、デイサービスにもリハのスタッフを張り付けでは無いですが、ある程度一週間のうち何日かということで、どこに行ってもできるよう、リハビリを強化してきました。

ベースは介護予防とか機能維持とかいろんな面がありますが、そういう意味でかなり力を入れて十年でリハビリを強化しました。僕が整形外科というのもあります

関　どちらかというとアウトリーチしていくリハビリ、或いは通所ですか。

黒澤　両方ですね。

関　いわゆる回復期リハビリテーション病棟はお持ちではないですか。

黒澤　うちの病院の性格上、大腿骨頸部骨折や脳血管疾患などは患者の層がそこまでいない、医師不足の面もありますが、佐久地域はすごく特殊で、リハビリ目的で急性期から送られてくるのは多くないんです。

関　そうなんですか。佐久総合病院自体はリハビリは相当やっていますか？

黒澤　急性期はやっていますね。昔のスタイルでいわゆる鹿教湯病院との連携とか厚生連との連携とかで、脳血管は鹿教湯に行きますね。

関　あそこはＪＡ自体のグループ化があって回復期、療養でやるという形ですかね。

黒澤　うちにリハビリ目的で特に脳血管疾患で送られるのはほとんどないですね。大腿骨頸部骨折に関しても連携パスをやっていますが、年間わずか数例です。殆どの方がある程度リハビリを完結して帰って、通所系のサービスを使うという方が多いので、回復リハ病棟にするまではいってないですね。

関　私どもは回復リハが30床あるが、連携している急性期の病院との中で脳血管、整形疾患大腿骨頭骨折、これが常にニーズとしてあるんですね。その中では連携パスをかなり使って、当然元の病院にいた時より機能は改善する。5年ほどやりましたが今のところまあまあいい成績がでています。病病連携という意味では一つの形かなと思います。そういう意味では、うちはうちで当然のことながらリハビリテーションセンターでそれなりに診ているわけで、訪問看護ＳＴにリハを配置して訪問リハも行ってるが、問題は専任、専従です。先生のところはその問題はないですか。

黒澤　リハスタッフですか？

関　そうです。

専任と専従では随分違いますよね。

黒澤　当時はリハスタッフがいない頃はどこに配置するかいろいろに悩みましたが、今はかなりスタッフ数が増えてるから逆に潤沢に配置できるようになり、その余分の部分がコストが取れないのでデイサービスに配置したりして、病院を厚くして３６５日リハビリをやったりです。今は真田にある有床診療所、規模的には小さいがリハスタッフが４人で来年５人になります。

地域的に訪問リハのニーズが多いのでこちらに力を入れたいと思います。

今は専任、専従ということで問題はないですね。

関　確かに前はそのことで立ち入りに来るとひやひやしました。

例えば療養病棟でリハをやると、その辺のことで何か言われましたね。

長野県はリハの学校ができたので考え方として、県内で働くというコンセプトの学校のため、少し楽になったと思いますね。隔世の感がありますね。

リハの学校は平成7年にできたんですね。沢山できました。何故かというと介護保険をにらんで4年制の専門学校で、8、9、10、11年でちょうど間に合うようにできたんです。それで過剰になった。だから最初は都会地で余剰になり、今は地方でもある程度リハスタッフの募集についてはあまり困ることはなくなってきた。数年前はいろんな先生から何とかなりませんかとか言われたが、うちも余剰人員がいるわけじゃなかったのでね。

思い出せば、かつて作業療法士の協会の雑誌に巻頭言を書いてくれと頼まれ何を書いたかというと、リハのスタッフ、ＯＴなんだけど、需要供給の関係で供給が少ないのでとにかく根無し草が多いと…。少し気に入らなきゃ辞めたり給料がいいところに移っちゃったりでけしからんと書いた。どういう思いで読んだかはわかりませんが、一つ筋が通ってないとその当時書いたんです。確かに隔世の感がありました。

それでもＳＴはまだ少ないんじゃないですか？

黒澤 そうですね。高齢者を見ていると特に嚥下問題が多いから、なかなかそれに対応できるＳＴは少ないです。今いるスタッフは長いんですが、その間入っては辞めの状態で、学校卒業して2人程入ったのですが、指導を受けてやるんですがはっきり言って向かないということで辞められました。募集しても経験ある方は、児童とかで言語をやった方が多いですね。だから高齢者の嚥下は経験者が少ないのでＳＴだけは少ないですね。

関 うちは小児精神をやっているので、発達障害とか言語障害とかの人たちにＳＴが関心を持つんです。高齢者の嚥下だとか本来のＳＴの仕事に対して興味を持ってくれない。ＯＴもそういう傾向があるんです。障碍児をやりたがる。心理職もそう。ある程度受容していますが、みんなそちらに興味あるからちょっと困っています。

ＯＴも精神科のＯＴをやりたがる人が少ないですね。もともとは身体機能のＯＴはあまりやってなかった、どちらかというとＰＴがやるものだということだった。

身体障害のＯＴというのが確立してきていて、そっちはやりたがるが精神障害の作業療法は実習には来るがその後、人が得られないという現状です。

スタッフのことに少しお話を展開したいのですが。そのほかソーシャルワーカーはどうですか?昔に比べると相当役割が大きくなって増えていますが…。

黒澤　平成15年に地域医療連携室を立ち上げて、今は地域連携室で医療だけでなく介護も含めて社会福祉士3名いるんですが、そこである程度施設があるからそれぞれに社会福祉士とか相談員とかいますが、法人の全体を把握する連携室はスタッフがよくやってくれていろんなコーディネートもして、昔に比べその役割は大きくなってきました。

いろんな仕事があって、例えば外来にきた高齢者が介護保険の申請をしたいとかもあり、ソーシャルワーカーに入ってもらうとか、かなり役割は巾が広がって大きくなっていると感じますね。

関　私共は地域の医療連携室と地域医療保険福祉部があって、医療連携室は実は2人だけ。看護師とソーシャルワーカー。地域医療保健福祉部はソーシャルワーカーだけだが4人います。介護保険の対応と精神科の患者さんの対応、社会福祉士と精神保健福祉士、あるいは両方の資格を持っているものがそこにいて、介護保険の支援はそこがやって更に居宅介護支援事業所がそのエリアにありその中で連携しています。

殆どは医療連携室は病病連携、もちろん一般科も精神科も。実はそこにベットコントロールさせているのです。病棟毎にいろいろ言うからむしろ外のそれが言ったほうが…入院は必ずそこを通すようにして精神科も一般科も同じです。

ベッドの空き状況とかどこにどういうベッドが空いてるということを把握させています。

入口はそこで出口もそこですが、なかなか苦労しています。地域医療保健福祉部もどういうふうに患者さんに退院してもらうかやっています。

ケアマネージャーの問題についてお話していただきますが、当初ケアマネージャーは単なる自己決定の支援といわれた。サービスは本人もしくは家族が決めることでケアマネはお手伝いするだけだが、実際はケアマネージャーの言うとおりになっていますね。

当初はケアマネージャーが第三者的な立場でなく、当然病院とか中にいるのは違うが、外にいるケアマネージャーが特定の施設とつるんでそこへ利用者を送るみたいなことが行われていた。モラルの問題が出てきまして、おそらく病棟配置のケアマネージャーとかは一生懸命やっていると思いますが、いわゆる居宅支援事業所、もうひとつ在宅介護支援センターが少し言い方が変わりました。うちは在宅介護支援センターは市からの委託でやっていたんですが、ある時点で市が直営でやると言い出したんです。市も周辺と合併もして広域になったんですが、そこに配置してそれを市が直営でやると。8つできてそのうち5つは直営だと。3つはやりたい人は手を挙げろと。その3つというのは言ってみれば合併して入ってきたような村とか町で、それが訓練する期間の費用は施設持ちとか言うのでまったく腹が立ったんです。私どもはやっていて実績もあったが市が指定しないというので、在宅介護支援センターをやめちゃったんですよ。あまりに悔しいから介護相談センターとして無償で相談を受けようとやったんです。それは医療法人の方に一つ、特養の方にも同じようにあって、それも介護相談センターとしてやっていますが、ケアマネージャーはどうでしょうか。お気づきの点ありますか。

黒澤　現場でケアマネージャーはうちの法人もそうですし、法人外のケアマネージャーもおりますが質の幅広さとか、質の悪いといったら言い過ぎかもしれませんが…よっぽど我々の方がこの人の状態を知っているじゃないかというようなサービスの組み方であったりとか、対応の仕方とかはちょっとこれはというのはいます。うちの職員ではないとは思いますが何か抜けていたり、素質の差とかばらつきを感じます。

関　先生ご自身はケアマネですか。

黒澤　試験は受かったんですが、研修に行かなかったから流してしまいました。

関　僕もそういう口で、ケアマネージャーはケアマネージャーだけど実務ができない、ということですよね。

当初はそういう意味で少なくても一回目の試験は医師は結構落ちましたが、看護師が多かったんですね。

それが今や福祉職。当時は介護福祉士がなかなか受からなかったんです。今は看護師はケアマネージャーにはならないですね。殆ど介護福祉士、あるいはその他の介護職員がなりますね。時々ＰＴとかＯＴがなっていますが医師も殆ど関心を持たなくなりましたね。医師の場合はかなり免除科目があった。看護師もありましたが介護職はみんなそこの部分で引っかかったんですね。医師は逆に制度をまったく知らないから、そこがひっかかったんですね。

逆に言うと、先生のおっしゃるように福祉色の人が医療に関心が無かったり、サービスを入れないプランが増えてきましたね。当然のことながら医療と介護の連携を謳って医師会としても連携マニュアルを作ったが、実際には全くその部分が乏しく問題だと思いますね。
やはりひとつの財布の中で両方やろうとするからいけない。福祉は福祉で介護保険の財布から出して、医療の部分を別にすれば一気に解決すると思います。ケアマネージャーの荷が重いと思います。今の在り方ではね。

黒澤 実際、医療的な部分に踏み込んだサービスだったり、病院を受診するかしないかとかコーディネートしなきゃいけないあたりは、かなり負担なんだろうなぁと思いますね。

関 遠慮というか恐れみたいなのがあったりね。受ける側にも問題ありますが。
さっきのような話になるんですが、ここで介護保険事故はそれとして、そちらのプロパーがプランしてあげると。そして調和を取りながら医療は医療でコーディネートする人がそれをやっていくというありかたが必要だと思います。
だから在宅看護支援センターは医療職と福祉職がいるという形だったんですが、今はどうなんでしょう。例えば看護師や保健師はスタッフに入っているんですか。

黒澤 地域包括支援センターですか。社会福祉士と看護師と……確か3人いますね。

関　医療職は入っているわけですよね。

黒澤　入っていますね。

関　保健師は微妙な職種でね。いわゆる臨床を全然やってない人がいるからある意味で問題なんですが。当然勉強はしているがその後実務で殆ど行政的なことしかやってないのがいるんでちょっと問題ですね。
　でもそこの役割ってどうなんですか？地域包括支援センターはうまくいっていますか。

黒澤　そこのスタッフのやる気とか質とかにかかっていると思います。
　一応、介護保険にかかる医療支援とか自立も含めてそういう方たちの支援をする。かなり人数が多いので把握しきれてない。努力しても把握しきれない、はなから把握するつもりもさらさら無いというような支援センターもあります。
　要支援だから包括に連絡しても何も知らない、まったく把握してないところもあり、非常にセンターのスタッフによって温度差があると感じています。

関　先生のグループは委託を受けていますか

黒澤　佐久市で一カ所受けています。

関

うちはそれが委託されていないのです。市の方針だから何とも言い難いですが…。八カ所造ると。その中の基幹型とかがあって、どういう風にコーディネートするか知らないが、やりたいところは手を挙げろ、でも行くのは遠くの方だよという、そういう姿勢に腹が立ちました。

少なくとも在宅介護支援センターはいろんな圧力受けながらも一番最初に行いましたから。そういうのを無視してね。

市の行政については精神障碍者に福祉ホームがありますが、他の2障害にも福祉ホームがあります。これが自立支援法になったとき従来と変わってきて、それまで県が所管して県の認可でできた。それが市に下ろされ市がやらないと言い出して福祉ホーム無くなっちゃって困ったんです。それをグループホームにしたんです。

実は我々の施設の名称がメンタルホームこれが福祉ホーム。メンタルドミトリーこれが援護寮。ホームとドミトリーと区別していた。それがホームがなくなっちゃう。今度ドミトリーをグループホームにしなきゃいけない。名称で迷うんです。そのまま使いたいが当初考えたコンセプトが崩れちゃって更に自立支援ハウス、ホーム、ドミトリー、ハウスでちょっと名称で使い分けというか機能の違いの特色を出そうと思っていますが、行政がついてこない。勝手に変えちゃってそういう意味では挫折感を持っているんです。

でも今度のハウスについてはちょっと期待を持っています。

実はこれは厚労省から研究費を頂いて、数年前に研究結果として提案したんですが、そのときは精神障碍者ケアマネジメントツールの開発と、自立支援ハウスの地域移行の受け皿の問題、この2つのテーマを提案して研究費を頂いて、それを何とか今後実践して今後の地域移行のツールとして普及させていきたいと思っています。

たまたま私どもは高齢者の、特に認知症を含めた、医療、福祉、保険の連携がありますが、精神障碍者の医療、保険、福祉これを手掛けてきましたが、特に精神障碍者の場合は昭和34年くらいからやっていますから50年。高齢者の方は歴史は浅いがそういう方向で今後やっていくしかないですね。

ある意味急性期の医療は殆ど諦めて、一般救急はおそらくできないだろうと思っています。そんな形の中で今日があります。

黒澤　もう一度この10年間を振り返って先生がお考えになって、ちょっと違うなとか、或いはこういう方向に行くべきじゃないかというお話を伺えますか。

臨床をやって15～16年なので現場が主になっていますが、リハビリテーションの観点でいけば、いわゆる予防とかの部分をもっと力をいれていかなきゃいけない流れにはなっていますが、なんとなくスピードが遅い気がします。

いわゆる健康運動センターとか介護予防とかそういう面は、力を入れていかなきゃいけないと思います。

今現場を見てて思うんですが、なかなか入院、入所から帰れない人が相変わらず多くて、うちはそのコンセプトで有料老人ホームを病院の周りに作りましたが、お陰様で一杯ですがそれでも帰れない人が多くて、その人たちをこれからどうしていこうかと。

これから病院の建て替えが数年後に控えているので、その時にそこを考えていかなきゃいけないと思っています。

関

先生が何かなさるなら50歳まで。僕もそういう線を引いたのです。

当然のことながら私が受け継いだ遺産は、必ずしもプラスだけでなく負の遺産もあった。老朽化した建物だとか設備だとかで当然リニューアルが必要だった。そういう意味で建て替えのタイミングを考えたんです。

その中で先ほど申し上げたように精神科の機能をどこかに移さない限り、今ある病院自体が医療法に適合しなくなってしまう。いっぺんに全部だめになってしまう。さりとてそこを建て替えるのはできない。

何故かというと、一つは松本市の景観条例があって、うちは松本城の真西の病院で後ろにアルプスが控えているので、そこからの景観を損ねる高さは立てられないというのがあった。

当時4―8床だったからその規模のものを建て替えると、10階建てになってしまいそれはとてもできない。精神科を移すのが喫緊の課題でした。

しかももう一つの豊科病院も当然手狭になってきていたので、あわせて200床の病院を造るのが基本にありました。

リニューアルという意味で一連の事業が始まったんですが、50歳までにやらなきゃ返済するときＷＡＭ（独立行政法人　福祉医療機構）から借入するとき、長期で25年というと僕が生きてる間に返せるのは50歳までに借金しないとだめだろうと。

41歳の先生ならここ数年、プラス数年の間にもう一個なにかできます。先生もおそらく覚悟はあるでしょうが、僕らは医師になってやっぱり50年は医師としての仕事をしなきゃ社会に対して申し訳ない。それだけの投資、社会からの投資をされていますからね。少なくとも27～28歳である程度こうなって80歳近くまで、少なくとも75歳位までは何らかの形で、その頃手術はできなくてある意味新しいことも無理だけど、それでも何等かのことをやるとして、そこまで生きて借金のことを考えていかなくてはならない。少なくてもWAMがある限りは50歳までは線を引いていただいて、それまでにはある程度基本的なことを考えて行く方向かなと思います。

もちろん日々建物は古くなっていくし、昨年の地震を考えると耐震対応等頭が痛い。地震等で潰れたら、保険会社も払ってくれないし多くの方が亡くなったらどうやって責任を取るか…なんてことも考えなくちゃいけない。今の状況はそんなところですかね。

将来に向けての介護保険を踏まえて

私の結論としては介護保険は介護保険としてちゃんとやると。医療は医療で別に医療保険でちゃんとやると。今回の改定では間に合わないけれどもう一度大きく声を上げてやるべきかなと思いますね。

先生は医療法人協会、全日病、老健協会で施設を持っておられるし、そういう中で我々も声を上げていかなきゃ変わっていかない。

ましてや先生は非常に期待されているホープですし、特に全日病ではこれから活躍をしていただきたい。

　病院団体が声をあげなきゃこういう問題は解決しないです。

　医師会も当然いろいろあるでしょうけど、介護保険に対しては非常に関心が薄かったり、医療保険で何かの点数を上げろとか言うけれど、基本的な矛盾点をあまり理解してもらえない。

　やっぱりこういう事業をやっている者が声をあげなければ変わらないから、今後是非大声をあげて解決する方向で行きたいと思います。

　一方で財源の問題があります。当然消費税は財源の中心になりますが、さりとて我々にその負担が降りかかってきたら困るのでこれも軟着陸させないとね。

　我々にとってはいわゆるぞんざいにならないような形で決着してくれたらいいと思いますが、我々が声あげないと政治家はわかってくれないし、地方の為政者もわかってくれませんからね。

　そんな課題がむしろ介護保険と関係はするが、発生してきた問題として今や大きいかなと思います。

黒澤　財源の話は消費税の問題も含めて、医療費介護費用がほとんど高騰化していって、高齢者はある程度で一定になるが、負担する人が少なくなってしまう。そこをどう考えていくかですね。できるだけお金をかけないようにしていかなきゃいけない。
　元気な人には働いていただくということですね。

関　先生のお父さんも先生もそういうお考えがあった。僕も健康センターを作って考えたのはまさに予防ということです。

基本的には医療がかかわるのは予防、治療、療養、もっと言えば我々はエクステンドケアという言い方をしますが、いわゆる急性期が終わった後の先の治療ですね。リハビリテーションですね。

日本だと医療の先に老健があり、特養があって、あるいは居住系の施設にアウトリーチしていく、それが全部ないと支えられないわけです。特に前の部分は実際例えば大学病院がはいったら我々の大変なライバルになりますが、そこをむしろしっかりやるのが今後の課題としてあると思います。

本日は長時間に渡りありがとうございました。


（本対談は平成12年2月2日。上田市の別所温泉「かしわや本店」で行った。）

第3部　シンポジウム

「介護保険・障碍者プランはこの国を救えるか」

松田朗・今井澄・関健・望月雄内・黒澤 正憲

ごあいさつ

医療法人城西医療財団理事長
社会福祉法人七つの鐘理事長
関　　健

20世紀も終わりに近づき、世紀末といった言葉がいかにもリアルで不気味に響く昨今の政治経済状況の中で、来たるべき新世紀にさしたる希望も持てず、「この国は滅びるのではないか」、否、「世界は没落してしまうのではないか」、といった不安感が国民全体の気分を支配し、一方でのやり場のない憤りや他方での無力感をもたらしており、社会の病弊が拡がっております。

宇宙船から見た昼間の地球は別世界の美しさでハイビジョンTVカメラにとらえられ、私たちは感嘆いたしました。しかしながら、私たちが住むこの国では、夜明といえども希望に満ちあふれているわけではなく、なにがしかの破綻が見え隠れしております。恐らく21世紀の夜明もそうなるのでしょう。

本年の公開講座では、いまだ闇の中にある「介護保険」となかなか姿の見えない「障碍者プラン」を取り上げ、シンポジウム『介護保険、障碍者プランはこの国を救えるか』として、この道の識者とともに皆さんで討論しようと思います。私たち医療・保健・福祉にたずさわる者にとってばかりでなくサービスを受ける人々にとってこのテーマは切実で、行政や立法府の方々と現場の私たちと一度徹底したバトルを交えなくてはならないと思っておりましたところ、本日このような形で実現することができました。関係の皆様に深く感謝申しあげる次第です。従って、本日は制度についての講習会、勉強会といった普及教育の場ではなく、問題点を掘り下げ議論を尽くす場としたいと考えております。

「ゴールドプラン」が策定されたころに、私どもの公開講座は始まりました。一つの年度に１回ずつ開催し、今年度で12回目となりました。平成６年に見直しがなされ「新ゴールドプラン」としてサービスの積み増しがなされましたが、このプランも終わろうとしております。〝十ヵ年戦略〟と銘打って始まりましたので、もう10年経ってしまったのです。少子化対策の「エンゼルプラン」などもありましたが、ほとんど気がつかれないままに放置されているのではないでしょうか。〝7ヵ年戦略〟と銘打たれた「障碍者プラン」も、平成８年に始まりましたので、もうすでに半分が経過したことになります。私たちの公開講座も、当初は「老人ケア公開講座」でしたが、介護保険制度ができ、この問題に対する世間の関心も高まり各所で講演会も開かれ、施設においては日常業務として介護教室も開かれるようになってきている現状に鑑み、〝老人ケア〟としての公開講座は役目を終えたと判断し、別の役割を担うべく新たな試みを開始するに至った次第です。

「介護保険は21世紀の医療・福祉をどう変えてゆくか」

松田　朗

いよいよ平成12年4月1日から、創設された介護保険制度がスタートする。スタートの位置に着いた保険者である全国の市町村・特別区は、否応なく一斉に走り出さなければならない。

この介護保険のねらいを敢えて3つに絞るとすれば、

① 高齢者のための医療サービスは老人保健法（医療保険制度）により、福祉サービスは老人福祉法（措置制度）により提供されているという二本立ての複雑な制度を一本化して、高齢者が保健医療サービスも福祉サービスも同様の利用手続き・利用者負担で，利用者の選択により総合的に利用できる仕組みを構築すること

② 医療費の抑制に資すること

③ 民間活力を導入し介護サービスの提供の場に競争の原理を働かせること

があげられるであろう。

しかし、これらの狙い通りに物事が運ぶかどうかは、次のような課題を解決できるかどうかに懸かっているものと思われる。

すなわち、①については、居宅者と施設入所者（医療施設、介護保険施設—指定介護福祉施設・介護老人保健施設・指定介護療養型医療施設、及びその他の老人福祉施設）について、要介護認定の判定結

果を踏まえ、どのような組み合わせ（医療サービス・介護サービスと医療保険・介護保険）で医療・介護サービスを提供する仕組みにするのか、②については、新たに位置付けられる3種類の介護保険施設の入所基準、施設基準、保険給付額をどのようにするのか、③については、居宅介護支援事業者・居宅サービス事業者の指定と指定事業者に準ずる事業者の取扱いをどのようにするのか、というようなことである。

介護保険制度の施行は、平成8年11月の医療保険審議会に厚生省が提出した資料中において明らかにされているように、今後の医療保険制度改革のスケジュールの一環として組み込まれているが、その狙いは社会的入院の解消と長期入院期間の短縮である。

従って、介護保険制度が定着すればするほど、高齢の入院患者は減少すると共に被居宅介護者の増加に伴って在宅医療に対するニーズが高まってくるものと思われる。

一方、老人福祉分野においても、措置制度の打破と民間企業の参入によって、競争の世界が誕生することになる。

いずれにせよ、介護保険が医療・福祉に及ぼす影響を深めるためには、本制度について、サービスの提供側から見た場合とサービスの利用者側から見た場合のメリット・デメリットを解明していく必要があろう。

氏名	松田（まつだ） 朗（あきら）	生年月日	昭和14年9月21日生

【略歴】

昭和39年3月　岐阜県立医科大学卒業

昭和40年4月　岐阜県衛生部医務課兼高山保健所

昭和46年7月　厚生省医務局国立療養所課課長補佐（岐阜県から厚生省へ）

昭和48年4月　外務省（在インドネシア日本国大使館：一等書記官）

昭和54年11月　科学技術庁計画局（科学調査官、ライフサイエンス担当）

昭和59年7月　静岡県衛生部長

昭和61年8月　厚生省各局の課長を歴任（平成4年7月まで）

平成4年7月　環境庁企画調整局環境保健部長

平成5年7月　環境庁大気保全局長

平成6年7月　厚生省国立医療・病院管理研究所所長

【資格】

医学博士（公衆衛生学）

【専門分野】

公衆衛生、厚生行政（特に地域保健・健康づくり）

【著書等】

○「介護支援専門員のためのわかりやすい介護保険制度」（監修・著）

メヂカルフレンド社㈱　１９９８年5月

○「これからの高齢者の栄養管理サービス」（監修・共著）

第一出版　１９９８年12月

【関わり合ったプロジェクト】

公的介護保険制度の創設

医療制度の改革

【所属団体】

（社）日本病院会（参与）

（社）病院管理研究協会（顧問）

日本公衆衛生学会（理事）

日本病院管理学会（評議員）

医師の需給に関する検討会（委員）

必要病床数等に関する検討会（委員）

（急性期入院医療の定額支払いの）試行調査検討委員会（座長）

「21世紀医療の新しい展開と介護保険」

今井　澄

1．政治の場での医療改革をめざしての議論の展開
（1）１９９７年9月の医療費自己負担増と医療制度抜本改革案
＊与党医療保険制度改革審議会案（与党協案）
＊民主党、新進党など各党などの改革案
＊厚生省案
（2）与党協案をもとにした厚生省審議会での議論
①薬価基準制度の見直し：「薬剤定価・給付基準額制（＝日本型参照価格制）」
②診療報酬体系の見直し：包括（定額）払い制の拡大
③医療提供体制のあり方：病院の急性期病床と慢性期病床の区分、かかりつけ医、情報公開
④高齢者医療制度の見直し：高齢者独立保険方式か「つきぬけ」方式か

2．21世紀の医療を考える
（1）キーワード1
＊少子高齢化：キュアからケアへ、ノーマライゼイション、自立支援

＊情報化、多様化：情報公開と選択
＊経済の低成長：無駄の排除＝効率性、（世代間の）支え合い
＊技術革新：費用対効果、生命倫理

(2) キーワード2

＊「社会的入院」の解消と在宅医療の推進

◇病院とは何か？

(3) 介護保険制度の目的

＊家族介護から社会的介護へ
＊高齢者の自立支援
＊社会的入院の解消と在宅介護の推進
＊特別養護老人ホーム・老人保健施設・老人病院（療養型病床群）の一本化
＊民間活力の活用

氏名	生年月日
今井澄（いまい きよし）	昭和14年11月17日生

【略歴】

昭和33年４月　東京大学入学（理科Ⅱ類）
昭和45年３月　東京大学医学部卒業
昭和47年９月　佐久市立国保浅間総合病院勤務
昭和49年９月　組合立諏訪中央病院勤務
昭和55年４月　同病院院長
昭和63年４月　同病院名誉院長
平成３年６月　同病院退職
平成４年７月　参議院議員当選（長野県区）
平成７年８月　参議院厚生委員会委員長（１９９６年６月退任）
平成10年７月　参議院議員当選（比例区）

【主な役職等】

予算委員会理事（1998.8.7～）
民主党医療制度改革小委員会事務局長（1998.7.31～）

【その他役職等】

（社）長野県国保地域医療推進協議会副会長（1987.4-1991.3）
長野県医師会理事（1990.4-1992.3）
与党福祉プロジェクト座長（1994.7.22-1996.1.26）
社会民主党公的介護保険推進本部事務局長（1996.6.21-1996.11.6）

【著書等】

○「豊かな明日への暮らしと医療」　１９９１年
○「医療がやさしさをとりもどすとき」（共著）　１９９３年

「社会的弱者に障害者プランはどう応えるか」

関　健

Ⅰ　わが国における障害者の考え方
　1．身体障害者
　2．知的障害者
　3．精神障害者
　4．高齢者―第4のカテゴリーとしての障害者
Ⅱ　わが国における障害者の現状
Ⅲ　障害者プラン―ノーマライゼーション7か年戦略
Ⅳ　精神障害者保健福祉施設と他の障害者保健福祉施設との比較
Ⅴ　社会復帰施設等の比較
Ⅵ　今後整備される福祉事業

1. グループホーム・福祉ホーム
2. 授産施設・福祉工場
3. 訪問介護員（ホームヘルパー）
4. 短期入所生活介護（ショートステイ）
5. 日帰り介護（デイサービス）

Ⅶ　ケースマネージメントとケアマネージメント

Ⅷ　介護保険と障害者福祉

Ⅸ　社会的弱者に障害者プランはどう応えるか

| 氏名 | 関
健
（せき けん） | 生年月日 | 昭和24年8月15日生 |
|---|---|---|---|

【略歴】

昭和50年3月　順天堂大学医学部卒業
昭和53年2月　順天堂大学医学部助手（精神医学教室）
昭和57年3月　カナダ・ブリティッシュコロンビア大学
　神経科学キンズメン研究所客員研究員
昭和59年7月　順天堂大学より学位授与（医学博士）
　財団法人航空医学研究センター研究員（非常勤）
　東京中央保健所嘱託（精神衛生相談）
昭和60年11月　順天堂大学医学部講師（中央検査室脳波部門）
昭和61年4月　順天堂大学医学部非常勤講師（精神医学教室）
　医療法人城西医療財団　城西病院精神神経科医長
平成3年4月　医療法人城西医療財団　理事長
　医療法人城西医療財団　城西病院院長
平成7年6月　社会福祉法人七つの鐘　理事長

【その他現職】

信州大学医療技術短期大学非常勤講師
長野県信濃学園嘱託
松本市心身障害児就学指導委員会委員
長野県医療法人協会副会長
長野県病院厚生年金基金幹事
財団法人信州医学振興会評議員
社団法人日本病院会代議員
信州大学医学部附属病院初期臨床研修協議会委員
長野県精神保健協議会理事
長野県国保健康保険診療報酬審査委員会委員
日本精神病院協会評議員
日本精神病院協会医療政策委員会委員
長野県病院協議会常務理事

【資格等】

精神保健指定医
指定航空身体検査医（運輸省）
日本医師会認定産業医
THP産業医（労働省）
トレーニング指導士（日本体育施設協会）
日本医師会健康スポーツ医

指定討論「ケアハウス運営の立場から」

望月　雄内

介護保険施行と施設運営

1　介護等関連老人対象者の動向

2　老人施設整備の計画と現況

3　特養収容能力の現況

4　介護保険導入に伴う特養入居の適格者判別

5　特養退去該当者の受入れ方向

6　受入れ先としてのケアハウスの体制

7　特養とケアハウスの機能の相違点

8　施設間交流の条件整備

9　施設ネットワーク整備の必要性

氏名	望月（もちづき）　雄内（ゆうない）
生年月日	昭和16年10月17日生

【略歴】

昭和42年3月　早稲田大学法学部卒業
昭和62年5月　穂高町議会議員（平成3年3月まで）
平成3年4月　長野県議会議員（平成8年9月まで）
平成7年7月　軽費老人ホーム「ケアあずさ」理事長　就任
平成9年4月　長野さくらの会　理事
　　　7月　自由民主党長野県第二選挙区支部支部長（平成10年10月まで）

【主な役職等】

農政林務委員会副委員長
国際交流推進協議会理事
廃棄物処理事業団理事
土木住宅委員会副委員長
文教企業委員会委員
社会衛生委員会委員
（財）碌山美術館理事
（財）井口喜源治記念館理事

指定討論

「人生90年」

黒澤　正憲

氏名	黒澤（くろさわ）　正憲（まさのり）
生年月日	昭和17年10月4日生

【略歴】

昭和49年３月　昭和大学医学部大学院卒業
昭和54年３月　医療法人恵仁会　黒澤病院　副院長
昭和63年５月　医療法人恵仁会　黒澤病院　院長
11月　老人保健施設　安寿苑苑長
平成４年４月　社会福祉法人恵仁福祉協会　理事長
5月　医療法人恵仁会　理事長

【その他の活動】

昭和46年４月　優生保護法指定医
7月　長野県警察医
昭和55年４月　社会福祉法人佐久学舎こまば学園嘱託医
昭和57年６月　身体障害者福祉法指定医
昭和59年３月　労働衛生コンサルタント
昭和60年１月　日体協公認スポーツドクター
平成３年６月　佐久コスモスロータリークラブ会員
平成６年３月　全国老人保健施設協会代議員会副議長
日本医療法人協会代議員
長野県病院協議会理事
長野県病院厚生年金基金代議員
長野県スポーツ少年団副本部長
長野県カーリング協会会長

関

私は、医療法人城西医療財団理事長、及び、社会福祉法人七つの鐘の理事長をいたしております、関　健でございます。

本日は、公開講座を催したところ、多くの皆様が、お出でくださり、衷心より御礼申し上げます。明年四月より介護保険法が施行されることになっており、本年はその準備で、国、県、市町村、いずれもおおわらわな一年になることと存じます。

数年前から、このことは予測されていたことではありますが、丁度試験勉強と同じで、前日になって、徹夜で取り組むといった様相を呈していくのではないかと思われます。これは、私どものような施設におきましても同じ様な事がありまして、あと一年間、具体的にどんなことがきまってくるのか耳をそばだててこれを聞こうとしているところであります。

本日は、シンポジウムという形式で、この制度についての問題を掘り下げてみたいと思っております。

併せて、この問題と密接に関連する医療及び医療保険の問題にも言及し、また、若年障害者福祉についても触れつつ討論を展開していきたいと思っております。

企画が長時間にわたる形になっておりますが、何とぞ最後までお聞きいただき、理解を深めていただきたいと思います。

行政のかたも今日何人かお見えになることになっておりますし、医療関係者、福祉の関係者あるいは住民の皆さん、特にこれから介護保険の被保険者としてお受けになる皆さん、それぞれの立場から来年に備えていただくとなれば、私どもとしても大変うれしく存じます。

これから松田先生のご講演をいただくわけですが、そのまえに、皆様のお手元に本日の資料を用意してございますのでお確かめ下さい。それぞれのシンポジストの先生方のレジュメのあとにいくつかの資料を用意してございます。介護保険制度に関するもの、そして、障害者プランに関するものでございます。それから要介護認定の資料、これはじつは平成九年度と十年度にモデル事業が施行されたわけですが、このときに使われました調査票あるいはかかりつけ医の意見書がこういった形で行われているということをここに示してあります。次は、私どもの今まで行ってまいりました過去11回の公開講座のプログラムをここに入れてございます。一番おしまいに私どもの医療法人城西医療財団、あるいは社会福祉法人七つの鐘の事業の概要、そして指定討論していただきます黒澤先生の恵仁会、及び恵仁福祉協会の事業の概要を示してございます。ご参考にしていただけたらと思います。

それでは、最初のシンポジスト松田先生のご紹介をさせていただきたいと思います。

松田先生は、昭和39年、岐阜県立医科大学をご卒業になりまして、40年の4月に岐阜県の衛生部にお入りになりました。46年の7月には、厚生省の医務局の国立療養所課長補佐におなりになり、岐阜県から厚生省の方へ移られております。その後、外務省の在インドネシア日本国大使館一等書記官、それから科学技術庁の計画局あるいは静岡県の衛生部長を歴任された後、厚生省に戻られまして、厚生省各局の課長を歴任されております。その後環境庁に出向された後、平成6年7月に厚生省国立医療病院管理研究所の所長さんとなられました。この国立医療病院管理研究所は、現在行われております医療あるいは福祉の具体的な政策を研究するところというふうに申し上げればわかりやすいかと思います。では、介護保険を立ち上げる作業を実際にやってこられました松田先生のお話をこれから伺うこととなります。松田先生、よろしくお願い申し上げます。

松田　ただ今、ご紹介いただきました、国立医療病院管理研究所所長の松田でございます。

関先生からご紹介いただきましたが、介護保険制度の発足を前にして、大変な勉強会をなさるということで、どれだけお役に立つか解りませんけれども、制度の概要を説明させていただいて、私に与えられた題の「21世紀の医療福祉をどう変えていくか。」という観点から、少しでもお役に立てばと思います。私もまだ一応厚生省の人間ですから、あまり悪口は言えないんですけれども、でも気になるところがあれば、それも踏まえながら話を進めていきたいと思います。お話したい内容のポイントは、4ページを御覧いただきますと、大体書いてございます。既に介護保険というものが、色々な所で言われるようになりましたから、今日お集まりの皆様方は、もう殆どご承知だと思いますけれども、まあ、おさらいのつもりで、制度について若干お話させていただきます。なんといっても介護保険制度を導入するという目的は、色々あると思うんですけれども、私は大きく分けて三つあると思っております。その一つは、やはり最近まあずっと前からあるんですが、老人病院といわれるところでは、社会的入院といった方が増えてきているんですが、最近医療費か問題になってきている。その医療費の中身が老人の医療費であると、その老人の医療費の中身を見ると社会的入院が一番問題であるというのがひとつありまして、こう言う人たちは本来その病院の中でサービスを受けるよりはしっかりとした介護の設備の中で受けるべきではないだろうかと。ではそれを支えるべき制度が必要ではないかというのがまずひとつ目であろうと思います。

それから、二つ目のポイントは、お年寄りに対する保健医療福祉サービスというのは、現在は老人保険法で医療的なサービスをやっているわけでありますし、それから福祉サービスは、老人福祉法に基づいて色々な措置制度によって行われています。要するにお年寄りに対するサービスが二つの法律に基づいて片方は保険、もう片方は、税金による措置、というようなことでありますから、これをひとつの一本化した制度にしようと。しかも医療の場合は、病気になり、医療機関にかかるときは本人がどの病院を選ぶかどの診療所を選ぶか、まったく国民皆保険でありますから、北海道から沖縄までどこの病院でも保険証があれば助かります。しかし、今の福祉における措置制度では、その市町村の指示によってあなたはここに入りなさいとか、というようなことで選択の自由がない。これが自由な選択の余地があるような福祉の制度にして行こうと言うのが二つ目の狙いだと思います。

三つ目の狙いは、医療の世界はご承知のとおり、医療は、欲の金儲けが目的ではいけないということになっておりますから、医療の病院の中の幾つかの決められた業務は、民間の業者に委託してもいいようになっておりますが、医療の本質に関わる事は、民間企業はやってはいけないということになっています。こういうものに対して、介護の世界におきましては、特定の医療法人や公的な機関に限らず、要するに一般の民間企業も大いに参画してもらおうと、こういう競争の原理と言いますか、こういう発想を盛り込んでいくことが、介護保険制度が医療保険と比べたときの大きな違いと思うわけで、そういった観点で介護保険制度を発足しているわけですが、その制度の概要を理解するために私の用意しました資料がございます。「介護保険制度の骨子」というのがありますが、この一覧表がまさに介護保険制度の骨子でございますが、保険者は市町村、あるいは特別区です。それから被保険者は、40歳以上の人ですよと、しかも40歳以上の人でも65歳以上と未満とで一号と二号被保険者に分けているのですよというようなことになっています。それから、保険料これも大変計算が難しいのですが、医療保険と違うのは、計算も違いますし、それから保険料のセットの仕方も5段階ぐらいに分けて、ある程度収入に応じた分け方をする定額と言うことで、例えば医療保険の場合は、サラリーマンであれば給料の何パーセントで計算されてきますけれども、介護保険の場合いは、若干違っていると。それから保険給付の内容が一番問題になるところでありまして、ここに書いてございますように、介護給付、予防給付、市町村の特別給付、この三種類の給付が行われることになっております。介護給付と言うのは、後ほど申し上げますけれども、要介護者と認定された人に、支給されるものでありますし、予防給付と言うのは、要支援者と言われる方に支給されるものであります。要介護者と要支援者の違いは、要支援者とは、要介護者になる前の人たち、それから、完全に自立できるわけではないけれども、若干手助けが必要だと、そういう人たちを放置しておくと段々介護状態になっていくと。そういう今のイメージで言いますと、虚弱老人という感じでございます。だからそういう人たちに、予防的に介護を提供していこうということですから、そのサービスに予防介護という名前がついたのだと思います。それから、市町村特別給付というのは、これは保険者である市町村が自分たちで決めることができるわけです。介護給付とか予防給付は、厚生省でこういうものですよと決めてしまいます。しかし、市町村特別給付というのは、それ以外に市町村が例えば、介護保険の財政状態をみて少しゆとりがあるとおもったら、自分たちでそれ以外のメニューを作ってそれに対して保険給付をするという権限が法律上与えられているということであります。しかしご承知のとおり、全国の市町村が何を一番心配しているかといいますと、仮に保険者になったときに、保険料がしっかりと集められるかと、集めたお金で介護保険サービスをするときに財源上耐えられるかということですから、現時点では、具体的なメニューは決まっていないというわけです。まあ、当然というわけです。実際介護保険制度が導入されて、スタートして、各市町村によって非常に赤字っぽいところとか、黒字っぽいところが出てくると思いますが、そういった黒字の運営ができる市町村がプラスアルファのサービスを条例で決めて、提供していくだろうと思います。仕組としてはありますが、現実問題としてまだまだ出来るとしても先のことだろうと思います。

それから、利用者の負担これも医療保険の場合は、色々な保険、また本人や家族そういった組み合わせによりまして、二割負担三割負担となっておりますが、介護保険の場合は、一割負担ということが原則となっております。それから公費負担、これも医療財費が大変だということで困っているところです。その困っていることは皆さんたちの掛け金で足りない部分は患者負担だということでやってきておりますが、それの足りない部分は、仕方がないから大蔵省と厚生省が話し合いをして穴埋めをしてもらっているということであります。言い換えますと医療保険の世界では、それにかかった経費についてどうしても足りない部分を一般の税金で穴埋めをしているわけであります。だから、国家財政が厳しくなり、これ以上お金は出せないとなれば、保険料を上げるか、患者負担をあげるしか仕方ないわけでございます。しかし、介護保険の場合は、かかった費用、介護費用ですが利用者の一割負担を除いた費用の半分は国、都道府県ですね、要するに税金でみましょうと、半分はみましょうと、これは法律で規定されていますから、医療保険の世界よりは税金でみる割合が多いことを法律上位置付けているということで、財政的には若干安定しているのではと思います。これが介護保険制度の基本的な考えでありますが、さらにそのイメージをはっきりさせるためには、今の資料を2ページめくってもらいますと、横長の大きな表がありますがこれが介護保険制度全体の概要を絵にしたものであります。介護保険法の中に出てきます色んなキーワードを全部一枚の紙に集めて絵にして相関図にしたものであります。左のほうに被保険者がありますし、真中に市町村がありますし、右のほうには国保連合会や国、都道府県、あるいは市町村と被保険者の間には年金保険者、医療保険者、支払い基金、その下のほうには、指定居宅サービス事業者、この介護保険制度の中で登場する機関がすべて網羅してありまして、それがどういう関わりがあるかとか、あるいは、介護サービスが必要になった人が、どういう手続きを踏んでサービスを受けるかというようなものも、一応番号を打ってありますが、それをおっていけば大体の概要が分かるかと思います。そういったことで、これは後でゆっくり御覧いただければよろしいかと思います。本日は介護保険の説明会ではございませんのでそれが将来どうなるだろうという話だと思います。従いまして、そういった観点から幾つかポイントを申し上げたいと思います。

保険者は市町村や特別区だと申しました。しかし全国の市町村は、3千2、3百でしょうか、数千人の村や町から、数百万の都市まであります。従いまして、その小さな市町村にとっては保険者として制度を主にするだけの自信がないと言う所も沢山あろうかと思います。そう言う所は、複数の市町村で一部事務組合を作るとか、あるいは組合とかではなく連合組織を作って、そこで介護保険を担う保険者になる、という仕掛けがあります。この考えは既に、伝染病の隔離病棟の運営だとか、ごみ処理施設だとか、すでに医療の世界でもそういうことは既にあるわけですけれども、この介護保険でもそれをやりましょうということになっています。従いまして、実際に制度がスタートしますと、3千幾つの保険者ができるのではなくて、私はおそらくその十分の一ぐらいになるのではないかというような気がいたします。で、その小さな町村合併というのは、ずっと自治省が中核としていろんな指導をしてきています。しかし、なかなかうまく進んでいないのが実情だと思います。しかし、この介護保険制度というものをきっかけに、この小さな市町村が連合体を組むというのが組織の拡大になるという動きが活発になってきているというのに、日頃仲のよくない厚生省と自治省がこの件に関しては、ばっちりと手を組んでやっておりますから、こういうその自治体の組織が大きくなるという動きが出てきます。そうしますと、医療のほうに対しましても、いままで小さな市町村が住民に急かされて、これに答えて無理をして病院を沢山持っております。結構小さな市町村でも病院を持っています。それも皆赤字で大変です。そう言うところが複数の自治体が共同して、病院を作るという動きがぼちぼち始まっています。典型的なのは、例えば、高知県の県立病院、それと高知市の市立病院、この二つが一つになりまして、市立病院も県立病院も廃止しまして、第三セクターで病院を作ることになっておりまめす。それと、岐阜県とその隣の県でも病院を共同で作ろうとか、要するに自治体が共同で病院をみようという動きが、この介護保険制度で保険者が連合体を組むようになると、医療機関の件についても、自治体病院にそう言う動きが出てくるのではないかといえるのではないかと思います。それから被保険者、先ほど40歳以上と申しましたけれども、実は40歳以上65歳未満というのは、お金は取られるわけですね、介護保険ではしっかり取られるわけです。しかし、サービスを受けるためには、65歳以上の人とは同じわけではありません。仮に介護が必要な状態になったとしても、その条件が特定疾病と言っておりますが、そういった特別な病気が原因で、そう言う介護状態にならなければだめだよというしばりをつけているわけであります。この資料の青い表の付いている今の表の次の次の表を見ていただきますと、特定疾患候補疾病一覧、おそらくこれはもう決まりで制度がスタートすると思いますけれども、15の病気、疾病が挙っております。特定疾患ですね、あっとこれは特定疾病だと思いますね、ごめんなさい。要するに難病対策で特定疾病対策というのがあります。いわゆる難病、これとはまったく違った概念です。要するにここに挙った15の病気と言うのは、高齢化現象に関わりがあると、将来高齢になってこういった病気が出てきますよと言うような観点から選んである病気だと思います。この中にはもちろん難病いわゆる厚生省の特定疾患で指定されている難病疾患も、だぶって入っております。3番目の筋萎縮性側索硬化症だとか、パーキンソンだとか、次の5番目でしょうか脊髄小脳変性症、シャイドレーガー、それと、12番目の後縦靭帯骨化症、といったものも難病の指定だと思いますけれども、難病とは別の病気も入っている、こういったそうどこにでもある病気ではないものにかかってないと、40歳以上がお金を払って被保険者になりますが、サービスをうけられない。言い換えますと、介護保険制度が出来ましたけれども、身体障害者、その他の障害者、あるいは、難病の患者さんに対しては、殆ど恩恵がないのであります。わたくしは、介護保険制度が出来たときは、当初厚生省の案は、20歳以上からお金を貰いましょうと、65歳以上からサービスを仕切りましょうと言う案だったのですが、若干40歳以上がサービスを受けられるようになったわけですが、実際は、障害者や難病の患者には殆ど恩恵が与えられない。しかし、そう言った人たちの中には、介護が必要な人が、沢山いるわけですが、現在厚生省では、そういった障害者の方や、難病の患者に対して介護保険制度とは別の制度で出来れば税金を使ってサービスを展開していこうということになっています。今こう言う人たちから、この制度発足前、私の認識では、おそらくこう言う方々は、なぜ私たち難病患者を、障害者を介護保険で面倒見てくれないのか、そう言った意見が当然挙っていました。しかし、介護保険の制度で、どういったサービスがどういった条件で受けられるのかはっきりしていなかったこともありますし、最近はっきりはしてはきましたが、どうやら今既存の障害者の政策、あるいは、難病患者に対する政策と、それから介護保険制度で受けるサービスの恩恵と、どちらが言いかというふうに考えた場合には、どうも現時点ではまだ、このままで、私たちは、その介護保険制度とは別の仕組みで、サービスを受けたほうがよさそうだと思っているのではないでしょうか。私も今のところそうではないかと思います。しかし、介護保険制度の中身が充実してきた時に、この難病の患者さんや障害者の人たちが、今のままの制度でいいのか、やはり、介護保険制度をもっと充実して、年齢をさげるなり、条件を緩和して、もう一緒に介護保険の制度の中で介護のことは、面倒を見てほしいと、言うのか言わないのか、これは、将来の大きな課題だろうと思う訳であります。

３番目に、その介護を受けるためには、病気になれば普通病院や医療機関へ行って医者の判断ひとつで、治療が開始できます。しかし、介護サービスを受ける場合には、介護認定審査会というところで、審査を受けて、要介護か、要支援か。要介護であれば、第何度だとランクをつけてもらって、それからサービスが始まります。そのときに、判定の材料となりますのが、訪問調査による調査表などがありますが、もうひとつ重要なのは、掛かり付け医の意見書と言うのがあります。この掛かり付け医の意見書と言うのは、それがないと認定審査会認定を受け付けてもらえません。ということは、掛かり付け医の意見書、それを書く掛かり付け医がいかに重要かということであります。現在これだけ病院があり、これだけ開業医がいましても、それから国民が医療機関に沢山かかっておりますけれども、ではあなたに掛かり付けは誰ですかと聞いても案外いないものですよね。病院や医者のはしごはしていても、掛かり付けは誰かと聞いたら、案外いない。しかし、制度が発足すれば必ず掛かり付け医の意見書が必要になります。従いまして、掛かり付け医の一番なりうるところでは、開業医の先生であります。しかし、掛かり付け医は、開業医の先生に限らず、大病院の先生でもいいわけです。特定してないわけです。従いまして、掛かり付け医というのにどういった方がなるのかと言いますと、言い換えますと、必ず掛かり付け医の意見書が必要となりますから、その特に住民の身近にいる開業医の先生にとっては、これからの掛かり付け医としての位置付けといいますか、診療所の復権ということでこの介護保険制度は意味が出てくるのではないかというふうに思います。

それから、もうひとつ介護保険で認定と言うものがありますが、認定に漏れる人が出てくるわけであります。この認定に漏れた人たちがどうなるかということです。制度上は心配ない。なぜならば介護保険制度ができましても、今ある医療保険、あるいは健康保険法とか、あるいは老人保険法、老人福祉法、そのまま残っているわけです。従いまして、認定で漏れてしまったお年寄で何らかのサービスが必要な人は老人福祉法で今まで通りサービスを受けることになります。しかし、私の危惧するところは、現在全国の市町村で老人福祉法に基づいて老人のサービスを展開していますけれども、そのサービスの中身は、こんなにも差があるわけです。ものすごく福祉を充実してサービスをしている市町村もあれば、必要最小限のことしかやっていないところがいっぱいあるわけです。その私の心配は、めいっぱい老人の福祉サービスをやっている市町村が、介護保険制度が出来て、その認定制度が出来て、そして要介護も認定する、介護状態になる前の要支援者まで認定してサービスを提供してあげる。それに漏れた人まで、福祉で、税金で面倒を見る必要があるのか。しかも財政状態が悪くなってくればなおさら俺たちは今までやり過ぎだったのかと言うようなことで、その何にもしてない市町村は福祉の数値は上がると思うのですが、濃厚にやっていた市町村においては、介護保険制度をきっかけに、ちょっとレベルを落とされては困るなあと心配であります。

それから、次に医療の世界は、原則出来高払いですね、老健だとか、老人病院は、一人月いくらというまるめになっておりますが、原則として、定額出来高払いですから、検査、お薬色々なことをやれば、それを全部足し算して診療報酬として請求できます。しかし、介護の保険の世界は、原則定額であります。要介護度何度と言ったら何十万と、何十万は、施設に入った場合ですけど、あるいは在宅でもいろんなサービスにおける場合の値段が決められます。支給額も月額で在宅でも決められますから、要するに、いろんなサービスを組み合わせても、一定の額以上はその保険で払ってもらえません。ですからそれ以上サービスが必要な人は、自分でお金を払ってサービスを受けてくださいよとこういう世界になるわけです。要するに医療の世界では、保険診療をはじめた人には、ちょっとこの薬は高いからと言って料金を上乗せすることは出来ません。要するに、混合医療の禁止ということになっているわけですけれども、介護の世界では、混合介護はオッケーですという世界になるわけです。これがいったいどういう影響があるかと言うことです。お手元の資料の介護保険の骨子の次のページを御覧いただきますと、図がふたつありますが、その図の下の図を見ていただきますと介護保険で面倒を見て支給対象になるいろんなサービス、これは太字で囲んであるのですけれども、要するにこれがレベルに応じて決められた一定の金額内で行われるサービスと言います。それ以上サービスを受けたいと思えば、例えば入浴サービスをケアプランなんかで受けたときに、週一日しかだめだということで毎日入浴したいとしても週3回は自己負担になるわけです。そういうのが上乗せサービスと言うものです。それからサービスの種類も何種類か決まっていますけれども、そういった厚生省が決めたメニューの以外のサービスを提供してほしい場合には、それは横だしサービスと言っています。例えば、給食を宅配すると言うのは介護保険の対象になっておりません。しかし、民間のサービス提供事業がこういうメニューを組んで、本人が自己負担でいいといったら、それはサービス展開が可能と言うことなのです。そういった定額の範囲内のサービスが、介護保険の世界では、可能になっているわけです。こういう世界が生じますと民間の保険会社がこれを商品として扱っていくのではないかと言う気がするわけであります。さらには、これは今医師会、医療界では、こぞって反対をしていますが、医療の世界にもこの混合医療が可能であれば、混合医療もいいのではないかと。ここで既に最近、対立ではございませんが、一部で医療の世界でも混合医療をしたらどうだと、保険で何もかも診るのが足りないのであれば、一定の水準を満たす特別のサービスは、お金を払っているからいいのではないかと、これがまあぼちぼちでている訳ですが、今はとても導入する雰囲気ではない、しかし介護保険の世界で、こういったものがしっかりと定着してくれば、医療の世界にも少なからず影響を及ぼすのではないかと言う気はしてくるのです。

医療の世界で今後医療がだめだと言っているのは、お金のあるなしによって、適正な医療を受けられる人と、受けられない人との差が出来てはいけないじゃないか、ということが大きな理由となっています。しかし、老人の介護保険の世界で、今後介護をやってそう言う懸念がなくなるとすれば、医療の世界だけ別でいられるかと、まあ、気にしているわけであります。それから、患者負担は医療保険の負担と違って定率負担だと申しました。で、現在の老人保険制度、これは入院すると一日１１００円になった訳ですね。それから、一回行くと五百円ですか、要するに老人の医療保険については定額制であります。で、最近は定率性という話がちらほらでていますが、この介護の世界で定率性という、これは年寄りを対象として、定率性というのが導入されますと、医療の世界にその老人医療費の定率性というのも私は追い風になってくるのではないかという気がします。それから、制度の発足のときに問題になったのは、家族の人が介護をする。夫が倒れたら妻が介護をするとか、またその逆もあるでしょうし、そういう場合に現金給付をするのかどうかですね。ドイツのほうでは、家族に現金給付をすると言うことでやっているのですが、日本の場合は、それはだめだと言うことになっております。何でだめなのか私も詳しくは分からないのですが、ひとつの大きな理由としては、家族の人が介護をするということになれば、やはりどうしても女性が受け持つケースが多くなると、で、それを女性が拒否をして外の業者に頼むと、あの嫁あの娘はということで非難を浴びると。要するに、介護保険制度で現金支給を導入すると、女性に対して一番負担がかかるというのが大きな声だったと思います。いずれにしても、現金給付というのはドイツにはあっても日本ではない、これは将来の課題にわが国でもなっているわけでありまして、これがどうなるのかと。今家族の面倒を一生懸命見ているのに1銭も貰えないと、隣は家族が何にもしないでよそから来てもらって、それはちゃんとお金を払ってもらっている、というのは今まじめにやっている家族が私もやめたと言いかねない。要するに家族介護の手抜きのきっかけになっては困るなと言う気がしております。現在は、家族や身内のものがヘルパーの資格を持っていればその人には何かあげなくてはいけないでしょうという議論が挙っているみたいですけど、なんだか変だなと私は思っております。それから、民間活力のお話をいたしました。これはまだまだ遠い先の話だと思いますが、現在でも医療の世界に営利企業の参入という声が特に経済界からの声が強いわけです。外国からのプレッシャーもかかっているわけです。厚生省は断固として反対しております。ただでさえ医療経営が厳しくとなっているときに、民間企業が入ってきて、まあ商売がうまいかもしれませんけれども、金儲け主義にやられれば、儲かるところではやって、儲からないところではやらないわけです。今良心的な病院は儲かるところも、儲からないところもトータルでやっていると、これを民間企業が儲からないところを切り捨てていけば大変なことになります。という大きな理由で厚生省は反対しています。

しかし、介護保険の世界で民間活力を導入して、そしてそれがうまくいっているというのがどんどん立証されてきたときに、医療の世界が今のようなことが担保できるか、これも懸念のひとつであります。それから介護保険施設。名前は介護保険施設というようになっていますが、内訳は老人保健施設や療養型病床群からきたもの。あるいは特別養護老人ホームからきたもの。要するに三種類の施設が介護保険施設として、名乗りをあげることになるわけです。それぞれ生い立ちも違いますし、その施設に支払われる介護保険料の額も段々がございます。制度はそういうことでスタートしていくわけですが、この三種類の施設が将来一つのタイプといいますか一種類のものとして一体化されていくのかいかないのかというのがまた大きな将来の課題といいますか問題だろうと思います。後ほど今井先生のお話でも出てきますが、老人の医療、老人に対する医療制度をどうするかということで、色々話題がありますが、私はその介護保険制度が定着していけば今ある老人保険制度と介護保険制度とこれを一緒にしたような老人介護、それから医療と介護が一緒になった制度が出来てもいいんじゃないかと私は思います。そうでないために現在何がもめているかといいますと、例えば療養型病床群と、療養型病床群から転換した介護保険施設が二種類これから誕生します。そのときにこちらは医療保険で、こちらは介護保険で、あるいは両方でとにかくどちらがどちらで面倒みるかともめているわけです。老人に対しては医療面であってても介護面であっても一つの法律一つの制度であることになればなにもそんな仕分けはしなくてもという気がしまして、あの介護保険法がどんどん成熟していきまして、将来的には老人の医療保険と一緒にしたようなものになっていってほしいなと私は思います。ですが、それまでには紆余曲折があるのではないかと思います。

最後になりますが、この介護保険が定着する、あるいは国が介護保険を進めているのはもちろん介護保険施設の整備も進めておりますが、本当は高齢者が在宅で自立をするということが狙いですから、在宅の介護か非常に進んでこなければならないし、進んでいくんだろうと思います。そうすると在宅で介護を受けている人は当然病気にもなるでしょう。ということは在宅介護が進むということは在宅医療も必然的にニーズが高くなり、進んでくるだろうというふうに思う訳でありります。そうなりますと、今ある医療機関も既存の福祉施設もそれに対応する経営方針なり、あるいは施設そのものを改革をしていくということに迫られるのではないか。この動きは、今まさにブームといいますか、社会のテーマになっています規制緩和だとかあるいは情報公開という二つのキーワードを基に、今言ったようなことが私は着々と進んでいくのではないかと思います。以上、大体私の与えられた時間が来た様なので最後ＯＨＰで締めくくらせていただきます。

後ろの方見にくいかもしれませんが、病院とか診療所これは医療法で箱ものといいますか、どう言うものを病院という、どういうものを診療所というか、病院には何床以上には医者何人、看護婦何人とそういうものを規定しているものが医療法でございます。23年に出来まして、１９８５年、40何年ぶりに医療法を大改正しました。改正といいますか新しい法を付け加えました。これは、この第一改正のときには医療計画といって全国の病床規制をやったわけです。二次医療圏というのを作りまして、一般病床については二次医療圏ごとにアッパーリミット、病床数を決めたのは第一次の改正であります。この県はどうか知りませんけれども、都道府県によっては病院を建てたくても建てられない満杯状態というところが全国の4割ぐらいの二次医療圏にあるわけであります。将来的に今度の第四次医療法改正に間に合えば、このとき決めた病床のカウントの仕方をもうちょっと見直そうということですね。見直すということは、計算しなおすと今までよりももう少し病床数が押さえられるという計算式になるのは当然であります。そして第二次医療改正のときに一般病院の中から特定機能病院とか、療養型病床群とかを新しく機能付けしたわけです。要するに一般病院という名のもとに、いろんな病院があったのをこういう二つの機能分化しようというのが第二次医療法改正という、まあ特定機能病院は大学病院と国立では築地のガンセンターと大阪の循環器病センター、二つしかありません。全部足して82が特定機能病院でこれがずっとこのままできております。将来もこのまま動かないだろうと思います。療養型病床群というのは、ご承知のように長期療養している特にお年寄りのためのということでこう言うものを作ったわけですね。次の第三次の改正のとき、１９９７年ですが、このときに地域医療支援病院というものをまた作りました。地域の二次医療圏単位で、地域医療支援病院を整備しましょうと。この目的はご承知のように地域を支援する病院その名の通りで、小さな中小病院の患者さんを入院させてあげたり、あるいは機械を共同利用させてあげたり、あるいは研修の機会を与えてあげたり、だから患者さんは原則として、紹介患者を診るのですよというようなことで地域の開業医にとってはありがたい存在であるわけです。けれども、病院の収入というのは外来収入でかなり稼いでいるわけですから、それを止められたのです。紹介患者だけを診ろと言うのではとてもやっていけないわけですから現在まだこの地域医療支援病院は今年の四月からスタートしているのですが八つか七つしかありません。将来的にもこれが何百と増える見通しはありません。よほど保険点数かなにかでてこいれしなければだめでしょう。いずれもこの三つのパターンの病院が誕生しましたし、このときに併せて診療所にも療養型病床群と言うのを認めたわけですね。現在こういう状態です。でもちょっと新しい数字ではないのですが、10年10月時点で病院の数は９３２８あります。まあ20床以上のところは病院ですから。でもこの内訳がこんな感じなのですね。まだ五つしかないこれは動かないこの時点で療養型病床群は１３７７、九千からこれだけ引いてもまだ七千は残るわけですこの七千の中小病院が一般病院ということでごろごろあるわけです。それからこういうものをもうちょっと機能分けしましょうと急性期の病院と慢性期病院と分けていったらどうでしょうかとこれからの流れですね。ですからこの介護保険制度が施行される２０００年には、今あるこういうタイプの老健施設は介護保険施設に、特養は介護保険施設に、それから療養型病床群は診療所にも病院にもありますが、これがどちらをとるかとこれはあなたの勝手でございます。ことことことは１００％いかざるを得ないわけですね、特別養護老人ホームは行くのを嫌だと言えば、もう措置制度が無くなるわけですから、入居者から全額お金をいただかなければなりません。そんなのとてもやっていけませんから嫌でもこっちにいかざるを得ません。老人保健施設はもう無くなります。というのは、老人保健法で位置付けられているのが老人保健法の中からこの名前が消えちゃうわけで、介護保険法の中で介護老人保健施設として位置付けられますからこれは法律上この位置付けになってしまいます。残るこの療養型病床群がどちらを選ぶか選択権があります。皆悩んでいるはずですね。これは介護保険でどれだけお金を貰えるかと言うことですね。どちらへ行った方が得かこのまま残ったほうが得か、こちらへ移ったほうが得かというで、損得の話というのはあまりよくありませんが、今それでこのような療養型病床群をもっているところは悩んでいる。あるいは、療養型病床群を持っていない病院は、療養型病床群を早く作って介護保険施設にもって行こうと急速にいろんな動きがあるわけです。いずれにしてもこの三つのタイプのものが介護保険施設で混在するわけですが、ただこれが三つの総称として介護保険施設と呼ぶのか、それとも三つの施設基準を統一化して、一種類のものとしてしまうのかと、このことは将来の課題として残っていくのではないでしょうか。いずれにしても、療養型病床群として残ったこの病院の療養型病床群と言うのは、将来的には、この病院が急性期と慢性期と別れたときに当然こちらのところに位置付けられてくるだろうと。逆にいいますと、今国が考えている慢性期の病院のイメージは、今ある療養型病床群を想像しているからであります。と言うようなことで、介護保険制度というのが発足しますとこういう医療機関の将来に影響を大変及ぼすということを申し上げて、お話を終わらせておきます。

ご静聴ありがとうございました。

関

松田先生ありがとうございました。今最後のほうにお話がありました第四次医療法改正と言うのが現在国会で審議されようとしております。この第四次医療法改正は私たちにとって大変関心の深い問題であります。今、松田先生のお話にありましたように病院の類型化、これがいわゆるドラスティックに変わって、変化が激しいわけであります。そしてそれぞれの機能がどう変わっていくのか、そしてそれが介護保険制度と医療保険制度の中でどのような位置付けになるのか、おそらく今日お見えの先生方の中にもこの辺の話をもっと聞きたいと言う方も多かろうと思います。これは丁度後の討論の中でその辺のお話が出来ればよろしいのではないかと存じます。

先ほど松田先生がおっしゃった中に、将来の老人保険、高齢者保険と介護保険が一緒になっていくんではないかとおっしゃっていましたが、実は昨年、老施協と言いまして、老人福祉施設協会の全国大会が琵琶湖であった折には松田先生は何年にこうなるともっと明確におっしゃっていたのですが、今日はその辺はあまりおっしゃらなかったようですが。

それでは続きまして今井先生のお話をお伺いしたいと思います。

今井先生は皆さんよくご存知のように、現在参議院議員としてご活躍中でございます。地元選出の議員さんだったのですが選挙制度が変わって比例区の方で議員になられたわけであります。

それでは、今井先生のご略歴を申し上げたいと思います。

今井先生は、昭和33年の4月に東京大学に入学されまして、そして45年の3月に東京大学医学部をご卒業されております。その後、佐久市立の国保浅間総合病院に勤務され、昭和49年の9月に組合立の諏訪中央病院のほうにお入りになりました。そしてその後病院長になられ、そして退職された後に平成4年の7月に長野県区で参議院議員に当選されております。その後平成7年には、参議院厚生委員会の委員長、丁度この頃は、当時先生が所属しておられた政党が与党でございまして、与党のこういった医療政策の中心的な役割を果たされております。これが現在の医療制度、そして21世紀に向けての医療施策の根幹をこの頃にお作りになった当事者でございます。先ほど申しましたように平成10年の7月に比例区で当選されて、参議院議員になられておりす。実は私どものお仲間でありまして、松田先生もドクターでありますけれども今井先生もドクターとして、数少ない医系議員として私ども大変頼りにしております先生でございます。それでは先生よろしくお願いいたします。

今井 やはりどうも介護保険のほうに焦点を合わせてお話しようと思いまして、あと医療の方についてはですね後のディスカッションの中で病院がどうなるのかまあそんなお話をしたほうがいいかなと思って今日はレジュメを無視してお話しようと思います。私のほうは、レジュメを作っただけで資料のほうを準備しませんでした。というのも、医療のほうの資料を準備しましても面白くないのですね。それで、介護のほうだけ厚生省からこのパンフレットをこちらへ送ってもらって皆さん方に配っていただきました。いつも私は、講演にくるときには厚生省が作るパンフレット、カラーで見やすいものですから頼むのですけれども、今度頼んだらこれが最後だと言われたのですね。これ2万部しか作ってないのに７００部こっちに送ってくれと言ったら、他ならぬ先生の頼みだから送りますけどこれが最後にしてくださいなんて言われたので今日余ったら私担いで帰って次の講演の時はそれを使わせていただきたいと思います。

この介護保険ですけれども、今日の公開講座、私すばらしいと思うのは、介護保険と障害者プランをセットにした講座なのですね。私も介護保険であちこちの話に行っていますけれども、こう言った講座は初めてです。実はこのことが非常に大事なのですね。先ほど松田先生もちょっと言いましたけれども、このことは非常に大事だと思います。それで私は先ほどもご紹介がありましたが最初たまたまのきっかけで参議院議員に当選したのは１９９２年。そして翌年の93年には、長い間自民党の一党支配が終わりまして、細川内閣が出来ました。出来たと思ったらその翌年には壊れてしまって、村山内閣と言う自民党と社会党と新党さきがけという面白い組み合わせの連立政権が出来ました。それが出来たのが１９９４年です。その4年の夏に出来てから与党の中に福祉プロジェクトと言うのを作りました。福祉のプロジェクトだけではなくて農業のプロジェクトだとか税制のプロジェクトだとかいろんなプロジェクトが出来ましたが、自民党から10人それから社会党から7人、さきがけから3人合わせて20人で与党福祉プロジェクトが１９９４年の夏にできました。そして三党それぞれ責任者を出してそこの座長が、3人決まりまして、持ち回りで2か月ずつ座長をやりましたが、そのとき私は社会党からでた座長だったわけです。毎年12月、1月というのは、予算を決めるときなのです。その予算を作る最後のつめのとき、私は2ヶ月間座長をやらしていただいて、95年にはゴールドプラン新ゴールドプランにしました。それからエンゼルプランという子育て支援プログラムを作りました。96年には、障害者プランというのを作りました。そしてそれをやっていく過程で介護保険の議論をしまして、96年から97年にかけて最後のつめをこのプロジェクトとは直接関係ないですけど、厚生省から局長審議官3人、それから自民党から国会議員3人、社会党から3人、さきがけから1人と合計10人で最後非公式といいますか、最後法律の条文などをどうするか最後のつめを夜ホテルの一室を借りまして最後のつめ、国会の法案に出すつめの所までやりました。そんな関係がありますので、厚生省側が先ほどの松田先生のお話だとすると、これからの私のお話は政治側の話になります。それでこの障害者プランの問題でちょっといろいろ関係するのですが、これは先ほど松田先生がご説明になった介護保険の制度の仕組みを図にした物です。先ほど表になっておりましたけれども、これも厚生省のパンフレットです。つい最近までみなさんのうちに各戸配布あるいは回覧で廻った青い葉っぱのついた介護保険が始まりますというのがありますので、ご覧になった方もいるかもしれません。その最後の所なのですけど、介護保険の保険者は市町村・特別区ということですね。このところに全体を見えるようにしてもらえますか。ここのところに棒グラフ、ちょっとオーバーヘッドプロジェクターにしたもので色がはっきりわかりませんけれども、この一番下に介護費用総額4兆2000億円と書いてあります。平成7年ですから西暦は何年ですかね。今から何年か前にこの制度の骨格を作ったときの物価とか人件費とかを計算して、全体で4兆2000億かかると。それがたとえばどんな量かといいますと、施設に入らなければならないと思われる人を全員施設に入れると、待機者が無くなるということです。はっきり言いますと、それは施設には入れるべき人というのは本人が入りたいとか家族が入れたいというのは関係ないのです。先ほどもお話にでました要介護認定をして、その結果この人は施設に入らなければやっていけないと、在宅でやっていけないという人と考えてもいいですね。そういう人たちは全員入れると。それから、在宅でやっていける人についてはですね今は家族の人が大部分見ているわけですね。介護保険制度が始まる平成12年、西暦２０００年にはその人たちがみんな在宅のサービスを受けるわけではないだろうと。今でもホームヘルパーという制度があるけどうちはいらないと。あるいは、うちは恥ずかしいから来てもらいたくないと。こういう人たちがいるので今だって利用率が非常に悪いわけですね。進んだ所でも悪い、デイサービスに行ったらどうと言っても外には出たくない。うちに籠っている方がいい。実は家の年老いた両親も行け行けと言っても行かないのですけどね。そういう人たちがいるからおそらく西暦２０００年にこの介護保険制度が始まったときの在宅介護サービスは、本当はみんな在宅サービスを受けた方がいいんだけれども、おそらく希望する人は４割だろうというふうに見積もった施設の費用とホームヘルパーだとかデイサービスだとか費用全部合計すると全国で４兆２０００億というのです。この４兆２０００億というお金をどうやってまかなっていくかというのがこの上にあることですけど、今度この一割は自己負担をしてもらうことになりました。だから４兆２０００億の一割というと４２００億を引くわけですね、実はそれだけではなくて施設に入った場合は、食事代も自己負担をしていただきます。ですから、この４兆２０００億円から一割ちょっと引いた額３兆６０００億ぐらいがどうしてもどこかからお金をもってこなければならない。そのお金をどっかからもってくるかというのを先ほどの松田先生では表になっていましたが、この右側半分紫の所、これは公費ですね。今までも老人福祉は公費、税金でやっていたわけですから、これは国、都道府県、市町村のそれぞれの分担でやると、左側の分、これを今度保険料で集めましょうと。これは色がはっきりしないのですが、横に線が見えませんか。この約上の三分の一が高齢者自身の出す保険料。それからここから約三分の二が、全体の33パーセントが若年者の出す保険料。ということでやっていきましょう。本当はですね、これどうするかという議論があったのです。結果的には今度の介護保険制度は65歳以上の高齢者のための介護保険、高齢者介護保険になってしまいました。しかし与党福祉プロジェクトで議論しているときには、この介護というのは高齢者に多いんだけれども、65歳以上ということで始めから議論したわけではないのです。ずっと若い人から始めて介護を必要とする人、目の見えない人のガイドヘルパー、外出の時のヘルパーさんだとかですねあるいは、手足の不自由な若い障害者の人の車椅子を手伝う人とかみんなそういう人たちを頭の中に入れて議論をしていたのです。しかし最後、何で65歳以上になったのかというと、実はこの障害者プランと関係があるのがひとつと、もう一つは日本の縦割り行政の弊害、ということがあります。実はこのところをずっと議論してきた新ゴールドプランを議論し、介護保険を議論してきたときに、私たちが20人で議論するときの事務局、いつも資料を出したり、原稿を書いてくれたりする事務局は、厚生省の老人福祉局なのです。だからそこは65歳以上、医療では70歳以上ですけれども、その人たちを扱う局なのです。だから、厚生省の頭の中は最初からどうも65歳以上という感じがあったのです。政治家の我々には最初から、若い人たちも一緒というのがありました。じゃあ途中からどうするのかという議論がでてきたわけです。それで、障害者プラン、65歳以上の障害を持った人については、先ほどの松田先生のお話のように15の病気の人しか面倒を見なくなってしまったのです。それ以外の生まれながらの障害者なんかの人は介護保険では面倒はみません。保険料を払ってもらっても払っている人でも面倒みませんよ。という制度になってしまったのです。その過程でどういう議論があったかというと、障害者に対する介護サービスも介護保険で全部含めるべきではないかというふうなことを、私たちの大部分は最初から考えていたわけですし、私たち政治家の側には、自民党でいえば八代英太さん、あのかつての舞台の上で怪我をして下半身不随になった人、それから社会党には堀俊和さんという高熱を出して何かが原因で目が見えなくなった人という障害者の議員さんもおりましたが、最初はそういうイメージでやっていたのですが、よく考えてみると、障害者の人が必要としているのは介護だけではないのだと。年齢によっていろいろある、教育を受けなければならない人もいる、職業訓練を受けたい人もいる、より生活全般にかかわることなのです。介護保険というのは、介護だけです。体を拭くとか服を着せるとか車椅子を押すとか手を引いて歩くとか、あるいはご飯を作ってあげるとかお風呂にいれてあげるとか、そういう自分ではできない身体的に、あるいはぼけているからできないことをお手伝いすることが介護なのです。それ以外に教育とか職業訓練とか遊びだとかいろいろな生活、すると今障害者に対する施策は介護だけではなくそういう物を総合的にやっているわけなのです。そうすると、障害者プランの中からちょうど作り始めておりました介護だけをこの保険にもってきてそれ以外を障害者プランに残すのがいいのか、それとも介護も含めて障害者の政策は一体としてやっていくのがいいのかという議論が起こりました。それともう一つ、松田先生のお話にあったように、介護は保険でやるわけです、だから保険料を出してもらわないといけないわけです。保険料を出してくれなかった人にはサービスは行かないのです。それに対して障害者プランは税金でやっているのです。障害者の人に対しては全国民の人が助け合おうということで、税金を出して、いろいろな施設をつくったり、職業訓練をしたり、教育をやったり、介護をしたりしています。そうすると保険でやった方がいいか、いままでのような税金の政策でやっていったほうがいいか、という議論になったのです。そういうふうに議論になって、障害者団体、いくつもの障害者団体の人に来ていただきました。障害者団体の人たちも迷いました、今度介護保険制度ができてどうせ保険料を払うなら介護だけは保険でやってもらおうと。仲間に加えてもらいたいが、これは税金でやる障害者プランのほうに残した方がいい。保険料を払ってもそれはそれで自分たちが年老いたとき自分の年老いたときにいい。むしろ税金でやる障害者プランを一貫してやってもらいたい。という意見が相半ばしまして、結局最後まで決着はつかなかったのですが、せっかく今障害者プランを作りつつあると、これを何とかしてまとめようとしかもこの障害者プランは幸いなことに厚生省だけのプランではないのです。私もこれはうれしかったですがね、その前の年にエンゼルプランという子育て支援策を作ったときに、当然保育をやっているのは厚生省だけではありません。文部省も呼びました。労働省も呼びました。建設省も呼びました。住宅のこともありますのでとにかくみんな呼んで、あなた方ね少子化対策のプラン出してくれと、各省庁にお願いしてそれを一つにしてエンゼルプランという子育て支援策を作りたかったのです。ところがあまり各省庁が協力してくれませんでした。結局、できたのが緊急保育対策5カ年計画で、厚生省の保育政策だけだったのです。通勤の途中預けやすいように駅に保育所をつくろうと、駅型保育所とかそんなことしかできなかったんです。ところがその翌年高齢者対策、新ゴールドプラン、介護保険に向かって進んでいると、少子化対策もエンゼルプランが一応でき、そして後は内閣全体でも取り組むようになった。そうなると障害者の問題を取り組もうではないかと障害者対策に取り組み始めたのです。そうしたら今度は、各省庁が色々な計画を持ってきてくれまして、例えば建設省は全国の国道13万㎞に車椅子がすれ違える歩道、３ｍ歩道をつけますとか、運輸省は、一日五千人以上が乗り降りする駅で段差が５ｍ以上あるところには必ずエレベーターかエスカレーターをつけます。こういう計画をみんなが持ち寄ってくれたのです。警察庁は警察庁で耳の聞こえない人のための緊急ファックス通信を今度は普及させますとか、13の省庁が協力してくれまして、障害者プランが出来てきたんです。そうしますとこれは、介護保険に介護分だけを取り入れるのは良くないなと、従って若年の障害者の人たちは障害者プランでやって下さいと、65歳を過ぎたら全部まとめて介護保険にしましょうねと言うことになったのですね。そういうことで介護保険制度は益々高齢者介護保険制度になってしまいました。ですから65歳以上、ところがですね、後で保険料の話、今日の信濃毎日新聞の三面に、保険料がいくらになるか、市町村の内１０２の市町村が試算をしてあるけれども、みんな秘密にして言わないと、3つだけが言っていると書いてありました。みんな保険料が心配だと。この時の試算では、全国で4兆2千億かかると月2千5百円だ。みなさん頭の中には月2千5百円と言うのが入っていると思います。それでは収まらないなと言うことも分かっていると思いますが、この4兆2千億の内一割が自己負担、残りの半分は公費で出るとして、残り3兆6千億の半分ですから、1兆8千億を65歳以上の人たちで支えたらいったいいくらになるだろうか、２０００年には65歳以上の人が約2千2百万人、この人達でわり算をしたら、一人一万以上になってしまう。ですからそんなにお年寄りから月々一万円以上もとって保険がなりたちましょうか、なりたつわけがない。しかもお年寄りは好きこのんで年を取り要介護状態になったわけではない。今の社会を作ってきてなっているのだからこれは医療保険でも年金でも何の世界でもそうですが、やはり全国民で支える必要が有るのではないだろうか、ということで保険料も当然若い人からも頂きましょうということになったのですね。そこで問題が二つ出てきたのですね。若い人からって幾つからですか。常識として二十歳でしょう。年金だって二十歳から掛けられるわけですね、医療の保険だって二十歳とまではいきませんが働くようになれば掛けられるわけです。だいたい勤めるようになる、二十歳とか二十二とか十八とかだいたいその辺ですね。この保険だって二十歳から払ってもらうというのが当然の議論だったわけです。ところが国民年金を二十歳の前半の人が払ってないのです。ほとんど国民年金に加入してないか加入していても払っていない。それで今国民年金基礎年金というのは三分の一が未加入者、未払い者がでてしまい、この制度そのものが危うくなっているわけですね。月々1万3百3十円掛けて、65歳になったら月6万6千もらえるこの制度がピンチになっているのです。この年金制度だったら必ずもらえるのです。月1万3千掛けて65歳になったら6万5千円もらえるのだから、これは掛けて置いた方が得です。それにもかかわらず二十歳代の人が今掛けなくなってきている。今度介護保険制度を作って二十歳代の人に掛けてくれと言ったって年金ですら掛けないのです。必ず自分に返ってくるのにまあ若死にすれば返ってきませんけれども、65になったら返ってくる。必ず返ってくるのに払わない。そうすると介護保険というのは必ず返ってくるとは限りません。だってぴんぴんしていてころっと逝っちゃえば、介護なんて必要ないのですから、掛け捨てで損してしまう。でもどっちが損かわかりません、死ぬまで元気でいれば得だというほうが……、保険というのはそういうものです。掛け捨てというのは返ってこない方が得なのです。火災保険だって、事故の保険だって掛け捨てで損したと言うことは、自分は被害に遭わなかったという人ですから、介護保険というのはそういう制度で成り立っているのです。介護保険を払ってくれないのではないかという話になりまして、これが政治家の政治判断というやつなのです。厚生省に任せたら多分二十歳からとっていたのでしょう。そこで私たちは、40ぐらいになれば、自分もそろそろ成人病の年になるし、自分の親も介護を必要となってくる人も多い。40ぐらいになれば自分でも実感が湧くから介護保険料を払ってくれるのではないかということで、65歳以上を支える連帯の保険料を40歳から払ってもらうことにしたのです。そこで40歳から65歳なんて変な中途半端な年齢層に保険料を払ってもらうようになったのです。だけどこの人達は、保険料を払っても何のサービスも受けられない、これはひどいじゃないかと。だからこの人達にも保険料を払ってもらった以上何かサービスを受けられる道を考えてみようということになりまして、それでさっきの松田先生のお話にでてきました15の病気、この病気は年を取る毎にだんだんとなっていく病気で、その病気になることによってその人のお世話が必要となる要介護状態に、そう言う病気をピックアップしまして、若い人でも脳卒中になる人もいます。若くても呆ける人もいます。若くてもリウマチになる人もいますということで、15の病気の人たちは、65歳にならなくてもサービスを受けられると言うようになったのです。そういうふうにしてこの介護保険制度が出来たわけです。それから保険料というのは、どうやって計算するかというと、四兆二千億から一割の自己負担を引いてその残りの半分は公費で出ますから、残りの一兆八千億を65歳以上の2千2百万人と、64歳までの6千4百万人を合わせてその数で割ると、２４００円とでてくるのです。ところで何で２５００円になったかというと、市町村長さんたちが、

2400円で決められては困る。当然最初の年はいいけれども、次の年になったら人件費が上がる可能性が高いから保険料をまた50円、100円と上げなければならない。毎年毎年保険料をあげるなんて市町村長では出来ません。条例をださなければいけないのです、市町村議会に、本当は国民健康保険も毎年保険料を上げれば赤字にはならないのだけれど、保険料値上げといえば住民が一番嫌がることです。そして、それに乗っかって反対と言う政党がいるものですから、どうしても市町村長さんたちは、こういうことをやりたくないので、3年に一回上げてほしいというので2400円とでたんだけれども、翌年は2500円、その翌年は2600円になる可能性があるね、ということで3年間は2500円という数字をはじきだしたのです。ですが、平成7年度価格ですから今ならもう4年もたっているから物価は上がりません、賃金もあがりません、それでもコストは上がっておりますから、厚生省に言わせれば、2600円以上になります。ところが、この保険料はどうやって決まるかというと、国平均では決まらないのです。これは保険者である市町村・特別区が、住民の意見を聞いて今介護保険事業計画を作っています。うちの市町村は手厚くサービスします、ということになると、全国で四兆二千億でした。すると人口一億二千万人ですから一万人の市にすると四億二千万円になるのですかね、そうするとある市で介護保険事業計画を作る、ホームヘルパー何人、デイサービス年間何日間、延べ何人でやりますと、特養はどうしますかと、全国平均より多くなる十分なサービスをやる市町村が多くなるのです。そうしてわり算をすると当然保険料も高くなります。高知県では3800円と言われていいます。高知県はサービスが高いのか、こういってはなんですけど、サービスが高いのではなくて、長野県では自宅にいるお年寄りが高知ではみんな病院にはいっているのです。その病院の入院費を介護保険で全部面倒をみるとなったら、保険料が高くなるそれだけのことなのです。ですから今朝の信毎の三面の介護保険料もみてください。村ではほとんどサービスをやっていません。ヘルパーさんも少ないし施設もありません。だってやるサービスが無いのだから、保険料は１５００円なのだそうです。保険料が安い方がいいという人はそういう村に住めばいいし、多少高くてもサービスを受けたい人は、保険料が２８００円だとか、３０００円の所に引っ越してもかまわないのです。そういう仕組みになっていまして、これから保険料が決まるわけですが、障害者プランとの関係、さっきのこととはこういうことだというふうに考えていただきたいと思います。

それではありがとうございました。そこで保険制度は先ほど詳しいご説明がありましたし、要介護認定などいろいろあるわけですけど、来年この介護保険制度が始まることでみなさんが何を一番心配しているかというと、第一は保険あってサービスなし、保険料を払ったってサービスを受けられないのではないかと。さっきの計算のもとになった施設にはいるべき人は、全員入れるという計算でやっています。そして厚生省、私たちも正しい目標で良いと思うんですけど、特別養護老人ホームは全国に、29万人分、そして老人保健施設というのが19万人分、そしてさっきの松田先生の表にありました病院の療養型病床群のほうから介護保険のほうへ引っ越してくる分を28万床と、これ併せて76万人分の介護保険で面倒見る施設があれば、足りるという考えなんです。厚生省も私もそう考えています。今ドイツは人口の何割でしたか、一割ぐらいで老人の施設の各床をあわせて60万くらいなのです。まあ先進国の例を見てもだいたいそのぐらいあれば足りるのです。ところが現に、入所待ちの人が随分いるのです。どこへ行っても入所待ちの人がいます。わたしが色々回ってみて、この南安、東筑のこの安曇野である村に行ったら、その村の人は入所待ちの人はいませんといっていました。なぜかというと在宅医療、介護が非常に盛んなのです。幸い農村だから家はあります。家族は農村地帯だから共稼ぎで忙しい、奥さんは主人の相手で忙しいのでホームヘルパーさんが来てくれる。まあ夜になると家で面倒がみられる。昼間のうちにデイサービスか何かに連れて行って、風呂に入ったりレクリエーションをしたりすると夜はぐっすり寝てくれる、だから家で面倒みられると言うところでは、一人も待機者がいません。いまうちの市には待機者が１００人２００人います。それは詳しく調べてみたほうがいいと思うのです。本当の待機者もいますけど、実は救急車で運ばれた脳卒中だったのでどうも今早いところ老人ホームに申し込まないと、なかなか入れてもらえない。順番通りで、まず申し込んでいる待機者が含まれているのです。そして待機者で調査をしてみましたら、在宅サービスを受けたことがある人が17%です。在宅でホームヘルパーさんに来てもらって何とかならないか工夫もしないで老人ホームに申し込んでいるのです。そういう人が8割なのです。それから、この間要介護認定のモデルも3回やりました。今年の10月、去年の1月、去年の10月、去年の10月は全市町村でやりました。一昨年の時は全国で50カ所、長野県では木曽の広域圏でやりました。施設50人、今年は全国で一万何千人です。要介護認定をやっているわけです。その中で施設に入っている人で、自立をしている人、要するに一人で歩けるし、トイレもいけるし、風呂も入れるし着替えもできるし、ご飯も食べられるという人がなんと6%もいるのです。ということは今特養にはいっている人は、特別な介護が必要だから入っているはずなのに、本当は自分で全部出来るのだけれども、家がないお金がない家族がないという人が特養にはいっているのです。だからこういう人に出ていってもらえば今の特養の定員の５％が空くのです。でも今入っているから出てもらうわけにかないので、５年間は入っていて良いということになっているのですけどね。やっぱり福祉資源というか無駄遣いではないでしょうか。こういう人がケアハウス、望月先生が後で話すと思うのですが、地域でもう少し見ていけば良いのだと思います。だから今の特別養護老人ホームに入らなくてもいい人が入っている。まあ老健施設はあまりありませんけれども、老人病院には、はいらなくてもいい人がかなりはいっている。その結果、医療費もかかりすぎている、ということがあるのではというふうに思っていますね。まあそういう意味で、保険あってサービスなしにならないか、しかしそうは言ったって特養追い出されたって家がない金がない行くところがない、そういう人たちの行くところを作らない限り、出て行ってもらう訳にいかないし、現に待機者は今のまま減るとは思いません。だから保険あって介護なしになるかもしれません。特に在宅介護はさっきも言いましたように、国の計画では４割しか希望しないだろうと決め込んでいるのです。ところが保険料を払った以上サービスを要求するよということでうちにも来てくれということになると、もう途端に足りなくなるのです。こういうことで、保険料を払ったら今までよりもサービスを希望するでしょうからあちこち聞いて回っています。地域によってだいぶ違います。でも急にはそうはならないでしょう。やっぱりうちに入られるのは嫌ですからとかです。デイサービスも一度何回か行くと本人も喜ぶのですけど、最初はいやがるのです。というようにすぐにはいかない人もいる。おもしろいことを聞いたのは最初負担が非常に軽かった。だけど今度は一割負担になるからそんなに希望者は増えないんじゃないかと言う人もいますが、開けてみなければ分かりません。私は保険あってサービスなしというのは施設の方も在宅の方もなるのではないかと思います。無責任だと言われるかもしれませんが、おまえたちは制度を作ってなんだということになるかもしれません。これが、実は介護保険制度を作った目的なのです。先ほどの松田先生は民活ということを言われました。これまでは福祉サービスは全部公的にやってきたのです。ホームヘルパーであれば国が平成11年度予算を全国に何万人分も予算を組むわけです。そしてそれが二分の一の補助で行くわけです。そして県がそれにさらに四分の一の補助をつけるわけです。残りの四分の一を市町村なり社協なり民間事業、今民間事業者はあまりありませんが、その人たちが自前でもってホームヘルパーを増やすわけです。予算で増える人数が決められてしまうんです。予算がないから今17万人以上増やせないんです。だけど日本にホームヘルパーは、スウェーデン並で行けば80万人必要だと言われているんですね。しかし予算に頼って増やしている限りは17万人とか20万人にしかならないんです。それでいっそのことこれを保険制度にして、そしてサービスをその民間でもホームヘルパーの会社を作ってもらって農協でも生協でも自分たちの仲間で作ってもらって、一定の資格の要件がそろった人たちが、サービスに行く。行った分を保険から払うという仕組みになればそういう事業者がどんどん増えていくのではないか。現に神奈川県ではホームヘルプサービスの一割は生活クラブ生協の人たちがもうやっているという現実があるわけですね。そういうことはちょうど医療でもあったんです。昭和20年代30年代の初め、日本全国のどこも医療は足りませんでした。医者がいない病院はない、診療所はない、そう言う中で国民健康保険というのは市町村がどんどんと進めたんです。保険料をもらって保険証を渡した、だけど保険あって医療なしという時代が、実は日本で昭和20年代のはじめから30年代にあったんです。その頃の市町村長さんたちの役割は何か、選挙で勝つための秘訣は何か、というと村に診療所を作る、診療所に医者を連れてくる、それが村長さんや町長さんたちの役割だったんです。私も何で長野県にお世話になったか茅野市に３、４村でやっている組合の諏訪中央病院というのがあったんです。初め慶応大学の応援で出来たんですが、その医者がいなくなってつぶれそうになり、そのとき考えたんです。農協に売るかつぶすか続けるか、その時の市長さんは続けるということを決めたんです。市長さんや助役さん達は３ヶ月に一度は東京に来て私たちみたいな医者を集めて是非来てくれと当時ですから高い給料は出す10年いれば土地を買って家を建ててあげるという条件で私たちは引っ張られてきた訳なんです。ところがその状況が変わりまして、市長さんがああいう約束をしたけれども今は土地を買ってやれる時代ではなくなったと軽井沢病院でお医者さんが10年いたから土地を買って町であげたんです。それが新聞に出て大問題になりまして、なんでここまでするんだと、だけどそれくらいしなければ医者を引っ張ってこられなかったんです。それぐらい保険あって医療なしだったんですよ。ところがですね、この保険制度で医者も昔はお金のある人からお金を取る、でもお金のない人は盆暮れにお米をもらったりした時代があったんです。保険制度がだんだん整備されると、食いっぱぐれがないんです。本人から一割とか、何かでもらった自己負担の９割は保険で請求すればいいんですから、ここで医者がどんどん開業し始めたんです。今医者不足で困っているところはほとんどないですよね、かつてほんとに医者不足で困った長野県、病院ですら私たちみたいな裁判を抱えて前科ものでどうしようもない医者でも雇わざるをえなかったんです。それが昭和40年代の初めまではそうだったんですね。ところがこの医療保険制度が普及したが為に安心して医者は開業が出来る病院を作れることになって、ある意味過剰事態になったんです。ここで介護も予算でもってホームヘルパーを増やしていたのでは絶対これ以上国の財政は豊かにならないです。そう言うと民間に開放した方がいいんじゃないかと言うことで、保険制度を作ったというのが実は目的なんです。ですから変なことを言いましたけれども、スタート時点では保険あって介護なしかもしれません。でもそれはお許しください。そのうち必ず過剰サービスが問題になる時代が来ます。あちこちからうちのホームヘルパーが行きたいんだけれどもどうだろう、そう言う過剰サービスになりますよ。絶対そういうのがくるだろうと思って是非見ていただきたい。二番目はみなさんの心配は要介護認定というのがあるけど、なんだかインチキらしいんではないかと。厚生省が作ったコンピューター診断も当てにならないし、何をやってるのかそのソフトも公開していない。これにものすごい不信があるんですね。そして、最初は3割、次が2割五分、そして今度は1割七分、良く見たらフィッチがあると、コンピューター診断はそのくらい当てにならない。でも、だんだんその差が縮まってきたんですね。私はこれも時間が解決すると思うんです。それは大変むずかしい事です。6段階のうちその人がどの段階にはいるのか、これはなかなか当たり外れはありますよ。うまくいく場合もあるけれどやはり神様ならではのあれですから、色々あります。その人を一番近くで見ている人が正しい診断を出来るわけですから、コンピューターや知らない人が調査に来てはだめだと言う人もいますけども、逆に言うと一番近くで見ている人が一番その人に良い、より高い判定をすることだってあるんです。やっぱりお金がかかっていますから。第何段階に来るかやっぱり主観が入ってはいけないと思うんです。ある意味クールに客観的に見なければならない、それが何年かやってくうちには誤差が少なくなってくるのを期待するしかないと思います。ですから勿論、不当に低くやられたり、高くやられたりしたら不服申し立てをする。これさえきちんとやって3ヶ月に一度、6ヶ月に一度見直しますから、温かい目で見ていただきたいというふうに思います。それからですねもう一つの心配は、保険料ですね。先ほどの保険料、それから一割の自己負担、これはですね、今まで福祉ではただだということでやってきましたから、たいへん大きな考え方の切り替えであります。しかしですね、このことも実際に低所得者には払えない者もいると思います。85歳以上の一人暮らしの女性というのは、すごい現金を持っていなくて貧乏なんですよね。これをどうやって対処するかが五段階とか免除とか、免除はないんですけどね。これは実際に農村地帯ではきちっとやっていかなければならないので、ここにこそ市町村の職員や民生委員の人たちの住民活動をしている人たちが意見を反映させて厚生省では五段階でせいぜい半額にまけるぐらいしかありませんけれども、まけなければだめなんだと。これは市町村の努力でもやらなければだめなんだということをやっていくべきだと思います。それから四番目の心配は、市町村の方もお見えだと思いますが、市町村にとっては第二の国保になるのではないかと。七割が今度の改訂で、年金からの天引きは月3万円以上の人からという考えでやってきたんですが、市町村長さん達からもっと下げてほしいという要望がありましたので、去年の暮れに月1万5千円以上年金をもらっている人からも天引きをすることに決めちゃったんですね。そうしますと残りの人、年金を貰ってないか、年金が1万5千円以下の人、このひとは市町村が独自で保険料を2千5百円だか、2千8百円だか、3千円か分かりませんけど決まった額を頂いてあがるわけですね。そうするとね、やっぱり全員からは頂けないわけです。国民健康保険もそうです。保険料を全員から頂けないために国民健康保険は赤字で、一般会計からいれなきゃならない。この苦労を市町村はもう二度とやりたくないというふうに言っています。そういうことが起こるんではないだろうか、まあそういうことに関して国として県としてどういう援助をするかという、いろんな事が今日お配りしたパンフレットの中に書いてありますので、またそのへんもありましたらお願いしたいと思います。いずれにしてもこういった問題はみんなが努力すれば、介護保険制度の持っている大きなメリットを考えれば、当面いろいろな問題点があっても必ずみんなの協力した力で克服していけるんではないかと思います。ただですね、私は自分で作るのに関わってきてどうしても解決できない、解決しなくてはならない問題点が二つあると思います。ひとつはですね要介護認定で認められなかった人、要支援になった人は良いですよ。週二回ホームヘルパーにきてもらって暮らせるわけですから週三回来てほしいという人もいるでしょうけれども、まあそこは自費で払って貰うしかないし、ある程度自立しているわけですから、週二回ぐらいでできるはずなんです。それで週二回でどうしても生活できなければ、それは判定が間違っているから不服申し立てをすればいいんです。要介護支援にもならない人は、先ほどもちょっと言いました特養にも5％いるらしい、自分で何でも出来る人なんです。今度はその人は介護保険では面倒見てもらえないんです。保険料払っているのにこれひどいじゃないかという風に言われますが、考え方をこう変えれば、介護保険は要介護保険のサービスをする保険ですから、要介護状態でない人は、ちょうど医療保険は病気の人を治療するわけですから元気な人が病院いって、車の酔い止めくれや、来月外国行くから腹が痛くなったらいけないから薬くれや。これは医療保険では出せないわけです。でもこっそり出していますけれど。病名つけて、これもまた問題があるわけですけども、これは医療保険でくれなくても当然なんです。介護保険だって要介護者だけに提供するんですから、要支援にならない元気な人には、まあ本人は全く元気ではないと思っている、家族も元気ではないと思っているけど、判定をしたら何でも自分で出来る人は介護保険からサービスをしてもらえない。これは残念だけど当然なんです。金払ったのにひどいじゃないかと言っても、火災保険払っているのに火事にもなってないのに保険金くれといってもくれっこないんです。これはわかってもらうしかない。そういう人たちをほっといて良いのかというとそんなことないんです。これは先ほど松田先生がおっしゃいました、これはこれまでもやってきたから今後とも、市町村がやっていくものであるし、やってくれることを信じていると、力強い言葉がありましたが、本当にやっていくんだろうかねと心配なんですよね。何でも自分で出来るんだけれども、一人暮らしで寂しいから話し相手にホームヘルパーに来てほしい。これまで月二回とか、週一回とか二回とか行っていたそういう人にもう行かなくて良いんだろうか、というわけにはいかないんですよね。そういう人に対する一般的な福祉サービス、これまでもやっていたサービス。やりすぎがあったかもしれません。単に甘えという面があるかもしれないけど、やめていいっていうことはないんです。絶対今後ともやっていかなければならないんです。この事については国も市町村も非常に冷淡です。介護保険のことに夢中でそのことに目がいっていません。こういうものをやらなければいけません。考えてみるとこれを全部税金でやればいいかというとこういうところにボランティアが力を出すひとつの働きがあるかもしれませんね。きょうもたまたまテレビでボランティアを募集している松本のある病院と、デイサービスセンターと、どこかの社会福祉協議会と、ボランティアを募集しています。電話番号はいくつと丁度やっていましたけれどそういう者も含めて責任もってやっていくもので、介護保険では解決できない分野がはっきりしてきたんですね。介護保険制度で私が心配なのは、あの先ほど松田先生がすばらしいものをださされたんでこれをお借りして使わせていただきます。病院というのが1992年の第2次医療法改正で病院の中から特定機能病院に、大学病院と国立病院二つだけでしたっけね、先ほどのお話で82、要するに今度の臓器移植をやったようなああいう高機能病院ですよね、それを一つのグループに分けた。それから、お年寄りが長く入院している、実はこれはかなりの部分が社会的入院といえると思うのです。家へ帰れない、家へ帰っても面倒を見られない、だけど病院ではもうこれ以上治療として狭い意味の医療でやることはない、というふうな人が入っているだけとは限りませんけどね、勿論、毎日透析をしたり人工呼吸器をつけていたり、そういう人たちも入っている訳ですけれども、まあこういう長期療養のいわゆる老人病院と考えても良いでしょう。こう分かれて、そしてこうなって、最後ですねこの療養型病床群が病院のまま残る、そして最終的には、これはこれからの方向で厚生省が出しているんですけどね、ふつうの一般の病院を急性期の病院と、要するに急性の病気で入って直ぐ退院する病院と、ずっと長く入院している病院に分ける。そうするとこれはこっちへ残る病院と介護にいくのに分かれる。そして診療所も個人の開業医さんでもベッドを持っている人たちが全国に2万ちょっとあるんですね。そういう人たちのベッドというのは、例えば一人で開業している産婦人科のベッドとか整形外科とか、それから眼科で白内障の手術でちょっと数日入院するとか、そういうところもありますけど多くの所はどうもお年寄りが入院しているところが多い、ということでそれは療養型病床群というふうになって下さい。このうちそのまま医療として残っても良いですけれども介護のほうでも面倒見ますよと。この介護療養型医療施設というのはもともと病院や有床診療所のベッドを介護で面倒見るのを、18万というふうに今予定ではなっているんですね。ところが全国の数字を積み上げると22万位になりそうだと。それどころか25万を越えるのではないかと言うことなんです。で、これが問題なのはですね、どうして介護保険が出来たか先ほどの松田先生のお話にありました、日本ではこの高齢者福祉が遅れていた、だから全部医療、病院の方でお年寄りを面倒見てきたんですね。この老人ホームが少ないこともあって全部こっちでみてきた。もう注射をしたり検査をしたり、毎日回診をする必要はない、お世話だけを必要とする人がここに残ってしまったんだから本来は、生活面のお世話を主体だから医療から生活面を介護保険から分けようということで介護保険を作ったわけです。そしてこっちへ持ってこようと、筋から言うと正しいように思えます。ところが私も最後ぎりぎりの詰めの段階で介護保険法の第一条で、医療という言葉がはいってしまったんですね。私は最後まで反対したんですけれども、これはいろいろな圧力がありまして、とりあえず医療がはいってしまったんです。ですから介護の方に医療が入ってしまったんですね。その結果、療養型病床群は医療型と介護型とは区別が付かなくなったんです。看護婦さんの配置基準も医者の配置基準も一緒になってしまったんです。同じ医療法で、病院として残る療養型病床群も介護保険である方も同じなんです。私はね、分けるんであったら、はっきり病院として残るのであれば医者は１００人入っていれば３人、４人は必要です。まあ３人は必要でしょうね。だけど介護の方は医者は一人で良いです、看護婦さんも３人か４人でいいです。ただしヘルパーさんは大勢いなければいけません。こっちは病院として残るのであれば看護婦さんがたくさんでなければなりません。こういう分け方をしないうちに人員配置基準、だったら同じように経費がかかるから、こっちに残る病院が46万かかるならこれも46万円払わなければ経営成り立ちません。だけど老人ホームは月いくらでやっているかというと26・７万円。これからのことを考えて大目に見てヘルパーさんを増やすとして、30万あればいいわけで、同じ介護保険でどうして30万と46万の施設があるんです。おかしなことになったんです。本当はこの介護保険を作るときたまたま老人病院、老人保健施設、特別養護老人施設ホーム。ここに入っている老人を見るとお年寄りには代わりはない。たまたま特養には入れなかったから老人病院に入った、老人病院に入ったから一割負担は少なくなって医療費はその分かかって、点滴をやって貰っているのだけど、この人がここに入っていれば、一生いられて、安くて、でもこの人がここに入っていれば3ヶ月で出されてこういうのはおかしいということで、統一しようと介護保険が始まったんです。ここで医療を下手に持ち込んだのでここで分離が出来なくて、ここが40万で、36万、30万と払わざるを得ない。では要介護度を分類したのはどうなるんですか。重い人が入っても、軽い人が入っても46万かかるんですかとか、こういうごちゃごちゃがでてきたんです。この整理をし直さないと、せっかく作った介護保険制度がめちゃくちゃになってしまうのではないかと心配です。

ところで私は本当は医療の話をするはずだったんですが、今医療保険についても随分話が進んできております。みなさん忘れてないでしょうが一昨年の9月1日から自己負担分があがりました。サラリーマンは2割、そして薬代に関係なく薬の種類に関係なく余分な負担が増えました。で負担をお願いする代わりには日本の医療制度や医療保険制度を抜本的に改革しますよということでその後検討が始まりました。そして厚生省の審議会では、去年の暮れから今年のはじめにかけて薬価はこうしたいです、病院はこうして急性期と慢性期にわけたいです。それから診療報酬の支払いは、どうも今の出来高という積み上げからだんだんと包括的にまとめていくらというようにしていきます。そして老人の医療制度は今70歳以上をまとめて老人保険制度といってまとめて面倒見てるわけですね。ここへ国保とか健康保険とみんなお金を出しあって面倒見てるわけですが、これがまただれも監視役がいなくてやたらに増えてしまって困っているんです。これをどうするか元々お年寄りが加盟していた元サラリーマンだったらサラリーマンの組合、元自営業者の国保だったら国保で死ぬまで面倒みていく方式に元通りに戻すか、今の70歳以上というのをどこかで責任もって誰かが面倒みていく制度にするか、そういう横割りか縦割りかという議論がまだ煮つまっておりません。さきほど松田先生は、横割りが良いというお話だったんですけども私は縦割りが良いと思っておりますけれどもそれは後で議論できればと思っております。そしてもう一つ松田先生や厚生省と私が意見が違うのは病院を急性期と慢性期に分けるということ。だってこの図を見ただけでみなさんうんざりしませんか、何でこんなにたくさんになったの、病院一つだったのに何でこんなになったんですか。私は病院というのはもう一度考え直した方がいいと思うんです。今全国にある病院は、病院らしい医療をやろうと思って出来た病院なんてほとんどないと言ったら悪いですけど。もともと目的を持ってある病院が出来たというよりは、海軍病院や陸軍病院や何とか病院とかになってそれが統廃合されてるのがありますけど、もともと病院だったところがありますが、多くの病院８割が民間病院でありますけれども、その民間病院はたいていある医者が昔開業して看護婦さん２、３人相手に開業して、そしてだんだん患者さんが増えて大きくしていって、そのうち入院するベッドをつくって有床診療所になってそしてそのうちに医者も自分一人ではなくて何人か集めて、そして小さな病院になってそしてそれがだんだん大きな病院になって、医科大学にまでなったのがあります。非常に失礼な言い方をするとここに関先生、黒澤先生がいらっしゃるんですけど率直に言って自然発生的にサクセスストーリーの上でできた病院なんですよね。そしてその病院が今日本は医療費が低いんです。その低い医療費のなかで四苦八苦しながら経営している状況だと思います。そこに国公立病院なんていう昔の海軍病院、陸軍病院からできた国立病院があって、大赤字。でそこには税金がつぎ込まれている。はっきり言って私は病院は何のためにあるんですかと整理した方がいいと思います。たとえばこういう社会的入院とかですねそういうのが無くなって介護と医療がすっきり分かれると思います。病院とは入院しなければ治らない病気を治すところなんだというふうに考えれば私は非常にこういう区分けはいらないと思うんです。簡単に言えば急性期病院と地域支援病院と特定機能病院というのは、わたしは一つの病院で良いと思うんです。そして職員は今の倍以上にすべきです。特に看護婦は、横浜市立病院で何で患者の取り違えが起こったんですか。一人の看護婦が2人の患者を一緒に運んだんでしょ。アメリカではそんなことしませんよ。実はアメリカで怖いなと思ったことは看護婦ではなくて運ぶ専門屋がいるんです。だいたいこの運ぶ専門屋は黒人とかね給料が安いからそういう人が多いんですけど、それも怖いと思ったんですけど看護婦が2人いっぺんを運ぶのはもっと怖いなと言うことがよく分かりました、今度の取り違え事件で。日本は世界で一番少ないことが露呈したんです、病院の職員が。それからさっき松田先生がおっしゃいました様に外来をやらなければ経営成り立たないんです。だけど入院の患者のことが頭の中にあってあの患者どうなったのかとか思いながら夕方まで外来やっているのはつらいです、はっきり言って。だから日本は入院の患者さんを見るんだと言うことで職員は倍にすること外来は基本的にやらないと、それで病院の経営か成り立つような医療費をちゃんと病院に出すと、だから今日本にある一万ちかくある病院はそんなにいらないんではないだろうか、いまの六割ぐらいにして職員配置を厚くしてお金もきっちり払ってただしそこへいったらあんな横浜市立病院のようなことは起こらないという病院にすればいいと思うんです。わたしはこんなに格差を付ける必要はないと思うんですね。この三つは一緒にすればいいと、たしかに慢性期の病院は必要です、ある程度。だけど日本みたいにだらだら必要ないから、この急性期を中心とする病院が病院なんだ。そのほかにリハビリの専門病院とある程度の慢性期病院が必要とだということにして、あとは全部こちらにお任せすればいいと思うんです。それで診療所の方でベッドを持つところがあっても無くてもいいと、私はそのくらいやらない限りいま日本にある９５００の病院を、経営が成り立たないようにして締め付けて、締め付けて一つずつ潰していくような今の厚生省のやり方では日本の医療は全然良くならないとこう思っております。時間になりました。失礼いたします。（拍手）

関

先生、有り難うございました。最初に今井先生がおっしゃったように、かつて反体制だった方が今体制の中におられるわけで、ところが最後やはり反体制のような発言がありましたので今後の討論が大変面白くなったんではないかと思います。で、これからしばし休憩を取りたいと思います。15分と書いてありますがおそらく討論の時間を沢山とりたいので、２時15分まで、飲み物を用意してございますのでどうぞご自由にお飲みになって下さい。そしてその後私がこの障害者プランに関連したお話をさせていただく予定でございます。それではどうぞしばらく休憩としたいとおもいます。

現在わが国の精神障害者の人数は、私のいわば日常的に特に接している人でありますから、少し詳しく申し上げますけれども、全体で217万人、入院中の方が34万人と言われています。そのうち32万人の方がいわゆる民間病院、私どもの病院もそうなんですけれども私的な病院に入院している現状であります。あとの2万人の方は国公立ですね、あるいは済生会、あるいは厚生連、あるいは日本赤十字社といった公益法人の病院に入っておられる方であります。

でこれが今申し上げた精神疾患の方の疾患別の内訳ですけれども、入院されている方はかなり多くの方が精神分裂病ないし、その関連領域。外来に通っている方は精神分裂病の方と、それからいわゆる感情障害、躁鬱病等の方、神経症と言われる方、それからこれにてんかんを入れてありますけれども、入院している方は少ないのですけれども通院の方はこれだけいるということであります。

はい次お願いいたします。今日のテーマであります「障害者プラン」これは何か?と言いますと、「ノーマライゼーション7カ年戦略」となっております。これはあの、今井先生からのお話もありました様に、いろんな経緯があってこれがつくられた訳でありますけれども、歴史的にみますと、まず最初に「国連の障害者の10年」という取り組みがありました。でその後「アジア太平洋障害者の10年」と変わってまいりまして、福祉八法が改正される等改正作業等がありまして、平成5年の12月に「障害者基本法」という法律が出来ました。この時に精神障害者も障害者の仲間入りというか、まあこの法律で認められた障害者と認定されたわけであります。そして、「精神保健及び精神障害者福祉法」という法律が、この前の法律を見直して平成7年に法律の名称が変わりまして、ここで〝福祉〟という言葉が入ってきたわけであります。今までこの〝保健〟という言葉すらなかったんですけれども、精神障害の方たちはいわば医療でずっと診てきた。そこに保健と言う概念が入ってきたそういう意味で画期的な出来事であるわけであります。そして、平成７年の12月に「障害者プラン」が策定されたわけであります。

次お願いいたします。でこの特徴はですね、ここにありますように障害者対策に関する新長期計画の重点的政策を実施する計画であるということ、それから新長期計画の最終年次に合わせて平成８年から14年度の７カ年計画であるという事、それがノーマライゼーション７カ年という７年という意味であります。平成７年の12月に策定されて８年から尻尾の14年までの７年間計画ということです。そして数値目標を設定するなど具体的な施策目標を明記しています。それから障害者対策推進本部で策定し、関係省庁の施策を横断的に盛り込む、今井先生のお話にありましたように、これは厚生省だけではなくて文部省、運輸省、あるいは自治省、要するに警察ですね、そういったところの全ての省庁がこれに係わっていくという横断的なプランだろうという意味で、今までにない画期的なプランと言えるかもしれません。

これには特徴がいろいろあります。まず地域で共に生活するために、社会的自立を促進するために、バリアフリー化を促進する。これはどういうことかと言うといわば段差のない生活。これは当然高齢者でも言われている事ではありますけれども、身体不自由な方そういう方のためにも是非実現するプランであるということです。生活の質〝ＱＯＬ〟と言う言葉がありますけれどこの向上を目指しているということが最近のキーワードであります。高齢者の場合でも言われていますし、この障害者の場合にも言われているわけであります。安全な暮らしを確保するために、心のバリアを取り除くために、これが非常に重要であります。それぞれ皆さんがいわゆるスティマといいましょうか、偏見ですね偏見を持っている、障害者に対する偏見があってそういったバリアがある。それをやはり取り除く必要がある。そう意味での啓蒙が大変必要である。我が国にふさわしい国際協力・国際交流をという都合7つの特徴があります。これ、皆さんのお手元の資料にもこの事はあげてあります。

ここで、私が一番申し上げたい、精神障害者の保健福祉施策とその他の障害者との比較というのをしてみたいと思います。身体障害者の方に対しての生活の場として、こういったものがあります。ここで覚えてもらいたいのは、福祉ホームというものがございます。それから次、これは知的障害者の方ですね。ここにもじつは、福祉ホームと言ったものがあるのです。そしてグループホーム、それから支援の場としてのデイサービスがあります。福祉センター等があり、授産施設があります。そして精神障害者にもこう言ったグループホームであるとか福祉ホーム、そして援護寮、授産施設ですね、これは入所授産施設というのもあります。それから、精神障害者の場合には、デイケア、デイナイトケアといういわゆる医療の範疇というか治療として行われるこういったものがあるわけであります。これはデイサービスとやや違うところ、これは高齢者、第4のカテゴリーの障害者と言った訳ですけれど、じつはここにも同じ様なメニューが用意されている訳でありますね。年金制度とか手帳とか法律はこう言った身体障害者の場合こうなっております。身体障害者福祉法、障害者基本法こういった療育手帳というものが知的障害者の場合あるわけです。それから、精神障害者の場合は精神保健福祉手帳という手帳制度があるわけです。精神保健福祉法、障害者基本法と、高齢者の老人手帳とは意味が違います、カッコに入れてありますけれどもこう言った物があります。次に社会復帰施設等がどうなっているか、これは実は精神障害者の社会復帰施設を特に取り上げて比較しているわけなんですけれども、先ほど申しましたように身体障害者の福祉ホームは平成2年に法が整備されて設立されるようになったんですけれど、こんな形でちっとも増えていません。それから授産施設もあまり増えていません。重度身体障害者の授産施設も１２０位にはなっていますが1・5倍にしかなっていません。それから福祉工場、こういうものはほとんど増えていない。それから、精神障害者社会復帰施設は平成2年に精神保健法という法律ができて法定化されたものが、こうなったわけですがあまり増えていない。ただ実は私共は精神障害者の社会復帰施設をですね、昭和34年より行ってきました。メンタルセンターという名称ですけれどもこれは、現在の概念ですと援護寮と福祉ホームを両方併せ持った、あるいはその中間概念のような物にあたります。法制化されるまでに約30年間運営してきたわけであります。でここで、精神保健法ができまして法定の福祉ホームと援護寮というものの2つに分けましてこの時から現在まで運営しております。皆さんお手元の資料集の一番最後に私共の組織について書いてあります。それからその他の授産施設、薄弱者福祉工場がこうなっており、次、社会復帰施設を見ますと精神障害者の施設、平成8年援護寮は8年の段階で98あります。これは23個のショートステイはやはり高齢者の場合と同じように1週間程度いろいろな理由で入院は必要ないけれどもなんらかの援助を有する場合、短期間滞在していただく施設なんですけれども援護寮に現在は附属した施設として考えられています。福祉ホーム、これは79、入所授産施設が11そして、福祉工場3、授産施設91、それからグループホーム２２０、ただこれは平成7年データであります。通院患者リハビリ事業デイケア施設は２３５となっていますけれども、ノーマライゼーション7カ年障害者プランが終わります14年に目標としている数字であります。援護寮３００、福祉ホームも３００、入所の授産施設が１００、通所授産施設が３００ということで両方合わせて400、福祉工場が59これは少いわけであります。この時点ほんの3件、例えばパン工場のようなものがあったり、石けんを作る工場であったり、洗濯等が福祉工場として運営しておられました。設立母体は自：自治体立（国公立・県立・市立）医：医療法人立私共のよう医療法人　社：社会福祉法人立　他：その他の法人（学校法人・生協・財団法人・社団法人）等です。これをご覧になってお解りの通り圧倒的に設立主体は医療法人が多いわけです。福祉ホーム然り、援護寮然り、ついで社会福祉法人でありますけれども、実はここにあります社会福祉法人はほとんどが、医療法人と両方やっておられているというところが大部分であります。

純粋な社会福祉法人はほとんどありません。これが実は、精神障害者の社会復帰施設の設立主体の特徴と言っていいわけであります。これは二つの意味がありまして、一つは身体障害あるいは知的障害の方はだいたい障害の程度が固定してしまっていまして、それ以上良くなることはない、あるいは悪くなることは比較的少ない。しかし、精神障害の方は障害が動いているわけであり、つまり医療の手当が常に必要になってくるわけであります。そうしますと福祉、福祉と言って福祉に偏ってしまうと、症状が悪化するかもしれないという意味でやはり、こういった医療の担い手である医療法人、あるいはそういうことがよく解っている社会福祉法人の中でも医療の手当ができるところがやるということが宜しいのではないか。ということが一つあるわけでありま す。その一方補助率等の問題がありまして、大変設置しにくい仕組みとなっております。それがこれだけの数の少なさ、そして、政府目標までどうやってやるのだといった不安があります。そのことの一端が今年の2月28日の毎日新聞に載った記事であります。これはどういう事かというと、「共生か拒否」かといった新聞としては珍しくこういう記事になったんだろうと、要するによく言われます総論賛成各論反対といとうことで精神障害者のグループホームとか社会復帰施設を医療法人が作ろうとしても地域住民の方が反対する。こういう看板を作って絶対反対だとやるわけです。その為に国が政府目標を掲げてもなかなかできない。ここに各地で起こっているいろいろな事件、人権摩擦として書いてあります。私共は幸いにして病院の近くに社会復帰施設を作ることができましたし、図の中にありますようにグループホームもあれば、いろいろな社会復帰施設を持っています。これは私共が医療を展開していく上で不可欠な物ということで、作ったわけでありますし、特段の反対にあった記憶も全くありません。おそらく、それは先般、私共が所属している日本精神病院協会という精神病院の集まりがありますけれども、そこの河崎会長先生がおっしゃっていたんですけれども、精神科の病院というのは、一代ではできない。つまり二代・三代という月日の流れの中で住民の方の合意というか支援を勝ち得る事ができるのだと。つまり最初に精神病院を作るのだというとむしろ旗で反対するわけです。いみじくも昨日、伊那のある先生が自分が作ったときはむしろ旗だったよとおっしゃっていましたけれども、幸いにして私の祖父がこの地で精神科の病院として立ち上げていく時にはそういう問題はなかったわけです。その反面私共としても努力してきたわけであります。つまり社会復帰施設等も昭和34年から行ってますし、その当時いわゆる家族会、現在家族会、家族会といって活動も活発になっていますし、政府の重要な審議会にも家族会の代表の方が入っていますので、大変喜ばしい限りなのですけれども、その当時「心の友の会」という形の患者さんと家族の会を作りまして、支援を行って来たのですが、そういった日常的に私共が行ってきた姿勢が特段の反対に合わなかった理由だと思います。けれども、最近は違ってきていまして、市町村の国民健康保険の負担がどんどん増えていくので、病院がみんな悪くしているみたいな事をお考えになりまして反対だということが出てくるという心配があります。

今後運営されていく福祉事業その中でも重要、重要視されているもの揚げています。グループホーム、福祉ホーム、授産施設、福祉工場、訪問介護員（ホームヘルパー）、短期入所生活介護（ショートステイ）、日帰介護（デイサービス）。ここに揚げたのは実は精神障害者の問題ではなくて、それを含めた障害者の福祉事業として整備されていくもの、これをご覧になってお解りのように、前の4つを除けば、訪問介護、ショートステイ、デイサービスは何かと言えば高齢者の福祉を支える3本柱と言われていた物であります。その考え方を障害者プランの中でも取り入れているという特徴があるわけであります。ここに平成14年の設置目標があります、共同生活を運営する云々と書いてありますが、グループホーム、福祉ホームの数がこれだけ増えます。授産施設、福祉工場はこういったかたちで政府目標がありますけれども、福祉工場は授産施設の一類型である。通常の就労は難しいけれども、福祉的就労をしながら自立の道を歩んでいく。そう言った方の施設であります。書いてある数字は先ほど申し上げましたように身体障害者、知的障害者そして精神障害者の数字であります。ここで問題になりますのはそういった障害者の方区分で、知的障害者の為の授産施設を作るのではなくて、知的障害者の方も精神障害者の方もそこを利用できるといったプランもあるわけであります。そういった中で少し問題になるのが、現在の法律の中で第一種の福祉事業と第二種の福祉事業との区分けがありまして、医療法人等が行えるのは第二種しかないわけです。ところが、社会福祉法人が行うのは第一種なわけで補助金の補助率が違うわけで、極端なことというと医療法人等が行う場合は社会福祉法人の1／10ないしは1／5と補助金面での違いがある。こう言うことで実は同じ様な施設を医療法人が作ったり、社会福祉法人が作ったりとそういった問題があるのですね。私共ではよく解らないうちに早く作らなければならないと医療法人で作ったわけです。よくお解りの先生は社会福祉法人で作っておられるわけです。良いとか悪いとかではなくてそういった違いがあるわけであります。これはホームヘルパーですね、訪問介護員という表現となっておりますけれどこれは高齢者の場合と全く同じ言い方になったわけです。これもここに書いてあるように高齢者、障害者双方を対象にしているという事で、ホームヘルパーの数として上乗せする数が４・５万人、平成10年までに上乗せすると書いてあるわけです。これが特徴なわけで、したがって現在ホームヘルパーの養成はですね、プログラムを見ますとこう言った高齢者が対象の様なプランになっていますが、実際には高齢者は知的な問題、痴呆問題を含めまして、身体不自由な問題、精神的な問題いろいろ重複障害と言ってもいいかも知れませんのでそう意味で言えば第四の障害者と言うべきですが、養成機関のプランを見ますと、いわゆる障害者に対するホームヘルプサービスとしての充分なだけの知識が身に就くか心配であります。特に精神障害者に対するホームヘルプサービスを立ち上げていく場合、今のプログラムでは全くだめだと感じています。ショートステイもですねいろんな施設にここでは身体障害者の更正授産施設等と書いてありますけれど精神障害者の場合には援護寮が現在はこれに充てられているわけであります。人口42万人の松本広域全体で、私共、城西病院の援護寮の方に2床、豊科病院の援護寮（アルプスドミトリー）の方に1床のわずか3床があるだけであります。今度の精神保健福祉法の改正作業が医療法と平行というか、同じ時期に改正作業が行われているわけですが、その中ではショートステイというものが法定の施設として書かれるわけであります。そして、日帰介護（デイサービス）これも政府目標がありますけれども、ここでは、創作的な活動、機能訓練等ということで、高齢者の場合ですね、デイサービスも勿論あります。お風呂に入ったり、食事を提供されたりとすることが中心なんですけれども一方、デイケアがありまして、デイケアは現在ありますのは老人デイケア、重度痴呆デイケア、精神科デイケアがあります、実はこれは、リハビリテーション施設と理解されています。そのへんがデイサービスとの違いです。いずれにしましてもこういった整備目標というものが掲げられて、実際に平成14年までにいろんなものが出来て行くはずであります。お金をどうするかという問題がありますが、厚生省は予算を取っている。特に今、景気の浮揚策としてこういった物をどんどん作ったらどうかという事がありまして、聞くところによりますと、今厚生省の精神保健関係の予算は沢山あると伺っています。沢山あってもどうやって我々の所に届くのかと松田先生に教えていただきたいのですが。

そして最近ケアマネージメントという言葉、ケースマネージメントという言葉が最近のキーワードであります。特に介護保険ではケアマネージメントという考えの導入が行われたわけでありますけれども、この事を説明したいと思います。ケースマネージメントとは個別支援ですけれども、利用者個人の立場に立って、ニーズを明らかにし、かつ多様なサービスをうまく組み合わせ利用しやすくすることを目標とするサービス。これは社会学をやっている方達がしきりにこういうことをいうわけでして、ケアマネージメントとは、多様で包括的なニーズをもつ利用者を中心に多様なサービスをコーディネートしその効果を最大にするような工夫を利用者とともに担う。まあ、自己決定ということになりますけれど、自分で決めていくのですね、したがってケアマネージする人、ケアマネージャーはこの人達にこういうサービスを使ったらどうでしょうかとコーディネートするという支援をする立場のことです。したがってケースマネージメントとケアマネージメントとではこう言った違いがあるわけです。これをもうちょっと遡って歴史的に見てみますと、そもそもボランタリー、つまりボランティア的な活動として、慈善事業が最初にあったわけですね、これはヨーロッパでも、アメリカでも、日本でもあったわけです。こういうボランタリーな活動がやがて、理論づけというか個別援助技術としてのソーシャルケースワークという、これがすなわちケースマネージメントとほとんど同義と考えていいんですけれども、そして、集団援助技術ソーシャルグループワーク、そして、地域支援技術コミュニティーワークこういったものを総合して、ケアマネージメントというものが行われる。とそう言った違いがだんだんと出てきたわけですけれども、今これに収斂していまして、介護保険でもこれが行われるわけでありますし、そして、障害者プランついてもつまり、身体障害者、知的障害者、精神障害者、についてもケアマネージメントを行っていこうという動きがあるわけであります。そして、その方達が受けられるサービスをケアマネージャーを中心に考えていこうと、今までは医師が考えてこの人にはこれがいいだろうと決めればメニューがそのまま出来たわけですけれども、今度はこれが入って来るわけであります。新しいサービス利用制度ということで実は今、厚生省が検討を始めたところです。ですからどういうふうになっていくのかは言えない事なんです。たまたま情報がありましたので示すわけなんですけれども、要するにこれからは利用契約方式になって行くということ、これはもう既に介護保険でこうなっているわけですね。今までは措置でやっていたものがそれぞれの方が施設との間に利用契約を結んでいく、私的な契約になるわけです。しかし、サービスの提供者については、指定事業者、知事が指定する事業者とやって行くわけです。そして、指定基準による規制、ある一定の基準を満たさないといけない。特に人員配置面の基準となりますけれども、知事がこれを指定するには、これを満たしていなければならない。そういうところがサービス事業者になるわけですね、こういう問題があります。これは介護保険で行われているわけですので、そのまま障害者に当てはめればいいわけですけれども、権利擁護、苦情解決という問題があります。こういう契約はトラブルが付き物でありまして、なかなか権利が守られない。実際に契約しておきながら守られない、あるいはそういう事に対する苦情を解決しなければならない。今度の介護保険の中にもあるわけであります。実は私は介護保険による介護支援専門員、ケアマネージャーの試験を受けまして、講習を受けたわけでありますけれども、一応登録の出来るところにあるわけですけれども、実際には片手間で出来る仕事ではない、多くの職種の方が受けております。看護婦、薬剤師、歯科医等受けている、しかし、その方達は指定事業者にはなれない、事業をやっていないのでなれない。しかし、指定事業者の多くの所はケアマネージャーが必置になっているわけですね。また、片手間で出来ないことをなんで取ったかとなるわけですが、私はこういう事にお役に立てるのではないかと思い取ったわけです。制度の事を知り、たまたま医療も福祉の事も手がけている、あるいは保健活動もやっている、精神科医でもあるという意味から言えば、介護保険に関連してもいろんなお役にたてるのではないかと思い、自分をおいて見たわけであります。

次が、介護支援専門員の養成に厚生省が動き出したということを示したものです。養成指導者研修実施要綱と書いてありますけれども、ケアマネージャーを養成するのに指導する人を作ろうという事ですね。本研修は、精神障害者に係る介護支援専門員養成のための指導者の養成を行い、円滑な事業実施を行うことを目的とする。と書いてあります。こういうことが実際に行われたわけであります。実はこれは精神障害者だけではなくて、3障害全てについて独自で行われているわけであります。それと同時に、障害者介護等サービス体制整備支援試行的事業（精神障害者）実施要綱というものがあるわけでありまして、実際にサービスを行って見ようと言うことで体制整備のための要綱ですね。ケアマネージメントという言葉が書かれているわけですね。保健、医療、福祉サービス等の介護等支援サービスの実施体制のあり方、介護等支援サービス実施機関と関係諸機関との連携のあり方と読んでいきますと、主語と述語どこでつながるか解らない文章で申し訳ないのですけれども、こういう事を同じ年度で行ったわけであります。次、実際にケアマネージャーにどういう人が応募したかというと保健婦、今年から法定化された精神保健福祉士、実は全国でこれに約５０００人の方が受けたわけですけれども、まだ発表されていませんけれども、かなり多くの方が合格されたと聞いています。約8割、約４０００人位の方が合格されたということです。ただ、最後にこんなに多くてはいけないので少し減らそうということになるかも知れませんけれども、これもケアマネージャーと同じで養成することが急務だという事できます。今回もそう言った方が養成のための指導者として名乗りを挙げてくるわけであります。現任者の方をそうみなす試験ですので易しくしたわけでありますけれども、国家資格としてでて他に作業療法士の方もいましがた僅かです。そして、これが支援サービス事業ということで平成11年度より3障害を予算上一括計上するということで、だんだんと整合性を図っていこうということであります。国の仕事、県の仕事これは当然のこと、障害者の基礎的プランは国が作りまして、実際のプランは市町村が作りまして、全く介護保険と同じわけであります。介護保険と同じ仕組みとなっております。

次、そこでまた、介護保険の方に帰って行くわけでありますけれども、介護保険と障害者プランの関係は何なんだろうか。今井先生もおっしゃった様に本当は介護保険も障害者をほぼ支援する保険であって欲しいとあったわけです。いろんな事情でそうならなかった、そこで介護保険が出来たときに参議院で19項目の付帯決議がつけられたわけです。その15番目にこういう事が書いてあります。難病者を含む若年障害者に対する介護サービスが、高齢者に対する給付と遜色ないものになるよう、障害者プランに基づき、市町村障害者計画の策定を指導する、となっています。これが平成9年ですね。ここには、参考までに書いてありますが、介護保険とは、65歳以上の高齢者が対象ですが、15の特定疾患に関しては65歳未満のものでいいということになっています。医療保険は全年齢の人でいいことになっています。障害者福祉、障害者プランで行われるのは、若年障害者ということになります。しかし、保険ではありませんので市町村の事業ということになります。次、この絵ですが、社会的弱者に障害者プランはどう応えるかと今日の私の最大のテーマなんでなければども、国、私共から国と言いますと厚生省ですけれども、厚生省の方に顔を向けていないと、朝起きたら厚生省おはようございますと言うくらいでないと日が明けないので、国は厚生省なんです。お金のマークがいっぱいあります。お金をばらまくというと語弊がありますけれどもとにかくお金を使ってやって行こうと言うことです。松田先生のお話にもありましたけれど、ハコがあります。モノと言ってもいいかも知れない。障害者施設ですね、施設を作らなければならない。あと、ヒト、障害者と書いてありますが、あと障害者施設ではたらく人もヒトなんですね。そういう人にもお金を付けてくれます。障害者自身がお金を受ける場合があるわけなんですね、誰がハコのお金を受け取るかというと、国が作ります。あるいは地方自治体が作ります。しかし、さっき言いましたように、特に精神障害者の場合国、地方自治体が作ったハコは非常に少ない。一つ指摘をしておきます。医療法人、社会福祉法人ですね、松田先生のお話にあったように第3セクターと言う物があります。公益法人、そして、株式会社と言う物が許されるようになりました。これが福祉の分野、やがては医療の分野に参入してくるのではと懸念されるのです。あと最近はＮＰＯ法人、今まで法人格を持たなかった人たちにも、こうした事業を出来るようにＮＰＯ法人という物を認めていこうと、神戸の震災の時に活躍した、こういう人たちが活動できる場を認めていこうということで、病院も出来ることになっています。それかボランティア、ボランティアはお金をもらうわけではないと言えばそうなんですけれども、今後はこういう担い手になっていくという意味です。これがまた他の所へ流れていってしまうわけですね、首が3つもある。銀行、ゼネコン、シルバービジネス産業、と書いてあります。これはちょっと語弊があるかも知れませんけれども、我々がハコ、施設を作るとしたら、国からの補助金もありますが当然借金をしなければならないわけです。ハコを作るにはゼネコンがやらなくてはならないわけです。これは小さな建設会社を含めてゼネコンなんですが、こういう所にお金が流れて行くわけです。ずっと借金を抱えて銀行にお金が流れていく、おそらく国は一所懸命ハコを作りなさいよと、プランでどのくらいの数の物を作ると決めましたから、ハコを作って下さい、それには銀行から借金しなさいよと。ですから銀行が潰れないようにしてあげましょう、この間お金をあげたのではないかと、実際は不良債権処理だと言って、貸し出しが増えるといっていますが本当にそうなのか、あとで今井先生に聞いてみたいと思いますけれどもそうなりますかどうですか。実はこれが問題なんですが、シルバービジネス産業。

これは現在社会的弱者、障害者、寝たきりでやせていて、とにかく社会的弱者、ここでは高齢者を含めて考えて頂いていいのですが、フォーマルな支え手、インフォーマルな支え手、介護者支援者ですね、これは東京の介護保険勉強会の時に私が見てきてうまいこと言うなと思い拝借したわけですけれども、[*1]家族、親族、隣人、友人、ボランティア、これがインフォーマルですね、今井先生のお話にあった様に社協、農協がフォーマルな担い手になってきているのです。こういう事に力を入れておりまして、大変な成果を挙げているわけです。役所、企業、施設どうも今後は薬指（施設）が親指（社協）以上に太くなって行くのではないかと考えられるわけでありますす。家族はどんどんとしぼんでいく。隣人、友人は小さくなっていくかも知れません。現在ですと担い手になっていますが、だんだんと手がアンバランスになっていく可能性があります。次、これはある大新聞が、シルバービジネスという関係の雑誌を出したわけでありますが、その時の広告です。ここに4兆円マーケットをつかむとあります。実は先ほど今井先生がおっしゃった4兆円とは介護保険で動くお金。つまり平成12年度に動くお金が4兆円なんでね、これをつかめと言うことを煽っているわけであります。ここに松下電工ですとかいろいろ書いてありますけれどもどういうことかまだ明らかにしませんよと言うことなんですね。まさにマーケットと考えている訳です。今世紀最後巨大市場「介護保険」4兆円マーケットをつかむと非常にいいですね。一つに介護保険もそうですけれども障害者プランも含めて、一方で厚生省は違うと思いますが、通産省ですとか他のお役所はやはり、こういう見方しているわけです。基本的にマーケットと考えている。景気の浮揚策には非常にいいと思いますし、その為にホームヘルパーが90万人になれば雇用の促進になるわけですし大変いいわけです。ただ、ハコとかヒトとかはいいわけですが、コト、なにが行われるかということが本当に担保されるかということ、サービスといっていいのですが、つまり、保険があってサービスなしといみじくも今井先生がおっしゃいましたけれども、コトが行われるかどうかということが、こういう考え方で行きますと本当に出来るのかなと心配します。今日もこの中には関心ある株式会社の方がいらっしゃるのではないかと思っていますが、あえて申し上げます。黒沢先生のところも株式会社を持っているのですけれども、これ実は大変申し訳ないのですが小さなごくごく限られた仕事しかしていない会社ですね。まさに今まで出来なかった事業をそこで補ってきたということがあります。我々はあえて作らないでやってきて、同じ様なことが出来るようになってきているわけですから、おあいこと思っていますけれども、基本的に我々も、黒沢先生もよく言われますけれども、先生のところは多角的にやっていらっしゃっていいですねといわれる。私は多角的にはやっていません。例えば、私がパチンコ屋を経営したり、レストランを作れば多角的かも知れません。実際やっているのはシステミックに行っているわけであり、そういう評価をしていただけると大変嬉しいわけでありますけれども、包括的にいろんな福祉のサービスを提供したい、実際に日常的に患者さんと接していますとこの人にはこのメニューが必要ではないか、このメニューが相応しいのではないかということが常にございまして、これも実は3代かかって作ってきましたメニューですね。おそらくこれから、精神保健の世界、私は渦中にいるわけでありますけれども、ますますいろいろなメニューがたぶん用意されてまいります。一所懸命厚生省が努力していただいて、いろいろなメニューをあったらいいという方向に誘導されているのですけれども、残念ながら多くの精神病院の先生方は反対だという方が多いのですね。そういう中でも、社会的入院ということがございましたけれども長期に、5年、10年と狭い病院に入院している。もう少しアメニティーのいい、生活するのに快適なように計画しても、なかなか理解をしていただけないという現状があるのです。これは大変おかしい、精神福祉法の目的にはですね、国民の義務として、そうした方達も地域で暮らせるようしなさいとかいてある。障害者プランの考え方もまったくそういうところにあるわけです。QOL向上とかノーマライゼーションとか言っていますが、ノーマライゼーションとはそういうことなんですね。社会の中で普通に生活出来ること、それを担保しなければいけない。それが出来ないということです。これで今日私が話すことは終わりですけれども、後ほど討論のほうでこの事について深めていきたいと思います。

関

指定討論に移りたいと思います。最初の指定討論者は望月雄内先生であります。ご略歴をご紹介させていただきます。昭和42年の3月に早稲田大学の法学部を卒業されまして、昭和62年の5月に穂高町の町議会議員になられました。平成3年の4月に長野県議会議員に当選されまして、8年の9月までお勤めになられた訳であります。あとは皆さんご存じのように国政選挙にお出になられたわけですが、残念ながらその時は票が届かなかったということであります。先生は軽費老人ホーム、施設類型の中ではいままでの話ではほとんど出てこなかった訳ですが、その内のケアハウスという形態のものがありますけれども、ケアあずさを運営しておられる法人理事長をされています。その他にも沢山の役職を持っておられます。それでは、望月先生お願い致します。

望月　ご紹介いただきました、社会福祉法人陽輝会の理事長であります、望月雄内でございます。私共の法人はケアあずさと申しておりまして、軽費老人ホームの運営をいたしております、その立場から率直な意見を申したいと思っております。私も満3年の運営になるわけですが、政治活動等をやっているものですから、常勤ということで携わることは出来ませんが、運営日誌等を見させて頂いたり、理事会や時間の許す限りホームを訪ねてはおじいちゃんやおばちゃんと語らいをしながら今日までやってまいっております。今日は介護に係わる老人対処の動向とか、施設整備の動向計画、また現在の状況等を申し上げてですね、今後の問題点などを申し上げてみたいと思います。この軽費老人ホームというのはなかなか理解していただいていない方が多いのかなと未だもって実感しているところです。最初の2年ほどは大変苦労した事が多い訳ですが、ざっくばらんに申して軽費老人ホーム・ケアハウスと言うのは、アパート経営の様なものですね。施設を作ってどうぞお入り下さいと言うことですね。アパートの場合には１ＤＫ、２ＤＫ、３ＤＫといろいろありますが軽費老人ホームケアあずさの場合もそうですね。どういう設定をするかというのは厚生省の指導の中で、これは補助金を頂く物ですから勝手には作れませんけれども一応の基準の中で作ってよろしかったらどうぞおやり下さいという訳ですから、はっきり言って未知の世界です、運営者からして見れば採算が取れるのか取れないのかやってみなくては全く解らない、こういうことです。これから私がいろいろお話していく中で浮き彫りになるかと思いますが、はっきり言って特別養護老人ホームの場合には寝たきりですから、必ず施設に入らなくてはならない、在宅が出来ないとすれば入らなくてはならない、その方々が今この地域に２００人おりますよと、はっきり調査で出てきますね。２００人の中で何人お入りになりますかとやれば、

180人ですとしっかり数掴める訳ですね。これは行政でやっておりますね、民生委員等を通じまして全部あがってくる。180人ですよといったら、70人収容の施設を2つ作れば140人でまだ入れない方が40人いる。2つの施設を同時に設立しても、開所の時には満杯なんです。ですから運営が計画通りにできると。ところが軽費老人ホームは全く持ってゼロからなんですから、開けてみないと解らない。1年経っても1人も入らないということもあり得る訳なんですよね。先ほど先生方もお話があったようにこれからの施設ということで、私もモデルケースの一環として、始めさせて頂いたということであります。このホームというのは歴史から言えば民間ではもう古くからあるわけであります。新宿の中村屋の創設者で有名な相馬相蔵さん、奥さんで黒光さんも戦後早々に東京でこういうホームを開設して、東京でも先駆者となっている、そう言う施設なわけですから、どちらかというと都会型の施設です。なかなか田舎、農村部には設置出来にくい施設です。ですが世の中は変わりました。そう言う意味で農村部でもこういう施設が必要になってきた、後ほど説明させていただきますが、時間がないので先に進めさせていただきますが、私の名前で県に申請をしましたら、なかなかおりてこなかった。どうして許可してくれないのかなと思ってあとで聞きましたら、高齢者対策室の課長さんが私の同窓でして、実は来てくれるのを待っていた、本当に望月さん、これを許可してもいいのですかと言うのです。是非許可してくれ、私の生の声を聞いて許可をした。それはさっき言った様に運営が出来なくなる危険がありますよとそう言う危険な事業に乗り出してもいいのですかと、同窓の親心でなかなか許可をしてくれなかったという裏話もあります。そんなことで大変苦労も致しましたけれども、3年が経ち理解も得られ今は30人の規模ですか、25人のおじいさんおばあさんが本当に喜んで感謝をしてもらって、楽しそうに愉快に安心してお過ごし頂いているという、こういう現状であります。先ほど先生方のお話にありました様に今後5年間の経過の中で介護保険制度が実施される中で施設のサービスを受けられなくなった方の受け皿として今後ケアハウスも当然その考えの中に入れられているという訳でありますし、私共も大変関心がありますし、お手伝いがどこまで出来るのか、出来ないのか、出来る為にはどうすればいいのか、そういうことの掘り下げがこれからしていかなければいけないだろうと思っております。そこで、資料の方に書きました様に順を追ってお話し申したいわけですが、今、長野県には平成10年5月の資料で65歳以上の人口45万人強と言われております。そのうち寝たきり老人、1万6６3人で全体の2・3％と言われております。一人暮らしの老人はその3倍ありまして3万1３6０人、約7％と言うのが、10年5月の県の資料にはあります。いわゆる在宅、家に居て住める、家族等が介護するのが人道的にも非常にベストな訳でありますけれども、そうもいかないという現実が現在であります。ケアあずさにもボランティアの高校生のお手伝いさんがよく来て頂けるわけですけれども、「夜、おばちゃん達と寝て、夜、肩を貸してトイレまで連れていってくれる。」と聞きまして関心している訳ですけれども、最近はこうした環境に恵まれたお年寄りは数少なくなってきている現状が各家庭で起こってきている。これは先ほどありましたように、高齢化に進む現状の中でいたし方のない事だと思っておりますけれども、お年寄りを取り巻く現状は大変厳しものになってきています。簡単に言えば、家庭で面倒を見てくれなくなってきている。先ほどの寝たきりの方が1万人いると、これに対し県の設置目標は6千人なんです。そういうことから行きますと、実際に今設置を見込まれているのが6千名ですから、1万人の寝たきりの老人がおるということであれば、半分の方がお入りしていただく施設が出来ている。半分の方は入れない、今の県の現状です。そうなると、現状から見るとお年寄りにとってのこの施設整備とはほど遠い現状であると言えると思っています。この状況から見ると寝たきりのお年寄りの実数に対しての55％、約半分ということは後は在宅介護に負わなければならない。今後は在宅介護をもっともっと啓蒙をしていかなければならない。施設で全部預かることの出来ない限り、もっと家で見ていて下さいと啓蒙をしなければならないし、また、啓蒙しても実際面受け入れられないという問題がある。それは、家が小さいとか、2世帯で住めないという問題もありますから、同居していただくという事になれば、当然住宅も広くしていただく。その為には税制面でも何とか考えていただく、融資面でも見ていただくとこう言ったことから、大きく世論に訴えるということが必要なんではないかなと。大変困難状況ではありますけれども、粘り強く啓蒙し訴えていくことが必要なのではないかなとこう思います。次に考えますことは、介護保険導入によって、施設のサービスが受けられなってくる。誰が入居出来て、誰が入居できないのかといった事は、認定審査委員会の中で決められるということですから、不適格者だと、入居するのはまかりならないとされたおじちゃん、おばあちゃん達はいったいどこに行ったらいいのだろう。その受け入れ方法に最近の動向を聞きますと一つは、家での在宅だと言われる方、もう一つは有料の老人ホームに入るという方、我々が運営しているケアあずさで是非入居させてもらいたいとケアハウスへの転居、こういう物が考えられている訳ですから、私のケアあずさもその一つとして考えられている。そこで問題が生じてくるわけで私共のケアハウスの状況と既存施設である特養との違いですね、この違いを私調べて見たわけですが、大変これが違いのある事にびっくりしている。専門である方がいらっしゃるのでご存じだろうと思いますけれども、50人施設で比較をして見たのですけれども、職員の数からいきますと、特養とケアハウスでは、23対9なのですね、ですから三分の一の職員数でケアハウスは50人体制をまかなう訳です。一番どこが違うかというと、10対1になっている寮母です。寮母は特養の場合は10人ですよと、ケアハウスの場合は1人でいいと言うことです。看護婦も特養の場合は2名必要だが、ケアハウスはゼロ。介護する介助員だとか医師、これは特養の場合は1人ずつ必要だけれども、ケアハウスの場合は要りませんよと。こういう状況が、特養と私共がやっているケアハウスの実体としての体制の違いです。これは是非ご認識を頂きたいと思います。なぜこんな違いがあるかといいますと、実体面でこれから私が申し上げます。それはですね、特養とケアハウスの目的と機能の相違点、我々のケアあずさに入っています入所者の条件は食事、入浴、排泄、歩行が第3者の手助けを必要としない、自立して生活出来ることである。今後、高齢者の為にいずれは、体の機能が低下して行くことが認められ、高齢のために独立して生活するためには不安であると言う方で自立できる人ということですから、特養とはぜんぜん内容が違う訳です。そういう意味で先ほどの様な、大きな体制の違いが出ているわけであります。ケアハウスの場合には、なぜケアハウスにはいれるのかとなります。いろいろ理由がありますが一番大きいのは、体力が低下してきて、買い物に行くのが非常に難儀になった、あるいは、物忘れが激しくなって、冬なんかはストーブを点けっぱなしにしてしまい、寝てしまってはっと消しに行った。あのままでは、朝どうなっていたのだろうとか、という心配、個人の問題ですね。子どもさん達にして見れば、例えば東京にいて仕事の関係上、どうしても、田舎に帰れない。毎日心配で電話をしたけれども出ない、こういう状況で心配でしょうがない。そういった方々が私共ケアあずさに来て生活をしているわけですが、非常に安心で、24時間体制で見ていただける。3食付きますし、大風呂、プライバシーを守りたかったら、個室の風呂もある、娯楽室もありますし、仲間も作れるし、旅行や買い物にも行ける。そういうことでやっておりますので、特養とは全然体制が違うとこういうことですよね。まとめてみますと生活のパターンは特養の方は一切合切生活をみて貰わなければならない。全てが他者依存、ケアハウスの場合は自立が基本ですから全てが自分で出来る、大きな違いでありますね。この辺がなかなか一般の方々に理解がされていないというのが現状なんですね。私もあちこちに行きますけれども、ケアハウスをやっているということで、うちのおふくろを入れてもらえないかと聞かれますが話を聞きますと、特養でお願いしなければならないおふくろさんなんですね。そういうのが実体です。話が戻りますけれども、開設した当初、半年くらいは入れてみたら、明くる日から全然動けなかったと昨日動いたのは何だったのだろうと、おかあさん必死で動いていたから入れてもらえると明くる日からほっと安心して寝込んでしまっただろうと、半年くらいはもう軽費老人ホームと特養との区別が付いていない。そして、ご理解をいただいてお帰りいただいたということが半年以上も続いたのが実状です。だんだん少なくはなりましたけれども、まだそこまで実状ご理解いただいていないというのが現状です。先ほど言ったように特養の方は介助の手助けの体制がある。ケアハウスの方はその体制がない。ということでありますから、先ほどの様な相違点があるとお考え頂ければと思っております。そこで、今のように申し上げた結果、専門家はいろんなこと申しておりますが、この今の実状から見て介護制度の実施に伴って、施設サービスを受けられなくなった方々が施設から出ることとなった方に、先ほどの3つの在宅とケアハウスとそれから有料老人ホームを挙げましたけれども、我々が経営するケアハウスで果たして受け入れることができるのかなと言うことになります。はっきり言って今の体制では受け入れが出来ない。こういう事であろう、受け入れが不可能という事でありま す。そこでこの5年の間に今井先生にも、松田先生にもお願いして、ケアハウスが受け入れ体制を作るとするならば何らかの行政的な支援ですとかいろいろな面での策を講じて頂かなければ難しいのではないかと、そんなことが私の経験から出てくることであります。さきほど、私がいった中で施設サービスを受けられない方々がどうしてケアハウスも受けられない、ではどうしたらいいのか。この間私が読んだ本の中で専門家がこう書いてありまして、「身体機能的に自立可能な条件を満たしているか、否かを前提として他者依存体質から自主自立体質への意識の変換トレーニングが不可欠となってくる」とこう書いてあります。「その為に在宅あるいは、他者施設移行トレーニングプログラムを早期に必須公的プラングルドを制定せねばならない。」とこう難しい言い方を書いてあるんです。いかにもお役人さんの文章ですね。これはたしかに大事な事で、このことで受け入れるところも出るでしょう。しかし、それだけで解決出来るのかと。この辺のところが非常に不透明な問題が私は多すぎるなと思うので、これからの大きな課題ではないかなと感じています。ケアハウスの入居者も毎年毎年お年を取るわけですから、いずれ、手助け介助の必要性も生じます。これは、介護支援センターとの関係によって補っていただくという事ですから、夜間の体制が充分とは言えませんし、常勤者でないと対応できないものも多くありま す。また、医師だとか看護婦、介護員との体制のあるなしが決定的な条件になってくる、そうことでありますので、今後、体制づくりの絶対的な条件づくりが大切な事だなぁと感じています。この間、入居者の日誌を見させていただいて、今毎日日誌をつけていまして、それをチェックしているのですが、私は全部見ていられないので、抜粋して見ているわけですが、大変、施設の皆さんが日夜を問わず苦労している様子が解りました。内容を見て非常に驚いたことは、まず、体調が非常に悪い。おじいちゃんおばあちゃんの体調が悪いので、調べてみたら血圧が急に下がっている、逆に急に上がった。あるいは、突然発熱したので、お医者さんを呼ばなくていいのか。今日、一晩様子を見ようと明日になったら平常に戻った。と日誌の中にこういう書き込みが非常に多いのです。25人のおじいちゃんおばあちゃんでこんなに発熱をしたり、血圧が上がったり下がったりすることがあるのかなと、改めて思ったわけであります。もし、施設に入居していなかったらこの25人のおじいちゃんおばあちゃんたちはおひとりでこういう状況で生活をしていたのかなと思ったら、こういう入所の施設はすばらしいことだなと、人間の体力あるいは命は強いからと言えばそれまでですけれども、そういう危ない状況で、おひとりで住んでいる人が余りにも多いのだなとつくづく感じたわけです。ケアあずさに入ったから熱が上がったとか血圧が上がった下がったという事では私はないと思うのです。そう言う事で、実状のことが入居して日誌をつけたから解ってきたということでありまして、長野県にも3万5千人にも達する一人暮らしのおじいちゃんおばあちゃんがいるということに対して、今後介護制度をもって接しられるかという対応が出来るのかという事が県民みんなで考えなければいけないなあとこう思っております。今私は、つくづく3年経って思うのですけれども、ケアあずさは30人の体制です。他の方を見ますと50人、70人規模の軽費老人ホームもあるわけですけれども、私は30人規模の体制がね、手前味噌ではありますけれども、小さすぎず、大きすぎずといいますか、きめ細やかな対応が出来るのだなあと規模的にはモデルケースということもあって、間違えなかったのかなあとつくづくと思っております。やっぱり、きめ細やかな対応をしてあげることが大事だなあと先ほどの健康の問題等見ますと先ほどの様な施設の体制ではとても出来ない部分が多すぎる。適性な規模は何人、40人がいいのか、50人がいいのかと言うことは、私でも解らないのですが、私の３年間の体験からくる今の実状を見ると適性な規模なのかなと間違っていなかった30人体制だなとそんな思いもいたしております。この軽費老人ホームの私共の入居者の中にこういう方がおります。どういう施設か解らないので、来て下さいと。施設を見るときれいですね、立派な食堂ですねと。お風呂も広くていいですねと言うのですが、実際何十年と１人で住んできた方が、ああいう施設に入るということは決断がしにくい。そして、どういう生活になるのかあという事も想像しにくい。ですから、おじいちゃんおばあちゃん良かったら２、３日泊まっていったらどうだねとそういうケースがありまして、ＡさんもＢさんも知っていますけれども、こんなすばらしいところであれば是非このままいさせてくれと言い、ずっと継続的に入居されている方もおります。私共の努力が足りないのか、もう少し宣伝をしなければいけないのかなとＰＲをしなければいけないのかなと思っております。今、県の指導もあちこちに出来ると共倒れになる危険性のことから大分慎重な審査の中で認可をしております。相当あちこちで手を挙げている方がいらっしゃるようで共倒れになったのではね、誰が一番惨めな思いをするかと言ったら、老齢のおじいちゃんおばあちゃんであります。そういう意味で県の配慮にも頭が下がるわけです。そんなことで、今日までやってまいっております。今後のケアハウスの運営につきましては、先ほど今井先生がおっしゃった様に必ずいい時代が来る、それはこの介護保険制度の制定だ。こういうお話を承ったわけでありますが私もそうなって欲しいと思っております。ただ一方では、先ほど関先生のお話の様に4兆円市場と新聞紙上や雑誌紙上にでるということは、一歩誤れば、高齢者のおじいちゃんおばあちゃんが商品になってしまう訳であります。介護保険制度をうまく使えばお金になるのだということになってはいけない。そういうことの認識を国民全部が持たなくてはいけないのではないか。今後、先ほど言いました様に病院等の経営も難しくなってくる。大病院は残れるけれども、中小の病院は残れないので、介護保険制度を上手に使って、システマテックな運営にしていくとそういう理想に燃えてくれればいいのですが、民間企業がマーケット的感覚でやられたらたまらない。その辺の歯止めを国民の良識というか常識というか倫理観という部分に大きく求めなければいけないのではあろうとは思いますが、我々の立場としたら、そうことを啓蒙していきたいと思っております。是非、介護保険制度が実施されるに当たり、我々の施設が一助として担えれば、今の体制ももっと良い体制に出来る様な方向付けに出来ればお願いしたいと、是非応援したいと、受け入れたいとそう言う考えであります。今後、充分時間がありますので、その辺のところを頑張って体制づくりに勤めるという努力も我々もしていかなければならないかなと、こう思っております。

私、最後に体験を通して思いますけれども、入居される家族の方が堂々と胸を張って相談にこれないという今の社会情勢を私は憂う一人なんです。何か今、施設に入れるとか、施設に預かって貰うとか、あるいは介護の方に来ていただくという事が後ろめたいというか、なんか悪いことをしているというか、そういうことがあるんじゃないかと思うのですね。そういうことを通じて強く感じるのは、この間もある人に聞いたり、読んだら、高齢化社会に対し日本ほどどうなったらいいんだとうろたえている国は世界広しといえども無いんだと。右往左往しているという表現がありました。なぜかと、日本の歴史は家長制度があったように家という考え方が非常に強い。その為に、子どもが親を必ず見るべきだと、嫁が必ず見るべきだという、こう考えが根強くある。その為嫁が見なかったら、悪い嫁だ、悪い息子だと言うことが、どうも国民性というか、国にありすぎる。ですから、堂々と相談にこられる、そのことも地域でみんな認めてあげる。そういう社会にしなければいけない。この前、東京家政大学の樋口恵子さんという教授がこんな事をいっていましたよ。保育園に送る若いお母さんが子ども達が行ってしまったら、そのところで、1時間も1時間半も楽しそうにペチャクチャとおしゃべりをしている。これは非常に良い光景だ、これは昔の井戸端会議ですよ。生き生きとした。お母さん方の顔を見て良い光景だと言った。これが福祉バスが同じ事をやると、ああいう語らいは無いというのです。福祉バスが来たら、お嫁さんはそそくさと引き取って、我が家へ帰って語らいが無い。何でこう違いがあるのだろうか、こう言ってましたよね。私がさっき言いたかったのはこういう事なんですね。やっぱり、高齢者の時代を迎えて、嫁がですとか子どもがですとかでは無くて、みんなで支えて、みんなで見てあげる理解と優しさが大前提となると思っております。そう言う意味で介護保険の制度が充実するのは良いことだけれども、我々の意識改革をしなければならない。そういう事の啓蒙を合わせてやっていく必要があるのではないかなと思います。だから、我々のケアハウスに入れるのも後ろめたい、おば捨てに捨てる感覚とか考えが今でもあるんじゃないか、堂々と頼みにこれない。夜こっそり電話を掛けてくる。実際にあるんです。私も事務所を構えておりますけれど、事務所で話をしたいので、事務所に来てくれと言いますと、家の方に伺いたいと言うわけですね。そういう事は、みんなして打破していかなければいけない。これからの21世紀の日本の社会はみんなで、お年寄りを見る時代だと私は思っております。このケアハウス経営3年を経た中で実感いたしております。そう言う意味で私もみんなで話し合う、そして、情報交換し合う。決して親を施設に預ける、在宅で介護者を呼ぶことが不名誉なことでも、恥じることではありません。そういう意味でみんなそういう社会になっていくということをお互いに啓蒙し合うそんなことを申し上げて、私の立場としてのお話とさせていただきたいと思います。

関

望月先生ありがとうございました。介護保険はまだまだ理解されておりません。ご指摘の通り、サービスを受ける方たちが、忌避や拒否する気持ちを持っているのが実態なのです。他人の介護を受けることは恥だとか、他人が家に入り込むなどとんでもない、といった理解なのです。さて、次の指定討論は、特別医療法人恵仁会理事長黒澤正憲先生にお願いします。先生は、医療分野でも福祉分野でもいつも国の施策の先を行く事業展開をされております。介護保険導入にあたり我々の参考になるお話がうかがえると存じます。恒例により、黒澤先生のご略歴を申し上げます。黒澤先生は、昭和49年3月に昭和大学医学部大学院を卒業され、昭和54年3月に医療法人恵仁会黒澤病院副院長に就任され、昭和63年5月に黒澤病院院長に、同年11月に老人保健施設安寿苑長に就任されました。平成4年4月には社会福祉法人恵仁福祉協会理事長に、5月に医療法人恵仁会理事長に就任されました。また、平成6年3月より全国老人保健施設協会代議員会副議長、長野県スポーツ少年団副本部長、長野県カーリング協会会長をお務めです。それでは先生お願いいたします。

黒澤　まず、今日の介護保険と障害者プランの組み合わせの公開講座、関先生の企画に敬意を表したいと思います。今日の介護保険と障害者プランの前にあるもので、とにかく平成7年にできました障害者プランにつきましては、一歩隠れた状態にあるわけですけれども、これが今後大きな課題になってくるのではないかなと、今日は大変良い勉強をさせて頂いております。今日私のテーマは人生90年ということですけれども、ついこの間までは人生80年ということで講演をさせていただいていた訳ですが、あっと言う間に平均寿命が80を超えて、長野県は全国でトップクラスになってしまった。近々人生100年とタイトルを変えなければいけないかなという気がしています。私も父が90歳、母が89歳でございまして、年相応に呆けて参りまして、毎日苦労しているところであります。長男がおこり始めると呆けがはじまったかなと、家内がおこり始めると呆けが進んだかなと。毎日、財布がとられたどうのこうのとなりますと、家内は私はもうどうでもいいんだという話になってしまいました。私が長男としての役割を果たさなければいけなくなりまして、2、3日前に父を風呂に入れたんですが…。人生90年となり、長野県は何でこんなに長生きの県になってしまったか、いろんなご意見がありますでしょうけれども、日頃、お年寄りと接している私も実感、身に覚えのあるところであります。医療法人と社会福祉法人この2つを持っているところということで、関先生のところもご覧になって解るように、医療法人と社会福祉法人をもっておられる。これは、介護保険が動き出してきたときに、2つが非常に大きな意味を持って来ていまして、医療の面と福祉の面と両方が無いと介護保険は充分に威力がないと言う場面が多くあることをまずご認識頂きたい。したがいまして、この2つの法人はけして肩書きばかりではなくて、介護保険が動き出しまして、私共としましては意義のある仕事が出来るのかなと理解しております。そんな中で保健医学センター、健康運動センター、診療所、病院、老人保健施設、特別養護老人ホーム、グループホーム、デイサービスセンター、在宅介護センター、訪問看護ステーション、ペルパーステーション、在宅ケアサービスセンター、福祉医療用品販売会社、こんな風に見ると一体何をやっているのかと思われるでしょうけれども、ご覧のとおり保健、健康、医療、福祉いろいろな面から支えていきますと、これらの施設、設備が必要になってきてしまったわけで、これが私が歩んで来ました30年間のヒストリーとなってきているわけであります。保健福祉医療が充分に機能致しますと、安心と安全と24時間の愛情が私共のグループのモットーであります。いずれにしましても、最初は、くろさわ病院という医療が私共のスタートでありました。昭和50年の後半になりますと、高齢化社会がだんだんと見えてくるようになりました。それに対応していたらこれだけの組織になったという事で、最初からこれらシステムを作ろうしていたわけではありません。病院で昭和50年代に目につきはじめたのは、お年寄りが帰らなくて、病院に滞ってしまうケースが増えてきました。後から後から救急車で送られてくる患者さんを収容するにはどうしても帰っていただかなければならない。したがって、お家に帰って療養していただくシステムを考えて、この訪問看護ステーションが出てきました。私共は、昭和50年の後半、制度ができる前から運営しております。国が訪問看護制度を定めたときは行っておりましたので、全国で初の医療法人立の訪問看護ステーションとなったわけであります。その後今度は、家と病院との中間に施設が必要ではないかなという事になりまして、ただ家に帰ったならば、病気が治っただけのシステムになって、その間の療養とか、リハビリとか手が抜けてしまう、この事を考えたときにこの老人保健施設の構想が出てきたわけです。その前に特別養護老人ホームの運用を計画したことがあったわけですから、その流れを汲んだことにより私の考えがピタリとはまる施設となったわけで、昭和64年に老人保健施設「安寿園」というのを長野県で初めて作らせていただいたわけであります。当時は、老人保健施設はあまりご理解を頂けなくて、皆さん方になじんで頂けなかった部分があったわけですが、今では地域にピッタリとした施設となりました。地域の在宅での支援の大事なポイントになっているところであります。病院と安寿園とは佐久市中込にありまして、病院と老人保健施設を一体で重ねて作ったということでは全国で最初でありました。当時老人保健施設の制度が出来た時には、病院と老人保健施設は分けなさい。道路を挟んでも良いから分けなさいと言う指導でしたが、あえて、病院の上に重ねて作らさせていただきました。大変ご批判、ご指導もあったわけですけれども、その後数年後に出来ている施設は、医療機関と一緒に出来ている併設型が非常に多くなってきたと聞いております。平成の中頃には健常の方と痴呆の方をご一緒させていただいていた訳であります。しかし、だんだんと健常の方が施設を退所されてしまうわけです。つまり、健常の方からしますと痴呆の方とは違うのだ、私たちがいるところではないと言うことで出られるケースが多くありまして、痴呆の方、重度痴呆の方が大変多くなりました。そんなことを体験する中で、市の方と対策を協議し、シルバーポート「つかばら」という痴呆対応の老人保健施設を作りました。本来ですと、松田先生がシステムをお考え頂いて、今井先生が制度化して頂ける訳なんですけれども、そんな中で国の指導を頂いて作って行くといろんな流れが出来ていない訳なんですが、このつかばらも重度の20のベッドを持っていたのです。今は逆ですね。50の重度に20の軽度。その軽度もほとんどいなくなって、ほとんどが重度の痴呆の方達をお預かりという形になってきています。重度がどんどん貯まってしまったのは家では見れない。これを見ていたら家庭が壊れてしまう方達を今、この施設でお預かりしているわけであります。これからの痴呆対応は大きな課題になっていくのかなと言うような気がしています。それからもう一つは医療と言う部分病院と診療所と3つあるわけですけれども、塚原の方の診療所は心療内科ということでありますけれども、具体的には、痴呆の方に対応する医療が今後出来ればと診療所をつけてあります。この後のさなだの福祉施設につきましてはさなだクリニック、スポーツ医学と言うことで、菅平高原クリニックをセットで今、小県郡真田町に展開しているところであります。さらに、見てみますとこの老人保健施設だけではなくて、訪問看護ステーション、在宅介護センター、ペルパーステーション、これらが一つの在宅サービスセンターとして総合サービス体制を作っている訳であります。それが中込、塚原、真田と3つのサービスセンターを作っているわけであります。これらを括って恵仁会全体で恵仁在宅サービスセンターという括りを持って、対応している、介護保険対応で見ますと、在宅介護での支援機能をどの様に持たせるかというのがポイントになってくるわけですけれども、老人保健施設は収容施設というのがこの10年間あったわけですけれども、頭をここで切り替えて、全て入所も通所も在宅でのサービスをサポートするにはどうしたらいいかという段取りなって来るわけであります。在宅介護支援センターは行政からの委託であります。したがって、佐久市から受けている訳でありますけれども、昨年の秋からもう一つの委託、デイサービスセンターを受けています。市のデイサービスセンターを病院の一角に併設しているわけですけれども、病院のデイサービスセンター、老人保健施設のデイサービスセンター、市のデイサービスセンター、この3つが同じ区画の中にあります。従って、介護保険を受けるに当たって各々機能に持たせたデイケア、デイサービス通所の部分でそれぞれの機能を担った部分を持っている。例えば、老人保健施設のデイは60人受けております、病院の方のデイケアは40人受けております、佐久市の方は23人でございます。ですから、１日に百何十人の人たちが通ってきているわけでありますけれども、毎日百人程の人を送迎している訳であります。十数台の車両が市内を巡って集まってくるわけですから、地元に千曲バスというのがあるのですが、千曲バスより動いているのではないかなんて話も聞くくらいで、これが在宅介護支援としては大きな役割を果たしていくことと理解いたしております。それぞれのデイケア、デイサービスの通所の機能を持たせて、分担させてやっている。もう一つはここでグループホームというのがでてまいりました。話題のグループホームは本年度２つ県内で私共医療法人と福祉法人で補助を受けながら立ち上げてみました。来年度は県内４カ所立ち上がる訳ですけれど、グループホームは私共に取りましては一つの大きなテストケースと言ってもいいかもと思っております。問題は話題になりましたＪランクの施設を介護保険が適用になったときに、はみ出てくる人たちをどの様に受け止めるか。これがグループホームで私は受け皿を作らなければいけないのかなという気がしております。従って、グループホーム的要素を持った施設を去年七つ作りました。それは一つは老人寄宿舎と称するもので民間部分で誰もが入れるもので、翌日出ていっても良い施設。医療法人の方は痴呆型ということで、先ほどの塚原の施設に併設してあります。もう一つは福祉法人の方で真田町にママリオノ家ということで、先週信濃毎日新聞に１週間連載された内容を見ればグループホームとはどういう意義があるかお解りになっていただけます。もう一つは、恵仁リハビリテーションセンター。今までは病院の中にありましたリハビリテーションを一歩外に出しまして、グループ全体のリハビリテーションを受け持つ、つまり私共の持っておりますグループ全体をリハビリテーションとして括るには一つのセンター機能を持たせてやっております。従って、リハビリテーションセンターにおりますＰＴ、ＯＴはグループ内の特別養護老人ホームにも行きますし、老健にも行きますし、病院にも、診療所にも行きますし在宅もやると。こういう風なリハビリテーションというのは今後在宅支援機能の中で大きな役割を持つ部分でないかと思っております。従いまして、独立したシステムを持たせまして、ＯＴ、ＰＴはじめ鍼灸マッサージ師から訪問看護婦、看護婦の資格を持っている者含めて、この中に希望を持たせていきたいと思っております。

それから、セキュリティーセンターですが、本来防災センターの役割を果たす意味があります。24時間の安心と安全を確保するには一カ所24時間の窓口となるのを作らなければならない。これがセキュリティーセンターであります。もう一つは、21世紀に入って、遠隔介護、遠隔医療という問題がすぐ目の前に来ている訳であります。私共は家庭用の端末をいろんな業界と提携して開発しました。血圧、脈拍、心電図を測って電話回線を通して24時間セキュリティーセンターに送っておく。もう一つは多機能ＰＨＳを使いまして、常時無線で送ることが出来る、あるいは非常時には対応出来る。遠隔介護、遠隔医療という問題がすぐに皆さん方の耳に、あるいはお目に触れるかと思いますが、私が作りましたシステムはタッチパネルになっておりまして、医療関係の情報、心拍、体温、血圧が常時送れる様になっております。他に明日のおむつは何個届けて欲しいとか、今週のヘルパーさんの派遣は月火水で10時から11時まででお願いしたいとか、配食サービスはいついつでお願いしたいといった事がタッチパネルで行いますと全部センターの方に行きます。センターは配食サービスセンターですとか介護支援センターですとかヘルパーステーションに常時送れるようになっております。センターは情報をシルバー産業の中の配食サービスセンターとか、あるいは介護支援センターやヘルパーステーションとか各々の機能の所にセンターが責任をもって情報を伝達していく。ついてはさらに情報が各市町村の介護システムのコンピューターシステムと接続するとそのまま自動添附しますと介護保険システムの方から自動的に入金がなされる仕組みになるのではないか。こんなシステムも日立やナショナルなどの企業が開発を進めている所であります。ですからどうしても最初のうちは不十分な形での介護保険のスタートではありますが２００５年には必ず見直しがあります。そこで介護保険が完全になるとは思いませんがその間にマンパワーだけでなくある程度のシステム的な部分を頭に入れながら皆様方に対応していただかないとこの介護保険あるいは、介護という大きな問題については解決がつかないし、又、大きな流れがくみ取れないのではないかそんな気がいたします。そう言う意味で機械的にと言ってしまいますとそういう部分が確かにあります。しかし、情報という面から見ていきますと、どうしても情報を一ヶ所に集中してそれを、責任をもって分散しながらそれを的確にフィードバックしてもらう仕組を作らなければならない。それが、いわゆるこの恵仁セキュリティーセンターというふうにご理解いただきますといいです。実際にはまだ動いておりません。これから立ち上げようかという所で現在準備中でございますが、すでに家庭での情報端末はすでに開発が終わっております。

次お願いします。もう一つの方は、皆様方の資料集の一番後ろのページに見開きであると思います。同じ物が映し出されております。これは、社会福祉法人の方でございますけれどもこれは小県郡真田町に展開しております、特別養護老人ホームアザレアン真田を中心としまして、町のデイサービスセンター、訪問看護ステーション、在宅介護支援センター、ヘルパーステーション、これらが法人のサービスセンターという機能を持ち合わせながら、グループホーム「大庭の家」ということで民家の借入型として5人の入所が可能です。これが先週信毎で大きく5日間に渡って報道された部分でございますが、この制度が出来る1年前から試験的に初めてみた中で感じたことは、ともかく軽い痴呆の方は確実に元に戻ります。ですから逆に軽い痴呆だと私どもは思ってしまっている節があるのです。日頃生活の中で見ていると。しかし、一緒に生活をしてちょっと生活介助をしてあげますと、確実に元の生活に戻るチャンスがあります。かなり重症と思われる方も結構昔のことを思い出しながら生活感を取り戻していく。これは、ちょっと特別養護老人ホームなどのショートステイなどでは見受け入れられない部分ではないかという気がしております。アザレアンさなだは7年経ちますけれども、50人収容で20人のショートを作ったのですがここでまた20人のショート部分をグループホーム型のショートステイに昨年の春、ちょうど一年前につくりました。これは、5人ずつのグループホーム型の生活介助をしながらショートで受けている部分であります。これがまた大きな成果を得まして、結構、家では大変だと思われた方達がまとまって生活してくると、馴染んできて、それぞれが手助けするようになり、お互い生活感を持ってくる。これもグループホームの非常に大事な展開ではないかと思い勉強しているところであります。グループホーム7つと言いましたがショートステイ型の特別養護老人ホームに付随したグループホーム、それから社会福祉法人・医療法人型の軽度痴呆の共同生活での対応型が1つ、もう一つ作ったのが病院・老健に非常に長期に渡って入院している方、あるいは入所している方。勿論ご家庭で受け入れられなかったから本当に長い間入院・入所していた方達を、実は一つ屋根の下にまとめました。そこに、重介護対応のケアをしてみたところこの人達は、結構病院とか老健で長く入所していた部分がうまく機能いたしまして、３ヶ月経ちますけれどもお互い馴染んでくるんです。制度上から言いますと３ヶ月経ちますともとに帰って頂ければ、新たにゼロカウントから始まる。これは、制度の隙間を縫ってやっているといえばそのように思われてしますのですけれど…。ここにはテレビ電話を入れまして常時病院から画像を見られるようになっています。それをふくめまして、今のところ順調に運用できておりますので、このようなグループホームが必要となってくるのではないかと考えられます。

もう一つは、全くＪランクの家がない、家族と折り合いが悪い（嫁と合わない）、だから一緒に食事も出来ないし、同じ屋根の下に生活出来ないと言う方が結構いるのですよ。そういう人たちが在宅介護支援センターを通していろんな相談に来たりしますとそれらの人たちを受ける場所がいままで無かった訳です。それも、一軒の民家を借りて今３人入って居るんですけどその方達だけが寄って集まっていただくとそれぞれ生活できる部分が出てくる。ですから、施設介護の部分と在宅介護の部分とその隙間を埋めるグループホーム的な考え方或いは施設、これがこれから私としては一つの流れの中心となっていくのではないかという気がしているところであります。

もう一つ、「真田温泉ふれあい真田館」というものが、真田町に依頼を受けて老人ホーム「アザレアンさなだ」を作ったときに、一緒に「真田温泉ふれあい真田館」も作りました。これはいわゆる健康増進施設であります。頭書は温水プールで、計画をしていましたがいつの間にか近場に温泉が出てしまいまして、その温泉を真田町が全て一億三千万で買ってくれましてそれをいま使って、温泉プール付きの健康増進施設となっております。先ほど紹介しました「真田クリニック」と「老人ホーム」と「温泉施設」、つまり保険・医療・福祉この三位一体がこの真田町で完成したわけでございます。同じことを一つ計画してみたところが、北佐久郡の北御牧村に企画したのが、「ケアポートみまき」です。ここは、全室個室型で「温泉アクティブセンター」込みで日本財団と村から総額約23億で作りました。たいへん、保険・医療・福祉としての新しい試みで最近になって信州大学と小諸厚生病院と衛星通信を使って遠隔介護の研究を始めたところでもあります。この様に北御牧村は、21世紀の特別養護老人ホームのあり方ということで、富山県消化町、島根県の池田村、この3つが日本財団としましてはモデル施設ということでやっております。全室個室型でたいへん広く、敷地も充分とってあります。見学にくる皆様によく言うのですけれど、「これを真似して作ったらつぶれちゃうよ」と言っております。本来は通常の老人保険施設の倍のお金と面積をとってありますので、正直な話、大きすぎてというより持て余したという方がいいのか、今、村を含めスタッフは運営に苦労しております。この様に老人の為だけではなくいわゆる、保険・医療・福祉の組み合わせというのが21世紀には大事になってくるような気がいたします。

真田町、北御牧村と行ったが、佐久町はどうしたかといいますと、「ケイジン保健医学センター」と「ケイジン健康運動センター」これが保健の部をくろさわ病院の医療と組んでやっております。「ケイジン保健医学センター」は、健康診断、人間ドック、労働省ＴＨＰの事業を受けているのですけれども、「ケイジン保健医学センター」は温泉利用型の健康増進施設としてあります。というのも佐久町も温泉がなければということで実は病院の前の駐車場を掘りましたら偶然温泉が出てしまいまして、温泉利用型の施設となりました。佐久においでの際は一風呂浴びていっていただきたいと思います。アルカリ性、単純泉で大変いいお湯であります。しかし、そういう風に介護保険と合わせて21世紀に考えなければならないのは、私共は「健康でいかに生きるか（長生きをするか）」これが冒頭の人生90年に繋がってくるのであります。またよたで90年生きるのか、或いは、意識が無くて90年生きるのか。それでも、やはり健康で両方の足で歩いて、飯が食えてそこそこ人様の言うことが理解できるくらいのお年寄りになっていく方が私共としては、幸せではないかと思います。それには、私たち一人一人が自分の健康を自分で注意し、責任を持ち、これが自分の人生に責任を持つことでございます。従いまして、平成13年健康基本法が国で考えられているようであります。国の考え方なのかどうか、いずれにしましても「健康づくり」が介護保険の一部に入ってくるように聞いております。あるいは、他の医療保険の改正の中に保健を使った健康づくり。或いは、予防の部分での給付があるように聞いております。そんなことを踏まえてですね、考えたのがこの「ケイジン保健医学センター」と「ケイジン健康運動センター」であります。少なくともこの２つは、医療の前の段階で健康づくり、保健という部分で非常に大きな役割を果たすのではないかなという気がしております。これが又もう一つ、各家庭と回線で結びましたときに、在宅におけるそれぞれの健康管理の部分も、電話の回線（ＰＨＳ回線も使って）を使って全部センターで集中管理が出来るようになっています。北御牧村はすでに全部光ファイバーを引いておりまして、この体制が出来ております。ですから、各家庭の端末とセンターとが来年度実験的に、衛星通信を使いましたいろいろな実験もこれから始まるとは思います。今年度は川上村がこれを採用していただく事になっています。川上村は長野県で一番広い面積を持っておるのですがその山の中の所から保健センターに向かって毎日それぞれの方の健康情報がはいる。そして、保健婦さんがそれを見ていて各々一人一人の健康状態をチェック出来るということで、いい意味での医療費、経費などの節税ができる時代が来るのかなとこんな事を考えています。私たち、ケイジングループはこんな事を展開しているということをご紹介しながら介護保険の運用が単なる介護保険だけではなくて、私共の健康作り或いは、人生90年の流れを作るひとつのステージになるのではということの提案をいたしまして、私の話に代えさせて頂きます。どうもご静聴ありがとうございました。

関

黒澤先生ありがとうございました。先生のお話は、今すぐ介護保険に移行しても困らない態勢を整えておられることがよくわかりました。むしろ、介護保険サービスを補うサポートも準備されていることに驚きとともに尊敬の念を抱きました。高齢者を支えるためには医療と福祉、そして、保健分野も欠かせないことがよくわかりました。殊に遠隔医療、遠隔福祉について研究し、実践段階にきていることは目が瞠かれる思いがします。

さて、ここでしばらく休憩の時間をいただきまして、討論に移りたいと思います。この間にフロアの皆様からのご質問をお受けしたいと思います。紙に書いてお届け頂ければ討論の中で取りあげたいと存じます。

（休憩）

関

これは実は平成9年度、要介護認定の事を基に慶応大学池上先生がお書きになった、厚生省の要介護認定度分類の問題点ということで幾つか上げてあります。例えばこの中で特に2次判定の際に何を根拠に分類を変えるか。要介護度が変わってくるとございますが、各分野に於いて医学的分野が含まれていないということ、評価者による評価の違いはどうするのかという問題、次（スライド）、これはここに書いてあります。日本精神病院協会の医師が平成10年度に要介護認定モデル事業に携わって実際に要介護認定をモデルとして行ったわけです。[*2]認定審査会というのは、実は５人で構成されていまして、その内２名が医師、その他介護の関係、行政の関係の方が入るわけですけれども、医師の２名の内１名は、精神科医が望ましいというふうな事が言われているのですが、精神科医はそんなに大勢いません。この会場の中にもちらほらとしかおりませんので、精神科医がなかなか関われないということです。ここで２６３病院の２８８名の先生が関与された。次。アンケートをしましたところ、基本調査、かかりつけ医意見書、認定審査会、痴呆その他の問題点という項目をまとめてみました。次。これによりますと、基本調査の項目の妥当性については、特に問題ないという人が１１０名、一部問題がある１２１名、比較的問題があるという解答が多かったです。次の意見では、30番と31番の痴呆の理解、問題行動についてというものが調査票の中で非常に問題じゃないかと、それからＡＤＬ全般について、麻痺或いは関節可動域についてどうも正しく評価していないのではないか、そういう意見です。次。コンピューター一次判定の結果の感想ですが、１８４人が判定結果がバラバラである、という評価です。それから、要介護度が低いと感じたのが86名です。次。調査員に関する意見では、基本調査の各項目に対して調査員の評価が一定でない、これが１８２名。それから、調査員の資質向上が不可欠であると感じたのは、２４１人。調査員もう少し頑張れということですね。次。医師の意見書ですけれど各項目に関して言えば、１４１名の方が一部問題あると感じている。特に問題がないと言う人が82名。58名が大いに問題がある。問題を感じている人が多いということです。医師の意見書に対してです。次。問題の項目としては、やはり心身に関する意見、傷病に関する意見。この心身の状態、医師意見書は比較的各項目で書く事は多くないのですけれどここが要するに正しくかかれていないのでは無いのかということが上げられます。次。このかかりつけ医の意見書と基本調査の整合性を見ますと、無いと答えた人が２００人です。どちらともいえないと答えた人は、64名。これは、かかりつけ医の意見書と調査票とちょっと違うのではないかということが言えます。次。認定審査会の問題として特に問題ないと言う人が87名、やや問題がある１２１名。但し、これは内容がはっきりしません。次。認定審査会の問題点や疑問点ということで、１５１名が時間的に問題がある。これは後ほど別資料でご説明します。59名が審査会の委員構成に問題がある。審査内容に問題がある。54名。判定作業に問題がある96名。その他。ということで問題点や疑問点がこういった内容になっています。次。基本調査で結果は充分に正当な評価がされているかということについては、２１４名が評価されていると思わないと答えております。どちらとも言えないが58名。次。痴呆の評価は実際にはどうか、ということですが１５２名が一貫性のない評価だと言っている。１１４名は実際より低い評価が出ている。つまり、意見書に痴呆の評価が正しくされていないという意見です。これは、認定審査会ですから、意見書を書くのは当然かかりつけ医の先生です。ですから、かかりつけ医の先生の痴呆に対する評価が低い（ダメ）ということですね。次。痴呆の把握が出来ているかについて２０８名が把握出来ていないと言っています。67名がどちらとも言えない。これは今お話ししたことです。次。痴呆の把握が出来ていない理由としまして、２４８名がかかりつけ医の痴呆に関する知識・判断に問題がある。１２３

名がかかりつけ医意見書の設問項目に問題があると言っています。これは、精神科医から見た意見書ということになりますからこういう結果が出てきます。次。18番として痴呆の重傷度を数値化すべき、１０７名がどちらともいえない。そして１３２名が必要な事である。必要でない40名ということで重傷度を意見書の中で数値化して表して欲しいということです。次。痴呆が疑われたときには、精神科専門医の評価を受けるべきかというとに対して、１７０名が是非そうして欲しいと言っているのです。要するにかかりつけ医の機能は、普段からよく診ていると思われますが必ずしもそうではないという結果です。次。まとめますと、基本調査の信頼度が必要だ。コンピュータープログラムの改善とソフトロジックの公開。これは、他の所でも言われてまして、日医総研いわゆる、日本医師会のシンクタンクもこの辺を強く主張しております。それからかかりつけ医の意見書特に心身の状態の見直しと痴呆に関する専門医の関与の必要性がある。認定審査会委員権限の見直し。要するに、これで言っているのは、どうも介護度が変わってくるのではないか。それにはもっと権限を与えるべきではないかということです。５番痴呆診断の不備、的確な診断への対応ということ。

ついで、もう少し資料を出します。これは松本広域圏19市町村平成10年の要介護認定モデルの事業実施状況です。これは、現在全国で３３００ある市町村がたぶん、３３０ぐらいの圏域に別れるだろう。松本市は、松本広域で行うということが決まっていまして、これが把握されている人口が42万人ということですから、これは妥当な人口でしょうか。これが結果です。対象者が全県で１１７人で内松本市内が20人で一次・二次での認定変更が松本広域では12・８％県平均16・６％国が９・２％です。以下調査員の活動。一件あたりの活動時間は40・８分。平均訪問調査時間は、2時間26分。国は、1時間32分です。次。かかりつけ医の意見書回収日数。これは、事務的なことになりますが、ここは、7・4日。国では13・9日。これは要するになかなか書いてくれないということですね。つまり、申請して30日以内に審査しろということになっているのですけれど、これが遅れてしまうと、間に合わないということがあります。審査会における一件あたりの審査時間は、よく言われていたのは4分と言われていましたが、果たせるかな、市の医師会は4分12秒。塩筑医師会3分20秒南安医師会は5分20秒。これは比較的時間をかけているわけです。まあ、件数がどの位かで違いがあるでしょうけど、だいたい4分くらいかかっているのです。或いは、4分しかかけていないということになります。課題としては、調査員の資質向上。一次判定コンピューターソフトの精度向上。具体的な判定の仕組みの公開。あたかも、日本精神病院協会でいっていたことと同じことがここでも指摘されているわけであります。まず、このへんをそれぞれの先生方からご意見を頂きたいと思います。要介護認定について今井先生お願いします。

今井 この要介護認定というものが非常に難しい問題だということは事実だと思うのです。今日の資料の中に入っていますけれど、介護保険の場合、最初6段階に分ける。一番重いのは、寝たきり。常識で考えても寝たきりの人が一番重い。という考え方だったのです。ところが実際介護保険ではどれだけホームヘルパーが時間をかけるか、手をかけるかということからいうと、実際にお世話する時間でやったらいいんじゃないかということで30分刻みの内容抜きにしてそういうことにしたのです。最初の時には、寝たきりかどうかとか家族と一緒かどうかとかそういうふうなことで、重症度を考えた。その方が常識的にはわかり易い。それを今度は数値化して、中身はともかくとして、何分手をかけるかで、判断したのです。そこのところで一つ変わってきたここがまだ十分理解できていないところだと思います。それから、もう一つは今、関先生からお話のあった、一番難しいのは痴呆の判定だと、これはもう専門の先生、今日、中沢先生も来ておられますけれど、痴呆というものは非常に難しいものなのです。一つは、軽度の場合には、全然呆けていないときと、呆けているときがあってどの時点で調べたかというので調査項目が違うのと、もう一つは、一般のお医者さんが精神科のお医者さんの様には痴呆のことはよく分からない、だから意見書に書くにも書けないとさっきお話があったように。これはあとまで残る問題だと思うのですが、何れにせよこの辺については、きちっと繰り返しやりながらだんだんに精度を高めていかなければならないです。その過程では厚生省では、調査票のコンピューターでの分析ソフトを秘密にしていますけれど、何れ明らかにすると言っていますし、そういうところを明らかにしながらみんなでこの知恵を集めてやっていくしかないと思います。ただ、私は、さっきの痴呆の問題は、日本精神科病院協会のアンケート調査もまさになるほどと思ってこれは難しい問題だなと思いましたけれども、医者の意見というか、医学的にこの人はどういう病気を持っているのか重い病気なのか軽い病気なのかとか、それから関節可動域の項目での問題点が出て来ましたね。例えば、手の関節が何度動くのか、私はこういうことは、介護保険に関しては、過激な言い方をしますと、「関係がないと」思います。関節が何度動こうとその人がどの程度自立した生活が出来るのか、どの程度介助が必要なのか実は関係ないのです。病気の重さにも実は関係がないのです。どうして、そのことが医者の意見書や医療の病気の重さがここにはいってきたかと言いますと、これは介護保険法第1条には原案にはなかった医療が入ってきたのです。医療を介護に持ち込んでしまったのです。私は、もう一度介護からは医療をはずすべきだと思います、介護はあくまでもどの程度一人で生活できるのか飯が作れるのか作れないのか、自分で食べられるのか介助がなければいけないのかとか、お風呂がどの程度入るのに苦労するのか、むしろそういう事に徹底して、数値化し客観化することをきちっとやって、医療はいったん退いてそして、医療の方は訪問看護とか往診とかそれは、医療でやるべき事として組み立て直すべきであると思っております。ただ、痴呆の問題は医療の問題であり、生活の能力の問題だからここが一番難しいところだと思っています。

関　ありがとうございました。かかりつけ医の意見書が二次判定で大変重要なというかそれが入っているということが、今井先生のおっしゃった、医療が入ってきた事を示唆することではないかと思いますが、松田先生そのへんいかがでしょうか。

松田　今、今井先生がおっしゃったように、この要介護度の判定は基本的には、状態とか病気の症状の重さでランクするわけではないのです。要するにその人にどれくらい介護の手間暇がかかるかということで判定するのです。ですから、今考え直していますが、当然寝たきりの人は、見た目には大変症状が重いように見えるけれども、それに手間暇かける時間は、ちょっと元気のいい動き回る老人より手間がかからないわけです。その様な結果は最初から分かっていたのです。ですから毎年モデル事業をやって、それがはっきりしたものですから、その痴呆のところと痴呆については最初の調査票にはほとんど頭に入れていないですから、当然痴呆と寝たきり状態の老人とがどうも感覚的に低く出てくる。だから、そこをどうするかというのは、最初の案は認定審査会に医者もいるわけだから認定審査会で痴呆レベルのところと寝たきりレベルで介護度があまりにも低いと思ったときには、そこで大いに手直しをしていただいていいんじゃないかというのが最初の考え方でした。しかし、そうやっていきますと認定審査会のかける時間も限られますし、最初の調査票に基づいてコンピューターではじいてランク分けしたやつに対して認定審査会があんまり上げたり下げたりしますとなんでそうなったかと認定審査会に対してものすごい外部よりのプレッシャーが来るのです。従いまして、日本医師会の先生方などは、そんなことに自分たちのことで利用者からプレッシャーかけられたのではとてもじゃないがつきあえないよ。ということがありまして、今調査票含めてコンピューターソフトの改良をしていますけれどもその視点は、なるべく最初の調査票を生かして痴呆の状態もランクに反映するような仕掛けにしようとしています。そして、認定審査会のメンバーにかける負担をなるべく最小限度にしましょうというのが現況であります。それで、お手元の資料の、74ページに調査票があります。74ページから基本調査というのがずっと1．2．3．4とあります。これ全部項目をばらして数えますと85項目です。本当は、もっと調査項目を細かくしようと思ったら何百項目とあるわけです。ずっとチェック項目があります。その何百項目について実は、３０００例のケーススタディをしました。ケーススタディとは1分スタディで、日本の施設の中で十分な介護をしているだろうモデル的な施設で看護婦やヘルパーなどがケアします。その人を後ろでストップウオッチをもって、そして24時間追いかけてどういう状態の人には何分何秒かかったかというやつを何千例と集めたわけです。何百項目の症例に合わせてです。そして、コンピューターで分析してどういう組み合わせの方には何分何秒かかっているかの基本データがあるわけです。実際に調査する場合には何百項目と出来ませんから、それを一番意味のある項目をコンピューターにかけ解析していって絞り込んだのが実は73項目なのです。従いまして、どういう項目がどの部分になにがあるかどうかが揃える人によっていろんな人によって何千何百と組み合わせが出てきます。１００人やれば１００人とも組み合わせが違ってくると思います。人間の頭でこういう組み合わせの人が何分なんてとても想像出来ませんがコンピューターに基礎データが入っていますからそれで解析するとだいたい何分何秒と出てくるわけです。その時に痴呆の状態とか寝たきり状態の人は、所要時間（介護の時間）が短くなるのは最初から予想されているのでそれを修正している。２番目の問題は、20分で済む人も60分で済む人も、５、６時間介護の時間がかかる人も当然コンピューターでデータが入っています。何分以上を要支援にして、何分以上を要介護にして、要介護になった人は何分刻みで１度、２度と付けていくか、これを今検討しているわけです。今井先生のおっしゃったとおり、35分から初めて30分刻みでいったわけです。そうやりますと、今例えば、特別養護老人ホームに入っているような現在の人に当てはめますと、その35分以上かかった人が要介護ということになりますと、今特養に入る人の何十％の人が落ちてしまいます。法律によるとそれは、出ていかなければならなくなるわけです。だから、何分を対象にしてそれから何分刻みにしていくかが今検討の真最中であります。それは、理屈をどうやって付けるかということは非常に難しいのです。ここのところは、未だはっきり決まっていません。それが決まればロジックは全然隠すことがないのです。後は時間をどういう刻み方をしていくかということ。そういうことがこれからの課題であります。あと、痴呆の問題に関しては、コンピューターの方でどれだけ読みとれるかということを今まさに検討中。

もう一つ大きいのはかかりつけ医の意見書というのがあります。これは、資料の23ページにあります。左側の３番に特別な医療と書いてある欄があります。12項目の特別な医療というものは、実はかかりつけ医の意見書で一番、コンピューターの判定結果に影響を与える項目なのです。この12項目と同じ項目が実は、調査票の中に同じものが書いてあります。従いまして、今井先生がおっしゃったように、今度の介護保険でランク付けをする場合には医療的な要素が主として12項目については、大きく影響してくると。コンピューターの計算の時にも12項目の医療的な措置はランク付けに影響しますし、認定審査会の議論の時もかかりつけ医の意見書をみて、コンピューターの判断よりもっと重いと判断できるときはランクを上げるというのが現在の仕掛けになっております。以上です。

関　今、話にありました、特別な医療というのは介護に相当影響をあたえる医療と解する事が出来ると思います。黒澤先生は、認定審査会のモデル事業に参加されましたか。

黒澤　しなかったです。みんなお任せです。

関　この他にも参加された先生いらっしゃると思いますが。この問題はこのくらいにしまして。次にいきたいと思います。先程来、ケアマネージャーについてはケアプランの作成、それから、調査を行うのがケアマネージャーの位置づけです。

いよいよ介護保険の費用について触れたいと思います。これは平成11年1月27日に全国介護保険担当課長会議というのを厚生省が召集して開いたのです。そこで今言った、かかりつけ医の意見書の取扱の問題を取り上げています。主治医がいる場合、かかりつけ医は新しい概念と言っていいのですが、主治医とどう違うのか実は不明なのですが…。これは、かかりつけ医の意見書となっているので、書いてもらわなければいけないのです。それでなければ介護保険の申請が出来ません。主治医がいる場合、これは、事務費交付金という費用が介護保険から支払われるのですが、（主治医が）いる場合はこれの対象となるわけです。これまでの得られている診療等の情報に基づいて記載されるから、要するに把握しているからすぐ書けるわけです。だから、事務費交付金としてすぐに介護保険から支払ってくれるということです。他に調査員旅費とか調査員手当とか審査会委員の謝金がこの事務費交付金に含まれるということです。そして、その主治医が医療を必要と認めた場合にはその費用は医療保険に請求する、という仕組みになっています。次。主治医がいない場合。要するに突然、かかりつけ医の意見書欲しいから書いてくれと飛び込んできた場合、これは、医療保険の対象となる。あるいは、寝たきりを含むことになる場合の診療費用というのが医療保険の対象となる。少々ややこしいのですが、この事務交付金、介護保険で請求する費用の対象は主治医がいない場合の初診時の基本的診療費用、医師の判断による基本的検査費用が含まれるというややこしいのですけども、要するに病気がない場合に初診時の基本的診療費用がこれに該当する。そして、医師の判断による基本的検査費用は何かと言いますと基本診察料に含まれる簡単な検査、胸部X線、血液一般検査等ということです。経験のある先生方はおわかりだと思いますが、だいたい特養とかいろんな福祉サービスを受ける場合に診断書を書きますけれど、そこで行うような検査と同類だと理解していただければよいかと思います。医療保険の対象となる場合は治療や治療に関わる検査が必要な場合の費用ということです。要するにこれは、健診項目でやる場合には介護保険でやって下さいと、そして、治療を必要とするものは医療保険で請求して下さいということです。これは、医師の側でなければ関心の無いことかもしれませんがそういうややこしい仕組みになっています。次。これが、みなさん関心のあるところだと思いますが、第1号被保険者の保険料の試算です。これは、保険料格差の試算をしているわけです。これは、まず前提条件としてだいたい、人口３万人。65歳以上人口が５千人。と仮定しています。そして、施設サービスについては、要介護度の問題で、介護老人福祉施設、現在の特養老は、月に31万５千円というふうに仮定しています。老健が33万９千円。そして、療養型病床群が46万１千円という設定です。だいたいこれは、今まで言われている額ですがこれに決定したというわけではありません。当然、施設における介護度は無視しているわけです。そして、在宅サービスについては、要介護度が全て３と仮定しています。５段階の内の３です。厚生省によりますと、今までの試行ではだいたい３を中心にして正規分布しているといいますから３をとればいいということです。要支援は月６万円。要介護者は月26万円。これが在宅サービスを受ける場合の費用と仮定しております。これが前提です。そして、３つの町があります。Ａ町、Ｂ町、Ｃ町。それぞれにこの様な条件があります。Ａ町は、平均的な基盤整備の町です。Ｂ町は施設入所者が割合多い。施設も多い。Ｃ町は在宅介護サービスが充実している。Ａ町は一人あたり２４４０円。平均的なところは、２４４０円だと。Ｂ町が２７００円。Ｃ町が２６００円ということになります。

これは、平成7年に試算したとき、2400円で厚生省が1000円上乗せして2500円としましたがこの時点で試算するとこのぐらいの額ということです。したがって、誤解されるといけないのですが、高齢者一人あたりの介護サービス水準が高い町ほど保険料が高くなる。施設サービスが高くなる町ほど保険料が高くなる。ということです。この辺について、質問の中にこの様な意見があります。「介護サービスや保険料に市町村格差が出来ていることについて意見を聞きたい。」というご意見があります。この辺について今井先生お願いします。

今井 この介護保険制度の目的は、市町村が保険者でその市町村毎に地域の住民に対しての介護サービスをどうするかということを自分で決めて行うシステムです。例えば、道路や圃場(ほじょう)整備にたくさんのお金を使うところは、そこが立派になるけれども福祉の方にはお金が廻らない。そういうところは、保険料も、少ないし。サービスも少ない。道路はちょっとお粗末だけれど、介護の方に一生懸命というところは、サービスも十分になるが保険料も高くなる。勿論、町のお金もそちらへたくさん流れるわけです。そういう違いが出来てきて当然じゃないかと、これからは日本全国一律というわけではなくてそれぞれの市町村によっていったいどういう所に重点をおいて政策をするのか。福祉に重点を置くのかその他にするのか。そういう所は違っていいんではないか。だから、市町村毎に違うのは当然という考え方で私たちは始めました。厚生省も当時の与党も。ところが市町村長さんの方が隣とは違うのは困るから出来るだけ全国の基準を作ってくれということで、だんだん広域下で保険料も隣町と一緒というふうな傾向になってきました。これは、いいことか悪いことか。私は、それぞれバラバラでいいと思います。

松田　せっかく良い表があるのでこれでちょっと、補足説明させていただきます。要するに施設がたくさんあるよりは、在宅でちゃんと面倒を見たところの方が保険料は安くなるよということになります。施設でも療養型病床群の方がたくさんお金はかかりますから、もし介護保険施設はこの計画を立てるときにそれぞれの市町村でこれは何対何と決まっていないのです。ふわっとしたあれで三者の配分をよく考えなさいよということになっている。だから市町村によってはこの割合が非常にばらつきが出てきます。従いまして、もし療養型病床群よりも一番安い費用の元特養の割合が多い地域であれば当然かかる費用が少ないですから、割り戻していけば一人あたりも少なくなっていく。もう一つ、介護保険料が安くなる方法があります。それは、ここにはありませんが平均的な整備の町よりも介護サービスも施設も大変遅れている。ほとんどない。極端な話、全国平均の半分だとします。この施設整備が平均的なところの半分しか、施設も在宅もサービス体制が整っていないとすれば、単純計算すれば保険料が１２２０円になるということになる。要するに、サービスがどれだけ提供できるか、それにどれだけお金がかかるかという所から割り戻しますから、サービスを提供したくてもサービスの手足がない、施設が無ければお金を払う必要がありませんからそうすると保険料も安くなる。ですから、保険料が安いだけがいいんではない。要するに、施設なり施設のこれの割合。在宅の充実の仕方。それで、もっとも効率的な体制をとって一人に割り戻した保険料が安い町が一番いい町ということであります。だから、サービスも何もなくて保険料が安いところ、これはちょっと考えておかなければいけない。ということになる。

関　黒澤先生の町はいくらになりますか。

黒澤　うちは、まだ聞いていませんが、佐久は連合を組んで南佐久、佐久市で一体化する。それから上田、小県が連合を組んで一体化する中でほとんどそうすると、平均的な数字になってくるのではないかということで今、推移していると思いますが。

関　そうすると、黒澤先生の施設のある真田町、川上村、佐久市これは基盤整備がある意味進んでいるわけですけれど。

黒澤　他の地区よりは平均的な施設の整備が進んでいます。サービス内容も、おそらく平均以上になると思いますすけれど、介護保険からいくとちょうど人口割りしていけば２５００円ぐらいでちょうどいいのかな、平均より若干上ぐらいかなという予定です。

関　そのことと関連しまして。フロアからの質問の中に、「21世紀医療は介護保険導入によってどう変わるか、医療の面からみて聞かせていただきたい。」ということで医療改革がどうなっていくのかということについて、先ほど今井先生がお話し足りなかったということで今後の医療についてお願いします。

今井　結局、今は施設も在宅も含めて介護の体制が十分整っていない為に病院で入院して治療が終わっても帰れない、或いは、家にいて寝たきりになってしまいますと、血圧は落ち着いているし床ずれも出来ていないのですけれど寝たきりだから共稼ぎで家を空けていれば昼御飯食べさせる人がいない。もし、何かあったら大変だということで、病院に入院させるとかですねそういうことで医療の中にそういう人たちを抱えてきているということが日本の医療の問題点になっているのです。アメリカの場合は日本と違ってちょっと冷酷な医療ですから病院には長く入院させてくれない。さっさと退院させられるけれど、逆にナーシングホームというのが随分発達してそういうところがそれなりにあるのですが、日本はそういうところが無かった為に医療が歪んだ形になってきているんだと思うんです。だから、そういう意味では介護保険が出来ることで医療は医療らしく病気を治すということに専念出来る様にだんだんなっていくと思います。ただ、さっき申し上げた、介護保険は介護ということだけではなくて、そこに医療も持ち込んだものです。慢性の医療とか訪問看護とかちょっとした医療は全部介護保険の中でやるんだと持ち込んできてしまったんでちょっと、ごちゃごちゃしてまして、医療の方がすっきりしてくるかなと思ったら、今の社会的入院とかそういうものが介護の方に持ち込まれて医療の矛盾が介護保険の中にも持ち込まれてしまうのかなという意味でも必ずしも医療自身がすっきりしないかもしれない。という心配があります。

関

今井先生がおっしゃいましたが先ほども示したように精神障害者、特に入院医療を受けている精神障害者が34万人。今、厚生省はこれを減らせ減らせと言っています。確かに減る事は必要かと思いますがそういう方達が、どこで暮らすかということ。例えばよく欧米との比較の上でアメリカは人口に対して精神病床数がどうだ、イギリスはどうだ、カナダはどうだという数字がありますが、アメリカはそういう意味からするとケネディ大統領の時ドンと減らしました。ところが、ナーシングホームのような形のものを作っているわけです。日本に於いても恐らくただ単に病床を減らすわけではなくて何とかしないとアメリカでも起こったいわゆる、ホームレスが非常に増えてくるのではないかということが懸念されてくるわけです。結局、在宅で診る、あるいは、在宅へのシフトというのは障害者についても当然、必要になってきますし、そういう流れがあるのですけれど現に入院している人たちの受け皿はどうするかということ。例えば老人保健施設のようなものを精神科でも作るのか、それともグループホームや社会復帰施設がいろいろメニューがありますからそういうもので収容しきれるのか。あるいは、もっと長期の療養が出来る生活施設をつくるのかということが現在議論されています。まだこれは固まっていませんし、日本精神病院協会の会員は１２００人いますから、その先生達が非常にバラバラな考えですからなかなかまとまらないのですがそういった問題が相当介護保険に影響されて変わっていくだろうと思っております。すでに先ほどお話にありましたように黒澤先生のところはだいぶ変わってしまったのです。だんだん、病院機能が変化してきています。そして、様々なメニューを用意して非常にアクティブにやっておられます。私の所はどちらかというと静かな人間ですからメニューはいろいろありますが、静かにやっておりますので、どちらでもいいのですが、医療の方も是非、今井先生に特に精神科の医療の事でお願いにあがらなければいけないのですけれど、充分に議論を尽くしていいシステムを作っていきたいと思っております。これは、２番の所にも当然関係しますがこれについては是非フロアの方からご意見ございましたらお願いします。

遠藤　関先生が精神科医の代表で精神障害者の視点で語って頂いたので本当にうれしく感じましたけれど、身体障害の方は、充分例えば五体満足の著者の方とか自分の障害について訴えることが出来るのですけれど、精神障害の方はなかなか未だバランスをもって語ることが出来ませんので私たち精神障害者に接する人がきちっと代弁して対応していかなければいけないということを強く感じておりますので今後とも宜しくお願いいします。

関　おそらく、精神障害の場合は絶対医療は入れておかなければならない。医療無しで精神障害の方が社会生活を営むということは多分不可能だと思います。医療の関わり方が薄いか厚いかという差があるとしても、社会復帰施設等にしても医療の部分をいれていかないといけないという感じがします。他に、ございますか。それでは、３番目の「箱を作らせようとしている国が銀行・ゼネコンに金をバラまいている現状を政治面から分かり易く説明して欲しい。」これは、わたしがちょっと刺激的な図をさっき作った物ですからこのへんについて、これは、短絡的になってしまうとこういう事になってしまいますが、一つには、銀行やゼネコンに金をばらまいているのではなくてそういう所へ集まっていくのです。結局は、土木行政といってしまっては云いすぎですがやっぱり、インフラの整備ということが国の基本だったわけです。成長期には国がだんだん立ち上がって行くとき、その時の図式がそのまま、これら福祉の社会に持ち込まれると問題や歪みが出てくる。例えば、某人が某厚生省のお役人と悪い事したりしたことがあったのです。しかし、まじめに取り組んでいる人たちが相当いるわけでその結果、箱を作れば当然お金がかかるわけでそのかわり借金で苦しむわけです。借金で銀行は左うちわかというと今までにやったことがまずかったので今苦しいのだろうけれど、その辺黒澤先生どうですか。私もこれから借金をしなければならない非常に怖い計画が有るのですが。

黒澤 そうですね。箱物という部分で見ていきますと、そういう意味では終わったのかなという気がしますね。実質的にハードの部分からソフトの面の充実ということがこの次の時間で必要になってくると思っております。ですから、いままで流れたお金については、とやかく言うことではないのですが、一つの施設を作るというのはやはり莫大なお金が必要だということだけは事実でありますし、それが流れていって最終的にはゼネコンなり、銀行に流れって行った経緯は仕方ないとしても国がそれに対して補助金を出しながら、例えば老人保健施設はこの10年間に三千箇所になろうとしています。私は、長野県の老人のピークは２０１０年だと思っております。その後、どういう風にこの箱物を今の小学校のように或いは保育園の様に、処理していくのか。これは非常に大きな問題です。今はお金を掛ける必要な箱でありますが10年経ったとき、今、これだけの老人保健施設が必要なのかどうか。療養型病床群は医療のサイドで残ります。特別養護老人ホームは福祉のサイドで残ります。そして、10年前に声を上げて補助金・補助金或いは療養型病床群へ移行や老人保健施設を作るといって煽った国の責任というのは10年後にどうなるか。これはかなり大きな課題となって今後引きずると思います。

関 時間となりました。それでは、ひと言各先生方にお伺いしたいと思います。まず、松田先生お願いします。

松田　3番の質問の意味が分からないのですが。国というのは大蔵省の事を言っているのですかね。それに近いと思うのですが要するに大蔵省は銀行を守りたいからでしょうし、あとゼネコンは選挙の票を持っていますから、だから政治家の先生は弱いのだろうと思うのです。しかし、最近日本医師会が頑張って、薬剤の一部負担を廃止しましたね。あれは、日本医師会の力というかやはり票を動かせるぞという事を見せたのでこの様になったという私なりの解釈です。この3番に関しては。従いまして、これからは、票を動かすだけでなく、本当にどういう医療がいいのかをなるべく国民に分かってもらって、そして、情報公開時代ですから発言したほうがいいのです。そう思います。それから、ひと言申し上げると、一番の質問で介護保険が導入されてどう変わるかということで。カッコで医療改革、医療保険制度も含めての質問だろうかと思いますが。これは、発想を逆にしてもらいたいのです。医療保険の改革は定額制にするかしないか、薬価の支払いをどうするかそのような事をやっている。それは、それで行うのが当たり前。むしろ、介護保険が導入されますと介護保険施設もできます、今まで病院しか行くところがなかった老人が介護保険施設へみんな入所します。要するに、入院患者が減る。それから、介護サービスが在宅で進んでくれば合わせて在宅で医療を受ける人が増えてきます。在宅の患者が増えてきます。介護保険が導入されることによって、患者の流れが変わってきます。それによって、病院がどう対応するかということが問題で、介護と医療保険制度とは直接的な絡みはない。それは、それで粛々とやっていきます。だから、介護保険制度によって医療保険改革の中身がかわるというよりも現実問題として患者の流れが変わって医療機関にいろんな影響が出てきますよということだと思います。それに医療保険制度改革がさらに行われれば、追い打ちになるか追い風になるか分かりませんがもう一段病院にとって厳しい状況が来るのかもしれないと思います。

今井 今は、中央集権の時代ではなく地方分権の時代だと思います。中央集権とは全部霞ヶ関でやることですから遠く離れたところで日本全国いろんな違った所の事を一律の基準でやるわけですから非常に効率が悪いし、使い勝手の悪い物ができたりおかしな事になってくるわけです。ですから、出来るだけ地方分権になってくる時代だと思います。国に残す機能はごく限られてきているんではないだろうか。外交、貿易、金融、年金、司法とか。そういう国統一基準で国が補償しなければならない問題、生活保護もそうです。他のことは出来るだけ分権にしようという時代になっているのです。教育も分権。文部省もいらないんじゃないか。建設省も基本的にはいらないんじゃないか。都道府県の中で道路や何かを考えればいいんじゃないか。ただ、全国にある高速道路とかその一部をやればいいんじゃないか。こんな時代になってきています。ところが、今まで地方はあまりにも中央集権で上からの上意下達でやってきたためにまだ、自分で考えて自分の足で立って動き回るという訓練が出来ていないのです。そこに介護保険という完全な地方分権のものが出てきたので今、とまどっている。しかも、お金も全部国が吸い上げて、国が握っているものですから、お金も自由に使えるように地方に分けてもらわなければならないのですからそれは権限だけじゃ出来ない。そういう意味で、介護保険とゴミの問題は地方分権のモデル。これが出来るようならば地方分権は発達して行くくし、これで泣き言を言うようだったら地方分権は呪文にすぎないと言われています。ですから、頑張って欲しいですし、私たちは市民団体の要望をいれて市民の意見、住民の意見を市町村の介護計画に取り入れるということを法案修正してやった訳です。長野県でも20位の市町村が一般公募しました。計画を作るために。応募があったところもありますし、出なかったもったいないところもあるのですが。ですからこれからどんどん、住民のみなさん、専門家のみなさんが意見を言って、本当にこの地方分権のモデルとして介護保険をいいモノにして頂ければありがたいのです。国には口を出すな、金をよこせ。これを言えればいいので、国にあれを決めてくれこれを決めてくれという泣き言はやめた方がいいのではないかということを思います。医療の問題はここできっちり医療と介護ときっちり分けられる。それぞれが自由に進むと思うのですけれど、医療の面で私がつくづく感じるのは、日本人はちょっと無駄遣いをしているなと思います。これは、医療費も医療資源もです。結構、自分一人で医者に頼らず、薬に頼らず出来ることが多いがあまりにも医者頼り薬頼りでその結果どうなるか。医療費が増えて保険料も税金も増えざるを得なくなる。この辺で少し見直して下さい。私も苦い経験があるのですが。「頭が痛い脳腫瘍ではないか。」と患者が言ってくるから一生懸命30分位かけて診察して「心配ない。」と診断する。「先生、CTとる必要は無いか。」といってくるので「心配いらないです。あなたは、脳腫瘍ではないです。」といって、帰った。しかし、次の週、診察にきまして、「先生、隣の○○病院に行きまして、CT撮ってもらいました。やはり、先生の言うとおり異常なかったそうです。」といわれてがっかりしましたね。やはり、そういう点では日本人はモノも無駄に使いすぎていますけれど、医療についても本当に必要な医療を受けるようにしないと、お金がいくらあってても足りなくなりますから是非、その点も考えていただければと思います。

望月　今の3番の事ですけど。大変言いづらいことですが、ゼネコンの為に国は金をばらまいているようにとれますが、私の経験上からいくと、やはりあれだけの施設を作るということになると自己資金、そして又補助金を当然頂く。もう一つは、借金ですね。もう一つ、心ある人からの寄附というものがあります。この4本の柱で、うまく事業を成功させる。こういうことがあります。私から言わせますと、ゼネコンも非常に理解があって、そして必ずしも疑い深くなく、社会へ貢献しているという実態がありますから、ちょっと過激な内容だと思いました。もう一つ、私が心配しているのは、この介護保険は非常にいいのですけれど、先ほど言いましたが民間参入やその他いろんなことでこの制度にドンドン人が入ってくると老人を取り合うということで、施設間の充実度での競争や介護サービスの過激な競争とかそういう事が起こり得る。そうなった中で我々の施設から一人去り、二人去りということで高齢者の取り合いが実際に起こってくるのではないか。そうすると、資本力の弱いところ或いは弱小的な施設は段々衰退して、弱肉強食の世界で企業の生き残りを掛けた戦いが介護保険の裏側に起こるのではないかという心配があるのでそういうことが起こらない制度になることを願っています。

黒澤　医療は確実に変わっていくと思います。例えば、移植医療や遺伝子医療など新しい世代の医療が出てくるのと同時に今まで残されてきた本当の死生観をどういうふうにお互い持つかという医師同士の話、家族との話し合いとかそういう話の中で一昔前に多かった植物状態の患者さんが最近激減していることをみなさんお気づきでしょうか。無駄な医療というのがどこまでをいうのか分かりませんが本当に患者さんの思っているような、家族が願っているような医療を施して行くにはこれからどうしたら良いか、そうするとかなり変わった医療面が出てくると思います。特に最近若い医師と話をするときには、ここら辺が非常にトレーニングされてきまして、私共が昔無駄だと思って一所懸命やった医療は何だったんだろうかというような事を、時々考えさせられるような訳です。先ほど申しあげたとおり、元気なお年寄りをいかに沢山残すかということは、私共の別の意味での大きな使命になっているのかと思います。ピンピンコロリがいいかどうかは別にいたしまして、本当に素晴らしい人生を送るようなお年寄りを私共は沢山サポートしていけるような、システム作りをしていきたいと思っております。

関

ありがとうございました。長時間に渡りまして、およそ6時間私共にお付き合い下さいましてありがとうございました。テレビ朝日系列で、確か「朝まで生テレビ」という番組で数時間深夜の時間帯に討論をする番組がございます。あれは、なかなかある面では面白いのですが非常に下品な討論の様な感じがします。今日は、各先生方上品な討論をしていただきまして、実際内容も大層充実していたかと思うのですけれども、如何せんこういう時期ですからもうちょっと大勢の方に聞いて頂けると予測していたのですが、多少残念な気がします。冊子の中に書きましたように今まで、私どもは「老人ケア公開講座」と言うことで「公開講座」を行ってきたのですがある意味でのそういった役割は終えたと認識しております。と申しますのも介護保険が立ち上がり各地でこういった高齢者ケアの問題は取り上げられているわけですし、みなさんの関心が高くなってきたというわけでこの役割は、私共としては終了したいと思っています。ただ、今日取り上げました障害者プランですが障害者、社会的弱者の問題はこれからの私共のテーマだと考えております。そういうことを踏まえまして是非皆様のアンケート用紙にご意見をお書きいただきまして、出口の所でお出しいただきたいと思います。来年以降のこういったイベントの参考にさせて頂きたいと思います。今日は、本当にありがとうございました。

＊1：第一部一九五頁、図1参照

＊2：第一部二八〇頁参照

資料 I

表1-14　介護保険制度の骨子

保険者		市町村（特別区を含む。）とし，国，都道府県，医療保険者，年金保険者，社会保険診療報酬支払基金，国民健康保険団体連合会が重層的に支え合う	
被保険者		第1号被保険者 （65歳以上の者）	第2号被保険者 （40歳以上65歳未満の医療保険加入者）
受給権者		「要介護者」，「要支援者」として認定を受けた者	「特定疾病」が原因で「要介護者」，「要支援者」として認定を受けた者
保険料	賦課方法	所得段階別定額保険料 （低所得者の負担軽減）	被用者保険の被保険者 標準報酬×介護保険料率 （事業主負担　50%） 国民健康保険の世帯主 所得割，資産割，均等割，平均割 （国庫負担　50%）
	徴収方法	基準額以上の年金被保険者については年金から天引き（特別徴収），その他の者については市町村が個別に徴収（普通徴収）	医療保険各法により，医療保険者が医療保険料として徴収し，納付金として社会保険診療報酬支払基金に納付し，支払基金は交付金として，市町村に一括交付
保険給付内容 （要支援者に対しては在宅サービス（グループホームを除く。）のみ）		介護給付（9種類）→「要介護者」 ○居宅介護サービス費（12種類） 訪問介護，訪問入浴介護，訪問看護，訪問リハビリテーション，通所介護，通所リハビリテーション，福祉用具貸与，居宅療養管理指導，短期入所生活介護，短期入所療養介護，痴呆対応型共同生活介護，特定施設入所者生活介護 ○特例居宅介護サービス費 ○居宅介護福祉用具購入費 ○居宅介護住宅改修費 ○居宅介護サービス計画費 ○特例居宅介護サービス計画費 ○施設介護サービス費 指定介護老人福祉施設，介護老人保健施設，指定介護療養型医療施設（療養型病床群等） ○特例施設介護サービス費 ○高額介護サービス費	予防給付（7種類）→「要支援者」 ○居宅支援サービス費（11種類） 居宅介護サービスから痴呆対応型共同生活介護を除いたサービス ○特例居宅支援サービス費 ○居宅支援福祉用具購入費 ○居宅支援住宅改修費 ○居宅支援サービス計画費 ○特例居宅支援サービス計画費 （施設サービスは給付されない） ○高額居宅支援サービス費
		市町村特別給付→「要介護者」，「要支援者」	
利用者負担		・保険給付の対象費用の1割定率負担　・入所は食費の標準負担 ・1割負担が高額になる場合は負担上限（高額介護サービス費）を設定 ・食事の標準負担及び高額介護サービス費については低所得者に配慮	
認定方法		市町村が，介護認定審査会の審査判定結果に基づき認定 （審査判定は都道府県に委託可）	
公費負担		給付費の50%（国25%，都道府県12.5%，市町村12.5%）	
市町村支援		国費による財政援助，都道府県による財政安定化基金の設置・運営等	
施行時期		新ゴールドプランの達成に合わせ，平成12年度から在宅・施設サービスの同時実施	

表5－6　利用者負担の基本原則

①基本的に保険給付の対象となるサービスに要した費用の１割（定率）負担（応益負担）

②保険給付の対象となる介護サービスであっても，支給限度額を超えた分（上乗せサービス）に要する費用については全額利用者の負担（但し，市町村が独自に条例で規定した支給限度額上乗せ分については①と同様の取扱いとなる）

③事業者・施設が利用者に対して提供したサービスのうち保険給付の対象となっていない介護サービス（横出しサービス）に要する費用（日常生活費等）については，全額利用者の負担（但し，市町村が独自に条例で規定した市町村特別給付の対象となるサービスについては①と同様の取扱いとなる）

④施設入所の場合の食費については，利用者の定額（「標準負担額」）負担

利用者負担の事例

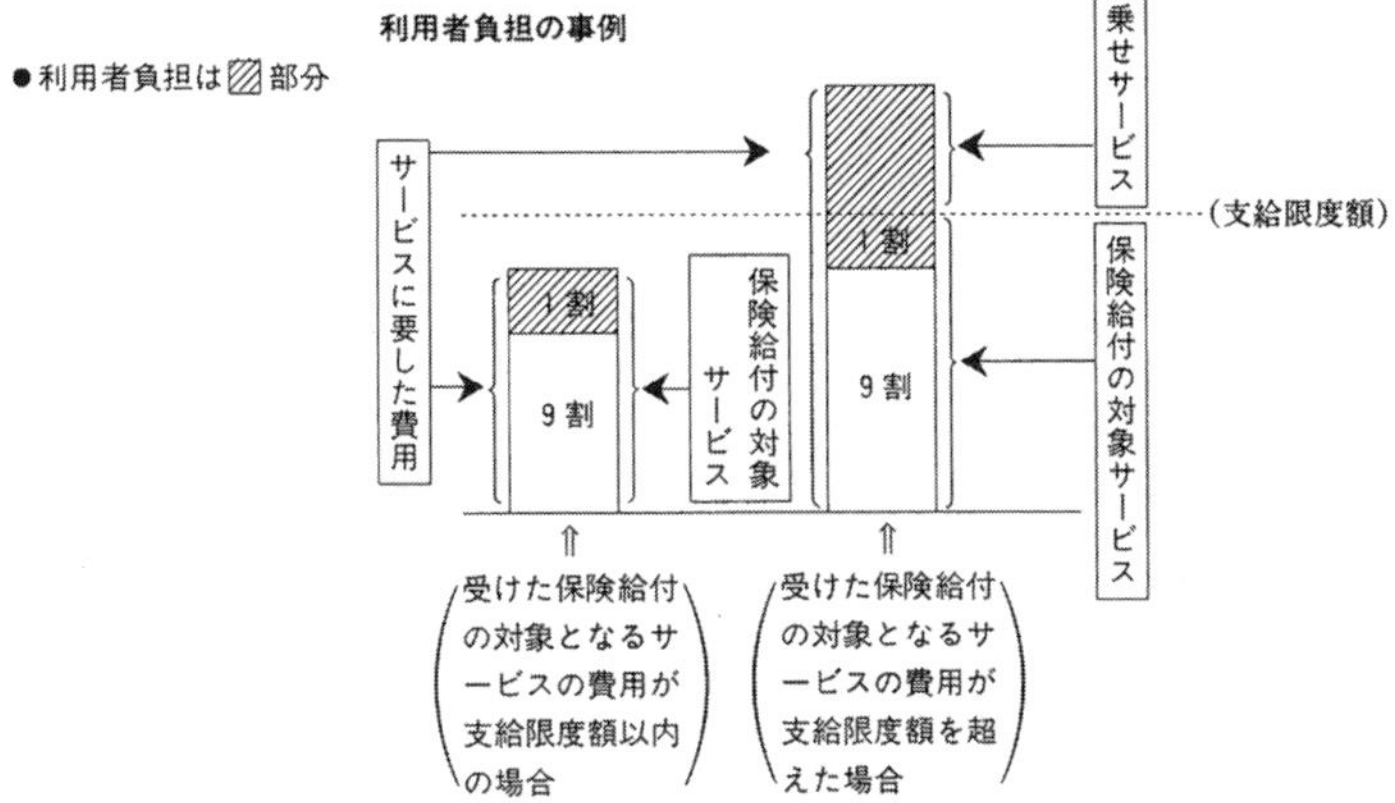

図5－1　介護サービス計画（ケアプラン）による望ましい公民補完関係のイメージ

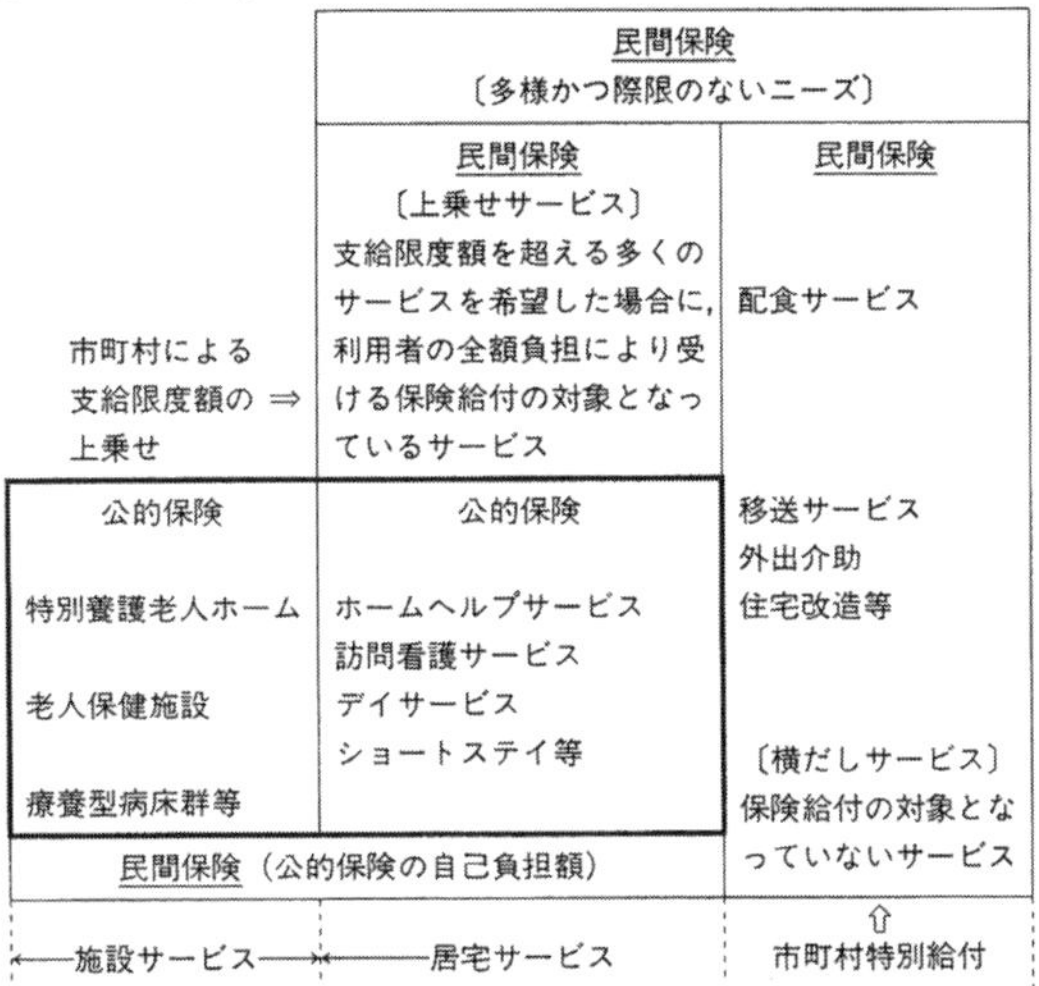

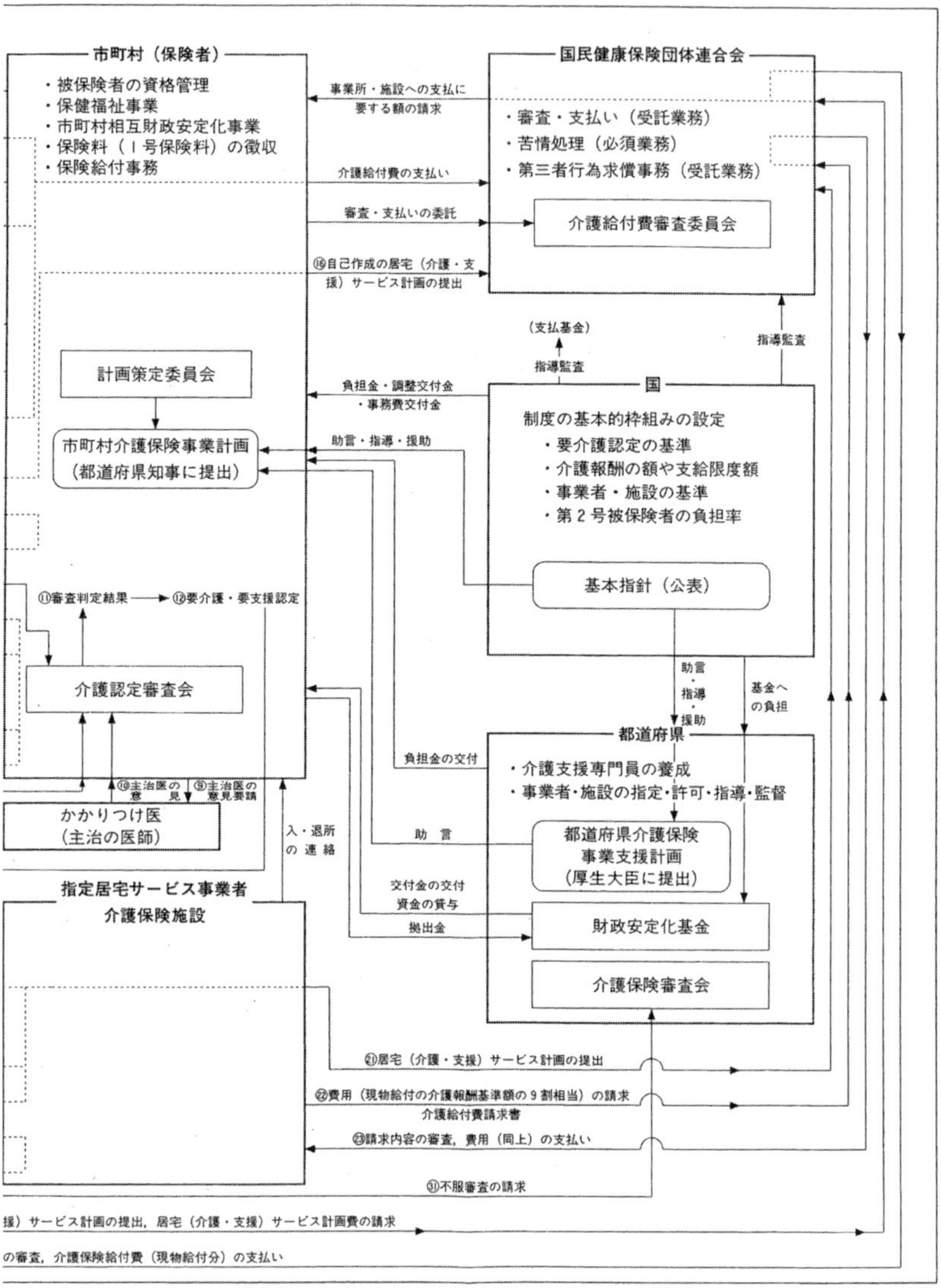
市町村（保険者）
・被保険者の資格管理
・保健福祉事業
・市町村相互財政安定化事業
・保険料（1号保険料）の徴収
・保険給付事務
計画策定委員会
市町村介護保険事業計画
（都道府県知事に提出）
⑪審査判定結果
⑫要介護・要支援認定
介護認定審査会
⑩主治医の意見
⑨主治医の意見要請
かかりつけ医
（主治の医師）
入・退所の連絡
指定居宅サービス事業者
介護保険施設
国民健康保険団体連合会
・審査・支払い（受託業務）
・苦情処理（必須業務）
・第三者行為求償事務（受託業務）
介護給付費審査委員会
事業所・施設への支払に要する額の請求
介護給付費の支払い
審査・支払いの委託
⑯自己作成の居宅（介護・支援）サービス計画の提出
（支払基金）
指導監査
指導監査
国
制度の基本的枠組みの設定
・要介護認定の基準
・介護報酬の額や支給限度額
・事業者・施設の基準
・第2号被保険者の負担率
基本指針（公表）
負担金・調整交付金・事務費交付金
助言・指導・援助
助言・指導・援助
基金への負担
都道府県
・介護支援専門員の養成
・事業者・施設の指定・許可・指導・監督
都道府県介護保険事業支援計画
（厚生大臣に提出）
財政安定化基金
介護保険審査会
負担金の交付
助言
交付金の交付
資金の貸与
拠出金
㉑居宅（介護・支援）サービス計画の提出
㉒費用（現物給付の介護報酬基準額の9割相当）の請求
介護給付費請求書
㉓請求内容の審査，費用（同上）の支払い
㉛不服審査の請求
援）サービス計画の提出，居宅（介護・支援）サービス計画費の請求
の審査，介護保険給付費（現物給付分）の支払い

介護保険制度の概要

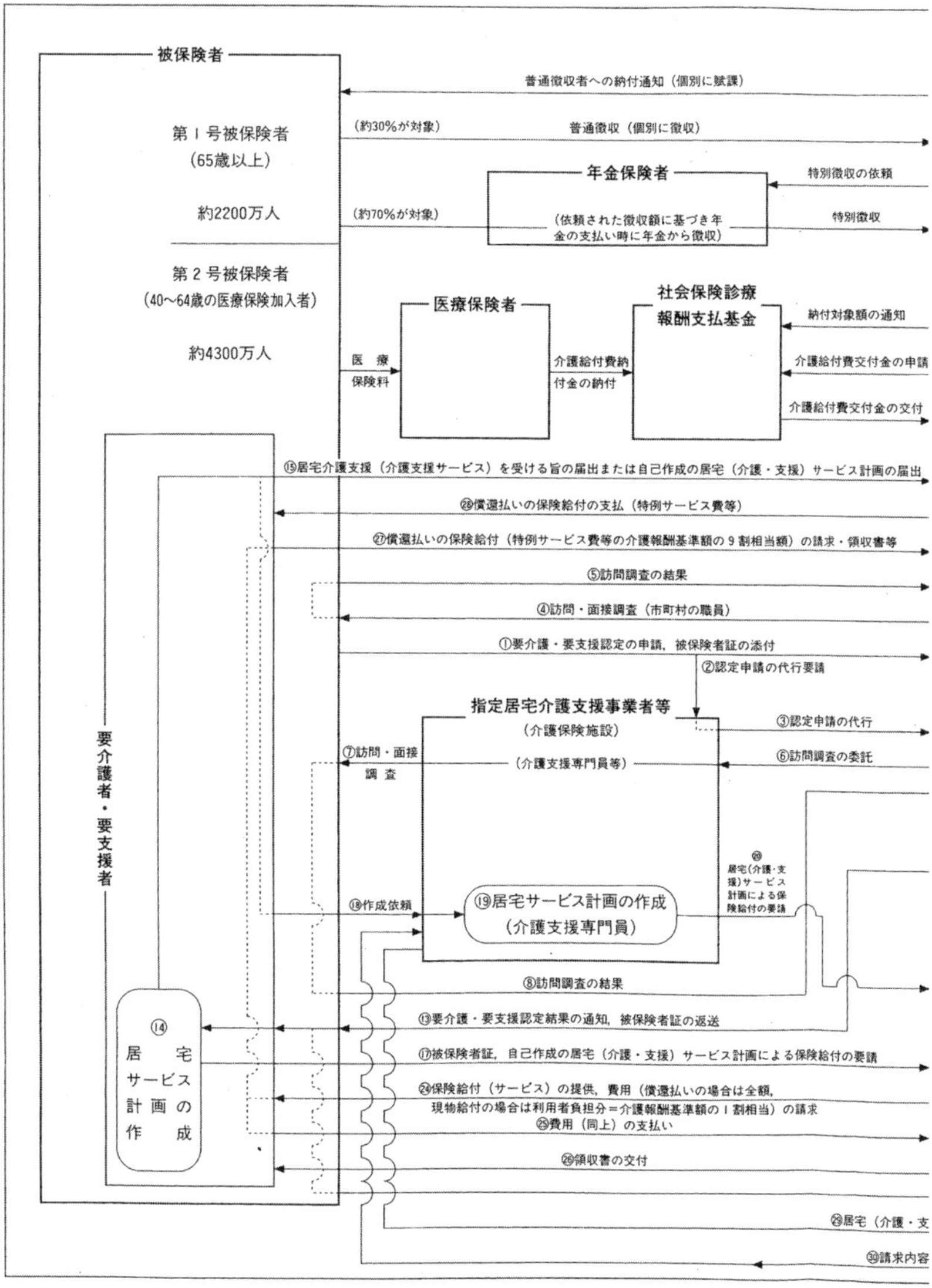

被保険者
第１号被保険者
(65歳以上)
約2200万人
第２号被保険者
(40～64歳の医療保険加入者)
約4300万人
普通徴収者への納付通知(個別に賦課)
(約30%が対象)
普通徴収(個別に徴収)
年金保険者
特別徴収の依頼
(約70%が対象)
(依頼された徴収額に基づき年金の支払い時に年金から徴収)
特別徴収
医療保険者
社会保険診療報酬支払基金
納付対象額の通知
医療保険料
介護給付費納付金の納付
介護給付費交付金の申請
介護給付費交付金の交付
⑮居宅介護支援(介護支援サービス)を受ける旨の届出または自己作成の居宅(介護・支援)サービス計画の届出
㉘償還払いの保険給付の支払(特例サービス費等)
㉗償還払いの保険給付(特例サービス費等の介護報酬基準額の９割相当額)の請求・領収書等
⑤訪問調査の結果
④訪問・面接調査(市町村の職員)
①要介護・要支援認定の申請，被保険者証の添付
②認定申請の代行要請
指定居宅介護支援事業者等
(介護保険施設)
(介護支援専門員等)
③認定申請の代行
⑥訪問調査の委託
⑦訪問・面接調査
要介護者・要支援者
⑳居宅(介護・支援)サービス計画による保険給付の要請
⑱作成依頼
⑲居宅サービス計画の作成(介護支援専門員)
⑧訪問調査の結果
⑭居宅サービス計画の作成
⑬要介護・要支援認定結果の通知，被保険者証の返送
⑰被保険者証，自己作成の居宅(介護・支援)サービス計画による保険給付の要請
㉔保険給付(サービス)の提供，費用(償還払いの場合は全額，現物給付の場合は利用者負担分＝介護報酬基準額の１割相当)の請求
㉕費用(同上)の支払い
㉖領収書の交付
㉓居宅(介護・支
㉚請求内容

〔参　考〕

平成10年度高齢者介護サービス体制整備支援事業　試行的事業の流れ

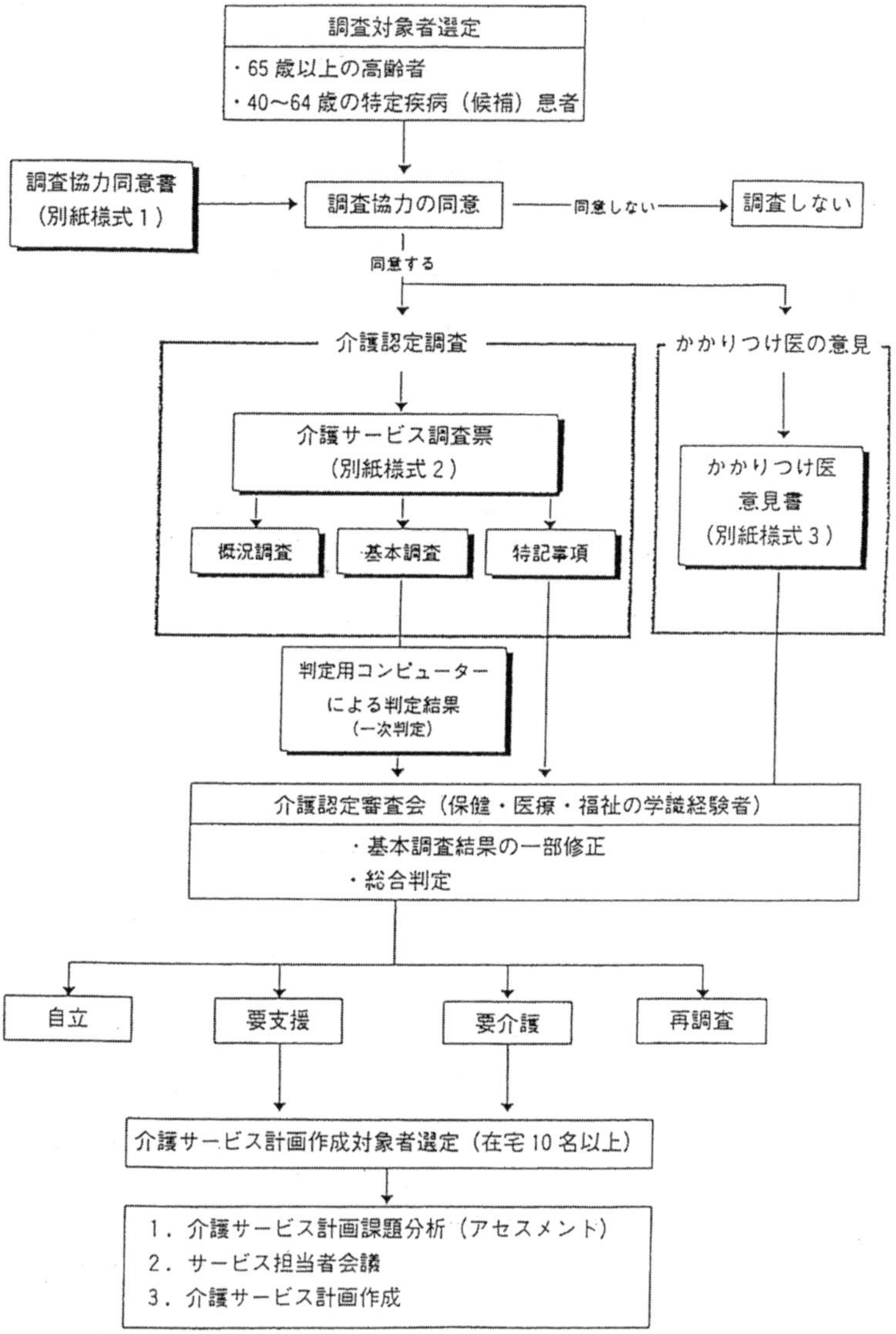

平成10年度試行的事業における要介護認定基準

1．要介護状態に該当すること、及びその該当する要介護状態の区分の審査判定は、要介護認定基準時間（次の各号に掲げる行為に必要と認められる一日あたり時間として高齢者の要介護時間等に関して別途行われた調査（１分間タイムスタディ）に基づき推計される時間）が３０分以上である者、又は３０分以上である状態に相当すると認められる者について、別表に定める区分に従い行うものとする。

（１）身体に直接触れて行う入浴、排せつ、食事等の介護等（直接生活介助）
（２）衣服等の洗濯、日用品の整理等の日常生活上の世話等（間接生活介助）
（３）徘徊、不潔行動等の行為に対する探索、後始末等の対応（問題行動関連介助）
（４）嚥下訓練の実施、歩行訓練の補助等の身体機能の訓練及びその補助（機能訓練関連行為）
（５）呼吸管理、じょくそう処置の実施等の診療の補助等（医療関連行為）

2．要介護状態となるおそれがある状態に該当することの審査及び判定は、第１項に掲げる要介護状態の区分に該当しない程度の状態であって、第１項第２号及び第４号に掲げる行為に必要と認められる一日あたり時間が５分以上である者、又は５分以上である状態に相当すると認められる者について行うものとする。

注）審査判定においては、かかりつけ医意見書や介護サービス調査票（特記事項）を勘案するとともに、「各要介護状態区分の状態像の例示」から考えられる介護の必要度と比較して審査判定を行う。

【別表】

区分	状態
要介護状態区分１（要介護１）	要介護認定基準時間が３０分以上６５分未満である状態又はこれに相当すると認められる状態
要介護状態区分２（要介護２）	要介護認定基準時間が６５分以上１００分未満である状態又はこれに相当すると認められる状態
要介護状態区分３（要介護３）	要介護認定基準時間が１００分以上１３５分未満である状態又はこれに相当すると認められる状態
要介護状態区分４（要介護４）	要介護認定基準時間が１３５分以上１７０分未満である状態又はこれに相当すると認められる状態
要介護状態区分５（要介護５）	要介護認定基準時間が１７０分以上である状態又はこれに相当すると認められる状態

かかりつけ医意見書

（別紙様式３）

平成10年度高齢者介護サービス体制整備支援事業調査

調査対象者	（ふりがな）	男・女	〒　－
	明・大・昭　年　月　日生（　歳）		連絡先　（　）

上記の調査対象者に関する意見は以下の通りです。
本意見書が介護サービス計画作成に利用されることに　□同意する　□同意しない

医師氏名

医療機関名　　　連絡先　（　）

（地域コード＿＿＿＿＿調査対象者コード＿＿＿＿＿）　記入日　平成10年＿＿月＿＿日

1．診療の状況

(1)最終診察日	昭和・平成　　年　　月　　日
(2)他科受診の有無	□有 →（有の場合）｛内科・外科・整形外科・眼科・耳鼻咽喉科・皮膚科・歯科・精神科・泌尿器科・婦人科・その他（　）｝ □無

2．傷病に関する意見

(1) 診断名（障害の直接の原因となっている傷病名は１．に記入）及び発症年月日

1．脳出血右片麻痺　失語症　（昭和・平成　10　年　6　月　13　日）
2．高血圧症　（昭和・平成　8　年　5　月　頃　日）
3．　（昭和・平成　年　月　日）

(2) 障害の直接の原因となっている傷病の病状（日による変動について）

☑安定している　□不安定である　□不明

(3) 障害の直接の原因となっている傷病の経過及び投薬内容を含む治療内容
（最近６ヶ月以内に変化があったもの及び特記すべきものについて記入）

H10・6・13　右片麻痺発症、保存的加療、７月はじめより、リハビリ開始し、プラスチック下肢装具をつけて歩けるようになって、同年８月２５日に自宅へ退院。

脳循環にカラン　３T、痙性に対してダントリウム　1 Cap 使用

(4) 検査所見及びレントゲン所見（特記すべきものについて記入）

ＣＴ上左側頭葉皮質下に血腫後の低吸収域あり

3．特別な医療（過去14日間に受けた医療のすべてにチェック）

処置内容
□点滴の管理　□中心静脈栄養　□透析　□ストーマの処置　□酸素療法
□レスピレーター　□気管切開の処置　□疼痛の看護　□経管栄養

特別な対応
□モニター測定（血圧、心拍、酸素飽和度等）　□褥瘡の処置

失禁への対応
□カテーテル（コンドームカテーテル、留置カテーテル等）

（地域コード＿＿＿＿＿調査対象者コード＿＿＿＿＿）

4．心身の状態に関する意見

(1) 痴呆の有無
□有（□日内・日差変動）→（有の場合）認められる状態
（傷病名＿＿＿＿＿）
□無
□不明

□作話　□幻視・幻聴　□妄想
□昼夜逆転　□暴言・暴行　□介護への抵抗
□徘徊　□一人で戻れない　□火の不始末
□不潔行為　□異食行動　□性的問題行動
□その他（　）

(2) 精神・神経症状の有無
□聴覚障害　□視覚障害　☑失語・構音障害　□せん妄　□傾眠傾向
□失見当識　□失認　□失行

(3) その他の精神疾患の有無
□有（傷病名＿＿＿＿＿）　□無

(4) 身体の状態
□四肢欠損　□関節の拘縮　□麻痺　□失調・不随意運動　□褥瘡　□その他の皮膚疾患

「有」と回答した場合には、それぞれの状態に関して、部位や具体的な状態について記入

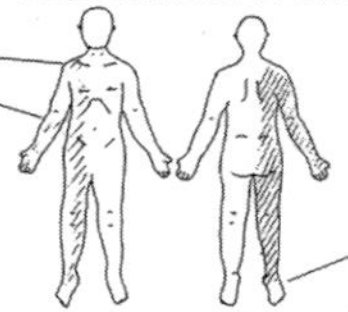

(5) その他の身体症状の有無
□尿失禁　□便失禁　□摂食嚥下障害　□その他（　）

5．介護に関する意見

(1) 今後３ヶ月以内に発生の可能性が高い病態等とその対処方針
□転倒　□骨折　□徘徊　□褥瘡　□誤嚥性肺炎　□腸閉塞　□易感染性　□その他（　）
対処方針（　）

(2) 医学的管理の必要性
□訪問診療　□訪問看護　☑訪問・通所リハビリテーション　□訪問歯科診療
□訪問薬剤管理指導　□その他（　）

(3) 介護サービス（入浴サービス、訪問介護等）における医学的観点からの留意事項
血圧について　☑注意が必要（　）
摂食について　□見守りが必要　□介助が必要
移動について　□見守りが必要　□介助が必要

6．その他特記すべき事項

右肩関節周囲炎（肩手症候群）があるので、肩関節の運動は現在痛くなく動く周囲として下さい。

言葉の理解はやさしい単語ぐらいしかわからず、ジェスチャーを主に用いると８割くらいは通じる。

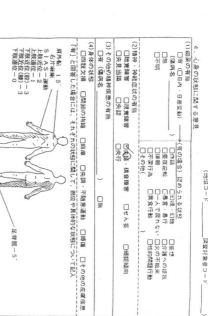

特定疾患候補疾病一覧

1	初老期における痴呆
2	脳血管疾患
3	筋萎縮性側索硬化症
4	パーキンソン病
5	脊髄小脳変性症
6	シャイ・ドレーガー症候群
7	糖尿病性神経障害・糖尿病性腎症及び糖尿病性網膜症
8	閉塞性動脈硬化症
9	慢性閉塞性肺疾患
１０	両側の膝関節又は股関節に著しい変形を伴う変形性関節症
１１	慢性関節リウマチ
１２	後縦靭帯骨化症
１３	脊柱管狭窄症
１４	骨折を伴う骨粗鬆症
１５	早老症

資料 II

写

老 企 第 ３ ０ 号

平成１０年８月５日

各都道府県高齢者介護主管課長　殿

厚生省老人保健福祉局企画課長

平成10年度高齢者介護サービス体制整備支援事業における介護認定審査会運営要綱等について

標記については、「平成１０年度高齢者介護サービス体制整備支援事業の実施について」（平成１０年８月５日老発第５０２号厚生省老人保健福祉局長通知）において通知したところであるが、別添のとおり「介護認定審査会運営要綱」、「調査協力同意書作成の手引き」、「介護サービス調査票記入の手引き」、及び「かかりつけ医意見書記入の手引き」を定めたので通知する。

なお、本通知の施行に伴い、「高齢者介護サービス体制整備支援事業における介護認定調査要領について」（平成９年８月２５日老企第９２号　本職通知）及び「平成９年度高齢者介護サービス体制整備支援事業におけるモデル介護認定審査会の運営について」（平成9年10月1日老企１１２号　本職通知）は廃止する。

介護認定審査会運営要綱

1．目的

介護認定審査会運営要綱（以下「運営要綱」という。）は、要介護認定試行的実施地域（以下「実施地域」という。）に設置される介護認定審査会（以下「審査会」という。）の適切な運営に資することを目的とする。

2．審査会の構成

当該審査会委員は、保健・医療・福祉の学識経験者の各分野の均衡に配慮した構成とし、検討委員会の意見を踏まえながら、実施地域において概ね5名を委嘱する。この際、審査会への委員の毎回の出席が困難である等の理由がある場合には、地域の実情にあわせて審査会に複数の合議体を設置して交代に開催することや、6名以上の委員から構成される審査会を設置し、委員の専門性等を勘案して交代で概ね5名の委員が出席することも差し支えない。また、必要に応じてかかりつけ医、介護認定調査員及び専門家の意見を聞くことができる。

3．委員長及び副委員長

委員の互選により審査会に委員長1名を置き、委員長は審査会の会務を総理する。委員長は委員の中から副委員長1名を指名する。副委員長は委員長を補佐するとともに、委員長に事故があるときはその職務を代行する。

4．審査会の決議

審査会は、委員の過半数の出席がなければ議事を開き議決することができない。

審査判定にあたっては、できるだけ委員間の意見の調整を行い、合意を得るよう努めることとする。その上で、審査会の議事は出席した委員の過半数をもって決し、可否同数のときは委員長の決するところによる。

5．審査及び判定

審査会は、介護認定調査対象者（以下「調査対象者」という。）について、「平成10年度高齢者介護サービス体制整備支援事業の実施について（平成10年8月5日　老発第502号　厚生省老人保健福祉局長通知）」による「介護サービス調査票」のうち基本調査及び特記事項並びに「かかりつけ医意見書」に記入されたかかりつけの医師の意見に基づき、

（1）要介護状態、又は要介護状態となるおそれがある状態（以下「要支援状態」という。）に該当すること

（2）要介護状態である場合にはその介護の必要の程度に応じて別添1「試行的事業における要介護認定基準」で定める区分（以下「要介護状態区分」という。）等

について、審査及び判定（二次判定）を行う。

また、必要に応じて、介護サービス計画作成において留意すべき意見を付すこととする。

6．要介護状態及び要支援状態の定義

要介護状態及び要支援状態（以下、要介護状態等）の定義は、以下のとおりとする。

（1）要介護状態

身体上又は精神上の障害があるために、入浴，排せつ，食事等の日常生活における基本的な動作の全部又は一部について、6ヶ月間にわたり継続して、常時介護を要すると見込まれる状態であって、その介護の必要の程度に応じて、要介護状態区分のいずれかに該当するものをいう。

（2）要支援状態

身体上又は精神上の障害があるために、6ヶ月間にわたり継続して、日常生活を営むのに支障があると見込まれる状態であって、要介護状態以外の状態に該当するものをいう。

7．審査会開催の手順

（1）事前の準備

○ 認定審査会委員は、都道府県が実施する「介護認定審査会委員連絡会議」に出席し、審査及び判定の趣旨、考え方、手続き等を確認する。

○ 審査会開催に先立ち、当該開催日の審査会において審査及び判定を行う調査対象者をあらかじめ決めた上で、該当する調査対象者について以下の資料を準備する。

①介護サービス調査票（基本調査）の調査結果を用いて実施地域に設置された審査会資料作成用コンピュータにより分析・判定（以下「一次判定」という。）された結果

②介護サービス調査票（特記事項）の結果の写し

③かかりつけ医意見書の写し

○ 当該調査対象者の状態等について十分な理解が得られるよう、あらかじめ上記関係資料を審査会委員に配布する。

○ 平成9年度に実施された要介護認定に関する試行的事業の際に用いた審査会資料等が保存されている場合には、当該資料を審査及び判定の際に参照する。

○ 資料作成に当たっては、氏名、住所等によって調査対象者が特定されるような事項を含めない。

（2）審査及び判定の手順（別図参照）

①「介護サービス調査票（特記事項）」、「かかりつけ医意見書」を参照し、「一次判定結果」の調査との明らかな矛盾がないか確認する。調査の不備等があった場合には「二次判定結果」を「再調査」とする。

なお、本事業に限っては、実際に再調査を行う必要はない。

②40歳以上65歳未満の調査対象者にあっては、「かかりつけ医意見書」を参照し「平

成10年度高齢者介護サービス体制整備支援事業の実施について（平成10年8月5日老発第502号 厚生省老人保健福祉局長通知）」の別表2に示される特定疾病候補疾病一覧に示される疾病を有することを確認する。

③「基本調査結果」を、「介護サービス調査票（特記事項）」及び「かかりつけ医意見書」の内容と比較検討し、基本調査の調査結果の一部修正が必要と認められる場合には、別添2の「要介護状態区分変更等事例集」を参照する。

一部修正が適当な事例に該当すると判断される場合には一部修正を行って差し支えない。また、一部修正が不適当な事例に該当すると判断される場合には一部修正は行わない。いずれの事例にも該当しないと判断される場合には、一部修正を行って差し支えないが、その理由を要介護認定に使用する電子情報通信網を利用して報告する。

④「一次判定結果」（「基本調査結果」の一部修正を行った場合には、審査会資料作成用コンピュータを用いて一次判定を再度行って得られた「一次判定結果（修正後）」）に、「介護サービス調査票（特記事項）」、「かかりつけ医意見書」の内容を加味し、介護の必要度を総合的に評価した上で、別添1の「試行的事業における要介護認定基準」に照らして、別添3「各要介護状態区分の状態像の例示」から考えられる介護の必要度と比較して調査対象者の要介護状態区分の決定（二次判定）を行う。

「一次判定結果」及び「一次判定結果（修正後）」の変更が必要と認められる場合には、別添2の「要介護状態区分変更等事例集」を参照する。

変更が適当な事例に該当すると判断される場合には変更して差し支えない。また、変更が不適当な事例に該当すると判断される場合には変更しない。いずれの事例にも該当しないと判断される場合には、変更を行って差し支えないが、その理由を要介護認定に使用する電子情報通信網を利用して報告する。

⑤ 調査対象者の介護サービス計画作成において留意すべき意見の取りまとめを行う。

（3）審査及び判定に当たっての留意事項等

○ 「介護サービス調査票（概況調査）」（障害老人の日常生活自立度（寝たきり度）判定及び痴呆性老人の日常生活自立度判定を含む。）は、調査対象者の状況を理解するために用いる資料であり、審査判定には使用しないこととする。

「介護サービス調査票（基本調査）」の調査結果及び平成9年度の要介護認定に関する試行的事業の際に用いた審査会資料等については、当該調査対象者の状態像を把握するための資料として参照するにとどめ、これらの内容を理由として「一次判定結果」及び「一次判定結果（修正後）」を変更しない。

○ 審査会において、必要に応じてかかりつけ医及び専門家の意見を聞くことができる。また、調査員等を会議に同席させ意見を聴取することは差し支えない。ただし、これらの者は審査及び判定には加わることができない。

○ 調査対象者が審査会委員の所属する施設等に入院し、若しくは入所し、又は介護サービスを受けている場合には、当該調査対象者の審査及び判定に限って、当該審査会委員は判定に加わることができない。ただし、当該調査対象者の状況等について意見等を述べることは差し支えない。

〔別添１〕

平成10年度試行的事業における要介護認定基準

１．要介護状態に該当すること、及びその該当する要介護状態の区分の審査判定は、要介護認定基準時間（次の各号に掲げる行為に必要と認められる一日あたり時間として高齢者の要介護時間等に関して別途行われた調査（１分間タイムスタディ）に基づき推計される時間）が３０分以上である者、又は３０分以上である状態に相当すると認められる者について、別表に定める区分に従い行うものとする。

（１）身体に直接触れて行う入浴、排せつ、食事等の介護等（直接生活介助）
（２）衣服等の洗濯、日用品の整理等の日常生活上の世話等（間接生活介助）
（３）徘徊、不潔行動等の行為に対する探索、後始末等の対応（問題行動関連介助）
（４）嚥下訓練の実施、歩行訓練の補助等の身体機能の訓練及びその補助（機能訓練関連行為）
（５）呼吸管理、じょくそう処置の実施等の診療の補助等（医療関連行為）

２．要介護状態となるおそれがある状態に該当することの審査及び判定は、第１項に掲げる要介護状態の区分に該当しない程度の状態であって、第１項第２号及び第４号に掲げる行為に必要と認められる一日あたり時間が５分以上である者、又は５分以上である状態に相当すると認められる者について行うものとする。

注）審査判定においては、かかりつけ医意見書や介護サービス調査票（特記事項）を勘案するとともに、「各要介護状態区分の状態像の例示」から考えられる介護の必要度と比較して審査判定を行う。

【別表】

区分	状態
要介護状態区分１（要介護１）	要介護認定基準時間が３０分以上６５分未満である状態又はこれに相当すると認められる状態
要介護状態区分２（要介護２）	要介護認定基準時間が６５分以上１００分未満である状態又はこれに相当すると認められる状態
要介護状態区分３（要介護３）	要介護認定基準時間が１００分以上１３５分未満である状態又はこれに相当すると認められる状態
要介護状態区分４（要介護４）	要介護認定基準時間が１３５分以上１７０分未満である状態又はこれに相当すると認められる状態
要介護状態区分５（要介護５）	要介護認定基準時間が１７０分以上である状態又はこれに相当すると認められる状態

【平成10年度認定審査会による総合判定ルール】

別図

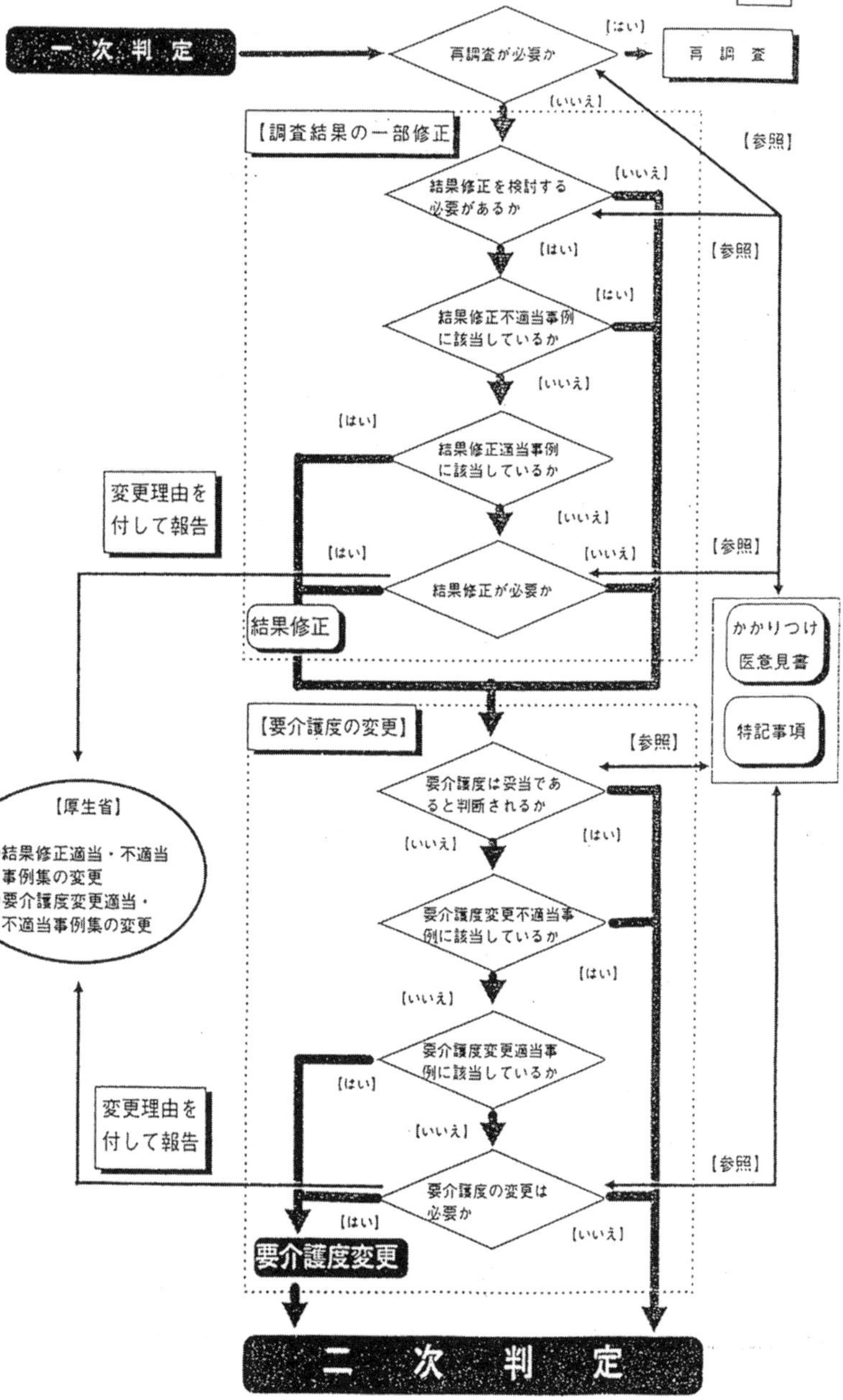

（参考）

医福審一老	０６７
10．7．27	

要介護者等に対するサービスの利用事例について

新たなサービスの利用事例は、従来のサービスモデルを基本としつつ、次のような基本的考え方に基づき、改善を行なったものである。

１．予防、リハビリテーションの重視

サービスの利用に当たっては、要介護状態の軽減若しくは悪化の防止又は要介護状態となることの予防に資するという介護保険の基本理念を踏まえ、通所リハビリテーション、通所介護の利用に配慮したこと。

要支援状態の場合には、特に、機能訓練や間接生活介助の必要性が高いという特性を踏まえ、通所リハビリテーションの利用に配慮することとしたこと。

２．総合的、かつ、効率的なサービス利用

要介護高齢者の生活全般を支えるため、保健・医療・福祉にわたる各サービスが総合的・一体的に提供されるとともに、個々の高齢者の必要性に見合った適切かつ効果的なサービスが効率的に提供されること。

同じ要介護度であっても、通所サービスの利用の可否や多寡、痴呆の場合等、利用者の状態や希望に合わせ、複数のサービスの事例を示すよう努めたこと。

また、医療の必要性が高い場合として、必要に応じて、通所リハビリテーション週５日、訪問看護週３回の事例などを新たに設けたこと。

３．在宅の重視

要介護状態となっても、可能な限り、住み慣れた家庭や地域で、その有する能力に応じて自立した生活を営むことができるよう、２４時間対応を視野に入れた支援体制の確立を目指すこと。

例えば、最も重い要介護度の場合には、早朝、夜間の巡回訪問介護を含め、１日３～４回程度のサービスが利用できるようなサービス水準を目指すこと。

○　留意点

この事例は、あくまでも、典型的な事例であり、個々の高齢者の状態や選択により、別のサービスの組み合わせも、当然あり得ること。

この事例に掲げられたサービスのほか、原則としてかかりつけ医による継続的な医学的管理等が別に組み合わされうるものであること。

サービスの組み合わせについても、代表的なサービスを例示したものであり、すべてのサービスを記載したものではないこと。

事例で示したサービス水準が、直ちに全国で実施できるものではなく、順次段階的に実現されていくものであること。また、事例の水準を上回るサービス水準を設定することも可能であること。

それぞれの要介護度に応じたサービス事例の考え方は、次のとおり。

【要支援】　機能訓練の必要性にかんがみ、週２回の通所リハビリテーションが利用できる水準。

【要介護１】排泄、入浴、清潔・整容、衣服の着脱等に一部介助等が必要な状態であり、毎日、何らかのサービスが利用できるサービス水準。

【要介護２】排泄、入浴、清潔・整容等に、一部介助又は全介助が必要になる状態であり、かなりのリハビリテーションの働きかけができるよう、週３回の通所リハビリテーション又は通所介護を含め、毎日何らかのサービスが利用できる水準。

【要介護３】排泄、入浴についての全介助のほか、清潔・整容、衣服の着脱に全介助が必要になることから、夜間（又は早朝）の巡回訪問介護を含め、１日２回のサービスが利用できる水準。

医療の必要度が高い場合に、週３回の訪問看護サービスが利用できる水準。

痴呆については、かなりの問題行動が見られることから、週４回の通所リハビリテーション又は通所介護を含め、毎日、サービスが利用できる水準。

【要介護４】入浴、排泄、衣服の着脱、清潔・整容等の全般について全面的な介助が必要になることから、夜間（又は早朝）の巡回訪問介護を含め、１日２～３回のサービスが利用できる水準。

医療の必要度が高い場合に、週３回の訪問看護サービスが利用できる水準。

痴呆については、問題行動が一層増えることから、週５回の通所リハビリテーション又は通所介護を含め、毎日、サービスが利用できる水準。

【要介護５】生活全般にわたって、全面的な介助が必要になるこから、早朝、夜間の巡回訪問介護を含め、１日３～４回程度のサービスが利用できる水準。

医療の必要度が高い場合に、週３回の訪問看護サービスが利用できる水準。

サービスの特徴と適用対象者の概要

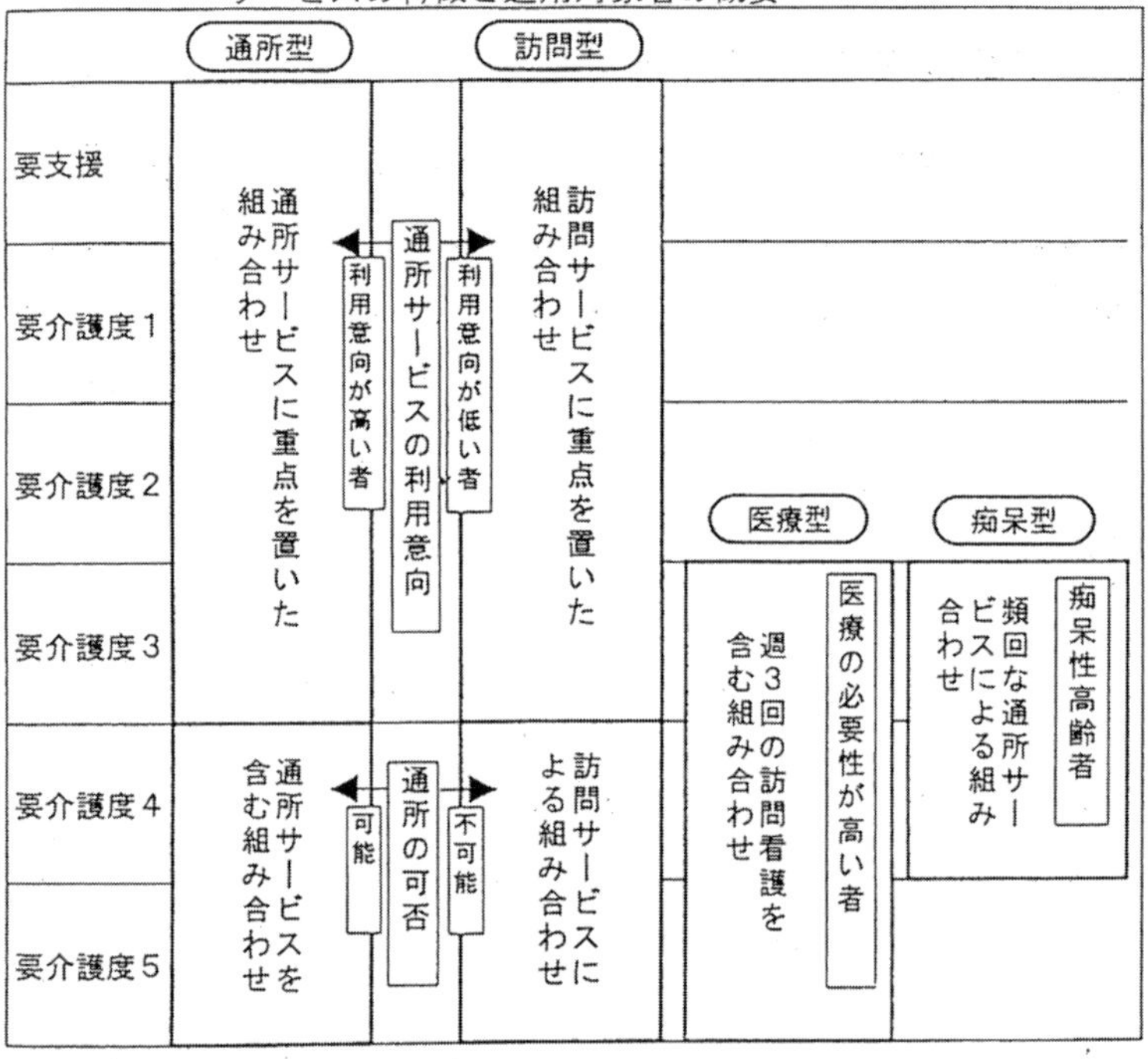

通所型
訪問型
要支援
要介護度1
要介護度2
要介護度3
要介護度4
要介護度5
通所サービスに重点を置いた組み合わせ
利用意向が高い者
通所サービスの利用意向
利用意向が低い者
訪問サービスに重点を置いた組み合わせ
通所サービスを含む組み合わせ
可能
通所の可否
不可能
訪問サービスによる組み合わせ
医療型
医療の必要性が高い者
週3回の訪問看護を含む組み合わせ
痴呆型
痴呆性高齢者
頻回な通所サービスによる組み合わせ

II　介護保険制度の導入準備日程

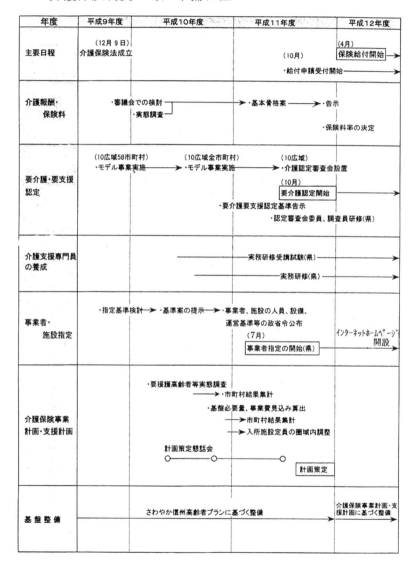

年度	平成9年度	平成10年度	平成11年度	平成12年度
主要日程	(12月9日) 介護保険法成立		(10月) ・給付申請受付開始→	(4月) 保険給付開始→ →
介護報酬・保険料		・審議会での検討 ・実態調査 →	・基本骨格案 → ・告示 ・保険料率の決定	
要介護・要支援認定	(10広域58市町村) ・モデル事業実施 →	(10広域全市町村) ・モデル事業実施 →	(10広域) ・介護認定審査会設置 (10月) 要介護認定開始 → ・要介護要支援認定基準告示 ・認定審査会委員、調査員研修(県)	→
介護支援専門員の養成		→	実務研修受講試験(県) → 実務研修(県) →	→
事業者・施設指定	・指定基準検討 →	・基準案の提示 →	・事業者、施設の人員、設備、運営基準等の政省令公布 (7月) 事業者指定の開始(県) →	インターネットホームページ開設 →
介護保険事業計画・支援計画		・要援護高齢者等実態調査 → ・市町村結果集計 ・基盤必要量、事業費見込み算出 → 市町村結果集計 → 入所施設定員の圏域内調整 計画策定懇話会 ○―――○―――○	計画策定	
基盤整備	さわやか信州高齢者プランに基づく整備 →	→	→	介護保険事業計画・支援計画に基づく整備 →

資料Ⅲ

「障害者」の定義

「障害者」という言葉は、先天的か否かに拘わらず、身体的能力又は精神的能力の不足のために、通常の個人生活又は社会生活に必要とされることを、一人ではその全部又は一部、満たすことのできない人を意味する。　・・・障害者の権利宣言、1975

この法律において「障害者」とは、身体障害、精神薄弱又は精神障害（以下「障害」と総称する。）があるため、長期にわたり日常生活又は社会生活に相当な制限を受ける者をいう。　・・・障害者基本法、平成５年

わが国における“障害者”の考え方

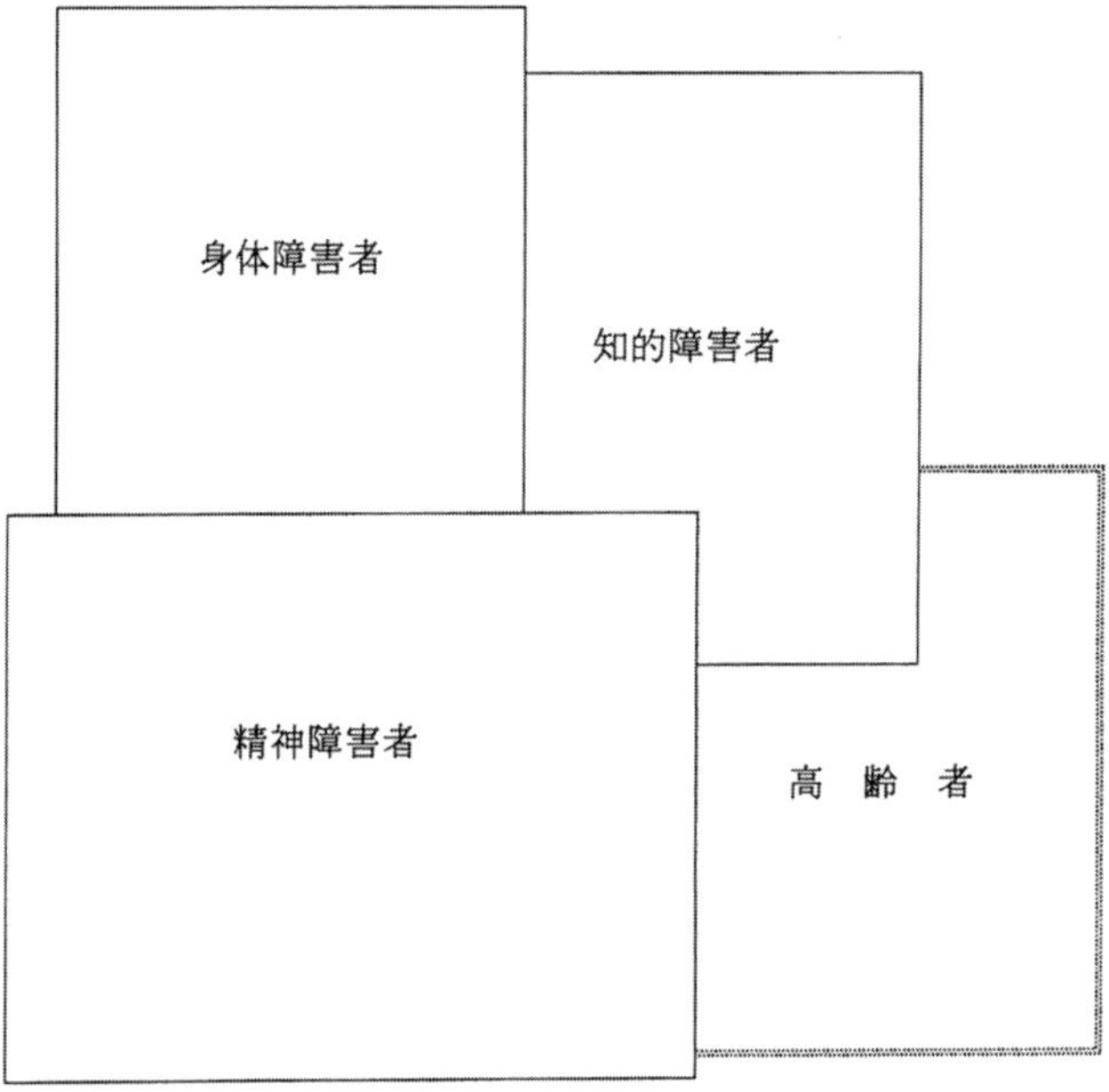

「精神障害」の定義

精神病及び平均からある程度以上偏倚した精神状態≒精神疾患

精 神 障 害

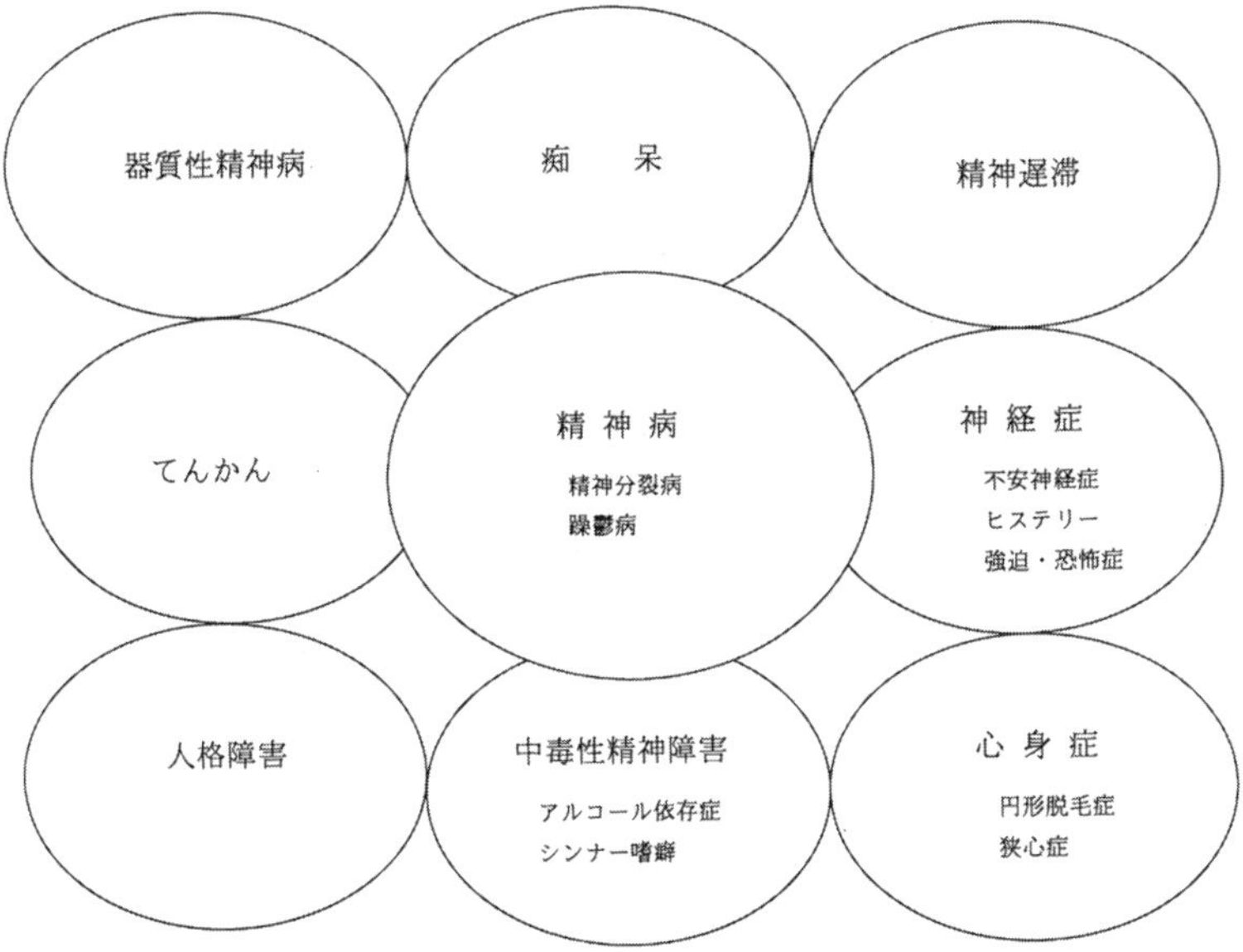

精神科の医療・保健・福祉に関わる法制上及び行政上の変遷

明治　７年	医制	癲狂院の設置に関する規定
３２年	行旅病人および行旅死亡人取扱法	路頭にさ迷う救護者のない精神病者の保護
３３年	精神病者監護法	監護義務者の選任
大正　８年	精神病院法	都道府県立精神病院・代用精神病院の設置
昭和２５年	精神衛生法	私的監置制度の廃止、精神衛生審議会の設置、精神障害の発生予防、精薄・精神病質への対象拡大、精神障害者の医療及び保護の確保
４０年	精神衛生法の一部改正	保健所の役割、精神衛生相談員の配置、通院医療費公費負担制度新設、措置入院制度の手続上の改善
６２年	精神保健法	人権に配慮した適正な医療、精神障害者の社会復帰の促進、国民の義務の明確化、精神医療審査会の設置
平成　５年	精神保健法改正	社会復帰の一層の促進を図る、グループホームの法定化、保健所の訪問指導
５年	障害者基本法	精神障害者の障害者としての明確な位置付け、障害者基本計画・障害者計画の策定
７年	精神保健福祉法	自立と社会参加のための援助、精神障害者保健福祉手帳の創設、社会復帰施設・通院患者リハビリテーション事業の法定化、精神保健指定医制度の充実
７年	障害者プランの策定	ノーマライゼイション７か年戦略
９年	精神保健福祉士法	精神保健福祉士の国家資格化

図1 精神保健福祉対策の概要

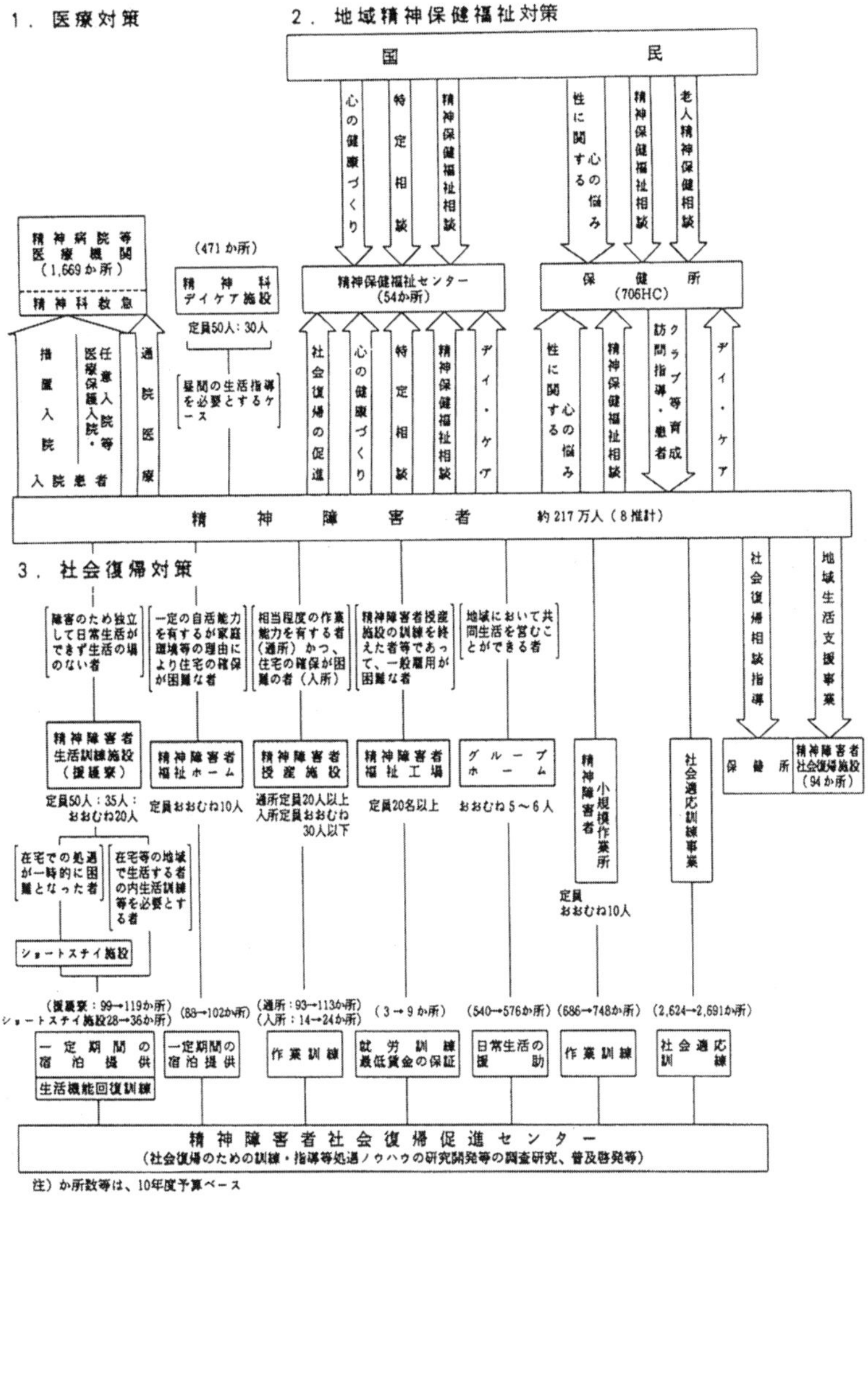

注）か所数等は、10年度予算ベース

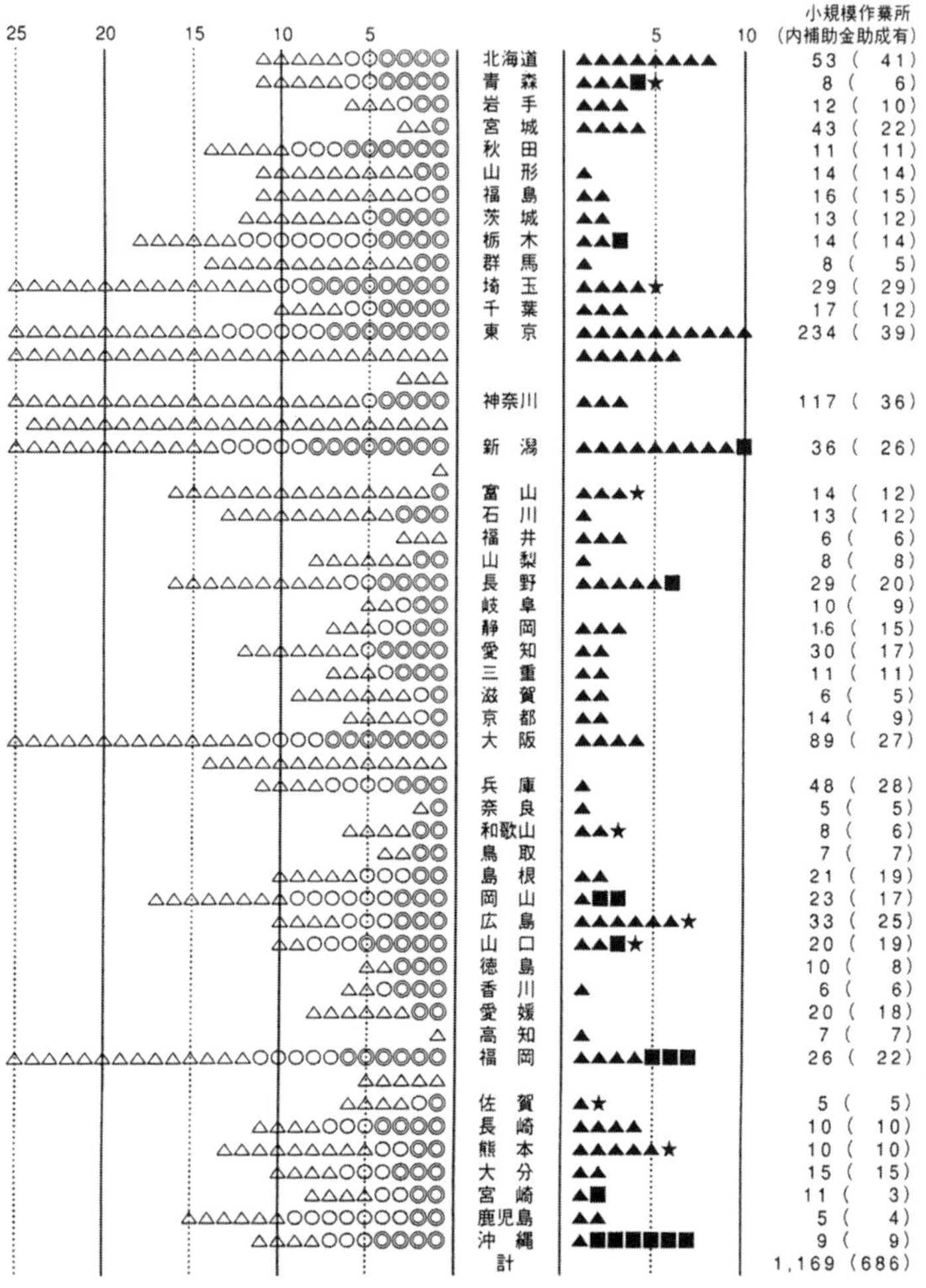

◎：生活訓練施設（援護寮）（144施設）
○：福祉ホーム（93施設）
△：地域生活援助事業（グループホーム）（380施設）

▲：通所授産施設（126施設）
■：入所授産施設（17施設）
★：福祉工場（8施設）

（厚生省資料　平成10年4月1日現在　※グループホーム：平成8年10月1日現在　小規模作業所：平成9年8月1日現在）

図7　精神障害者社会復帰施設都道府県ごとの設置状況

障害者プラン

～ノーマライゼーション7か年戦略～

はじめに

政府は、平成８年度を初年度とし、平成１４年度までの７か年を計画期間とする「障害者プラン～ノーマライゼーション７か年戦略～」【平成７年12月18日の障害者対策推進本部（関係19省庁で構成）で決定】を推進しています。

このパンフレットは障害者プランの内容について、保健福祉分野の施策を中心にわかりやすく解説したものです。

目次

Ⅰ 障害者プラン策定に至るまでの経緯 …… 2

Ⅱ 障害者プランの特色 …… 4

Ⅲ 障害者プランの視点及び具体的施策目標 …… 5

Ⅳ 当面障害者施策として緊急に整備すべき目標 …… 10

Ⅴ 平成10年度予算における措置（保健福祉施策関係） …… 14

（参考） 障害者の現状 …… 15

（２）

Ⅰ　障害者プラン策定に至るまでの経緯

●　国連・障害者の十年〈昭和58年(1983年)～平成4年(1992年)〉

国際連合において、1982年、国際障害者年(1981年)の「完全参加と平等」の趣旨をより具体的なものとするため、「障害者に関する世界行動計画」を採択するとともに、この計画の実施を図るため、1983年から1992年までの10年間を「国連・障害者の十年」と宣言し、各国で行動計画を策定し、障害者の福祉を増進するよう提唱したものです。

この期間中、政府としても「障害者対策に関する長期計画」（昭和57年３月策定）等に基づき、障害者の「完全参加と平等」を図る観点から障害者施策を総合的かつ効果的に推進してきました。

●　アジア太平洋障害者の十年〈平成5年(1993年)～平成14年(2002年)〉

国連アジア太平洋経済社会委員会（ＥＳＣＡＰ）第48回総会において、障害者の完全参加と平等をうたった「障害者に関する世界行動計画」をＥＳＣＡＰ地域において1992年以降も実践し、本件に関する地域協力を強化すべく、「アジア太平洋障害者の十年」を宣言しました。

アジア太平洋地域の障害者福祉の向上については、政府としても各国の要請に応じて協力を行うとともに、民間レベルでの活動についても積極的に支援しています。

●　福祉八法改正〈平成2年6月〉

住民に最も身近な行政主体である市町村で、在宅サービスと施設サービスがきめ細かく一元的かつ計画的に提供される地域福祉の体制づくりを進めることを目的として、福祉関係八法が改正され、身体障害者福祉サービスの総合的実施、身体障害者更生援護施設への入所措置事務等の町村への移譲等が行われました。

●　障害者対策に関する新長期計画の策定〈平成5年3月〉

「国連・障害者の十年」終了後の新たな長期的視点に立った障害者に関する計画として策定され、平成５年度からおよそ10年間にわたる障害者施策の基本的方向と具体的方策を明らかにしています。

●　福祉用具の研究開発及び普及の促進に関する法律の制定〈平成5年5月〉

福祉用具の研究開発や障害者等が必要とする福祉用具を容易に入手できるシステムの整備を促進するため、「福祉用具の研究開発及び普及の促進に関する法律」が制定されました。

● 身体障害者の利便の増進に資する通信·放送身体障害者利用円滑化事業の推進に関する法律の制定〈平成5年5月〉

身体障害者向け通信·放送サービスの充実を図るため、「身体障害者の利便に資する通信·放送身体障害者利用円滑化事業の推進に関する法律」が制定されました。

● 障害者基本法への改正〈平成5年12月〉

障害者を取り巻く社会経済情勢の変化等に対応し障害者の自立と社会参加の一層の促進を図るため、「心身障害者対策基本法」が「障害者基本法」に改正されました。障害者基本法では法律の対象が身体障害、精神薄弱、精神障害であることを明定しているほか、障害者施策に関する計画の策定についての国の策定義務及び都道府県·市町村の努力義務などが明記されています。

● 高齢者、身体障害者等が円滑に利用できる特定建築物の建築の促進に関する法律（通称：ハートビル法）の制定〈平成6年6月〉

不特定多数の者が利用する公共的性格を有する建築物を高齢者、身体障害者等が円滑に利用できるように措置していくことが必要であり、このため、建築主への指導、誘導等の総合的措置を講じ、速やかに良質な建築ストックの形成を図るため、「高齢者、身体障害者等が円滑に利用できる特定建築物の建築の促進に関する法律」が制定されました。

● 精神保健及び精神障害者福祉に関する法律への改正〈平成7年7月〉

精神障害者の社会復帰の促進及びその自立と社会参加の促進を図り、精神障害者の福祉施策及び地域精神保健施策の充実を図る等のため「精神保健法」が「精神保健及び精神障害者福祉に関する法律」に改正されました。

● 厚生省障害者保健福祉施策推進本部中間報告〈平成7年7月〉

平成6年9月に身体障害、精神薄弱及び精神障害の各分野にわたる障害者施策について総合的に検討するために設置された厚生省障害者保健福祉施策推進本部において、障害者保健福祉分野において具体的目標を明示した新たなプランの策定を検討すること等を提言するなど今後の障害者保健福祉施策の基本的な方向と骨格を示しました。

● 障害者プランの策定〈平成7年12月〉

（4）　.

Ⅱ　障害者プランの特色

◎「障害者対策に関する新長期計画」の重点施策実施計画

◎ 新長期計画の最終年次に合わせ、平成8～14年度の7か年計画

◎ 数値目標を設定するなど具体的な施策目標を明記

◎ 障害者対策推進本部で策定し、関係省庁の施策を横断的に盛込み

(注) １.「障害者対策に関する新長期計画」は、平成５～14年度を計画期間として、障害者対策推進本部で決定している。また、新長期計画は、障害者基本法第7条の2の規定により策定された障害者基本計画とみなされている。

２．障害者対策推進本部は、平成８年１月19日の閣議決定により、障害者施策推進本部に改称した。

Ⅲ 障害者プランの視点及び具体的施策目標

国においては、ライフステージの全ての段階において全人間的復権を目指すリハビリテーションの理念と、障害者が障害のない者と同等に生活し、活動する社会を目指すノーマライゼーションの理念の下、「障害者対策に関する新長期計画」を策定し、その推進に努めています。

障害者プランではこの理念を踏まえつつ、次の７つの視点から施策の重点的な推進を図ることとしています。

1 地域で共に生活するために

2 社会的自立を促進するために

3 バリアフリー化を促進するために

4 生活の質(QOL)の向上を目指して

5 安全な暮らしを確保するために

6 心のバリアを取り除くために

7 我が国にふさわしい国際協力・国際交流を

（6）

1　地域で共に生活するために

ノーマライゼーション（障害のある人も家庭や地域で通常の生活ができるようにする社会づくり）の理念の実現に向けて、障害のある人々が社会の構成員として地域の中で共に生活を送れるように、ライフステージの各段階で、住まいや働く場ないし活動の場や必要な保健福祉サービスが的確に提供される体制を確立する。

↓

具体的施策目標

1　住まいや働く場ないし活動の場の確保〈厚生省〉

	（計画策定時）		（目標）
○　地域生活援助事業（グループホーム）・福祉ホーム	５千人分	→	２万人分
○　授産施設・福祉工場	４万人分	→	６.８万人分

○　新たに整備する全ての公共賃貸住宅は、身体機能の低下に配慮した仕様とする。〈建設省〉

○　小規模作業所について、助成措置の充実を図る。

2　地域における自立の支援〈厚生省〉

○　障害児の地域療育体制の整備

・　重症心身障害児（者）等の通園事業	300か所	→	１.３千か所

・　全都道府県域において、障害児療育の拠点となる施設の機能を充実する。

○　精神障害者の社会復帰の促進

・　精神障害者生活訓練施設（援護寮）	1.5千人分	→	６千人分
・　精神障害者社会適応訓練事業	3.5千人分	→	５千人分
・　精神科デイケア施設	370か所	→	１千か所

○　障害児（者）の療育等支援、精神障害者の社会復帰、障害者の総合的な相談・生活支援を地域で支える事業を、概ね人口３０万人当たり、それぞれ２か所ずつ実施する。

○　障害者の社会参加を促進する事業を、概ね人口５万人規模を単位として実施する。

3　介護サービスの充実〈厚生省〉

○　在宅サービス

・　訪問介護員（ホームヘルパー）	４.５万人上乗せ		
・　短期入所生活介護（ショートステイ）	１千人分	→	４.５千人分
・　日帰り介護（デイサービス）	500か所	→	１千か所

○　施設サービス

・　身体障害者療護施設	1.7万人分	→	２.５万人分
・　精神薄弱者更生施設	8.5万人分	→	９.５万人分

○　難病を有する者に対して、関連施策として訪問介護事業（ホームヘルプサービス）等適切な介護サービスの提供を推進する。

2　社会的自立を促進するために

障害者の社会的な自立に向けた基盤づくりとして、障害の特性に応じたきめ細かい教育体制を確保するとともに、教育・福祉・雇用等各分野との連携により障害者がその適性と能力に応じて、可能な限り雇用の場に就き、職業を通じて社会参加することができるような施策を展開する。

↓

具体的施策目標

○ 各段階ごとの適切な教育の充実〈文部省〉
○ 法定雇用率達成のための障害種類別雇用対策の推進〈労働省〉
○ 第３セクターによる重度障害者雇用企業等の、全都道府県域への設置を促進する。〈労働省〉

3　バリアフリー化（障壁の除去）を促進するために

障害者の活動の場を拡げ、自由な社会参加が可能となる社会にしていくため、様々な政策手段を組み合わせ、道路、駅、建物等生活環境面での物理的な障壁の除去（バリアフリー）に積極的に取り組む。

↓

具体的施策目標

○ ２１世紀初頭までに幅の広い歩道（幅員３ｍ以上）が約13万ｋｍとなるよう整備する。〈建設省〉
○ 新設・大改良駅及び段差５ｍ以上、１日の乗降客５千人以上の既設駅について、エレベーター等の設置を計画的に整備するよう指導する。〈運輸省〉
○ 新たに設置する窓口業務を持つ官庁施設等は全て無障壁（バリアフリー）のものとする。〈建設省〉
○ 高速道路等のサービスエリア（SA）・パーキングエリア（PA）や主要な幹線道路の「道の駅」には、全て障害者用トイレや障害者用駐車スペースを整備する。〈建設省〉

（8）

4　生活の質（ＱＯＬ）の向上を目指して

障害者のコミュニケーション、文化、スポーツ、レクリエーション活動等自己表現や社会参加を通じた生活の質的向上を図るため、先端技術を活用しつつ、実用的な福祉用具や情報処理機器の開発・普及を進めるとともに、余暇活動を楽しむことのできるようなソフト･ハード面の条件整備等を推進する。

↓

具体的施策目標

○ 福祉用具等の研究開発体制の整備･普及促進、民間事業者等による研究開発、産業界の取組の促進〈厚生省、通産省〉
○ 情報通信機器等の研究開発･普及〈厚生省、通産省、郵政省〉
○ 情報提供、放送サービスの充実〈厚生省、通産省、郵政省〉
○ 障害者スポーツ、芸術･文化活動の振興等〈厚生省、文部省〉
○ 公園、水辺空間等オープンスペースの整備〈建設省〉

5　安全な暮らしを確保するために

災害弱者といわれる障害者を、地震、火災、水害、土砂災害等の災害や犯罪から守るため、地域の防犯・防災ネットワークや緊急通報システムの構築を急ぐとともに、災害を防ぐための基盤づくりを推進する。

↓

具体的施策目標

○ 緊急通報を受理するファックス１１０番を全都道府県警察に整備する。〈警察庁〉
○ 手話交番の設置、手話バッジの装着の推進〈警察庁〉
○ 災害時の障害者援護マニュアルの作成・周知〈厚生省〉

6　心のバリアを取り除くために

子供の頃から障害者との交流の機会を拡げ、ボランティア活動等を通じた障害者との交流等を進めるとともに、様々な行事・マスコミ等の広告媒体を通して啓発・広報を積極的に展開することにより、 障害及び障害者についての国民の理解を深める。
また、障害者に対する差別や偏見を助長するような用語、資格制度における欠格条項の扱いの見直しを行う。

↓

具体的施策目標

○ 交流教育の推進〈文部省〉
○ ボランティア活動を支援する事業の充実を図る。〈厚生省〉
○ 障害者週間における啓発・広報活動の重点的展開〈総理府等〉
○ 精神障害者についての社会的な誤解や偏見の是正〈厚生省等〉

7　我が国にふさわしい国際協力・国際交流を

「アジア太平洋障害者の十年」の期間中でもあり、我が国の障害者施策で集積されたノウハウの移転や障害者施策推進のための経済的支援を行うとともに、各国の障害者や障害者福祉従事者との交流を深める。

↓

具体的施策目標

○ 政府開発援助における障害者への配慮〈外務省〉
○ 国際機関を通じた協力及び国際協調・交流の推進〈外務省〉

(10)

Ⅳ 当面障害者施策として緊急に整備すべき目標

1　住まいや働く場ないし活動の場の確保〈厚生省〉

(1) 地域生活援助事業（グループホーム）・福祉ホーム

共同生活を営む数人の精神薄弱者等に対して、食事の提供、金銭管理等の生活援助体制を備えた住宅地の中の通常の住宅（アパート等）です。

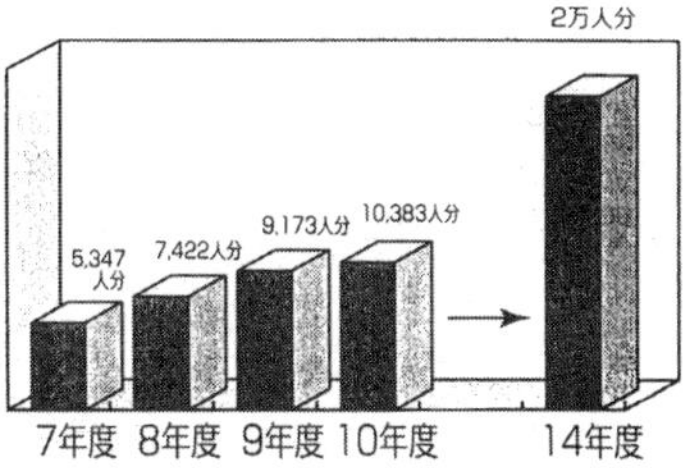

(2) 授産施設・福祉工場

障害があることにより一般雇用が困難な者が入所又は通所し、独立した生活のために必要な訓練を行うとともに、働く場を提供する施設です。

福祉工場は授産施設の一類型で、一般企業に雇用されることが困難であるか又は就労できないでいる障害者が就労し、生活指導と健康管理のもとに健全な社会生活を営むことを目的とする施設です。

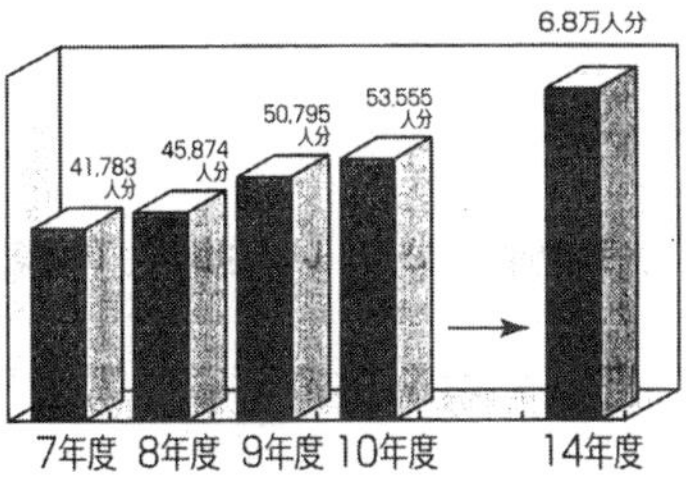

2　地域における自立の支援〈厚生省〉

(1) 重症心身障害児（者）等の通園事業

障害児及び重症心身障害児（者）に対して、身近な地域で通園し、発達を促す等のために生活訓練・指導を行う事業です。

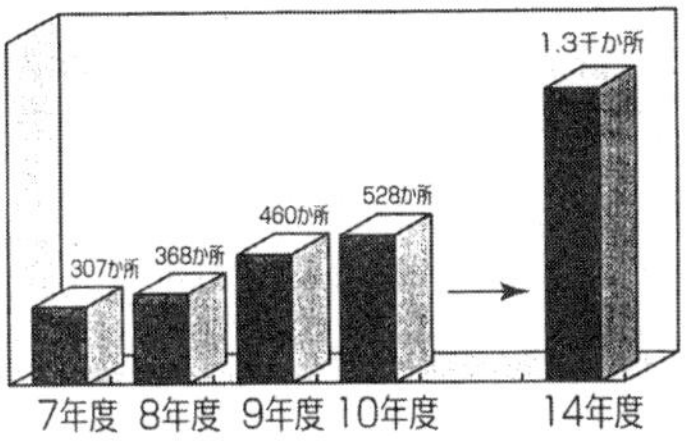

(2) 精神障害者の社会復帰の促進

【ア】 精神障害者生活訓練施設（援護寮）

精神病院で長期入院生活をしてきた精神障害者を一定期間入所させて、日常生活に適応することができるように訓練指導を行い、社会復帰を促進する施設です。

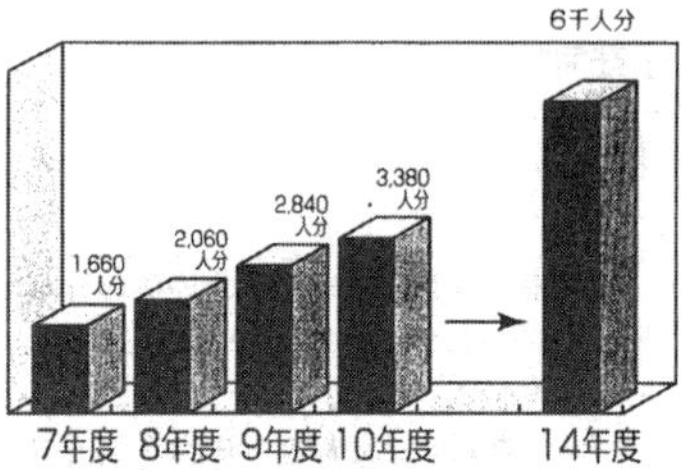

【イ】 精神障害者社会適応訓練事業

通常の事業所に雇用されることが困難な精神障害者を、精神障害者の社会参加に熱意のある者に委託して、職業を与えるとともに、社会生活への適応のための訓練を行う事業です。

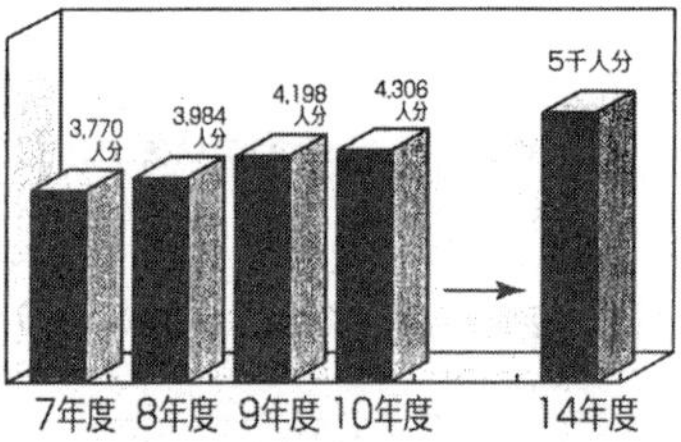

【ウ】 精神科デイケア施設

精神病院等に設置し、作業指導、創作活動等を通して、精神障害者の社会生活機能の回復を目的とした治療を行うための施設です。

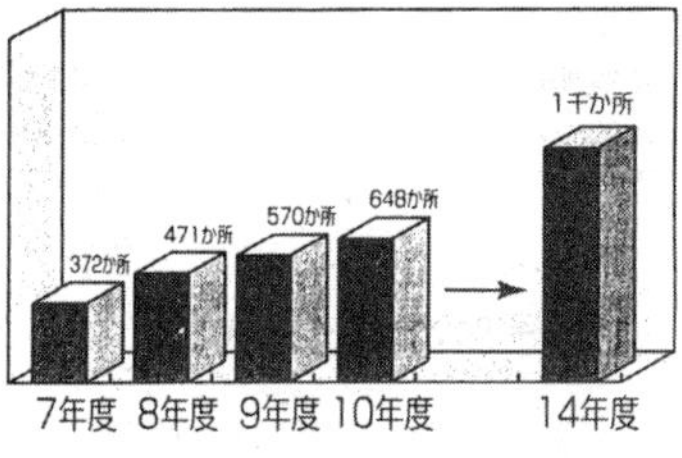

(3) 障害児の療育、精神障害者の社会復帰、障害者の総合的な相談・生活支援を地域で支える事業を、概ね人口30万人当たり、それぞれ2か所ずつ実施する。

(4) 障害者の社会参加を促進する事業を、概ね人口5万人規模を単位として実施する。

（12）

3　介護サービスの充実〈厚生省〉

(1) 在宅サービス

【ア】訪問介護員（ホームヘルパー）

障害者の家庭等に赴き、入浴等の介護、家事援助等日常生活を営むのに必要なサービスを提供します。

（訪問介護員は、高齢者・障害者双方を対象に一体的に運用されていますが、障害者プランでは障害者の要望（ニーズ）に対応するため、高齢者の要望に対応するため整備する数にさらに４.５万人を上乗せすることとしています。）

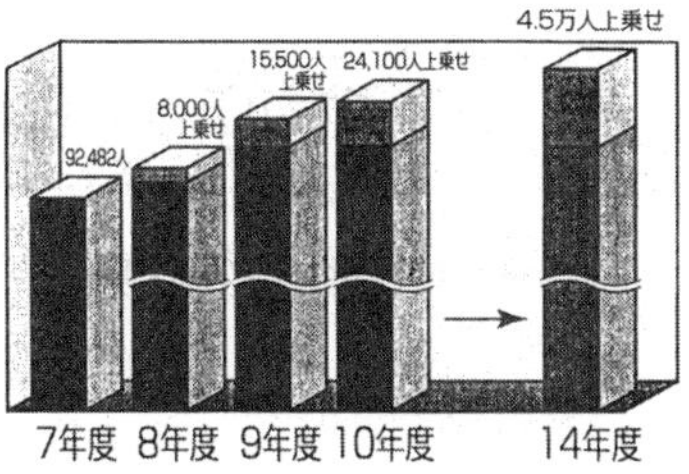

注）▩は障害者プランにおいて上乗せする数

【イ】短期入所生活介護（ショートステイ）

障害者の介護を行う者の病気その他の理由により、障害者が居宅において介護を受けることができない場合に、障害者を短期間、身体障害者更生援護施設等でお預かりし、必要なサービスを提供します。

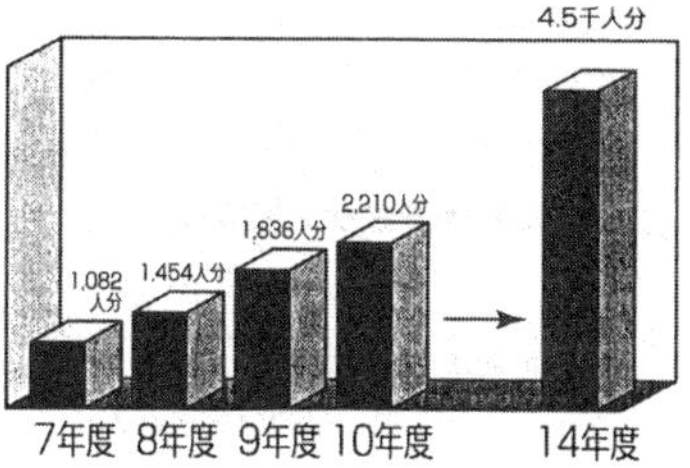

【ウ】日帰り介護（デイサービス）

障害者が家庭において自立した生活ができるよう、通所により、専用の施設等において創作的活動、機能訓練等の各種のサービスを提供します。

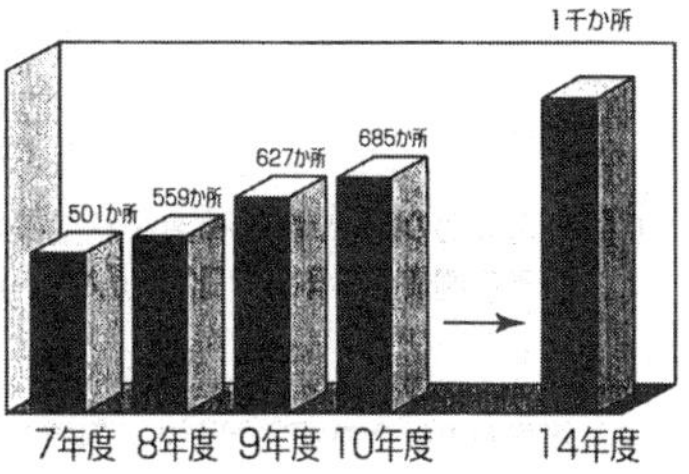

(2) 施設サービス

【ア】身体障害者療護施設

身体上の著しい障害のため常時介護を必要とする最重度の障害者を入所させ、医学的管理のもとに必要な保護を行うための施設です。

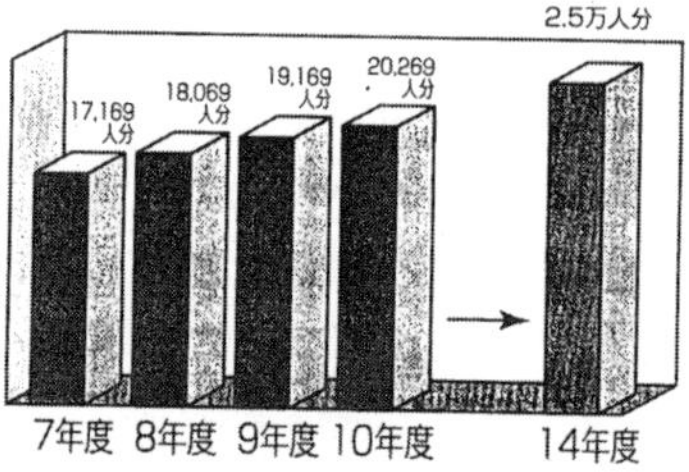

【イ】精神薄弱者更生施設

18歳以上の精神薄弱者を入所させて、これを保護するとともに、必要な指導及び訓練を行うことを目的とする施設です。

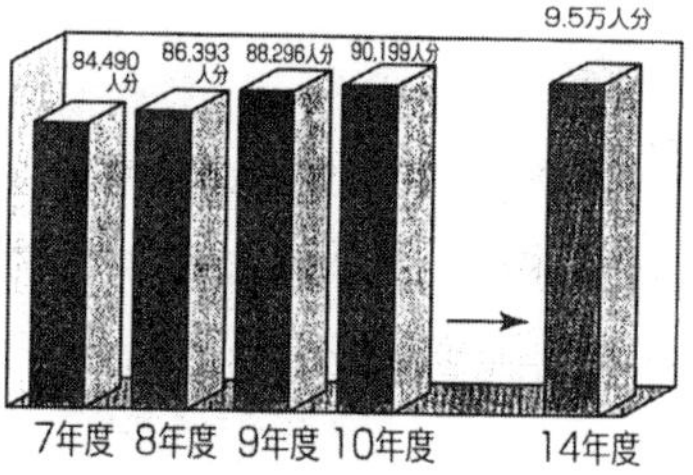

4　障害者雇用の推進〈労働省〉

第３セクターによる重度障害者雇用企業等の、全都道府県域への設置を促進する。

5　バリアフリー化（障壁の除去）の促進等〈警察庁、運輸省、建設省〉

(1) ２１世紀初頭までに幅の広い歩道（幅員３ｍ以上）が約１３万ｋｍとなるよう整備する。
(2) 新設・大改良駅及び段差５ｍ以上、１日の乗降客５千人以上の既設駅について、エレベーター等の設置を計画的に整備するよう指導する。
(3) 新たに設置する窓口業務を持つ官庁施設等は全て無障壁（バリアフリー）のものとする。
(4) 高速道路等のＳＡ・ＰＡや主要な幹線道路の「道の駅」には、全て障害者用トイレや障害者用駐車スペースを整備する。
(5) 緊急通報を受理するファックス１１０番を全都道府県警察に整備する。

(14)

Ⅴ　平成10年度予算における措置（保健福祉施策関係）

障害者の保健福祉施策（プラン関係）

9年度予算額	10年度予算額
2,246億円	2,378億円

※計画期間中の総事業費の推計（障害者プランによる上乗せ額）：概ね１兆円程度

	(平成9年度)		(平成10年度)
1 住まいや働く場ないし活動の場の確保			
●地域生活援助事業(グループホーム)・福祉ホーム	9,173人分	→	10,383人分(1,210人分増)
●授産施設・福祉工場	50,795人分	→	53,555人分(2,760人分増)
2 地域における自立の支援			
●重症心身障害児(者)等の通園事業	460か所	→	528か所(68か所増)
●精神障害者生活訓練施設(援護寮)	2,840人分	→	3,380人分(540人分増)
●市町村障害者生活支援事業	80か所	→	120か所(40か所増)
●障害児(者)地域療育等支援事業	140か所	→	200か所(60か所増)
●精神障害者地域生活支援事業	94か所	→	115か所(21か所増)
3 介護サービスの充実			
○ 在宅サービス			
●訪問介護員（ホームヘルパー）	15,500人分	→	24,100人分(8,600人分増)
●短期入所生活介護（ショートステイ）	1,836人分	→	2,210人分(374人分増)
●日帰り介護（デイサービス）	627か所	→	685か所(58か所増)
○ 施設サービス			
●身体障害者療護施設	19,169人分	→	20,269人分(1,100人分増)
●精神薄弱者更生施設	88,296人分	→	90,199人分(1,903人分増)

（参　考）　障害者の現状

○障害者の総数は、576万人。このうち、身体障害児･者318万人、精神薄弱児･者41万人、精神障害者217万人。
○身体障害については、重度化傾向がある。

【身体障害者の数】

①身体障害児・者の現状

	総　数	18歳未満	18歳以上
全　体	317.7万人	9万人	308.7万人
施設入所者	16.2万人	0.8万人	15.4万人
在宅身体障害者	301.5万人	8.2万人	293.3万人

資料：平成8年身体障害児実態調査
　　　平成8年身体障害者実態調査

②障害の程度別にみた身体障害者数（総数：2,933,000人）

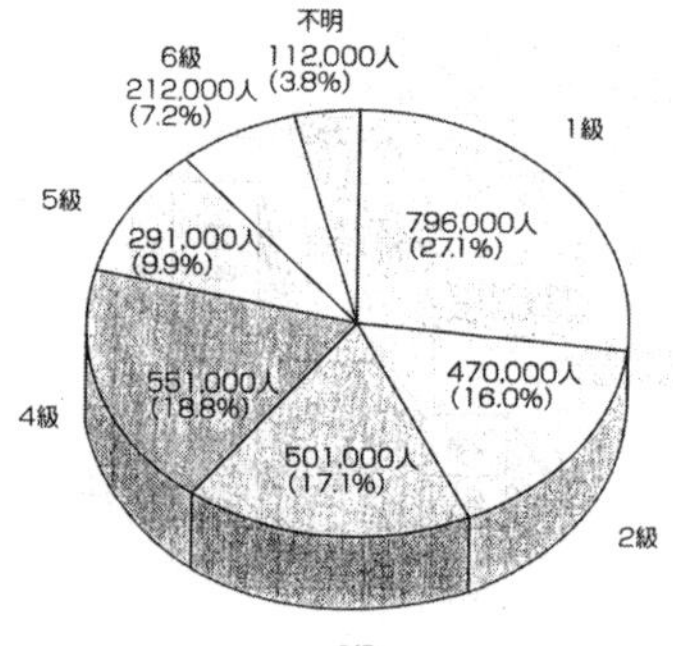

（16）

③障害の種類別にみた身体障害者数（総数：2,933,000人）

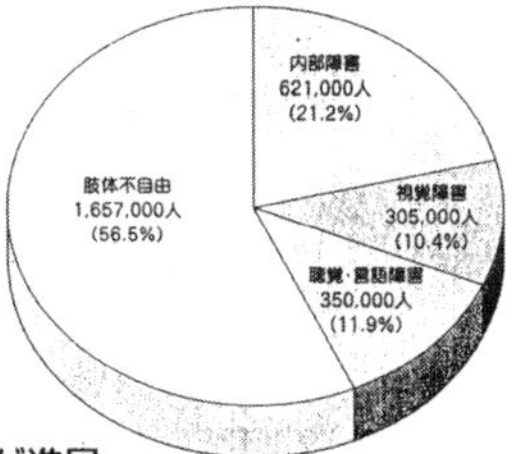

④身体障害者は重度化が進展
在宅身体障害者のうち1､2級の障害者の占める割合

昭和55年	32.8%
62年	38.3%
平成 3年	40.1%
8年	43.2%

⑤身体障害者数の推移

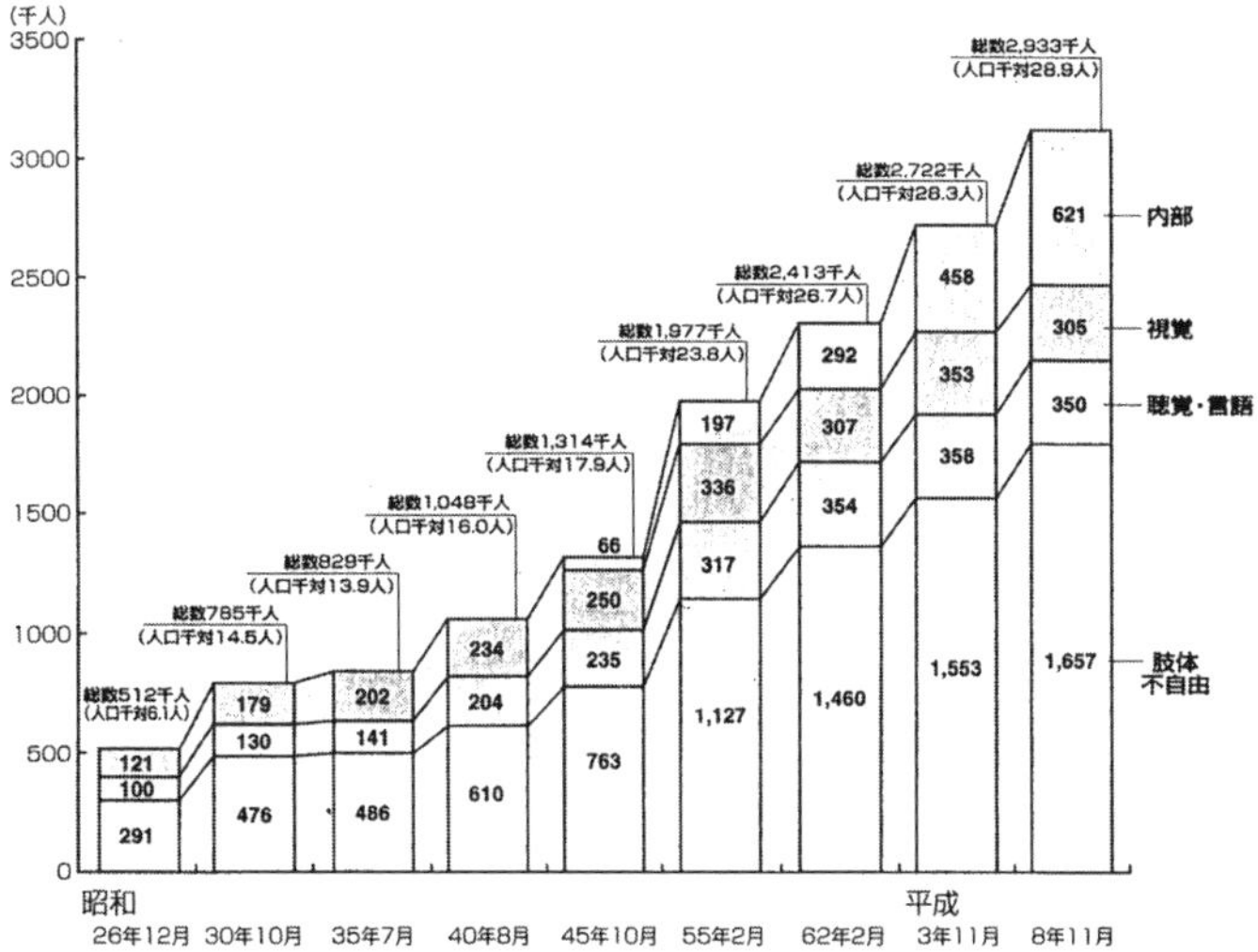

（注）内部障害については、昭和42年8月から心臓・呼吸器機能障害が、昭和47年8月からじん臓機能障害が、昭和59年10月からは、ぼうこう又は直腸の機能障害が、昭和61年10月からは小腸機能障害が、それぞれ身体障害者の範囲に取り入れられた。

※②～⑤は在宅身体障害者（18歳以上）（資料：平成8年身体障害者実態調査）

【精神薄弱者の数】

① 精神薄弱児・者の現状

	総　数	18歳未満	18歳以上	不　詳
全　　　体	41.3万人	9.6万人	30.1万人	1.6万人
施設入所者	11.6万人	1.1万人	10.5万人	
在宅精神薄弱者	29.7万人	8.6万人	19.5万人	1.6万人

資料：平成7年度精神薄弱児(者)基礎調査

② 精神薄弱児・者の障害の程度

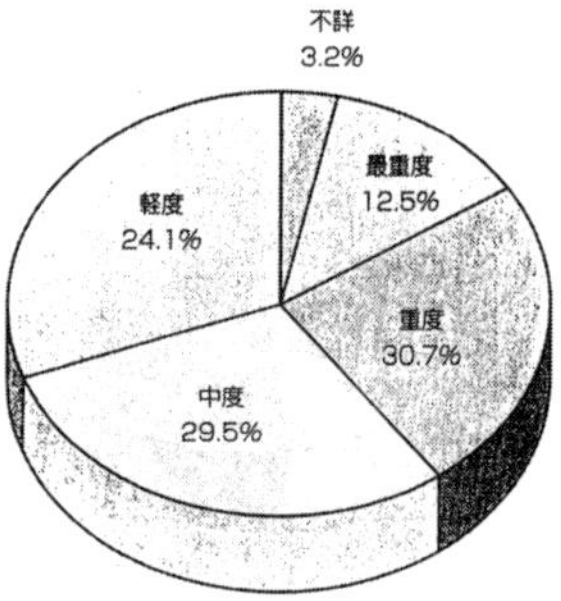

③ 精神薄弱児・者の各障害程度別人数の変化

	平成7年	平成2年
総　　数	29.7万人	28.4万人
最 重 度	3.7万人	3.5万人
重　　度	9.1万人	8.8万人
中　　度	8.8万人	7.6万人
軽　　度	7.2万人	6.9万人
不　　詳	0.9万人	1.5万人

※②、③は在宅精神薄弱児・者（資料：平成7年度精神薄弱児（者）基礎調査）

(18)

【精神障害者の数】

①精神障害者（精神薄弱を除く）の現状

全　　体	精神病院入院	社会復帰施設入所 グループホーム利用	在宅
217万人	34万人	0.8万人	182万人
		通院公費負担医療患者数　48万人	

資料：平成8年患者調査、厚生省報告例等

②精神病院の入院患者の在院期間構成

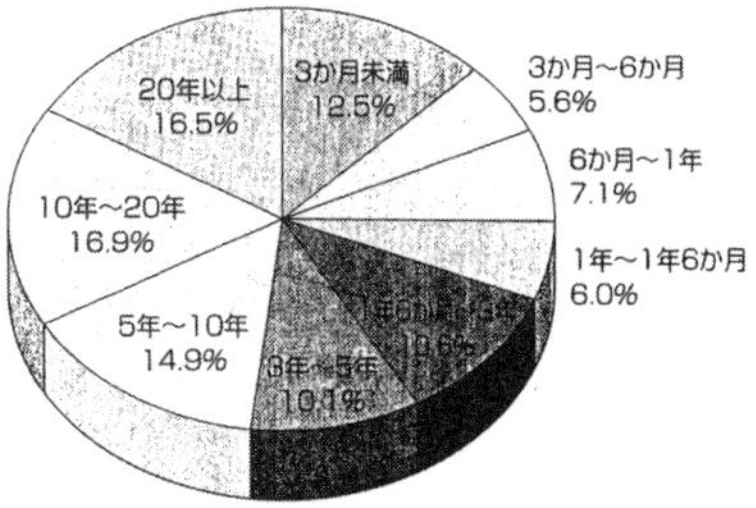

③精神病院の入院患者の年齢構成

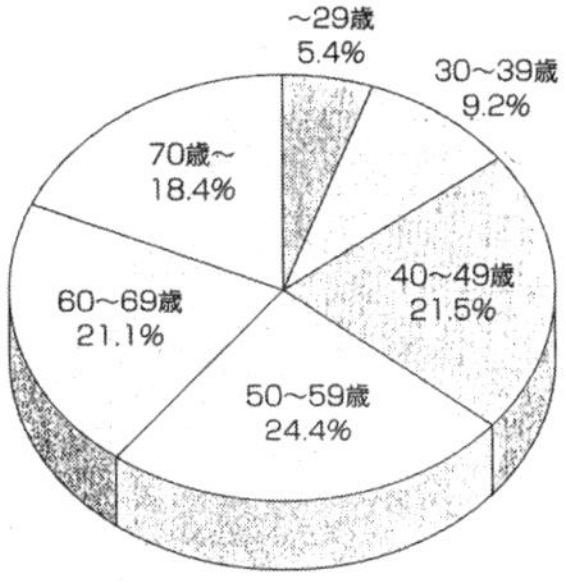

※②、③は日本精神病院協会総合調査（平成8年）による

④精神障害者の精神疾患の種類別構成割合

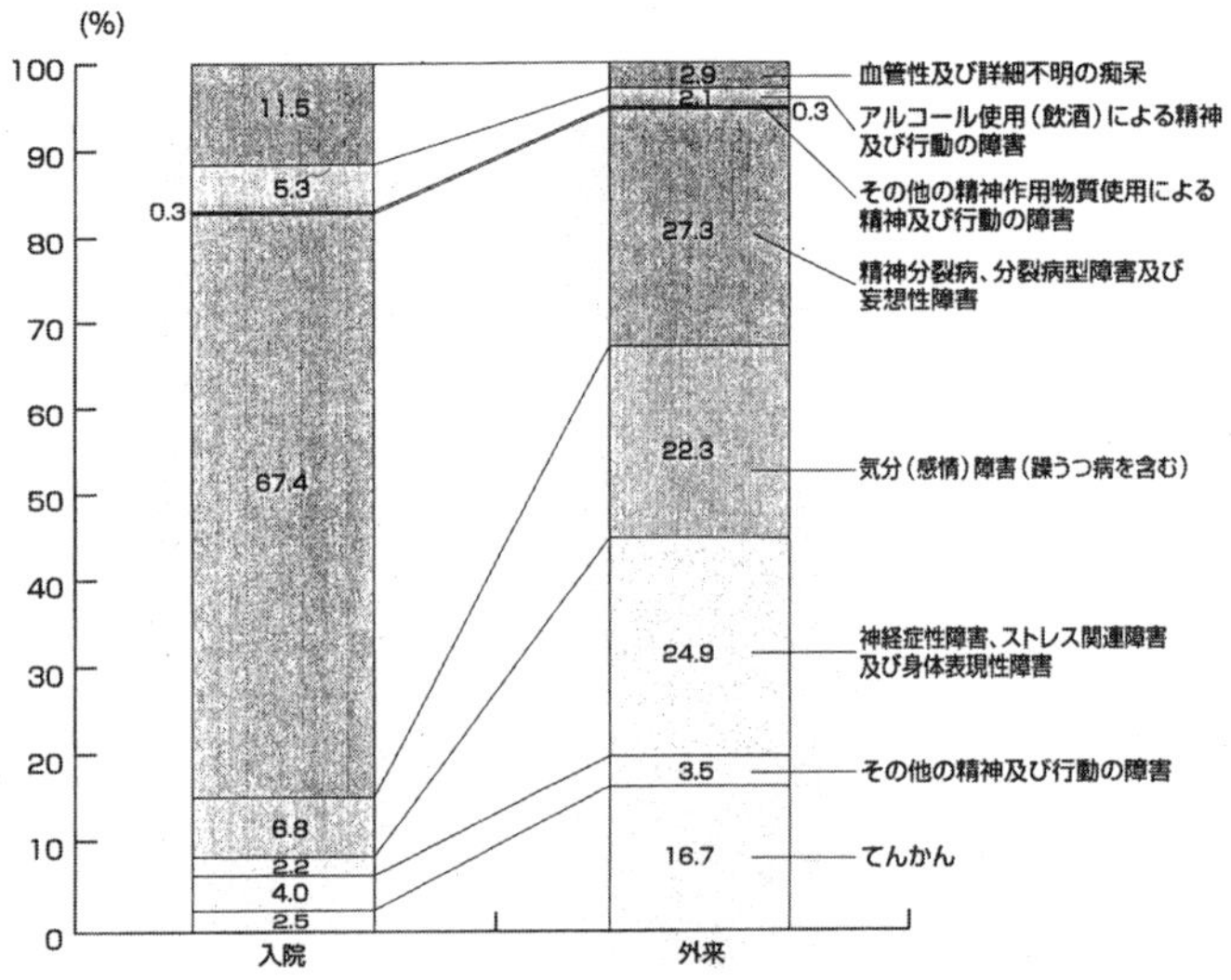

資料：平成8年患者調査

障害者プラン

～ノーマライゼーション7か年戦略～

発行日　平成10年7月
監　修　厚生省大臣官房障害保健福祉部
　　　　総理府障害者施策推進本部担当室
発　行　社会福祉・医療事業団（長寿社会福祉基金）
住　所　〒105-0001 東京都港区虎ノ門4丁目3番13号
　　　　秀和神谷町ビル9階
ＴＥＬ　(03) 3438-9945
ＦＡＸ　(03) 3438-0218

老人ケアー公開講座プログラム

第１日　10/26（月）5：30Pm〜7：00Pm
はじめに："老人問題" とは
城西病院長　関　守
老年の生理
城西病院副院長　関　東和
老年の心理
豊科病院副院長　高山　紀夫

第２日　10/28（水）5：30Pm〜7：00Pm
老年期の疾病Ⅰ・身体的疾病
長寿と習慣病（成人病）
城西病院医局長　薄井　尚介
介護の要点
城西病院婦長　塚田きよ子

第３日　11/ 4（水）5：30Pm〜7：30Pm
老年期の疾病Ⅱ・神経系疾患
パーキンソン病
城西病院副院長　鈴木　範夫
脳血管障害
城西病院医師　堀内　光治
末梢神経・筋疾患
城西病院医師　中台　昭
言語障害者の日常訓練
城西病院言語療法士　萩原　由美
介護の要点
城西病院看護長　西沢　弘行

第４日　11/ 6（金）5：30Pm〜7：30Pm
老年期の疾病Ⅲ・精神疾患
老人性うつ病と痴呆
城西病院医師　犬飼　剛
健忘・失行・失認・失見当識
豊科病院医師　武井　昭
せん妄状態・興奮・徘徊
豊科病院医師　篠崎　孝
老化防止の作業療法
城西病院作業療法士　横山　孝子
介護の要点
城西病院婦長　堀内　金子

第５日　11/ 9（月）5：30Pm〜7：00Pm
老年期医療において用いられる薬物
城西病院医師　加藤　信
服薬時の注意・服薬による事故
城西病院薬局長　島　尚生
豊科病院薬局長　降旗　宏明
城西病院薬局主任　堀内多賀子

第６日　11/11（水）5：30Pm〜7：00Pm
日常動作援助Ⅰ
食事・排泄・洗面・入浴介助
城西病院総婦長　佐藤　八重
寝たきり老人の介護とリハビリ
城西病院理学療法主任　清沢　一成
褥瘡とその処置・予防
城西病院医師　関　いづみ

第７日　11/18（水）5：30Pm〜7：00Pm
日常動作援助Ⅱ
ADL 訓練・肥満、運動不足の解消
城西病院理学療法助手　丸山　五郎
シーツ、下着、着物の交換
豊科病院総婦長　原　静恵
器具の展示と使用法の説明
城西病院婦長　宮田　照子

第８日　11/19（木）5：30Pm〜6：30Pm
老人の栄養と食事
豊科病院栄養部長　関　昇
城西病院管理栄養士　上条みどり
豊科病院管理栄養士　丸山美代子

第９日　11/24（火）5：30Pm〜7：00Pm
老人福祉について
医療扶助と老人保健
城西病院事務長　早川　公叔
老人福祉行政
城西病院 PSW 部長　伊藤　寿和
デイケアー
城西病院 PSW 主任　岩田宣巳子
老人ホームと老人保健施設
豊科病院事務長　加藤　晴久

第10日　11/25（水）5：30Pm〜7：00Pm
老年期の痛み
城西病院医師　三沢真寿門
総括・老人ケアーの心
城西病院医師　関　健
おわりに："老人問題" の将来
豊科病院長　関　俊子

第２回　老人ケアー公開講座　プログラム

於：城西病院第３ビル会議室（2F）

第1夜　昭和63年9月5日　5:50〜7:20PM
『脳血管障害の看護と介護』
・脳血管障害とは
・看護と観察の要点
・理学・作業療法について
・言語のリハビリテーションについて
城西病院神経内科・OT・PT・ST

第２夜　昭和63年9月6日　5:50〜7:20PM
『老年期によく見られる心の病いとその看護』
・はじめに
・妄想状態
・心気状態（神経症を中心に）
・抑うつ状態
・老年期の自殺
・まとめ――老人との心の接触における留意点
豊科病院精神科

第３夜　昭和63年9月7日　5:50〜7:20PM
『老年期痴呆の家庭介護』
・はじめに
・痴呆老人への理解とケアー
・老年期痴呆者へのケアー原則（20ヵ条）
・せん妄老人の介護
・不潔行為とその対応
・異食とその対応
・不眠とその対応
・食事
・清潔・入浴・清拭と介護
城西病院精神科

第４夜　昭和63年9月8日　5:50〜7:20PM
『お年寄りと病気』
・はじめに
・熊本県の調査
・“病気と仲よく”への発想転換
・慢性の病気以外に気をつけなくてはならない病気
1）感染症
2）骨折
3）脳卒中
・お年寄りの食事
城西病院内科

第５夜　昭和63年9月9日　5:50〜7:20PM
『食事と福祉』
・食生活アドバイス
1）便秘
2）貧血
3）骨折・骨粗鬆症
4）かぜをひいた人の食事
・お年寄りのための調理の工夫
城西病院・豊科病院栄養部
・福祉制度・施設・手続き
城西病院・豊科病院医療社会事業部

第3回　老人ケアー公開講座　プログラム

於：城西病院第三ビル会議室（2F）

第1夜　平成元年9月11日（月）5：30〜7：00PM

『家庭での介護・看護』

・食事	城西病院	看護部	田近裕子、山崎秀子 吉田眞知子、田中正廣
・頭髪の手入れ	豊科病院	看護部	鈴木敏子、長持照美
・褥創（床ずれ）の予防	豊科病院	看護部	手塚和子
・排泄	城西病院	看護部	中嶋清隆、窪田聡子 中村　忍

第2夜　平成元年9月12日（火）5：30〜7：00PM

『家庭でできるリハビリテーション』

・家庭での運動訓練	城西病院	理学療法部	宮川武志
・関節機能を維持、改善するために			
・基本動作について			
・日常生活について	城西病院	作業療法部	横山孝子
・言葉のリハビリテーション	城西病院	言語療法部	石戸純子

第3夜　平成元年9月13日（水）5：30〜7：00PM

『老人の食事と栄養』

・食生活指針	豊科病院	栄養部	丸山美代子
・老年者の栄養			
・献立の実際	城西病院	栄養部	上条みどり

第4夜　平成元年9月14日（木）5：30〜7：00PM

『老人福祉』

・在宅援助ネットワーク	城西病院	医療社会事業部	岩田宜巳子
・福祉行政とサービス			
・老人福祉施設			

第４回　老人ケアー公開講座　プログラム

於：城西病院第三ビル会議室（2F）

第１夜　平成２年11月14日（水）5：00-7：00PM

『老人の看護と介護』　城西病院・豊科病院　看護部

・老人福祉
・老人自身の心構え
・老年期痴呆について
・正常な老化と病的なぼけ
・痴呆のある老人への接し方

第２夜　平成２年11月15日（木）5：00-7：00PM

『要介護老人への援助方法』　城西病院　理学療法部

・運動の仕方
・移動の動作
・日常生活の援助

第３夜　平成２年11月16日（金）5：00-7：00PM

『老人の食事と栄養』　城西病院・豊科病院　栄養部

・健康づくりのための食生活指針
・老人にとっての食事
・介護食
・デモンストレーション

第５回　老人ケアー公開講座　プログラム

於：安曇野メディア

テーマ「在宅での介護をいかに実現するか」

第１夜　平成３年11月12日（火）5：30～7：30PM

シンポジウム『老後は家庭で過ごしたい』

司　会　者	豊科病院院長	高山　紀夫
シンポジスト		
問題提起	城西医療財団理事長	関　　　健
訪問看護職の立場から	三郷村社会福祉協議会ホームヘルパー・訪問看護婦	鶴見　治子
家族の立場から	北安曇郡小谷村	西沢　敬市
建築家の立場から	ダイワシルバーライフ研究所主席研究部員	森脇　久嘉
行政の立場から	松本地方事務所厚生課課長補佐	山岸　　優

第２夜　平成３年11月13日（水）5：30～7：00PM

『筋肉を伸ばし間接を固くしない体操の紹介』	安曇野メディア介護福祉士	増田　朋子
	仝	高木　　節
『在宅介護支援について』	安曇野メディアソーシャルワーカー	玉井　英男
『老人の食事と栄養』	豊科病院管理栄養士	丸山美代子
	城西病院管理栄養士	二木　悦子

第３夜　平成３年11月14日（木）5：30～7：00PM

『思いやりのある介護の知恵』	安曇野メディア看護婦	片桐なをみ
	安曇野メディア介護士	北原　圭ほか
『家庭で行える簡単な訓練・趣味の紹介』	安曇野メディア作業療法士	小林　紀子
	豊科病院作業療法士	清水ゆかり

第６回　老人ケアー公開講座　プログラム

於：安曇野メディア

テーマ「在宅療養を如何に快適にするか」

第１夜　平成４年11月19日（木）5：45～7：30PM

講 演 会 『“老人”の仲間入りをして感じていること』

順天堂大学名誉教授　飯塚禮二

第２夜　平成４年11月20日（金）5：45～7：30PM

介護教室	脳卒中と言語障害	安曇野メディアPT　荻原　久佳
	―接し方のアドバイス―	安曇野メディアPT　大熊ゆかり
		安曇野メディアOT　松本　佳子
	すこやかに老いて楽しい食事	豊科病院管理栄養士　丸山美代子
	―調理の実際と試食―	豊科病院管理栄養士　上条　史子
	老人と食事	安曇野メディア介護士　久保田　昇
	―誤嚥の予防と介護―	安曇野メディア看護婦　佐藤　八重

第３夜　平成４年11月21日（土）2：30～4：00PM

ワークショップ　『在宅療養を如何に快適にするか』

コーディネーター：城西医療財団理事長　関　　健

＊体力測定と介護相談

＊介護用品・福祉機器展示

第７回　老人ケア公開講座　プログラム

於：城西病院

テーマ：「老人ケアシステムの構築」

平成６年１月29日（土）　1：30〜4：30PM

講演会『高齢化社会の到来と在宅福祉・医療』
　―デイケアの活用と介護負担の軽減にふれて―
城西医療財団理事長　関　健

スライド上映『もうひとつのシルバーライフ』
城西病院地域医療保健福祉部
松本西在宅介護支援センター
松本西訪問看護ステーション
老人保健施設安曇野メディア

※施設見学
※介護用品・福祉機器展示

第８回　老人ケア公開講座　プログラム

於：城西病院

テーマ：「21世紀の介護はどうなるか」

平成6年11月19日（土）1：30〜5：00PM

特別講演Ⅰ『21世紀の介護・ボランティア活動』

松本市社会福祉協議会
ボランティアコーディネーター
中村　阿い子　先生

研究発表『ボランティア活動の意識調査』

城西病院デイケアセンター
城西病院地域医療保健福祉部
松本西在宅介護支援センター
松本西訪問看護ステーション

特別講演Ⅱ『21世紀の福祉ビジョン』

衆議院議員
村井　仁　先生

第９回　老人ケアー公開講座　プログラム

於：城西病院

テーマ：これからの介護費用は、だれが負担するのか

平成７年11月18日（土）１：00〜４：30PM

「テーマに基づく研究及び発表」
（小グループによるワークショップ）

松本西在宅介護支援センター
松本西訪問看護ステーション
城西病院地域医療保健福祉部
城西病院デイケアセンター
城西病院メンタルセンター
豊科病院地域医療保健福祉部
老人保健施設安曇野メディア
福祉相談部

※資料提供　衆議院議員　唐沢俊二郎
医療タイムス社

第10回老人ケアー公開講座プログラム

於：城西病院

テーマ：「家族が出来ること、施設が出来ること」

平成8年12月14日（土）　1：30〜4：30PM

1. 『ディベート（討論）』

2. 『討論』

3. 『総論・総括』

医療法人　城西病院
城西病院　地域医療保健福祉部
　　　　　精神科デイケア
　　　　　老人デイケア
　　　　　重度痴呆患者デイケア
医療法人　豊科病院
豊科病院　地域医療保健福祉部
老人保健施設　安曇野メディア
松本西訪問看護ステーション
安曇野南訪問看護ステーション
松本西在宅介護支援センター
特別養護老人ホーム　小倉メナー
安曇野南在宅介護支援センター
小倉デイサービスセンター

第 11 回老人ケアー公開講座プログラム

於：城西病院

テーマ：「介護保険制度とケアプラン」

平成 10 年　1 月 31 日（土）1：30～5：30PM

1.『介護保険について』

2.『ケアアセスメントについて』

3.『ケアプラン作成手順と活用法について』

医療法人　城西病院
城西病院　地域医療保健福祉部
精神科デイケア
老人デイケア
重度痴呆患者デイケア
医療法人　豊科病院
老人保健施設　安曇野メディア
松本西訪問看護ステーション
安曇野南訪問看護ステーション
安曇野北訪問看護ステーション
松本西在宅介護支援センター
社会福祉法人　七つの鐘
特別養護老人ホーム　小倉メナー

第12回公開講座プログラム

於：長野県松本文化会館中ホール

テーマ：「介護保険、障害者プランはこの国を救えるか」

平成11年3月13日（土）　12：00　～　5：30PM

◇シンポジウム

◎コーディネーター：城西医療財団理事長・社会福祉法人七つの鐘理事長　関　健

1.　シンポジスト：厚生省国立医療・病院管理研究所
　所　長　松　田　朗　先生
　演　題：「介護保険は21世紀の医療・福祉をどう変えてゆくか」

2.　シンポジスト：前諏訪中央病院院長、民主党医療制度改革小委員会事務局長
　参議院議員　今　井　澄　先生
　演　題：「21世紀医療の新しい展開と介護保険」

3.　シンポジスト：医療法人城西医療財団理事長・社会福祉法人七つの鐘理事長
　関　健　先生
　演　題：「社会的弱者に障害者プランはどう応えるか」

◇指定討論

1.　指定討論者　：社会福祉法人陽気会「ケアあずさ」理事長、前長野県議会議員
　望　月　雄　内　先生
　演　題：ケアハウス運営の立場から」

2.　指定討論者　：医療法人恵仁会理事長・社会福祉法人恵仁福祉協会理事長
　黒　澤　正　憲　先生
　演　題：「人生90年」

◇討　論

シンポジスト、指定討論者、コーディネーター、参会者

資料編

●第12回公開講座●
シンポジウム
「介護保険、障害者プランはこの国を救えるか」
3月13日(土) 開場11:30・開講12:00〈入場無料〉
長野県松本文化会館中ホール
指定討論者
医療法人恵仁会理事長
社会福祉法人恵仁福祉協会理事長
黒沢　正憲　先生
「人生90年」
指定討論者
社会福祉法人「ケアあずさ」理事長
前長野県議会議員
望月　雄内　先生
「ケアハウス運営の立場から」
シンポジスト・コーディネーター
城西医療財団理事長
社会福祉法人七つの鐘理事長
関　健　先生
「社会的弱者に障害者プランはどう応えるか」
シンポジスト
前諏訪中央病院院長・参議院議員
民主党医療制度改革小委員会事務局長
今井　澄　先生
「21世紀医療の新しい展開と介護保険」
シンポジスト
厚生省国立医療・病院管理研究所所長
松田　朗　先生
「介護保険は21世紀の医療・福祉をどう変えてゆくか」
主　催:医療法人城西医療財団・社会福祉法人七つの鐘　問い合わせ先 ☎0263-33-6400

(写真撮影　関　健)

日本デイケア学会 第18回年次大会松本大会
デイケア治療
マンネリズムの打破
2013.10.10 thu. ▶ 12 sat.
キッセイ文化ホール（長野県松本文化会館）
〒390-0311 長野県松本市水汲69-2
大会長：関　健
（社会医療法人 城西医療財団 理事長・総長）
副会長：遠藤 謙二
（医療法人 友愛会 千曲荘病院 理事長・院長）
（長野県精神科病院協会 会長）
樋掛 忠彦
（長野県立こころの医療センター駒ヶ根 院長）
運営事務局：城西医療財団 企画相談室 〒390-8648長野県松本市城西1-5-16 TEL.0263-33-6400

（写真撮影　薄井尚介）

日本精神障害者リハビリテーション学会
第24回長野大会
くらしとかつどうを支える
リハビリテーション
平成28年11.30wed.▶12.2fri.
JA長野県ビル
〒380-0826 長野市南長野北石堂町1177-3
大会長：関　健
(社会医療法人 城西医療財団 理事長・総長)
副大会長：遠藤 謙二
(医療法人 友愛会 理事長・院長)
運営事務局：城西医療財団 城西病院 臨床心理部内
〒390-8648長野県松本市城西1-5-16 TEL.0263-33-6400

（写真撮影　清澤研道）

永遠のやすらぎの時をもとめて…。

七つの鐘

福祉ゾーン・ミサトピア

特別養護老人ホーム
小倉メナー

小倉デイサービスセンター

安曇野南在宅介護支援センター

城西医療財団
安曇野南訪問看護ステーション

「七つの鐘 開所時パンフレット」

ケアマネジメントツール

くらしとかつどう
LIFE & ACTS

使用簡易マニュアル

対象者登録

生活能力評価入力

支援計画基本部作成

日常生活における課題設定

月間予定・支援者一覧作成

支援経過登録

支援計画評価

特別医療法人
城西医療財団 城西病院

緒　　言

特別医療法人城西医療財団　理事長・総長　関　　健

わが国の精神科医療の特徴は、①入院病床が多い、②入院期間が長い、③医師をはじめとした医療スタッフが少ない、④低医療費である、⑤入院病床のアメニティーが良くない、等とされてきた。国の審議会や委員会で討議されると、これらを何とかしないといけないといって対策（計画）が発出される。いわく7万床削減、入院期間に応じた医療費の逓減、病床面積・病棟面積の拡大と多床室の解消、等である。

翻って現在入院中の患者及び家族はどんな認識なのであろうか。今から6年前、私どもでは松本市に隣接する三郷村に、既存の2病院から200床の病床を移して、新病院を建設した。自慢のアメニティーと自然に恵まれた開放的な環境にある。私はこれを理想郷として“ミサトピア小倉病院”と名づけた。長期入院者を含め、当然全ての患者がスムーズに転院をしてくれるものと考えた。しかしながら結果は、両病院を合わせて30数名の拒否にあった。中には見学すら拒否する人もいた。

地域移行の課題もある。当院は昭和34年から社会復帰施設であるメンタルセンター事業を開始し、50年にもなる。現在は病院外の施設として、援護寮（経過措置中）2つ、グループホーム・ケアホーム5つ、その他の居住施設2つ、等併せて89人の定員分の施設を擁している。サービスのアウトリーチのために訪問看護ステーション5つ、訪問介護ステーション4つ、通所系サービスとしてデイケア2つ、デイ・ナイトケア1つ、地域活動支援センター1つ、等も擁している。入所系施設の立地もそれぞれの病院から500メートル以内である。これは、通院の継続、訪問のしやすさの他、危機対応など利用者の安心を担保するための心理的にも実態的にも絶妙の距離である。これらをして患者の抱え込みというむきの者もいるが、彼らには50年の実績はない。

以上から言えることは、精神疾患で已む無く長期療養をしている人々は、何よりも安心を求めているのである。社会を拒否する態度の裏には、社会に対する恐怖感が潜んでいる。その克服には患者自身が変わるか社会が変わるかである。精神障害者にとって今の社会は確かに住みにくい、精神障害者に対する誤解・偏見・差別はまだまだ解消されていない。精神障害者の治療やケアもまだまだ十分でない。病院以外の安心できる生活の場はまだまだ少ない。活動の場はもっと少ない。

こうした課題を抱えながら本研究「地域精神科医療等との連携を通じた地域生活支援モデル―多職種共同チームによる精神障害者の地域包括マネジメントモデル」は始まった。成果として誇るに足るものは得られなかったとの実感は否めないが、ケアマネジメント・ツールとして「くらしとかつどう／LIFE & ACTS」を作ることができた。精神科医療に携わる多くの方々にご利用いただき、改善を加え、よりよいものに進化していって欲しいと願っている。

目次（くらしとかつどうシステム使用の流れ）

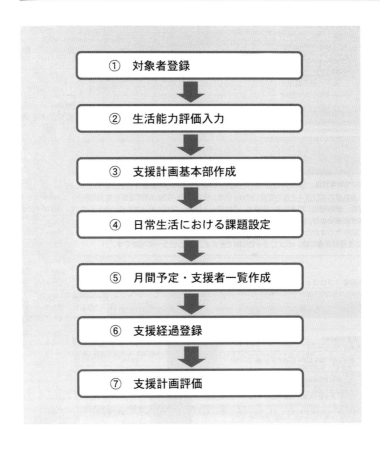

① 対象者登録

↓

② 生活能力評価入力

↓

③ 支援計画基本部作成

↓

④ 日常生活における課題設定

↓

⑤ 月間予定・支援者一覧作成

↓

⑥ 支援経過登録

↓

⑦ 支援計画評価

◎こちらは添付ソフト「くらしとかつどう」を操作し、個別ケースの記録について活用していくための基本的な手順を場面別に実際の使用画面を見ながら確認していくための簡易マニュアルです。

詳しい操作手順・設定については同梱されている

「くらしとかつどうシステム　操作説明書」をご確認ください。

①対象者登録

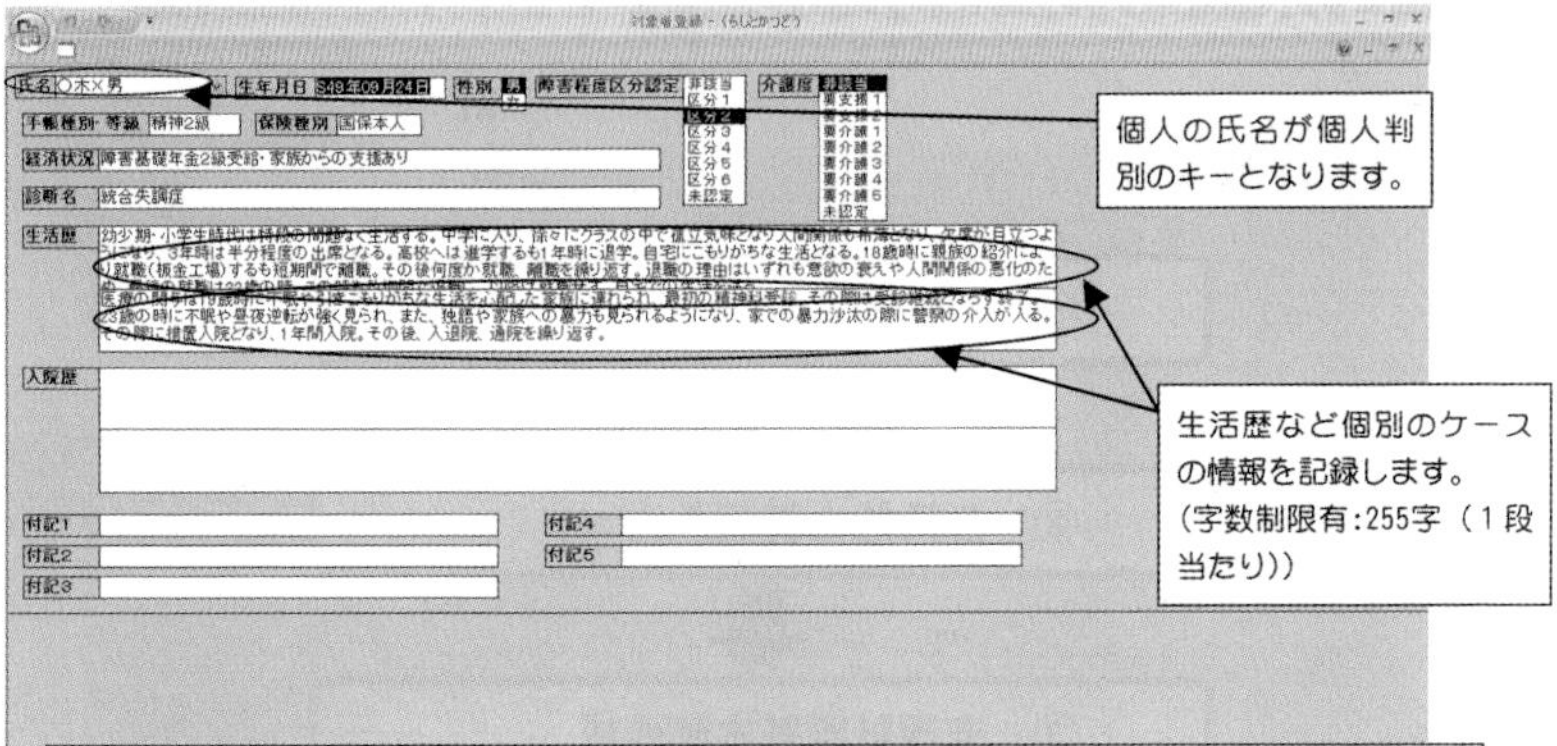

① 対象者登録

<u>対象者のプロフィールを登録</u>します。氏名、生年月日、性別、障害程度区分・認定、介護度、手帳種別・等級、保険種別、経済状況、診断名、生活歴、入院歴、などです。対象者の方一人について、一回だけ登録が必要ですが、随時変更できます。

上記を入力すると、下段のような「支援計画書」が作成されます。

（「支援計画書印刷」のメニューで印刷できます。（プレビューも可能です。））

支援計画書（プロフィール部分を拡大）

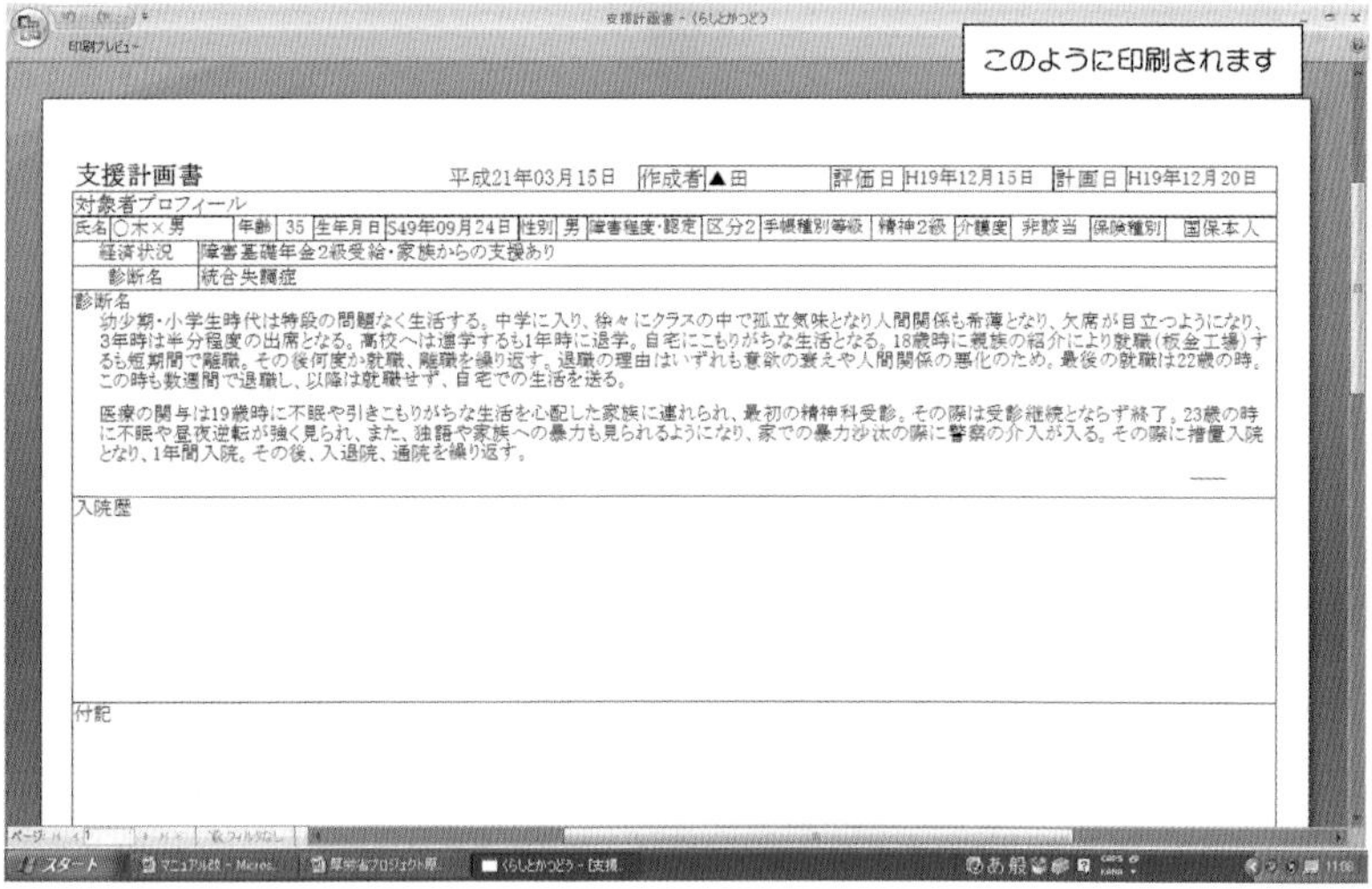

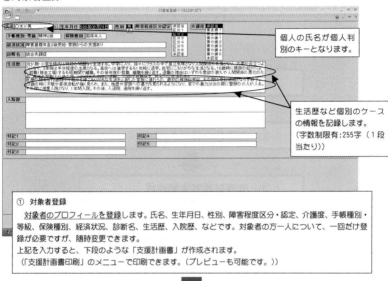

②生活能力評価入力

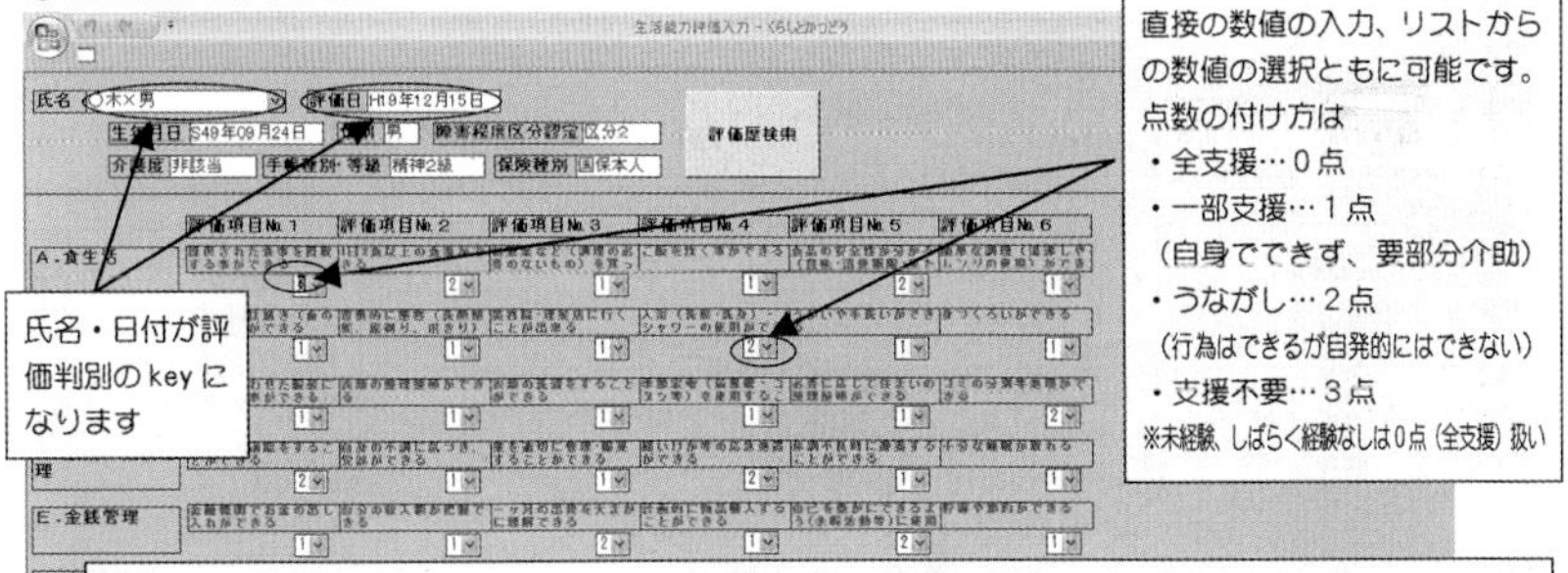

直接の数値の入力、リストからの数値の選択ともに可能です。
点数の付け方は
・全支援…０点
・一部支援…１点
（自身でできず、要部分介助）
・うながし…２点
（行為はできるが自発的にはできない）
・支援不要…３点
※未経験、しばらく経験なしは0点（全支援）扱い
氏名・日付が評価判別のkeyになります
評価歴検索

② 生活能力評価入力

対象者の生活能力評価値を生活能力評価の８分野×６項目毎に入力します。入力値が支援メニューの導入レベルと比較されてこの対象者に必要な支援メニューが自動選択されます。この情報は対象者の評価日毎に蓄積されます。

対象者の評価の仕方は生活項目で高い評価の（出来る）ものほど点数も大きくなります（４段階：３点～０点）。この評価はグラフとして確認でき、蓄積された情報を重ねて表記し、各評価時での能力状態を一目で確認できます。（「生活能力評価変遷グラフ印刷」のメニューで印刷できます。（プレビューも可能です。））

→ **「生活能力評価変遷グラフ印刷」**の項目を参照ください。

※ ここまでが計画作成のための必要情報を入力する工程となります。

生活能力評価変遷グラフ

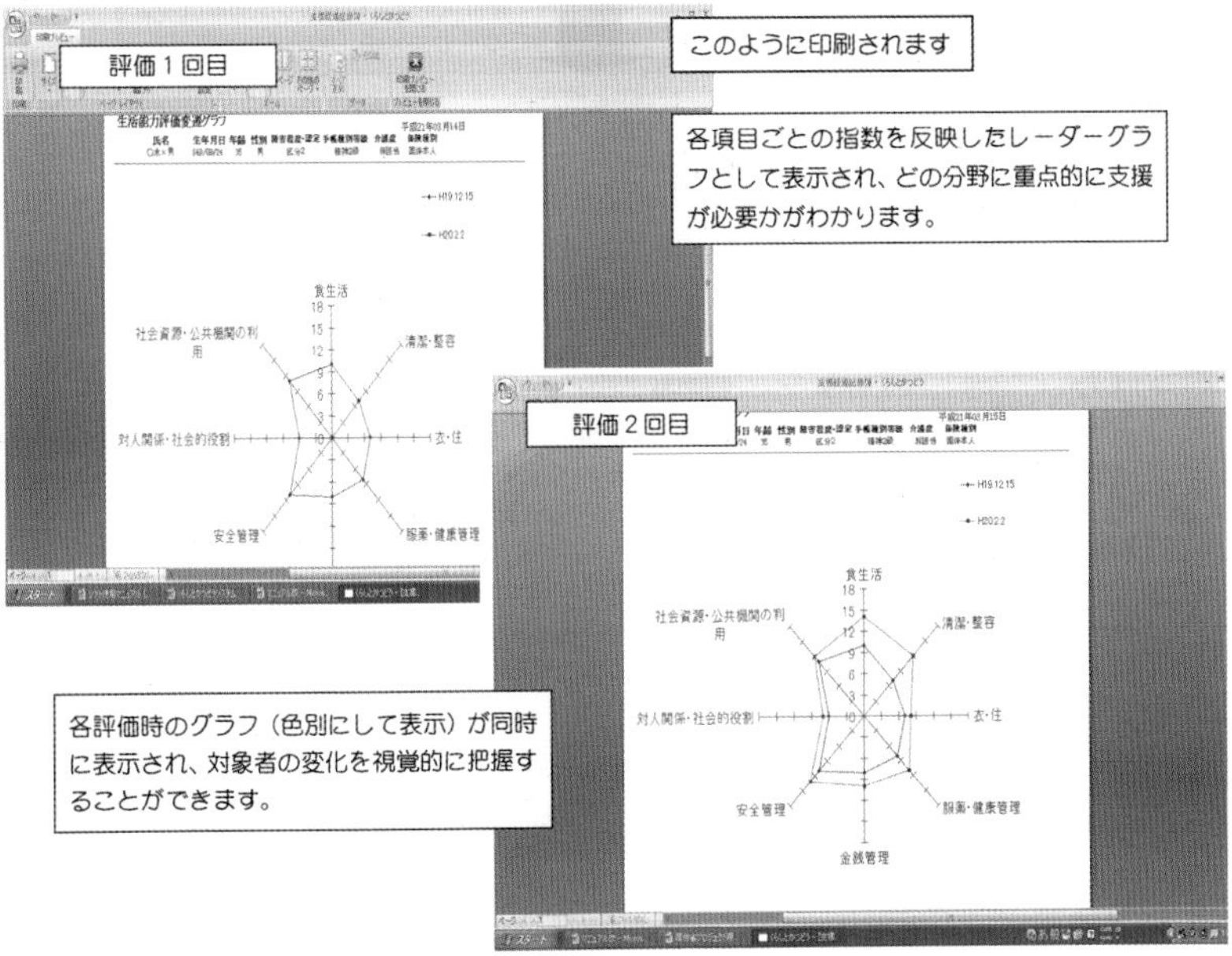

このように印刷されます
各項目ごとの指数を反映したレーダーグラフとして表示され、どの分野に重点的に支援が必要かがわかります。

各評価時のグラフ（色別にして表示）が同時に表示され、対象者の変化を視覚的に把握することができます。

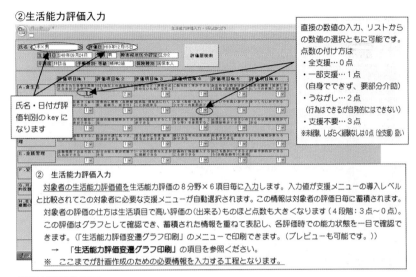

③支援計画基本部の作成

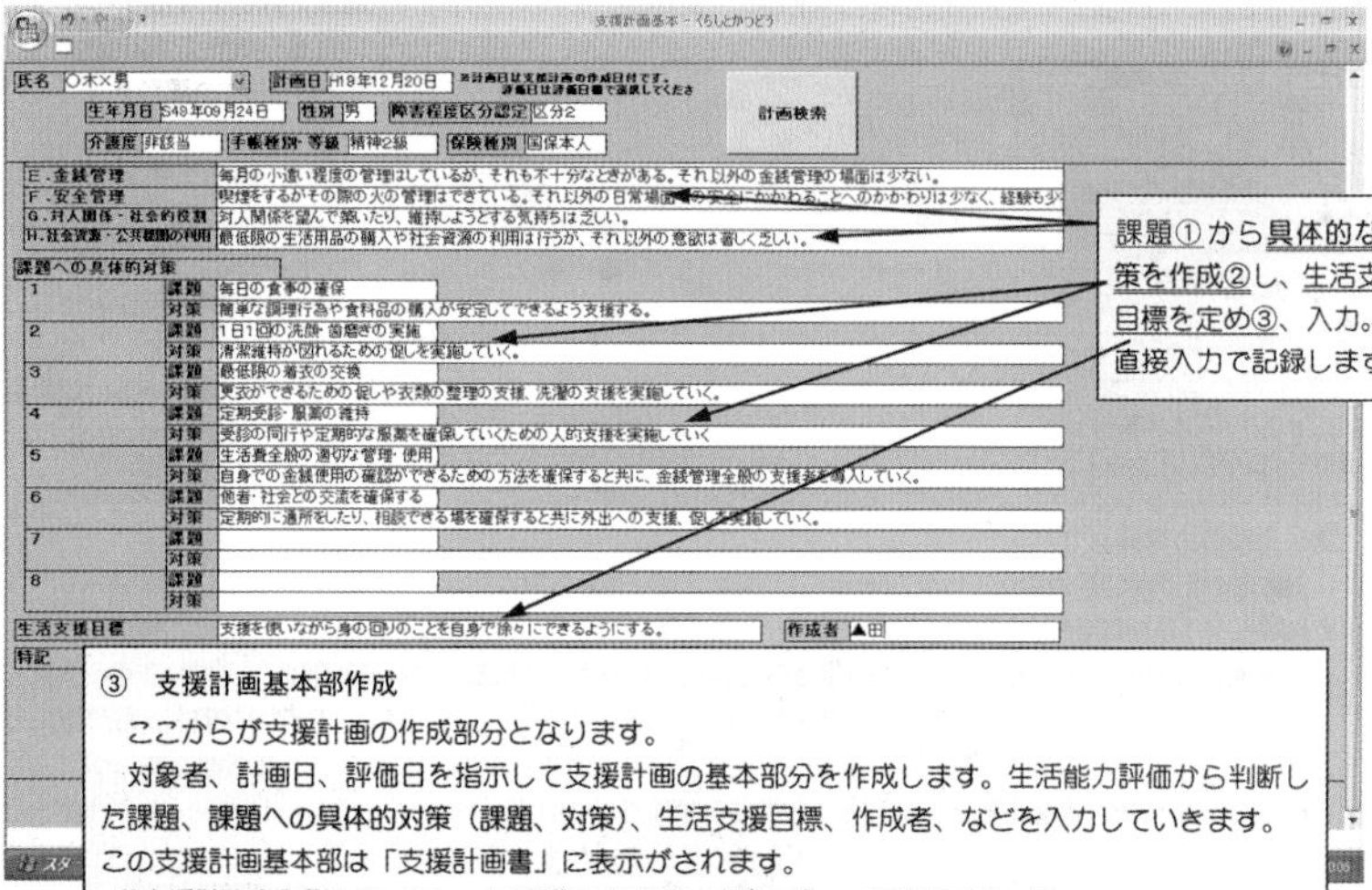

③　支援計画基本部作成

ここからが支援計画の作成部分となります。

対象者、計画日、評価日を指示して支援計画の基本部分を作成します。生活能力評価から判断した課題、課題への具体的対策（課題、対策）、生活支援目標、作成者、などを入力していきます。この支援計画基本部は「支援計画書」に表示がされます。

（「支援計画書印刷」のメニューで印刷できます。（プレビューも可能です。））

支援計画書（支援計画基本部を拡大）

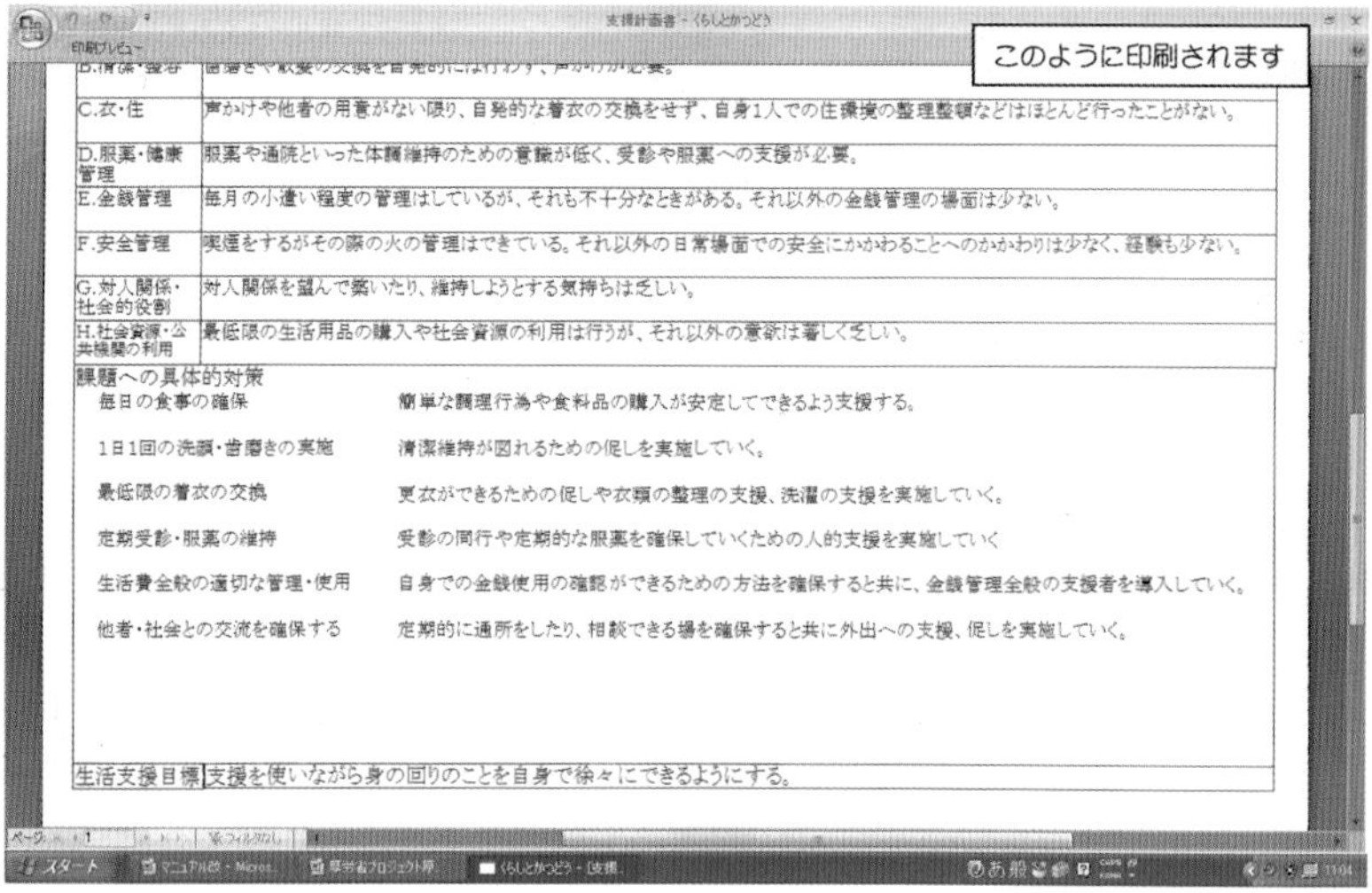

④日常生活における課題設定

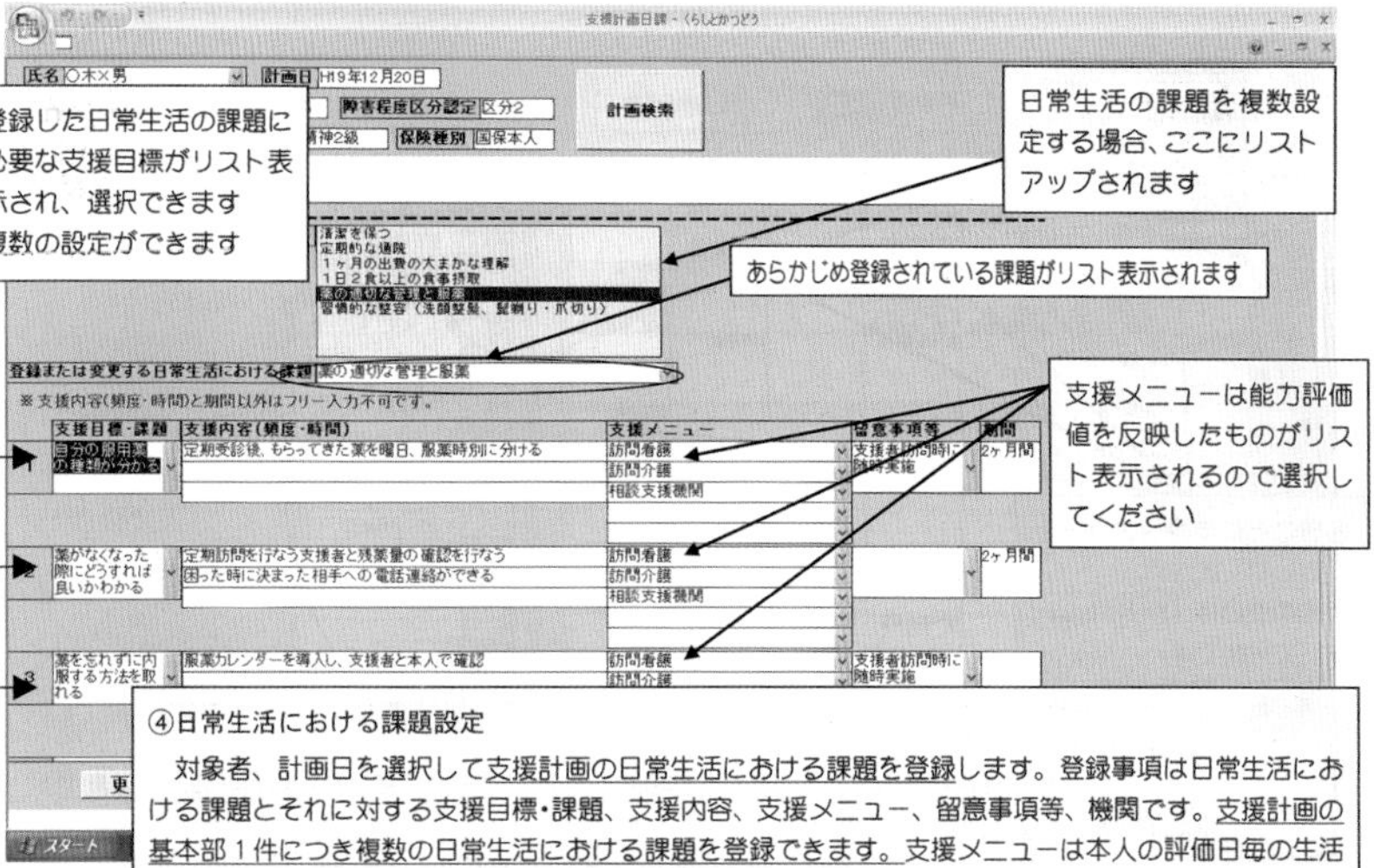

④日常生活における課題設定

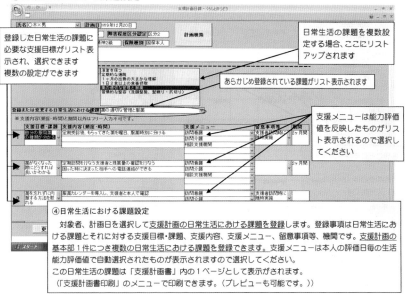

対象者、計画日を選択して支援計画の日常生活における課題を登録します。登録事項は日常生活における課題とそれに対する支援目標・課題、支援内容、支援メニュー、留意事項等、機関です。支援計画の基本部１件につき複数の日常生活における課題を登録できます。支援メニューは本人の評価日毎の生活能力評価値で自動選択されたものが表示されますので選択してください。
この日常生活の課題は「支援計画書」内の１ページとして表示がされます。
（「支援計画書印刷」のメニューで印刷できます。（プレビューも可能です。））

支援計画書（日常生活の課題のページを拡大）

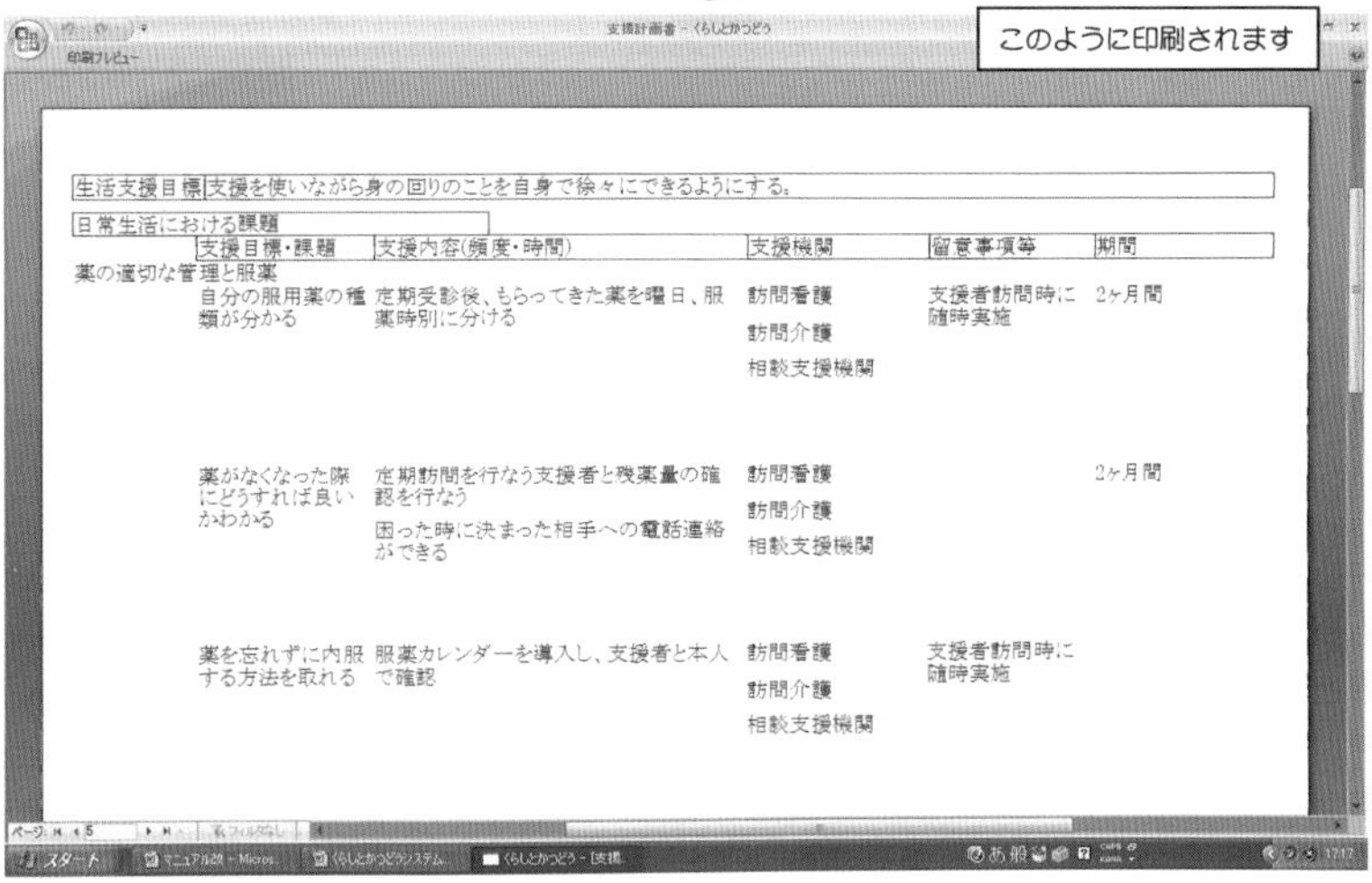

⑤月間予定、支援者一覧作成

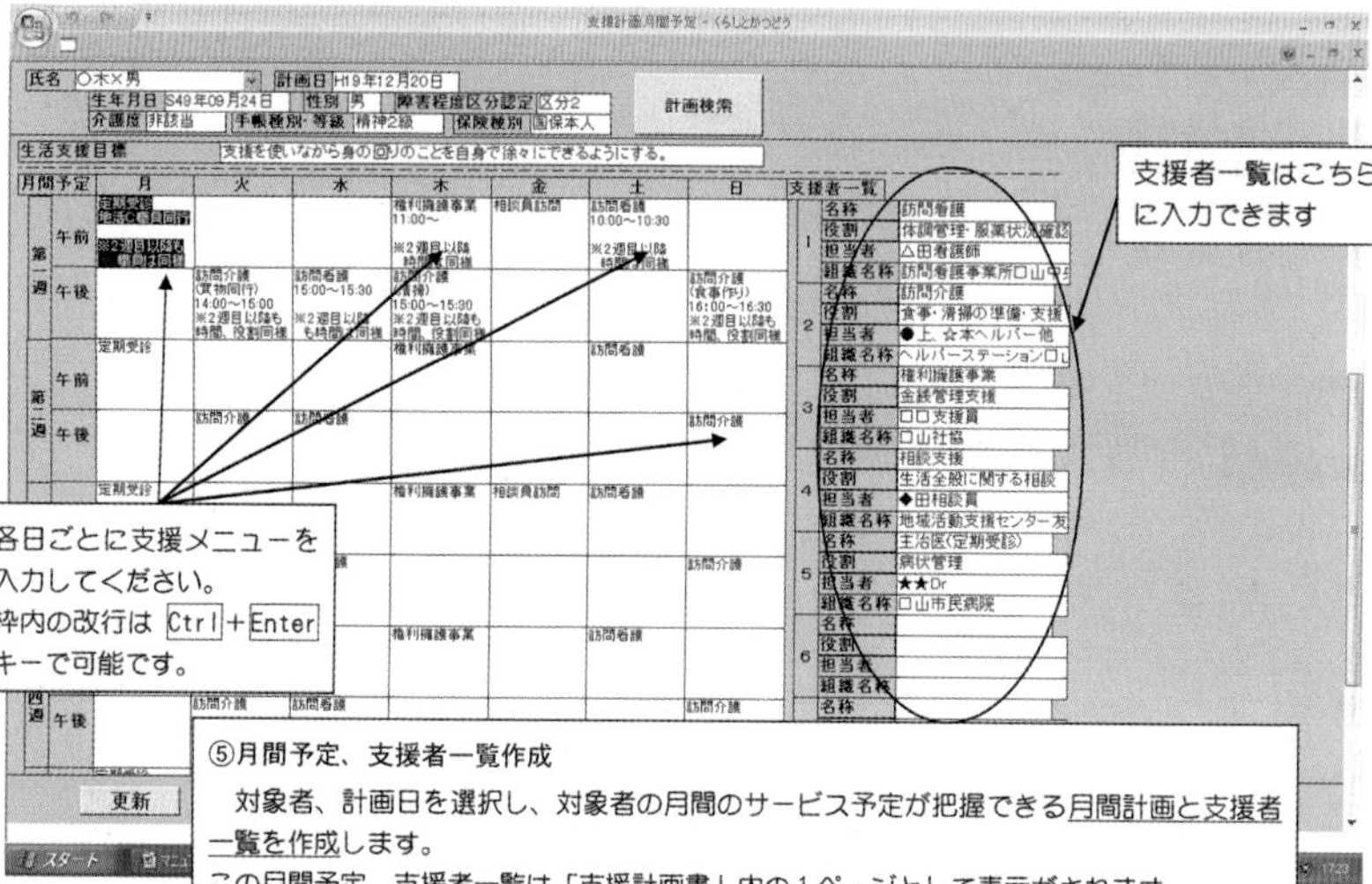
支援者一覧はこちら
に入力できます
各日ごとに支援メニューを
入力してください。
枠内の改行は Ctrl + Enter
キーで可能です。
計画検索
更新

⑤月間予定、支援者一覧作成

対象者、計画日を選択し、対象者の月間のサービス予定が把握できる<u>月間計画と支援者一覧を作成</u>します。

この月間予定、支援者一覧は「支援計画書」内の１ページとして表示がされます。

（「支援計画書印刷」のメニューで印刷できます。（プレビューも可能です。））

※　月間予定、支援者一覧を作成し、支援計画は作成完了となります。

支援計画書（月間予定・支援者一覧のページを拡大）

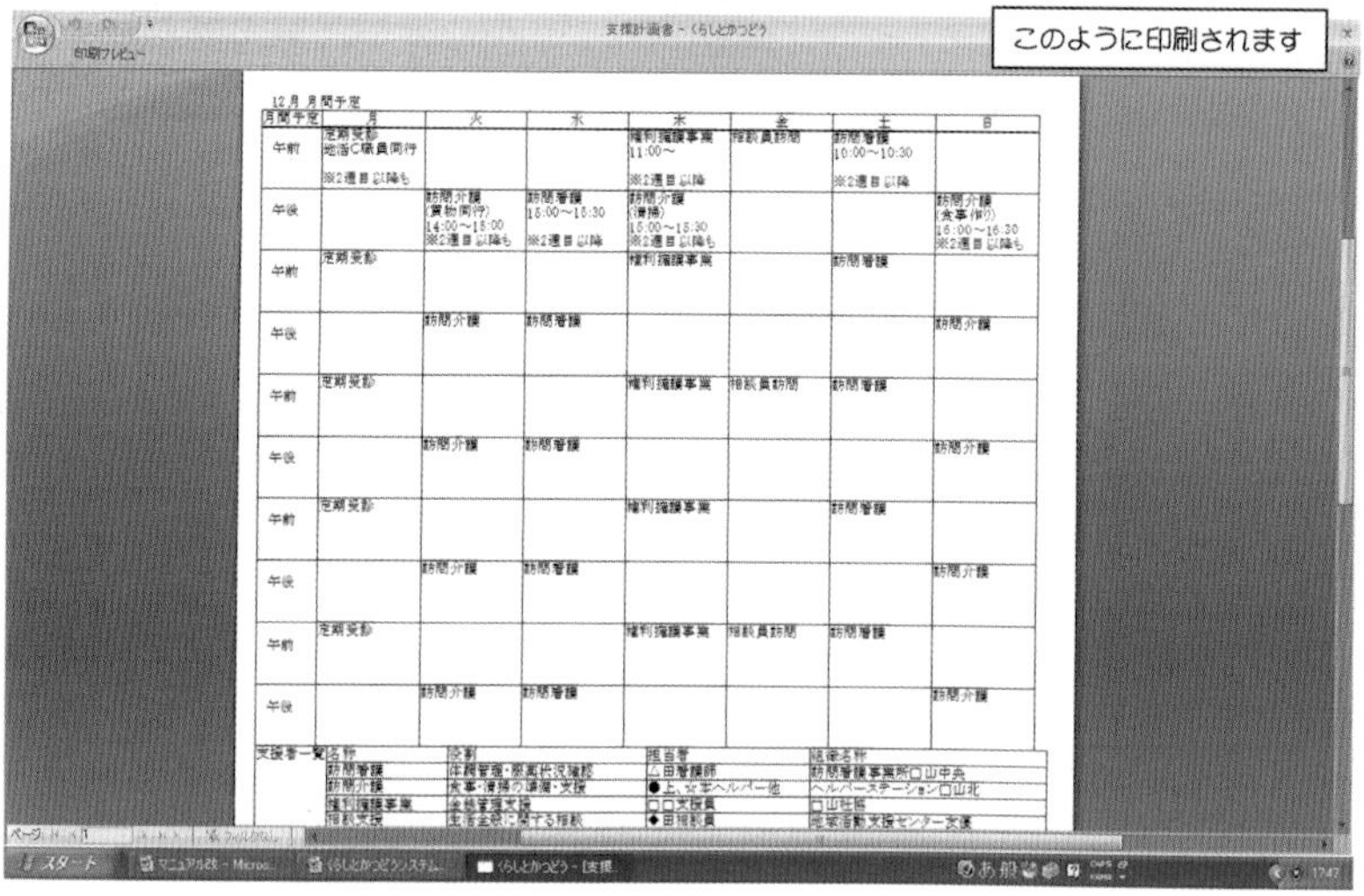
このように印刷されます

⑥支援経過登録

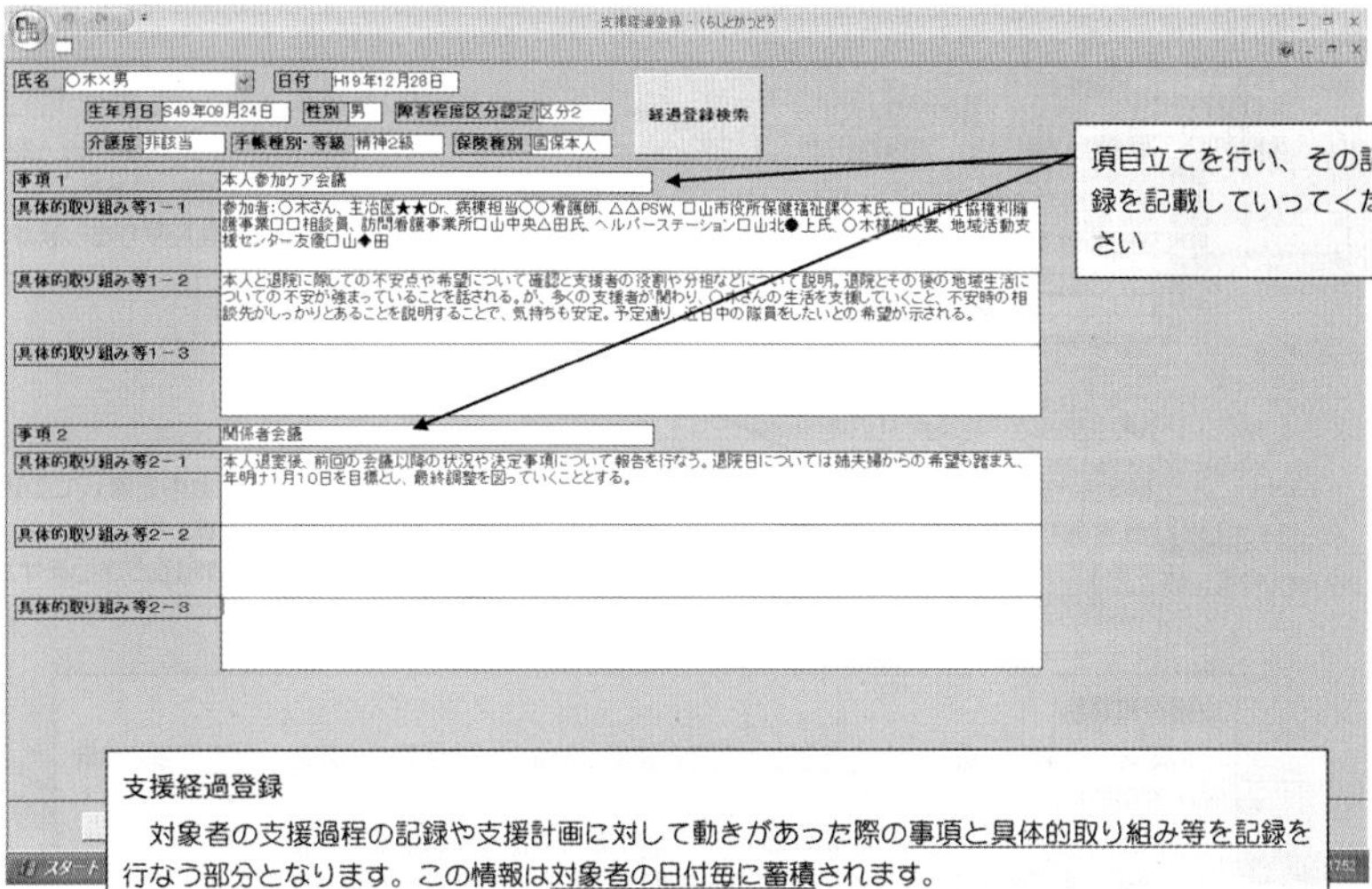

支援経過登録

対象者の支援過程の記録や支援計画に対して動きがあった際の<u>事項と具体的取り組み等を記録</u>を行なう部分となります。この情報は<u>対象者の日付毎に蓄積</u>されます。

（「支援経過記録簿印刷」のメニューで印刷できます。（プレビューも可能です。））

支援経過記録簿

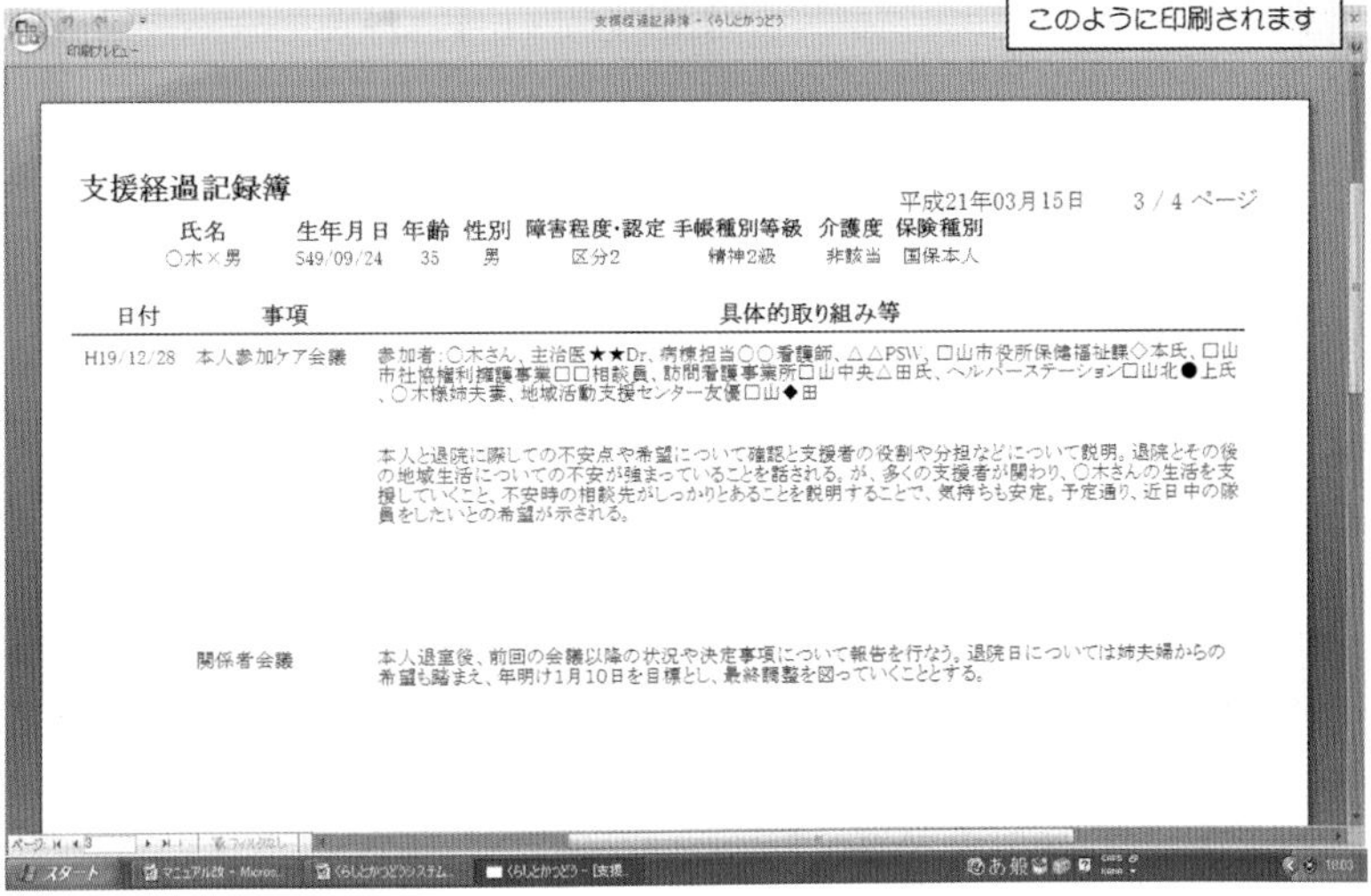

⑦支援計画評価

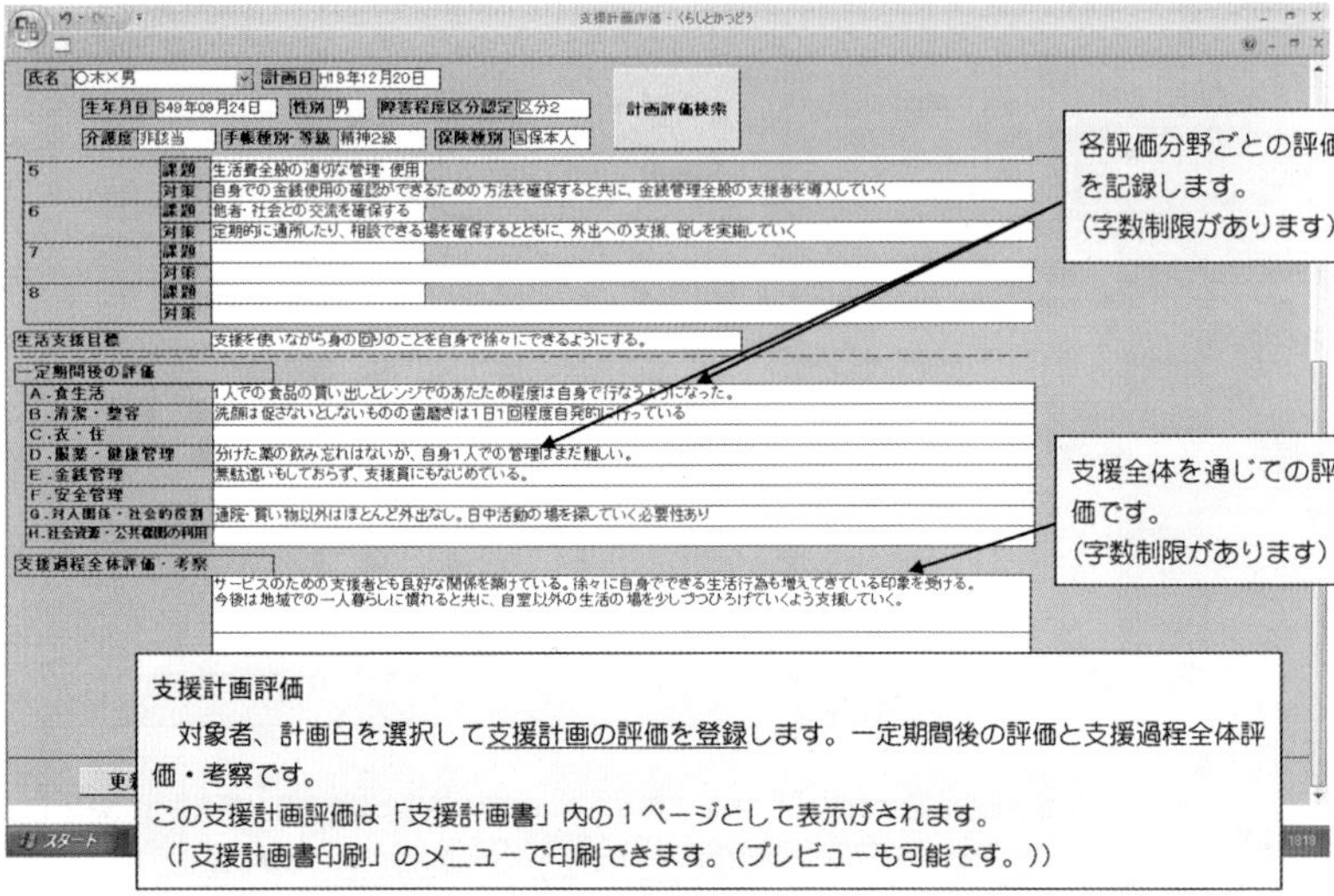
各評価分野ごとの評価を記録します。（字数制限があります）
支援全体を通じての評価です。（字数制限があります）
支援計画評価
対象者、計画日を選択して支援計画の評価を登録します。一定期間後の評価と支援過程全体評価・考察です。
この支援計画評価は「支援計画書」内の１ページとして表示がされます。
（「支援計画書印刷」のメニューで印刷できます。（プレビューも可能です。））

支援計画書（支援計画評価部を拡大）

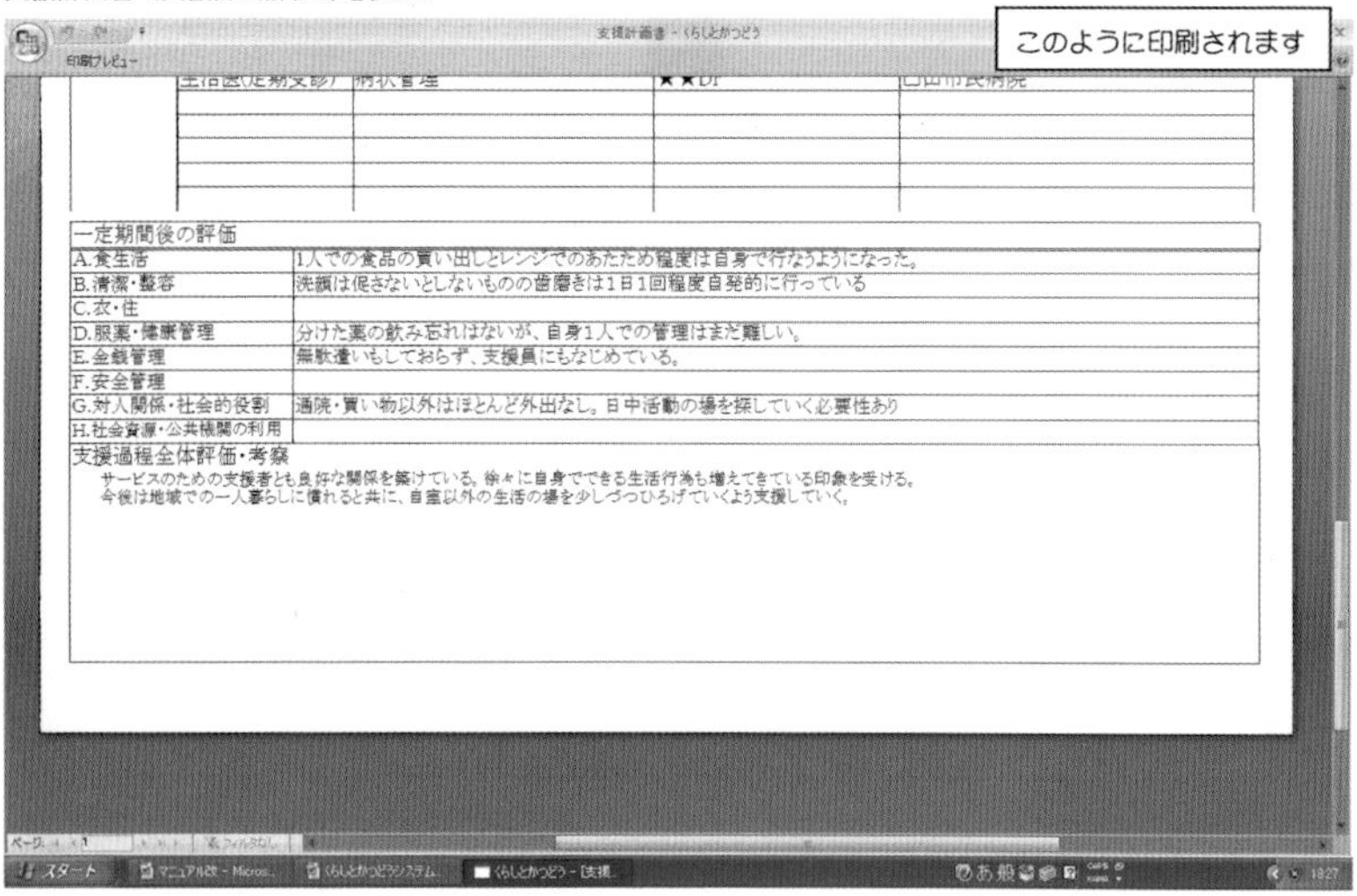

このように項目①～⑦までが標準的な操作の流れとなります。

「くらしとかつどう」
～ Life & Acts ～
平成19年度障害者自立支援調査研究プロジェクト
特別医療法人
城西医療財団
城西病院

ケアマネジメントツール

くらしとかつどう

LIFE & ACTS

使用簡易マニュアル

特別医療法人

城西医療財団 城西病院

〒390-8648 長野県松本市城西1-5-16

TEL0263-33-6400(代) FAX0263-33-9920

社会医療法人
城西医療財団 組織図(1)

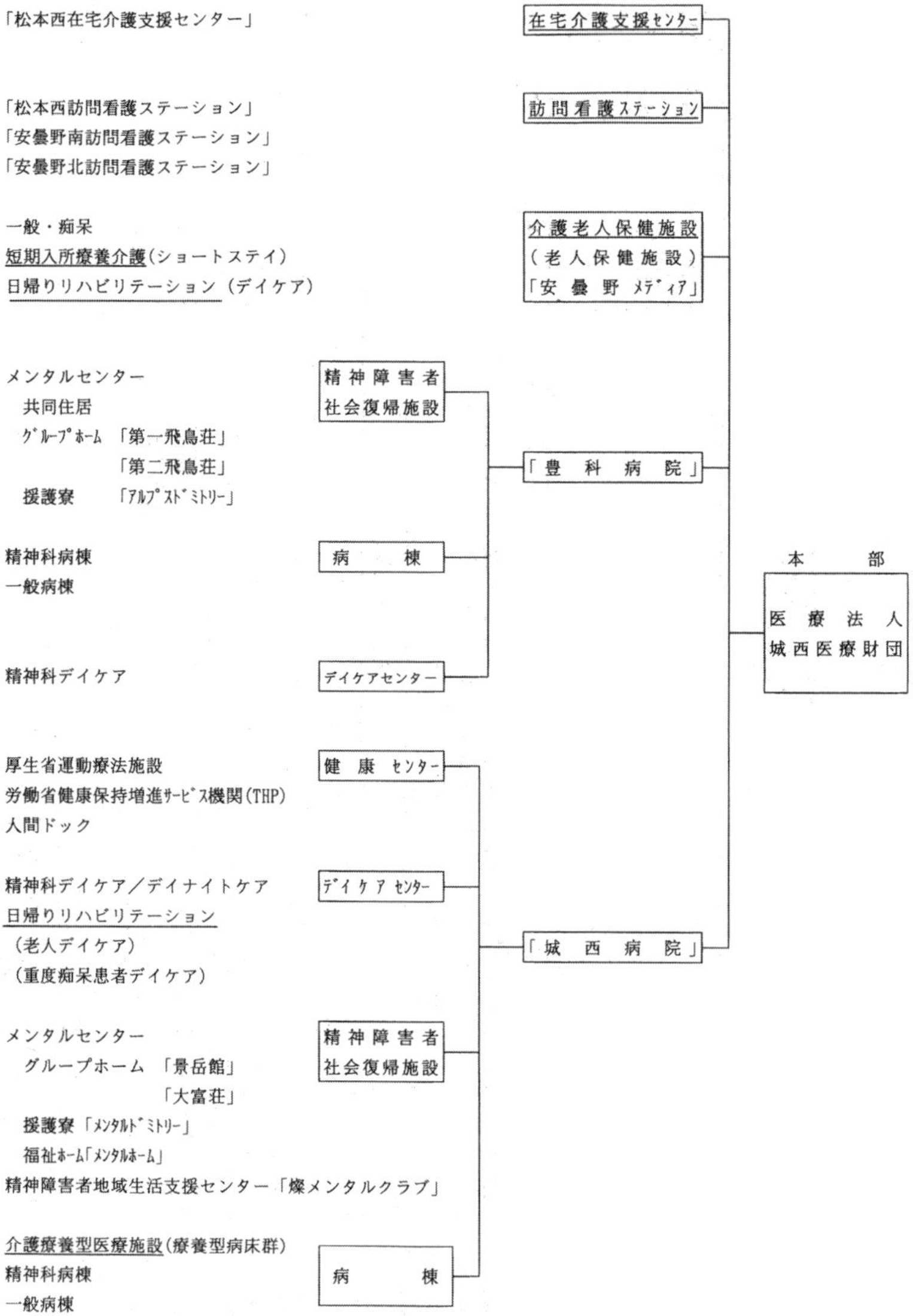

※アンダーラインは介護保険施行時の施設の名称

【平成11年1月現在】

社会福祉法人
七つの鐘 組織図(1)

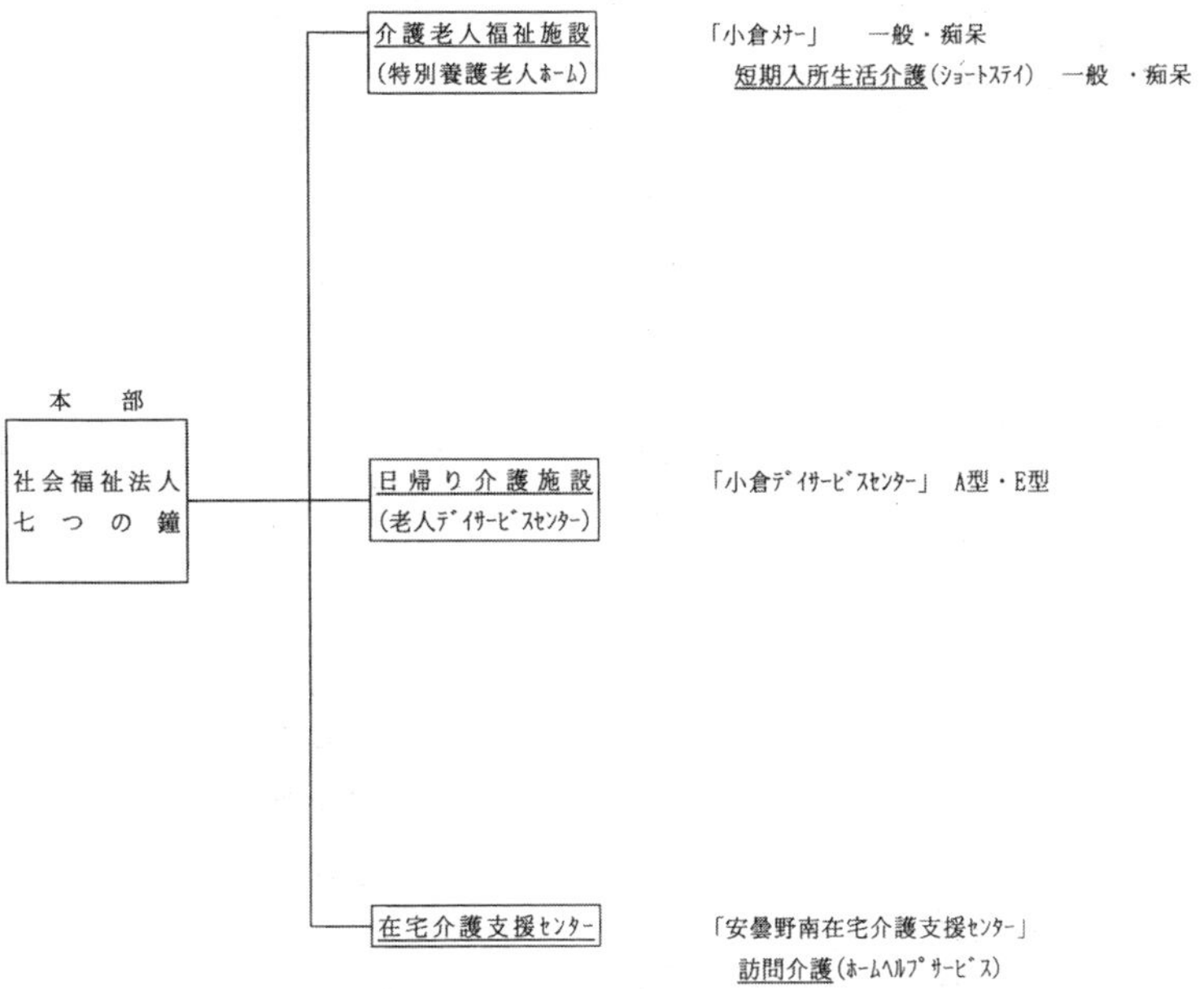

【平成11年1月現在】

社会医療法人
城西医療財団 組織図(2)

- 社会医療法人 城西医療財団
  - 参与会
  - 城西会
  - 心の友の会
  - 会長
  - 顧問
  - 評議員会
  - 理事会
    - 理事長
    - 副理事長
    - 専務理事
    - 常務理事
    - 理事
    - 監事
    - 管財室
      - 経理部
    - 企画相談室
      - 事業部
      - 管理部
      - 情報部
      - 出版部
    - 秘書室
    - 常勤監査役
    - しろにし東京事務所
    - 委員会
      - 学術教育委員会
      - 保険診療委員会
      - 厚生福利委員会
      - 広報文化委員会
      - 社会復帰施設苦情処理委員会
      - 患者サービス委員会
        - ＣＳ委員会
        - 給食委員会
      - 衛生安全委員会
        - 褥瘡対策委員会
        - 禁煙対策委員会
      - 医療安全管理委員会
        - 医療安全対策委員会
        - 医療機器安全管理委員会
        - 院内感染対策委員会
        - 医療用ｶﾞｽ管理委員会
        - 輸血療法委員会
      - 患者権利擁護委員会
      - 院内行動制限審査委員会
      - 診療録管理委員会
      - 保守保安委員会
      - 臨床検査適正化委員会
      - 賞罰委員会
    - 総長
      - 城西病院
        - リハビリテーションセンター
        - 健康センター
          - ‘Ｓ’ウェルネスクラブ松本
        - デイケアセンター
        - メンタルセンター
          - 地域活動支援センター
            - 燦メンタルクラブ
          - 援護寮 ﾒﾝﾀﾙﾄﾞﾐﾄﾘｰ
          - グループホーム・ケアホーム
            - ﾒﾝﾀﾙﾎｰﾑ，大富荘，景岳館
          - 居宅介護支援事業所 しろにし
      - 豊科病院
        - デイケアセンター
        - メンタルセンター
          - 援護寮 ｱﾙﾌﾟｽﾄﾞﾐﾄﾘｰ
          - グループホーム・ケアホーム
            - 第一飛鳥荘，第二飛鳥荘
      - ミサトピア 小倉病院
        - 居宅介護支援事業所 みさとぴあ
      - 神城醫院
        - ‘Ｓ’ウェルネスクラブ神城
      - 介護老人保健施設 安曇野メディア
        - 居宅介護支援事業所 とよしな
      - 介護老人保健施設 白馬メディア
        - 居宅介護支援事業所 しろうま
      - 認知症高齢者グループホーム かたくりの郷
      - ケアハウス いわかがみ
      - ‘Ｓ’ウェルネスクラブ小谷
      - 訪問看護ステーション
        - 松本西訪問看護ステーション
        - 安曇野南訪問看護ステーション
        - 安曇野北訪問看護ステーション
        - 安曇野東訪問看護ステーション
        - 北アルプス訪問看護ステーション
      - 訪問介護ステーション
        - 松本西訪問介護ステーション
        - 安曇野北訪問介護ステーション
        - 北アルプス訪問介護ステーション
      - 松本西介護相談センター

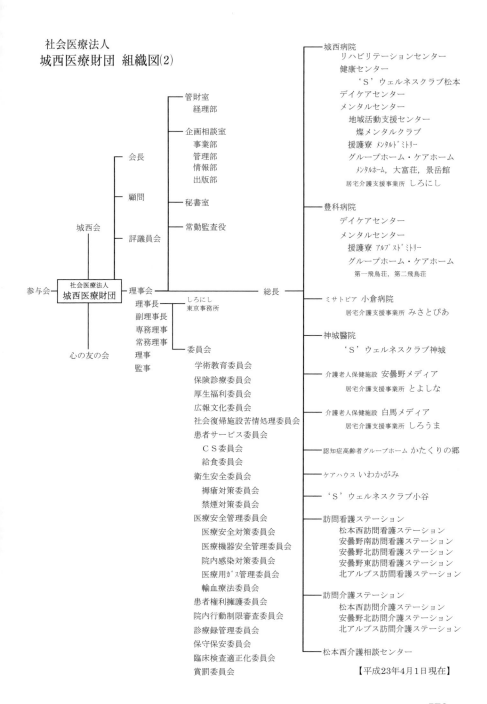

【平成23年4月1日現在】

社会福祉法人
七つの鐘 組織図(2)

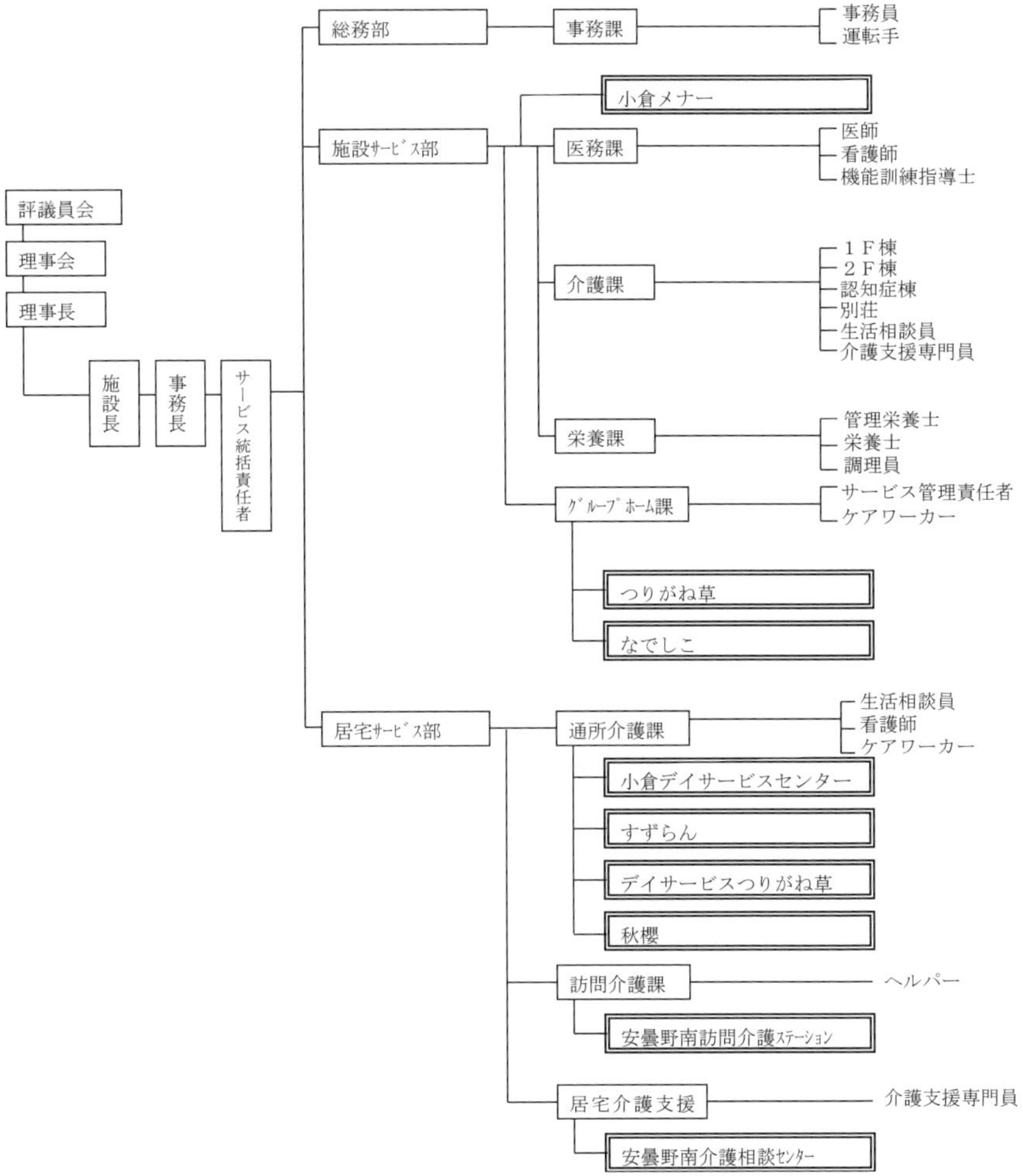

【平成22年10月1日現在】

社会医療法人

城西医療財団 組織図(3)

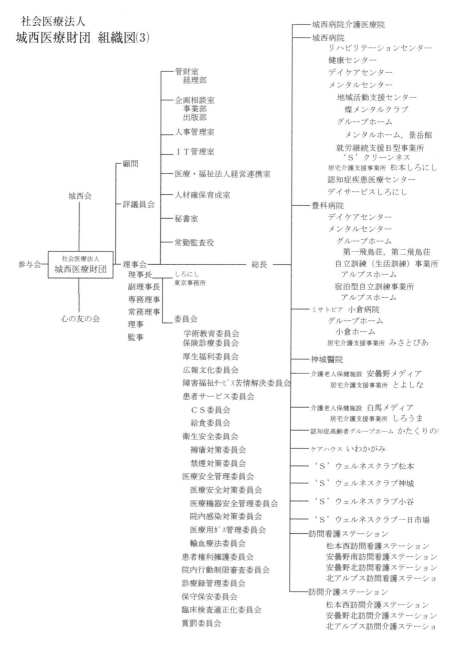

- 参与会
- 城西会
- 心の友の会
- 社会医療法人 城西医療財団
  - 顧問
  - 評議員会
  - 理事会
    - 理事長
    - 副理事長
    - 専務理事
    - 常務理事
    - 理事
    - 監事
    - 管財室
      - 経理部
    - 企画相談室
      - 事業部
      - 出版部
    - 人事管理室
    - ＩＴ管理室
    - 医療・福祉法人経営連携室
    - 人材確保育成室
    - 秘書室
    - 常勤監査役
    - しろにし東京事務所
    - 委員会
      - 学術教育委員会
      - 保険診療委員会
      - 厚生福利委員会
      - 広報文化委員会
      - 障害福祉ｻｰﾋﾞｽ苦情解決委員会
      - 患者サービス委員会
        - ＣＳ委員会
        - 給食委員会
      - 衛生安全委員会
        - 褥瘡対策委員会
        - 禁煙対策委員会
      - 医療安全管理委員会
        - 医療安全対策委員会
        - 医療機器安全管理委員会
        - 院内感染対策委員会
        - 医療用ｶﾞｽ管理委員会
        - 輸血療法委員会
      - 患者権利擁護委員会
      - 院内行動制限審査委員会
      - 診療録管理委員会
      - 保守保安委員会
      - 臨床検査適正化委員会
      - 賞罰委員会
    - 総長
      - 城西病院介護医療院
      - 城西病院
        - リハビリテーションセンター
        - 健康センター
        - デイケアセンター
        - メンタルセンター
          - 地域活動支援センター
            - 燦メンタルクラブ
          - グループホーム
            - メンタルホーム，景岳館
          - 就労継続支援Ｂ型事業所
            - ‘Ｓ’クリーンネス
        - 居宅介護支援事業所 松本しろにし
        - 認知症疾患医療センター
        - デイサービスしろにし
      - 豊科病院
        - デイケアセンター
        - メンタルセンター
          - グループホーム
            - 第一飛鳥荘，第二飛鳥荘
          - 自立訓練（生活訓練）事業所
            - アルプスホーム
          - 宿泊型自立訓練事業所
            - アルプスホーム
      - ミサトピア 小倉病院
        - グループホーム
          - 小倉ホーム
        - 居宅介護支援事業所 みさとぴあ
      - 神城醫院
      - 介護老人保健施設 安曇野メディア
        - 居宅介護支援事業所 とよしな
      - 介護老人保健施設 白馬メディア
        - 居宅介護支援事業所 しろうま
      - 認知症高齢者グループホーム かたくりの
      - ケアハウス いわかがみ
      - ‘Ｓ’ウェルネスクラブ松本
      - ‘Ｓ’ウェルネスクラブ神城
      - ‘Ｓ’ウェルネスクラブ小谷
      - ‘Ｓ’ウェルネスクラブ一日市場
      - 訪問看護ステーション
        - 松本西訪問看護ステーション
        - 安曇野南訪問看護ステーション
        - 安曇野北訪問看護ステーション
        - 北アルプス訪問看護ステーショ
      - 訪問介護ステーション
        - 松本西訪問介護ステーション
        - 安曇野北訪問介護ステーション
        - 北アルプス訪問介護ステーショ

【令和2年9月16日現在】

社会福祉法人
七つの鐘 組織図(3)

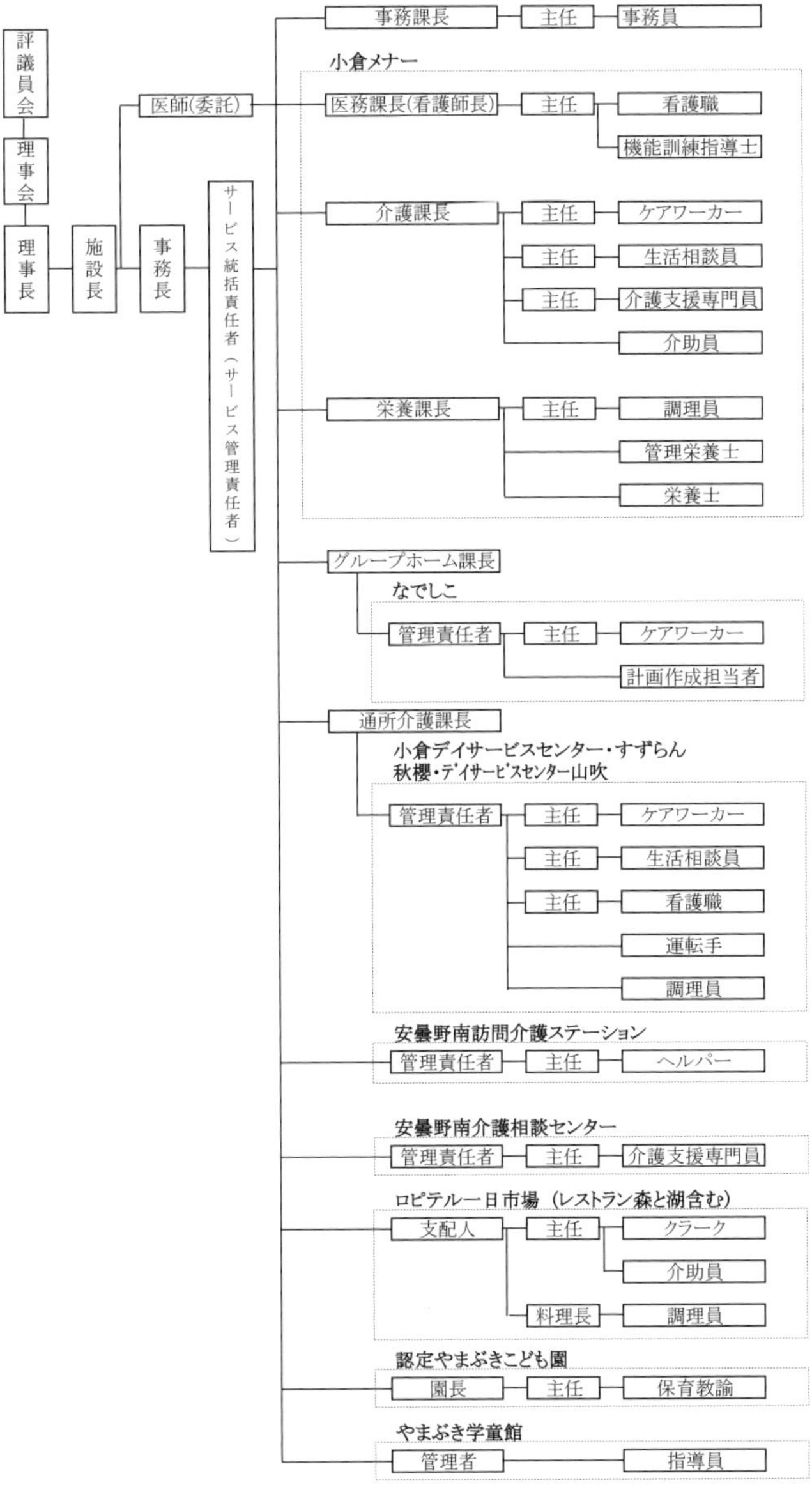

【令和2年10月1日現在】

ＫＥＩＪＩＮグループは

保健医学センター、健康運動センター、診療所、病院、老人保健施設、特別養護老人ホーム、グループホーム、デイサービスセンター、在宅介護支援センター、訪問看護ステーション、ヘルパーステーション、在宅ケアサービスセンター、福祉医療用品販売会社等を運営する健康、医療、福祉分野に広がる総合グループです。

グループのモットーは、**“安心と安全と２４時間の愛情・・・”**です。

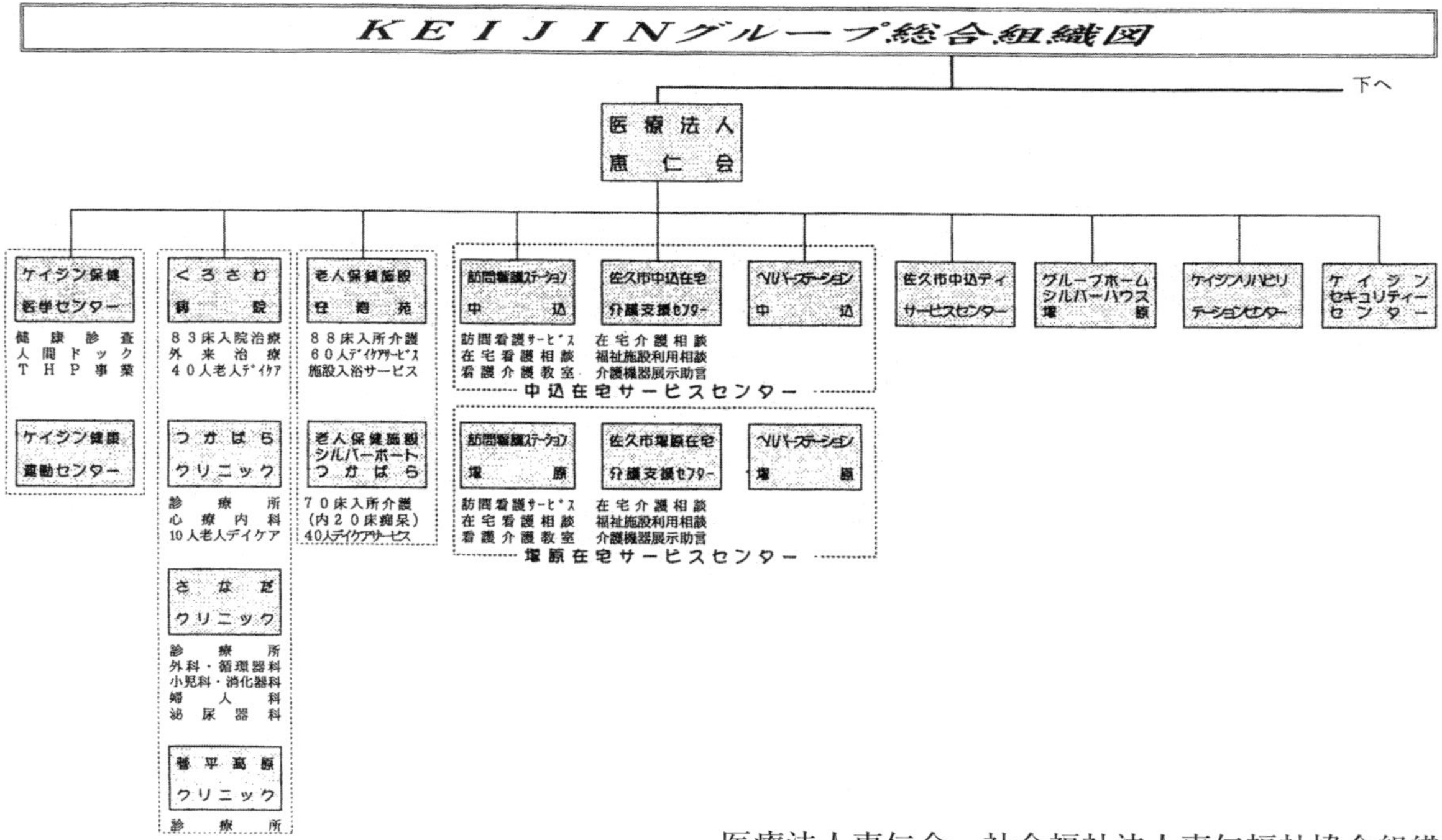

医療法人恵仁会・社会福祉法人恵仁福祉協会組織図(1)

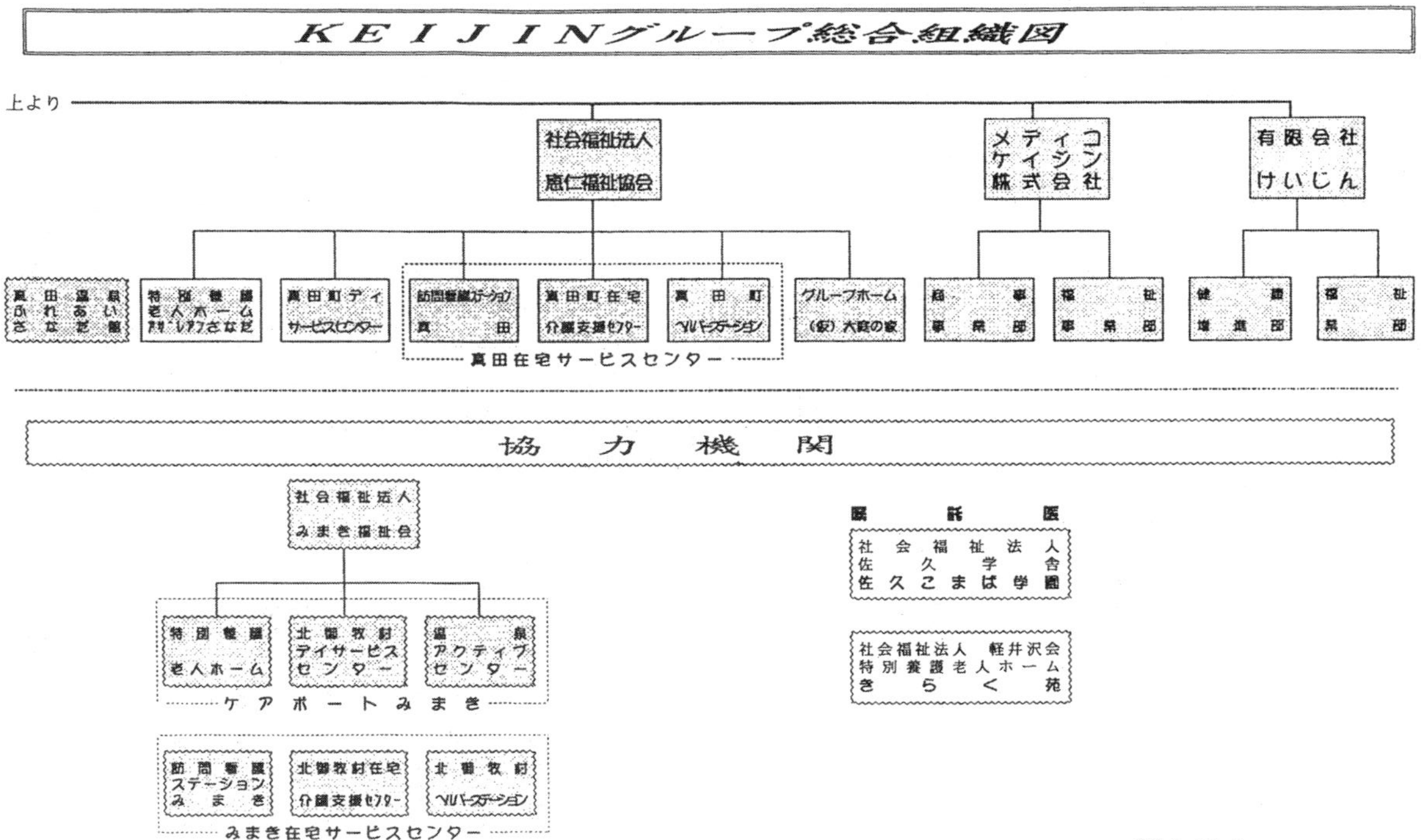
KEIJINグループ総合組織図
上より
社会福祉法人
恵仁福祉協会
メディコ
ケイシン
株式会社
有限会社
けいじん
真田温泉
ふれあい
さなだ館
特別養護
老人ホーム
アザレアさなだ
真田町デイ
サービスセンター
訪問看護ステーション
真田
真田町在宅
介護支援センター
真田町
ヘルパーステーション
真田在宅サービスセンター
グループホーム
（仮）大庭の家
医療
事業部
福祉
事業部
健康
増進部
協力機関
社会福祉法人
みまき福祉会
特別養護
老人ホーム
北御牧村
デイサービス
センター
温泉
アクティブ
センター
ケアポートみまき
訪問看護
ステーション
みまき
北御牧村在宅
介護支援センター
北御牧村
ヘルパーステーション
みまき在宅サービスセンター
嘱託医
社会福祉法人
佐久学舎
佐久こまば学園
社会福祉法人　軽井沢会
特別養護老人ホーム
きらく苑

H10. 10. 1

平成24年度社会医療法人恵仁会　組織図(2)

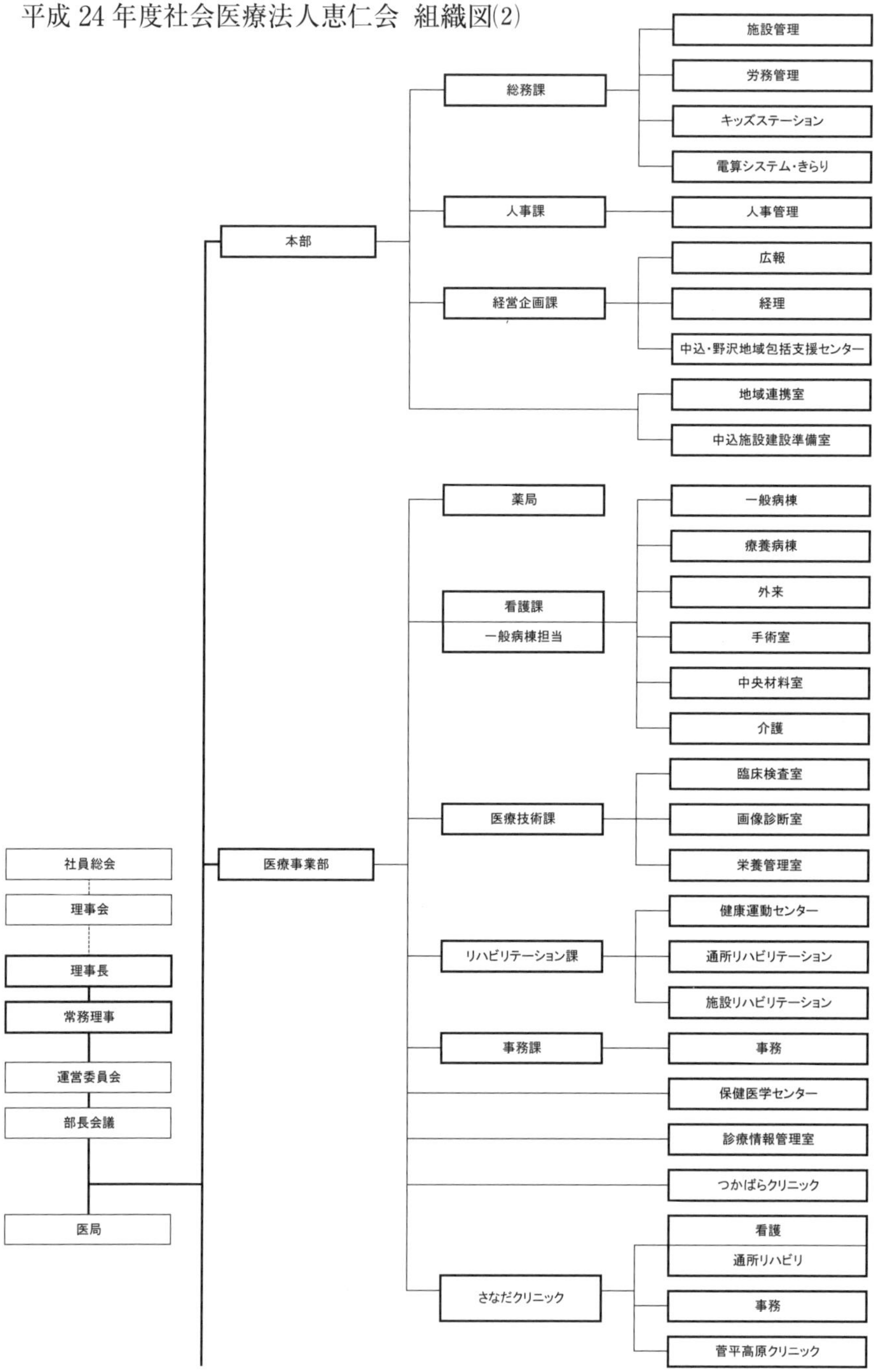

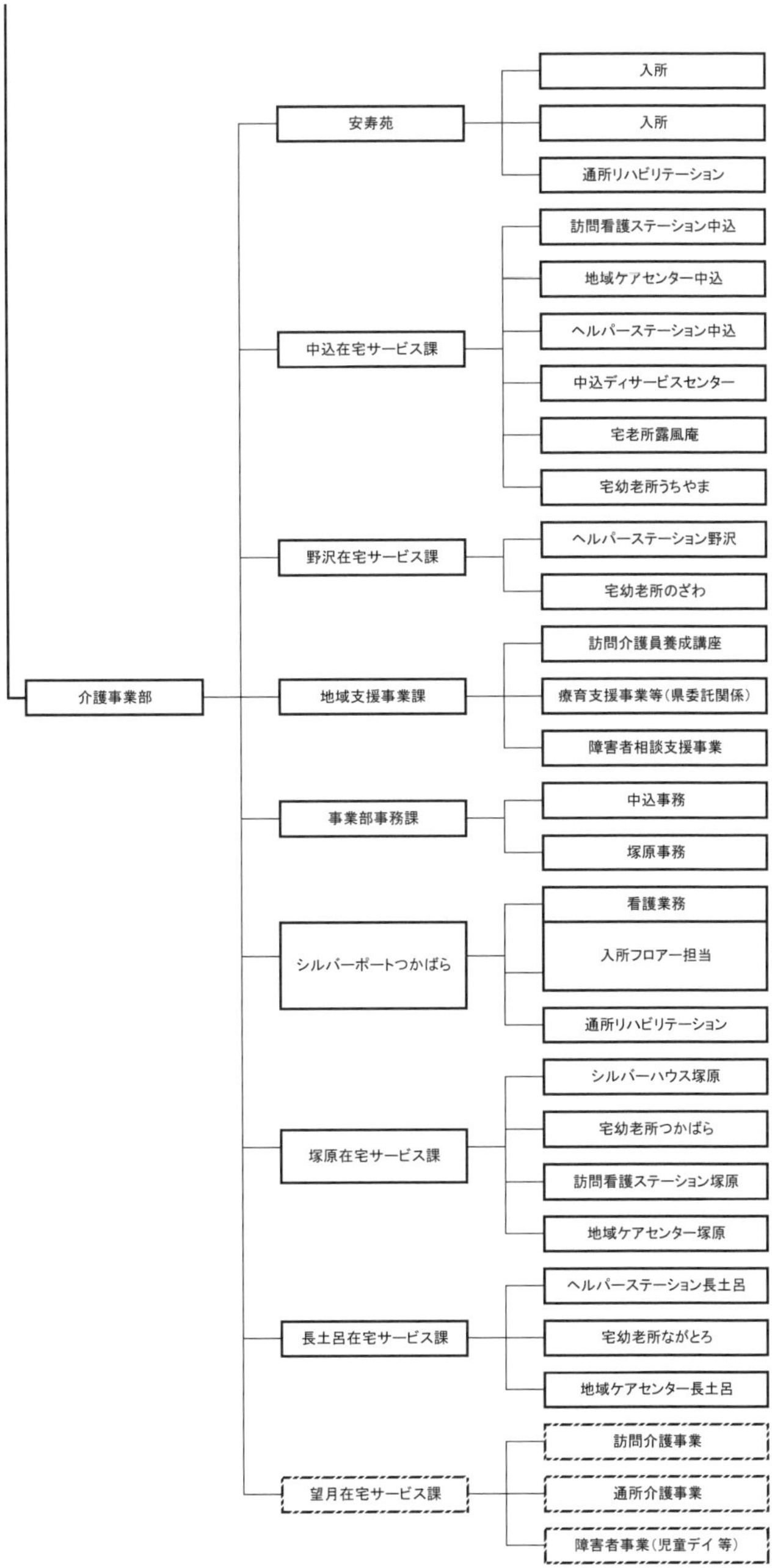
介護事業部
安寿苑
入所
入所
通所リハビリテーション
中込在宅サービス課
訪問看護ステーション中込
地域ケアセンター中込
ヘルパーステーション中込
中込ディサービスセンター
宅老所露風庵
宅幼老所うちやま
野沢在宅サービス課
ヘルパーステーション野沢
宅幼老所のざわ
地域支援事業課
訪問介護員養成講座
療育支援事業等(県委託関係)
障害者相談支援事業
事業部事務課
中込事務
塚原事務
シルバーポートつかばら
看護業務
入所フロアー担当
通所リハビリテーション
塚原在宅サービス課
シルバーハウス塚原
宅幼老所つかばら
訪問看護ステーション塚原
地域ケアセンター塚原
長土呂在宅サービス課
ヘルパーステーション長土呂
宅幼老所ながとろ
地域ケアセンター長土呂
望月在宅サービス課
訪問介護事業
通所介護事業
障害者事業(児童デイ 等)

平成24年度社会福祉法人恵仁会 組織図(2)

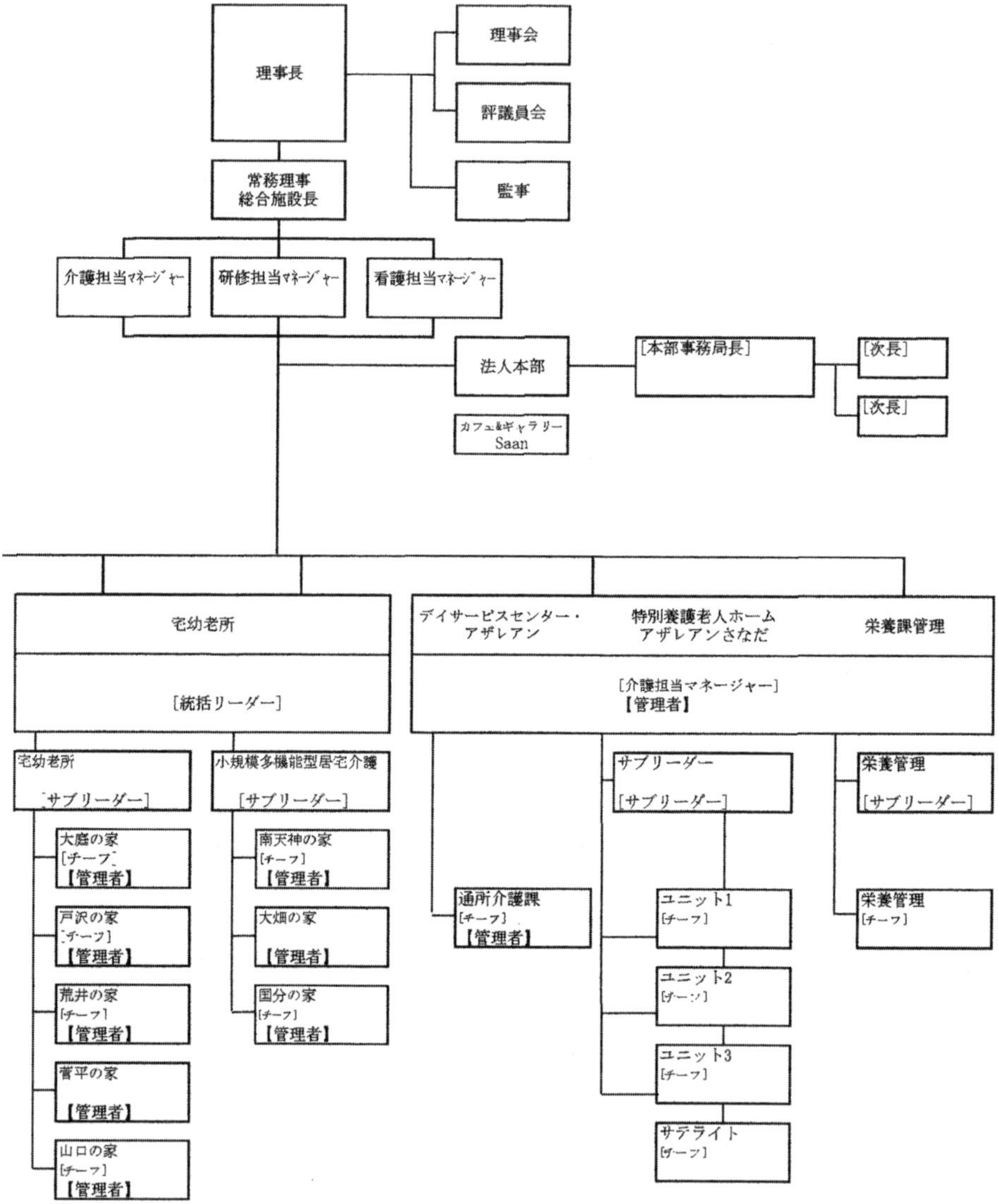

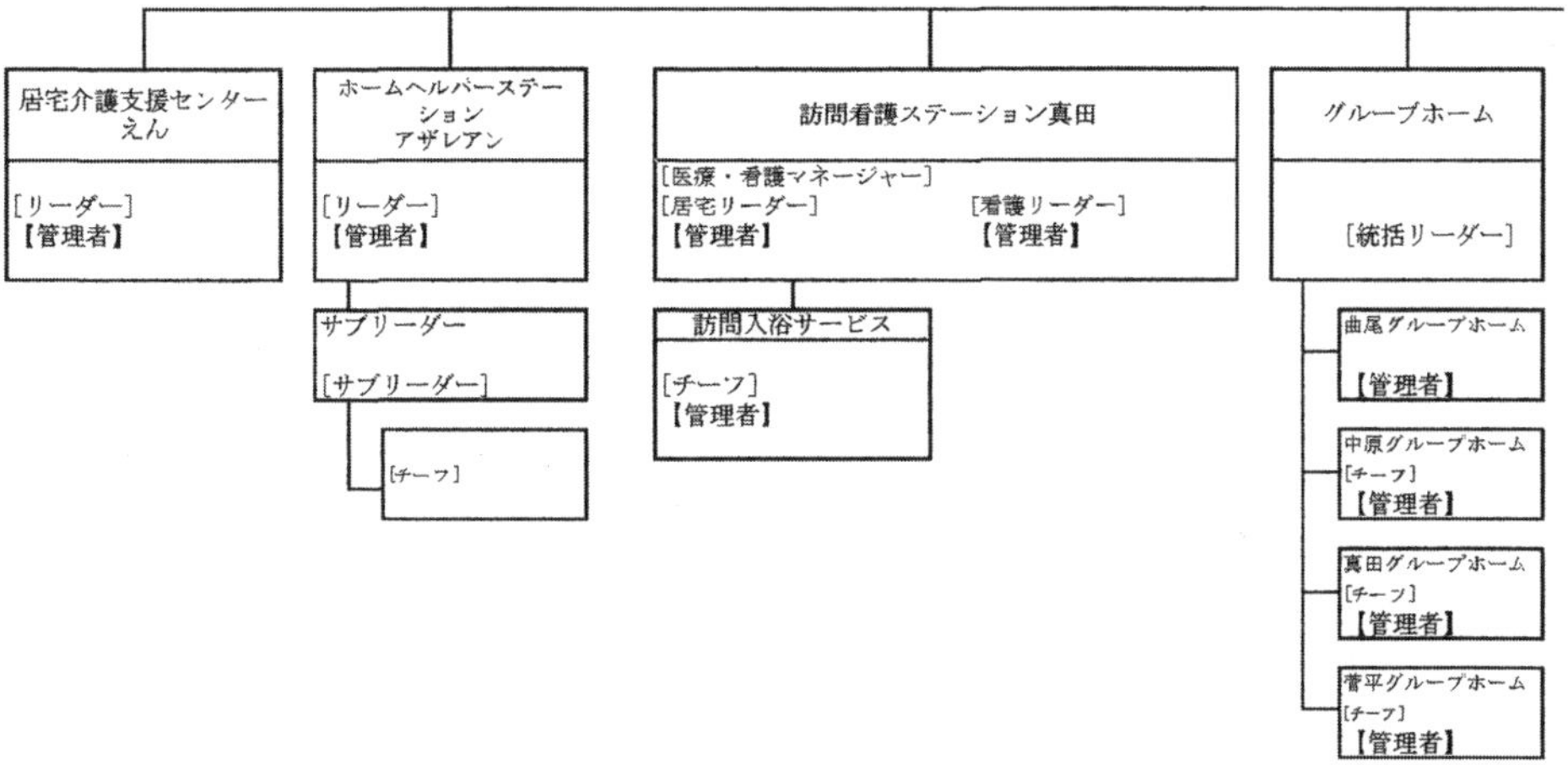
居宅介護支援センターえん
[リーダー]
【管理者】
ホームヘルパーステーション
アザレアン
[リーダー]
【管理者】
サブリーダー
[サブリーダー]
[チーフ]
訪問看護ステーション真田
[医療・看護マネージャー]
[居宅リーダー]
【管理者】
[看護リーダー]
【管理者】
訪問入浴サービス
[チーフ]
【管理者】
グループホーム
[統括リーダー]
曲尾グループホーム
【管理者】
中原グループホーム
[チーフ]
【管理者】
真田グループホーム
[チーフ]
【管理者】
菅平グループホーム
[チーフ]
【管理者】

令和２年度社会医療法人恵仁会 組織図(3)

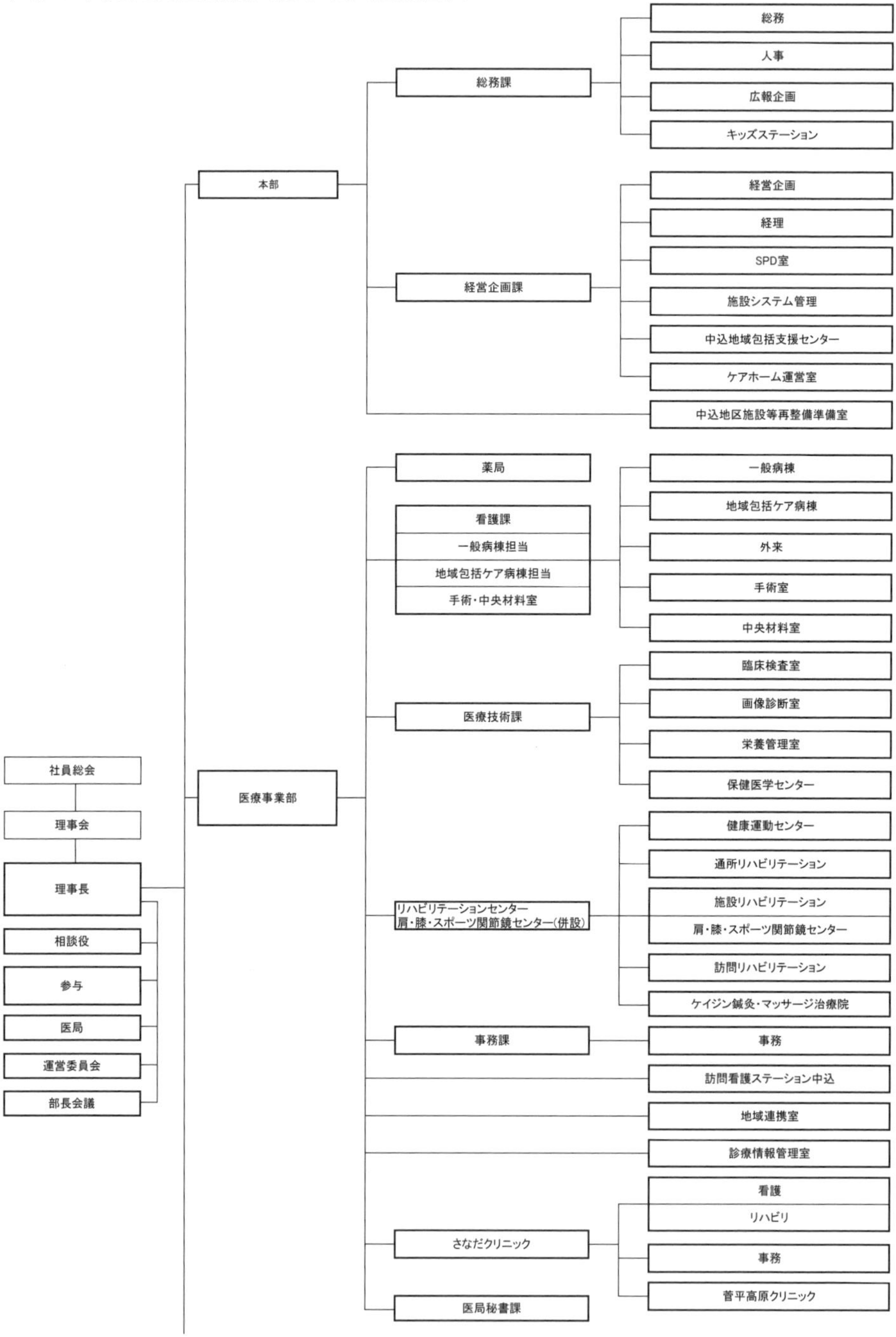
社員総会
理事会
理事長
相談役
参与
医局
運営委員会
部長会議
本部
総務課
総務
人事
広報企画
キッズステーション
経営企画課
経営企画
経理
SPD室
施設システム管理
中込地域包括支援センター
ケアホーム運営室
中込地区施設等再整備準備室
医療事業部
薬局
看護課
一般病棟担当
地域包括ケア病棟担当
手術・中央材料室
一般病棟
地域包括ケア病棟
外来
手術室
中央材料室
医療技術課
臨床検査室
画像診断室
栄養管理室
保健医学センター
リハビリテーションセンター
肩・膝・スポーツ関節鏡センター(併設)
健康運動センター
通所リハビリテーション
施設リハビリテーション
肩・膝・スポーツ関節鏡センター
訪問リハビリテーション
ケイジン鍼灸・マッサージ治療院
事務課
事務
訪問看護ステーション中込
地域連携室
診療情報管理室
さなだクリニック
看護
リハビリ
事務
菅平高原クリニック
医局秘書課

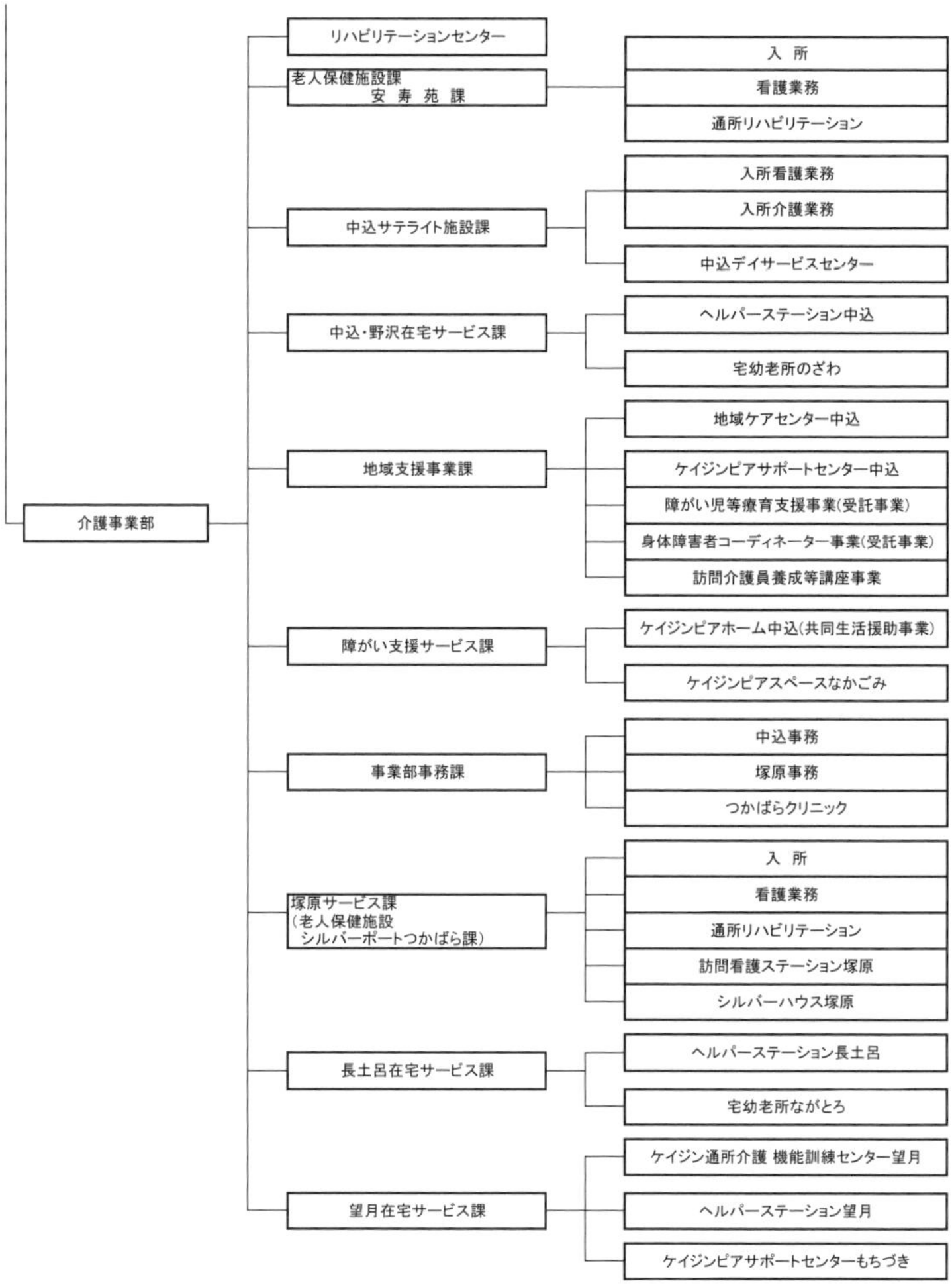
介護事業部
リハビリテーションセンター
老人保健施設課
安 寿 苑 課
入 所
看護業務
通所リハビリテーション
中込サテライト施設課
入所看護業務
入所介護業務
中込デイサービスセンター
中込・野沢在宅サービス課
ヘルパーステーション中込
宅幼老所のざわ
地域支援事業課
地域ケアセンター中込
ケイジンピアサポートセンター中込
障がい児等療育支援事業(受託事業)
身体障害者コーディネーター事業(受託事業)
訪問介護員養成等講座事業
障がい支援サービス課
ケイジンピアホーム中込(共同生活援助事業)
ケイジンピアスペースなかごみ
事業部事務課
中込事務
塚原事務
つかばらクリニック
塚原サービス課
(老人保健施設
シルバーポートつかばら課)
入 所
看護業務
通所リハビリテーション
訪問看護ステーション塚原
シルバーハウス塚原
長土呂在宅サービス課
ヘルパーステーション長土呂
宅幼老所ながとろ
望月在宅サービス課
ケイジン通所介護 機能訓練センター望月
ヘルパーステーション望月
ケイジンピアサポートセンターもちづき

令和２年４月１日

令和２年度社会福祉法人恵仁福祉協会 組織図(3)

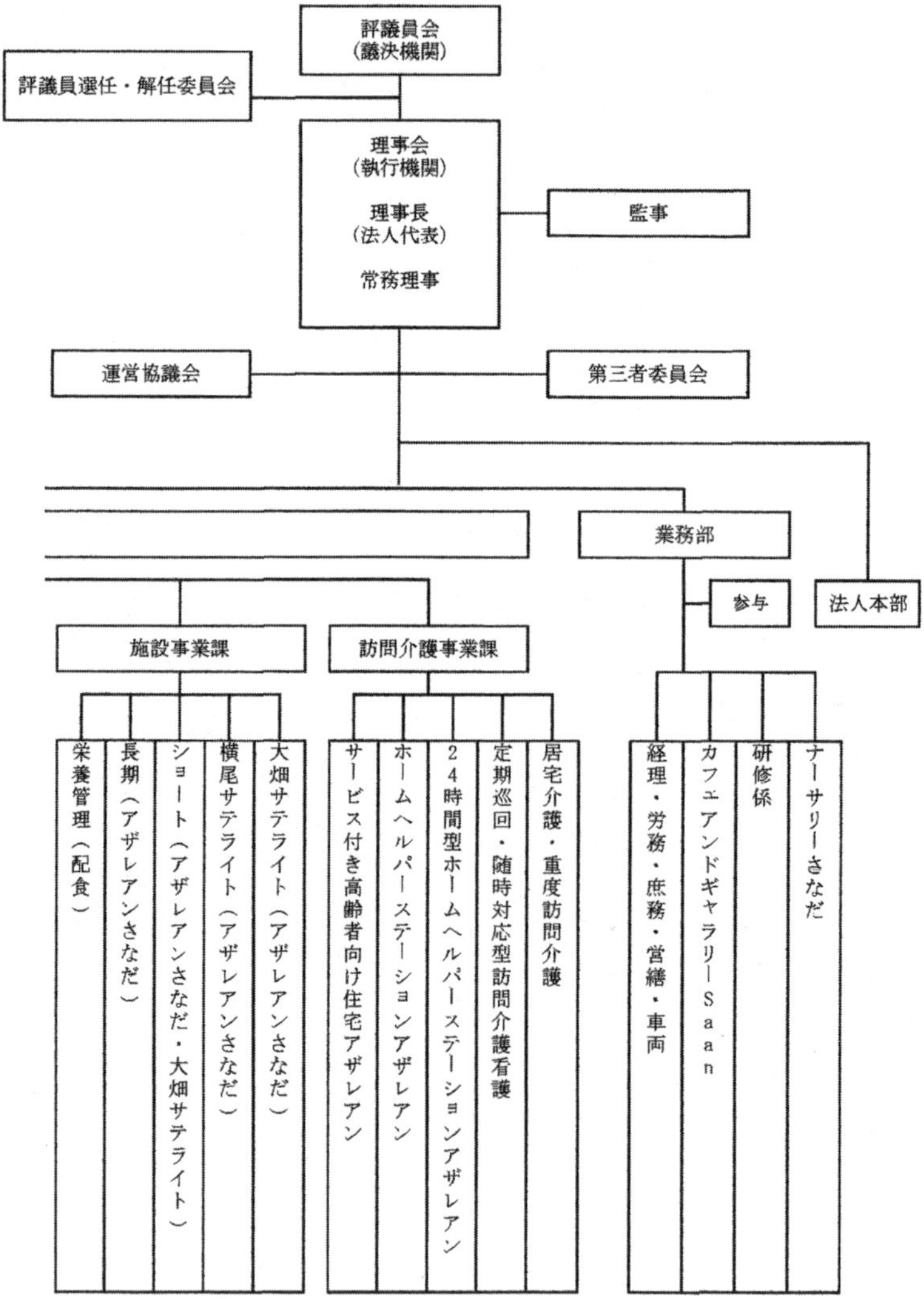

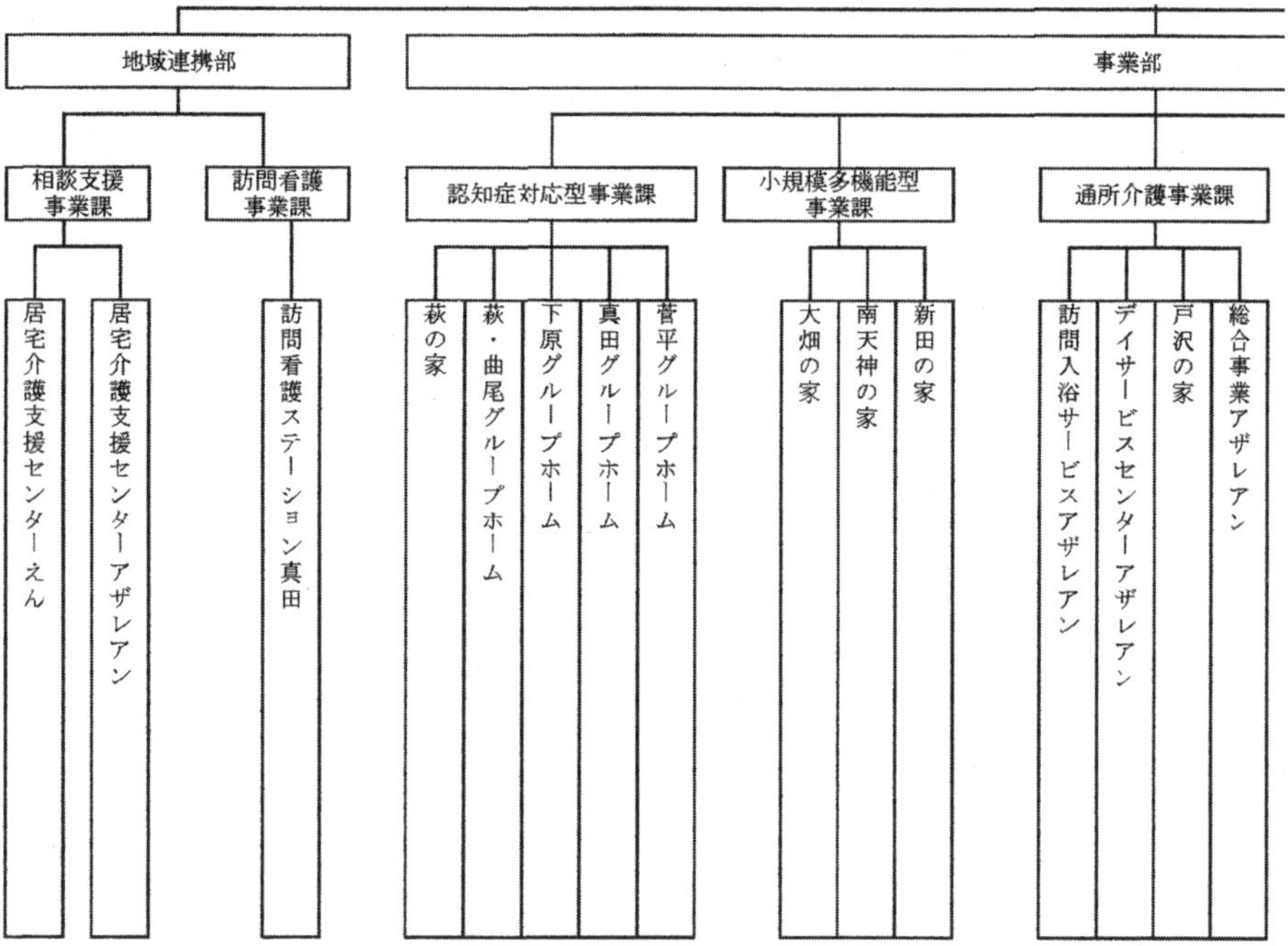
地域連携部
事業部
相談支援事業課
訪問看護事業課
認知症対応型事業課
小規模多機能型事業課
通所介護事業課
居宅介護支援センターえん
居宅介護支援センターアザレアン
訪問看護ステーション真田
萩の家
萩・曲尾グループホーム
下原グループホーム
真田グループホーム
菅平グループホーム
大畑の家
南天神の家
新田の家
訪問入浴サービスアザレアン
デイサービスセンターアザレアン
戸沢の家
総合事業アザレアン

城西医療財団　沿革

年号	年	月	事由
明治	19年	11月	関 査三郎東筑摩郡神林村（現松本市神林）に「養精堂関療院」開設
大正	3年	6月	関 忠英「関療院」院長に就任
	8年	1月	豊科町に「関療院分院」開設
	9年	5月	関療院分院を「豊科療院」と改称
	11年	2月	関 守男　豊科療院院長に就任
	13年	10月	松本市城西に「関療院」開設し、神林村関療院廃止
	15年	1月	関療院　増築
昭和	11年	12月	関療院を再建し「城西病院」と改称（内科、小児科、外科標榜／22床）
	14年	11月	城西病院　増改築
	16年	12月	陸軍の救護病院に指定
	23年	9月	城西病院　精神科、神経科標榜（一般22床、精神46床）
	26年	3月	関 守、信州大学、松本医科大学講師
	26年	4月	城西病院が「医療法人 城西医療財団 城西病院」に認可され、関 忠英が理事長に就任
	28年	4月	豊科療院を医療法人城西医療財団に組み入れる
			城西病院　増床（一般22床、精神66床）
	29年	6月	〃　増床（一般22床、精神76床）
	30年	3月	〃　増床（一般22床、精神１０９床）
	30年	7月	城西病院歌、同病院章制定

	7月	城西病院南病棟（精神科神経科）完成
	8月	関 忠英長野県医療法人協会々長に就任
	9月	城西誌創刊号発行
31年	4月	関 忠英長野県精神病院協会々長に就任
	5月	豊科療院を「医療法人 城西医療財団 豊科病院」と改称（一般3床、精神48床）
		関 俊子が院長に就任
33年	2月	豊科病院 増床（一般3床、精神72床）
	10月	城西病院 小児科病棟新設（一般22床、精神145床）
34年	2月	城西メンタルセンター（社会復帰施設）開設
	3月	城西病院「心の友の会」（精神障害者患者・家族会）発足
	4月	全国花いっぱい運動に参加
	7月	城西病院 増床（一般22床、精神148床）
	10月	心の友の会主催長野県精神衛生昂揚大会開催
35年	4月	城西病院 関 守病院長就任
		〃 増床（一般22床、精神209床）
	11月	〃 第2ビル新築
37年	11月	〃 増床（一般22床、精神273床）
38年	5月	〃 消化器科、呼吸器科、循環器科標榜
40年	1月	豊科病院 増床（一般3床、精神103床）
	6月	〃 作業治療農園購入
	8月	精神障害者家族会結成
	12月	病院々旗作成

41年4月　関　守が理事長に就任
42年2月　城西病院　増床（一般22床、精神298床）
8月　〃　精神科デイケアセンター開設
11月　三郷村小倉作業治療農園購入
12月　城西病院　WHOクラーク博士 日本の医療視察のため城西病院に来院
43年4月　〃　増床（一般22床、精神302床）
11月　患者断酒会結成
12月　関　守長野県医療社会事業協会々長に就任
44年5月　城西病院　作業治療工場完成
12月　院内報創刊号発行
45年9月　豊科病院　増床（一般3床、精神154床）
〃　第2ビル増築
46年12月　城西病院　本館（第1ビル）完成（一般37床、精神351床）
48年10月　〃　第5ビル新築
12月　〃　職員寮新築、メンタルセンター寮新築移転（第5ビル）
50年11月　〃　神経内科標榜（一般171床、精神224床）
12月　〃　第1ビル増築
〃　第2ビル増築（木造取り壊し）
51年4月　創業90周年記念誌発行、城西病院増改築
52年4月　関　守長野県医療法人協会々長に就任
9月　城西病院　第5ビル増築
〃　増床（一般171床、精神230床）

53年4月　関　守松本医師会々長に就任
53年8月　城西病院　増床（一般171床、精神240床）
9月　身体障害者運動療法施設開設
58年3月　城西病院　増床（一般178床、精神240床）
57年4月　関　守長野県医師会副会長に就任
8月　城西病院　重症病棟施設認可
58年7月　〃　第3ビル新築
8月　〃　老人デイケア施設認可
59年4月　関　守長野県病院協議会〃長に就任
8月　城西病院　精神科作業療法施設認可
60年12月　豊科病院　増改築（一般22床、精神180床）
61年3月　創立百周年記念式典挙行・記念誌発行
6月　精神科デイケア施設認可
10月　城西病院　航空身体検査指定医療機関（運輸省）に指定
62年1月　豊科病院　精神障害者共同住宅開設
城西病院　精神科病棟第2ビル改修工事
〃　小児精神35床を一般精神35床に変更
2月　〃　病床変更（一般188床、精神230床）
4月　〃　皮膚科標榜
財団委員会発足
10月　豊科病院　精神科作業療法施設認可
精神保健法施行

63	3月	城西病院メンタルクラブ発足（ソーシャルクラブ）
	9月	城西病院　第5ビル増改築
	11月	〃　健康センター開設（第5ビル）
平成元年	3月	〃　第6ビル新築（メンタルセンター）
	4月	〃　精神障害者社会復帰施設援護寮「メンタルドミトリー」福祉ホーム「メンタルホーム」開設（メンタルセンター新築移転）
		豊科病院　メンタルセンター開設
		ゴールドプラン策定
2年	4月	長野県病院厚生年金基金初代理事長に関　守が就任
3年	3月	城西病院外科開設
	4月	城西医療財団会長に関　守、理事長に関　健就任・城西病院長に関　健就任
		介護老人保健施設「安曇野メディア」開設（入所70人／通所25人）
		城西病院　第1ビル改装工事
	8月	豊科病院　精神科基準看護基本1類承認
	12月	城西病院　第2ビル改装工事
4年	4月	〃　内科系診察室改装
	8月	豊科病院内　精神科基準看護特2類承認
	10月	城西病院　第8ビル第一期工事完了
	11月	〃　第7ビル新築工事
		「松本西訪問看護ステーション」開設
		豊科病院　精神障害者グループホーム「第1、第2飛鳥荘」開設
5年	2月	「第6回老人ケアー公開講座」テレビ松本で放映

年	月	施設	内容
	4月	城西病院	THP（トータル・ヘルス・プロモーション・プラン）サービス機関（労働省）認可
	5月	〃	救急病院指定
	9月	「松本西在宅介護支援センター」開設	
		城西病院	第8ビル第二期工事完了
	11月	〃	第2ビル増築
		〃	第7ビル新築
6年	2月	〃	精神障害者グループホーム「景岳館」開設、共同住居「景岳館」開設
	3月	〃	「老人デイケア」、「重度痴呆患者デイケア」承認
	4月	〃	「Sウェルネスクラブ」開設
	6月	〃	理学療法科開設
	7月	〃	精神障害者グループホーム「大富荘」開設
		〃	精神科基準看護基本1類承認
		豊科病院	精神科基準看護特1類Ⅰ承認
	8月	城西病院	病床変更（一般156床、精神230床）
	12月	〃	精神科デイナイトケア承認
		新ゴールドプラン策定	
		豊科病院	内科基準看護特2類承認
7年	1月	豊科病院	精神障害者社会復帰施設援護寮「アルプスドミトリー」開設
		〃	精神科デイケア開始
	2月	〃	病床変更（一般18床、精神180床）
		安曇野メディア	入所者基本施設療養Ⅱ承認

6月 「社会福祉法人七つの鐘」設立、理事長に関 健就任
7月 精神保健及び精神障害者福祉に関する法律施行
9月 城西病院 健康センター健康増進施設（厚生省）認定
8年3月 〃 健康センター疾病予防運動療法施設（厚生省）認定
4月 特別養護老人ホーム「小倉メナー」開設
「安曇野南訪問看護ステーション」開設（三郷村）
11月 創立百十周年・安曇野メディア開設五周年記念式典挙行
講演「記憶と記憶障害―MRIからみて―」（市民公開講座）久留 裕先生講演会
9年4月 会長に関 俊子就任
「安曇野北訪問看護ステーション」開設（豊科町）
7月 「戸塚忠政記念庭園」開園（三郷村）
城西病院 第6ビル（メンタルセンター）改修
11月 城西病院 アレルギー科、心療内科標榜
12月 介護保険法成立
10年4月 城西病院 看護体制を新看護体制へ移行
豊科病院 看護体制を新看護体制へ移行
11月 城西病院 中信精神障害者地域生活支援センター「燦メンタルクラブ」開設
12月 〃 内科病棟50床を療養型病床群へ変更
11年3月 シンポジウム「介護保険、障害者プランはこの国を救えるか」（公開講座／七つの鐘と共催）松田 朗、今井 澄、関 健、望月 雄内、黒澤 正憲先生 開催
城西病院 第2ビル精神病院療養環境改善事業による改修工事

	4月	豊科病院　作業療法開始
	6月	ホームヘルパー3級養成機関認定
		燦メンタルクラブ「ミニギャラリー」開催
	7月	城西病院　居宅介護支援事業所「しろにし」開設
		豊科病院　居宅介護支援事業所「とよしな」開設
		安曇野メディア　居宅介護支援事業所「あづみの北」開設
	11月	「筑摩東訪問看護ステーション」開設（明科町）
		※各施設が訪問リハビリテーション、訪問看護、通所リハビリテーション、短期入所療養介護、居宅療養管理指導、等認可
	12月	松本西在宅介護支援センター居宅介護支援事業者認可
12年	2月	城西病院　介護療養型医療施設認可
		〃　短期入所療養介護認可
	4月	介護保険法施行
		関　健長野県医療法人協会々長に就任
		「松本西訪問介護ステーション」開設
		豊科病院　居宅介護支援事業者
	6月	第1回評議員会開催
	7月	豊科病院　包括病棟（老人一般精神入院医学管理料）実施
		城西病院　精神科救急病院（長野県）に指定（二次輪番制／火・金・第4日曜日）
		「神城醫院」開設心療内科、皮膚科、精神科標榜（一般19床）
13年	4月	介護老人保健施設「白馬メディア」開設（一般50人、認知症30人／通所19人）

認知症高齢者グループホーム「かたくりの郷」開設（6人×2ユニット）
「北アルプス訪問看護ステーション」開設
「北アルプス訪問介護ステーション」開設
「’Sウェルネスクラブ神城」開設
全日本病院協会創立40周年永年勤続者表彰

6月 「安曇野北訪問介護ステーション」開設

14年 3月 「ミサトピア小倉病院」開設（精神200床）
〃 居宅介護支援事業所「みさとぴあ」開設
豊科病院 病床変更（一般18床、精神140床）
城西病院 病床変更（一般106床、療養50床、精神70床）
〃 精神科病棟（第2ビル）大規模改装
創立百十五周年記念式典挙行・記念誌発行
鼎談「21世紀日本の精神医療―過去・現在・未来を見据えて―」（市民公開講座）
秋元波留夫、仙波恒雄、天野直二先生

4月 白馬メディア 配食サービス開始

5月 〃 居宅介護支援事業所「しろうま」開設
〃 白馬村委託配食サービス開始

6月 ミサトピア小倉病院精神療養病棟入院料算定開始

10月 城西病院 医療連携室開設

15年 2月 ミサトピア小倉病院認知症療養病棟（介護保険適用／50床）認可

3月 「特別医療法人城西医療財団」として認可
’Sウェルネスクラブ神城健康増進施設（厚生労働省）認定

	4月	ミサトピア小倉病院措置入院指定病院許可（10床）
		安曇野メディア訪問リハビリテーション開始
		白馬メディア訪問リハビリテーション開始
	7月	城西病院　病床変更（一般85床、療養71床、精神70床）
		神城醫院　内科標榜病床変更（一般9床、医療療養4床、介護療養6床）
	9月	SEC出版　鼎談「21世紀日本の精神医療―過去・現在・未来を見据えて―」出版
	10月	城西病院　医師臨床研修病院指定（協力型・精神科）
		〃　一般病棟（第1ビル）大規模改修
		神城醫院・白馬メディア　医師臨床研修協力施設指定（地域保健医療）
		ミサトピア小倉病院　臨床研修病院指定（協力型・精神科）
16年	1月	城西病院　回復期リハビリテーション病棟30床届出
	4月	〃　総合案内・苦情相談室設置
	9月	〃　外科第2次救急開始
	11月	新潟県中越地震援護支援活動　財団派遣4名
17年	1月	白馬メディア　通所増員（24人）
	4月	ミサトピア小倉病院　日本医療機能評価機構より認定（Ver.4）
	5月	白馬メディア　入所定員の変更（一般30人、認知症50人）
	6月	介護保険法等の一部を改正する法律成立
	7月	城西病院　医療観察法指定通院医療機関（厚労省）に指定
	11月	〃　日本医療機能評価機構より認定（Ver.4）
18年	1月	〃　特定医療法人（現在社会医療法人）慈泉会相澤病院との連携覚書調印
	3月	豊科病院　内科病棟18床休止

	4月	介護保険法改正法の全面施行
		安曇野メディア　介護予防訪問リハビリテーション・介護予防通所リハビリテーション開始
		筑摩東訪問看護ステーションを「安曇野東訪問看護ステーション」に改称
		松本西在宅介護支援センターを「松本西介護相談センター」に改称
		城西病院「燦メンタルクラブ」障害者自立支援法の地域活動支援センター、指定相談支援事業所として認可
		指定介護予防サービス事業所の指定
		指定障害者福祉サービス事業者の指定
	10月	城西病院　景岳館・大富荘／豊科病院　第一飛鳥荘・第二飛鳥荘　障害者自立支援法共同生活援助事業所・共同生活介護事業所として再指定
	12月	城西医療財団・社会福祉法人七つの鐘総長に関 健が就任
		安曇野メディア主催講演会・シンポジウム「第1回支えあう在宅介護研究会」開催
19年	4月	城西病院　松本圏域障害者相談支援センター「燦メンタルクラブ」開設
	5月	豊科病院　居宅介護支援事業所「とよしな」廃止
	6月	安曇野メディア　居宅介護支援事業所「あづみの北」を「とよしな」に改称
	11月	安曇野メディア主催講演会・シンポジウム「第2回支えあう在宅介護」開催
		城西医療財団公開講座「年をとっても元気でいたい！」開催
20年	3月	城西病院「老人デイケア」廃止、「重度認知症患者デイケア」休止
	4月	〃　健康センター特定健診・特定保健指導開始
		介護保険法及び老人福祉法の一部を改正する法律成立
	7月	城西病院　耳鼻いんこう科標榜

21年9月	城西医療財団公開講座「あの頃の体型に戻りたい！」開催
3月	豊科病院　第二飛鳥荘を「第二飛鳥荘1」と「第二飛鳥荘2」に分け、「第二飛鳥荘2」を安曇野市豊科4928-1に移転
4月	城西病院　歯科・歯科口腔外科標榜
7月	〃　整形外科標榜
11月	「社会医療法人城西医療財団」として認可
22年4月	ケアハウス「いわかがみ」開設（小谷村）
	シンポジウム「小谷村の資源を活かした地域振興」（市民公開講座）関　健、柳澤融、新貝憲利、瀬上清貴、相澤保先生
5月	城西医療財団公開講座「うつに打ち勝つ！」開催
10月	城西病院　日本医療機能評価機構の訪問審査
23年1月	神城醫院　白馬・小谷休日緊急当番医受託
	副理事長に関いづみ就任
3月	城西病院　日本医療機能評価機構より更新認定（Ver.6）
	東日本大震災長野県医師会救護チーム（JMAT）に財団職員3名派遣
4月	「S'ウェルネスクラブ小谷」開設（小谷村）
	「S'ウェルネスクラブ」を「S'ウェルネスクラブ松本」に改称
	東日本大震災長野県「心のケアチーム」に財団職員6名派遣
5月	城西医療財団公開講座「うつと癒し」開催
7月	北アルプス訪問看護ステーション休止
11月	城西医療財団百二十五周年記念式典挙行・記念誌発行

24年	3月	神城醫院・白馬メディア　創立十周年記念シンポジウム「地域全体で高齢者を支えるために」――白馬メディアの10年をふりかえり――
		ミサトピア小倉病院　創立十周年記念式典挙行
		城西病院　精神障害者生活訓練施設「メンタルドミトリー」廃止
		〃　自立支援法生活訓練施設「メンタルドミトリーショートステイ」廃止
		豊科病院　精神障害者生活訓練施設「アルプスドミトリー」廃止
		〃　自立支援法生活訓練施設「アルプスドミトリーショートステイ」廃止
		〃　第二飛鳥荘2を安曇野市豊科4932-1に移転
	4月	ミサトピア小倉醫院開設　内科、精神科標榜
		城西病院　グループホーム・ケアホーム「メンタルホーム」の定員変更（10人→20人）
		〃　指定特定相談支援事業所「燦メンタルクラブ」開設
		豊科病院通所自立訓練事業所「アルプスホーム」開設（安曇野市穂高）
		豊科病院第二飛鳥荘1を安曇野市豊科4932-1に移転
	7月	北アルプス訪問看護ステーション再開
25年	3月	豊科病院　病床減床（一般0床、精神140床）
	4月	城西病院　「燦メンタルクラブ」指定一般相談支援事業所（地域移行支援）指定
	5月	豊科病院　宿泊型・通所自立訓練事業所「アルプスホーム」開設（安曇野市豊科南穂高）
	6月	神城醫院・白馬メディア　電子カルテシステム運用開始
	10月	ミサトピア小倉病院　電子カルテシステム運用開始
	11月	城西病院　就労継続支援B型事業所'S'クリーンネス開設
	12月	豊科病院　電子カルテシステム運用開始
26年	2月	城西病院　電子カルテシステム運用開始

4月　城西病院　メンタルホーム・景岳館・大富荘／豊科病院　第一飛鳥荘・第二飛鳥荘　共同生活介護（ケアホーム）の共同生活援助（グループホーム）への一元化に伴い介護サービス包括型指定共同生活援助事業所（グループホーム）への更新

介護サービス包括型指定共同生活援助事業所（グループホーム）「小倉ホーム」開設

11月　城西病院　第9ビル新築PCU病棟（小児科）開設

27年 4月　「北アルプス訪問看護ステーションサテライトおおまち」開設

8月　「松本西介護相談センター」と「居宅介護支援事業所しろにし」を一本化し「居宅介護支援事業所松本しろにし」を開設

28年 3月　介護サービス包括型指定共同生活援助事業所（グループホーム）「大富荘」休止

4月　「安曇野北訪問介護ステーション」を「松本西訪問介護ステーション」のサテライト事業所に変更

「Sウェルネスクラブ一日市場」開設（安曇野市）

12月　城西病院　PCU病棟　短期入所サービス　開設

29年 4月　城西病院　病床数変更（回復期リハビリテーション病棟45床、ACU病棟40床）

11月　城西病院　病棟移動及び病棟移動に伴い病床数変更（ACU病棟36床、介護療養型病棟44床）

30年 3月　ミサトピア小倉醫院を3月末で閉院

4月　副理事長に関　要就任

城西病院　ACU病棟の病床数変更（小児科病棟をACU病棟に一元化し56床とした）

「安曇野東訪問看護ステーション」を廃止、「安曇野北訪問看護ステーション」に一元化

7月　城西病院　精神科急性期治療病棟開設（24床）精神科病棟（46床）に変更

10月　城西病院　認知症疾患医療センター開設

12月	松本西訪問介護ステーション休止
平成31年1月	豊科病院開院百周年
4月	ミサトピア小倉病院　認知症疾患療養病棟（50床）を精神科療養病棟（50床）へ転換
令和元年1月	城西病院　リハビリ特化型デイサービス（地域密着型）「デイサービスしろにし」開設
令和2年2月	松本西訪問介護ステーション再開
9月	城西病院　介護医療院開設

後　記

本書の発行は当初企図したよりも大幅に遅れてしまった。われわれはＳＥＣ出版として、時代の文化意思をもって、書籍を世に問うてきた。本書は、第2部第3部を主体に２０１２年には上梓する予定であった。その後、介護保険制度が定着するとともに、精神障碍者施策は他の二障碍とともに大きな変化を遂げた。これを待つ中で10年の歳月が流れ、今般発行の運びとなった。検証と銘打ったが、我々には制度を批判するだけの理論はない。我々が国の方針に食らいついて事業展開をしてきた生の実態を提示し、読者がどれほどの感慨を持って受け止めてくれるか、国の施策に対する批判でも、我々の事業に対する批判でもお寄せいただくことも検証になるではないかと思いなした。我々はもっぱら忠義を働いてきたつもりである。しかし、最近では本体事業（病院・診療所・老健・特養）も経営的に苦しいのに、これらの付帯事業は赤字体質に陥っており、継続する志に影が落ちてきている。

とまれ、事業展開をしてきた責任は理事長・総長である私にあり、古希を迎え、老い先短くなった今日、世に問うこととした。この本の成立には秘書室の市川寿恵秘書、法人本部企画相談室の百瀬健二参与の働きが大きい。20年前のシンポジウムのテープおこしは、堀崎明浩、手塚尚徳、森本泰弘、10年前の対談のテープおこしは、崎浜小枝、関　了、らの職員の手を煩わせた。記して感謝の意を申し上げる。

（関　健　記・令和2年9月18日）

SECブックスについて

SECブックスは、保健・医療・福祉に関する今日的な問題提起を活字媒体を通して行うために、時代の文化意志を持って創刊された。知的好奇心を満たし、生理的・感情的・感覚的に受容される、心地よい音楽のような響きを持った言葉を紡いで書物を編んでいきたい。高度で専門的な内容も、平易で理解しやすい表現で読み手に伝わるよう努める。情報を正確に捉え、何人をも傷つけない、いつも優しい本である。

検証・障碍者福祉60年と介護保険20年

2020年　11月11日　初版第1刷

共　著　関　健
　　　　黒澤　一也
　　　　松田　朗
　　　　今井　澄
　　　　望月　雄内
　　　　黒澤　正憲

編　集
発行人　関　健

発　行　SEC出版
　　　　〒390-8648　長野県松本市城西1丁目5番16号
　　　　電話　0263・33・6400
　　　　ファックス　0263・33・9920

発　売　株式会社　星雲社
　　　　〒112-0005　東京都文京区水道1丁目3番30号
　　　　電話　03・3868・3270
　　　　ファックス　03・3868・6588

印刷・製本　藤原印刷株式会社

新刊　検証「障碍者福祉60年と介護保険20年」

関　健／黒澤　一也／松田　朗／今井　澄／望月　雄内／黒澤　正憲　共著

既刊　鼎談「二十一世紀　日本の精神医療
―過去・現在・未来を見据えて―」

秋元　波留夫／仙波　恒雄／天野　直二　共著

既刊「逆襲する感染症」

監修　磯前　和郎　感染リテラシー研究会　著

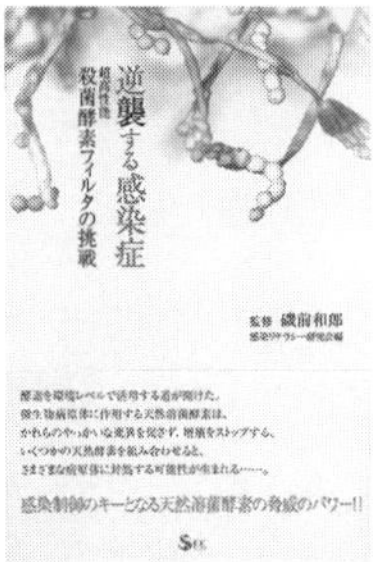

既刊「医療法人ものがたり」

㈳日本医療法人協会　参与　田中　重代　著